三蘇年譜

孔凡禮 撰

第二册

中華書局

三蘇年譜卷二十五

熙寧八年(一〇七五)乙卯　蘇軾四十歲　蘇轍三十七歲

正月，軾與喬叙、段繹唱和《除夕》韻。

《蘇軾詩集》卷十三《喬太博見和復次韻答之》：「愧煩賢使者，弭節整紛亂。」謂繹。「喬侯胡璉質，清廟嘗薦盥。」喬嘗官太常。以下有《二公再和亦再答之》。

十五日，軾賦《蝶戀花》，憶杭州上元之盛。

詞見《東坡樂府》卷下，蓋初到任作。

二十日，軾賦《江城子》，懷亡妻王弗。

詞見《東坡樂府》卷下；《外集》謂作於本月十二日。

轍使者自密州還，攜來軾新詩。次軾病中贈提刑段繹韻。

次韵見《欒城集》卷五。首云：「京東分東西，中劃齊魯半。兄來本相從，路絶人長歎。前朝使者還，手把新詩玩。憐我久别離，卷帙爲舒散。誰言窮陋邦，得此唱酬伴。」

軾詩乃《蘇軾詩集》卷五《除夜病中贈段屯田》。轍詩實作於正月。

轍次軾雪後題北臺壁二首韻。

軾詩見《蘇軾詩集》卷十二。轍次韻乃《欒城集》卷五《次韻子瞻賦雪二首》，其一首云：「麥苗出土正纖纖，春早寒官令尚嚴。」其二中云：「乘春已覺矜餘力。」點春。

蘇軾與喬叙（禹功）共飲，叙作詩，軾答之。

軾詩見《蘇軾詩集》卷十三（六一七頁）。

詩言陶潛一縣令，猶將公田二頃五十畝種秫作酒，酒足飲，而我爲太守，「歲釀百石何以醉賓客」。未免牢騷。酒少，以新法減削公使錢，則牢騷乃由新法起。或以「歲釀」一句牢騷太甚，以下「請君莫笑銀杯小，爾來歲旱東海窄」二句略作緩解，謂酒之少乃由於歲旱。然終不能耐，欲辭官回鄉貸粟作酒，與叙暢飲。此雖一時之意，思緒平靜以後未必如此，然牢騷終未能全解。據此詩，知蘇軾初到任即與喬叙相得。

段繹罷提刑任，軾有送行詩。

《蘇軾詩集》卷十三《送段屯田分得于字》：「勸農使者古大夫，不惜春衫踐泥塗。」

段繹（釋之）作詩詠荆林館，蘇軾和之。

詩見《蘇軾詩集》卷十三（六一八頁）。

詩首四句：「南山有佳色，無人空自奇。清詩爲題品，草木變芬菲。」知荆林館約在州城之南，面對南山，南山景物一收眼底。此館當以待賓客，今已不得其詳。五、六句：「謝女得秀句，留待中郎歸。」據自注，繹有姪女在密；則詩中之「中郎」即謂繹也。末二句：「便當勤鞭策，僕倦馬亦飢。」知荆林館距州城尚有若干路程，而段繹與蘇軾來此乃爲公務，公務了却，即匆匆回城。

時段繹雖罷提刑任，然尚未離密州。

《蘇軾詩集》卷十四有《和孔郎中荆林馬上見寄》。此「荆林」當爲荆林館。知來往密州官員，常經此館，則此館實具有一定規模。

《蘇軾在密州》第四編《蘇軾在密州遺址遺迹考略》任日新《荆林館》：「地址失考。據清乾隆《諸城縣志》記：『宜在縣南境，所云「南山有佳色」也，長官往來必經乎？是其勝可知矣。』查諸城南有古道，自城至皇華店（古稱黄坂集），經柳樹店，過古長城關卡，越桃林，立達海。東至琅琊，西到海曲（日照），爲古代交通要道。城南有丁家花園，爲明丁氏的花園，有牡丹、芍藥等花，爲一邑之最。此地爲南北交道必争之處，是否此處爲荆林館？但距城較近，恐非停留之所。皇華店、柳樹店距城三十至四十餘里，古道均穿村而過，是否此地設有官驛，無考。柳樹店古有寺，寺中有巨石玲瓏，清志曾有記述，且又地近古長城關卡之下，山上荆條遍野，所謂『荆林』者當在此處。但無記載，尚難斷定。今寺與古巨石無存，更難以確定。」

蘇軾出城送客，不及，乃步至溪上，賦二詩。

詩見《蘇軾詩集》卷十三（六一八頁）。

其一後四句：「父老借問我，使君安在哉。今年好雨雪，會見麥千堆。」父老口中之「使君」即謂太守。父老不知作者爲太守，作者亦未爲之表白。作者答詞，爲父老祝福，以是時尚天旱也。於是官民親切無間。作者是否以西蜀口音亮出身份，并不十分重要。

其二後四句：「倦游行老矣，舊隱賦歸哉。東望峨眉小，盧山翠作堆。」自注：「郡東盧山，絶類峨眉而小。」於是而有峨眉情結，思歸。

人遇困難，心境不順，則思父母、思鄉，乃常情。蘇軾在杭州，爲副職，今在密州，獨當一面，責任重大。蘇軾自入密州境至就州守任以後，深感密州問題嚴重。其一爲蝗災。蘇軾於《上韓丞相論災傷手實書》中云及入密州境後，「見民以蒿蔓裹蝗蟲而瘞之道左，累累相望者二百餘里，捕殺之數，聞於官者幾三萬斛」。其未聞於官之數字當亦不小。古今斛斗之制不一，今定每斛五斗，每斗十五斤，則聞於官者實過二百萬斤，數字可謂驚人。災情如是嚴重，而吏皆言蝗不爲災，「蠲放絶少」（《蘇軾文集》卷五十一《與滕達道》第十簡）。

其二爲旱災。蘇軾《論河北京東盗賊狀》云京東連年旱，「今（年）又不雨，自秋至冬，方數千里，麥不入土」，「臣所領密州，自今年秋旱，種麥不得」（此狀上於熙寧七年十一月，見《蘇軾文集》卷二十六)。

其三爲盜賊猖獗。此與蝗、旱有直接聯繫。蘇軾於本年三月,與石康伯(幼安)簡中已言及,見該月紀事。本年冬,與王淮奇(慶源)簡中云:「值歲飢,人豪剽劫無虚日,凡督捕奸凶五七十人,近始肅然。」「歲飢」云云,爲此時事。見《蘇軾文集》卷五十九與慶源第二簡。

其四爲鹽税沉重。密臨海,民煮海爲生,孤貧無業以販鹽爲生者不乏其人。蘇軾云,河北、京東兩路,祖額爲三十三萬二千餘貫,熙寧六年增至四十九萬九千餘貫,密州較祖額增二萬貫。小民販鹽,錢本不過一兩貫,納税則利輕,偷税則隨時有被告發之虞(告發者賞高)。一經告發,不免有牢獄之災,追論一二貫錢本。小民欲爲農夫,又值凶歲,若不爲盜,惟有忍飢。此乃盜賊猖獗之又一重要原因。見《文集》卷二十六《論河北京東盜賊狀》。

此乃蘇軾所面臨之嚴重現實。

蘇軾自杭州來,杭州之物質生活,較密州高出甚多。以上「蘇軾與喬叙共飲」條,已言及酒少,即爲一例。蘇軾由於物質生活匱乏,引發牢騷。此亦爲蘇軾動思鄉之念之因。

章傳(傳道)游盧山,賦詩。軾次傳韵,簡傳,并請諸士言(公弼)、喬叙(禹功)、趙杲卿(明叔)同賦。賦《盧山五咏》。

詩皆見《蘇軾詩集》卷十三(六一九頁)。傳詩不傳,士言、叙、杲卿詩不見。

《式古堂書畫彙考·書》卷十《蘇雪堂次傳道遊廬山詩帖》：「軾謹次傳道先生遊廬山高韻（詩略）： 閱訖，幸即付去人送公弼郎中、禹功太博、明叔教授，各乞一首。軾上。」山東五蓮縣九仙山大石棚（按： 原屬諸城）題名：「褚士言公弼，□中立子達，壬寅四月同遊。」壬寅當仁宗嘉祐七年（一〇六二）。《蘇軾文集》卷六十二《密州請皋長老疏》首云「安化軍據霍郎中、陳郎中、褚郎中、宋駕部、傅虞部、喬太傅（按： 應作『博』）及莒縣百姓侯方等狀」。密州乃安化軍節度，已見熙寧七年十二月三日紀事。知蘇軾與章傳簡中所云之「公弼郎中」即褚士言。士言爲密人，或雖非密人而實居於密。

禹功乃喬叙，前已及。明叔名杲卿，見《文集》卷六十六《書劉庭式事》，時爲州學教授。

《廬山五詠·障日峯》云：「長安自不遠，蜀客苦思歸。莫教名障日，唤作小峨眉（自注： 其狀類峨眉，但小爾）。」注文引李白《登鳳凰臺》：「總爲浮雲能蔽日，長安不見使人愁。」長安分明遠，而云「自不遠」，乃謂障日峯不足以障日，長安可見，而且蜀地似亦可見，於是動思鄉之念。此其一。其二，一望可知，長安乃謂汴京，汴京并不遠，障日峯更不足以障之；汴京雖不遠，但欲往其地却不可，於是更思鄉。着一「苦」字，謂思鄉之殷，思鄉之切。較之本年此前「蘇軾出城送客」條所引「倦游行老矣，舊隱賦歸哉」之句有所發展。汴京欲去而不能，抱負之充分施展，自成泡影，密州現實，汴京知之不多或不確，困難接踵來，心力交瘁。於是而形成之峨眉情結，實與政治緊密相聯。蘇軾此時不安於州守之任，「客」字道出内心之祕。

《蘇軾詩集》卷十三《次韻章傳道喜雨》末云：「試向諸生選何武。」知傳亦爲州學教授。同上卷《和頓教授見寄用除夜韻》：「慚愧章先生，十日坐空館。」亦可證。

《蘇軾在密州》第四編《蘇軾在密州遺址遺迹考略》任日新、韓崗《盧山》：「盧山，原名故山。……位於城區東南三十里，山呈東西走向，連綿近十里，主峰海拔三八二米。屬七千萬年前受燕山運動而形成的褶皺山地，由於自然的風化剥蝕，山上懸崖陡峭，怪石突兀，蒼松翠柏，鬱鬱葱葱。從城内遠眺，羣山相連，峰巒疊嶂，頗爲壯觀。」

任、韓之文云：「《水經注·濰水》云：『濰水又北，右合盧水，即久台水也。《地理志》曰：『水出琅琊縣故山，王莽之令丘也。山在東武縣故城東南，世謂之盧山也。』清乾隆《諸城縣志·山川考》載：『盧山，在縣東南三十里，爲縣主山，《漢·地理志》之故山也。山以盧敖得名。前阿有休糧洞，洞之左有聖燈巖，西嶺有石，名飲酒臺，皆敖遺迹矣。東南阿有安國寺。』蘇軾《超然臺記》中云：『其東側盧山，秦人盧敖之所從遁也。』」

任、韓之文云：「盧敖洞，即休糧洞，又稱盧山洞。秦博士盧敖爲避秦之暴政而隱遁此洞，山亦因此而得名。傳説盧敖晚年，於此洞中絶食修煉，後成仙飛升而去。石洞位於山南半坡上，係因地殼變動而形成的罅隙石洞，呈不規則形。洞南向，洞口上方的石壁上横刻『盧山洞』三個大字，字徑五寸，爲宋代宣和年間趙周賓所書。洞進深五寸，寬四寸，高約二米。洞室的東北角有一處僅能容身的石罅可通山上。當年洞口有石門屏護，洞中置石桌，供奉盧敖石像，俗稱『盧山老祖』。洞前一片平地，留有前人建築的房屋殘基。洞内石壁上刻有歷代游人題記，除陳行之、趙周賓、高大用等人的題名依稀可辨外，其餘皆模糊難識。據清道光《諸城縣續志·金石考》載：『宋至和元年陳行之等、宣和三年趙周賓題名摩崖刻，見存盧山洞壁。』清代諸城名士所撰的《東武詩存》中載《盧山洞宣和題名歌》序中云：『自左而右刻之，與坡公分書不同。』詩云：『一十九字燦可數，微瑕不使生圭璋。又其左旋字逆數，東坡石刻差相方。安能參考出崖略，若人爵里同章章。』據詩中所言分析，洞内原來似有東坡題記。」任、韓之文云：「飲酒臺，位於盧山的主峰之上，是一塊因風化剥蝕而殘留的巨石。石呈方形，邊長近十米，頂面平坦，東、南兩壁高一米，西、北兩側爲懸崖，從山下眺望似一片平臺。相傳盧敖隱遁此山時常在此飲酒，故名飲酒臺。」任、韓之文云：「聖燈巖，又名蠟燭臺，俚語稱拴馬橛子。在盧山的西南坡上，巨石拔地而起，高數米，頂端尖峭，狀似燈臺，故名『聖燈巖』。」任、韓之文云：「三泉，位於盧山北坡的深谷中，泉水清洌滑甘，分爲三股，順流而下，成爲盧河源頭之一。」

任、韓之文云：「障日峰，即障日山，位於盧山東十餘里。主峰海拔四六一米，自成一山。蘇軾誤認爲是盧山的别峰，故曰障日峰。清乾隆《重修諸城縣志·山川考》記：『障日山。山在縣東四十里。《水經注》：「密水西源出奕山，亦曰障日山。」晏謨曰：「山上障日，故名也。」蘇軾《盧山五詠》直以爲盧山之一峰矣，其實不相屬也。詩云「唤作小峨眉」，故後人亦呼峨嵋山。……障日山是諸城東部最高的山峰，方圓二十餘里，……與盧山東西并峙，山勢險峻。……山上奇石嶙峋，勝景遍布，有雪溪、石屋書院、醉石、遇泉、羅雁石、白雲洞、丹巖、筆峰、試劍石、蟾巔（俗稱蛤蟆嘴子）、樓（撰者按，疑應作『棲』）雲谷、雙龜崖、鶴巢、是門、迎真院等。還有金大定十二年建的古塔，大定二十九年建的障日山院。」

蘇軾作詩，謝郡人田賀二生獻花。

詩見《蘇軾詩集》卷十三（六二四頁）。自注謂所獻之花爲魏花，即牡丹花。

詩首云：「城裏田員外，城西賀秀才。不愁家四壁，自有錦千堆。」知密州人愛牡丹花勝於愛家。此似已形成風俗，其來已久。以下云：「珍重尤奇品，艱難最後開。」此已非一般愛花，如云愛花，實爲愛花之最高境界。以下云：「芳心困落日，薄艷戰輕雷。」即謂「艱難最後開」也。以下云：「老守仍多病，壯懷先已灰。殷勤此粲者，攀折爲誰哉。」老病無心賞此花，何爲而獻哉，欲却之。然實未却。末云：「玉腕揎紅袖，金樽瀉白醅。何當鑷霜鬢，强插滿頭回。」不僅未却，而且家人捋紅袖，出玉腕，殺鷄煮酒，盛情延請田、賀二人，於是形成一歡樂場面，作者亦欲鑷去霜鬢，以花插滿頭。有此起伏，益覺親切。如實寫來，令人感動。讀此詩，知蘇軾與密州士人關係甚爲融洽。

蘇軾作《惜花》詩。

詩見《蘇軾詩集》卷十三。

詩首敘杭州賞花盛況。以下云：「城西古寺没蒿萊，有僧閉門手自栽，千枝萬葉巧剪裁。就中一叢何所似，瑪瑙盤盛金縷杯。」此詩詩末自注：「今年，諸家園圃花亦極盛，而龍興僧房一叢尤奇。」知此寺名龍興寺。此可以補地方史乘之所不及。密州養花風氣之盛如此，不知何時始衰歇。

此詩之前一詩《謝郡人田賀二生獻花》自注云及「昨日雷雨」，此詩有「夜來雨雹如李梅」之句，自注亦云「昨日雨雹」，時間緊次。此詩又有「而我食菜方清齋」之句，知其時大雨猶未下，旱情未解除。此詩及上詩，應次《次韻章傳道喜雨》之前。今據此改次二詩。

詩末：「紅殘緑暗吁可哀。」以遭雨雹之厄也。爲花惜，可見花之不凡。

滕元發（達道）欲辟轍入幕，軾有簡謝。轍有簡與兄軾。未成。

《蘇軾文集》卷五十一《與滕達道》第五簡：「舍弟仰玷辟書，荷恩至深。不唯得所托附以爲光寵，又兄弟久别，得少相近，私喜殊深，但未知可決得否？渠朝中更無人，可與問逐，明公憐之，少爲留意，當不難得也。」第二簡：「咫尺無緣一見，以盡所懷。昨日得舍弟書，王殿丞又恐却赴任，果爾，則辟命又未可知也。」辟命當指辟轍入幕之命。王殿丞未詳。轍之簡不見。入幕之事未成。

二月丁丑（十五日），向經知青州。經在任中，舉蘇軾，請召還爲侍從。

二月丁丑云云，據《長編》卷二百六十。

《詩案·供狀》：京東安撫使向京舉召還侍從。向經乃向京。經乃代元發者。元發於本月辛未（初九日）知齊州，旋改鄧州。見《長編》。旋丁憂。參本年閏四月二十一日紀事。經乃敏中之孫，開封人。《宋史》卷二百八十二《向敏中傳》及之。《長興集》卷二十八有《向經墓誌銘》。

三月，軾與表兄石康伯（幼安）簡，以流殍盜賊爲憂。

《佚文彙編》卷二與康伯第二簡：「凶歲之餘，流殍盜賊無虚日，凡百勞心。」三月作。

轍次韻韓宗弼太祝送游太山。軾有和。

詩見《欒城集》卷五。中云：「春深緑野初開繡，雲解青山半脱裘。」二、三月間作。軾有和。

宗弼乃縝之姪。見《長編》卷三百十一元豐四年三月乙未紀事。縝參元祐元年三月癸酉紀事。

軾詩見《蘇軾詩集》卷十三。

大旱，代李肅之作《祈雨雪文》、《祈雨青詞》。

《欒城集》卷二十六有《齊州祈雨雪文二首》。前者云：「今兹歷時不雨，麥不得種。」後者云：「某攝守濟南，適丁旱災。自秋徂冬，迄此春暮。菽粟不登，麥不得種。」知此二文作於暮春。

按：其時已無「雪」，此二文之題「祈雨雪文」之「雪」疑衍。

同上卷《齊州祈雨青辭》中云：「旱氣充塞，五種失蓺。」作於上二文同時。文末有「俾我守臣」語，亦代肅之作。

轍次韻劉敏殿丞送春。時有簡與兄軾，軾欲借《法界觀》。軾有和。

詩見《欒城集》卷五，末云：「東風雖有經旬在，芳意從今日日非。」自注：「四月十一日立夏。」此詩作於三月末。軾有和，末云：「憑君借取《法界觀》，一洗人間萬事非。」自注：「來書云：『近看此書。』余未嘗見也。」《法界觀》乃重要佛典，爲佛教華嚴宗代表作。敏，參本年以下「長清令劉敏官滿罷任」條紀事。軾詩見《蘇軾詩集》卷十三。

《蘇軾詩集》卷十八《送劉寺丞赴餘姚》贊其「手香新寫《法界觀》」。寺丞名撝，已見熙寧五年八月紀事。詩作於湖州。

衢本《昭德先生郡齋讀書志》卷十六：「《法界觀》一卷。右唐僧杜順撰。《華嚴》最後品，法名曰法界。叙善財參五十三位善知識，經文廣博，罕能通其説，杜順乃著是書，宗密注之，裴休爲之序。」

轍次韻趙至節推首夏。軾有和。

詩見《欒城集》卷五，首云：「首夏尋芳也未遲，繞園紅紫尚菲菲。」作於四月。

《長編》卷三百三十五元豐六年六月乙巳紀事：户部言元豐三年鎮戎軍判官趙至爲劣等，詔降一官。趙至可考者僅此。軾有和，見《蘇軾詩集》卷十三。

李昭叙供備燕别湖亭，轍次其韻。昭叙移黎陽都監，歸洛省親，作詩送其行。軾有和。

詩皆見《欒城集》卷五。前者云：「歸去伊川瀟灑地。」昭叙乃洛人。後者云：「煮茶流水曲，載酒後湖濱。」二人來往頗密。前者軾有和。

軾詩見《蘇軾詩集》卷十三，和其前者。

頓起來詩，軾用贈段繹除夜韵答之。

詩見《蘇軾詩集》卷十三（六二六頁）。

起字敦詩，汝南人。見光緒《盱眙縣志稿》題名。熙寧三年進士及第時，《欒城集》卷三送起還蔡州詩，云「自誇對策語深淳」；卷四有《和頓主簿起見贈二首》；卷五《少林寺贈頓起》，作於洛中，《蘇潁濱年表》熙寧五年八月紀事云「同頓起於洛陽妙覺寺考試舉人」，可證。起寄蘇軾詩時爲青州教授，故軾以教授稱之。《欒城集》卷五有《和青州教授頓起九日見寄》詩，作於熙寧七年。

四月初，軾禱雨常山，作祝文。時遭凶旱。得雨，次韵章傳（傳道）志喜。

文見《蘇軾文集》卷六十二（一九一七頁），爲五首之第一首。文云：「哀我邦人，遭此凶旱。流殍之餘，其命如髮。」乃以「四月初吉」祭之。

《蘇軾詩集》卷十三《次韵章傳道喜雨》：「山中歸時風色變，中路已覺商羊舞。夜窗騷騷鬬松竹，朝畦泫泫流膏乳。」

《蘇軾在密州》第四編《蘇軾在密州遺址遺迹考略》任日新《常山》：「常山位於諸城市南二十里，呈西南、東北走向，方圓十餘里。山勢平夷無險，山頂寬闊平坦，數峯相連，海拔二九七米。南坡多爲懸崖陡壁，東、西兩面坡勢略平，有山路可供上下，北坡最爲平緩易登，故名勝古迹多分布在北坡。山周圍地勢起伏，緩崗連綿，獨常山突兀而起，格外雄偉壯麗。」

任文云：常山名勝古迹中，「常山神祠最爲著名，位於常山北麓雩泉亭東北側十餘米處，是人們祈雨祭神的場所。其年代之久，規模之大，重修次數之多，皆爲諸勝之冠。熙寧八年（一〇七五），蘇軾率吏民祈雨得應，遂新常山神祠。」

十一日，蘇軾寄詩劉述，有譏諷新法之意。

據《詩案·送劉述吏部詩》。詩見《蘇軾詩集》卷十三（六三一頁）。

軾引此詩「君王」首四句，謂：「是時朝廷遣使諸路點檢軍器及置三十七將官。軾將謂今上有意征討胡虜，以譏諷朝廷諸路遣使及置將官張皇不便。」

軾引以下「南山」云云十句，謂：「以譏諷朝廷法度屢更，事目煩多，吏不能曉。」

軾引此詩「況復」云云十二句，謂：「邇來飢饉，飛蝗蔽天之甚，以譏諷朝廷政事缺失，新法不便之所致也。又云酒食無備，齋廚索然，以譏諷朝廷行法減削公使錢太甚。公事既多，旱蝗又甚。二政巨藩，尚如此窘迫，所以言山中故人寄信令歸，但軾貪禄，未能便挂衣冠而去也。」

軾引「四方」云云二句，謂：「以譏諷朝廷近日提舉官所至生事苛碎，故劉述乞宫觀，歸湖山也。」

癸酉（十二日），詔罷給田募人充役。蘇軾至密州後，施行其法，民甚便之。

《長編》卷二百六十二本日紀事：「詔罷給田募人充役。已就募人聽如舊，其走、死、停、替者勿補。」《蘇軾文集》卷二十六《論給田募役狀》：「臣伏見熙寧中嘗行給田募役法，其法亦係官田（注略），及用寬剩錢買民田，以募役人，大略如邊郡弓箭手。臣知密州，親行其法，先募弓手，民甚便之。」作於元豐八年十二月。《文集》卷二十七《辯試館職策問劄子》其二復言之，奏於元祐二年正月十七日。前者并謂行給田募役法，「本出先帝聖意，而左右大臣意在速成，且利寬剩錢以爲它用，故更相駁難，遂不果行」；謂其法有五利二弊，設法以防弊，給田募役法決不可廢。

按，王安石推行新政，以免役法代差役法，免役法爲新法之重要組成部分，而給田募役法實爲免役法之發展。就新法整體言，蘇軾持異議，然如新法中之具體措施如「裁減皇族恩例、刊定任子條式、修完器械、閱習旗鼓」，則持肯定態度（《文集》卷二十五《上神宗皇帝書》）。蘇軾鼓吹給田免役法，實有肯定免役法之意，其思想認識，較新政初期，已有所發展。

何謂差役？《宋史》卷一百七十七《食貨志》云：「役出於民，州縣皆有常數。宋因前代之制，以衙前主官物，以里正、户長、鄉書手課督賦税，以耆長、弓手、壯丁逐捕盗賊，以承符、人力、手力、散從官給使令；縣曹司至押、録，州曹司至孔目官，下至雜職、虞候、揀、掐等人，各以鄉户等第定差。」是之謂差役。差役既行，衙前爲重。民間規避重役，土地不敢多耕而避户等，骨肉不敢義聚而憚人丁，上户寖少，中下户寖多，役使頻仍，生資不給，識者憂焉，於是而免役之法興。

何謂免役？據《宋史·食貨志》，乃使民出錢雇役。革舊弊；凡有産業物力而舊無役者，出錢以助役；村鄉朴惷不能自達之窮旿寬優之；仕宦兼并能致人言之豪右裁取之。凡當役人户，以等第出錢，名免役錢。其坊郭等第户及未成丁、單丁、女户、寺觀、品官之家，舊無色役而出錢者，名助役錢。雇直用足，又率其數增取二分，以備水旱欠閣，謂之免役寬剩錢。差役、免役之争，事關蘇軾政治生活，故略銓差役免役之義於此。

二十二日，軾作《文與可字説》寄文同。

文見《蘇軾文集》卷十。

杭州余簿來密，得靈隱雲知和尚等道俗手書近百餘通。軾答雲知簡，叙念杭之意。

簡見《蘇軾文集》卷六十一（一八九一頁）。簡云得道俗簡，「皆云杭民亦未見忘」，會當求湖、明一郡，留連數月，以盡平生之懷。簡云：「某到此粗遣，已百餘日。」答簡約爲四月間事。雲知，《五燈會元》卷十五有傳。雲知屬青原下十世，泐潭澄禪師法嗣。全稱臨安府靈隱雲知慈覺禪師。

蘇軾作《西齋》詩。

詩見《蘇軾詩集》卷十三。

詩首云：「西齋深且明，中有六尺牀。病夫朝睡足，危坐覺日長。」西齋乃讀書之所，似非與家人一起居住之住宅。本譜熙寧九年三月四日紀事及之。

此詩主旨爲末二句：「萬物各得時，我生日皇皇。」此詩中云：「起行西園中，草木含幽香。榴花開一枝，桑棗沃以光。鳴鳩得美蔭，困立忘飛翔。黄鳥亦自喜，新音變圓吭。」此所謂「萬物各得時」。云「西園」，知西齋在園中。云「榴花」，此詩約作於四五月。詩又云：「昬昬既非醉，踽踽亦非狂。」此所謂「我生日皇皇」。此時，蘇軾情緒仍有起伏。《蘇軾在密州》第四編《蘇軾在密州遺址遺迹考略》任日新《西園、西齋》：「均位於州治西之超然臺前。按北魏永安二年（五二九）增修北城時，於北牆上築東西二臺。蘇軾來密後，將西臺『稍葺而新之』，取名『超然』。臺下有一舊園，蘇軾修臺時，又將荒蕪的廢園予以維修，即所謂『治其園圃，潔其庭宇，伐安丘、高密之木以修補破敗』。因園在州治西側，故稱『西園』。園之西有齋、有軒，則稱『西齋』、『西軒』。」

蘇軾作《小兒》詩。

詩見《蘇軾詩集》卷十三。

此詩乃寫家庭生活，蘇軾詩中似此者不多。首云：「小兒不識愁，起坐牽我衣。」牽衣者，欲其父導之游玩也；作者其時在愁中，無意行走，矛盾於是生。三至六句：「我欲嗔小兒，老妻勸兒癡。兒癡君更甚，不樂愁何爲。」作者欲斥責小兒，以父勢壓之。老妻在旁，知此非解决矛盾之法，乃出面勸解。老妻云「兒癡」。「癡」者，即俗所謂不懂事也；既不懂事，則不應與之一般見識。老妻之言，入情入理。老妻深知作者處於愁中，遂乘勢勸丈夫以樂驅愁。此「勸」，乃勸告而非勸解。三十字盡三人心態。第七句「還坐愧此言」，作者寫自身。第八句「洗盞當我前」，叙老妻以酒爲丈夫驅愁。體貼入微。晉劉伶之婦勸伶勿飲，于是遂有第九句「大勝劉伶婦」，贊其妻。然劉伶之婦以酒傷生勸伶，而第十句則謂伶婦勸伶乃「區區爲酒錢」，此乃作者獨創，以活躍氣氛云耳。老妻謂王閏之。

閏四月二十一日，滕元發（甫、達道）落職，以妻黨李逢與趙世居等結謀不軌牽聯。時元發丁憂，蘇軾有簡及之。

《宋會要輯稿》第九十八册《職官》六五之三九，謂本日「丁憂人前翰林侍讀學士、禮部侍郎滕甫落職，候服闋差知州」。

《長編》卷二百六十三本日叙事：右羽林軍大將軍、秀州團練使趙世居謀逆，賜死；世居與李逢等結謀。《蘇軾文集》卷十五《滕元發墓誌銘》：「公之妻黨有犯法至大不道者，小人因是出力擠公，必欲殺之。帝知其無罪，落職。」

《蘇軾文集》卷五十一與元發第五十三簡，乃爲慰滕丁憂而作，中云：「今茲退歸，有識所共歎，而孤拙無狀，尤爲失巨庇也。」或就落職而發。

五月，復旱，軾再禱於常山，作祝文。雨降。

《蘇軾文集》卷六十二《祭常山神祝文》：「乃者有謁乎神，即退之三日，時雨周洽。……然而一雨之後，彌月不繼。」卷十一《雩泉記》謂再禱常山神，其應如響，乃新其廟。

轍游太山，作詩四首。

四詩爲《初入南山》、《四禪寺》、《靈巖寺》、《岳下》。見《欒城集》卷五。其末首中云：「欲將有限力，一放目所迨。天門四十里，預恐雙足廢。三宿遂徘徊，歸來欲誰懟。」未登上太山之頂，故云「岳下」。

參元豐二年正月初五日紀事。

王璋應知成德軍孫固（和甫）辟赴真定，轍有詩送行。

詩見《欒城集》卷五。詩首叙嘉祐四年十二月晤其父與璋於荆州，以下云：「不見十五年，相逢話百憂。青衫走塵土，白髪各滿頭。新棄東海邑，願從北諸侯。」璋爲一邑之令，或在齊州及齊州附近瀕海之所。

《長編》卷二百五十熙寧七年二月壬申紀事：「同提舉在京諸司庫務、龍圖閣直學士孫固知成德軍。」成德軍即真定。轍詩云「主將今老成」，謂固也。時固正在任。

轍寄孫朴詩。朴或居真定。

詩見《欒城集》卷五。詩云：「羨君不出心自如，北潭秋水多芙蕖。青荷包飯蒲爲菹，倏然獨往深淵魚。」知朴家居。朴父固知成德軍，朴或居真定。詩又云：「夜聞桴鼓驚閭閻，事如牛毛費耘鋤。違失真性從吏胥，目視紾臂邀徐徐。」以公務瑣雜爲苦。

韓宗弼作《暴雨》詩，轍和。

和詩見《欒城集》卷五。中云：「破屋少乾牀，茅苫固難禦。出門泥没足，此厄比鄰溥。」當時生活環境蓋如此。以下云：「苟令終歲熟，敢有今日怒。」但得收成好，個人不便在所不計。末云：「農父更事多，缺塘已增土。」蓋紀實。

舜泉復發，轍作詩。復作《舜泉詩》。

前者見《欒城集》卷五。中云：「復理溝渠通屈曲，重開池沼放澄清。」改善環境。舜泉復發，蓋由於連宵暑雨。

後者見《集》卷十八。其叙云至濟南，知舜祠有二泉，今竭；今年夏大雨霖，麥禾荐登，泉始復發，民以爲虞舜顧我。以下云：「泉之始發，潴爲二池，釃爲石渠。自東南流於西北，無不被焉。灌濯播灑，蒲蓮魚鱉，其利滋大。因爲詩使祠者歌之。」

軾作孔延之（長源）輓詞。

輓詞見《蘇軾詩集》卷十三（六三七頁）。延之卒於熙寧七年二月，年六十一，見《曾鞏集》卷四十二墓銘。

寄吕仲甫（穆仲），答陳襄，題張方平樂全堂，懷晁端彦（美叔），軾有詩。

詩見《蘇軾詩集》卷十三（六三九、六四一、六四四頁）。

姚淳專使來簡，軾答之。

答簡乃《蘇軾文集》卷五十七與淳第一簡。簡云及「溽暑」，知作於夏。

六月甲寅（二十四日），韓琦卒。軾作祭文。

《蘇軾文集》卷六十三《祭魏國韓令公文》：「六月甲寅，人之無禄，喪我宗臣。」

余主簿母卒，軾作輓詞。

此余主簿，或即本年「杭州余簿來」條之余簿。

輓詞見《蘇軾詩集》卷十三（六四〇頁）。輓詞有「閨庭蘭玉照鄉閭」之句，則余主簿乃蜀人。

軾作張掞（文裕）輓詞。

輓詞見《蘇軾詩集》卷十二（六四三頁）。中云：「每見便聞曹植句。」是蘇軾與掞嘗有直接交往。掞，卒於熙寧七年，年八十，《宋史》卷三百三十三有傳。《長編》卷二百十四熙寧三年八月庚午紀事：龍圖閣直學士工部郎中張掞爲户部侍郎致仕。其交往當在熙寧初。

轍作《齊州閔子祠堂記》。以記示徐遁（正權）并贈紙與遁，遁作詩，轍次韵。

記見《欒城集》卷二十三。記云「熙寧七年天章閣待制、右諫議大夫濮陽李公來守濟南，越明年政修事治」，乃庀工爲閔子祠堂，「且使春秋修其常事」，以下言「堂成」。

詩見《集》卷五。詩首云「西溪秋思日盈篋」，點秋。

張掞（文裕）之靈柩歸濟南，轍作輓詞。并代李肅之（公儀）作祭文。

輓詞乃《欒城集》卷五《張文裕侍郎輓詞》。末云：「東游邂逅迎歸旐，淚落城南下馬阡。」掞乃濟南歷城人。

文乃《集》卷二十六《代李公儀諫議祭張文裕侍郎文》。中云：「喪歸於東，邦人慨慷。」

轍作《東方書生行》，諷王安石。

詩見《欒城集》卷五。首云：「東方書生多愚魯，閉門誦書口生土。窗中白首抱遺編，自信此書傳父祖。辟雍新説從上公，册除僕射酬元功。」《年表》本年紀事：「六月辛亥，吏部尚書同平章事、昭文殿大學士王安石授尚書左僕射兼門下侍郎同平章事，以修《詩》、《書》、《周禮義》畢推恩也。」詩所叙乃此。以下云：「康成、穎達棄塵灰，老聃、瞿曇更出入。」康成謂鄭康成，穎達謂孔穎達，蓋謂王安石新經説棄鄭、孔之論，出入於老、佛之間。

八月庚戌（二十一日），韓絳知許州。轍有賀啓。絳嘗薦轍。

八月云云，據《宋史·宰輔表》：韓絳自觀文殿大學士、行吏部侍郎、同中書門下平章事以禮部尚書、觀文殿大學士知。

絳字子華，《宋史》卷三百十五有傳，開封雍丘人。

啓乃《欒城集》卷五十《賀韓許州啓》。啓首云：「伏念轍爲性迂疏，居官簡惰。日虞彈劾，歸事耕桑。敢謂兼容，尚形論薦。」知絳嘗薦轍。按：據《宋史·宰輔表》，絳爲相，乃熙寧七年四月丙戌事。薦轍，或在轍爲齊州掌書記後。啓又云：「不居公相之隆，退就方州之寄。」謂知許州。又云：「惟世俗之多務，豈棟梁之久閑。」前者當爲新法之推行，以致絳退閑；後者謂韓絳早日必將重用。

蘇州通長老專使來密州，蘇軾簡謝。

簡乃《蘇軾文集》卷六十一與通長老第三簡。

簡云：「承開堂未幾，學者日增，吾師久安閑獨，迫於衆意，無乃少勞，然以濟物爲心，應不計勞逸也。」通長老來簡中似有忙冗之意，故蘇軾勉之，立言可謂得體。

簡云「未緣奉謁」，知時在密州，相距遥遠。簡云「初涼」，約爲八月間作。

劉攽自曹州寄詩來。攽及李常（公擇）復寄詩來。軾次韵叙及收養棄兒。

《彭城集》卷九《重寄蘇子瞻》：「空胸迷舊學，華髪悵頽齡。江海容孤翼，雲霄寄客星。未堪循吏傳，默守《太玄經》。正恐聲聞酒，令人醉不醒。」據「循吏」云云，此詩乃作於曹州。

《宋史·劉攽傳》謂攽在曹有政聲。《蘇軾詩集》卷一十八《再和》：「當年曹守我膠西。」

《詩集》卷十三《次韻劉貢父李公擇見寄》：「灑涕循城拾棄孩。」劉、李原唱已矣。次劉、李韻合於一題，乃以三人情誼甚深。參熙寧九年「劉攽屢寄詩」條。

《蘇軾文集》卷四十九《與朱鄂州書》：「軾向在密州，遇饑年，民多棄子，因盤量勸誘米，得出剩數百石别儲之，專以收養棄兒，月給六斗。比期年，養者與兒，皆有父母之愛，遂不失所。所活亦數千人。」此詩其一譏諷新法事多，其二譏諷朝廷削減公使錢太甚，及造酒不得過百石。「查注」已引《詩案》叙及。

《詩案》謂此詩其一作於熙寧六年九月，其二作於熙寧八年六月。「六年」當爲「八年」之誤刊。今依《詩集》編次，繫於此。

《嘉泰吴興志》卷十四謂熙寧九年三月李常知齊州，是常作詩時，仍在湖州。《詩集》題下「合注」引《長編》謂常知齊州爲今年五月，誤。《長編》無此記載。

《詩案·與劉攽通判倡和》：「軾和劉攽寄秦字韻詩云：『白髮相看兩故人，眼看時事幾番新。』以譏諷朝廷近日更立新法，事尤多也。」

《詩案·和李常來字韻》：「熙寧八年六月，李常來字韻詩一首與軾，即無譏諷。軾依韻和答云：『何人勸我此中來，絃管生衣甑有埃。緑蟻沾唇無百斛，蝗蟲撲面已三回。磨刀入谷追窮寇，灑涕循城掩棄骸。爲郡鮮懽君莫笑，何如塵土走章臺。』此詩譏諷朝廷，新法減削公使錢太甚，及造酒不得過百石，致管絃生衣甑有塵，及言蝗蟲盜賊災傷饑饉之甚，以譏朝廷政事闕失，及新法不便之所致也。」

常山廟新修成，軾作祝文。

文見《蘇軾文集》卷六十二，爲《祭常山祝文》之第二首。文云：「自我再禱，應不旋轂。迨兹有秋，歲得中熟。……陶匠并作，新其楹桷。豈以爲報，民苟不作。」參本年「五月復旱」條。

祭常山回小獵，會獵鐵溝，賦詩。并賦《江城子》；自謂雖無柳永風味，然自是一家，并令壯士歌之。

小獵詩見《蘇軾詩集》卷十三（六四七頁），會獵詩見同上卷（六四八頁）。前者云：「聖明若用西涼簿，白羽猶能效一揮。」詞見《東坡樂府》卷下，末云：「持節雲中，何日遣馮唐？會挽雕弓如滿月，西北望，射天狼。」天狼當指遼，有立功沙場之意。

《蘇軾文集》卷五十三《與鮮于子駿》第二首：「近却頗作小詞，雖無柳七郎風味，亦自是一家。呵呵。數日前，獵於郊外，所獲頗多。作得一闋，令東州壯士抵掌頓足而歌之，吹笛擊鼓以爲節，頗壯觀也。」所叙乃此時事。

《蘇軾在密州》第四編《蘇軾在密州遺址遺迹考略》任日新、韓崗《黃茅崗》：「位於諸城城南三十里。在常山東南，有山名塌山，山形由南而北，逐漸低塌，伸出一個蜿蜒十餘里的岡巒，黃草遍地，故稱黄茅崗。清代乾隆《重修諸城縣志》載：『（黄山）又北十里爲塌山，在楊村南，山形低塌也，自此東北分者爲黄茅崗，距塌山十餘里，在黄坂集（今皇華店村）西。蘇軾嘗獵於此，詩所云「黄茅崗下出長圍」也。』黄茅崗地形開闊，坡勢平緩，樹叢矮簇，溝壑窄淺，有利於野生動物繁衍藏匿，是馳騁射獵的好場所。「黄茅崗」云云，乃小獵詩中句。

九月，密州牡丹忽開一朵，軾賦《雨中花慢》（今歲花時深院）。

詞見《東坡樂府》卷上。

秋，軾作《後杞菊賦》，感歎齋廚索然；以示漣水令盛僑，僑以示張耒，耒作《菊賦》贊蘇軾。

賦見《蘇軾文集》卷一；其叙謂食杞菊，賦云四時皆可食，然以意度之，當以「秋食花實」爲主。作於秋。《詩案·後杞菊賦并引》謂本年秋以賦示僑。《詩案·與王詵往來詩賦》：「《杞菊賦》一首并引，不合云及『移守膠西，意其一飽，而始至之日，齋館索然，不堪其憂』，以非諷朝廷新法減削公使錢太甚，齋醖廚薄，事皆索然無備也。」《蘇軾詩集》卷三十四《到潁未幾公帑已竭齋廚索然戲作》：「我昔在東武，吏方謹新書。齋空不知春，客至先愁予。采杞聊自誑，食菊不敢餘。」亦叙此。

耒字文潛，楚州淮陰人。《宋史》卷四百四十四有傳。據《張耒集》附録年譜：熙寧六年，耒登第；七年授臨淮主簿；本年以事之東海，道漣水，盛僑以《後杞菊賦》見示。《菊賦》在《柯山集》卷一，中云：「膠西先生，爲世達者。文章行義，遍滿天下。出守膠西，曾是不飽。先生不愠，賦以自笑。」稱軾爲哲人。

金山寶覺禪師專人致簡，軾答之，并寄《後杞菊賦》。

據《蘇軾文集》卷六十一《與寶覺》第一簡；第二簡云及東州僧，亦作於密。

趙庾（成伯）來爲密州通判。

《蘇軾文集》卷十一《密州通判廳題名記》叙移守膠西，未一年而庾來爲倅。庾來約爲冬初，代劉庭式。參熙寧九年四月癸卯紀事。

《太倉稊米集》卷五十二《富川同寮記》：「某聞前輩士大夫，敦尚同寮之好，往往至於通家。一聯官事，契愛終身，他日兩家子弟邂逅相見，有如弟兄。蘇太史守膠西，趙明叔爲別乘。趙有母夫人，公拜於堂上。至，則必出兒女羅立傍侍。指某子曰：『是可幹君蠱。』指某子曰：『是必貴。』已而又指某子曰：『他日必有文。』後有與余相遇於宛溪之上，名某，字戒叔，中年未有官，能爲小詩，頗喜作公書，大字尤復逼真，蓋公前所謂他日必有文者也。趙君嘗以是告余，因以知昔人之風流雅尚如此。」按：明叔名杲卿，爲教授，密人，作者誤記。此別乘乃趙庾（成伯）。宛溪屬宣城。《太倉稊米集》作者周紫芝乃宣城人。

同上書卷六十《從所好堂記》：「東坡守膠西，維揚趙公實佐府事，二公相得甚歡。蘇公來必登堂，見其母夫人。已而呼其諸孫，羅而視之。今其孫戒叔，時方年十二三許。東坡於諸兒中，獨撫其背曰：『他兒當作碧鸛鵲，此郎當有文。』戒叔之先大父因教之甚力。今戒叔談笑磊落，頗自標置，又長詩詞，且善作坡書，雜之其書中，未必能辨。」蘇軾嘗往趙庾家，爲其母夫人作生日致語，見熙寧九年九月九日紀事，與此則及上則所云「見其母夫人」云云合。

劉攽（貢父）見新作歌詞，以詩見戲，軾次其韵。

次韵見《蘇軾詩集》卷十三（六四九頁），攽詩注文已引。

《詩案·與劉攽通判唱和》謂熙寧六年十一月内，「劉攽聞人唱軾新作詩一首，相戲寄軾」。「六」乃「八」之誤。

《詩案》云：「軾和本人詩一首云：『十載漂然未可期，那堪重作看花詩。門前惡語誰傳出，醉後狂歌自不知。刺舌君今猶未戒，灸眉我亦更何詞。相從痛飲無餘事，正是春風最好時。』除無譏諷外，不合引賀拔惎以錐刺其子舌以戒言語事戲劉攽。又引郭舒狂言爲王敦灸其眉以自比，皆譏時人不能容狂直之言也。」

韓宗弼罷太祝，轍作詩送行。

詩見《欒城集》卷五。中云：「我來三見芳草腓。」知作於今年。首云：「大野將凍河水微。」又云：「方橋月出風露霏。」蓋已秋將盡、冬將至。

長清令劉敏官滿罷任，轍作詩送行。

詩見《欒城集》卷五。中云：「歷下東游少相識，歡喜聞君在西邑。」長清在州治之西，敏蓋爲長清令。又云：「三年政令如牛毛，思歸南畝皆蓬蒿。」敏三年官滿。詩末云：「中朝卿士足官府，君歸何處狂歌謡。」自注：「劉原甫自長安病歸，余始識之。」「歡喜」句後云：「舊知兄弟無凡儔，相逢一笑開顔色。」劉原甫名敞，原甫之弟名攽，與劉敏之「敏」偏旁皆從「攵」，疑敏爲敞、攽之兄弟輩或堂兄弟輩。又，此詩首云：「汝州太守卧病年，亹亹猶復能清言。平生雄辯嗟不見，風流尚有曹州存。」曹州謂攽，時知曹州。見《長編》卷二百六十四本年五月戊寅紀事。則汝州太守當爲攽等之前輩。又，《雞肋集》卷五十九有《答致仕劉敏大夫啓》。

章惇知湖州，軾和其詩以送。

詩見《蘇軾詩集》卷十三（六四九頁）。《長編》卷二百六十九謂惇本年十月庚子以右正言知制誥直學士院權三司使除知湖州，到任爲熙寧九年三月，見《嘉泰吴興志》卷十四。詩其一末四句重在叙舊；其二「兩卮春酒真堪羨」，祝福其雙親俱在，情意真摯。其一「方丈仙人出淼茫」，人以爲譏惇，其實不然。「方丈仙人」乃言惇好爐火，「出淼茫」不過極言其不凡。

十月壬寅（十三日），罷手實法。

據《宋史·神宗紀》。《軾墓志銘》謂以此「密人私以爲幸」。

丁巳（二十八日）蘇頌（子容）爲秘書監。軾有簡與頌。

丁巳云云，見《長編》卷二百六十九。《長編》云頌與李大臨同責，「大臨既復職，而頌獨還官，蓋用事者抑之」；大臨復天章閣待制。《佚文彙編》卷三與頌第一簡及此。簡云「漸冷」，點明季候，與《長編》合。頌與大臨同責，乃爲封還李定詞頭事，參本譜元祐元年二月辛巳紀事。

上文彦博書，再論京東河北榷鹽之害。

書見《蘇軾文集》卷四十八（一四〇〇頁），云「手實卒罷」，作於十月以後。今次此。

十一月庚申（二日），韓琦葬安陽豐安村。軾應琦子忠彦請，作《醉白堂記》。

琦葬，據嘉慶《安陽縣志》附《安陽縣金石録》卷六宋神宗所撰《兩朝顧命定策元勳之碑》。

記見《蘇軾文集》卷十一。記首謂醉白堂乃韓琦所作，末云：「昔公嘗告其子忠彦，將求文於軾以爲記而未果。公薨既葬，忠彦以告，軾以爲義不得辭也，乃泣而書之。」

張先（子野）寄詩，和答。

詩見《蘇軾詩集》卷十三（六五二頁），時先在湖州，見《唐宋詞人年譜·張子野年譜》。

趙昶（晦之）罷諸城令，回海州，軾作詩與詞送之。

《蘇軾詩集》卷十三《送趙寺丞寄陳海州》：「景疏樓上唤蛾眉，君到應先誦此詩。」景疏樓在海州，誦詩當指《詩集》卷十二贈陳海州詩。送詩末云：「莫忘衝雪送君時。」知送爲冬季事。

《東坡樂府》卷下《減字木蘭花》（題下原注：送東武令趙昶失官歸海州）：「不如歸去，二頃良田無覓處。」又同上調（春光亭下）《注坡詞》亦謂爲送昶作。

《欒全集》卷三十《舉知諸城趙昶寺丞》：「伏見大理寺丞、知密州諸城縣趙昶，謹厚有常，勤敏任事，朝廷方采擢人才，收其力用，有如昶者，但地卑孤遠，故無聞於時，謹以名聞，以備選擇。」昶以失官歸，知舉不行。

昶父棠，蜀人，後官南海，遂爲南海人。見《蘇軾文集》卷十二《趙先生舍利記》。

蔣夔寄茶與蘇軾，并有詩，軾和之。

詩見《蘇軾詩集》卷十三。

詩叙杭州三年生活，以下云：「自從捨舟入東武，沃野便到桑麻川。剪毛胡羊大如馬，誰記鹿角腥盤筵。廚中蒸粟堆飯甕，大杓更取酸生涎。柘羅銅碾棄不用，脂麻白土須盆研。」言密州地勢、出産、飲食與飲茶習俗，可補地方志乘之遺。

《欒城集》卷六《次韻蔣夔寒夜見過》（熙寧十年初作）云「識君太學嗟歲久」。知蔣夔熙寧初在太學，蘇軾兄弟與之相識。軾此詩云「清詩兩幅寄千里，紫金百餅費萬錢」，似其時夔仍在京師，其茶係買者。以下云「窮旅」，似其時仍居客宅謀升斗。軾詩云「我生百事常隨緣」，又云「人生所遇無不可」，雖叙個人經歷，亦有寬釋蔣夔之意。

軾和友人《光禄庵二絶》。

詩見《蘇軾詩集》卷十三(六五五頁)。《詩集》「查注」引《蘇軾文集》卷五十三《答陳履常》:「輒和《光禄庵二絶》。」乃以原唱屬之陳師道(履常)。師道有兄師仲,《欒城集》卷二十二《答徐州陳師仲書》:「去年轍從家兄遊徐州,君兄弟始以客來見。」作於元豐元年。知師仲兄弟與蘇軾兄弟交往始於熙寧十年,時師道未仕。《答陳履常》云「吴中屢得瞻見」、「知風政之多暇而高躅之難繼」,與師道經歷不合。《光禄庵二絶》原唱非師道作,軾簡乃與另一人,其人似長於軾。

軾上文彦博書,叙購賞治「盗」有成效,乞勿減賞錢。

《蘇軾文集》卷四十八《上文侍中論强盗賞錢書》:「軾備員偏州,民事甚簡。但風俗武悍,特好强劫,加以比歲荐饑,椎剽之姦殆無虚日,自軾至此,明立購賞,隨獲隨給,人用競勸,盗亦斂迹。」時有旨,災傷之歲,賞錢降一等。書謂「災傷之歲,尤宜急於盗賊」,乞勿減。書又云:「今歲之民,上户皆缺食,冬春之交,恐必有流亡之憂。」知本書作於冬春之交前。稱彦博爲侍中,據《長編》卷二百五十二熙寧七年四月丙戌紀事;《長編》是日載:「河東節度使守司徒兼侍中判河陽文彦博判大名府。」軾上書時,彦博在大名。

軾飲趙庾(成伯)家,賦詩。

《蘇軾詩集》卷十九《次韻周開祖長官見寄》云「盗入蒙山不易搜」,叙密州事。

《蘇軾詩集》卷四十七《趙成伯家有麗人僕忝鄉人不肯開樽徒吟春雪美句次韻一笑》、《成伯家宴造坐無由》、《成伯席上》三詩。第一詩言及梅花，自注及雪；詩題言春雪，而本年十二月立春：要之爲歲暮事。三詩緊次。以下緊次詩爲《奉和成伯大雨中會客解嘲》，亦爲密州時作。

稍葺所居園北舊臺而新之，弟轍名之曰超然，作賦。自作記。

記見《蘇軾文集》卷十一（三五一頁），云移守膠西「處之期年」。《丹淵集》卷二《超然臺賦》首云「方仲春之盎盎兮」，作於熙寧九年二月。文同時官洋州，由密至洋，非月餘不能辦。是超然臺之成與作記，爲本年年末事。《詩案·與王詵往來詩賦》叙及《超然臺記》有譏諷新法意。

乾隆《諸城縣志》卷十四《超然臺三大字石刻》：「軾手書，久亡。」

《超然臺賦》見《欒城集》卷十七。《文集》卷六十六《書子由超然臺賦》贊轍文精確、高妙。

《超然臺記》叙樂密風俗之淳，乃作臺與吏民相與登覽，放意肆志。「方是時，余弟子由適在濟南，聞而賦之，且名其臺曰超然」，乃記之。

賦引老子語：「雖有榮觀，燕處超然。」乃以超然名之，意在超然於是非、榮辱之場、不累於物。

《蘇軾在密州》第四編《蘇軾在密州遺址遺迹考略》鄒金祥撰《超然臺》：「超然臺坐落在密州

故城北城牆中心偏西處，今諸城市人民路臺下巷北端與北關路交匯處。臺本繫元魏時築，蘇軾説『因城以爲臺舊矣』（《超然臺記》）。明萬曆《諸城縣志》載：『超然臺，縣北城，古東武縣關廂也。至元魏永安二年始築爲城，以置膠州。城北面無門，當城東西分，中立州治，北抵城根爲馬道，僅通人行。於治東東市北城上因爲一臺，又於治西西市北城上亦因城爲一臺，兩臺東西并列，蓋前人築城時所爲，意應有在，今不可曉矣。』宋熙寧七年十一月，密州太守蘇軾重新修整西城臺，并於臺上復加棟宇，以爲登眺游息之所。」

鄒文云：「超然臺背北面南，北面緊依城牆，高三丈。臺面略呈梯形，前沿東西長八丈餘，南北寬七丈餘。臺壁基礎爲花崗巖條石砌成，高六尺許，基礎之上爲古代大青磚壘就，自下而上，漸次内縮，成爲下寬上窄的梯形竪壁。正面臺壁上鑲嵌一塊高五尺餘、寬二尺許、上削兩角的青石板，上鐫陰文『超然臺』三字，筆勢渾圓有力，骨法凝重。據傳，三字原出蘇軾手筆，後被某知縣以僞仿真，竊載而歸。據清乾隆《諸城縣志·金石考》載：『軾手書久亡。按《池北偶談》云：超然臺上舊有蘇文忠三大字，嘉、隆間知縣顔某竊載歸，而别以贋石易之。述李澄中之言也。乾隆二十七年修城，得斷石，高尺四寸，寬二尺二寸，斷痕宛然，正書『超』字，甚蒼勁，字徑尺三寸許，蓋横書三字之一也。今置臺上，餘二字不可得，真贋蓋不可知。果贋，則顔與歸舟載石者異矣。』看來顔某竊歸之説，似不可信。但有一點值得推敲：『正書超字，蓋横書三字之一也』，説明『超然臺』三字爲横書。然而在同一部縣志裏，卷首《超然臺》圖上所示『超然臺』三字爲豎排，後人所見亦同。可見所得『超』字之斷石，似非超然臺上之石。」

鄒文云：「超然臺的臺階爲石條鋪就，磚砌護欄，起階西北向，四十多度坡，登上約四十級，貼壁留一小平臺，臺級轉向北，坡度轉陡，又登約十級，再轉向西，再登三級，過一門樓，即達臺頂，共有臺階五十四級。臺上自門樓起，沿東、南、西三面砌以高約三尺的青磚花牆。距正面花牆約二丈餘爲前廳，共三間，明景泰六年（一四五五）知縣黄武建。係磚木結構的古式建築，風格、造型與一般廳堂相同，前出厦四尺餘，中有明柱二根，上書楹聯，上聯爲『昨既見情懷，豈獨文章推國手』；下聯爲『登臺增景仰，常留忠愛繫人心』。門上懸横匾一塊，上書『慕賢亭』三字。厦下東西兩盡頭貼山牆各豎石碑一座，東西兩間有花檽大方窗各一，東西兩山牆各有圓窗一個。前牆内壁有兩塊文字石刻分置門兩旁。廳後有東西兩廡各三間，建築結構同前廳，但較前廳矮小得多。兩廡内牆上分嵌青石石刻五十多塊，有蘇軾畫像，有詩文，有蘭、竹畫等。院内有大小石碑數座，與前廳相引。後堂三間，較前廳小而比兩廡大，亦爲磚木結構，内有蘇軾塑像，坐姿，頭戴綸巾，白面青髯，身著藍色便袍，白襪去靴，一手捧書，一手扶膝，神態文雅莊重，風度超然脱俗。」

鄒文云：「出〔諸城〕東門向北直抵城牆，折向西爲後牆與城牆的間隔帶，形成一條長廊，中置青石方桌一張，石方凳數塊，游人至此小憩，可以飽覽『北俯濰水』之勝景。」鄒文云：「密州人民……曾多次修葺超然臺，以臺上棟宇改爲祠，塑蘇公像於中祀之，并於二、八月上戊日例行祭祀。明景泰六年於祠前建慕賢亭。而後，歷代均有修葺。」鄒文云：「超然臺於戰爭年代被毀，至今已四十餘年。」按，此文作於一九九五年。一九九四年至一九九九年，余四訪諸城，詳詢及超然臺被毀之情。乃知戰爭期間，由於修築堡壘、工事之需要，倉促之間，難得磚木，乃拆超然臺以應急。戰爭期間，奪取勝利第一，下層指揮員以及戰士，缺乏保護文物意識，其舉動當可得後世諒解。然歷史真相不可淹没，後人不可不知，故爲書之於此。

文勛至密，軾爲論古本《陽關》。

《蘇軾文集》卷六十七《記陽關第四聲》叙其事；勛乃以事至密。其至，約爲冬季事，參以下「十二月立春」條。

勛字安國，見《山谷詩集注》卷十八《文安國輓詩》任注。廬江人，見本譜熙寧九年正月七日紀事。善篆，《姑溪居士文集》卷四十一《跋文安國篆》贊其篆筆方嚴勁正，未嘗妄立一筆。《王荆文公集》卷十八《題舒州山谷寺石牛洞泉穴》自注叙皇祐三年九月與道人文鋭弟勛「擁火游石牛洞」，知勛長於軾。

十二月立春，軾病中邀文勛、喬叙、趙庾爲會，有詩。

詩見《蘇軾詩集》卷十四（六六三頁）。《宋史·神宗紀》謂本年閏月。閏月一年兩立春，《詩集》次此詩於熙寧九年，誤。

本歲，晁端友（君成）卒。其後，軾應端友之子補之請，作《晁君成詩集引》，補之有謝書。

端友卒見《豫章黄先生文集》卷二十三墓銘，年四十七。引在《蘇軾文集》卷十。書乃《鷄肋集》卷五十二《謝蘇公先生示先君集引書》。書云：「補之再拜。蒙示先君集引，不任哀感。先君袍義懷術，不願知於人，故人知之者鮮，賴先生之言，乃更托於不朽，則其家所以受恩論報可忘耶！以漢中候吏，論先君之好學隱德，類矣。末復引郤子固，以重及其不肖之孤。固名重，雖漢之盛，如此人爲少。補之年少，學問未深，大懼辱先君之世，而害門下之義，承命累日不寧。雖然，固以不能信行事梁冀，遭冀讒死，二子皆遇害，而先生語好學終譽則先斯人，然則先生之以固望補之也，補之知之矣。敢不受教。」

本歲，王詵送來官酒、果子、藥等物與軾。

據《詩案·與王詵往來詩賦》。《詩案》并云「嘗有書簡往復」，今未見。

本歲，軾與鮮于侁（子駿）簡，叙爲政。

《蘇軾文集》卷五十三與侁第一簡：「某到郡正一年。」謂密州。以下云：「諸况粗遣，歲凶民貧，力所無如之何者多矣。然在己者未嘗敢行所愧也，如此而已。」時侁爲利州路轉運副使兼提舉常平，見《宋史》侁本傳。

與侁第二簡亦作於本年，見本年「祭常山回小獵」條紀事。

本歲，軾與王淮奇（慶源）、李行中（無悔）簡。

《蘇軾文集》卷五十九與淮奇第二簡叙密州近況，并云：「西南引領，即悵然終日。」頗思鄉。

同上與行中簡：「今歲科舉，聞且就鄉里。承示喻，進取之意甚倦，盛時美才，何遽如此，且勉之，決取爲望。」「科舉」云者，蓋謂解試也。明年乃禮部試。

本歲，軾應僧居則之請，作《鹽官大悲閣記》。

記見《蘇軾文集》卷十二。

《詩案·與僧居則作大悲閣記》：「熙寧八年，軾知徐（按：應作『密』）州日，有杭州鹽官縣安國寺相識僧居則，請軾作《大悲閣記》，意謂舊日科場，以賦取人，賦題所出，多關涉天文、地理、禮樂、律曆，故學者不敢不留意於此等事。今來科場，以大意取人，故學者只務空言高論而無實學。以譏諷朝廷改更科場法度不便也。」

《紀年録》謂本年作《大悲閣記》，即指《鹽官大悲閣記》。參熙寧七年「僧居則建大悲閣，蘇軾題梁」條紀事。

李察（公恕）本歲或行部至密，軾與游甚樂。

《蘇軾詩集》卷一六《送李公恕赴闕》有云：「我頃分符在東武，脱略萬事惟嬉遨。盡壞屏障通内外，仍呼騎曹爲馬曹。君爲使者見不問，反更對飲持雙螯。酒酣箕坐語驚衆，雜以嘲諷窮詩騷。」行部具體時間不詳，今姑繫入本年。

應顏復之請，軾爲其父太初鳧繹先生詩文集作序，或爲本年事。復以李憲臣藏墨見贈。

序見《蘇軾文集》卷十，題作《鳧繹先生詩集叙》。

《詩案·與鳧繹先生作文集序》：「熙寧七年，軾知密州日，顏復寄書與軾云：『爲先父諱太初自號鳧繹先生求作文集引序。』軾遂譏諷朝廷更改法度，使學者皆空言不便也。」此處所云「七年」，乃到密州任之年。其撰成此文，當爲任中事，今繫入本年。《蘇軾文集》卷七十《書李憲臣藏墨》叙作集引，復以此贈墨事。《墨史》亦記贈墨事。

《宋史·藝文志》著録《顏太初集》十卷。復，《宋史》卷四百四十二附父傳。嘉祐六年五月，贈進士出身。見《宋會要輯稿》第一百二十册《選舉》三四之四七至四八。《宋史》復傳謂卒年五十七，《長編》卷四百三十四注文謂元祐五年卒，知長蘇軾二歲。

軾試墨帖或作於本年。姪大通嘗以此帖寄黄庭堅。

《山谷老人刀筆》卷十六《答蘇大通》第三簡：「惠示東坡試墨帖，雖二十五年前書，如鸞鳳之雛，一日墮地，便非孔翠可擬，况山鷄輩也。」作於戎州，時約在元符元年至三年間。今姑繫於此。帖已佚。庫本《山谷集》別集卷十五《答蘇大通》云及「公家二父，學術跨天下，公當得之」，知大通乃蘇軾之姪。

捕盜悍卒擾民，欲爲亂，軾從容平息之。

《墓誌銘》：「郡嘗有盜竊發而未獲，安撫、轉運司憂之。遣一三班使臣領悍卒數千人，入境捕之。卒凶暴恣行，以禁物誣民，入其家争鬬，至殺人，畏罪驚散，欲爲亂。民訴之，公投其書，不視，曰：『必不至此。』潰卒聞之少安。徐使人招出，戮之。」《宋史》本傳略同。原未載具體時間，今姑繫入本年。

轍作《齊州濼源石橋記》。

記見《欒城集》卷二十三。記謂熙寧七年九月至十一月橋成，所以防水。「又明年，水復至，橋遂無患。」則記乃作於今年。記謂橋之成，得力於太守李肅之與知歷城施辯、兵馬都監張用晦。

《齊乘》卷五：「濼源橋，在城西。子由作記。」并謂刊書時尚存。

轍題張方平（安道）樂全堂。

詩見《欒城集》卷六。首云：「天命無不全，人事每自傷。」中云：「我公體自然，率性非勉强。

驅馳四十年，不入憂患場。」得其全。

鮮于侁（子駿）寄《益昌官舍八咏》來，轍和之。

和詩見《欒城集》卷六。其《寶峰亭》云：「昔過益昌城，暮登君子堂。」此乃熙寧元年事，見該年「過益昌」條。以下有云：「今聞寶峰上，縹緲陵朝陽。三休引蘿蔓，一覽窮蒼茫。」又云：「漂摇萬里外，手把新詩章。」侁其時猶在益昌。

《蘇軾文集》卷六十八《題鮮于子駿八咏後》：「始予過益昌，子駿始漕利路。其後八年，予守膠西，而子駿始移漕京東。」此文作於熙寧九年。以下謂侁爲漕利路九年，知侁詩乃自益昌寄來，其時仍漕利路。

本年，軾與程建用（彝仲）簡，欲來歲密州官滿後，與轍西還。

《蘇軾文集》卷五十八《與建用第二簡》：「東武任滿，當在來歲冬杪，……此任滿日，舍弟亦解罷，當求鄉里一任，與之西還。近制既得連任蜀中，遂可歸老守死墳墓矣。」據此，轍亦有求官回蜀之意。

軾嘗與喬叙（禹功）、章傳（傳道）、趙杲卿（明叔）遊，并題名。

乾隆《諸城縣志》卷十四《金石考》上《喬禹功等題名石刻》：「石高尺八寸，圍二尺八寸，質甚璞，中藏巖壑，皆曰太湖石，然不類。石背鐫三行，九字，字徑寸，八分書。左讀之，曰『禹功、傳道、明叔、子瞻遊』。王士正云：……坡書遍天下，而八分僅見此石。」題名具體時間不詳，今姑繫入本年。

《潛研堂金石文跋尾續》卷四《蘇子瞻題名》謂此題名在諸城縣學，「刻在甲寅以後、丙辰以前無疑」。又謂「此刻不言何人所書，而予決其爲坡書者」。以下言喬、章、趙「以班資言之，皆宜在郡守之下，惟出於公自書，故可謙退居後，它人則嫌於僭矣。東坡分隸，世所罕見，此九字，可謂文豹之一斑也。」《文物》一九七九年六月徐自强、吴夢麟撰《蘇東坡超然臺題名小記》謂此題名置超然臺，翁方綱有拓本，石已失。可參。

三蘇年譜卷二十六

熙寧九年(一〇七六)丙辰　蘇軾四十一歲　蘇轍三十六歲

軾遷祠部員外郎。

據《紀年録》。《紀年録》本年首列此事。全稱尚書祠部員外郎,見本年四月癸卯紀事。《施譜》謂本年磨勘轉祠部員外郎。

《詩案·供狀》:「就差知密州,磨勘轉祠部員外郎。」未云年份。

賦《一叢花·初春病起》。

詞見《東坡樂府》卷上。

詞末云:「衰病少悰,疏慵自放,惟愛日高眠。」《東坡樂府》卷上《南鄉子》云及「一枕清風晝睡餘」、「睡聽晚衙無箇事」爲同一景象。作於太守任。

詞首云:「今年春淺臘侵年。」意爲立春在上年之臘月,故覺春淺也。考蘇軾官太守而立春日在臘月者,有熙寧八年,是年閏四月,立春日在十二月二十七日。元豐元年閏正月,立春日在十二月三十日,不得云「淺」。且元豐二年四月將卸任,亦不得云「疏慵自放」。徐州地氣較密州暖。詞所云「冰雪破春妍」，較合密州實際。

文勛摹秦篆，刻《秦琅邪臺刻石》，置之超然臺上。正月七日，軾作《刻秦篆記》。

記見《蘇軾文集》卷十二。《金石録》卷十三《秦琅邪臺刻石》云及文勛摹刻，時已移琅邪臺。明都穆《金薤琳琅》已云「文勛摹刻既亡」（乾隆《諸城縣志》引）。刻石全文，見《史記》卷六《秦始皇本紀》。

提舉李孝孫嘗乞召還蘇軾爲侍從。

據《詩案·供狀》。《韓南陽集》卷十七有《屯田郎中判吏部南曹李孝孫可都官郎中制》、《文恭集》卷十四有《李孝孫可大理寺丞制》。本年正月庚午，孝孫以環慶路都監兼第四將充安南行營副將，十年九月乙卯，孝孫以供備庫副使録子孫外，各更與一人三班借職，以赴安南行營病死也。見《長編》卷二百七十二、二百八十四。孝孫爲提舉乃本年正月庚午（十三日）前事。姑繫此。

十三日，雪中送文勛（安國）還朝，軾賦《滿江紅》。軾嘗於勛席上賦《蝶戀花》。

《滿江紅》見《東坡樂府》卷上；卷下《江城子》（調下原注：東武雪中送客），或亦爲勛作。《東坡先生全集》卷七十五《蝶戀花》調下原注：密州冬夜文安國席上。詞云「深惜今年正月暖」，知「冬夜」爲「春夜」之誤。此詞見《東坡樂府》卷下。

十五日，軾跋赤溪山主頌。

文見《蘇軾文集》卷六十六（二〇五九頁）。赤溪山主乃趙棠，見《文集》卷十二《趙先生舍利記》。《紀年録》謂頌作於正月五日。

十六日，知青州向經召還。經旋卒。繼任者陳薦（彦升）任中舉蘇軾侍從。薦不久回鄉，軾有賀啓。

向經召還，據《長編》卷二百六十熙寧八年二月丁丑紀事注文。《長興集》卷二十八經墓銘謂經卒於今年二月九日，年五十四。

《長編》卷二百九十九元豐二年七月己卯紀事謂熙寧六年至元豐二年七月己卯前，薦嘗知青州。《蘇軾文集》卷四十六《徐州謝鄰郡陳彦升啓》：「受代膠西，甫違仁庇。」薦知青州時，軾正知密州。薦，邢州沙河人。《宋史》卷三百二十二有傳，謂薦卒年六十九。薦卒於元豐七年九月，見《長編》卷三百四十八，長蘇軾二十歲。《蘇軾文集》卷三十八有《陳薦贈光禄大夫制》。《詩案·供狀》謂「安撫使陳薦」「舉外陟侍從」。此安撫使謂京東東路安撫使，京東東路安撫使例兼知青州。

《文集》卷四十七有《賀青州陳龍圖啓》。

據上引《長編》卷二百九十九，薦乃以龍圖閣直學士知。賀啓云及「疏傅之歸」，「無由追餞，徒切瞻依」，知薦罷任回鄉時，軾猶在任。薦知青之日不長。

提點京東西路刑獄李清臣（邦直）自徐州行部至密州，登超然臺，作賦，蘇軾刻之石並跋。軾嘗寫《超然臺記》寄清臣。清臣與軾暢叙情懷。

《新刊國朝二百家名賢文粹》卷一百七十九淇水先生《超然臺賦》：「惟太史氏守膠西之明年，政平民裕，易勤勩爲燕閑。寓所樂於登望，成高臺於北園。以屬濟南從事轍以事賦之，命爲超然。客有過膠西者，覽觀乎其上，曰：信乎美哉，臺也，抑可以緣名而見意，即事而知賢。乃繼之曰：山則帶篋、覆釜、五疑、九仙，水則膠、皎、盧、落、陽、馮、維、涓。枕以句游之島，帶以却（撰者按『却』乃『邦』之誤）淇之川。深回回以索阜，高叢叢其刺天。晨金烏之始出，摶碧海而孤騫。雖夸父知不可從兮，惟明霞之後先。立瞪視以既久，目眩晃而飛圓。欣草木之得時，野蒨鬱而生煙。惡百里之氛垢，喜太虚之澄鮮。下不接乎物之迹，旁不圂乎人之言。獸騰原以躑躅，鳥隱木而間關。謂行雲之無心，何既往而復還。而誰者其使之，忽馳驅以北南。倘躊躇以慕古，感四叙之徂遷。朝迎日乎扶桑，夕餞日乎虞淵。下四顧而愍俗，惜所趣之奇偏。得有徵於鼠臂，喪有巨於牛肩。視溺者之紛紛兮，愈疾走而争前。余宏望而獨得，思浩渺而難傳。軼昊氣而與之游，遺事物之羈纏。嗤榮名之喧卑，哀有生之煩煎。萬有不接吾之心術兮，味《逍遥》之陳篇。蛾眉弗以爲侍兮，識幻假於朱鉛。雖巫神與洛妃，吾不覩其爲妍。

湛幽默以静思，屏秋耳之繁絃。嗅緑縟之雜芬，叱層壇之龍涎。斥醪醴而不御，塵芳荼以瀹泉。系曰：世所甘處，我以爲患兮。物皆謂危，己所安兮。非彼所争，爲渠不忩兮。佩玉襲綬，得考槃兮。」

《直齋書録解題》卷十七：「《淇水集》八十卷，門下侍郎大名李清臣邦直撰。」《名賢文粹》所云淇水先生乃李清臣。此賦當自《淇水集》中録出。據晁補之《雞肋集》卷六十二《資政殿大學士李公（清臣）行狀》，大名乃清臣祖居，清臣實居相州安陽，相州有淇水，因以名集。

《蘇軾文集》卷六十六《書李邦直超然臺賦後》末云：「即世之所樂，而得超然，此古之達者所難，吾與子由其敢謂能爾矣乎？邦直之言，可謂善自持者矣，故刻於石以自儆云。」軾《超然臺記》有「名其臺曰超然，以見余之無所往而不樂者，蓋游於物之外也」之語，與跋中之語有不同處。蓋清臣所云「世所甘處，我以爲患兮，物皆謂危，己所安兮」，不以《超然臺記》所云爲然，軾思之亦有理，故刻石以自儆。

《詩案·與李清臣寫超然臺記并詩》：「熙寧九年，軾寫《超然臺記》寄清臣。」

兹略考李清臣此前後經歷。

《雞肋集》卷六十二《資政殿大學士李公（清臣）行狀》：「以祕書郎通判海州。會直舍人院孫洙出守海州，與洙同制科館職。一時觴詠，傳淮海爲盛事。」

孫洙離海州任，爲熙寧七年八月十五日。已見前。知清臣爲海州通判，乃熙寧七年事。熙寧八年閏四月，清臣官集賢校理，同知太常禮院。見《宋會要輯稿》禮三六之四。是年八月二十四日，韓琦卒。見琦之《安陽集》附家傳。《李清臣行狀》謂清臣被旨祭奠，爲琦之行狀。

《李清臣行狀》此下謂清臣除「提點京東西路刑獄」。約爲熙寧八年之末。熙寧十年八月壬午，清臣召爲國史院編修官。見本譜該年紀事。

密州屬京東東路，徐州屬京東西路。提刑司設徐州。李清臣以京東西路提刑兼管京東東路，即整個京東路。《蘇軾詩集》卷十四《答李邦直》云：「子從徐方來，吏民舉熙熙。」詩作於本年夏。説明清臣來密州，乃行部。以下又云：「别來今幾何，春物已含姿。柳色日夜暗，子來竟何時。」知清臣來密爲春初事。賦作於此時。

蘇軾《答李邦直》叙清臣至密州時，軾「扶病出見之」，而清臣「驚我一何衰，知我久慵倦，起我以新詩」，以詩振作軾之精神，暫時從繁忙公務中擺脱出來。以下云：「詩詞如醇酒，盎然熏四肢。」謂清臣之詩味厚，惜其詩不傳。於是對飲暢懷共樂：「徑飲不覺醉，欲和先昏疲。西齋有鸞帳，風雨夜紛披。放懷語不擇，撫掌笑脱頤。」移榻於軾所居，無所不談。

二月二十一日，軾書《雪後書北臺壁》。

據《八瓊室金石補正》卷一百四。詩見《蘇軾詩集》卷十二。

辛丑(十三日),李肅之提舉南京鴻慶宮。

據《年表》。《年表》謂肅之「以病自請」。肅之元祐四年卒,年八十四。見《蘇魏公集》卷六十一《李公墓誌銘》。

李常(公擇)自吴興來知齊州。

《欒城集》卷六《次韻吴興李行中秀才見寄并求醉眠亭詩二首·和見寄》:「前日使君今在此。」自注:「李公擇自吴興移濟南。」

《嘉泰吴興志》卷十四謂本年三月李常知齊州。

轍識黄大臨(元明),大臨以養生見教。

《欒城集》卷十二《次烟字韻答黄庭堅》:「大兄昔許叩延年。」自注:「魯直兄舊於齊州以養生見教。」大臨,庭堅(魯直)兄,見《山谷年譜》。大臨、庭堅乃李常之甥。見《山谷外集詩注》卷一《次韵寄滑州舅氏》宋史容注。《山谷外集》卷七附大臨《奉寄子由》云「歷下笑談漫一夢」,叙此時事。歷下,齊州。

分司南京李師中(誠之)求酒,作詩,轍次韵。

次韻見《欒城集》卷六。其一中云:「春來强健鬬樽前。」其二首云:「春深風雨半相和。」

點春。

《忠肅集》卷十二《右司郎中李公墓誌銘》：「應詔上書，貶和州團練副使、本州安置。稍徙單州，復右司郎中、分司南京。」

《忠穆集》卷八《燕魏雜記》謂師中奏請詔司馬光、軾、轍赴闕條問急政，「遂落職竄逐，後歲餘，神考感悟，乃令分司南京、鄆州居住」。

歷城令施辯歸常州，轍作詩送行。

詩見《欒城集》卷六，有「歸期忽告三月尾」之句，點明作詩時間。

以下又有《施君既去復以事還戲贈》詩。

寒食後，登超然臺，軾賦《望江南》。

詞見《東坡樂府》卷上，云「且將新火試新茶」，作於寒食後一二日。是歲清明爲二月二十九日。

三月三日，軾自書《超然臺記》。

山東諸城市博物館所藏《超然臺石刻》第一册有《超然臺記》石刻拓本，末云「熙寧九年三月三日東武西齋書」，另行書「蘇軾」，空一字，書「眉陽□□」。此乃清康熙五十八年重刻本，乾隆《諸城縣志》亦載。

同日，會流杯亭，軾賦《滿江紅》。

詞見《東坡樂府》卷上，首云「東武南城，新堤就」，飲宴於此，兼有巡視之意。

四日，軾和文同（與可）洋州園池三十首。

詩見《蘇軾詩集》卷十四（六六七頁）。《金石續編》卷十六著録，題作《寄題與可學士洋州園池三十首》，下署「從表弟蘇軾上」，此前云「熙寧九年三月四日東武西齋」。《蘇軾詩集》卷十三有《西齋》。西齋，此前已及。

按：詳考史實，蘇、文實非中表。「從表弟」云云不過極言其親近，非同一般。《佚文彙編》卷二《與張安道》第一簡末云「從表姪蘇軾頓首」。蘇軾與張方平（安道）亦無親戚關係，稱「從表姪」，亦極言其親近。附此。

甲戌（十九日），賜進士、諸科及第出身。

據《宋史·神宗紀》，凡五百九十六人。

王顗登進士第。顗與蘇軾友善。

王顗本年登進士第，見道光《滎縣志》卷二十九。

道光《滎縣志》卷三十《王顗傳》：「以才行名，官翰林學士。與蘇軾友善。承詔上時事，忤權貴，入黨籍。紹興六年推其直，特贈太中大夫。子廷堅，官至右朝奉大夫，通判岷州，河東制置司機宜。」

程建用（彝仲）登進士第。蘇軾嘗有簡預祝其成功。

《蘇軾文集》卷五十八《與程彝仲》第一、二簡作於熙寧八年。前者云「承以科詔入都」，後者云「東武任滿，當在來歲冬杪」。時建用在汴都，擬應明年省試、御試。第三簡云建用省試得中，預祝其御試在高等。第四簡云「榜中鄉人，所識惟吾兄一人」。此二簡亦作於密。嘉慶《眉州屬志》卷十引宋雁塔題名碑，列建用之名於熙寧，爲倒數第二人。是建用於熙寧九年登第之證。《净德集》卷三十一《送程彝仲赴東川教授》云「君之一第得稍晚」，誌其實。《蘇軾詩集》卷二十七《送程建用》「誥案」謂「彝仲早登第」，誤。《文集》與建用第三、四簡，《七集·續集》題作《與程得聖秘校二首》，是建用一字得聖，登第後即除秘閣校理。第二簡首云「得聖此行」，亦指建用，是建用一字得聖之又一證。

蘇軾賦《望江南》。

詞見《東坡樂府》卷上。

本年寒食後賦《望江南》，首云「春未老」。此詞首云「春已老」，乃繼「春未老」而作。春雖已老但未去，故《東坡先生全集》卷七十四逕以「暮春」題之。

此詞格調明快、爽朗，蘇軾詞中似此者不多。詞云「酣詠樂昇平」。何謂昇平？一則客歲需雨時，天公降雨，蝗之威勢已收斂，下民收成較好；二則因有雨，客歲桑林桑葉茂盛，蠶事較好；三則以農、蠶較好，益以有效措施，盜賊大量減少。一言以蔽之，曰「安居樂業」。此中樂趣，蘇軾實與民共之。

軾寄題刁約（景純）藏春塢。

詩見《蘇軾詩集》卷十四（六七九頁）。

《京口耆舊傳》卷一《刁約傳》：「約家世簪纓，故所居頗有園池之勝。至約，更葺園曰藏春塢，塢西臨流爲屋，曰逸老堂，又西有山阜，植松其上，曰萬松岡。凡當世名能文者，皆有詩，故藏春塢之名聞天下。」

《温國文正司馬公文集》卷十三有《寄題刁景純藏春塢》。題下自注：「景純致政居京口，治其所居，名曰藏春塢。前有一岡皆松林，命曰萬松嶺。」詩云：「藏春在何許，鬱鬱萬松林。永日門闌静，東風花木深。主公今素髮，野服遂初心。許與鄉人醉，高歌散百金。」

知洋州文同（與可）寄轍《守居園池雜題》三十首，和之。

文同詩見《丹淵集》卷十五。同於熙寧八年秋冬之間至洋州，據《丹淵集》卷首年譜。《蘇軾詩集》卷十四有《和文與可洋川園池三十首》。軾詩有墨迹，作於本年三月四日。清鄭炳然《漢南續修郡志》卷三十有鮮于侁《洋州三十景》，亦爲和文同之詩。

同詩《北園》：「春風有多少，盡入使君家。當與郡人樂，滿園桃李花。」轍答以：「使君美且仁，遍地種桃李。豈獨放春花，行當食秋子。」闡揚同詩之意，用以贊同。

吴興李行中（無悔）寄詩并求題醉眠亭詩，轍次其韵二首。

詩見《欒城集》卷六。其四前四句乃自述：「才堪簿領更無餘，贏得十年閑讀書。寵辱何須身自試，窮愁不待酒驅除。」順其自然，頗有自得之意。自熙寧二年回京師至是，舉成數，亦可謂十年。其二題醉眠亭，首云：「是非一醉了無餘，唯有胸中萬卷書。」蓋行中爲博學之士。

蘇軾答李清臣（邦直）詩，盼清臣再來密。

詩乃《蘇軾詩集》卷十四《答李邦直》。

清臣春初來密州時，嘗賦詩。《答李邦直》「起我以新詩」，謂此。軾此詩乃答清臣者。清臣所賦之詩，已久佚。

軾詩云：「别來今幾何，春物已含姿。柳色日夜暗，子來竟何時。」詩作於暮春。清臣行部離密州時，有再來之約，軾詩「子來竟何時」謂此。

軾詩復云：「徐方雖云樂，東山禁游嬉。」又無狂太守，何以解憂思。」清臣居徐州。狂太守，軾自謂。詩之主旨爲：盼李清臣再來共叙。

四月一日，軾與趙庾（成伯）等賞藏春館殘花，賦《臨江仙》。

《東坡樂府》卷上所收此詞，乃惠州所改者。原詞見《注坡詞》，調下原注云：「熙寧九年四月一日，同成伯、公謹輩賞藏春館殘花，密州邵家園也。」詞云：「九十日春都過了，貪忙何處追遊？三分春色一分愁。雨翻榆莢陣，風轉柳花毬。閬苑先生須自責，蟠桃動是千秋。不知人世苦厭求。東皇不拘束，肯爲使君留！」《外集》所收此詞同。

《蘇軾詩集》卷二十六有《小飲公瑾舟中》詩，作於元豐八年赴登途中。自注謂公瑾姓鄧，滁人。不知是否即此公謹？

文同寄《超然臺賦》來。六日，蘇軾書其後。

書後見《蘇軾文集》卷六十六(二〇五九頁)。

《丹淵集》卷一《超然臺賦》：「方仲春之盎盎兮，覽草木之菲菲。胡怫鬱於余懷兮，悵獨處而無依。陟危譙以騁望兮，丘阜攉崒而參差。窮莽蒼以極視兮，但浮陽之輝輝。忽揚飆以晦昧兮，灑氛霾於四垂。躓余心之所行兮，欲溷溷其安之。蛻余神以遐騖兮，控泬寥而上馳。闢晻曖以涉鴻洞兮，揮霓旌而掉雲旗。導長彗以夭矯兮，從宛虹之委蛇。曳采旒以役朱鳳兮，駕瓊輈而驅翠螭。涉橫潢以出没兮，歷大曤而蔽虧。羽萬里以一息兮，俯九州而下窺。有美一人兮在東方，去日久兮不能忘。凛而潔兮岌而長，服忠信兮被文章。中皦皦兮外琅琅，蘭爲襟兮桂爲裳。儼若植兮奉珪璋，戢光耀兮秘芬芳。賈世用兮斯卷藏，遊物外兮肆猖狂。余將從之遥相望，回羊角兮指龍肮。轉嵎夷兮蹴扶桑，倚泰山兮聊徜徉。下超然兮拜其旁，願有問兮遇非常。勿掉頭兮告以詳，使余脱亂天之罔兮解逆物之韁。已而釋然兮出有累之場，余復僊僊兮來歸故鄉。」此賦作於春季。

鮮于侁（子駿）作《超然臺賦》。

《新刊國朝二百家名賢文粹》卷一百七十九鮮于諫議《超然臺賦》：「佳人兮何爲，超然臺兮獨處。極勞心兮悵望，登寶峯兮仰止。天之西兮海之東，不憚遠兮欲從其游。秣余馬兮沃余車，道阻長兮不可馳驅。天蒼蒼兮雲垂垂，雨冥冥兮愁余思。余之思兮何在，遠游兮六合之外。御一氣兮同流，横八風兮上下。絶人世之囂氣兮，捐區中之狹隘。命豐隆使先驅兮，飛廉掃清於晻藹。陽子蒼皇而不及馭兮，陲良瞪眙而不及駕。朝五嶺兮晝崑崙，哺玄圃兮夕三山。乘雲氣而騎日月兮，陟降治乎羣仙。王喬韓終惠好而游兮，訪丹丘而揖羨門。顧超然之佳人兮，相對而忘言。忘言兮道存，冠岌岌兮服芳芬。飲沆瀣兮餐芝英，氣充鬚髪兮自可長生。金丹煌煌兮五色，服之一丸兮生羽翼。聞風恍惚兮，或有求而不得。蜉蝣之生兮，蟪蛄之年。朝菌曄煜兮，舜華鮮鮮。蠻觸之角兮，醯雞之天。壽命幾何，皆去如絶弦。佳人兮奈何，道不可流人兮時不再來。聊逍遥兮自得，與日月兮同存。」

張耒作《超然臺賦》。

《柯山集》卷二《超然臺賦》序云：「蘇子瞻守密，作臺於囿，命以超然，命諸公賦之。余在東海，子瞻令劉貢父來命。」賦云：「或有疑於超然曰：古之所謂至樂者，安能自名其所以然耶！今夫鳥之能飛，獸之能馳，與夫人之耳目手足視聽動作，自外而觀之者，豈不以爲大樂乎！然鳥獸與人，未嘗自以爲樂也。古之有道者，其樂亦然，又安能自名其所以然耶？彼方自以爲超然而樂之，則是其心未免夫有累也。客有應之曰：吾豈以子之言非耶？吾方有所較而後知超然者之賢也。予視世之賤大夫，方奔走勞役，守塵壤，握垢穢，嗜之而不知厭。而超然者，方遠引絶去，芥視萬物，視世之所樂，不動其心，則可不謂其賢耶？今夫世之富人，日玩其金玉而樂之，是未能富也，忘其所有而安之，是真能富矣。夫惟有之是以貴，其能忘之使其無有，則將何所忘耶？予以謂將忘超然爲真超然，則其初必有樂乎超然而後忘可能也。予以謂樂夫世之樂者乎！然則子亦安知夫名超然者，果非能至樂者也。賦曰：登高臺之岌岌兮，曠四顧而無窮。環羣仙於左右兮，瞰大海於其東。棄塵壤之喧卑兮，揖天半之清風。身飄飖而欲舉兮，招飛鵠與翔鴻。莽丘原之茫茫兮，弔韓侯之武功。提千乘之富强兮，憑百勝而稱雄。忽千年而何有兮，哀墟廟之榛蓬。有物必歸於盡兮，吾知此臺之何恃。惟廢興之相召兮，要以必毁而後止。彼變化之無窮兮，嗟其偶存之幾何。聊徼樂於吾世兮，又安知夫其他。或有疑夫超然者兮，豈其知道而未純。曰：彼天下之至樂兮，又安能自名其所以然。惟樂而不知所以樂兮，此其所以爲樂之全。彼超然而獨得兮，是猶存物我於其間。客有復之者曰：子知至樂之無名兮，是未知世之所可惡。世方奔走於物外兮，蓋或至死而不顧。眇如醯雞之舞甕兮，又似乎青蠅之集汙。衆皆旁視而笑兮，彼獨守而不能去。較此樂於超然兮，謂孰賢而孰愚。何善惡之足較兮，固天闊之異區。道不可以直至兮，終冥合乎自然。子又安知夫名超然者，果不能知至樂之淵乎！」

按：蘇軾既求劉攽（貢父），攽又轉求末，時日往返，末作賦，當爲今年事。今因文同作賦事，類次於此。

司馬光嘗寄題超然臺詩。

《司馬文正公傳家集》卷五《超然臺寄子瞻學士》：「使君仁智心，濟以忠義膽。嬰兒手自撫，猛虎鬚可攬。出牧爲龔黄，廷議乃陵黯。萬鍾何所加，甔石何所減。用此始優游，當官免阿諂。鼂時守高密，民安吏手斂。乘閒爲小臺，節物得周覽。容膝常有餘，縱目皆不掩。山川遠布張，花卉近綴點。筵賓殺核旅，燕居兵衛儼。比之在陋巷，爲樂亦何歉。可笑夸者愚，中天猶慘慘。」參熙寧十年「春末」條。

四月十日，同天節。蘇軾作功德疏文。

同天節據《宋史·神宗紀》。

文見《蘇軾文集》卷四十四（一二七九頁）。文云：「用同東土之民，少效華封之祝。」知作於密州。今次本年。

癸卯（十八日），軾作《雩泉記》。

記見《蘇軾文集》卷十一。《詩案·祭常山作放鷹一首》：「熙寧八年五月，軾知密州内，於本州常山泉水處祈雨有應，軾遂立名爲雩泉。九年四月癸卯，立石常山之上。」以下引記中語「堂堂在位，有號不聞」，譏諷官吏不聞百姓所訴連年蝗旱災情。乾隆《諸城縣志》卷十四《金石考》上録蘇軾《密州常山雩泉記》，末云「熙寧九年四月癸卯朝奉郎、尚書祠部員外郎、直史館、知密州軍州事、騎都尉蘇軾記」。以下云：「碑久亡。元至元十九年，山東東路經略使司奏差前密州軍資庫監支納劉澄重建，石匠盧伯川摹刻。……碑在常山祠前，東向，高六尺四寸，寬三尺四寸七分，正書。字徑寸四分。碑陰正書銜、名字，徑二寸許。第一行將仕郎、守諸城縣尉李師彦，第二行將仕郎、守諸城縣主簿陳當，第三行儒林郎、守諸城縣丞初公佐，第四行將仕郎、守太常寺、奉禮郎知諸城縣事李謂，第五行承奉郎、試大理評事、充密州觀察推官周世長，第六行安化軍節度推官承奉郎、試大理評事張朝宗，第七行、第八行朝奉郎、守尚書屯田郎中、通判密州軍州事、上騎都尉、賜緋魚袋趙庾，第九行、第十行朝奉郎、尚書祠部員外郎、直史館、知密州軍州事、騎都尉、借紫蘇軾。」

《詩案》云記文：「譏諷是時京東蝗、旱訴聞，鄰郡百姓訴旱，官吏多不按狀依法檢收災傷，致令怨歎之聲，盈於上下，當時之人，耳如不聽，故記有『嗟呼』之詩也。」

《蘇軾在密州》第四編《蘇軾在密州遺址遺迹考略》韓崗《雩泉亭》：「坐落在常山北坡的雩泉上，東北與常山神祠相鄰，是古時人們登常山祈雨的場所之一。……清乾隆《諸城縣志》載：『雩泉亭巋然在北麓，創於（蘇）軾。明萬曆二十二年，知縣楊天民始以石爲之，每旱禱雨於斯者，仍歌吁嗟之詩也。』雩泉位於常山北坡山溪的西側，南依常山主峰，有山路可直達峰頂的廣麗亭，北面居高臨下，俯視城區，城區建築歷歷在目。泉東北有路直通山下，古時人們多經此路上山祈雨。泉水『汪洋折旋如車輪』，滿溢成溪，北流而下，注入扶淇河中。」

韓文云：「雩泉亭，自蘇軾創建以後，成爲人們瞻仰、憑弔、游覽的勝地，歷代屢經維修，見於記載的達八次之多。亭有四門，各懸篆額，南曰『雩泉』，東曰『衍沃』，北曰『龍窟』，西曰『作霖』。」

余至諸城，屢訪其地。亭已久圮，泉已閉塞不通。蘇軾《雩泉記》後代所刻石，其若干殘石，存諸城市博物館。其圮在清代，或在民國間。

戊申（二十三日），馮京（當世）知成都。京在任中，妥善解決民族糾紛，蘇軾賦《河滿子》（見説岷峨悽愴）爲賀。

戊申云云，據《長編》卷二百七十四。本年十月丙午，京除知樞密院事，見《宋史·宰輔表》。《宋史》卷三百十七《馮京傳》：「以資政殿學士知渭州。茂州夷叛，徙知成都府。蕃部何丹方寇雞宗關，聞京兵至，請降。議者遂欲蕩其巢窟，京請於朝，爲禁侵掠，給稼器，餉糧食，使之歸。夷人喜，争出犬豖割血受盟，願世爲漢藩。」

詞見《東坡樂府》卷下，調下原注：「湖州寄南守馮當世。」《全宋詞》在第三〇七頁，調下原注：「湖州作。」《注坡詞》「南」作「益」，是。據以上叙述，「湖州」乃「密州」之誤。詞云「西南自有長城」，盛贊京之功績。

軾與文同簡，深以安南代北騷然爲憂；申前請，乞同撰《超然臺》詩，并乞《快哉亭》詩；時乞齊州，不行。

簡乃《佚文彙編》卷二與同第二簡，云「今年冬官滿」，又云及密州事，本年作。

《宋史·神宗紀》：本年正月戊辰，交阯陷邕州，知州蘇緘死之；庚辰，遣使祭南嶽、南海，告以南伐；二月戊子，詔占城、占臘，合擊交阯；三月丁丑，宗哥首領鬼章寇五牟谷，韓存寶敗之：其「憂」在此。

劉攽屢寄詩蘇軾、李常（公擇）。攽并稱蘇李。

《彭城集》卷十五《重次新字韻寄子瞻公擇》：「古來蘇李有三人，今復齊名事亦新。秀出文華喧右蜀，指揮能政接東秦。定交笑我將迎拙，垂老於君意氣親。似向荆山逢珏玉，如從渥水就騂驎。」常知齊，軾知密，地相接，故云「接東秦」。攽此詩乃重次韻，原韻已失。

同上卷十七《寄齊州李學士并呈蘇密州》：「濟水由來徹海清，兩州偕得水南名。遺人猶記睢陽曲（原注：濟陰本分梁國），説士猶談歷下兵。碧落羽翰俱失路，白頭章綬偶專城。東秦表海知君重，左輔陪京莫我輕。賓客此邦多長者（原注：漢語云梁多長者），詩書前古聚諸生。不知高密何如彼，試仗西風問子卿。」「左輔陪京」云云，據《宋史》卷三百一十九《劉攽傳》，攽時仍知曹州。

《欒城集》卷六《次韻李公擇寄子瞻》：「青蒲一下復東來，擁扇西風滿面埃。擊柝自營何擇地，餔糟同醉未須回。孤高振鷺瞻初下，淡泊嬰兒及未孩。我亦漂流家萬里，年來羞上望鄉臺。」常原韻約作於此時，惜早佚。今姑録轍詩於此，以見交往之迹。

軾快哉亭成，文同及轍賦詩。

《丹淵集》卷十四《寄題密州蘇學士快哉亭，太史云：此城之西北送客處也》：「出城送客客未來，主人到此先徘徊。地臨濰水極清曠，每爲送客雙限開。客來既坐歌管作，紅袖勸酒無停杯。主人自醒客已醉，門外落日驪駒催。揖客上馬退岸情，未忍便擁千騎回。滿襟高興屬軒檻，野闊風長真快哉。」應軾請也。文同作於洋州任中。

《欒城集》卷六《寄題密州新作快哉亭》詩其一：「車騎崩騰送客來，奔河斷岸首頻回。鑿成户牖功無幾，放出江湖眼一開。景物爲公争自致，登臨約我共追陪。自矜新作《超然賦》，更擬蘭臺誦快哉。」其二：「檻前濰水去沄沄，洲渚蒼茫煙柳匀。萬里忽驚非故國，一樽聊復對行人。謝安未厭頻攜妓，汲黯猶須卧理民。試問沙囊無處所，於今信怯定非真。」

《蘇軾佚文彙編》卷二《與文與可》第一簡：「密州城西北有送客亭，下臨濰水，軒豁曠蕩，欲重葺之，名快哉亭。」知以後不久即作。

軾與文同（與可）簡，欲今年官滿偕轍入京師。

《蘇軾佚文彙編》卷二《與文與可》第二簡：「今年冬官滿，子由亦得替，當與之偕入京，力求鄉郡，謀歸耳。」偕轍入京師，當亦爲轍之意。簡作於本年四五月間。

軾新名東武蘇莒公家中千葉白芍藥爲玉盤盂，作詩，轍和。

軾詩見《蘇軾詩集》卷十四。轍和見《欒城集》卷六，其一「千葉團團一尺餘」言其大，「瓶中捧擁照浮屠」言供佛。其二「故相林亭父老知，出群草木尚何疑。無多産業殘花藥，幾許功名舊鼎彝」，叙莒公五代周宰相蘇禹珪。

馬正卿秀才自密州來濟南。正卿回密州，轍作詩贈之。

《蘇軾詩集》卷二十一《東坡八首·叙》：「余至黄州二年，日以困匱。故人馬正卿哀余乏食，爲於郡中請故營地數十畝，使得躬耕其中。」作於元豐四年（一〇八一）。其八云：「馬生本窮士，從我二十年。日夜望我貴，求分買山錢。」其從軾，爲嘉祐六年（一〇六一）事。

轍詩見《欒城集》卷六。中云：「死喪三世委平地，骨肉不得歸黄泉。徒行乞丐買墳墓，冠幘破敗衣履穿。矯然未肯妄求取，耻以不義藏其先。」貧中見孝、義。又云：「問人何罪窮至此，人不敢尤其怨天。」正卿委順自然。然「孝慈未省鬼神惡，兄弟寧有木石頑」，正卿似不得於慈親與兄弟，「鬼神惡」乃憤激之辭。故蘇軾感嘆「善人自古有不遇」，盛贊其「力行不廢」，以賢許之。

文同（與可）以六言詩相示，轍因道濟南事，作十首答之。

同詩見《丹淵集》卷十六，題作《郡齋水閣閑書》，凡二十六首。同詩其一《湖上》云：「湖上雙禽泛泛，橋邊細柳垂垂。日午亭中無事，使君來此吟詩。」同詩其二《獨坐》云：「不報門前賓客，已收案上文書。獨坐水邊林下，宛如故里閑居。」同詩其七《流水》：「四首秦僧絶論，一篇楚客《離騷》。讀罷却彈《流水》，先生此興尤高。」讀書、彈琴。同詩其九《聞道》：「聞道幸非曲士，讀書甘作陳人。爲文自怪逆俗，好畫誰知入神。」讀書、爲文、好畫。此二十六首，中心内容在一個「閑」字。

轍詩見《欒城集》卷六。前五首歷數濟南勝概：南山、舜井、歷山、西湖、北渚，重在一個

「閑」字。

其六點簿領，其七點鞭朴，叙居官，重在「官」字。最後三首叙二人友情。轍詩較同詩境域寬廣。

李常（公擇）寄軾詩，轍次常韵。

次韵見《欒城集》卷六。中云：「淡泊嬰兒及末孩。」《蘇軾詩集》卷十三《次韵劉貢父李公擇見寄》：「灑涕循城拾棄孩。」作於熙寧八年，叙收養棄兒。劉攽（貢父）、李常（公擇）詩亦作於熙寧八年。時攽在曹州，常在湖州。常原韵佚。

章惇（子厚）自湖州寄新茶與李常，常答以惠泉，并作詩，轍次常韵。

次韵見《欒城集》卷六。其一首云：「無錫銅瓶手自持。」惠泉出無錫，言常携惠泉水至齊州。末云：「槍旗携到齊西境，更試城南金綫奇。」言惇所惠之茶，以齊州城南金綫泉之水試之。中云：「故人贈答無千里，好事安排巧一時。」言章惇、李常互爲贈答。其二末云：「底處翰林長外補，明年誰送霅溪春。」《長編》卷二百六十九熙寧八年十月庚子紀事：右正言、知制誥、直學士院、權三司使章惇知湖州。詩中「翰林」即謂惇。「霅溪」即指湖州，謂惇知湖州，不過短暫之事，知將大用。

李常（公擇）以赴歷下道中雜咏十二首示轍，轍和之。

和詩見《欒城集》卷六。據和詩，李常自吴興起程，過長江，沿運河至宿遷之桃園，經項羽廟，至下邳之黄石公廟，經徐州彭城之吕梁，至鄆州之清河經梁山泊，達齊州。轍和詩首爲《泛清河》，誤次。《蘇軾文集》卷五十一《與李公擇》第二簡叙熙寧七年自杭州赴密州新任，「緣舍弟在濟南，須一往見之，然後赴任。濟南路由清河，而冬深即當凍合，須急去乃可行」。此乃蘇軾原來打算，以後未經清河。又：《蘇軾詩集》卷十五《次韵子由與顔長道同游百步洪相地築亭種柳》「城東泗水步可到」句，宋人施元之注謂泗水「今呼爲清河」。蘇軾所云之清河，即蘇轍詩題中之「清河」。清河屬鄆州須城，臨運河。長江以北淮南東路境内遍考之，無「清河」地名。宿遷有崔野、桃園、漁溝三鎮，屬淮陽軍，在軍東南一百八十里。淮陽軍治下邳。轍和詩題作《將至桃園阻淺且風不得進》、《桃園阻淺將易小舟一夜水大至復乘便風頃刻百里》。知桃園臨河，有類似今日之停靠船舶碼頭；知李常過此時已屆夏令，否則，無如許大水也。吕梁在徐州彭城。《元和郡縣志》謂在彭城東南五十七里。《蘇軾詩集》卷十五有《次韵吕梁仲屯田》，有「門外吕梁從迅急」之句，謂水勢迅急也。轍和詩《吕梁》首云「出没懸流」即指此。鄆州之須城有梁山，州西南六十里之壽張亦有梁山。梁山泊乃以此得名。濟州鉅野之鉅野澤，乃梁山泊古名。古時，汶水、濟水會此成湖泊。宋時黄河潰决，河水進入其中，遂成數百里巨澤。參《嘉慶一統志》卷一百六十五《兖州府》一。轍《次韻梁山泊》首云：「近通沂、泗麻鹽熟，遠控江淮粳稻秋。」舟船往來，梁山泊已成爲溝通沂、泗、江、淮客、貨必經之地。《次韻梁山泊見荷花憶吴興五絶》其一末云：「梁山泊裏逢花發，忽憶吴興十里行。」知李常過此時，荷花正盛開，與吴興無區别，則常抵齊州任乃夏季事。其五云：「菰蒲出没風波際，雁鴨飛鳴霧雨中。」則一片吴越景象。

文彦博嘗寄題超然臺詩。軾次韻答之。

《文潞公文集》卷三《寄題密州超然臺》：「莒侯之燕處，層臺逾十尋。俯鎮千乘國，前瞻九仙岑。勿作西州意，姑爲東武吟。名教有静樂，紛華無動心。憑高肆遠目，懷往散冲襟。琴觴興不淺，風月情更深。民被袴襦惠，境絶桴鼓音。欲識超然意，鴟原賦擲金。」

軾詩見《蘇軾詩集》卷十四(六八一頁)。

喬叙將知欽州，軾有詩招飲并送其行。

《蘇軾詩集》卷十四有《聞喬太博换左藏知欽州以詩招飲》、《喬將行烹鵝鹿出刀劍以飲客以詩戲之》、《奉和成伯兼戲禹功》。

旱，詔令有司禱羣望；乃禱於常山，作祭文。

《蘇軾文集》卷六十一《祭常山祝文》其四：「天子有命，閔兹旱暵。俾我守臣，并走羣望。」是京東、河北大旱也。《文集》卷十九《山堂銘·叙》謂今年夏六月大雨，是致禱約在五月也。

軾寄知眉州黎錞（希聲）詩。

詩見《蘇軾詩集》卷十四（六八四頁）。

《浄德集》卷二十二《朝議大夫黎公墓誌銘》：「凡守雅、蜀、眉、簡四郡，皆先德後刑，務存治體，不汲汲簿書期會。」

《欒城集》卷七《次韻子瞻寄眉守黎希聲》：「眼看狂瀾倒百川，孤根漂蕩水無邊。思家松菊荒三逕，回首謳歌沸二天。簿領沉迷催我老，《春秋》廢格累公賢。鄰居屈指今誰在，一念傷心十五年。」篇末原注：「轍昔侍先人於京師，與希聲鄰，居太學前。是時，公之亡兄與二亡姪皆在。今十五年，而在者唯公與僕二人，言之流涕。」

《浄德集》卷三十六《和子瞻寄希聲二首》其一：「通江山水甲岷峨，和氣融融滿四邊。儒者易成千里政，鄉人近得兩重天。金罍淺飲雖歌舞，玉麈高談盡聖賢。不是《春秋》爲冷學，借留何計及三年。」其二：「海勢茫茫會百川，一麾正在海西邊。鴻收迅翮方棲渚，鶴吐清音自徹天。落筆盡降詩裏將，放懷常對酒中賢。及鋒急用應非晚，留滯紅塵已數年。」

趙庚（成伯）捕蝗寄詩與蘇軾、轍次韻。

詩見《蘇軾詩集》卷十四（六八五頁）。

詩首云：「麥穗人許長，穀苗牛可没。天公獨何意，忍使蝗蟲發。」其實蝗蟲已發，約在三月間。詩又云：「我僕既胼胝，我馬亦款矻。飛騰漸云少，筋力亦已竭。」捕蝗辛勞，所幸已見效。詩末云：「愛君有逸氣，詩壇專斬伐。民病何時休，吏職不可越。慎毋及世事，向空書咄咄。」告誡趙庾以奉吏職除民病爲先，作詩乃餘事，不可言世事。知其時朝廷上下已有人注視士大夫評論新法之言論。烏臺詩案并非憑空發生。

蘇軾與友人登常山絶頂廣麗亭，賦詩。

詩見《蘇軾詩集》卷十四（六八六頁）。

詩首叙登絶頂四望：「西望穆陵關，東望琅邪臺。南望九仙山，北望空飛埃。」空飛埃謂平原。詩以下云：「相將叫虞舜，遂欲歸蓬萊。」爲何於此「叫虞舜」？古今注家皆未及。蓋以諸城北部冲積平原之中，有傳爲舜生地——諸馮。其具體位置在今諸城市區北十五華里之濰河西岸。詳以下所引《蘇軾在密州》第四編《蘇軾在密州遺址遺迹考略·諸馮》（韓崗撰）。「相將」句實爲「北望」句之補充。「遂欲」句爲以上五句之歸納。蓋登絶頂，蓬萊亦可望，故飄然而生歸蓬萊仙境之念。

廣麗亭，地方史乘未載，循名責實，其亭當軒宇開闊，修飾宏麗。徵之蘇軾詩，信然。其亭可多人狂飲，而又有紅裙長笛、妙舞纖腰以侑酒，可證。

詩樂中有悲。紅裙長笛中有哀。其哀不僅來自紅裙，作者亦有同感。詩樂終生悲。「人生如朝露，白髮日夜催。棄置當何言，萬劫終飛灰。」悲之甚。足見作者此時内心甚爲苦悶。或與上詩《和趙郎中捕蝗見寄次韻》所云「毋及世事」有關。

《蘇軾在密州》第四編《蘇軾在密州遺址遺迹考略》任日新《常山》：「廣麗亭在常山峯頂，明閻士選評釋《登常山絶頂廣麗亭》説：『常山之巔，三峯并起，而東南最高者爲高峯巔，上有廣麗亭、望海樓，公此詩，當登眺留連意（撰者按，疑爲『際』之誤），寫之殆盡。』據此，明時，廣麗亭尚存。然明萬曆《諸城縣志》已不載，其圮當在明之中葉。

《蘇軾在密州》第四編《蘇軾在密州遺址遺迹考略》韓崗《諸馮》：「穆陵關爲齊魯長城之要隘，琅琊臺是周秦時之古迹，九仙山屬東魯之名山。此三方之古迹名勝皆爲蘇軾借景叙懷，而獨『北望空飛埃』。何故？皆因受諸城地理環境所限。諸城地形，南高北低。南部爲魯東丘陵山地，北屬濰河冲積平原。站在常山絶頂向北遠眺，除少量低丘外，可謂百里平川，一望無際。故蘇軾云：『北望空飛埃』。但就在這平原之中，有一處古之聖賢虞舜誕生之地——諸馮。所以引出『相將叫虞舜，遂欲歸蓬萊』之句。」

韓文云：「諸馮，位於諸城市城區以北十五華里處的濰河西岸。……清乾隆《諸城縣志·古迹考》載：『縣人物以舜爲冠，古迹以諸馮爲首。古之言舜生地者，自《孟子》始曰諸馮，且曰東夷之人。縣爲中夏東偏，城北十五里有村名諸馮。故前明《職方地圖》諸城下特注舜生處。』又云：《史記》曰：舜，冀州人。按，古冀州今順天、山西，必不能指爲東夷也。縣人李渭清《木芝菴記》、張石民侗《諸馮辨》皆從經不從史耳。』李澄中、張侗是明末清初之際諸城文人名士，專門作過考證，亦認爲舜生於諸馮。清代焦循撰《孟子正義》卷十六《離婁章句下》云：『孟子曰：「舜生於諸馮，遷於負夏，卒於鳴條，東夷之人也。」』《注》云：『諸馮、負夏、鳴條皆地名，負海也。』《疏》云：『負海也者，明其地之負海也。……』《史記》則曰：『舜，冀州之人也。』古冀州，直北位，非東，亦未嘗近海，惟青、徐、揚三州，《禹貢》并言海，而徐、揚之海在東南，惟青居大東，海在其北，故郡稱北海。海在北，如負之者然。……今青州府有諸城縣，大海環其東北，……其地有所謂馮山、馮村，蓋相傳自古，竊疑近是。凡言人地，以所生爲斷，遷，卒皆在後，孟子亦據舜生而言東也。』焦循之説很有道理，諸城位於古東夷之地，東、南、北皆近海，而古之冀州（今河北省）只東面臨海。負者，背也。古時以面南背北爲正向，所以焦循將『負海』釋爲北面近海是正確的。至今，諸城境内仍有『北海』、『南海』之俗稱，但南海（黄海）因有羣山阻隔，上古時代交通閉塞，與境内人民關係不大，而諸城至北海（渤海）岸多屬平原，交通便利，與人民生活關係密切。史書稱諸城負海，或許與此有關。」

韓文末云：「『舜生於諸馮』之説，與别處存在的有關舜的遺迹、傳説并不矛盾，既無排他性，也就不必互相否定。我們應該感謝的是，蘇軾所作『相將叫虞舜，遂欲歸蓬萊』之詩句，在叙述自己激情的同時，亦爲後人研究歷史，留下了寶貴的文獻資料。」

六月，軾作山堂，爲銘。

《蘇軾文集》卷十九《山堂銘·叙》：「熙寧九年夏六月，大雨，野人來告故東武城中溝瀆圮壞，出亂石無數。取而儲之，因守居之北墉爲山五，成，列植松柏桃李其上，且開新堂北向，以遊心寓目焉。」《文集》卷五十六《與周開祖》第二簡云及「今日大雪，與客飲於玉山堂」，或是其地。

軾作《薄薄酒》二章，贈趙杲卿（明叔）。

《蘇軾詩集》卷十四《薄薄酒·引》：「膠西先生趙明叔，家貧好飲，不擇酒而醉。常云：薄薄酒，勝茶湯；醜醜婦，勝空房。其言雖俚而近乎達，故推而廣之，以補東州之樂府；既又以爲未也，復自和一篇，聊以發覽者之一噱云爾。」

《詩案·與王詵往來詩賦》：「熙寧九年内，作《薄薄酒》。」

《山谷外集詩注》卷五《薄薄酒·引》：「蘇密州爲趙明叔作《薄薄酒》二章，憤世疾邪，其言甚高。以予觀趙君之言，近乎知足不辱，有馬少游之餘風。故代作二章，以終其意。」詩凡二章，其一云：「薄酒可與忘憂，醜婦可與白頭。徐行不必駟馬，稱身不必狐裘。無禍不必受福，甘餐不必食肉。富貴于我如浮雲，小者譴訶大戮辱。一身畏首復畏尾，門多賓客飽僮僕。美物必甚惡，厚味生五兵。匹夫懷璧死，百鬼瞰高明。醜婦千秋萬歲同室，萬金良藥不如無疾。薄酒一談一笑勝茶，萬里封侯不如還家。」其二云：「薄酒終勝飲茶，醜婦不是無家。醇醪養牛等刀鋸，深山大澤生龍蛇。秦時東陵千户食，何如青門五色瓜。傳呼鼓吹擁部曲，何如春雨一池蛙。性剛太傅促和藥，何如羊裘釣煙沙。綺席象牀琱玉枕，重門夜鼓不停撾。何如一身無四壁，滿船明月卧蘆花。吾聞食人之肉，可隨以鞭朴之戮；乘人之車，可加以鈇鉞之誅。不如薄酒醉眠牛背上，醜婦自能搔背痒。」

《姑溪居士後集》卷四詩題：「蘇子瞻因膠西趙明叔賦《薄薄酒》，杜孝錫、晁堯民、黄魯直從而有作，孝錫復以屬予，意則同也。聊以廣之。」詩云：「薄薄酒，勝茶湯。㓸麝臍，爲有香。斷尾山雞避文章，直才先伐甘井竭，誰將列鼎移黄粱。揚雄草玄反嘲白，麯蘖寧非井丹食。却念牛衣兒女心，王郎漫致回天力。五湖歸去弄煙月，仗劍成名空玉雪。飲薄酒，醉後紛紛亦何有。」以上其一。「莫厭薄酒薄，莫惡醜婦醜。君不見王尋百萬驅虎豹，千兵掃蕩同拉朽。又不見高堂笙歌午夜飲，明日哭聲喧正寢。莫厭薄酒薄，到頭一醉亦足樂。莫惡醜婦醜，携子弄孫同白首。高飛遠走固亦樂，莫救眼前忘時後。」以上其二。

孝錫，純字。堯民，端仁字。

純詳元祐七年「兵部侍郎杜純謂蘇軾尚氣好辯」條。

端仁詳元豐二年「晁端仁其時嘗問蘇軾於黄庭堅」條。

《滹南詩話》卷二：「東坡《薄薄酒》二篇，皆安分知足之語，而山谷稱其憤世嫉邪，過矣。或言山谷所擬勝東坡，此皮膚之見也。彼雖力加奇險，要出第二，何足多貴哉。且東坡後篇自破前説，此乃眼目，而山谷兩篇，只是東坡前篇意，吾未見其勝之也。」

聞王介（中甫）卒，軾作輓詞。

輓詞見《蘇軾詩集》卷十四（六八九頁）。介於蘇軾爲制舉同年，見嘉祐六年紀事。《詩集》「施注」謂介考開封試，與劉攽言語往復，御史劾之，罷判登聞鼓院，歸館供職，乃熙寧三年十月二十二日事，見《宋會要輯稿》第九十八册《職官》六五之三四。《明道雜志》謂介性聰悟絶人，任氣多忤物，故不達。介僑寓丹徒，見《至順鎮江志》卷十九。墓在蒜山之東，見《嘉定鎮江志》卷十一。故輓詞有「他時京口尋遺迹」之句。

《嘉泰吴興志》卷十四謂介熙寧六年四月到知湖州任，十二月赴闕。則其卒當在熙寧七八年間也。

七月五日，軾登超然臺，賦詩。趙庾有和，賦詩戲答之。

《蘇軾詩集》卷十四《七月五日》其二：「何處覓新秋，蕭然北臺上。」《趙郎中見和戲復答之》：

「我衰臨政多繆錯，羡君精采如秋鶚。」知此郎中爲庾，參《詩集》本卷《和趙郎中捕蝗見寄次韻》題下「施注」。

詔封常山神爲潤民侯。

《蘇軾文集》卷六十二《祭常山祝文》其五謂此爲七月某日事。當以蘇軾上請之故。

八月十五日，軾飲超然臺，次韻孔宗翰（周翰）題詩，時宗翰乞密州；賦《水調歌頭》（明月幾時有）兼懷弟轍。轍亦賦。

《蘇軾詩集》卷十四《和魯人孔周翰題詩二首》：「中秋，軾與客飲於超然臺上，聞周翰乞此郡。」其一：「定知來歲中秋月，又照先生枕麴眠。」宗翰詳元豐元年「孔宗翰知陝州」條紀事。

《王譜》、《紀年録》：「中秋燕飲達旦，作《水調歌頭》。」

《東坡樂府》卷上《水調歌頭》調下注：「丙辰中秋，歡飲達旦，大醉，作此篇兼懷子由。」上闋首云：「明月幾時有？把酒問青天。」下闋末云：「但願人長久，千里共嬋娟。」實首爲轍發。

同上又一首《水調歌頭》題下注：「余去歲在東武，作《水調歌頭》以寄子由。」熙寧十年作。叙今年事。

同上附轍「徐州中秋作」《水調歌頭》，首云：「離别一何久，七度過中秋。去年東武今夕，明月不勝愁。」熙寧十年作。此詞，《欒城集》未收。

權京東路轉運副使王居卿、轉運判官李察并舉蘇軾不次清要任使。

據《詩案·供狀》。《長編》卷二百七十七本年八月丙午：京東東路轉運判官李察徙京東西路。察等舉蘇軾，或在此以前，姑繫此。

蘇泳（潛聖）卒，蘇軾作輓詞。

輓詞見《蘇軾詩集》卷十四（六九六頁）。《集注分類東坡詩》卷二十四有此詩，題下趙夔（堯卿）注云：「潛聖名泳，成都新繁人。慶曆二年楊寘榜登第。嘗知乾州，又知邛州。以職方郎中致仕，年六十餘，卒。有三子，其中子名槩，年十八，嘉祐四年劉煇榜登第，終著作郎。」《蘇魏公文集》卷三十二《屯田郎中蘇泳等改官》制：「勑具官。某尚書諸郎，其品第五，惟古號爲清要，在今得以叙遷，稽其職儀，是謂通顯。以爾吏資官閥，計比惟優，朝著省闈，踐歷滋久，擢進烏星之位，漸陞鸞黨之階，往其欽承，無怠官守。可。」輓詞云「有子」，當指槩。輓詞末云：「惟我閑思十年事，數行老淚寄西風。」蘇軾與蘇泳相識，約爲治平間在朝時。

九月九日，趙庾（成伯）母生日，軾作致語口號。

口號見《蘇軾詩集》卷四十六（二五〇八頁）。

晁端彦(美叔)九日見寄,軾有和。

和詩見《蘇軾詩集》卷十四(六九六頁),云「遣子窮愁天有意,吴中山水要清詩」。據《長編》卷二百七十五本年五月癸酉紀事,端彦時待鞫潤州,故以解之。

九月九日,李常約度重陽,作詩;轍以疾不赴次其韵。

次韵見《欒城集》卷六。中云:「漸老經秋病,獨醒何處高。」

本月,蘇軾詔移知河中府。

據《施譜》。河中府屬陝西路之永興軍路。

旱,禱雨常山,軾作祝文。

文乃《蘇軾文集》卷六十二《祭常山祝文》其三,云「自秋不雨,霜露殺菽」,作於晚秋;又云「猗嗟我侯」,作於七月封常山神爲侯之後。

喬叙改施州,有詩送行。

詩見《蘇軾詩集》卷十四(六九七頁)。《彭城集》卷十四《送喬左藏自太常博士除知施州》:「志士變衣非變性,丈夫能勇亦能言。東郊不顧田二頃,愛子歡然弓兩鞬。黔水犀牛群解鴆,峽山猱子躁欺猿。蠻溪未足紆長策,會使天驕祭北門。」可參。

作蓋公堂，軾爲記。蓋公密人，有德於齊。

記見《蘇軾文集》卷十一（三四六頁）。記謂「有病寒而欬者」，始飲以蠱藥，次授以寒藥，再飲以鐘乳、烏喙之類而疾愈甚，於是謝醫却藥而病良已。由是以言蓋公言治道貴清淨而民自定，曹參師之齊大治。《容齋隨筆·五筆》卷四《東坡文章不可學》謂蘇軾「爲此説者，以諷王安石新法也」。

《西臺集》卷十八《蓋公堂歌》中云：「耽耽新堂作者誰？密州太守文章伯。太守高吟醉太白，年谷常豐無盜賊。三牛倒曳九仙木，大斤截落琅琊石。脩梁巨柱屹如湧，磊落嵬峨稱公德。太守思公公不見，闢户張筵望南北。詩成鬼神相對泣，文就龍蛇驚辟易。」知蓋公堂頗具規模。蘇軾在「年谷常豐」之際作蓋公堂，乃今年事。

《蘇軾在密州》第四編《蘇軾在密州遺址遺迹考略》鄒金祥《蓋公堂》：「蓋公堂，坐落在密州署衙東側黄堂之北，今諸城市人民政府院内。北宋熙寧九年（一〇七六）蘇軾創建。」

鄒文云：「據乾隆《重修諸城縣志》載：『堂中有照壁，摹陸探微畫獅子而自爲之贊，所云置之高堂護燕几也。』蘇軾所建蓋公堂，至明朝已不復存在。明萬曆二十七年（一五九九）春二月，知縣顔悦道於縣治内舊東廠東隙地内創建蓋公堂，共三間，并於堂之東建水心亭，浚池環之，荷芰充牣。今蓋公堂已圮，毀於何年不詳。」

蘇軾雪夜獨宿柏仙庵，作詩。

詩見《蘇軾詩集》卷十四（七〇〇頁）。

詩云「小庵高卧有餘清」，雪夜獨宿，自有其樂。詩云「稍壓冬温聊得健，未濡秋旱若爲耕」。是雪降之前，氣温較正常情况偏高，寫詩時約在十一月之初或十月之末。是時尚有旱情，知此時實以公務獨出，未能及時回至州城。柏仙庵，地方志乘失載。

孔宗翰（周翰）將就知密州新任，荆林馬上寄詩，蘇軾和之。

詩見《蘇軾詩集》卷十四（七〇〇頁）。

詩云：「秋禾不滿眼，宿麥種亦稀。永愧此邦人，芒刺在膚肌。」又云：「何以累君子，十萬貧與羸。」仁吏由衷之言，令人感歎。蘇軾以後離徐州、潁州、揚州任時，未聞有此，知宗翰亦良吏。

蘇瀨爲京東東路安撫使、知青州。瀨舉蘇軾外陟侍從。

《詩案·供狀》叙京東東路安撫使、知青州首陳薦次瀨，知瀨接薦任。瀨薦軾，見《供狀》。瀨字浩然，見《畫史》。瀨喜墨，《蘇軾文集》卷七十《書王君佐所蓄墨》、《佚文彙編》卷六《又書茶與墨》皆及之。瀨嘗爲兩浙監司，見《長編》卷二百七十七本年九月紀事。

登超然臺望月，軾賦《江城子》。

詞見《全宋詞》第三二〇頁。云「去翩翩，點輕烟」，蓋將去矣。

本年，軾題鮮于侁(子駿)《八詠》後，贊其政。

文見《蘇軾文集》卷六十八(二一二七頁)，云：「始予過益昌，子駿始漕利路。其後八年，予守膠西，而子駿始移漕京東。」後八年乃爲今年。文贊侁漕利路時「上不害法，下不傷民，中不廢親」。《温國文正司馬公文集》卷五《和利州鮮于轉運公八詠》爲桐軒、竹軒、柏軒、巽堂、山齋、閑燕亭、會景亭、寶峰亭。

本年，朝廷應汀州守許當之請，賜已故高僧定光號定應，軾爲作贊。

贊見《佚文彙編》卷一(二四二三頁)。《永樂大典》卷七千八百九十五引《臨汀志》：「定光，泉州人，姓鄭名自嚴。乾德二年駐錫武平南安巖，淳化二年别立草庵居之，景德初遷南康郡盤古山，祥符四年汀守趙遂良即州宅創後庵延師，至八年，終於舊巖。」又云：「熙寧八年，郡守許公當表禱雨感應，詔賜號定應。」卷七千八百九十三引《臨汀志·郡守題名》：「許當，熙寧九年以朝奉郎太常少卿知。」以下爲方嶠，元豐元年知。以上所云「熙寧八年」爲「熙寧九年」之誤。當字當時，泉州晉江人。見乾隆《晉江縣志》卷十二。《蘇魏公文集》卷三《送許當世職方通判泉州》首云仕宦故鄉，則當實字當世。

《蘇魏公文集》卷三《送許當世職方通判泉州》：「仕宦遠故鄉，古人之所譏。懷禄去養親，千鍾且爲微。當世倅州行，二美其庶幾。符竹非不貴，誠與雅志違。獨駕箳篂車，東南去如飛。所懷戀晨昏，奚論官等威。遥遥七閩山，喬木正芳菲。駟馬過舊遊，道路增光輝。榮觀慰親心，佩綬紆銀緋。上堂拜慶日，喜氣生庭闈。躬扶版輿去，徑入牙城扉。潭潭公府盛，華顯猶布韋。膳羞盈其前，酒紅魚蟹肥。人生苟適意，富貴安所希。况今邦伯賢，早辭尹王畿。亦從北堂養，再擁雙論歸。君欣舊知己，復得相親依。守相同鄉州，會遇時所稀。純孝自感人，遠近聞風徽。豈徒對交親，誇詫晝錦衣。」可參。

十月丙午（二十三日），宰相王安石罷。

據《宋史·宰輔表》。《表》云：「十月丙午，王安石自檢校太傅依前尚書左僕射，領鎮南軍節度使判江寧府。」

十月，昭告常山神封爵，祭常山，軾作祝文。

《蘇軾文集》卷六十二《祭常山祝文》其五即此文。

十一月一日，軾爲李常作《李氏山房藏書記》。

據《紀年録》。文見《蘇軾文集》卷十一。

十五日，命工摹潤州甘露寺陸探微所畫師子置蓋公堂中，軾作贊。

贊見《蘇軾文集》卷二十一（六〇九頁）。

知河中府告下。周邠(開祖)寄《雁蕩山圖》并詩,軾次韵答之。與邠簡,報十二月上旬離密。

次韻見《蘇軾詩集》卷十四(六九八頁)。自注「將赴河中」。雁蕩在樂清。《蘇軾文集》卷五十六與邠第二簡云「已被旨移河中府」,報行期,并云:「寄示山圖,欲尋善本而不可得者,新詩清絶,輒和二首取笑。」簡約作於十一月。

軾自密州遣人往齊州來。報知河中。

《蘇軾文集》卷五十六《與周開祖》第二簡:「適遣人往舍弟處。」約作於十一月。簡云「已被旨移河中府,候替人,十二月上旬中行。」專人往齊州,或報此訊。

開祖名邠,錢塘人。已見前述。

喜雪作詩呈李常(公擇)。范仰之咏雪,轍次其韵。

詩皆見《欒城集》卷六。前者中云:「氛埃一清蕩,疫癘解纏縛。寒蔬養春芽,宿麥布冬脚。……逋逃幸一飽,剽盜止群惡。」可喜。

又云:「我行今不久,公到時方昨。」

後者云:「長天霰雪濛。」乃小雪。又云:「雲閼諸峰遍,花繁百草同。」雪後景象,益見爲小雪,時令約在十一月。末云:「遠游聊自喜,三見歲時豐。」來齊已度過整三年。

李公朝見贈,轍次其韵。

次韻見《欒城集》卷六。其二中云：「故人憐困躓，佳句贈輝光。未暇抽身去，安能插翅翔。」時猶未行。謂「故人」，則轍與公朝早已相識。

在齊州期間，轍與同年余京有交往。

《欒城集》卷八《送余京同年兄通判嵐州》中云：「我昔在濟南，君時事淄、青。連年食羊炙，便欲忘蓴羹。」作於元豐元年，時在南都。時京通判嵐州遠去，故詩又云：「問君棄鄉國，何似弊屣輕？丈夫事所志，歸去無田耕。」蓋京爲寒士。

京爲會稽人，見商務印書館影印本《浙江通志》卷一百二十三。《寶慶會稽續志》卷六嘉祐二年章衡榜有余京，但未云會稽縣人。《續會稽掇英集》卷五有《送程給事知越州》詩。給事名師孟，熙寧十年十月以給事中充集賢殿修撰知越州，元豐二年十二月替。見《嘉泰會稽志》卷二。京詩首云「越守新除漢夕郎」，其時在京師。

轍離齊州，過呂公弼（寶臣）墓，作詩哭之。

詩乃《欒城集》卷六《惠穆呂公輓詞》；其二中云：「新阡長宿草，行路拜豐碑。」末云：「悲涼哭墳客，不爲受恩私。」

公弼，壽州人。熙寧六年三月八日卒，年七十六。事迹見《名臣碑傳琬琰之集》上卷二十六范鎮《呂惠穆公公弼神道碑》、《王魏公集》卷八《行狀》。後者謂公弼卒於管城之第，越二月，葬於懷德里先塋。按，管城屬鄭州，爲鄭州之治。鄭州距東京一百四十里。是轍回京師時，嘗至鄭州也。

又，《宋史》卷三百一十一有公弼傳。公弼與夏人周旋，有功。輓詞其一中云：「邊防推信惠，社稷倚勤忠。」蓋志其實。

自齊州回程中，轍上書論時事，乞罷青苗、保甲、免役、市易。

《年表》次十月。

書見《欒城集》卷三十五。中云：「易置輔相，中外踴躍，思睹寬政。而歷日彌月，寂寞無聞。」知作於王安石罷相之後。書謂：「自頃歲以來，每有更張，民率不服。蓋青苗行而農無餘財，保甲行而農無餘力，免役行而公私并困，市易行而商賈皆病。」書乞：「罷此四事。青苗之既散者，要之以三歲而不收息；保甲之既團者，存其舊籍而不任事；復差役，以罷免役之條；通商賈，以廢市易之令。」

《年表》謂本年「十月，宰相王安石罷，轍歸京師」，復次上書論時事，乞罷青苗、保甲、免役、市易法事於十月，均不從。

轍歸京師，實爲十一月。

轍至京師，寓范鎮（景仁）東園。訪王鞏（定國）。

《欒城集》卷八《寄范丈景仁》首云：「京城冠蓋如雲屯，日中奔走争市門。弊裘瘦馬不知路，獨向城西尋隱君。隱君白髮養浩氣，高論驚世門無賓。欣然爲我解東閣，明窗净几舒華茵。春天雪花大如手，九衢斷絶愁四鄰。平明熟睡呼不覺，清詩淥酒時相親。」「弊裘瘦馬」轍自謂，「隱君」謂鎮，時鎮致仕閑居。

《集》卷六《雪中呈范景仁侍郎》首云：「羈游亦何樂，幸此賢主人。東齋暖且深，高眠不知晨。」亦叙此。

參以下「雪中會孫洙」條。

蔣夔寒夜見過，作詩。轍次夔韵。

次韵見《欒城集》卷六，夔詩佚。詩云：「識君太學嗟歲久。」則相識在熙寧初。又云：「正如憔悴入籠鶴，坐見摧落凌風翰。」則夔頗不得志，或尚在太學。末云：「明朝尚肯過吾飲，有酒不盡行將酸。」則情誼頗相得。轍至京師，約爲十二月。

王鞏招飲，作詩。轍次鞏韵。

次韵見《欒城集》卷六，鞏詩佚。詩云：「都城歲晚不歸去，客舍夜寒猶獨吟。」上句點時，下句點地，范鎮（景仁）東齋，亦客舍也。又云：「會須雪裏相從飲。」時雪。

雪中會孫洙（巨源）舍人飲王鞏（定國）西堂，轍戲成三絶。

詩見《欒城集》卷六。洙時知制誥，見《宋史》卷三百二十一傳。詩其一首云：「新歲逼人無一日，殘冬飛雪已三回。」已爲歲暮。詩其二首云「南國高人真巨源」。洙爲廣陵人，博聞强識，明練典故，故如是云。又云「十年一見都如夢」，知結交於熙寧之初。

《集》卷十六《雪中訪王定國感舊》：「昔游都城歲方除，飛雪紛紛落花絮。徑走城東求故人，馬蹄旋没無尋處。翰林詞人呼巨源，笑談通夜倒清樽。住在城西不能返，醉卧吉祥朝日暾。」乃叙此時事。鞏住城東。《集》卷六詩題所云「王氏西堂」，謂鞏之家，即清虚堂。

《蘇軾詩集》卷三十詩題叙元祐三年十二月七日與轍訪王鞏（定國），飲清虚堂，轍言昔與孫洙（巨源）訪鞏，乃此時事。

雪中，轍作詩呈范鎮（景仁）侍郎。

詩見《欒城集》卷六。據《蘇軾文集》卷十四《范景仁墓誌銘》，鎮熙寧初爲禮部侍郎，故以侍郎稱之。詩稱鎮爲「古君子」。末云：「方當庇華屋，豈憂無束薪。」時居鎮東園，詩已及。

十二月，蘇軾賦《江城子》（相逢不覺又初寒），送章傳（傳道）。

詞見《東坡樂府》卷下。

《紀年録》本年紀事：「十二月，東武雪中送章傳道，作《江神子》。」《江神子》即《江城子》。

《蘇軾詞編年校注》：「案，詞首句云：『相逢不覺又初寒。』知與此客的『相逢』已有兩年。而章傳道爲密州州學教授，蘇軾自熙寧七年十二月至密與章『相逢』，至九年十二月章離去，恰正二年。」

按，自是之後，蘇軾與章傳無文字交往記載。

十二月，孔宗翰來代。軾罷密州，作詩留別。

《蘇軾文集》卷五十六《與周開祖》第二簡：「候替人，十二月上旬中行。」宗翰之來，已及十二月。

《蘇軾詩集》卷十四有《別東武流杯》、《留別雩泉》、《留別釋迦院牡丹呈趙倅》。

在密州，軾嘗上疏，爲密人王述請蔭子。神宗官述之子璋。

疏見《佚文彙編》卷一(二四二四頁)，殘。述，仲寶孫，咸子。咸爲人所殺，述復父仇而後成服。官都巡檢，以踰濫體量致仕，不得蔭子。見《蘇軾文集》卷五十一《與滕達道》第六簡。故爲請之。

仲寶字器之，密州高密人，屢建戰功。《宋史》卷三百二十五有傳。《元憲集》卷四有《太常博士通判滑州王述可屯田員外郎制》，疑爲另一人，非此王述。

在密州，軾嘗用土米作酒。

《蘇軾文集》卷七十三《黍麥説》：「吾昔在高密，用土米作酒，皆無味。」

蘇軾在密州，作疏請齊州確長老來密州說法。

《蘇軾文集》卷六十二《齊州請確長老疏》：「齊有靈巖，世稱王刹。」齊州有靈巖寺。《齊乘》卷六：「靈巖寺，府南八十里靈巖山中。其山與方山相連，南接泰山，北接龍洞，極爲深秀。……寺乃佛圖澄卓錫之地。……自山麓至寺門十餘里，古松參天，人亦謂之十里松。歷代碑誌具存。」確長老當爲靈巖寺之僧。

疏云：「旁采輿言，守臣有請。特降睿旨，慎擇主僧。詢於衆中，無如師者。」

富道人寄祕方及遺藥與蘇軾，軾不受，致簡富道人。

簡乃《蘇軾文集》卷六十《與富道人二首》之第二首。

簡云：「承録示祕方及寄遺藥，具感厚意。然此事本林下，無以遣日，聊用適意可也。若恃以爲生，則爲造物者所惡矣。」祕方本以治病救人，以之侔利，則失其旨。仁人之言其義正。此簡作於密州。

蘇軾在密州，與友人簡。

簡見《蘇軾文集》卷六十，凡二簡。

第一簡云「浙右之别」，杭州屬兩浙西路，謂别於杭也。簡云：「涉海恬然，繼以題擢，衆論翕然，知忠信之可恃，名實之相副也。」似其人嘗奉使高麗，使回後官位題擢，故以爲賀。

第二簡云：「前日使車，道由郡下。」益足證受簡之人嘗奉使高麗。使高麗，經行密州也。

十二月辛亥（二十九日），轍有《次韵范鎮除夜詩》。

據《年表》。詩見《欒城集》卷六，首云：「數舉除夜酒，稍消少年豪。」轉向深沉。

本年，軾製硯洗，爲九仙山之白鶴樓題字。

道光《諸城縣續志》卷五：「硯洗：丁氏園，有石盎，圍三尺，高尺餘，横刻『硯洗』二字，左刻『熙寧九年子瞻製』。」又：「九仙山石刻：有石上鋭豐下。」并謂：「『白鶴樓』三大字，右行有宋『熙寧九年蘇軾書』。於石東樓北數十步，有石刻『留月』二字，亦類蘇書。」

《諸城市志》第二十編《文化·石刻·銘記·子瞻硯洗》：「淡紅色沙岩，狀如搗米之石臼，高五十釐米，寬八十釐米，口徑五九至八〇釐米，洗壁厚十至十二釐米，池深三十釐米。硯洗壁外側横刻『硯洗』二字，隸書，高七至八釐米，寬十四至十五釐米，左端竪刻行書『熙寧九年子瞻製』。一九六二年收集到縣博物館保存。」縣謂諸城縣，今爲諸城市。

一九九四年十月十一日，余與中國人民大學教授朱靖華、諸城市博物館前館長任日新、諸城市史志辦主任鄒金祥等親至九仙山考察。其地原屬諸城，今屬五蓮。蘇軾所書「白鶴樓」三大字，清晰可見，「熙寧九年蘇軾書」七字，已不易辨認。巨石之頂部，以步量之，長約十三米，寬約七米。有方形石孔，蓋爲立柱用者。知蘇軾至此時，石上固有樓，故石以樓名。石之一側，有明萬曆四年（一五七六）丁耀都所模蘇軾所書「白鶴樓」字及軾題名字，有萬曆壬子（四十年）王化貞詩。丁、王皆諸城人，字亦不易辨認。

諸城市博物館藏有硯洗一，石質堅硬，出諸城姚家村，俗稱姚玉。一側書「半潭秋月」四字。署「眉山蘇軾」。一側爲「東坡又題」，云：「熙寧七年，余來守密，見此石於蓋公堂故址西偏，埋没塵埃中，已作敝蹝棄矣，余喜其質温潤，稍爲琢磨，改作硯洗，亦可爲不次之擢。東坡又題。」以下尚有「邑人劉庭式隸并鐫」八字。據跋中所云「東坡」，知此跋作於元豐或元豐以後。然據《文集》卷六十六《書劉庭式事》，知庭式乃齊人，元豐六年軾爲文時，庭式在廬山。跋文是否爲蘇軾作，尚不能明，今姑附於此以待考。其「半潭秋月」字，亦不能定爲蘇軾書。

本年，軾與王詵有交往。

《詩案·與王詵往來詩賦》謂上年及本年「節次抄寫」《薄薄酒》、《水調歌頭》、《杞菊賦》、《超然臺記》等與詵。又云：「熙寧九年，軾寫書與王詵，爲一婢秋蟾，欲削髮出家作尼，并有相識僧行，杭州人，各求祠部一道，當説與王詵，自後未取。」書已佚。

本年，陳舜俞（令舉）卒。

《蘇軾文集》卷六十三《祭陳令舉文》：「予與令舉别二年而令舉殁。」别於熙寧七年。卷五十六《與周開祖》第二簡：「令舉逝去，令人不復有意於兹世。細思此公所以不壽者而不可得，不免爲之出涕。」

俞汝尚（退翁）約卒於本年。

《蘇軾詩集》卷十九《送俞節推》：「吴興有君子，淡如朱絲琴。一唱三太息，至今有遺音。嗟余與夫子，相避如辰參。（下略）」自注：「退翁官於蜀，余在京師，余歸而退翁去。及余官於吴興，則退翁亡矣。」節推，汝尚子。

《嘉泰吴興志》卷十七《賢貴事實下·歸安縣》云：「俞汝尚，字退翁，以字行。登慶曆二年第。嘗爲益州新繁令，御史員缺，驛召至都下，以疾力辭。後爲青州簽判，致仕還鄉。滕甫有送行詩云：『清明冲節是身謀，御史郎官不肯留。回首軒裳雙脱屣，放懷天地一輕漚。卞雲苕月柴門静，菱雨蘋風野艇秋。仰羡冥鴻空自愧，區區圖報未知休。』」約作於熙寧八年，時元發知青州。以下謂汝尚逾年卧病，自爲文志墓，卒，孫覺撰墓表，秦觀書。

汝尚自青州簽判還鄉，《欒城集》卷五有送行詩，亦約作於熙寧八年。其卒約在本年。同上卷附有汝尚詩。

《嘉泰吴興志》卷九《郵驛·安吉縣》：「蒙泉在西山，其上有亭，水味甘冷。俞退翁有『井貴德不改，蒙以養爲功』之句。」《吴興備志》卷二十二著録汝尚《谿堂集》四卷，不傳。

汝尚，《宋史》卷四百五十八有傳。傳謂汝尚還鄉，「優游數年」而卒，有誤。

軾去密州。密人爲像於城西彭氏之圃，歲時拜謁。

《永樂大典》卷一萬八千二百二十三引《翟忠惠先生集》：「東武俗號朴野，不事藻飾，爲肖東坡蘇公像於城西彭氏之圃，郡人歲時相率拜謁。至先生則往往繪像於家，以神明事之。國朝以來，持節剖符，典領是邦者，不知幾何人，舉皆無聞。獨先生與東坡去後，遺愛在人者深。雖東武拙於藻飾之俗，亦不忘景慕賢德，貽厥不朽。由是觀之，桐鄉之祠朱大農，潮陽之廟韓文公，決非偶然者。」「先生」不知指何人。翟忠惠，名汝文，《宋史》有傳，徽宗時嘗知密。

軾過常山，山中兒童詢歸期。

《蘇軾詩集》卷二十六《再過超然臺贈太守霍翔》叙及之。

軾過安丘，訪董儲故居，見其子希甫，留詩。

詩見《蘇軾詩集》卷十四（七〇四頁）。安丘在密州州治西北一百二十里，蘇軾由密至濟南道途所經。《蘇軾文集》卷六十九《跋董儲書》謂儲乃安丘人，能詩。今不見。跋贊儲工書，「近歲未見其比」。儲，真宗時登進士第。仁宗天聖初爲滑州觀察判官。景祐初以屯田員外郎知宿州，旋通判吉州。見《長編》卷一百三、一百一十六。《金石萃編》卷一百二十一有儲《藍田縣重修玄聖文宣王廟記》，作於大中祥符四年。

三蘇年譜卷二十七

熙寧十年（一〇七七）丁巳　蘇軾四十二歲　蘇轍三十九歲

正月初一日，軾發濰州。

《蘇軾詩集》卷十五首爲《除夜大雪留濰州元日早晴遂行中途雪復作》。

蘇軾過濰州驛，見蔡襄（君謨）題壁詩，和之。

詩見《蘇軾詩集》卷四十八（二六一三頁）。

蔡詩云：「綽約新嬌生眼底，逡巡舊事上眉尖。春來試問愁多少，得似春潮夜夜添。」軾詩末云：「萬斛閑愁何日盡，一分真態更難添。」許其真。

青州道上大雪，軾懷密州園亭，寄詩孔宗翰（周翰）。至青州，與頓起題名古寺。

詩見《蘇軾詩集》卷十五（七一四頁）。《詩集》卷十七《次韻答頓起》其二：「去年古寺共題名。」自注：「去歲見之於青州。」作於元豐元年。

青州治益都縣，自界首至濰州六十二里。

蘇軾作詩，贈青、濰將謝承制。

詩見《蘇軾詩集》卷四十八(二六一三頁)。

詩云「吾皇有意縛單于」，謂對遼用兵。云「槌破銅山鑄虎符」；又云「驍將新除三十六，精兵共領五千都」。「六」應從《外集》作「七」。《詩集》卷十三《寄劉孝叔》首云：「君王有意誅驕虜，椎破銅山鑄銅虎。聯翩三十七將軍，走馬西來各開府。」可參。《長編》卷二百五十六熙寧七年九月癸丑紀事：「開封府界、河北、京東西路置三十七將副，選嘗經戰陣大使臣專掌訓練……將有正副，皆給虎符」。青濰屬京東，謝承制爲其中一將。《寄劉孝叔》四句有譏諷意此則正面言之。

詩云「周王常德須攘狄，漢帝雄才亦尚儒」。上句言支持朝廷用武，下句言謝乃儒將。末云：「君學本兼文武術，功名不必讀孫吴。」期謝以功名，然謂不必讀孫吴，知謝不長於戰陣。

正月八日，轍應王鞏(定國)之請，爲其清虛堂作記。嘗醉鞏東齋。

記見《欒城集》卷三十四。首云：「王君定國爲堂於其居室之西，前有山石瓌奇琬琰之觀，後有竹林陰森冰雪之植，中置圖史百物，而名之曰清虛。」卷七《次韵張恕戲王鞏》(題下注：「去歲此日大雪僕醉定國東齋。」)：「二君豪俊并侯家，歌舞争妍不受誇，聞道肌膚如素練，更堪鬢髮似飛鴉。」元豐元年作，叙此時事。

《蘇軾文集》卷六十九《跋所書清虛堂記》：「世多藏予書者，而子由獨無有。以求之者衆，而子由亦以余書爲可以必取，故每以與人不惜。昔人求書法，至拊心嘔血而不獲，求安心法，裸雪没腰，僅乃得之。今子由既輕以余書予人可也，又以其微妙之法言不待憤悱而發，豈不過哉！然王君之爲人，蓋可與言此者。他人當以余言爲戒。」

范鎮招宋温之小飲，復飲温之南軒，均作詩。轍皆次韻。

次韻見《欒城集》卷六，鎮詩佚。前者首云：「高人兩無事，相見輒傾懷。」後者其一首云：「白髮迎新歲，皤然國老更。」其二中云：「高會良難得，危言豈易行。」贊鎮爲國老、高人。危言，不滿新法之論。

十二日，范鎮訪吴縝，作詩。轍次鎮韻。

次韻見《欒城集》卷六，鎮詩佚。其一末云：「急須卷凍鋪黄道，欲看燈山萬萬人。」謂上元節觀燈。《揮麈録·後録》卷二：「嘉祐中，詔宋景文、歐陽文忠諸公重修《唐書》，時有蜀人吴縝者，初登第，因范景仁而請於文忠，願預官屬之末；上書文忠，言甚懇切。文忠以其年少輕佻，距之。縝鞅鞅而去。逮夫《新書》之成，乃從其間指摘瑕疵，爲《糾謬》一書。至元祐中，縝游宦蹉跎，老爲郡守，與《五代史纂誤》俱刊行之。紹興中，福唐吴仲實元美爲湖州教授，復刻於郡庠，且作後序，以謂鍼膏肓，起廢疾，杜預實爲左氏之忠臣，然不知縝著書之本意也。」按，詔修《唐書》，乃至和元年八月戊申事。則縝登第乃皇祐中事。

《直齋書録解題》卷四著録《唐書糾謬》二十卷，謂：「朝請大夫知蜀州成都吴縝廷珍撰。其父師孟顯於熙、豐。序言修書之時，其失有八，而糾擿其謬誤，爲二十門。侍讀胡宗愈言於朝，紹聖元年上之。世傳縝父以不得預修書，故爲此。」按：慕容彦逢《摛文堂集》卷四有《朝奉郎吴縝可朝散郎制》；據該集附録彦逢墓銘，彦逢爲中書舍人，乃徽宗崇寧間事。則「世傳縝父」云云，亦不爲無因。又，《直齋書録解題》卷四尚著録縝所撰《五代史纂誤》五卷、《雜録》一卷。《唐書糾謬》以《新唐書糾謬》之名行世，今傳。

轍改著作佐郎，有謝啓。

啓見《欒城集》卷五十。首云：「偶歲成之及格，蒙叙法之推恩。」上句謂齊州掌書記三年。末云：「春陽既至，草木皆生。」知爲春初事。

《年表》：「轍以舉者改著作佐郎，有謝啓。」

柳瑾（子玉）卒，轍作輓詞。

輓詞見《欒城集》卷六。《蘇軾文集》卷六十三《祭柳子玉文》：「潛山之麓，往事神后。道味自飴，世芬莫齅。凡世所欲，有避無就。謂當乘除，併畀之壽。云何不淑，命也誰咎。」《蘇軾詩集》卷十一有《送柳子玉赴靈仙》詩。靈仙乃靈仙觀，其觀在潛山（時屬淮南西路舒州）。瑾赴潛山，乃爲靈仙觀監宫。軾詩作於熙寧七年。細味軾詩，似瑾即卒於潛山靈仙觀。轍詩其一云：「潛山仍乞古仙宮。」瑾爲監宮，乃由乞而得。其二末云：「行到都門送君處，長河清淚兩汍瀾。」似其靈柩已至京師，由京師沿水道回蜀。

軾至濟南，李常（公擇）以詩來迎，答詩。姪遲、适、遠出迎。與常游，常出甥黃庭堅詩文以觀。

答詩見《蘇軾詩集》卷十五（七一五頁）。常時知齊州，齊州爲濟南郡。《詩集》卷十九《次韻李公擇梅花》：「更憶檻泉亭，插花雲髻重。」卷四十六《寒食宴提刑致語口號》末云：「還把去年留客意，折花臨水更徘徊。」作於元豐元年。《蘇軾文集》卷五十七《與幾宣義》叙李常去舒，以下云：「每思檻泉之游，宛在目前。」卷五十二《答黃魯直》第一簡：「其後過李公擇於濟南，則見足下之詩文愈多，而得其爲人益詳。」時庭堅仍在北京國子監教授。皆叙此時事。《詩集》卷二十三《將至筠先寄遲适遠三猶子》：「憶過濟南春未動，三子出迎殘雪裏。我時移守古河東，酒肉淋漓渾舍喜。」作於元豐七年。

軾寫枯木一枝於檻泉亭之壁。

《濟南金石志》卷四《金石四·禹城·宋蘇東坡枯木石刻》：「明邑人于棨記云：熙寧十年，東坡先生過濟南，寫枯木一枝於檻泉亭之壁，自書年月，筆法遒勁，枝幹虬結，如龍翔鳳翥，蓋一時精思神會，渾然天成，非世間畫工好手所能到。元祐間，亭主劉招模石，未幾復流浪於別館。

禹城王國寶見之，徙置於遠塵庵，蓋大定二十九年也。常山李彦文記之。後又移於儒學大成殿之左壁。永樂東狩，先生濟南筆迹，漂蕩無存，獨禹城僅存此石，往來求之者衆，縣中小吏投其石於井，碎爲數段。歲餘，學官發取碎石，仍置原處，吴大尹於原記之末，附跋以紀其事。正德辛巳，羅山張大尹命工翻諸木板，有老教讀者中添二枝，以補其缺，視石刻較全，而精神衰颯，不及原筆遠矣。嘉靖甲午，閩人教論王某，貪昧無知，遂將先生原筆併朱文公字刻及名筆數種，移出大門之外，時值修造，碎爲柱礎，識者追救，已無及矣。」

同上書卷二《金石二·歷城》引《歷城志》：「考《趙清獻公集》，有《寄題劉詔寺丞檻泉亭》詩，『招』蓋『詔』之誤耳。」大定二十九年，當孝宗淳熙十六年（一一八九）。檻泉亭在濟南，《欒城集》卷五有《和孔教授武仲濟南四詠·檻泉亭》詩。按：《寄題》詩在《趙清獻公集》卷四。

丙子（二十五日），知河中府陸經（子履）再任。經嘗使遼，得墨歸，蘇軾嘗跋之。

丙子云云，據《長編》卷二百八十。

《蘇軾文集》卷七十《書北虜墨》：「雲庵有墨，銘云『陽嵒鎮造』，云是北虜墨，陸子履奉使得之者。」熙寧九年九月，朝廷命蘇軾知河中府，見該年紀事。當代陸經。以經再任，故本年二月癸巳，朝命蘇軾改知徐州。軾與經當有交往。

《平園續稿》卷十三《陸子履嵩山集序》謂經受知歐陽修，洛陽人，有《嵩山集》十二卷。早佚。

軾始晤吴復古(子野)，復古爲論出世間法。因作《問養生》。

《蘇軾文集》卷五十七答復古第一簡：「濟南境上爲别，便至今矣。」簡作於元豐四年。二人嘗晤於濟南。同上《與吴秀才》第二簡：「與子野先生遊，幾二十年矣。……子野一見僕，便論出世間法，以長生不死爲餘事，而以練氣服藥爲土苴也。僕雖未能行，然喜誦其言，嘗作《論養生》一篇，爲子野出也。」簡有「深念五十九年之非」語，作於紹聖元年。自此逆數至熙寧十年，爲十七年，故有「幾二十年」之語，知濟南之晤爲始晤。

《問養生》見《文集》卷六十四，首云：「余問養生於吴子，得二言焉，曰和，曰安。」此文當作於此後不久。

復古，揭陽人。再舉不第，築庵居潮陽直浦都麻田山中。見嘉靖《廣東通志》卷五十六、嘉靖《惠州府志》卷十五。熙寧二年，復古從登守李天章遊，見《文集》卷十二《北海十三石記》。李師中旋守登，復守齊，見《宋史》卷三百三十二《李師中傳》。復古復從師中遊，見《文集》卷五十七《與吴秀才》第二簡。《欒城集》卷七有《贈吴子野道人》詩，有「東州相逢真邂逅，南國思歸又驚矯」句。東州乃指齊州。相見不久，復古歸粤，故以爲贈也。

《柯山集》卷十九《送麻田吴子野還山》：「麻田老仙身馭風，萬里一息如飛蓬。行窮山川出天外，閲盡世界歸壺中。經過賣藥勾漏客，鄉里高年南極翁。我亦有心游八極，從公一借葛陂龍。」知吴復古或於此時與張耒亦有交往。

陳襄經筵薦軾、轍。朝廷未從其請。

《古靈集》卷一《熙寧經筵論薦司馬光等三十三人章稿·尚書祠部員外郎直史館權知河中府蘇軾》：「豪俊端方，所學雖不長於經術，然子史百氏之書，無所不覽。文詞美麗，擅於一時。居官敏恕，尤通政事。」陳襄薦「館職有文學可爲詞臣者」，首蘇軾，次曾鞏，再次孫洙。襄薦「京朝官選人有學行才器可進擢臺閣者」，有轍。時襄以樞密直學士知通進銀臺司兼侍讀，見《宋史·陳襄傳》。《古靈集》附録年譜，謂薦稿作於熙寧十年。《宋史》襄本傳謂「在經筵時，神宗顧之甚厚，嘗訪人才之可用者，襄以司馬光、韓維、吕公著、蘇頌、范純仁、蘇軾至於鄭俠三十三人對」，然「帝不能盡用」。襄之奏章稱軾「權知河中府」，知作於年初。

二月初一日，題張掞讀書堂。

《山左金石志》卷十六《蘇子瞻書讀書堂石刻》：「熙寧十年二月刻，正書。碑高四尺，廣一尺七寸，在歷城縣學橋門外。」又云：「右刻『讀書堂』三字，徑一尺，款題『熙寧十年二月朔，子瞻書』。徑七分。縣志云：『張掞讀書堂碑，明萬曆初掘地得之，乃宋龍圖張掞舊隱處也。案：《宋史》列傳，掞卒於熙寧七年。距東坡書碑時，已三年矣。東坡以熙寧九年十二月離密州，此或是道經龍圖故里，感舊而書，未可知也。」

齊州治歷城。掞字文裕，歷城人。知益都縣，知萊州掖縣，皆有德於民。卒時年八十。忠篤誠慤，行爲鄉黨矜式。參熙寧八年「作張掞輓詞」條。

軾或晤李秉彝（德叟）。

秉彝乃李常兄布之子，布早卒，常撫之如己出。見《淮海集》常行狀。《山谷外集詩注》卷三有《次韻寄李六弟濟南郡城橋亭之詩》（題下注：德叟）、《用明發不寐有懷二人爲韻寄李秉彝德叟》，元豐元年作，知秉彝隨常至濟南。《佚文彙編》卷二與秉彝子彭（商老）簡云「德叟有子不亡」，秉彝乃軾老友。軾在濟南，或與秉彝晤。《豫章黄先生文集》卷二十《評李德叟詩》謂「昔嘗見其汲汲浚源，今又見其金玉井幹」，知秉彝有詩名。

軾留齊州月餘，與李常劇飲爲别。

《蘇軾詩集》卷十六《次韻舒教授寄李公擇》：「去年逾月方出晝，爲君劇飲幾濡首。」自注「留齊月餘」。元豐元年作，叙此時事。

吴復古歸粤，軾别於濟南境上。

歸粤見以下「與李師中晁補之會於汶上」條，與復古别，以上「始晤吴復古」條已叙。

至鄆州，鮮于侁（子駿）留飲新堂，以吴道玄畫佛爲贈。

《蘇軾詩集》卷十六《和鮮于子駿鄆州新堂月夜》其一：「去歲遊新堂，春風雪消後。池中半篙水，池上千尺柳。佳人如桃李，蝴蝶入衫袖。」作於元豐元年。卷十六尚有《僕曩於長安陳漢卿家，見吴道子畫佛，碎爛可惜。其後十餘年，復見之於鮮于子駿家，則已裝背完好，子駿以見遺，作詩以謝之》。鄆州治須城縣，距東京五百二十里。侁時爲京東路轉運使，見《宋史》卷三百四十四《鮮于侁傳》。

軾賦《浣溪沙》（傅粉郎君又粉奴）。

詞見《東坡樂府》卷下。

詞有「有客能爲《神女賦》」之句。《東坡詞編年箋證》引《蘇軾文集》卷六十六《書鮮于子駿楚詞後》：「鮮于子駿……獨行吟坐思，寤寐於千載以上，追古屈原、宋玉，友其人於冥冥，續微學之將墜，可謂至矣。」復引《宋史·鮮于侁傳》：「侁……作詩平淡淵粹，尤長於《楚辭》，蘇軾讀《九誦》，謂近屈原、宋玉，自以爲不可及也。」《九誦》，鮮于侁撰。於是謂詞所云之「客」乃鮮于侁。並謂此詞作於自密赴闕經鄆州時。《編年箋注》復引《蘇軾詩集》卷十六《和鮮于子駿鄆州新堂月夜二首》，謂：「鮮于侁於新堂設夜宴以餞東坡，并出歌妓或家姬佐酒，東坡作此詞以贈之。二首其一有句云：『佳人如桃李，蝴蝶入衫袖。』『惟有當時月，依然照杯酒。應憐船上人，坐穩不知漏。』其二有句云：『明月入華池，反照池上堂。堂中隱几人，心與水月涼。』『起觀河漢流，步屧響長廊。名都信繁會，千指調笙簧。』既是對此次新堂之會與夜宴的回憶，也可作此詞之注脚。」今從其説。

軾與李師中（誠之）、晁補之會於汶上，與補之言及吴復古（子野），復誦黄庭堅詩。

《雞肋集》卷十三《贈麻田山人吴子野》題下原注：「余見待制李公誠之於汶上，蘇密州在焉，始聞子野名。」詩首云：「汶陽我昔見蘇、李，人言吴子歸未幾。長嘯春風大澤西，却望麻田山萬里。」知復古歸粤。卷十四《用寄成季韻呈魯直》：「湖州太守諸儒長，可獨進賢無上賞。曾語黄公四坐驚，競吟佳句汶陽城（原注：丁巳年，余謁蘇湖州於汶上，座中爲余誦魯直詩）。」作於元豐二年，故稱軾蘇湖州。考《讀史方輿紀要》等書，汶陽，縣名，劉宋時屬兖州魯郡，北魏因之，齊周時廢；汶上、汶陽，金縣名，唐、五代、宋皆曰中都，北宋時屬鄆州，在州東南六十里，境内有汶水。

《雞肋集》卷一《釋求志》謂父卒後，居濟州東郭其所田處凡二年。補之鉅野人，鉅野乃濟州之治。補之見蘇軾，在居喪時。鉅野離中都不遠。

轍訪净因臻長老，贈詩；并用其韵答范鎮（景仁）。

詩見《蘇轍集》卷六。前者云：「遠游新自濟南來，滿身自覺多塵垢。暖湯百斛勸我浴，驪山衮衮泉傾竇。」此身得以瑩净。末云：「與君飽食更何求？一杯茗粥傾銅葉。」味長。後者云：「我丈中心冰玉潔，世上浮榮盡灰滅。終年行道自不知，笑指空門名異説。」蓋鎮不言佛。以下云：「此心未信道不生，石上下種何由茁。道在起居飲食中，安問胡僧分五葉」。蓋謂鎮雖不言佛，而佛在起居飲食中，無所不在。《避暑録話》卷下言鎮「詆佛教」，轍此詩蓋有解之之意。

轍游城西集慶園，作詩。

詩見《蘇轍集》卷六。中云：「傍人笑指高臺處，前年適見荒榛滿。金錢力奪天地功，歲月未多風物换。」於是感嘆：「人生富貴無不成，都門坐置山林觀。」

初八日，驚蟄，轍游范鎮（景仁）東園。

詩見《蘇轍集》卷六。詩首云：「新春甫驚蟄，草木猶未知。」上句點節令。以下云：「高人静無事，頗怪春來遲。肩輿出東郊，輕裘試朝曦。」蓋鎮居城中，東園爲所經營之别業。以下云：「尺書招友生，冠蓋溢通逵。」鎮招衆友人爲會。以下叙園中景象，衆客歸去，有「都城閉門早」之句，園蓋在城之外。

癸巳（十二日），軾改知徐州。

《山谷外集詩注》卷三《次韻子瞻春菜》題下注引《實録》：「熙寧十年二月癸巳，尚書祠部員外郎、直史館、權知河中府蘇軾知徐州。」蘇軾時在來汴京道中。

同日，張方平爲南京留守。方平辟弟轍簽書應天府判官。

據《年表》。南京乃應天府。

轍有謝方平啓。

啓見《欒城集》卷五十。云：「刿留都之清浄，眷幕府之優閑。再辱辟書，重收孤迹。」熙寧三年，方平辟轍爲陳州教授，故云。

弟轍自京師來迎軾，會於澶、濮間。與弟轍同赴京師。

《欒城集》卷七《逍遥堂會宿·叙》云：「子瞻通守餘杭，復移守膠西」，「不見者七年，熙寧十年二月，始復會於澶、濮之間。」卷八《寄范丈景仁》：「我兄東來自東武，走馬出見黄河濱。」澶州，距東京二百五十里。濮州，距東京三百五十里。

《東坡樂府》卷上《滿江紅》下闋：「一樽酒，黄河側。無限事，從頭説。相看恍如昨，許多年月。」乃寫此時事。詞作於元祐六年。

至陳橋驛，軾知徐州告下。時不得入國門，乃寓居城外范鎮之東園。王詵餽酒食。

《佚文彙編》卷二《與文與可》第三簡：「軾自密移河中，至京城外，改差徐州，復挈而東。仕宦本不擇地，然彭城於私計比河中爲便安耳。」

《蘇軾文集》卷五十三《與黎希聲》第三簡：「向自密將赴河中，至陳橋，受命改差徐州。」東京開封府祥符縣有陳橋鎮。《汴京遺迹志》卷九謂在城東北四十五里。

《蘇軾詩集》卷十五《送魯元翰少卿知衛州》題下「施注」：「時有旨不許入國門，寓城外范蜀公園。」《欒城集》卷八《寄范丈景仁》叙迎見兄軾於黄河濆，以下云：「及門却遣不得入，回顧欲去行無人。東園桃李正欲發，開門借與停車輪。青天露坐列觴豆，落花飛絮飄衣巾。」《詩案·與王詵往來詩賦》：「約熙寧十年二月到京，王詵送到茶果酒食等。」

孔舜亮（君亮）贈詩，和答。

詩見《蘇軾詩集》卷十五（七一六頁）。《欒城集》卷七《孔君亮郎中新葺闕里西園棄官而歸》首云「宦情牢落苦思歸」，知舜亮久官京師，軾與舜亮乃晤於京師。轍詩作於本年冬。《孔氏祖庭廣記》卷六《世系别録》：「舜亮字君亮。四十六代。登第，中散大夫贈特進。」《族孫》：「道輔：……二子，長舜亮，……次宗翰。」《詩集》自注謂舜亮爲孔子（四十八代）孫，與此不同。《詩案》承受無譏諷文字者有舜亮。《闕里志》卷十一有舜亮詩。

三月二日，應王詵約，飲於四照亭，賦《洞仙歌》、《喜長春》。

《詩案·與王詵往來詩賦》：「熙寧十年，……三月初一日，王詵送到簡帖，來日約出城外四照亭中相見。次日，軾與王詵相見，令姨嬸六七人出斟酒下食，數内有倩奴，問軾求曲子，軾遂作《洞仙歌》一首、《喜長春》一首與之。」《紀年録》謂會四照亭爲初一日事。

蘇軾所作《洞仙歌》，當即《東坡樂府》卷上之「江南臘盡」一首。此詞，《注坡詞》、《外集》題均作「詠柳」。詞中有「細腰肢，自有入格風流」，蓋詠柳亦以詠人也。

《東坡樂府》卷下《殢人嬌》「滿院桃花」一首，《外集》題作「王都尉席上贈侍人」，或即軾所云之《喜長春》。此詞，《東坡問答録》謂爲徐都尉作，參熙寧六年「游徐氏花園」條紀事。

《蘇軾詩集》卷十八《作書寄王晉卿忽憶前年寒食北城之遊走筆爲此詩》：「北城寒食烟火微，落花蝴蝶作團飛。王孫出遊樂忘歸，門前驄馬紫金鞿。吹笙帳底烟霏霏，行人舉頭誰敢睎。扣門狂客君不麾，更遣傾城出翠帷。書生老眼省見稀，畫圖但覺周昉肥（下略）。」所寫爲此時事。

《詩案·與王詵往來詩賦》又云本月蘇軾「薦會傳神僧爲王詵寫真，乞得紫衣一道」。

三日，范鎮（景仁）往西京，軾作詩送之。鎮作留别詩，次韻答之。

詩見《蘇軾詩集》卷十五（七一七、七二〇頁）。《詩案·送范鎮往西京》謂二月三日鎮往西京。《總案》謂「二月」爲「三月」之誤。詩有譏諷意。鎮時退居，見《蘇軾文集》卷十四《范景仁墓誌銘》。《欒城集》卷七有《次韵子瞻送范景仁游嵩洛》。

《詩案》云：

「熙寧十年二月三日，范鎮往西京，軾作詩送之。軾昨知密州得替，到關城外，借得范鎮園安泊。鎮，鄉里世舊也。其詩除無譏諷外，云：『小人真闇事，閑退豈公難。』意以諷今時小人，以小才而享大位，闇於事理，以進爲榮，以退爲辱。范鎮前爲侍郎，難進易退，小人不知也。又云：『言深聽者寒。』軾謂鎮舊日多論時事，其言深切，聽者爲恐，意言鎮當時所言，皆不便事也。」

同日，王詵（晉卿）送韓幹畫馬，求跋，軾爲題詩。

詩見《蘇軾詩集》卷十五（七二一頁）。《詩案·與王詵往來詩賦》叙之，詩有譏諷意。《紀年録》謂送韓畫爲本月二日事。

《詩案》云：「〔本〕日王詵送韓幹畫馬十二疋，共六軸，求軾跋尾，不合作詩，云：『王良挾矢飛上天，何必俯首求短轅。』意以騏驥自比，譏諷執政大臣，無能盡我之才，如王良之能馭者，何必折節干求進用也。」

「王良」云云，即見於《詩集》卷十五之詩中語。

二十三日，軾與錢藻（純老）、王汾（彦祖）、孫洙（巨源）、陳侗（成伯）、陳睦（子雍）、胡宗愈（完夫）、王存（正仲）、林希（子中）、王仲修（敏甫）、弟轍同觀唐摹《蘭亭》禊帖真迹。

據《大觀録》卷一《唐摹蘭亭禊帖真迹》：人皆書字，軾、轍列于最後，末謂「熙寧十年三月廿三日書」，其書者當爲蘇軾。真迹文字，乃王羲之《蘭亭序》全文。侗，其先興化軍莆田縣人，從母居蘇州，事迹見《永樂大典》卷三千一百四十五劉攽所撰《故朝奉大夫權知陝州軍州事陳君墓誌銘》。

春末，范鎮（景仁）自洛還，得司馬光（温公）寄題超然臺詩。

《蘇軾文集》卷五十《與光第一簡》敘之。光自熙寧四年四月判西京留司御史臺，皆居洛。見《文集》卷十六《司馬温公行狀》。

晁補之至京師，求謁蘇軾。

《樂静集》卷十《上眉陽先生》：「先生罷東武，還朝，晁君見先生於京師。既歸，昏夜叩門，開軒置燭，出先生新文十餘篇，促席吟誦。」知補之别軾於汶上後，不久即至京師。

軾與孫洙（巨源）會於王詵（晉卿）園中。蘇軾嘗賦《滿庭芳》。

《苕溪漁隱叢話》前集卷四十一引《王直方詩話》：「東坡與孫巨源同會於王晉卿花園中。晉卿言都教餵飼了官員輩馬着。巨源云：『「都尉指揮都餵馬」，好一對。』適長公主送茶來，東坡即云：『大家齊喫大家茶。』蓋長公主呼大家也。（下略）」長公主乃詵之妻。

據《宋史》卷三百二十一《孫洙傳》，洙時知制誥。

《後村先生大全文集》卷一百四《西園雅集圖跋》：「本朝戚畹惟李端愿、王晉卿二駙馬好文喜士。……此圖布置園林水石人物姬女，小者僅如針芥，然比之龍眠墨本，居然有富貴態度，畫固不可以設色哉。二駙馬既賢，而坐客皆天下士。世傳孫巨源『三通鼓』、眉山公『金釵墜』之詞，想見一時風流藴藉，爲世道太平極盛之候。未幾而烏臺鞫詩案矣，賓主俱謫。」叙此時事。眉山公爲蘇軾。

端愿，《宋史》卷四百六十四有傳，元祐六年卒。龍眠謂李公麟，公麟亦有《西園雅集圖》，詳元祐三年紀事。明董思白謂劉克莊所跋之《西園雅集圖》，亦公麟作，乃作於詵園中。見《式古堂書畫彙考》卷三十一。

《東坡樂府》卷上《滿庭芳》：「香靉雕盤，寒生冰筯，畫堂别是風光。主人情重，開宴出紅妝。膩玉圓搓素頸，藕絲嫩、新織仙裳。歌聲罷，虚檐轉月，餘韻尚悠揚。人間何處有？司空見慣，應謂尋常。坐中有狂客，惱亂愁腸。報道金釵墜也，十指露、春筍纖長。親曾見，全勝宋玉，想像賦《高唐》。」

《夷堅志·甲志》卷四《孫巨源官職》言洙爲翰苑，一日鎖院，宣召者得於李端愿家，時端愿新納妾奏琵琶，飲正酣。入院，草制罷，賦詞寄恨意，蓋洙實不願去也。其詞首云：「樓頭尚有三通鼓，何須抵死催人去。」《苕溪漁隱叢話》前集卷五十九引其事與詞。詞調《菩薩蠻》。附此。

聞任孜（遵聖）訃，軾哭以詩。

《蘇軾詩集》卷十五有《京師哭任遵聖》，作於熙寧十年春，其卒當在此略前。以上所引軾詩云

「六十青衫」，而《丹淵集》卷四熙寧八年所作《謝任遵聖光禄惠詩》謂孜「六十尚爲縣」，則其卒，約爲六十餘歲。軾詩云：「十年不還鄉，兒女日夜長。豈惟催老大，漸復成彫喪。每聞耆舊亡，涕泣聲輒放。老任況奇逸，先子推輩行。文章得少譽，詩語尤清壯。吏能復所長，談笑萬夫上。自喜作劇縣，偏工破豪黨。奮髯走猾吏，嚼齒對姦將。哀哉命不偶，每以才得謗。竟使落窮山，青衫就黄壤。宦遊久不樂，江海永相望。退耕本就君，時節相勞餉。此懷今不遂，歸見纍纍葬。望哭國西門，落日銜千嶂。平生惟一子，抱負珠在掌。見之齠齔中，已有食牛量。他年如入洛，生死一相訪。惟有王濬冲，心知中散狀。」「退耕」二句謂回鄉結鄰。一子謂任德雨，《宋史》卷三百四十五有傳。與軾有交往，詳本譜以後叙述。孜詩不傳。

《浄德集》卷二十七孜妻吕氏墓銘謂孜志趣高尚，「篤學力文，得聖賢指歸，處己從政，耻枉道，不與流俗合，仕宦多齟齬，飄寓四方，幾至憔悴」。

《丹淵集》卷一有《哭任遵聖》賦，今録於此：「覽顥宇之渺漭兮，悲萬彙之漂摇。林薄颯以殞瘁兮，帶原隰之蕭條。蟾離魂之怫鬱兮，紛涣散而孰招。悵節物之變易兮，付餘懷以無聊。念先生之生此兮，皇曷爲而有之。既誕畀以才德兮，又復艱其所施。使輾轉於偪側兮，躓其行而莫馳。哀抱憤以遽去兮，問誰賢而爾師。飽道義兮富文章，轟大聲兮發洪光。潔如玉兮凝如霜，堅不可撓兮凛不可當。嗟爾世俗兮，曾莫測其所高。但輒詆以絶衆兮，實自疵于爾曹。且勿辨其薌臭兮，混蘭藏於蓬蒿。不善擇其至行兮，務族譟而叢嘷。今已矣兮，想子立而孤居。游鴻洞而入滃淪兮，乘威鳳而跨鯨魚。出入乎無極兮，旁羊乎太虛。下視夫塵寰兮，諒將厭其如帑。惟不肖兮，有性自天。蹈大道以直騖兮，繇中軌而掉長鞭。寧剛折而方毀兮，耻從柔而逐圓。獲稠人之笑詈兮，獨先生之見憐。負先生之所與兮，羌莫恤乎其它。今既失先生之爲徒兮，顧泯泯而奈何。茲忽訃以大事兮，還英氣于岷峨。恨不能撫柩以一訣兮，横涕淚而滂沱。亂曰：先生之美兮，豈衆人之足云兮。先生之慶兮，有弟賢而子文兮。先生之安兮，地既吉而可墳兮。先生之壽兮，期萬祀而有聞兮。夫何憾耶。」云「岷峨」知孜卒於蜀中。

軾晤歐陽奕（仲純）。

《蘇軾文集》卷五十三與奕第一簡云「去歲城東，屢獲陪從」，第三簡云「去春寄舍國門，屢辱臨顧，喜慰無量」，作於元豐元年。卷六十三祭奕文云去歲相見「攜被夜語，達旦不窮」。奕乃修次子，慶曆五年生。見《歐陽文忠公集》卷首年譜。

晤魯有開（元翰）；有開知衛州，蘇軾有詩送行。蘇轍始識有開。

詩見《蘇軾詩集》卷十五，題作《送魯元翰少卿知衛州》。詩首云住范鎮東園，嗣云：「誰人肯攜酒，共醉榆柳村。髯卿獨何者，一月三到門。我不往拜之，髯來意彌敦。」交往甚密。髯卿，指有開。

《長編》卷二百八十四熙寧十年八月辛卯有知衛州、司農少卿魯有開言事記載。

《欒城後集》卷一《魯元翰中大挽詞二首》其二詩末自注云「子瞻兄始與元翰皆倅杭州」。及自密州還止都門，「寓居范景仁東園，元翰時來相過，予始識之」。

蔣夔赴代州教授，轍作詩送行。

詩見《欒城集》卷七。首云：「憶游太學十年初，猶見胡公豈弟餘。」此胡公乃胡瑗。瑗字翼之，泰州如皋人。瑗爲人師，言行而身化之。仁宗景祐、明道以來，學者有師，惟瑗暨泰山孫復(明復)、石介(守信)三人，瑗徒最盛。其在湖州之學，常數百人，各以其經轉相傳授，其教學有法。慶曆四年，取瑗法以爲太學法。皇祐中，爲光禄寺丞、國子監直講，居太學。學者自遠而至，太學不能容，取旁官署以爲學舍。嘉祐四年六月卒於杭州，年六十七。事迹見《歐陽文忠公集·居士集·胡先生墓表》。據詩，知夔嘗學於瑗，其從瑗，當爲皇祐中事。則夔當略長於轍，故此詩有「白髮相看各滿梳」之語。

軾次韻弟轍送蔣夔行。

據《蘇軾詩集》卷十五詩題(七二六頁)；《欒城集》原韻，詩之「查注」已引。

《欒城集》卷六有《次韻蔣夔寒夜見過》。「叩門剥啄驚客至，吹火倉卒憐君寒。」又云：「識君太學嗟歲久，至今客舍猶泥蟠。」作於上年末，是夔由京外任也。《長編》卷二百九十六元豐二年正月甲午有京兆府學教授蔣夔言祭禮事記載。是夔在代時間不長。

蘇嘉以簡問勞，軾答之。

《丞相魏公譚訓》卷四：「東坡自徐易湖守，過闕，不得見。大人監封丘門，以簡問勞，且以坐局不獲見爲言。坡答簡云：『便道之官，恨不得見詩人耳。』唱酬詩什簡尺頗多，皆爲人取去。」按：蘇軾自徐易湖，未過闕；軾一生以州易州赴闕者，惟自密易徐。今據此繫入。軾簡，全文早佚，唱酬詩什亦不見。

軾爲子邁娶婦石氏。

《蘇軾文集》卷五十三《與黎希聲》第三簡：「改差彭城，便欲赴任，以兒子娶婦，暫留城東景仁園中。」卷四十七《與邁求婚啓》：「賢小娘子姆訓夙成，遠有萬石之家風。」萬石乃石奮，西漢初人。《史記》卷一百三有傳，以孝謹稱。

《中華文史論叢》一九八六年第二期曾棗莊《三蘇姻親考》引《蘇符行狀》：「父諱邁，母石氏，故中書舍人昌言之孫。」昌言亦眉人，蓋世姻。

道士李若之爲迨布氣。

《蘇軾文集》卷七十三《李若之布氣》：「學道養氣者，至足之餘，能以氣與人。都下道士李若之能之，謂之布氣。吾中子迨，少羸，多疾。若之相對坐爲布氣，迨聞腹中如初日所照，温温也。」迨生於京師，後至杭、至密，布氣當爲此時事。

軾首次晤張大亨（嘉父）。别後，致簡大亨，以志於存養爲望。

《蘇軾詩集》卷三十五《送張嘉父長官》：「都城昔傾蓋，駿馬初服輈。」乃寫首晤。《蘇軾文集》卷五十三與大亨第二簡首云「今日與嘉父道别」。以下云：「公少年高才，不患不達，但志於存養，孟子所謂『心勿忘勿助長』者，此當銘之坐右。」以爲張璪（琥）所作之《稼説》爲贈。第四簡云：「君年少氣盛，但願積學，不憂無人知。」當作於第二簡後不久。其愛之亦至矣。

據《詩集》，蘇軾與大亨首晤於京師。熙寧二年至四年，大亨尚幼，不繫；姑繫於本年。參元豐八年「泗上喜見張大亨」條紀事。

與眉守黎錞（希聲）簡，軾報將赴徐。

簡乃《蘇軾文集》卷五十三與錞第三簡，并謝錞照管墳墓。

四月，軾乘舟沿汴赴任，弟轍同行。時轍與文同議姻，與同簡，以爲美事。其行，王詵有餽。

《欒城集》卷八《寄范丈景仁》：「留連四月聽鵶鳩，扁舟一去浮奔渾。」乃舟行。《佚文彙編》卷二與同第三、四簡叙轍同行及兩家議姻。據《蘇潁濱年表》，轍以長女婿同之子務光。《欒城集》卷七《逍遥堂會宿·叙》叙與兄轍「相從來徐」。

《詩案·與王詵往來詩賦》：「四月赴任徐州，王詵曾送到羊羔兒酒四瓶，乳糖獅子四枚，龍腦面花象板裙帶繫頭子錦段之類與軾。」

《蘇軾佚文彙編》卷二《與文與可》第三簡：「今日沿汴赴任，與舍弟同行。聞與可與之議姻，極爲喜幸。從來交契如此，又復結此無窮之歡，美事！美事！但寒門不稱，計與可必不見鄙也。」第四簡：「姪女子獲執箕帚，非獨渠厚幸，而不肖獲交於左右者，緣此愈親篤矣。……聞舍弟談婿之賢，公之子固應爾。姪女子粗知書，曉義理，計亦稱公家婦也，更望訓誨其不逮也。」

過南都，見張方平。軾代方平撰諫用兵書，諫勿用兵西夏。

《蘇軾文集》卷六十三《祭張文定公》第三文云：「十五年間，六過南都，而五見公。」此第一次。

《蘇軾詩集》卷十八《罷徐州往南京馬上走筆寄子由》五首其四：「前年過南京，麥老櫻桃熟。」寫此時事。書見《文集》卷三十七（一〇四八頁）。題下原注：「熙寧十年。」文謂「好兵者必亡」，諫勿用兵西夏。《省齋文稿》卷十八《跋東坡代張文定公上書》謂蘇軾其後爲方平作墓銘,「明載老臣死見先帝有以藉口之語」,意旨必出方平,「不然何其危言至是」。

《經進東坡文集事略》卷四十收此書,末注云:「此疏既奏,上爲之動,及永樂之敗,頗思其言。」《長編》卷二百八十六附此書於本年之末。

過宿州,宿州教授劉涇作詩,轍、軾次韻。軾晤曹九章(演父),議及九章子與轍第三女聯姻事。

轍詩見《欒城集》卷七。轍詩云:「弦歌更就三年學,簿領唯添一味愚。」上句就涇言,知涇新到任。下句就己言,爲幕官,簿領瑣事纏繞,不能致力於學。

《欒城集》卷二十六《祭曹演父朝議文》:「伯氏之南,見公符離。傾蓋相歡,執手無疑。公顧我笑,我猶未知。」「未知」者,議婚姻也。《年表》:轍第三女之婿爲曹煥(子文)。《蘇軾詩集》卷十五有《宿州次韻劉涇》。

涇於熙寧七年五月甲辰,以新成都府户曹參軍爲提舉修撰經義所檢討,見《長編》卷二百五十三。九章,彭城人。見同上卷十二《東軒長老二絶·叙》。

符離乃宿州之治。

《范忠宣公集》卷三《和曹演甫中秋見懷》:「去年對月憶良朋,今夜誰同塞上情。華髮蒼顔人易老,賞心樂事古難并。戍樓笛響千山迴,沙漠霜寒萬里明。半夜歸鴻飛不斷,好將幽夢到淮城。」《和曹演甫秋日見寄》：「九日天邊倚戍樓，他年江國想陪游。鱸魚滑與蓴絲薦，菊蕊香隨酒蟻浮。別後星霜催老態，秋來顔鬢染鄉愁。懷賢感舊情難盡，待向東西丐一州。」卷四《寄和浮光曹九章大夫》：「賢守班條俗易從，戴其仁厚服其功。虚心足以求民瘼，實效應須束帝衷。繾綣交情由道合，連綿榜契復官同。當時賜第今無幾，共喜優游作老翁。」附此。

四月庚子（二十一日），朝廷頒蜥蜴祈雨法、宰鵝祈雨法。蘇軾作《蝎虎》，有諷意。

《長編》卷二百八十一本日紀事：「内出蜥蜴祈雨法，試之果驗，詔附宰鵝祈雨法頒行之。」

詩見《蘇軾詩集》卷十五。

詩首云：「黄雞啄蝎如啄黍，窗間守宫稱蝎虎。」守宫、蝎虎即蜥蜴。詩云：「今年歲旱號蜥蜴，狂走兒童鬧歌舞。能銜染水作冰雹，便向蛟龍覓雲雨。」此乃蜥蜴祈雨法頒行後之各地景象。蜥蜴在黄雞眼中，不過如黍粒，可隨時得而啄之，未聞蜥蜴於此時有何反擊表示；今乃云蜥蜴能作冰雹，覓雲雨。不着可否，而否即在其中。清人何焯謂此「亦有諷意」（見注文），甚是。詩末云：「守宫努力搏蒼蠅，明年歲旱當求汝。」夫搏蒼蠅與作冰雹、覓雲雨，相距奚止天、壤。蓋深諷之。以蘇軾視之，蜥蜴之能，終不過搏蒼蠅，以故終不免爲黄雞之食料，何云而能作冰雹、覓雲雨哉。

同日，軾到徐州任。田叔通、寇昌朝（元弼）、石夷庚（坦夫）相迎。上《謝上表》、《謝兩府

啓》，答謝鄰郡陳薦（彥升）啓。

二十一日云云，據《詩案·供狀》。謝上表見《蘇軾文集》卷二十三，謝兩府啓見卷四十六。《蘇軾詩集》卷十八《留别叔通元弼坦夫》：「迎我淮水北。」叔通元豐元年倅徐，詳該年紀事，昌朝詳本年「寇昌朝從游」條，夷庚詳元豐三年十二月三十日紀事。

《蘇軾文集》卷四十六《徐州謝鄰郡陳彥升啓》：「受代膠西，甫違仁庇；分符泗上，復托恩私。」薦所知州不詳。

職銜全稱：朝奉郎、尚書祠部員外郎、直史館、權知徐州軍州事、騎都尉。見元豐元年八月甲寅紀事。徐州屬京東東路，爲彭城郡，武寧軍節度。治彭城縣；縣五：彭城、沛、蕭、滕、豐；監一：利國。

時蘇瀜或仍爲京東東路安撫使、知青州，李清臣爲京東路提刑，鮮于侁爲京東路轉運使，蔡朦爲京東東路轉運判官。

瀜見熙寧九年「蘇瀜爲京東東路安撫使」條，清臣見熙寧九年「李清臣亦作《超然臺賦》」條，侁見本年以上「至鄆州」條。朦見《長編》卷二百七十七熙寧九年八月丙午紀事。朦乃挺之子。挺，《宋史》卷三百二十八有傳。《宋會要輯稿》第一百二十四册《食貨》七之三一、一百五十二册《食貨》六一之三：詔前永興軍路提舉常平蔡朦展磨勘三年。《文集》卷三十八有《新淮南轉運判官蔡朦可兩浙運判》制，謂朦以「名臣之子，進以儒術，歷佐漕府，治辦有成」。

梁交爲將官。

《蘇軾詩集》卷十五有《王鞏屢約重九見訪既而不至以詩送將官梁交且見寄次韻答之交頗文雅不類武人家有侍者甚惠麗》。《欒城集》卷八有《送梁交之徐州》，軾次韻乃《詩集》卷十六《和子由送將官梁左藏仲通》，知交字仲通。《職官分紀》卷三十五：國朝自南北通和，特分將領置官於河北、京東等處，以統領所部兵，謂之將官。

傅裼爲通判。

據《蘇軾文集》卷十九《徐州蓮華漏銘》：裼爲燕肅外曾孫，以國子博士爲徐倅。字子美，見《詩集》卷十六詩題（八一三頁）。并參卷十七《次韻顔長道送傅倅》題下「誥案」。

舒焕（堯文）爲教授。

據《詩案·徐州觀百步溪詩》。《蘇軾詩集》卷十七《次韻舒堯文祈雪霧猪泉》自注謂焕爲傅堯俞之客。熙寧七年十一月，堯俞罷知徐州，見《長編》卷二百五十八。焕留徐。《欒静集》卷十《上眉陽先生》叙焕辱軾深知，「把酒揮墨，登臨嘯歌，無日不相尋」。

任某爲鈐轄。

《蘇軾文集》卷六十三有《祭任鈐轄文》：鈐轄善治兵。參本年「任鈐轄卒」條。

畢仲荀(詢)爲推官。

《淮海集》卷三十八《雪齋記》謂蘇軾守徐時,「命郡從事畢君景儒篆其(按:指雪齋)名」。《詩集》卷十六《夜飲次韻畢推官》自注有「畢善篆」之語,知此推官乃景儒,屬從事。《後山詩注》卷十一《黄樓》自注謂《黄樓賦》乃畢仲詢篆。《渭南文集》卷二十九《跋楊處士村居感興》首云「右畢仲荀景儒所記楊處士詩也」,知景儒名仲荀。《詩集》上引詩「查注」謂景儒名仲孫,非。仲荀,《昭德先生郡齋讀書志》卷三下亦作仲詢;撰有《幕府燕閑録》十卷,元豐初爲嵐州推官。《幕府燕閑録》今傳,已殘。

吴琯監徐州酒税。

見本年「與吴琯舒焕鄭僅分韻賦快哉此風」條。

胡公達爲徐州獄掾。

見本年「晤胡允文」條及元豐元年「胡允文卒」條紀事。公達,老友允文之子。

范純粹爲滕縣令。

見本年以下「晤滕縣令范純粹」條紀事。

宴送交代江仲達。軾、轍有詩。

《蘇軾詩集》卷十五《徐州送交代仲達少卿》云「清樽猶許再三開」。

轍詩見《欒城集》卷七，首云：「夜雨泗河深，曉日輕舟發。」仲達乃舟行。轍送至泗河邊。中云：「公來初無事，豐歲多牟麥。鈴閣度清風，芳罇對佳客。」在徐有治績，得人和。又云：「朝廷念蟄老，府寺虚清劇。」知仲達將回京師任清職，年事已稍高。

軾知密州時嘗作詩寄眉守黎錞（希聲），轍次其韵。

軾詩見《蘇軾詩集》卷十四。轍詩見《欒城集》卷七。末云：「鄰居屈指今誰在，一念傷心十五年。」憶及嘉祐七年鄰居時事，時錞之仲兄與姪儔、侁已亡。參嘉祐七年紀事。

軾和密州孔宗翰、趙庾詩，叙密州時事。宗翰求書與詩，答以詩；爲宗翰作《顔樂亭詩》。

詩見《蘇軾詩集》卷十五（七二九、七三一、七五三、七七五、七七六頁）。和庾其二首云「我擊藤牀君唱歌，明年六十奈君何」。自注：「趙每醉歌畢，輒曰明年六十矣。」此所叙者，爲熙寧九年事，時軾年四十一，庾年五十九。

《顔樂亭詩·叙》謂亭乃「膠西太守孔君宗翰」建，知宗翰作於知密時。《温國文正司馬公文集》卷六十八《顔樂亭頌》謂李清臣（邦直）作銘，銘不見，言及蘇軾之詩，知作於其後。

高麗使者過杭州，求市蘇軾之集以歸。

《蘇魏公文集》卷十《己未九月》其二：「文章傳過帶方舟。」自注：「前年高麗使者過餘杭，求市子瞻集以歸。」詩作於元豐二年，所叙爲本年事。

《咸淳臨安志》卷四十六：熙寧九年正月丙寅，蘇頌知杭州，本年五月癸亥，趙抃代頌。知高麗使者買軾集爲本年五月以前事。今繫此。

五月六日，寄題司馬光獨樂園。作簡與光。蘇轍亦寄題。

據《詩案·寄題司馬君實獨樂園》，時光在西洛葺園，名「獨樂」。詩乃《蘇軾詩集》卷十五《司馬君實獨樂園》。《蘇軾文集》卷五十與光第二簡：「久不見公新文，忽領《獨樂園記》，誦味不已。」以下叙作詩。

《詩案》云：「熙寧十年，司馬光任端明殿學士，提舉西京崇福宫，在西洛葺園號獨樂。軾於是年五月六日，作詩寄題，除無譏諷外，云：『先生獨何事，四方望陶冶。兒童誦君實，走卒知司馬。撫掌笑先生，年來效喑啞。』四海蒼生，望司馬光執政，陶冶天下，以譏諷見在執政不得其人，又言兒童走卒皆知姓字，終當進用。司馬光字君實，曾言新法不便，與軾意合。既言終當進用，亦是譏諷朝廷新法不便，終當用司馬光，光却喑啞不言。意望依前攻擊。」

轍詩見《欒城集》卷七，中云：「終年著書未曾厭，一身獨樂誰復加。」時光在洛陽葺園名「獨樂」；著書則謂修《資治通鑑》。

《蘇軾文集》卷五《與司馬温公》第二簡言及題獨樂園詩，聊發一笑，并云徐州可藏拙，「但朋游闊遠，舍弟非久赴任，益岑寂也。」

京東路提點刑獄李清臣（邦直）沂山祈雨有應，作詩。轍、軾和之。

清臣詩見《東坡烏臺詩案·與李清臣寫超然臺記并詩》，云：「南山高峻層，北山亦峭崒。坐看兩山雲出没，雲行如驅歸若呼。始覺山中有靈物，鬱鬱其焚蘭，罩罩其擊鼓。祝屢祝，巫屢舞。我民無罪神所憐，一夜雷風三尺雨。嶺木兮蒼蒼，溪水兮央央，雲散諸峰互明滅。東阡西陌農事忙，廟閉山空音響絶。」《詩案》謂爲六月事。按：聯繫以下六月癸巳紀事，當爲六月之初。

轍詩見《欒城集》卷七。末云：「水行天地有常數，歲歲出入均無頗。半年分已厭枯槁，及秋更恐憂滂沱。誰能且共蛟龍語，時布甘澤無庸多。」向龍委婉陳詞。

《詩案》云上引清臣詩，乃清臣寄軾，以下云：「軾後作一首與李清臣，其詩云：『高田生黄埃，下田生蒼耳。蒼耳亦已無，更問麥有幾。蛟龍睡足亦解慚，二麥枯時雨如洗。不知雨從何處來，但聞呂梁百步聲如雷。試上南城望城北，際天菽粟青成堆。饑火燒腸作牛吼，不知待得秋成否。半年不雨坐龍慵，但怨天公不怨龍。今年一雨何足道，龍神社鬼各言功。無功日盜太倉粟；嗟我與龍同此責。勸農使者不汝容，因君作詩先自劾。』此詩除無譏諷外，有不合言本因龍神慵懶不行雨，却使人心怨天公，以譏諷大臣不任職，不能燮理陰陽，却使人怨天子，以天公比天子，以龍神社鬼比執政大臣及百執事。軾自言無功竊禄與大臣無異。當時送與，李清臣來相謁，戲笑言，承見示，詩只是勸農使者不管恁地事。」

軾詩直諷朝廷，與轍詩温厚之風，迥然不同。「勸農使者」謂清臣。

六月己丑（十一日），轍保母楊金蟬卒。轍載其柩殯於開元寺。

《蘇軾文集》卷十五《保母楊氏墓誌銘》：「先夫人之妾楊氏，名金蟬，眉山人。年三十，始隸蘇氏，頹然順善也。爲弟轍子由保母。年六十八，熙寧十年六月己丑，卒於徐州，屬纊不亂。子由官於宋，載其柩殯於開元寺。」

癸巳（十五日），軾祭漢高帝廟，弟轍代作祈晴文。嘗與弟轍入廟觀試劍石。

《欒城集》卷二十六有《徐州漢高帝廟祈晴文》（原注：代子瞻）。卷十八《彭城漢祖廟試劍石銘》敘云：「廟有石，高三尺六寸，中裂如破竹，不盡者寸。父老曰：『此帝之試劍石也。』熙寧十年，蜀人蘇軾爲彭城守，弟轍實從入廟，觀石而爲之銘。」同治《徐州府志》卷十四、卷十八上謂高祖廟在城南五里，有石高三尺餘，中裂如破竹不盡者寸，相傳謂高帝試劍石。

軾與弟轍、顏復（長道）同游百步洪，弟轍有詩，次韻。舒焕亦次韻。

次韵見《蘇軾詩集》卷十五，題作《次韵子由與顏長道同游百步洪相地築亭種柳》。轍詩，「查注」已引録。《詩案·徐州觀百步溪詩》：「熙寧十年，知徐州日，觀百步溪，作詩一篇，即無譏諷，有本州教授舒焕字堯文和詩云：『先生何人堪並席，李郭相逢上舟日。殘霞明滅日脚沉，水面沉雲天一色。磷磷石英鐵林兵，翻激奔衝精甲日。岸頭旗幟簇五馬，一櫓飛艎信未下。入夜寒生波浪間，汗衣如逐秋風乾。相忘河魚互出没，得性沙鳥鳴間關。委蛇二龍乃神物，遊樂諸溪誠爲難。築亭種柳恐不暇，天下龍雨須公還。』」《欒城集》卷九《和子瞻自徐移湖過宋都途中見寄五首》其一云及同遊情景，有「輕帆過百步，船底驚雷翻，肩輿上南麓，眼界涵川原」之句。

顔復，已見熙寧八年紀事。

《剡録》卷六下有顔復《雨霽剡溪》詩，云：「剡溪風雨霽，航葦重行行。到處楊柳色，幾家荷葉聲。噪蟬金鼎沸，游水玉壺清。最喜魚染伴，歸帆的的輕。」復有《寄雲門運禪師》詩，云：「句溪曲曲剡山重，誰訪山門物外踪。超世有言皆實際，示人無意在機鋒。平生懷抱佳高遯，壯歲衣冠鎖俗容。每想清蟬心暫寂，秋聲蕭瑟夜庵松。」運禪師超世之言由實際出，知禪師諳知塵世實際，高人一等。附此。

李清臣構亭徐城之東南隅，蘇軾名曰快哉亭。

賀鑄《慶湖遺老詩集》卷二《快哉亭·序》：「彭城郡城之東南隅，提點刑獄官廨也。熙寧末，魏郡李公持節來此，構亭城隅之上。郡太守眉山蘇公，命名曰快哉亭。下有爽塏，數十步即唐人薛能陽春亭故址也。癸亥六月，始登此亭，因賦是詩。」癸亥乃元豐六年，鑄知徐。據

「提點刑獄」、「持節」云云，知京東路提點刑獄置司徐州。《後山集》卷四有《登快哉亭》詩。賀氏此詩序，十分重要。蘇軾知密州時，知徐州時，京東東路、京東西路全路之提刑司，設徐州。至賀氏本年來知徐州時，徐州之提刑司已撤。李公即清臣，熙寧末爲京東東西路提刑。此其一。其二，指出提刑司之位置，後人可考證。賀鑄詩云：「飛亭冠城隅，空豁延四望。夙昔兩文雄，故牀此相向。山川氣候美，詩酒風神王。彈壓許昌侯，陽春慚俚唱。麾車忽南北，榮辱生謍謗。一躐雲逵間，一落江湖上。我來得陳躅，伏檻徒怊悵。可畏此塵籠，歸哉養荒浪。」

李清臣（邦直）賦感舊詩，蘇軾次韻。

軾詩見《蘇軾詩集》卷十五（七三八頁）。清臣詩佚。詩首云：「騶騎傳呼出跨坊，簿書填委入充堂。」叙李清臣舊日京中仕宦生活。據《雞肋集》卷六十二《資政殿大學士李公行狀》，神宗時，清臣嘗爲集賢校理、編修觀文殿御覽，同知太常禮院；韓絳宣撫陝西，清臣掌機密文字，通判海州；遷太常丞，復同知禮院；知宿州。詩第三句「誰教按部如何武」。謂提點京東西路刑獄，此時尚在其任。第四句「只許清尊對孟光」，知清臣爲京東西路提刑，並未攜眷。孟光，東漢梁鴻妻，賢婦，見《後漢書》卷八十三。此謂清臣之妻。清尊相對而非面對，其妻猶在京師。

第五、六句：「婉娩有時來入夢，温柔何日聽還鄉。」蘇軾戲清臣。《詩集》此詩引「施注」：「邦直初娶韓。東坡謂欲得佳婿，無易邦直。孫巨源於是首肯，卒以歸之。故此感舊詩，有『入夢』、『還鄉』之戲。又長短句云：『誰教幽夢里，插他花。』亦此意也。」巨源名洙。熙寧七年十月，蘇軾於赴密州任途中晤孫洙，見該年紀事。蘇軾於本年三月，復晤洙於京師，見本年此前紀事。蘇軾爲清臣媒，當在熙寧七年。此事，他書未載。以爲清臣之媒故，故以戲之。「誰教」云云，全詞早佚，當亦作於此時。

末二句云：「酸寒病守尤堪笑，千步空餘僕射場。」知蘇軾似有擊毬之好，嘗與清臣擊毬。

梁先來學，軾勉以篤實發憤。

《蘇軾詩集》卷十五《與梁先舒焕泛舟得臨釀字二首》其一：「故人輕千里，繭足來相尋。」同上《代書答梁先》云先以駁石盆甌爲贈，於是軾勉云：「學如富賈在博收，仰取俯拾無遺籌。道大如天不可求，修其可見致其幽。願子篤實慎勿浮，發憤忘食樂忘憂。」詩謂先通經學，小楷精絶。

先字吉老，見《詩集》卷二十五《李憲仲哀詞》之序。蘇軾稱先爲故人，知二人關係在師友之間。

李清臣（邦直）見邀終日對卧南城亭上，轍作詩二首，清臣有和。轍次清臣韻，清臣再次韻，

轍復次韻。清臣稱轍爲高人。

轍詩共八首，見《欒城集》卷七。

清臣詩現僅存二首，見《東坡烏臺詩案·與李清臣寫超然臺記并詩》。其一云：「匙飯盤蔬强少留，相逢何物可消憂。緣君未得酒中趣，與我謾爲方外游。草亂不容移馬迹，山雄全欲逼城樓。濟時異日須公等，莫狎翩翩海上鷗。」其二云：「東來嘗恨少朋游，得遇高人蘇子由。已誓不言天下事，相看俱遺世間憂。新詩定及三千首，囊別幾成二十秋。南省都臺風雪夜，問君還記劇談不。」「新詩」云者謂轍，據此，轍詩散佚甚多。參嘉祐二年「晤李清臣」條。前詩亦見《能改齋漫録》卷十一。轍詩《李邦直見邀終日對卧南城亭上二首》其二首云：「東來無事得遨游，奉使清閑亦自由。」上句謂己，下句謂清臣。又云：「聞説歸朝今不久。」清臣將赴史館，《蘇軾詩集》卷十五有送行詩。轍詩言「煩暑」，屢言雨。

軾次清臣、轍韻。

《蘇軾詩集》卷十五《次韻答邦直子由五首》「施注」謂通爲八首，佚其三。京東路提刑司設徐州，本年「李清臣構亭」條已及。卷十四《答李邦直》云「子從徐方來」，時軾在密；此次韻其二「醉呼」句下自注「邦直家中舞者甚多」，益可證。《總案》謂清臣按部來徐，失之。

七月十七日，黄河決於澶州曹村埽。

據《蘇軾文集》卷十一《奬諭勑記》。

二十日，題索靖帖。

文乃《蘇軾文集》卷六十九《題七月二十日帖》。靖字幼安，晉初人，《晉書》卷六十有傳。

二十二日，軾應王詵請，爲作《寶繪堂記》。

記見《蘇軾文集》卷十一。《紀年録》謂作於十月二十一日。《詩案·與王詵作寶繪堂記》叙作記事。《欒城集》卷七有《王詵都尉寶繪堂詞》。

軾簡劉奉世(仲馮)，以進貳西府爲賀。

簡乃《蘇軾文集》卷五十與奉世第一簡。進貳西府乃檢正中書户房公事，詳元豐元年正月紀事。奉世乃敞子。簡首云「早秋」，知作於七月。

轍陪軾游百步洪，作詩。軾次韵。舒焕亦次韵。

轍詩見《欒城集》卷七，首叙「城東泗水平如席」，繼則：「中洲過盡石縱横，南去清波頭盡白。岸邊怪石如牛馬，銜尾舳艫誰敢下。没人出没須臾間，却立沙頭手足乾。客舟一葉久未上，吴牛回首良間關。」風波蕩潏。

軾詩見《蘇軾詩集》卷十五。

焕詩見《東坡烏臺詩案·徐州觀百步溪詩》條。焕字堯文，時爲徐州通判。焕詩云：「殘霞明滅日脚沉，水面沉雲天一色。」轍詩亦有「城頭遠山涵落日」之句。軾、轍、焕等游百步洪，蓋已近日暮。

《集》卷九《和子瞻自徐移湖將過宋都途中見寄五首》其一中云：「輕帆過百步，船底驚雷翻。肩輿上南麓，眼界涵川原。」乃叙此時事。

雨中，轍陪兄軾同顔復送梁燾舟行歸汶上。

詩見《欒城集》卷七。首云：「客從南方來，信宿北方去。手棹木蘭舟，不顧長江雨。江昏氣陰黑，雨落無朝暮。」知燾舟行雨中，自江之南來，一宿而去。中云：「秋風日已至。」蓋已初秋矣。

《宋史》卷三百四十二《梁燾傳》：字况之，鄆州須城人，「舉進士中第，編校秘閣書籍，遷集賢校理，通判明州」。據「客從」二句，燾當自明州經徐回鄉。

《長編》卷四百九十三、《東都事略》卷九十本傳。燾元祐七年，累官至尚書左丞。紹聖四年貶雷州别駕、化州安置；十一月卒，年六十四。參

轍同兄軾泛汴泗，作詩；明日復賦。

詩見《欒城集》卷七。前者題作《同子瞻泛汴泗得漁酒二咏》，據此，此乃與兄軾分韵之作；《蘇軾詩集》未見軾詩，蓋已久佚。轍此詩其一云：「渌水雨新漲，扁舟意自如。」於是遂有「願

言棄城市，長竿夜獨漁」之句。

轍作詩寄贈吴復古（子野）。

詩見《欒城集》卷七，題作《贈吴子野道人》。《蘇軾文集》卷五十七《答吴子野》第一簡：「濟南境上爲别，便至今矣。」作於元豐四年。知復古未來徐州，轍詩乃寄贈。軾所云「濟南境上」，乃今年元月間事。晁補之《雞肋集》卷十三《贈麻田山人吴子野》題下原注：「余見待制李公誠之於汶上，蘇密州在焉，始聞子野名。」詩首云：「汶陽我昔見蘇、李，人言吴子歸未幾。長嘯春風大澤西，却望麻田山萬里。」益可證明復古未至徐州，乃歸粤。晁補之會李誠之、蘇軾於汶上，乃本年二月上旬，蘇轍未與其會。轍此詩云「東州相逢真邂逅」，乃叙熙寧七年與復古相晤，詳該年「嘗晤吴復古」條紀事。轍詩「東州」下句爲「南國思歸又驚矯」，與補之詩意略同，謂其歸粤；「驚矯」謂復古如龍蛇出没，不可把握。轍詩實爲寄贈。

李清臣（邦直）出巡青州，轍作詩贈别。

詩見《欒城集》卷七。末云：「西歸涼冷霜風後，濁酒清詩誰與親。」謂清臣歸時，轍已赴南都，不及見矣。

軾與吴琯（彦律）、舒焕（堯文）、鄭僅（彦能）分韵賦快哉此風。

據《蘇軾文集》卷一《快哉此風賦》。《樂静集》卷二十九《吴彦律墓誌銘》：「嘗有郡太守，喜文士，登樓燕集，曰『快哉此風』，屬公聯賦。辭氣警拔，一坐盡傾。」郡太守乃蘇軾，作者寫此文時，黨禍猖獗，諱言之也。瑄既冠，調徐州酒税。軾知徐，瑄在此職。官至承議郎，通判永寧軍。政和四年卒，年六十一。瑄少有大志，剛梗喜有爲，欲卓卓自見於世。

僅，徐州彭城人。《宋史》卷三百五十三有傳。《雞肋集》卷二十九《冠氏縣新修學記》謂僅「嘗從彭門守眉山蘇公游，蘇公稱其良士，始知名」。《山谷詩集注》卷三、《雞肋集》卷十二有詩及僅。《快哉此風賦》作於本年六七月間。《蘇軾詩集》卷十六《送鄭户曹》乃爲送僅作，作於明年春。

顏復赴闕，軾送詩，兼寄王鞏。待鞏重九來。嘗應復之請，書景祐諸公送其父太初詩後。

詩乃《蘇軾詩集》卷十五《送顏復兼寄王鞏》。《欒城集》卷七《送顏復赴闕》末云「秋風未免憶鱸魚」，赴闕時已入秋。《次韻王鞏見贈》：「彭城久相遲，官舍虚東屋。重陽試新釀，謂子當不速。」寫此時事。

《蘇軾文集》卷六十八《書諸公送㒟繹先生詩後》首云「㒟繹先生既殁三十餘年，軾始從其子復游」，又云「自景祐至今，凡四十餘年」，約作於今年。

王詵（晉卿）作寶繪堂，轍作詞。軾作記。

此詞乃七古詩，見《欒城集》卷七。詵乃宋初功臣全斌之後，尚英宗女蜀國長公主，爲駙馬都尉。見《蘇軾詩集》卷二十七《和王晉卿·引》及注。詩首叙詵乃「功臣子孫」，居「朱門甲第」。

以下鋪叙其所藏之畫，「前數顧、陸後吴、王」。結以：「游意淡泊心清凉，屬目俊麗神激昂。君不見伯孫、孟孫俱猖狂，干時與事神弗臧。」上二句謂詵於此等畫淡泊清凉，藏之不過爲怡神悦目。下二句似引春秋時魯國孟孫、叔孫、季孫猖狂干時與事以致神譴之事，諷詵勿恃其門第及貴戚身份招致人怨。

《蘇軾文集》卷十一有《寶繪堂記》，作於本年七月二十二日。知轍、軾弟兄乃同時應詵之請而分别作記與詞。軾文謂：「凡物之可喜，足以悦人而不足以移人者，莫若書與畫。然至其留意而不釋，則其禍有不可勝言者。鍾繇至以此嘔血發塚，宋孝武、王僧虔至以此相忌，桓玄之走舸，王涯之複壁，皆以兒戲害其國，凶其身。此留意之禍也。」《東坡烏臺詩案·與王詵作寶繪堂記》謂王詵嫌軾文「桓玄」、「王涯」云云至「此留意之禍也」數語意思不好，要改，軾不曾改。細味詞與記，皆有警詵之意。轍所云淡泊清涼、怡神悦目，即軾「悦人」之意。軾出以直言，而轍出之以微婉，其不同在此。

蘇軾賦《浣溪沙》（縹緲紅妝照淺溪）送顔復（長道）、梁先（吉老）。復赴闕。

詞見《東坡樂府》卷下。

《紀年録》元豐元年紀事：「公在徐州，送顔、梁作《浣溪沙》。」

按：《紀年録》編年誤。顔復於本年秋赴闕，見下條「顔復赴闕軾送詩」。詞亦有「廢沼夜來秋水滿」之句，點秋。詞作於本年之秋。

梁先（吉老）不知去何處（《紀年録》所云梁，實爲先。本年此前，有「梁先來學」條）。詞有「送君何處古臺西」之句。臺乃彭城縣東南二里戲馬臺，項羽所造，戲馬於此。見《元和郡縣圖志》卷九。

轍與軾會宿逍遥堂，轍作詩，軾和之。

轍詩見《欒城集》卷七，其引首云：「轍幼從子瞻讀書，未嘗一日相舍。既壯，將遊宧四方，讀韋蘇州詩，至『安知風雨夜，復此對牀眠』，惻然感之，乃相約早退，爲閑居之樂。」以下叙弟兄離合之迹，末云：「時宿於逍遥堂，追感前約，爲二小詩記之。」其二末云：「誤喜對牀尋舊約，不知漂泊在彭城。」《蘇軾詩集》卷十五詩題：「子由將赴南都，與余會宿於逍遥堂，作兩絶句，讀之殆不可爲懷，因和其詩以自解。余觀子由，自少曠達，天資近道，又得至人養生長年之訣，而余亦竊聞其一二。以爲今者宧游相别之日淺，而異時退休相從之日長，既以自解，且以慰子由云。」詩其二云：「但令朱雀長金花，此别還同一轉車。五百年間誰復在？會看銅狄兩咨嗟。」

八月四日，軾、轍同游臺頭寺石經院，軾作詩，轍和之。

軾詩見《蘇軾詩集》卷十五。轍詩見《蘇軾文集》卷六十八《記子由詩》。其一云：「岧嶢山上寺，近在古城中。苦恨河流遠，長教眼力窮。」其二云：「盤曲山前路，流年向此消。興亡須一弔，范叟卧山腰。」其三云：「孤絶山南寺，僧居無限清。不知行道處，空聽暮鐘聲。」軾謂轍詩「過吾遠甚」。轍《集》未收此三詩。

軾、轍過云龍山人張天驥（聖途）郊居，均有詩。

軾詩見《蘇軾詩集》卷十五，云「秋風高正厲」。轍詩見《欒城集》卷七，云「黍稷滿秋風」。二人當同往。轍詩云「君年三十八」，知天驥小轍一歲。

轍作《魏佛貍歌》。

歌見《欒城集》卷七。

佛貍，後魏太武帝拓跋燾小名，見《宋書》卷九十五《索虜傳》。《魏書》卷四下《世祖太武帝紀》盛贊之，云：「世祖聰明雄斷，威靈傑立，藉二世之資，奮征伐之氣，遂戎軒四出，周旋夷險。掃統萬，平秦隴，翦遼海，蕩河源，南夷荷擔，北蠕削迹，廓定四表，混一戎華，其爲功也大矣。」徐州時屬後魏。轍詩盛贊佛貍之勇武。題雖作佛貍，然無貶之之意。北宋時，有强敵遼、夏，轍之詩，或有感於時。

轍作《雜興二首》。

詩見《欒城集》卷七。其一叙居於陋巷中之一病且貧之丈夫，懸鶉百結，蠕蠕大蝨長孫子。陽春日，以身着之寬博故襦（「故」者，似謂其襦來自祖上，着已久）易酒。末云：「咋皮吮血無已時，應待渠家具湯沐。」上句感嘆其人之痛苦將無限延續，下句盼望其家人爲之照料。此當爲作者於徐州街頭所見景象，亦北宋社會一角。

其二叙朱輪華蓋之家乘疲牛事遠游，摧折轅輞，已壓復起，行進不休。而奔雲掣電之白駒竟無人用之。作者感嘆世無王良，致世人不識白駒之能。有寓言意味。

王景純（仲素）自瀠山來彭城，留三日，回瀠山。轍作詩贈之。軾亦作。景純講修煉之術，轍甚留意。

轍詩乃《欒城集》卷七《贈致仕王景純寺丞》。景純爲太常寺太祝，《西溪集》卷四有《太常寺太祝王景純可大理評事制》。詩首云：「瀠山隱君七十四，紺瞳緑髪初謝事。」謂致仕。中云：「彭城爲我住三日，明月滿船同一醉。」知同游汴泗。末云：「它年若訪瀠山居，慎勿逃人改名字。」知景純仍回瀠山，轍亦向往瀠山。

軾贈詩見《蘇軾詩集》卷十五。中云：「促膝問道要，遂蒙分刀圭。」景純講修煉之術。《欒城遺言》謂轍贊軾引喻證據博辨，詳切高深，敏著述。《蘇軾文集》卷五十《與劉貢父》第三簡謂景純「信有所得，亦頗傳下至術」。又謂：「子由尤爲留意。淡於嗜好，行之有常，此其所得也。吾儕於此事，不患不得其訣及得而不曉，但患守之不堅，而賊之者未净盡耳。」其意蓋謂轍行常、守堅。

《彭城集》卷四《次韻和蘇子瞻贈王仲素寺丞》：「龍虎不受羈，鸞鳳不啄泥。仙人雲濤觀，俗子閭巷迷。念昔喜讀書，五車號輕賷。東瞻識津涯，西顧分町畦。博物辨鼮鼠，誦賦嗤雌蜺。軒冕不克求，舌在徒問妻。世事莫相告，慕虛但攀稽。賴有逍遥篇，爾來頗思齊。道真本微眇，至言乃筌蹄。壹氣中夜存，大方刓角圭。勉從赤松子，定有青雲梯。非若朝市門，强力相排擠。晚友王子喬，如得照水犀。因之喻蘇耽，衰暮毋噬臍。緬思灊天柱，雲白風凄凄。築居留四鄰，與子參杖藜。」附此。

同上卷七《送王仲素寺丞歸灊山》：「灊山隱君七十四，紺瞳緑髮初謝事。腹中靈液變丹砂，江上幽居連福地。彭城爲我住三日，明月滿船同一醉。丹書細字口傳訣，顧我沉迷真棄耳。年來四十髮蒼蒼，始欲求方救憔悴。他年若訪灊山居，慎勿逃人改名字。」亦附此。

蘇軾賦《臨江仙·贈王友道》（誰道東陽都瘦損）。

詞見《全宋詞》第三二四頁。

《東坡詞編年箋證》：「觀詞意，其贈主當是一位道家人物，故疑其題『贈王友道』或爲『贈王道友』之誤焉。」

按，《箋證》是。蘇軾平生好佛道，且多佛道之友。其王姓之道友有名景純字仲素者，未必爲蘇軾所云之王道友，姑以當之。

十五日，中秋，轍賦《水調歌頭》，軾次韵。轍、軾同觀月。

《東坡樂府》卷上附轍「徐州中秋作」《水調歌頭》：「離别一何久，七度過中秋。去年東武今夕，明月不勝愁。豈意彭門城下，同泛清河、古汴，船上載涼州。鼓吹助清賞，鴻雁起汀州。坐中客，翠羽帔，紫綺裘。素娥無賴西去，曾不爲人留。今夜清樽對客，明夜孤帆水驛，依舊照離憂。但恐同王粲，相對永登樓。」此詞，《欒城集》未收。

《東坡樂府》卷上《水調歌頭》題下注：「余去歲在東武，作《水調歌頭》以寄子由。今年子由相從彭門百餘日，過中秋而去，作此曲以别。余以其語過悲，乃爲和之，其意以不早退爲戒，以退而相從之樂爲慰云。」詞略。

《蘇軾文集》卷六十八《書彭城觀月詩》：「『暮雲收盡溢清寒，銀漢無聲轉玉盤。此生此夜不長好，明月明年何處看。』余十八年前中秋夜，與子由觀月彭城，作此詩，以《陽關》歌之。（下略）」即叙此時事。詩收《蘇軾詩集》卷十五。

《欒城集》卷十《次子瞻夜字韵作中秋對月二篇一以贈王郎二以寄子瞻》其二首云：「十年秋月照相思，相從只有彭門夜。露侵笳鼓思城闕，寒迫魚龍舞潭下。厭厭夜飲歡自足，落落襟懷向人瀉。（下略）」亦叙此時事。

十六日，轍赴南京留守簽判任，離徐州。軾送之出東門，登城上。

《蘇軾文集》卷五十《與劉貢父》第三簡末云：「子由已赴南都，十六日行矣。」以上本月十五日紀事所引轍所作《水調歌頭》，亦有「明夜孤帆水驛」之語。

《蘇軾詩集》卷十九《次韻和劉貢父登黄樓見寄并寄子由二首》其二自注：「子由初赴南京，送之出東門，登城上，覽山川之勝，云此地可作樓觀。」按：以後此處建黄樓。

軾、轍在徐州，始識陳師仲（傳道）、師道（履常、無己）兄弟。

《欒城集》卷二十二《答徐州陳師仲書》其一：「去年轍從家兄游徐州，君兄弟始以客來見，一揖而退，漠然不知君之胸中也。既而聞之君之鄉人，君力學行義，不妄交游，既已中心異之。」叙今年事。師道，彭城人。《宋史》卷四百四十四有傳。師仲乃其兄。洎孫。師道少刻苦問學，心非王安石經學，絶意進取。

《蘇軾文集》卷四十九《答陳師仲主簿書》：「曩在徐州，得一再見。」

《後山集》卷十一《秦少游字序》：「熙寧、元豐之間，眉蘇公之守徐，余以民事太守，間見如客。」

轍初發徐州，作詩寄兄軾。

《欒城集》卷七《初發彭城有感寄子瞻》：「秋晴卷流潦，古汴日向乾。扁舟久不解，畏此行路難。此行亦不遠，世故方如山。」以下叙弟兄二人自少勤奮攻讀，有志當世。以下云：「豈意十年内，日夜增濤瀾。生民竟憔悴，游宦豈復安。水深火益熱，人知蹈憂患。」實謂新法誤國。以下復云：「而況我與兄，飽食顧依然。上願天地仁，止此禍亂源。」欲弟兄共勉，竭力减少新法推行中之作用與影響。據此詩，轍不滿新法之意，不在軾以下。

十七日，軾作《初别子由》詩。轍次韵。

詩見《蘇軾詩集》卷十五，云：「我少知子由，天資和而清。好學老益堅，表裏漸融明。豈獨爲吾弟，要是賢友生。不見六七年，微言誰與賡。常恐坦率性，放縱不自程。會合亦何事，無言對空枰。使人之意消，不善無由萌。森然有六女，包裹布與荆。無憂賴賢婦，藜藿等大烹。使子得行意，青衫陋公卿。明日無晨炊，倒牀作雷鳴。秋眠我東閣，夜聽風雨聲。懸知不久别，妙理難細評。昨日忽出門，孤舟轉西城。歸來北堂上，古屋空峥嶸。退食悮相從，入門中自驚。南都信繁會，人事水火争。念當閉閤坐，頽然寄聾盲。妻子亦細事，文章固虚名。會須掃白髮，不復用黄精。」「森然有六女」句謂轍有六女，其一女殤於元豐三年十月，見該年紀事。「無憂賴賢婦」謂轍妻史氏。「昨日」云云，謂送轍行，知此詩作於本日。

轍詩見《欒城集》卷七。中云：「區區兩郡守，籍籍四海聲。年來效瘖默，世事慵譏評。」謂軾密、徐任中不滿新法之論較前少。又云：「彭門偶會合，白髮互相驚。受教恐不足，吐論那復爭。疾雷發聾聵，清月照昏盲。篤愛未忍棄，浪云舊齊名。」在徐得軾教甚多，叙兄弟之情。

孔宗翰（周翰）寄詩與蘇軾，軾和之。

軾和詩乃《蘇軾詩集》卷十五《和孔周翰二絶》，孔詩未見。

二絶其一爲《再觀邸園留題》，末云：「魯叟録《詩》應有取，曲收彤管邶鄘風。」《集注分類東坡詩》卷二十三此詩趙夔（堯卿）注云：「嘗聞高密老儒之言曰：『邸氏有賢婦，孀居不嫁，其節甚高。故公此詩用《静女》「彤管有煒」、《柏舟》「共姜自誓」，邶、鄘二風之事也。』云云。」魯叟謂孔宗翰。味詩，似謂宗翰於邸園録《詩》，蘇軾以爲應録《彤管》《柏舟》等詩，以勵邸氏之節。

其二爲《觀静觀堂效韋蘇州詩》。静觀堂當爲孔宗翰密州讀書游樂之所。首二句：「弱羽巢林在一枝，幽人蝸舍兩相宜。」宗翰來詩中似言及静觀堂建築簡陋，軾答以此種居室與幽人相宜，意爲宗翰乃高士。末云：「樂天長短三千首，却愛韋郎五字詩。」借白居易事贊揚宗翰之詩。韋應物以五言馳名，宗翰此詩，必爲五言。和詩與次韻不同，來詩五言，可答以七言。

静觀堂、邸園，皆不詳。

任伋（師中）、家勤國（漢公）寄詩來，答詩。

《蘇軾詩集》卷十五《答任師中家漢公》：「念子瘴江邊，懷抱向誰攄。賴我同年友，相歡出同輿。……醉中忽思我，清詩綴瓊琚。」時伋知瀘州，勤國在伋處。詩又云：「我今四十二，衰髮不滿梳。彭城古名郡，乏人偶見除。頭顱已可知，幾何不樵漁。會當相從去，芒鞋老菑畬。」有歸蜀意。

勤國乃定國、安國之從弟，見慶曆八年紀事。「誥案」謂勤國乃定國之兄，誤。勤國，熙寧二年得解，見《蘇軾文集》卷四十九《答劉巨濟書》。未登進士第。《宋史》卷三百九十《家愿傳》：「父勤國。……王安石久廢《春秋》學，勤國憤之，著《春秋新義》。」勤國著此書，或爲熙寧間事，書已佚。

二十一日，黄河水及徐州城下。

據《蘇軾文集》卷十一《奬諭勑記》。

李清臣（邦直）赴史館，作詩相送，兼寄孫洙（巨源）。清臣嘗舉蘇軾不次外擢任使。孔宗翰爲京東路提刑；宗翰嘗奏乞召還蘇軾，處以禁近。

李清臣云云，據《蘇軾詩集》卷十五詩題。

《長編》卷二百八十四：本年八月壬午（初五日），提點京東路刑獄李清臣爲國史院編修官。此乃除命日期。其行乃在九月，詩其一「紅葉黄花秋正亂」可證。詩其一「憑君説向髯將軍」乃指洙。詩其二有「付君此事全書漢，載我當時舊《過秦》」句，意謂：「仁廟朝，曾進論二十五首，皆論往古得失。賈誼，漢文帝時人，追論秦之得失，作《過秦論》，《史記》載之，軾妄以賈誼自比，意欲李清臣於國史中，載軾所進論。」（《詩案·與李清臣寫超然臺記并詩》）。清臣嘗舉云云，據《詩案·供狀》。《詩案》稱清臣爲提舉。

《東家雜記》卷上：熙寧十年，孔宗翰以尚書都官郎中提點京東路刑獄。「奏乞召還」云云，見《詩案·供狀》。宗翰蓋自知密州除。

劉攽（貢父）將離曹州任，有戀戀之意，軾致簡慰之。

《蘇軾文集》卷五十與攽第一簡：「示諭，三宿戀戀，人情之常，誰能免者。然吏民之去公尤難耳。」第二簡：「向聞貢父離曹州，遞中附問，必已轉達。」當指第一簡。

《宋史》卷三百一十九《劉攽傳》：「知曹州。曹爲盜區，重法不能止。攽曰：『民不畏死，奈何以死懼之。』至，則治尚寬平，盜亦衰息。」以下叙爲開封府判官。

《長編》卷二百八十四本年八月壬午（初五日）紀事：司封員外郎、集賢校理、權知曹州劉攽爲國史院編修官。注文謂八月二十五日換開封判官。

劉攽（貢父、十五）寄回文小闋與蘇軾，軾盛贊之。

《蘇軾文集》卷五十《與劉貢父》其三：「示及回文小闋，律度精緻，不失雍容，欲和殆不可及，已授歌者矣。」

又云：「子由已赴南都，十六日行矣。」知此簡作於八月。

參元豐三年「蘇軾賦《菩薩蠻》四時閨怨四首效劉攽體」條。

大水中，軾詩送楊奉禮。

《蘇軾詩集》卷十五有《送楊奉禮》。《詩案》承受無譏諷文字者有楊介，不知是否即奉禮。

將至南京，轍雨中作詩寄王鞏。

詩見《欒城集》卷七。末云：「賴有故人憐寂寞，繫舟待我久徘徊。」鞏以舟來迎。

轍至南京。見張方平，時方平以宣徽南院使、判應天府爲東太一宫使居南京。

《長編》卷二百八十二本年五月庚戌（初一日）紀事：「宣徽南院使、判應天府張方平爲東太一宫使，聽居南京。方平四表乞致仕，而有是命。」《蘇軾文集》卷十四《張文定公墓誌銘》「南院」作「北院」。

時龔鼎臣知應天府。

《年表》謂代方平者爲龔鼎臣。

《忠肅集》卷十三《正議大夫致仕龔公墓誌銘》：「公諱鼎臣，字輔之，姓龔氏。世爲淄州高苑人。至公改葬其先於鄆。今爲鄆州須城人。……擢景祐元年進士第。」謂鼎臣兩知應天府兼南京留守，此爲後一次。又謂鼎臣元祐元年十二月二十七日卒，享年七十七。知鼎臣長轍二十三歲。又，《宋史》卷三百四十七有鼎臣傳。

軾次韻吕梁仲伯達屯田，約重九賦詩。

《蘇軾詩集》卷十五《次韻吕梁仲屯田》末云：「待君筆力追靈運，莫負南臺九日期。」同卷有《九日邀仲屯田爲大水所隔以詩見寄次其韻》，是重九未能會也。《詩案》承受無譏諷文字者第十二人爲仲伯達，乃仲屯田。《詩集》卷十七有《答仲屯田次韻》、卷二十五有《和仲伯達》。惜仲詩不傳。

王鞏贈轍詩，轍次其韻。轍作詩送交代劉摯（莘老）。九月九日，與鞏送摯，鞏作詩，次其韻。鞏欲往徐州見軾，未行，作詩，次其韻。摯旋有詩寄轍。

詩皆見《欒城集》卷七。鞏詩佚。其《次韻王鞏見贈》首云：「南都逢故人，共此一樽渌。初來柳吹絮，再見風脱木。」末云：「照碧凝清光，相將飲英菊。」轍至南京，約爲八月底，九月初。其《送交代劉莘老》中云：「區區留都客，矯矯當世士。」《忠肅集》卷十三《正議大夫致仕龔公墓誌銘》：「某少以諸生從公游，又以應天府官在公幕下，公之見知甚厚。」龔公，鼎臣。其《次韻王鞏九日同送劉莘老》首云：「頭上黄花記别時，樽中渌酒慰清悲。」切重陽。末云：「十分酒盞從教勸，堆案文書自此辭。」摯告别幕官。

《忠肅集》卷十八《次韻趙伯堅令鑠郎中憶南都牡丹寄子由》：「芳叢百朵爛紅雲，曾倚西軒醉兩春。夢雨一驚巫峽曲，佩香常記漢江濱。病懷日負杯中物，花意今看檐上塵。回首東風君自問。欄邊更有後來人。」據詩，摯在南都凡二年，後來人謂轍。

王鞏屢約重九來訪，不至，軾作詩。

據《蘇軾詩集》卷十五詩題（七五九頁）。

《欒城集》卷七《次韻王鞏見贈》：「彭城久相遲，官舍虚東屋。重陽試新釀，謂子當不速。胡爲聽婦言，婉孌自相逐。」鞏時在南都。「彭城」四句乃言蘇軾期鞏之至。同卷《次韻王鞏欲往徐州見子瞻以事不成行》：「爲婦遲留應未怪，還家倉卒定何營。」不成行以家事之故。鞏婦乃張方平之女，見《蘇軾文集》卷十四《張文定公墓誌銘》。

參上條「王鞏贈轍詩」條記事。

九月九日，水穿城下。

《蘇軾詩集》卷十七《九日黄樓作》：「去年重陽不可説，南城夜半千漚發。水穿城下作雷鳴，泥滿城頭飛雨滑。黄花白酒無人問，日暮歸來洗靴韈。」作於元豐元年。

二十一日，徐州城下水深凡二丈八尺九寸。

據《蘇軾文集》卷十一《獎諭勑記》。《勑記》并云：「東西北觸山而止，皆清水，無復濁流。水高於城中平地有至一丈九寸者，而外小城東南隅不沉者三版。」

戊辰（二十一日），轍作祈晴文。

文乃《欒城集》卷二十六《南京祈禱文》其一。

文云「陰雨爲沴，彌月不止」，故「乞晴於爾有神」。

二十三日，張方平（安道）生日，轍作詩爲壽。

詩見《欒城集》卷七。中云：「今年見公商丘側，奉祠太一真仙官。身安氣定色如玉，脱遺世俗心浩然。幽居屢過赤松子，長夜親種丹砂田。此中自有不變地，歲閲生日如等閑。」方平學道煉丹。末云：「斯人未安公未用，使公難老應由天。」斯人謂王安石。二句意謂有王安石在，方平遂不能得用。

甲戌（二十七日），以雨止，轍作謝神文。

文乃《南京祈禱文》其二。文云：「今者以雨病告，不旋日而雨止。」故謝之。此文原謂謝神之日爲「九月庚戌」。按：九月無「庚戌」，「庚戌」當爲「庚午」或「甲戌」之誤。以「不旋日」考之，則「甲戌」當得其實。

章惇（子厚）之母卒，轍作輓詞。

挽詞見《欒城集》卷七。

《嘉泰吴興志》卷十四《郡守題名》：「章惇：右正言，知制誥，熙寧九年十月到任，十一月移知荆南府，十年四月再任，五月丁母憂。」挽詞有「剖符仍得奉安輿」之句，知惇母亦隨惇到湖州，以便侍養。挽詞所云「李白風流罷直餘」，即謂惇以「右正言知制誥」知湖也。惇之母當卒於五月，故以「五月丁憂」。

王鞏將還京師，轍作詩多首。鞏還京師，轍送行。

詩見《欒城集》卷七。其一《聞王鞏還京會客劇飲戲贈》中云：「結束佳人試銀甲，留連狂客惱金吾。燭花零落玉山倒，詩筆欹斜翠袖扶。」劇飲中有佳人、翠袖相伴。其二《次韻王鞏游北禪》首云「蕭蕭黄葉下城頭」，蓋已十月矣。末云：「客去知君歡未已，繞城携手更遲留。」轍亦同游。其三《次韻王鞏懷劉莘老》首云：「兩都來往太頻頻，真是人間自在人。」歆羨。末云：「爲問西歸天禄客，何時同看洛川神。」懷劉摯（莘老）。摯嘗爲館閣校勘，故以爲言也。其四《飲餞王鞏》末云：「老夫識君年最深，年來多病苦侵凌。賦詩飲酒皆非敵，危坐看君浮大白。」蓋餞者非一人，鞏豪於飲。其五《送王鞏兼簡都尉王詵》叙貧與杜老同，幸鞏在此，得以「終日騎馬西復東」。足見來往之密，情誼之深。末云：「君歸速語王武子，因君回船置十斗。」武子即詵。乞酒於詵，足見其貧，亦見與詵交甚厚。

《集》卷八《次韻王鞏代書》首云：「去年河上送君時，我醉看君倒接䍦。」作於元豐元年，叙此時事。

十月二日，京東路安撫使等奏蘇軾防洪功。

詳本月五日紀事。

五日，黄河水漸退。初，水之臨城下也，蘇軾禁富民出城，勸禁卒盡力，築長堤九百八十四丈，發公廩，濟困窮，廬於城上，至是城全民安。通判傅裼、鈐轄任某亦盡力。

《蘇軾文集》卷十一《奬諭勅記》叙水臨城下，詢父老意見，以下云：「起急夫五千人，與武衛奉化牢城之士，晝夜雜作。……自城中附城爲長堤，壯其址，長九百八十四丈，高一丈，闊倍之。公私船數百，以風浪不敢行，分纜城下，以殺河之怒。至十月五日，水漸退，城遂以全。」《墓誌銘》：「是歲，河決曹村，泛於梁山泊，溢於南清河。城南兩山環繞，吕梁、百步扼之，匯於城下。漲不時洩，城將敗，富民争出避水。公曰：『富民若出，民心動摇，吾誰與守？吾在是，水決不能敗城。』驅使復入。公履屨杖策，親入武衛營，呼其卒長，謂之曰：『河將害城，事急矣，雖禁軍，宜爲我盡力。』卒長呼曰：『太守猶不避塗潦，吾儕小人效命之秋也。』執挺入火伍中，率其徒短衣徒跣，持畚鍤以出，築東南長堤，首起戲馬臺，尾屬於城。堤成，水至堤下，害不及城，民心乃安。然雨日夜不止，河勢益暴，城不沉者三板。公廬於城上，過家不入，使官吏分堵而守，卒完城以聞。」

《後山集》卷十七《黄樓銘·序》:「熙寧十年,京東路安撫使臣某、轉運使臣某、判官臣某稽首言。河決澶州,南傾淮泗,彭城當其衝,夾以連山,扼以吕梁,流泄不時,盈溢千里,平地水深丈餘,下顧城中,井出脈發,東薄兩隅,西入通洫,南壞水垣,土惡不支,百有餘日而後已。守臣蘇某,深惟流亡爲天子憂,夙夜不怠,以勞其人,興發戍兵,固弊應卒,外發長楗,乘高如虹,以殺其怒。内爲大堤,附城如環,以持其潰。築二防於南門之外,以適南山,以安危疑。發倉廪,明勸禁,以惠困窮,以督盗賊。宣布恩澤,巡行内外,吏民嚮化,興於事功,法施四邑,誠格百神,可謂有功矣,宜有褒嘉,以勸郡縣。十月二日甲子,奏京師。」按:十月二日乃己卯,此云甲子,有誤。京東路包括京東東路、京東西路,此奏當爲東路、西路合奏。時王克臣爲西路安撫使,見元豐元年「自本年起」條。

《慶湖遺老詩集》卷一《黄樓歌·序》云:「熙寧丁巳,河決白馬,東注齊、宋之野。彭城南控吕梁,水匯城下,深二丈七尺。太守眉山蘇公軾先詔調禁旅。發公廪,完城堞,具舟檝,拯溺療飢,民不告病。增築子城之東門,樓冠其上,名之曰黄,取土勝水之義。樓成水退,因合醼以落。坐客三十人,皆文武知名士。明年春,蘇公移守吴興。是冬,謫居黄岡。後五年,轉徙汝海。余因賦此以道徐人之思。甲子仲冬彭城作。」詩云:「君不見熙寧丁巳秋,靈平未塞河横流。澶漫勢欲浮東州,斯人坐有爲魚憂。當時賢守維蘇侯,厭術不取三犀牛。跨城岧嶢起黄樓，五行相推土勝水，鼉作黿鷩走鞭箠。三丈渾流變清泚，南來船車鵠銜尾。使君登覽興如何，舞劍吟箋賓從多。水平照影見雁下，山空答響聞漁歌。樓下汀州長芳草，一麾南出彭門道。昨日春遊詠白蘋，後夜秋風悲鵩鳥。黄岡汝海心悠哉，青衫白髮多塵埃。采菱伎女今何在，騎竹兒童望不來。望不來，碧雲明月長裴徊。」作於元豐七年仲冬，時守徐。鑄，衛州人，居越，《宋史》卷四百四十三有傳。

《參寥子詩集》卷十一《東坡先生輓詞》其八：「大河當日決澶淵，横被東徐正渺漫。城上結廬親指顧，敢將忠義折狂瀾。」

《蘇軾詩集》卷十七《次韻顔長道送傅倅》：「去歲雲濤浮汴泗，與君泥土滿衣纓。」元豐元年作。

任鈐轄盡力見本年「任鈐轄卒」條。

十三日，黄河一枝復故道，軾喜作詩。

詩乃《蘇軾詩集》卷十五《河復》。

戊子（二十六日），朝廷應知杭州趙抃之請，作表忠觀，表彰故吴越國王錢氏。蘇軾作《表忠觀碑》，王安石贊其文。

碑見《蘇軾文集》卷十七；使錢氏之孫爲道士曰自然者居觀。《詩集》卷二十八《送錢承制赴廣西路分都監》：「當年我作《表忠碑》，坐覺江山氣未衰。」

自然號通教大師，《詩集》卷十九有《送表忠觀錢道士歸杭》。《趙清獻公集》卷五《送杭州道士錢自然》有「真孫宜作地行仙」之句。

楊德逢二人在坐。有客問曰：『相公亦喜斯人之作也？』公曰：『斯作絶似西漢。』坐客歎譽不已。公笑曰：『西漢誰人可擬？』德逢對曰：『王襃。』蓋易之也。公曰：『不可草草。』德逢復曰：『司馬相如、揚雄之流乎？』公曰：『相如賦《子虚》、《大人》及《喻蜀文》、《封禪書》耳，雄所著《太玄》、《法言》以准《易》、《論語》，未見其叙事典贍若此也。直須與子長馳騁上下。』坐客又從而贊之。公曰：『畢竟似子長何語？』坐客悚然。公徐曰：『《楚漢以來諸侯王年表》也。』」《却掃編》卷下，宛委山堂本《説郛》卷三十七《閑燕常談》亦叙此事，謂王安石以爲《表忠觀碑》似《史記·三王世家》。後者并謂：王安石在蔣山，讀此文數過，問座客：「古有此體否？」葉濤（致遠）曰：「古無之，要是奇作。」蔡卞（元度）曰：「直是録奏狀耳，何名奇作！」安石笑而不以爲然。按：卞，京之弟。

《攻媿集》卷七十八《跋張謙中篆金剛經》：「坡公有與趙清獻公帖云：『《表忠觀碑》額，可用張子野之孫有書之。』」有字謙中。此殘簡，已輯入《佚文彙編》卷二。

有有《復古編》。《北山小集》卷十五《復古編序》：「弱冠以小篆名，自古文奇字與夫許氏之書，了然如燭照而數計也。」《夷堅志·甲志》卷六《張謙中篆》謂有「以篆名天下」，宣和末，年已七十餘，爲道士。《直齋書録解題》卷三著録《復古編》二卷。據《唐宋詞人年譜·張子野年譜》，有今年二十四歲。

軾嘗作《武肅王像贊》。武肅王，錢鏐也。

《三蘇全書》第十五册引《錢氏家書》卷二，有軾作《武肅王像贊》：「大人虎變，君子龍潛。承家開國，駿德惟玄。我瞻王顔，喬岳泰山。俎豆吴越，億萬斯年。眉山蘇軾敬贊。」附次此。

甲辰（二十七日），祀南郊，大赦天下。轍有《代南京張公安道免陪祀表》、《代張公謝免陪祀表》、《代張公賀南郊表》、《代南京留守賀南郊表》（即代龔鼎臣）、《代南京百官賀南郊表》、《代張公謝南郊加恩表》。

十月甲辰云云，據《年表》。代撰各表，均見《欒城集》卷四十九。

本月，申詔使，爲防黄河水侵徐城，求作石岸。不從。

據《蘇軾文集》卷五十《與劉貢父》第四簡。簡云：「擘畫作石岸，用錢二萬九千五百餘貫，夫一萬五百餘人，糧七千八百餘碩。……雖費用稍廣，然可保萬全，百年之利也。」參元豐元年「正月爲防黄河水侵徐城」條紀事。

劉攽（貢父）至開封府判官新任，有簡與之。

《蘇軾文集》卷五十與攽第二簡：「聞罷史局，佐天府，衆人爲公不平。」以下有勸慰之語。末云「乍寒」，約作於十月。

十一月甲戌（二十七日），神宗有事于南郊。蘇洵累贈都官員外郎。

《宋史·神宗紀》本日紀事：「祀天地于圜丘，赦天下。」

《蘇軾文集》卷六十三《祭老泉焚黄文》：「乃者熙寧七年、十年，上再有事于南郊，告成之慶，覃及幽顯，我先君中允贈太常博士累贈都官員外郎。」祀圜丘即南郊。都官員外郎乃此時所贈。

蘇軾爲韓幹所畫馬十四匹題詩。

詩見《蘇軾詩集》卷十五（七六七頁）。

十四馬之進退行止，皆盡其神態。韓幹之畫至矣，蘇軾之詩亦至矣。

樓鑰《攻媿集》卷四《題趙尊道渥洼圖》：「趙尊道制幹以龍眠《渥洼圖》示余。余曰：『誤矣。本韓幹《馬》，東坡曾爲賦詩者。此龍眠所臨，而以後爲前。俾易之爲書坡詩於後而次其韻。馬實十六，坡集詩云十四匹，豈誤耶！』」清人王文誥以爲樓鑰所見并非臨本。龍眠，李公麟（伯時）之號。蘇軾所見乃真迹。

與吴琯（彦律），王户曹相視郡東北荆山，還，游聖女山石室，軾有詩。

《蘇軾詩集》卷十五有《有言郡東北荆山下(下略)》。據詩題,相視荆山,乃以人言可以溝畎積水,蓋爲防黄,以其地多亂石,不果。同治《徐州府志》卷十一謂「荆山西臨驛路」,在城東三十里。詩注文謂在懷遠,誤。

妙善爲寫真,軾贈詩。

詩乃《蘇軾詩集》卷十五《贈寫御容妙善師》。妙善善寫真,嘗爲仁宗寫之。《清波别志》卷上引葛慶長言:「東坡嘗贈傳真妙善大師詩,先言『平生慣寫龍鳳質』,次有『邇來傳寫亦到我』之句,林子中見之,謂失臣體。或曰:使李定、舒亶輩知之,得毋又生一重公案!而子中草責坡詞,詆之不遺餘力,顧獨略此,何耶?」早於此,《能改齋漫録》卷十《林子中論坡詩失爲臣體》已及此事,謂妙善字惟真,并謂「論詩豈當爾耶」,以林希(子中)爲非。

刁約卒,軾有詩哭之。

詩乃《蘇軾詩集》卷十五《哭刁景純》。「施注」謂刁年八十四,《蘇軾文集》卷六十三祭景純墓文謂景純長四十二歲,知卒於今年。《京口耆舊傳》卷一刁傳謂卒於元豐五六年間,誤。

軾巡視吕梁懸水村。答仲伯達詩,以築城固堤重任相委。

詩乃《蘇軾詩集》卷十五《答吕梁仲屯田》。叙及巡視。

蘇轍贈吕希道(景純)《松局圖》。

詩見《欒城集》卷七。此圖不知爲希道所藏，抑爲希道自作。詩首云：「溪回山石間，蒼松立四五。」點松。中云：「下有四老人，對局不回顧。」點局。於是：「石泉雜松風，入耳如暴雨。不聞人世喧，自得山中趣。」令人悠然神往。

希道參元豐二年「軾罷徐州移湖州」條。

《錢塘韋先生文集》卷七《和呂景純以梅花盛開見寄》：「曉寒雖在有春催，坐想庭梅爛熳開。滯迹方愁冰蕊過，清風還喜玉音來。傳芳酷重裁雲手，比美遥評傅粉頤。歸見餘花須共醉，相宜況有水精杯。」附此。

轍作詩寄孔武仲（常父）。

詩見《欒城集》卷七。中云：「爾來鉅野溢，流潦壓城壘。」據《宋史·神宗紀》本年七月丙子紀事：「河決澶州曹村埽。」詩乃叙其事。據《宋史》卷三百四十四《孔武仲傳》，武仲時在京師爲國子直講。

孔舜亮（君亮）新葺闕里西園，棄官歸，轍作詩贈之。

詩見《欒城集》卷七。首云：「宦情牢落苦思歸。君側無人留子思。」知舜亮官京師。云「子思」，謂舜亮乃孔子之後。以下云舜亮歸乃爲灌溉手種之松筠，修寢廟。以下云：「定應此去添桃李。」似舜亮經南京回仙源（曲阜）。末云：「他日東游訪遺烈，因公導我謁先師。」知轍在齊州時并未往仙源。

《蘇軾詩集》卷十五有《和孔君亮郎中見贈》，本年京師時作。

轍作詩寄齊州守李常(公擇)。

詩見《欒城集》卷七。中云：「鉅野一汗漫，河、濟相騰蹙。流沙翳桑土，蛟蜃處人屋。農畝分沉埋，城門遭板築。傷心念漂蕩，引手救顛覆。勞苦空自知，吁嗟欲誰告。」於是遂發「歸耕久不遂，終作羝羊觸」之嘆。羝(公)羊不能乳，無力改變新法推行現實，頗有壓抑之感。

轍代龔鼎臣作《謝頒曆表》。

表見《欒城集》卷四十九。首云：「臣某言，今月某日進奏院遞到詔書一道，賜臣熙寧十一年新曆一卷者。」

《宋史·神宗紀》本年十二月壬午(初六日)紀事：「詔改明年爲元豐。」則此文所云之「今月」或爲十一月。今姑次此謝表於此。

十二月壬午(初六日)，詔改明年爲元豐。蘇軾有賀表。

十二月云云，據《宋史·神宗紀》。賀表見《蘇軾文集》卷二十四(七二〇頁)。

十六日，軾與文同(與可)簡，以踐清近爲祝。

《佚文彙編》卷二與同第五簡：「兄淹外既久，雖與時闊疏，而公議卓然，當遂踐清近也。」同時罷洋州，在汴京，簡中「承非久到闕，即日想已入覲」之語可證。簡贊同道德文章日進，追配作者。簡有「秋來水災」之語，知作於今年。

己亥(二十三日)，轍作祈雪文。雪降。

文乃《欒城集》卷二十六《南京祈禱文》其三。

文云：「終歲不雪，麥將大乾。」「終歲」者，謂至歲終也。

《集》卷七《雪中會飲李倅鈞東軒三絶》其一云「逡巡密雪自飛揚」，其二云「雪花如掌墮階除」，其三云：「竹裹茅庵雪覆檐」。參以下「雪中會飲」條。

轍在南都，多苦事。學道有得。

《蘇軾文集》卷五十九《答范景仁》：「子由在南都，亦多苦事。……近齋居，内觀於養生術，似有所得。子由尤爲造入。」簡云及徐州大水，又云及「來歲」，知作於歲末。

雪中會飲李鈞東軒，轍作詩。鈞乃應天府之倅。

詩見《欒城集》卷七。其一首云：「衆客喧嘩發酒狂，逡巡密雪自飛揚。」豪興，喜雪。

鈞乃晉陵人，以尚書郎爲南都通判。見《集》卷八《李鈞壽花堂·叙》。參元豐四年「温州守李鈞寄詩來」條紀事。

鈞嘗知湖州歸安縣，見《嘉泰吴興志》卷十五。

轍題張恕益齋，論讀書。

詩見《欒城集》卷七。首云：「人生不讀書，空洞一無有。」言不讀書之害。嗣云：「羨君常齋居，散帙滿前後。開編試尋繹，閱歲行自富。從横畫圖出，次第宫商奏。汪洋畜江河，渺莽包林藪。興亡數千歲，絡繹皆在口。顧念今所知，頗覺前日陋。」言讀書之法與讀書之益。嗣云：「我家亦多書，早歲嘗竊叩。晨耕掛牛角，夜燭借鄰牖。經年謝賓客，饑坐失昏晝。堆胸稍蟠屈，落筆逢左右。樂如聽鈞天，醉劇飲醇酎。」歷叙個人讀書之苦、之勤、之樂。意在勉恕學。

恕字忠甫，方平子。《蘇軾詩集》卷十三有《張寺丞益齋》詩，作於同時，恕時官寺丞。

除夜會飲南湖，轍作詩懷王鞏（定國）。

詩見《欒城集》卷七。首云：「歲晚城東故相家，夜聽簾外落瓊花。」時正飛雪。以下云：「醉眠東閣銀釭暗。」本年此前所作之《聞王鞏還京會客劇飲戲贈》末云：「東齋還復卧氍毹。」明年正月所作《次韻張恕戲王鞏》題下自注：「去歲此日大雪，僕醉定國東齋。」則「東齋」或即「東閣」，「城東故相」之家或即王鞏之家。鞏乃宋名相王旦之孫，鞏父素，旦之第三子，見《宋史·王旦傳》。

軾答范景山簡。

簡見《蘇軾文集》卷五十九，簡叙黄河水至彭城下，「近日雖已減耗，而來歲之患，方未可知」，知作於本年冬。簡首云「自離東武，不復拜書」，知相交已有時日。

軾晤胡允文（執中）。

《蘇軾文集》卷六十三祭胡文：「又復七年，我守北徐，君從其子，徐獄是書。」子乃公達。參元豐元年「胡允文卒」條。

軾晤滕縣令范純粹（德孺），純粹以其父仲淹文集之序相屬。

《文集》卷十《范文正公文集叙》叙其事。卷十一《滕縣公堂記》叙純粹爲滕令。純粹與仲淹

《宋史》卷三百一十四同傳。

軾爲陳師道言關朗（子明）《易傳》等乃阮逸僞撰，或爲此時事。

《後山集》卷十九《談叢》：「世傳王氏《元經》、薛氏《傳》、關子明《易傳》、《李衛公對問》，皆阮逸所著。逸以草示蘇明允，而子瞻言之。」

《春渚紀聞》卷五《古書托名》：「先君……爲徐州教授，與陳無己爲交代。陳云：嘗見東坡先生言，世傳王氏《元經》、薛氏《傳》、關子明《易傳》、《李衛公對問》，皆阮逸著撰；逸嘗以草示奉常公也。」《墨莊漫録》卷八：「何薳子楚作《春渚紀聞》云關子明《易傳》、《李衛公對問》，皆阮逸著撰。予考之《唐·藝文志》及本朝《崇文總目》皆無之，子楚之言或然也。」

《直齋書録解題》卷一：「關子明《易傳》一卷。後魏河東關朗子明撰，唐趙蕤注，隋、唐《志》皆不録，或云阮逸僞作也。」

同上卷十二：「《李衛公問對》三卷。唐李靖對太宗，亦假托也。文辭淺鄙尤甚。」云「亦」、云「尤」，就黄石公《三略》、黄石公《素書》而言，以二者皆依托也。《解題》以下引《春渚紀聞》之語，謂王氏乃王通，奉常公乃蘇洵。

阮逸，已見景祐三年九月十七日紀事。

王適（子立）、王遹（子敏）來學於軾。

《欒城後集》卷二十祭遹文：「昔我在宋，吾兄在徐。君家伯仲，來學詩書。」卷二十一《王子立秀才文集引》謂適兄弟客徐，始識兄軾，軾「皆賢之」。又謂適大父礪，慶曆中樞密使，父正路，尚書比部郎中。《蘇軾文集》卷七十二《曹瑋知人料事》叙礪事，蓋得之於適。《文集》卷十五《王子立墓誌銘》謂適兄弟爲臨城人，「始予爲徐州，子立爲州學生，知其賢而能文」。臨城屬趙州。

寇昌朝從軾游。昌朝爲言徐倅李陶子作詩事，記之。

《蘇軾文集》卷六十八《記謝中舍詩》叙其事。文引昌朝言「去歲徐州倅李陶，有子年十七八，素不甚作詩」云云。《蘇軾詩集》卷三十二《送李陶通直赴清溪》末云「錢塘初識小麒麟」，知昌朝所云「去歲」，乃蘇軾到徐守任之去歲。軾知徐時，陶已去任。陶乃大臨子，見元祐五年「李陶赴清溪令任」條。

昌朝字元弼，見《慶湖遺老詩集》卷一《彭城三詠·序》。《詩集》卷十八《留別叔通元弼坦夫》：「寇三我部民，孝弟化鄰保。有如袁伯業，苦學到衰老。」寇三即昌朝，徐人。

宋寺丞來簡，軾答之。

《蘇軾文集》卷六十《答宋寺丞》首云守徐欲通問，而爲宋寺丞「所先」，遂答之。知寺丞與軾乃舊交。答簡云及「橫流之災，扎瘥之餘，百役毛起」，知作於水退後；又云「適會夫役起」，則爲築城固堤。答簡約作於十一二月間。

任鈐轄卒，軾有祭文。

《蘇軾文集》卷六十三《祭任鈐轄文》：「佐我治軍，既嚴且平。吏士肅然，時靡有爭。汴泗横流，郛堞圮傾。風埃霧露，奔走經營。輿疾而歸，猶莫敢寧。奄忽不救，聞者歎驚。」當卒於本年。

軾與蘇頌簡，贊其救荒德政。

《蘇軾文集》卷五十八《與杭守》：「近有自浙中來者，頗能道杭人之話。數年饑饉，若非公，盡爲魚鱉螻蟻矣。比公之去，涕慕殆不可勝。公何施而及此。欽仰！欽仰！」

《咸淳臨安志》卷四十六：沈起於熙寧七年九月丙申知杭，九年正月罷；蘇頌以九年正月丙寅知杭，召修仁宗史；趙抃以十年五月辛亥知杭，元豐二年致仕。《文集》卷三十一《奏浙西災傷第一狀》謂熙寧八年浙西災傷甚重，沈起等救荒乏術。《文集》卷十七《趙抃神道碑》謂熙寧八、九、十數年間吴越大饑。抃罷杭州任後即致仕居鄉，未赴京師。赴京師者爲蘇頌，此杭守即爲蘇頌。《與杭守》云：「聞俞主簿者，附少信物，乞盡底送與范子禮正字。」知蘇頌回京師修史時，杭人附有贈蘇軾之物，故以此爲求。簡作於本年。范鎮有子百嘉字子豐，百歲字子老，子禮或爲鎮之子姪輩。

是歲，何薳生。

《東牟集》卷十四《隱士何君墓誌》：薳字子楚，號富春樵隱。紹興十五年卒，年六十九。據是推。薳撰《春渚紀聞》，記載蘇軾事頗多。

將官賈祐嘗爲軾論辨真玉之法。

據《蘇軾文集》卷七十一《書賈祐論真玉》；祐乃步軍指揮使逵之子。逵，《宋史》卷三百四十九有傳，卒於元豐元年。故繫此事於本年。以逵卒，祐必奔喪也。

王緘回蜀，軾賦《臨江仙》送之。

《陵陽先生集》卷十七《跋東坡帖》：「東坡翁賦此詞，送其鄉人，復自書而遺之。蓋自治平丙午去蜀至熙寧乙卯爲十年，此當是自密移徐時，年恰四十，然字畫比前遒勁，『故山應好在，孤客自悲涼』之語，誦之凄然，使人益重故鄉之思也。」「故山」二句，即在《臨江仙》中。蘇軾去蜀，乃熙寧元年戊申，《陵陽先生集》偶誤。

《蘇軾文集》卷五十三《與眉守黎希聲》第二簡：「去歲王秀才西歸，奉狀必達。……承朝廷俯徇民欲，有旨借留。」此簡作於元豐元年，時黎錞（希聲）以善政再留，參該年七月十五日紀事。簡中所云「借留」，即指其再任事。據此，王秀才西歸乃本年事，此王秀才當即王緘。

《臨江仙》見《東坡樂府》卷上，首云「忘却成都來十載」，「十載」蓋舉成數。詞又云「憑將清淚灑江陽」，叙離蜀時事。

王安國（平甫）卒。安國與蘇軾交往頗深。

《長編》卷二百七十七熙寧九年七月己卯紀事：「復放歸田里人王安國爲大理寺丞、江寧府監當；命下而安國病死矣。」未言病死具體歲月。《蘇軾文集》卷七十二《王平甫夢靈芝宫》謂「王平甫熙寧癸丑歲，直宿崇文館」，後四年，病卒。是卒於今年。《元豐類稿》卷三十八《祭王平甫文》作於本年十月二十一日。《宋史》卷三百二十七《王安國傳》謂卒年四十七。《王臨川集》卷九十一《王平甫墓誌》謂卒於熙寧七年八月十七日，疑「七年」爲「十年」之誤。

《蘇軾詩集》卷二十四《和王斿二首》其一首云：「異時長怪謫仙人，舌有風雷筆有神。聞道騎鯨游汗漫，憶嘗捫蝨話悲辛。」謂安國也。《王平甫夢靈芝宫》乃應安國家人之請而作。《東軒筆録》卷六亦記王安國事，與《王平甫夢靈芝宫》略同。《青山集》宋刻本卷六《靈芝宫》（題下原注：曾子固傳王平父事）：「靈芝宫，乃在滄海之上，白雲之中。樓閣縹緲金間碧，玉花露濕香隨風。寒光長瑩别有月，笙簫間作春冲融。來時不記夢中路，覺後唯聞長樂鐘。神仙誰云與世隔，暫游復返精誠通。倏然物化豈真往，舉杯彷彿聲傳空。蓬萊異館信非妄，羅池廟食今猶豐。仕途機穽了可畏，天地雖廣身不容。低摧至死寄僧榻，曠達一念超樊籠。揮毫不似人間世，想見光焰如長虹。」附此。

蘇軾有與姚子望帖。

《輿地紀勝》卷一百六十五《潼川府路·廣安軍·景物下·集芳亭》：「在渠江縣北二十里姚平（按：疑應作『坪』），有姚氏名子望者，隱居不仕，放意山水間，奇花異菓，必力致之。因作亭曰集芳。有熙寧中黎侁爲之記，張天覺詩，東坡帖。」

姚子望或爲廣安軍人。

黎侁，乃錞之子，見本譜嘉祐六年紀事。

《眉山集》問世，約在熙寧末。

《臨川先生文集》卷十八《讀眉山集次韵雪詩五首》其一：「若木昏昏未有鴉，凍雷深閉阿香車。摶雲忽散簁爲屑。翦水如分綴作花。擁箒尚憐南北巷，持杯能喜兩三家。戲挼弄掬輸兒女，羔袖龍鍾手獨叉。」其二：「神女青腰寶髻鴉，獨藏雲氣委飛車。夜光往往多聯璧，白小紛紛每散花。珠網纚連拘翼座，瑶池淼漫阿環家。銀爲宫闕尋常見，豈即諸天守夜叉。」其三：「惠施文字黑如鴉，於此機緘漫五車。嚼若易緇終不染，紛然能幻本無花。觀空白足寧知處，疑有青腰豈作家。慧可忍寒真覺晚，爲誰將手少林叉。」其四：「寄聲三足阿環鴉，問訊青腰小駐車。一一照肌寧有種，紛紛迷眼爲誰花。争妍恐落江妃手，耐冷疑連月姊家。長恨玉顔春不久，畫圖時展爲君叉。」其五：「戲摇微縞女鬟鴉，試咀流酥已煩車。歷亂稍埋冰揉粟，消沉時點水圓花。豈能舴艋真尋我，且與蝸牛獨卧家。欲挑青腰還不敢，直須詩膽付劉叉。」

同上《讀眉山集愛其雪詩能用韻復次韻一首》：「靚粧嚴飾曜金鴉，比興難工漫百車。水種所傳清有骨，天機能織皦非花。嬋娟一色明千里，綽約無心熟萬家。長此賞懷甘獨卧，袁安交戟豈須叉。」安石詩中云及「擁箒尚憐南北巷，持杯能喜兩三家」、「長此賞懷甘獨卧」，乃退居情景，約作於熙寧九年十月第二次罷相之後。

蘇軾原韵乃《蘇軾詩集》卷十二《雪後書北臺壁二首》，作於熙寧七年末到密州之初。知《眉山集》問世爲此以後事。《詩集》同上卷尚有《謝人見和前篇二首》，題下「誥案」謂「明係答安石者」。其二末四句「得酒强歡愁底事，閉門高卧定誰家，臺前日暖君須愛，冰下寒魚漸可叉」，乃就退居立意。安石次韻及軾謝詩皆無烏臺詩案痕迹，可定爲元豐二年七月詩案興起前作。即《眉山集》問世時間早於此時。今酌其中，繫熙寧末。參《中華文史論叢》一九八四年第四期曾棗莊《蘇軾著述生前編刻情况考略》。

《淮海集》卷三十《答傅彬老簡》有「蒙録示寄蘇登州書并《眉山集》後」之語，叙元豐八年事。

《濟南先生師友談記》：「章元弼頃娶中表陳氏，甚端麗。元弼貌寢陋，嗜學。初，《眉山集》有雕本，元弼得之也，觀忘寐。陳氏有言，遂求去，元弼出之。元弼每以此説爲朋友言之，且曰：『緣吾讀《眉山集》而致也。』」知《眉山集》行世後，爲人所深愛。

《范太史集》卷五十五《手記》：「章元弼：蒙之子。公肅紀常極稱其有文，元祐五年薦學官，七年再薦。」《張耒集》卷四十八有《秘丞章蒙明發集序》，稱「遇友人會稽章邦老於宛丘」，出其先人秘丞君詩文求序。邦老或爲元弼之字。

軾論慎伯筠書，約爲熙寧間事。

《老學庵筆記》卷四：「慎東美，字伯筠。秋夜待潮於錢唐江，沙上露坐，設大酒樽及一杯，對月獨飲，意象傲逸，吟嘯自若。顧子敦適遇之，亦懷一杯，就其樽對酌。伯筠不問，子敦亦不與之語，酒盡，各散去。伯筠工書，王逢原贈之詩，極稱其筆法，有曰『鐵索急纏蛟龍僵』，蓋言其老勁也。東坡見其題壁，亦曰：『此有何好，但似篋束枯骨耳。』伯筠聞之，笑曰：『此意逢原已道了。』今惟丹陽有《戴叔倫碑》，是其遺迹。」

逢原，王令，其《廣陵先生文集》卷二《贈慎東美伯筠》首云「世網掛士如蛛絲，大不及取小綴之，宜乎倜儻不恒斂，醉脚倒蹋青雲歸」，又云「少年倚氣狂不羈，虎脅插翼赤日飛，欲將獨立跨萬世，笑誚李白爲癡兒」，可見其爲人。陸游所引詩句，即在此詩中。《姑溪居士文集》卷四十一《跋慎伯筠書》敘治平中，元積中守山陽，伯筠往訪，甚重之；又謂「予爲兒童時亦往見之」。《節孝集》卷八有《贈慎伯筠》。據以上敘述，伯筠常來往於今浙江、江蘇之間，蘇軾見其題壁，當爲熙寧間在杭或道經江淮間事。茲次此。

郭用孚熙寧間爲德清簿。用孚嘗遊蘇軾之門。

《宋元學案補遺》卷九十九《蘇氏蜀學略補遺·東坡師承·通判郭先生用孚》引《姓譜》：「郭用孚，字仲先，建安人。事母至孝。熙寧間調德清簿，遷閩縣令。嘗遊東坡之門。居母喪，廬墓三年，郡守欲以八行薦，力辭。服闋，以朝散郎通判興國軍。」民國《閩侯縣志》卷五十六「用孚」作「孚先」。《輿地紀勝》卷一百二十八引有孚先詩。參拙輯撰之《宋詩紀事續補》卷五。

何恭（欽聖）以長詩呈蘇軾，欲軾推尊王安石，軾心不然。

《六硯齋筆記》卷二引周密《浩然齋視聽抄》：「王金陵學術頗僻，三經義大不滿人心，而庸流樸學得藉以竊糈媒進，亦有翕然頌之者。其魁傑如三衢何恭欽聖，至作長篇獻東坡，欲其推尊王氏，語甚瑰偉，東坡心不然而貌禮之。其詞曰：『昔日歐陽心獨苦，搜羅天下文章虎。未逢賈、馬嗟誰與，崑體文章正旁午。一得眉山老翁語，始協平生好奇古。騫騰鸞鷟螭虬俗，錦繡腎腸終日吐。眉山跨馬挾雙龍，迤邐欹斜劍閣東。一息萬語光羣雄，是日魯酒歸淳醲。仁廟當朝起數公，四時閶闔來清風。眉山秉筆摩蒼穹，稽首獻議何雍容。是時慶曆主嘉祐，東省西垣半耆舊。一代偉人争入彀，天開黄閣咸虚受。公時脱穎眉山後，歆、向、機、雲同一奏。建安數子空鳴脰，集賢學士皆籠袖。玉人發馬下天階，華蓋星邊捧詔來。天子延英不浪開，爲公此日深徘徊。金吾侍側天顔低，上列四輔前三台。相與疇咨將相材，飄然八駿先龍媒。西京應制十八九，賈、董袁然爲舉首。此輩昂藏希世有，劉蕡又作蛟龍吼。覷公舉勸斯人手，玉壺破碎珠囊剖。許國誠心仍貫斗，識者談之不容口。天公一見列詩曹，指點姮娥供兔毫。公歌數曲風刁刁，若耶溪上皆停橈。郢客擲筆不敢操，楚人往往收《離騷》。李杜藩牆不甚勞，太白脱却宫錦袍。東風顛入五湖裏，萬籟聲聲哭龍耳。河伯江妃愁欲死，只恐將來捞見底。南登灞岸將何以，直節壯懷聊自倚。養得身長數千里，天地一夜風雷起。官家内相能幾人，幾人到此陪經綸。天語叮嚀下降頻，金蓮燭畔窺龍鱗。日曝花磚暖繡裀，鏤金珮玉何申申。姮娥唤作真麒麟，焉知韓、李非前身。龍樓漏箭銅壺挹，隱約六街騶唱人。傳宣使者翩翻集，月題控馬天門立。錦箋瓊琯尚書給，九韶忽然如俯掖。宸恩四海周流及，武帝王封乃平揖。我宋修文偃武初，詞林翰苑新扶疏。竇儀、陶穀端何如，峩冠曳履承明廬。草昧功名尚武夫，討論潤色姑徐徐。剪夷五代尊圖書，墨客稍稍躋天衢。中間作者相踵武，請試從頭爲君數。真宗皇帝觀神寓，楊億風流玉堂處。傾金注瓦横鐏俎，大笑哄堂任豪舉。逡巡百尺江南楮，密掃煤烟驟如雨。六一超然又不同，陳言萬紙一洗空。晉宋齊梁不待攻，兩漢直抵元和中。龍驤鳳舉扶桑東，五采射日吞長虹。滿堂玉磬諧金鐘，紛然和者如笙鏞。木鐸可憐聲獨悄，一振鏗然須大老。伊説數公無處討，蕭、曹、丙、魏規模小。馬遷、班固工品藻，出處行藏何太少。升沉將相侯王了，經天緯地憑誰好。信知風采古爲多，堯舜文章焕若何。東作西成南已訛，真人更集滿鑾坡。夷夔禮樂俄森羅，黼黻郊廟金盤陀。羽毛率舞呈天和，高陽才子前賡歌。君哉頓起一俞爾，執簡抽毫無及矣。周公整頓乾坤已，開闢明堂復如此。從頭製作軒轅始，海獸山禽咸獻美。究冕分明圭玉侈，六代光華謁天子。日月星辰續九天，蟲魚草木繪山川。羣聖文章想亦然，百家妙理何周旋。離離黍稷春風前，東周一去追無緣。帝德王功只僅傳，廟堂急管催繁絃。巍哉孔子尊如帝，矯之孟軻天莫制。斯文未喪今何在，鄒魯邈然安可再。揚雄力寡知無奈，天禄校書真末計。江海悠悠百川逝，回首相望幾千載。熙寧天子憫斯文，轉展搜揚到海垠。丞相王公舉趾尊，委蛇二老西來賓。咀嚼六經如八珍，補葺東魯鋤西秦。天子資之又日新，八風自轉成天鈞。頃從孟子驅楊墨，他日淫詞又榛棘。豐鎬荒涼天空碧，庸孟書中幾充塞。金陵爲此深求直，二十年來人稍識。求之左右逢星極，内聖外王真準的。古人效學豈文辭，堂陛之間意已移。彝何虎蜼尊何犧，云何簠簋如靈龜。不然制作知無時，反魯詩書一貫之。明明古訓識者誰，百家效語如嬰兒。蝌蚪六書藏屋壁，豈此鍾王論筆迹。會通意象如作《易》，不假語言含妙德。尚從對偶音聲覓，洙泗文章少平仄。解到雕蟲童子識，斯人稍得揚雄力。熙寧論撰亦何慚，況把先儒衆説參。舉世傳經作指南，辟雍泮水堆牙籤。或者囂然痛欲殲，安得諸儒口遂鉗。聖主賢臣實用僉，公嘗一語令師嚴。翻思偃蹇熙寧末，苦信古書由世拙。金陵户外履成列，禰衡一刺終漫滅。彷佛五經無二説，堂堂萬里星中月。欲論西漢誰優劣，忽然吟蟬風脰咽。邊韶性懶讀書頑，病甚相如下筆慳。敢望言如霧豹斑，擔簦負笈徒間關。沂水春來初解顔，浴沂童子彌春灣。先哲如龍尚可扳，鼓瑟從之豈浪間。可憐道德共耕獵，何苦侯門俟彈鋏。不挾而來聊自愜，栩然夢爾飛蝴蝶。飲中數子劉伶俠，江外主人張翰攝。短舲下水輕仍捷，落帆解舵吴山脇。』此詩鋪舒曲折，可謂費詞，然大意不過謂歐、蘇輩止作得詞章一路，若孔孟著述，周公禮樂，必歸金陵。自此種議論流行，後來紹述小人，極其緣飾，直令荆舒配食孔廟，真足發千古一笑耳。然從此遂開僞學一途，動以聖賢自主，興言立詞，籠駕天下，而清明宇宙，竟作魑魅場矣。不可謂非欽聖輩邪流附和之遺毒也。」恭詩一見涵芬樓《説郛》卷二十宋吴萃(字商卿,國子博士)《視聽抄·何欽聖詩》,文字略同,謂乃蘇軾倅杭時獻軾,又謂:「東坡得詩意不樂,然亦厚遇之,既乃謂人曰:『某詩亦佳,但觀其終篇,氣力盡於此矣。恐必不久。』已而果然。」恭,衢州西安人。熙寧六年進士。見光緒重刊康熙《衢州府志》卷十八。恭詩云及「熙寧末」,知作於元豐時。而蘇軾元豐二年入詔獄,則恭作約作於本年。涵芬樓《説郛》謂恭詩作於熙寧間倅杭時,誤。今仍次熙寧末。

三蘇年譜卷二十八

元豐元年（一〇七八）戊午　蘇軾四十三歲　蘇轍四十歲

自本年起，以徐州屬京東西路。時王克臣爲京東西路安撫使、知鄆州，鮮于侁爲京東路轉運使，李察爲京東西路轉運判官，孫頎爲京東西路提刑。

《宋史》卷八十五《地理志·京東路》：「元豐元年，割西路齊州屬東路，割東路徐州屬西路。」王克臣云云見《長編》卷二百八十熙寧十年二月己酉紀事，鮮于侁云云見《宋史》卷三百四十四傳，李察云云見《長編》卷二百七十七熙寧九年八月丙午紀事。孫頎據《欒城集》卷八《送提刑孫頎》詩，並參本年以下「孔宗翰罷京東路提刑後知陝州」、「京東西路提刑孫頎移湖北轉運」條。

張恕作詩戲王鞏，轍次恕韻。

次韻見《欒城集》卷七。恕詩佚。詩末云：「聞道肌膚如素練，更堪鬢髮似飛鴉。」似敘狹斜游。蓋亦戲之。鞏乃方平之女之婿。

京東西路轉運判官李察（公恕）還朝，轍作詩送其行。

詩見《欒城集》卷七。察爲京東西路轉運判官，見《長編》卷二百七十七熙寧九年八月丙午紀事。詩云：「幸公四年持使節，按行千里長相見。」則轍爲齊州掌書記時，恕已爲轉運判官。詩復云：「黄河東注竭崑崙，鉅野横流入州縣。」謂熙寧十年大水。末云：「公知齊楚即爲魚，勸築宣防不宜緩。」請進言朝廷，固堤不可緩。《蘇軾詩集》卷十六亦有送察詩。

轍寄詩范鎮(景仁)。

詩見《欒城集》卷八。末云：「人生聚散未可料，世路險惡終勞神。交游畏避恐坐累，言詞欲吐聊復吞。安得如公百無忌，百間廣厦安貧身。」由於與變法派政見不同，抱負不能施展，導致滿腔委屈，向范鎮傾訴。

正月庚申(十四日)，轍作文祭句芒神，祈風調雨順。

文乃《欒城集》卷二十六《南京祈禱文》其四。文云：「惟神體仁司春，發生萬物。時節風雨，祐我農夫。」

王鞏上元作詩見寄，轍次鞏韵。

詩見《欒城集》卷八。其一末云：「少年微服天街闊，何處相逢解佩珂。」其二首云：「繁燈厭倦作閑游，行到僧居院院留。」少年謂鞏，蓋想象鞏在都中生活，然亦實情。其三末云：「知君未有南來意，歸去相從光與鴻。」「光與鴻」謂孟光、梁鴻，蓋謂鞏妻張氏亦將去京從鞏。其三中云：「留都歌吹憶年豐。」敘南都近況。

張方平（安道）惠馬，轍作詩謝之。

詩見《欒城集》卷八。首云：「從事年來鬢似蓬，破車倦僕衆人中。」個人生活寫照。末云：「慣乘款段游田里，怯聽騣騣兩耳風。」肆意馳騁良馬，謝惠之意即在其中。

甲子（十八日），神宗詔奬諭蘇軾防洪功。

《後山集》卷十七《黄樓銘·序》謂熙寧十年十月二日京東路安撫使奏蘇軾防洪功後，「明年元豐正月甲子，制誥諭意」。

二十四日，軾爲章楶（質夫）作《思堂記》。

記見《蘇軾文集》卷十一。《紹熙雲間志》卷上：「思堂，在丞廳，本舊鹽監。章楶質夫爲鹽監官，作思堂於公宇，東坡及質夫族人望之爲記，今廢。」建州浦城人，《宋史》卷三百二十八有傳。楶與軾以後交往頗多。

賦《南歌子》（笑怕薔薇罥）。賦《雨中花慢》（邃院重簾何處、嫩臉羞娥因甚）。

《南歌子》見《東坡樂府》卷下。後二者見《全宋詞》第三二九頁。

《東坡詞編年箋證》：「《詩集》卷十六有《章質夫寄惠〈崔徽真〉》詩，作於元豐元年戊午正月。元稹《崔徽歌》序云：「崔徽，河中府娼也。裴敬中以興元幕使蒲中，與徽相從累月。敬中使還，徽以不得相從爲恨，因而成疾。有丘夏善寫人形，徽托寫真寄敬中，曰：『崔徽一旦不及畫中人，且爲郎死。』發狂卒。」崔徽事與鶯鶯略同，蓋東坡因此及彼，兩事合用，寫成此首及下兩首《雨中花慢》，觀其西厢事與崔徽真並提可知。故依《章質夫寄惠〈崔徽真〉》詩編戊午，以待更考。」又云：「觀東坡詞集，專用崔徽與雙文事者，唯此三首，殊可觸目。拋磚之論，未敢斷言。下兩首同，不另考。」今從其説。

按：本譜次章楶寄《崔徽真》於蘇軾軾賦詩事於本年二三月間。

二十八日，軾與文同（與可）簡。時同身體不適，軾頗爲注念。時弟轍長女許嫁同長子務光。得蒲宗孟簡。

據《佚文彙編》卷二與文同第六簡。簡云：「承尊候微和，尋已平愈，然尚未甚美食。又得蒲大書云：『尊貌頗清削。』伏料道氣久充，微疾不能近，然未免憂懸，惟謹擇醫藥，痛加調練，莫須燃艾否。」上年十二月簡稱「與可學士老兄閣下」，此簡則稱「與可學士親家翁閣下」，文、蘇兩家定親，當爲上年之末、今年之初事。

按：考之弟轍《欒城集》卷二十六《祭文與可學士文》：「君牧吴興，我官南京。從君季子，長女實行。君次於陳，往見姑嫜。使者未反，而君淪亡。」據《蘇潁濱年表》，同之季子名務光，字逸民。同本年十月十七日，除知吴興，見本年「文同領吴興」條紀事，則兩家嫁娶，當爲本年末事。

簡中蒲大乃宗孟，已見熙寧三年「與蒲宗孟同朝」條紀事。

本月，爲防黄河水侵徐城，軾上請築木岸狀；求劉攽（貢父）、攽姪奉世（仲馮）力言於朝。朝廷從之。

《蘇軾文集》卷五十與攽第四簡叙其事。簡云去年十月申奏請修石岸不遂，乃改請修木岸。簡云修木岸，工費減一半，「用夫六千七百餘人，糧四千三百餘碩，錢一萬四千餘貫，雖非經久必安之策，然亦足以支持歲月，待河流之復道」。簡云今已涉春，「惟便得指揮，閏月初便可下手」。本年閏正月，簡作於正月。奏狀已佚。查《宋史》卷三百十九《劉攽、劉奉世傳》，攽時爲開封府判官；簡云「此事必在户房」，知奉世仍以集賢校理檢正中書户房公事。《墓志銘》謂朝廷從之。

李察（公恕）召赴闕，軾賦詩、詞送行。

《蘇軾詩集》卷十六《送李公恕赴闕》，作於歲初。《東坡樂府》卷上《臨江仙》調下原注：送李公恕。中云「天垂雲重作春陰」，與詩同時作。《欒城集》卷七有送察詩。

軾題張恕益齋。

《蘇軾詩集》卷十六有《張寺丞益齋》，《欒城集》卷七有《張恕寺丞益齋》詩，知寺丞乃恕。恕乃方平子。

作《祭老泉焚黄文》。以父洵累贈都官員外郎。

文見《蘇軾文集》卷六十三，謂作於本年。《總案》繫之正月，今姑從。

閏正月壬辰（十七日），孫固自知開封府除同知樞密院事。轍有賀啓。

閏正月云云，據《宋史·宰輔表》。

啓乃《欒城集》卷五十《賀孫樞密啓》。首云「王畿報政」，謂知開封府。

參熙寧三年「自入朝至赴陳州前嘗與孫固游」條。

軾有賀啓。

賀啓乃《蘇軾文集》卷四十七《賀孫樞密啓》，云「擁節常山」、「剸繁京兆」。《宋史》卷三百四十一《孫固傳》謂固嘗知真定、開封，合。

己亥（二十四日），曾公亮卒。

據《長編》卷二百八十七。

南都人陳懷立嘗爲軾傳神。

《蘇軾文集》卷七十《書陳懷立傳神》叙其事，文中叙及曾公亮事，兹附次此。文贊懷立傳神得其全，謂其「舉止如諸生，蕭然有意於筆墨之外者」。《文集》卷五十六《與程懷立》第一簡：「蒙借示子明傳神，筆勢精妙，彷彿莫辨，恐更有別本，願得一軸，使觀者動心駭目也。」疑陳懷立、程懷立爲一人。《畫繼》卷六《程懷立傳》本《書陳懷立傳神》一文。《圖繪寶鑑》卷三有程懷立。子明不詳何人。

二月十日，軾有帖，叙水去之後，役民增築徐城，以備以後水患。

《攻媿集》卷七十八《跋東坡備水帖》：「蘇少公序《黄樓賦》，謂長公之備水有三焉：水至而民不恐，水大至而民不潰，水既去而民益親。此帖言『得旨，見役七千餘人』，蓋水去之後，請增築徐城，以木堤捍水衝之時。熙寧十年七月，河决澶淵，九月，水至城下。帖稱『二月十日』，則其明年元豐元年戊午也。坡時年四十三。筆雖未老，而精彩照人，可寶也。」此乃與某友人之簡。《欒城集》卷八《中秋見月寄子瞻》：「明年築城城似山，伐木爲堤堤更堅。」寫此時事。《軾墓誌銘》謂「徐人至今思焉」。

徐州將官梁交領兵至應天府，轍以軾贈交韵贈之。

轍詩見《欒城集》卷八。首云：「彭城欲往臺無檄，初喜東西合爲一。」《宋史》卷八十五《地理志·京東東路》：「元豐元年，割西路齊州屬東路，割東路徐州屬西路。」於是，徐州與應天府皆屬京東西路。詩第二句所叙者即此。以下云：「將軍走馬隨春風，精鋭千人森尺籍。」交帶兵來，兵威武。

己未（十四日），轍代龔鼎臣作祈雨文。

文乃《欒城集》卷二十六《南京祈禱文》其五。文云：「某來守是邦，自秋徂春，政事不修，雨暘失候。」祈神「賜以膏澤」。

十九日（寒食），轍游南湖，作詩。

詩見《欒城集》卷八。其二云「繞郭春水滿」、「細雨濕紅粧」，知祈雨後降雨。其三中云：「柳斜低繫纜，草緑薦傾壺。波蕩春心起，風吹酒力無。」樂甚。

同日，李常（公擇）赴淮南西路提刑新任，過徐來訪軾。

《宋史》卷三百四十四《李常傳》謂知齊州後，徙淮南西路提點刑獄。《蘇軾詩集》卷十六有《寒食日答李公擇三絶次韻》，自注謂常「來詩謂僕布衫督役」，蓋常至時，蘇軾適督役於外，常詩促其還。《詩集》卷四十六《寒食宴提刑致語口號》爲常作。

二十一日，轍代張方平（安道）作祭李宥文。

文見《欒城集》卷二十六。宥字仲嚴，青州營丘人。大中祥符五年進士。嘗知蘄州，有惠政。終判留司御史臺。年六十二，卒。事迹詳《欒全集》卷三十九《李公墓誌銘》。《宋史》卷三百一有傳。性清介，好獎拔士人。

觀大閱，轍作詩。

詩見《欒城集》卷八。首云：「承平郡國減兵屯，唯有留都一萬人。」可備史之遺。

林希（子中）、安燾（厚卿）奉使高麗，轍作詩寄送。

《長編》卷二百八十七本年正月辛未（二十五日）紀事：「命度支員外郎、秘閣校理、同修起居注、檢正中書户房公事安燾假左諫議大夫、史館修撰爲高麗國信使，著作佐郎、集賢校理、同知太常禮院林希假右正言、直昭文館副之。」

詩乃《欒城集》卷八《送林子中安厚卿二學士奉使高麗二首》。其一中云：「夜静雙星先渡海，風高八月自還槎。」上引《長編》注文：「九月二十一日，回到明州。」其二末云：「但將美酒盈船去，多作新詩異域傳。」宣揚中華文明。

然林希實未行，見本年三月七日紀事。詩題所云「送」乃寄送。林希，福州福清人。《宋史》卷三百四十三有傳。軾、轍同年登進士第。

趙屼自京師過南都還錢塘，轍作詩送行。時其父抃爲杭州守。

詩見《欒城集》卷八。題稱屼秘書，時蓋爲秘書郎。《咸淳臨安志》卷四十六：熙寧十年五月癸亥，趙抃自知越州以資政殿大學士、右諫議大夫移知，元豐二年初致仕。時抃正在杭守任。

詩云：「清静安罷瘝，寬仁服暴强。」贊抃之治。《蘇軾文集》卷十七《趙清獻公神道碑》：「公爲吏，誠心愛人，……以惠利爲本。然至於治杭，誅鋤强惡，姦民屏迹不敢犯。蓋其學道清心，遇物而應，有過人者矣。」見識略同。

詩又云：「謁帝朱爲紱，還家彩作裳。經過留畫舫，談笑接清觴。」知屺自京師來，嘗謁神宗。

屺字景仁，《宋史》卷三百一十六附抃傳。

鄭僅（彦能）赴大名府户曹，軾有送行詩。

詩乃《蘇軾詩集》卷十六《送鄭户曹》。詩云「春風」，作於春。僅還都下，當爲經由赴任。

訪張天驥新居，軾有詩。

詩乃《蘇軾詩集》卷十六《訪張山人得山中字》，云及「新堂」。《蘇軾文集》卷十一《放鶴亭記》叙今春遷故居東，即新居也。

《慶湖遺老詩集》卷二《游雲龍張氏山居·序》云：「雲龍山距彭城郭南三里，郡人張天驥聖塗築亭於西麓。元豐初，郡守眉山蘇公屢登燕于此亭下，畜二鶴，因以放鶴名亭，復爲之記。亭下有小屋曰蘇齋，壁間榜眉山所留二詩及畫大枯株，亦公醉筆也。亭上一逕至山腹，有石如礱治者，公復題三十許字，記戊午仲冬雪後與二三子携惠山泉、烹鳳團此巖下，張即鑱之。壬戌秋，余初至徐，張惠然見臨，繼相招爲山中遊。八月晦日，遂往。暮歸，馬上賦此詩。」詩云：「昔聞張逸民，卜築雲龍山。東望結遐想，喜得彭城官。一語定襟契，宛如平生歡。招携屬休沐，投此蘿薜間。女僕候門巷，青袿雙翠鬟。蘇齋軒户明，餅火焚椒蘭。寶墨鬼神護，清詩冰玉寒。森然拱簷霤，架石排琅玕。東趨放鶴亭，磴道披茅菅。指顧百村落，炊烟林莽間。日脚灑平陸，兩山如斷環。淒風振晚葉，坐怯衣裘單。引領紫霄極，飄飄如可干。緬懷眉山公，五馬來遊盤。酣興走顛筆，蒼崖即鑱刊。午年仲冬月，雪野雲彌漫。掃石坐舒嘯，惠泉烹鳳團。當時詫盛集，千古陋逵安。俛仰迹遂陳，斯人久泥蟠。我來後千日，逸躅何由攀。遇勝不能賦，俯尋塵路還。山英移未勒，時款白雲關。」

同上書卷六《題彭城張氏放鶴亭·序》云：「亭有石刻，蘇眉山製文。唐之陽春亭故址，在徐城之東。薛能尚書有詩，見集中。壬戌九月賦。」詩云：「曾見君家亭上碑，東望風月動閑思。昔無卜築如相待，今遂登臨是不期。萬頃白雲山缺處，一庭黄葉雨來時。許昌應負重泉恨，當日陽春枉賦詩。」

本月，黄庭堅寄書并古詩二首來。

《詩案·和黄庭堅古韻》：「元豐元年二月內，北京國子監教授黄庭堅寄書二封并古詩二首與軾，其書内一節云（略）。其《古風》二首，第一首云：『江梅有嘉實，結根桃李場。桃李終不言，朝露借恩光。孤芳忌皎潔，冰霜空自香。怙來知鼎實，此物升廟廊。歲月坐成晚，烟雨青已黄。得升桃李盤，以遠亦見嘗。終然不可口，擲置官道傍。但取本根在，棄捐庸何傷。』第二首云：『長松出澗壑，千里聞風聲。上有百尺蓋，下有千歲苓。小草有遠志，相依在平生。毉和不病世，深根且固蔕。人言可醫國，何用大早計。大小材則殊，氣味苦相似。』」參本年以下「賦《春菜》詩」條紀事，並參本年「軾復黄庭堅書盛贊其詩并寄次韻《古風》二首」條。

《豫章黄先生文集》卷十九《上蘇子瞻書二首》其一：「庭堅齒少且賤又不肖，無一可以事君子，故嘗望見眉宇於衆人之中，而終不能使令於前後。伏惟閣下學問文章，度越前輩，大雅豈弟，約博後來，立朝以直言見排抵，補郡輒上課最，可謂聲實於中，内外稱職。凡此數者，在人爲難兼，而閣下所藴，海涵地負，特所見於一州一國者耳。惟閣下之淵源如此，而晚學之士，不願親炙光烈，以增益其所不能，則非人之情也。借使有之，彼非用於富貴榮辱，顧日暮計功，道不同於謀，則愚陋是已。無好學之志，『訑訑，予既已知之』者耳。庭堅天幸，早歲聞於父兄師友，已立乎二累之外，然固未嘗得望履幕下，以齒少且賤又不肖耳。知學以來，又爲禄仕所縻，聞閣下之風，樂承教而未得者也。今日竊食於魏，會閣下開幕府在於徐門，傳音相聞，閣下又不以未嘗及門，過譽斗筲，使有黄鐘大吕之重。蓋心親則千里晤對，情異則連屋不相往來，是理之必然者也。故敢坐通書於下執事。夫以少事長，士交於大夫，不肖承賢，禮故有數，似不當如此。恭惟古人之賢，有以國士期人略去勢位許通書者，故竊取焉。非閣下之豈弟，單素處顯，何特不可，直不敢也。仰冀知察。故又作《古風》詩二章，賦諸從者。《詩》云：『我思古人，實獲我心。』心之所期，可爲知者道，難爲俗人言，不得於今人，故求之古人中耳。與我並世而能獲我心，思見之心，宜如何哉！《詩》云：『既見君子，我心寫兮。』今則未見而寫我心矣。春候，暄冷失宜，不審何如，伏祈爲道自重。」

黄庭堅另一書未見。

本月，朝廷賜錢發粟，因改築徐州外小城。創木岸四。軾作《獎諭勅記》刻石，并作《熙寧防河録》。

據《蘇軾文集》卷十一《獎諭勅記》。文云：「有旨賜錢二千四百一十萬，起夫四千二十三人，又以發常平錢六百三十四萬，米一千八百餘斛，募夫三千二十人，改築外小城。創木岸四，一在天王堂之西，一在彭城樓之下，一在上洪門之西北，一在大城之東南隅。大坑十五皆塞之。已而澶州靈平埽成，水不復至。」《墓誌銘》叙保完徐州城以後，云：「復請調來歲夫，增築故城，爲木岸，以虞水之再至，朝廷從之。訖事，詔褒之，徐人至今思焉。」《熙寧防河録》已佚。

軾賦《春菜》，黄庭堅次韻。庭堅次韻蘇軾詩，此爲始。

《春菜》在《蘇軾詩集》卷十六，次韻在《山谷外集詩注》卷三。《山谷全書》卷首引《詞林佳話》：「山谷次韻東坡《春菜》詩，有『公如端爲苦笋歸，明日青衫誠可脱』之句。東坡得詩大笑，謂所親曰：『吾固不願做官，爲魯直以苦笋硬差致仕。』」宛委山堂《説郛》卷三十一《有宋佳話》、《調謔編·致仕》亦記此事。

孔宗翰罷京東路提刑後知陝州，軾有詩送行。爲宗翰賦《虔州八境圖八首》。

詩乃《蘇軾詩集》卷十六《送孔郎中赴陝郊》有「一川秀色明花柳」，乃春季。據《東都事略》宗翰傳，此後尚知揚、洪州。元祐元年閏二月知兗，二年六月以鴻臚卿爲刑部侍郎，見《長編》卷三百六十八、四百二。不久卒，《清江三孔集·宗伯集》卷八有輓詞。八境圖詩，蓋前年離密時宗翰求之，今爲作。亦見《詩集》同上卷。參紹聖元年八月十九日紀事。

《虔州八境圖》之序首云：「《南康八境圖》者，太守孔君之所作也。君既作石城，即其城上樓觀臺榭之所見而作是圖也。」中云：「蘇子曰：此南康之一境也，何從而八乎？所自觀之者異也。且子不見夫日乎。其旦如粲，其中如珠，其夕如破璧，此豈三日也哉！苟知夫境之爲八也，則凡寒暑朝夕、雨暘晦冥之異，坐作行立、哀樂喜怒之變接於吾目而感於吾心者，有不可勝數者矣，豈特八乎？如知夫八之出乎一也，則夫四海之外，詼詭譎怪，《禹貢》之所書，鄒衍之所談，相如之所賦，雖至千萬，未有不一者也。」論八與一，其中有哲理存焉。《赤壁賦》所論萬物變化之理，與此有淵源。

石城，石作之城。《八境圖》其一首云：「坐看奔湍繞石樓，使君高會百無憂。」石城，亦石樓。

蘇軾賦《讀孟郊詩》。

詩見《蘇軾詩集》卷十六。

詩其一謂郊詩「佳處時一遭」。又云：「孤芳擢荒穢，苦語餘詩騷。水清石鑿鑿，湍激不受篙。初如食小魚，所得不償勞。又似煮彭蜞，竟日持空螯。」又云：「何苦將兩耳，聽此寒蟲號。」謂郊之詩苦，清，寒。篇幅窘狹，不耐咀嚼。然爲荒穢中之孤芳，自有其長。

詩其二首云：「我憎孟郊詩，復作孟郊語。」郊窮愁潦倒，流落江湖。處於此境者，易作孟郊語。詩末云：「歌君江湖曲，感我長羈旅。」此之謂也。詩云：「飢腸自鳴喚，空壁轉飢鼠。詩從肺腑出，出輒愁肺腑。有如黄河魚，出膏以自煮。」道盡飢、寒、苦。

章楶（質夫）寄惠蘇軾《崔徽真》，軾賦詩。

軾詩見《蘇軾詩集》卷十六。

《宋學士文集》卷二十三《跋東坡寄章質夫詩後》：「蘇文忠公子瞻，爲翰林學士日，章莊簡公質夫出知慶州。二公素友善，質夫以崔徽真爲寄者，頗寓相謔之意。蓋徽乃河中倡婦，寫真寄裴敬中，而元微之所爲作歌詩者也。故子瞻賦詩有『知君被惱更愁絶』及『未害廣平心似鐵』之句，實解嘲云。……所以善謔者，特出於相愛之至情耳。非若後人流連狎褻而不知止也。論二公者當以瀌言爲不誣。」

宋學士，名濂。《詩集》「誥案」謂「宋跋不足爲據」，以蘇軾「在徐州時，嘗爲章楶作《思堂記》」，編此詩徐州，今從之。「合注」謂楶知慶州，《長編》載在熙寧六年。然濂跋實有助於軾詩之了解。

與文同簡，軾爲同未得大用而慨歎。

簡見《蘇軾文集》卷五十一，爲與同之第一簡。簡有「未知今夏得免水患否」之語，知作於今春，簡云：「與可抱才不試，循道彌久，尚未聞大用。公議不厭，計當在即。然廊廟間誰爲卹公議者乎？」時同在汴京，參上年十二月十六日紀事，《總案》謂同時次陳州，誤。同旋判登聞鼓院。《丹淵集》卷首《年譜》：登聞鼓院之命，或在本年之春。

《文集》卷五十一與同第二簡，云及贈藥玉船與同事，亦作於今年，約在第一簡後不久。附志於此。

敕追賜乾明寺真寂大師爲靈慧大師，塔曰靈慧之塔，軾作告賜文。

文見《蘇軾文集》卷六十二（一九三四頁）；同卷尚有《禱靈慧塔文》三首、《告謝靈慧塔文》一首。

《樂静集》卷七《敕賜靈慧大師傳》：「師諱仁節，俗姓張，澤州高平人也。……開元五年，南游梁宋，望都梁山氣象明秀，謂其徒元惟良曰：『……吾將大起佛事，莫如此地耳。』翌日，同次於盱眙先福寺。……九年，師改修故寺。……天寶……五年十二月十三日……夜向晨，沐浴趺坐而滅，報齡一百有五。……越明日，道俗千人頂負膝行，奉安於乾明寺。……我朝慶曆七年，尼惠忠發大願力，造塔於寺西南隅。……熙寧十年，河决澶淵，東注淮泗，環浸城腹，民命如綫，太守眉陽蘇公軾，率吏民致齋祝，期以旬日之間，水退城完，奏乞謚號，漲怒果息。而淫雨連霔，再罄誠謁，廓爾澄霽。踰月，表上其事，天子異之，賜號靈慧大師，塔曰靈慧塔。元豐五年，高郵孫公覺來守是邦也，歲久旱，因取謚號勅書、蘇公祈報詞疏，并刻於石。」自上表至勅下至告賜，當已及今春，故繫於此。奏請謚號表文，已佚。

梁交（仲通）來徐官左藏。軾與交會飲傅裼家。裼作蓮華漏，嘗應其請作銘。

《欒城集》卷八有《送梁交之徐州》詩。《蘇軾詩集》卷八有和詩，題作《和子由送將官梁左藏仲通》；《欒城集》卷八有次韻，題作《次韻子瞻贈梁交左藏》，有「將軍走馬隨春風」之句，知交乃春季赴任，又有「口占佳句驚衆坐，手練强兵試鳴鏑。酒酣起舞花滿地，醉倒不聽人扶出。歸來相對如夢寐，虎踞熊經苦岑寂」，贊交有文武才，又頗有豪氣。

《蘇軾詩集》卷十六《與梁左藏會飲傅國博家》首云「將軍破賊自草檄，論詩説劍俱第一」，贊其才。

銘見《蘇軾文集》卷十九（五六二頁）。銘叙謂蓮華漏乃燕肅所作，燕「以創物之智聞於天下」，世服其精；而裼乃燕之外曾孫，得其法爲詳。

孫頎（子思）巡部來徐。

《蘇軾文集》卷五十六有《與孫子思》七簡，《蘇文繫年考略》謂子思乃頎。其第一簡云「同憲車議少事」，頎來乃巡部。又云「本欲躬詣，爲公擇見訪，不果」，知李常（公擇）早於頎來徐。京東西路提點刑獄駐應天府，頎自應天府來。

安燾爲高麗國信使。陳睦（子雍）隨行。三月七日，離京師往高麗。睦過南都，蘇轍見之。

《長編》卷二百八十七本月辛未紀事：「命度支員外郎、秘閣校理同修起居注、檢正中書户房公事安燾假左諫議大夫、史館修撰爲高麗國信使，著作佐郎、集賢校理同知太常禮院林希假右正言、直昭文館副之。」同上書卷二百九十二本年九月壬辰（二十一日）紀事：「安燾、陳睦言：已離高麗國涉海，今月乙亥至明州定海縣。」據此，林希蓋未成行，而以陳睦代之，睦爲副使。《長編》此則紀事下原注：「三月七日往。」蓋謂自京師出發之日也。

《欒城集》卷十四《次韵子瞻送陳睦龍圖出守潭州》篇末自注：「子雍奉使三韓，轍時在南都，見其往返。」轍當亦見安燾。睦等往高麗過南都，當在三月内。

睦，嘉祐六年進士第二，《莆陽文獻傳》卷十三有傳。

二十六日，軾與文同（與可）簡，憂黄河决口未塞。

簡乃《佚文彙編》卷二與同第八簡。簡云「寄示和潞老詩甚精奇，稍間當亦繼作六言詩」。潞老，文彦博。所云詩，《蘇軾詩集》及《丹淵集》未見。

本月，軾爲王迥（子高）賦《芙蓉城》詩。

《王譜》、《紀年録》謂本月始識迥，作《芙蓉城》詩。詩見《蘇軾詩集》卷十六，乃賦迥「與仙人周瑶英遊芙蓉城」事。《清江三孔集·朝散集》卷五《呈王子高殿丞》絶句一首亦以此事爲題材。迥以軾詩有「蘧蘧形開如醉醒」句，乃改名蘧，字子開。見「施注」。迥乃適兄，見《蘇軾文集》卷十五適墓銘。《避暑録話》卷上謂「世傳王迥芙蓉城鬼仙事，或云無有，蓋托爲之者」，軾作詩，人遂以爲信。又云王安石有和軾詩，首云「神仙出没藏杳冥，帝遣萬鬼驅六丁」。餘不傳。秦觀嘗簡軾，云「素紙一幅，敢冀醉後揮掃近文並《芙蓉城》詩」（《淮海集》卷三十《與蘇公先生簡》第二簡，本年作）。《式古堂書畫彙考·書》卷十《東坡芙蓉城詩并序》附陳文東跋，引觀語，以下云：「恨不見其真迹，今觀此卷，非醉時筆，亦不知爲太虚書者否耶！」

據《蘇軾詩集》注文，迥乃正路子。

《雲麓漫鈔》卷十謂迥乃適之族兄：「迥受學於王安石，迥後有宅在江陰。」又云：「予曩居江陰，嘗見其（按，謂迥）行狀，著受學荆公甚詳。紹興間，其家盡裒東坡兄弟往來簡帖示人，然散失多矣。」

蘇軾作《續麗人行》。

詩見《蘇軾詩集》卷十六。

詩之引云：「李仲謀家有周昉畫背面欠伸内人，極精，戲作此詩。」

查《宋史》卷二百九十二《李諮傳》，諮字仲詢，一字仲謀，新喻人。景德二年登進士第。累官翰林學士。仁宗景祐元年拜樞密副使；三年（一〇三六）卒，年五十五。贈僕射。如此處所云之李仲謀爲李諮，則於「李」字之上，當加「故贈僕射」或「故樞密副使」字樣；「李」字之後當加「公」字，以示尊重。今未見以上字樣，疑此處所云之李仲謀非李諮。

詩首云「深宫無人春日長」，則此麗人乃宫中麗人。詩云「畫工欲畫無窮意，背立東風初破睡」，切背面。詩云：「若教回首却嫣然，陽城下蔡俱風靡」，予觀者以想像空間，乃作者用意所在。

春旱，軾禱雨城東石潭，作《起伏龍行》。既應，復赴石潭謝雨，道中作《浣溪沙》五首。

詩見《蘇軾詩集》卷十六。詩云：「東方久旱千里赤，三月行人口生土」，旱情甚爲嚴重。

《艇齋詩話》：「東坡《起伏龍行》，蓋諷富韓公也。韓公熙寧初入相，時荆公用事，韓公多稱疾在告，故范忠宣在諫路，嘗以書責之。東坡《起伏龍行》即與忠宣之意同。其間如云『滿眼雷霆喑不吐』，又云『赤龍白虎戰明日』，『有事徑須煩一怒』，意欲韓公與荆公争辯也。」實爲借題發揮。

詞見《東坡樂府》卷下。詞有云：「旋抹紅粧看使君，三三五五棘籬門，相排踏破蒨羅裙。」蓋瞻蘇軾之風采也。

《蘇軾文集》卷六十二《徐州祈雨青詞》爲此時祈雨所作。

軾至蕭縣朱陳村、杏花村勸農，或爲此時事。

《蘇軾詩集》卷二十《陳季常所蓄〈朱陳村嫁娶圖〉二首》其二：「我是朱陳舊使君，勸農曾入杏花村。」「我是」句下自注：「朱陳村，在徐州蕭縣。」「勸農」句下「查注」：二村相連。《大清一統志》卷一百二謂二村在豐縣東南。

軾次韻孫覺（莘老）詩，時覺知蘇州。

詩乃《蘇軾詩集》卷十六《和孫莘老次韻》，云「去國光陰春雪消」，作於春。時覺免祖母喪知蘇，見《宋史》覺傳。詩所云「江南」謂蘇州。

李常（公擇）離徐，軾賦《蝶戀花》及詩送行。常在徐，游宴甚樂。嘗約常飲，坐上賦戴花詩；嘗從過雲龍張山人。

詞見《東坡樂府》卷下。《外集》此詞調下原注：「別李公擇。」詞云「寂寞園林，柳老櫻桃過」，常二月來，去或及四月。《蘇軾詩集》卷十六有《送李公擇》、《送笥芍藥與公擇》。同上卷尚有《約公擇飲是日大風》、《坐上賦戴花得天字》詩，後者有「清明初過酒闌珊」之句。同卷尚有《聞李公擇飲傅國博家大醉二首》、《傅子美召公擇飲偶以病不及往公擇有詩次韻》、《聞公擇過雲龍張山人輒往從之公擇有詩戲用其韻》。卷十九詩題：「李公擇過高郵，見施大夫與孫莘老賞花詩，憶與僕去歲會於彭門折花饋笋故事。（下略）」詩首云：「汝陽真天人，絹帽著紅槿。纏頭三百萬，不買一微哂。共誇青山峯，曲盡花不隕。當時謫仙人，逸韻謝封畛。詩成天一笑，萬象解寒窘。驚開小桃杏，不待雷發軫。」寫唐李璡（汝陽王），實乃寫李常。

蘇軾游張天驥山人之園，作詩。

詩見《蘇軾詩集》卷十六（八一九頁）。

蘇軾春日嘗訪張天驥之居，已見前。詩首云：「壁間一軸烟蘿子」，山人慕道，不凡。次云「盆裏千枝錦被堆」，滿園盆花盛開，初夏景象。第三句「慣與先生爲酒伴」，賦與烟蘿子、盆花以特殊感情色彩，帶動前二句，甚妙。第四句「不嫌刺史亦顔開」，自謂游園打攪山人，而山人不嫌，於是賓主盡歡，親切異常。第五句點麥，知園之大。第六句點雨之來乃爲催詩，十分自然。第七、八句乞井水，餘意猶未盡。全詩格調歡快。

蘇軾復攜妓樂游張天驥山人之園，作詩。

詩見《蘇軾詩集》卷十六（八二二頁）。

此略前游園，云「纖纖入麥」，今則「大杏金黄小麥熟」，相距似不過一月。云「細馬紅粧滿山谷」，點妓樂，知山人之園之大。云「俗物」，亦就妓樂言，以襯山人之高。主人殷勤接待。或以此舉有攪主人清興之故，迅即離去，一切依舊。妓樂游山人之園，不過園中之特有插曲。蘇軾詩記攜妓樂游園者，亦僅見於此，此詩之意義首在於此。

錢塘處士王復作亭，蘇軾以種德名之，并作詩遺之。

詩見《蘇軾詩集》卷十六（八二二頁）。

詩之敘謂復多技能，而醫尤精，期於活人而已，不志於利。詩云：「元化善養性，倉公多禁方。所活不可數，相逢旋相忘。」是之謂德。而「相逢旋相忘」，尤人之所難能。蓋復以活人爲其本份，爲其天職。

蘇轍元豐八年過杭見復時，亭以貧鬻去。轍賦詩不勝感慨。參元豐八年紀事。於是知，有活人之心，而乏活人之力，不能久；個人有活人之心，而乏社會支持，亦不能久。蘇轍之所以感慨者當在此。

軾題杜介（幾先）熙熙堂詩。

詩乃《蘇軾詩集》卷十六《杜介熙熙堂》，首云「崎嶇世路最先回」，時介已歸老。

《欒城集》卷九《題杜介供奉熙熙堂》云「遮眼圖書聊度日，放情絲竹最關身」，「卜築城中移榜就，休心便作廣陵人」，元豐三年作。《彭城集》卷十一亦有題。《蘇軾文集》卷五十八《與杜幾先》云及元豐二年就逮過揚州平山堂，「隔墻見君家紙窗竹屋依然」。介居揚州。

劉涇來詩，軾答詩裁抑涇之豪氣。

答詩見《蘇軾詩集》卷十六（八二〇頁）。詩云：「萬卷堆胸兀相撑，以病爲樂子未驚。」「趙次公注」：「此篇皆所以裁抑劉涇之豪氣也，劉涇好爲險怪之文。」《宋史》卷四百四十三《劉涇傳》：「涇爲文務奇怪語。」《蜀中廣記》卷四十二《劉涇傳》亦言及此。答詩末云：「安得一舟如葉輕，卧聞郵籤報水程。」時涇當仍爲宿州教授，蘇軾盼其來徐州一行。《欒城集》卷八有《次韻劉涇見寄》。

轍頻有書與兄軾。

《蘇軾文集》卷五十一《與文與可》第一簡：「子由頻得書，甚安。」簡云「未知今夏得免水患否」，知時在徐州，爲本年春季事。簡云「示諭秋冬過親」，謂轍女嫁與文同（與可）之子務光也，參本年十月十一日紀事。簡云同「失爲郡之樂」，謂罷洋州，又云「尚未聞大用」，時「判鼓院」之命或未下。

同上卷五十三《與歐陽仲純》第二簡：「子由在南都，時得書，無恙。」以下叙彭城水患，有「奏乞錢與夫爲夏秋之備」語。

馬上見賣芍藥，轍作詩戲贈張恕(厚之)。

詩見《欒城集》卷八。其一首云：「春風欲盡無尋處，盡向南園芍藥中。」蓋已暮春。其《答見和》其二云：「眼看芍藥紛紛盡，賴有櫻桃顆顆同。」興致不淺。

以下有《次韵張恕春暮》，云：「好雨晴時三月盡。」暮春作。

呂希道(景純)知滁州，轍作詩送行。

詩見《欒城集》卷八。首云：「長怪名卿亦坐曹，忽乘五馬列旌旄。」然不久希道復來南京，參元豐二年「軾罷徐州移湖州」條。

傅宏推官題義方亭，轍次其韵。

次韵見《欒城集》卷八。題所云推官，乃應天府推官。詩云：「科第聯翩收甲乙。」知其兄弟進士第。又云「長夏一衫冬一裘」，贊其淡泊。傅宏，熙寧三年爲鄆州中都縣主簿，見《宋會要輯稿》選舉一九之五。嘗爲蘇州通判，見《崑山雜詠》卷上；《崑山雜詠》有宏詩二首。

梁交(仲通)回徐州，轍作詩送行。交在南京，與轍游從甚樂。

詩見《欒城集》卷八。首云：「湖水清且深，新荷半猶卷。」夏初景象。《蘇軾詩集》卷十六有次韵。

夏初，梁交（仲通）自應天府回。攜孫頎（子思）致簡。

《蘇軾詩集》卷十六《和子由送將官梁左藏仲通》：「城西忽報故人來，急掃風軒炊飯麥。」屬初夏。次轍韻。《蘇軾文集》卷五十六與頎第六簡：「既别，思仰無窮。」又云：「仲通來，知在府中，與子由輩游從甚樂。」交攜頎簡來。

四月七日，李師中（誠之）卒。轍代爲師中作《遺表》。

《忠肅集》卷十二《右司郎中李公墓誌銘》叙師中知瀛州，以下云：「應詔上書，貶和州團練副使、本州安置。稍徙單州，復右司郎中、分司南京。再提舉仙源宫觀，遂以疾終。實元豐元年四月七日，享年六十六。」知師中卒於南京。

《欒城集》卷五十《代李誠之待制遺表》：「惟至誠可以格物，惟至仁可以安人。刑非爲治之先，兵實不祥之器。」以此爲諫，實亦轍之意。

《集》卷十四有輓師中詩，見元祐元年「作李師中輓詞」條。

蘇軾此後有輓詩。

《蘇軾詩集》卷二十九《故李誠之待制六丈輓詞》，元祐二年作；師中落天章閣待制，此時得復，故如是云。師中嘗薦蘇軾兄弟，前已及。《蘇軾文集》卷五十七《答吴子野》第四簡云每念師中卒，「使人不復有處世意」，覽其詩爲涕下。

九日，軾書鮮于侁（子駿）《九誦》後。此略後，和侁鄆州作《新堂夜坐》。

文見《蘇軾文集》卷六十六（二〇五七頁），譽爲雅音。侁《九誦》見《皇朝文鑑》卷三十，《新堂夜坐》見卷十八。和詩見《蘇軾詩集》卷十六（八四四頁），《欒城集》卷八亦有和。

十六日，軾跋楊文公（億）書後。

文見《蘇軾文集》卷六十九（二一八四頁）。

戊辰（二十五日），塞曹村决口，名其埽曰靈平。軾有《徐州賀河平表》。

戊辰云云，據《宋史·神宗紀》。表見《蘇軾文集》卷二十三。

軾賦《浣溪沙》，慶二麥豐收。

《東坡樂府》卷下《浣溪沙》上闋：「慚愧今年二麥豐，千畦翠浪舞晴空，化工餘力染夭紅。」《外集》此調下原注：「徐州藏春閣園中。」「畦翠」原作「歧細」，今從《外集》。《紀年録》謂作於今年。

藏春閣，不詳。

文同（與可）以書與詩來，軾答以詩。

《蘇軾文集》卷十一《文與可畫篔簹谷偃竹記》：「與可自洋州還，而余爲徐州。與可以書遺余曰：『近語士大夫，吾墨竹一派，近在彭城，可往求之。韈材當萃於子矣。』書尾復寫一詩，其略曰：『擬將一段鵝谿絹，掃取寒梢萬尺長。』余謂與可，竹長萬尺，當用絹二百五十匹，知公倦於筆硯，願得此絹而已。」乃答詩，同以所畫篔簹谷偃竹見遺。答詩見《蘇軾詩集》卷十六，題作《文與可有詩見寄云》。《畫史》、《畫繼》卷五《文氏傳》有同「作一横絹丈餘著色偃竹」贈蘇軾之語，當即篔簹谷偃竹也。

《文集》卷五十一與文第三簡：「近屢於相識處見與可近作墨竹，惟劣弟只得一竿，未説《字説》潤筆，只到處作記作贊，備員火下，亦合剩得幾紙。專令此人去請，幸毋久秘。」末有「當執所惠絶句過狀索二百五十疋」之語。《總案》謂「一竿」即偃竹，此簡之旨在索偃竹，同以篔簹谷偃竹見遺，當在此簡之後。

《文集》卷十《文與可字説》，作於此略前，故有「潤筆」之説也。

杭僧元浄（辯才）復歸上天竺。蘇軾聞之，以詩戲問。

詩見《蘇軾詩集》卷十六（八二四頁）。

《欒城後集》卷二十四《龍井辯才法師塔碑》叙嘉祐七年沈遘知杭州，以元浄住上天竺，時元浄年五十一。以下云：「居十七年，有僧文捷者，利其富，倚權貴人以動轉運使，奪而有之，遷師於下天竺。師恬不爲忤，捷猶不厭，使者復爲逐師於潛。逾年而捷敗，事聞朝廷，復以上天竺畀師。」據此，元浄復居上天竺，乃元豐三年事。然蘇軾之詩實爲本年作。蓋文人叙事，非同編撰年譜，上下一二歲，實屬正常。

《咸淳臨安志》卷四十六：「熙寧十年五月癸亥，趙抃自知越州移知杭州。元豐二年，抃致仕；正月己丑，鄧潤甫自知撫州知。」上引蘇軾塔碑：「清獻趙公抃與師爲世外友，親見而贊之曰：『師去天竺，山空鬼哭。天竺師歸，道場光輝。』」知以遷元净事聞於朝者乃趙抃，益知元净回上天竺乃今年事。

軾詩云：「寄聲問道人，借禪以爲詼。何所聞而去，何所見而回？道人笑不答，此意安在哉。昔年本不住，今者亦無來。」談禪。所云戲也。元净爲禪師，今以道人稱之，豈亦戲之耶？「菩提本無樹，明鏡亦非臺。本來無一物，何處惹塵埃。」當即元净答之之義。有此種胸懷，居逆境自不忤。

五月四日，朝廷降詔奬諭蘇軾去歲修徐城捍水功。刻詔於石，爲勑記。有謝表。執政亦有奬諭，有謝啓。

《長編》卷二百八十九五月甲戌朔紀事：「濮、齊、鄆、徐四州守臣以立堤救水，城得不没，皆降詔奬諭。」原注：「四州奬諭，據《靈津廟碑》，必自有月日，但《實録》不書，今附此。」《蘇軾文集》卷二十三《徐州謝奬諭表》首云「伏奉今月四日勑，以臣去歲修城捍水，粗免疏虞，特賜奬諭者」，不詳降詔之月。今姑依《長編》繫此。《靈津廟碑》，據《長編》本月己卯原注，即《靈平廟碑》，孫洙撰，已早佚。獎諭原文，見《蘇軾文集》卷十一《獎諭勑記》篇首。《勑記》云及「澶州靈平埽成」，作於五月或略後。表即以上所云之《徐州謝獎諭表》，啓乃卷四十六《徐州謝執政獎諭啓》。時吴充、王珪爲相，元絳爲參知政事。

王鞏（定國）自京師寄詩來，轍次其韵。

次韵見《欒城集》卷八。中云：「憐君避世都門里，勸我忘憂酒盞中。」此稍後有同題詩一首，末云：「年來未省談堯舜，一吷粗疏豈足吹。」不滿時事。鞏詩佚。

李逵作詩相贈，轍次其韵。

次韵見《欒城集》卷八。首云：「太學群游經最明，青衫憔悴竟何成。」逵游太學，然未能博一第。同情其不遇。

己卯（初五日），知應天府龔鼎臣爲右諫議大夫、知青州。轍有《代龔諫議謝知青州帥表》。有《送龔鼎臣諫議移守青州二首》。

五月己卯云云，據《年表》。

表見《欒城集》卷四十九。首云：「臣某言：伏奉五月某日敕告，授臣右諫議大夫、知青州軍州事兼京東東路安撫使，臣已於今月某日祇受訖者。」

詩見《集》卷八。其二首云：「面山負海古諸侯，信美東方第一州。」贊青州。

辛巳（初八日），王克臣改知瀛州。軾有賀啓。賈昌衡代克臣爲京東西路安撫使、兵馬巡檢、知鄆州。昌衡嘗奏請朝廷，乞召蘇軾爲近侍。

辛巳云云，據《長編》卷二百八十九。《蘇軾文集》卷四十七《賀高陽王待制啓》：「有恩有威，方結東人之愛；允文允武，更紓北顧之憂。」克臣由京東西安撫使改任瀛州，故有「東人」、「北顧」之語。《北宋經撫年表》卷二：「高陽關路安撫使、馬步軍都總管、兼知瀛州河間府。」知此賀啓爲克臣作。據《長編》，克臣以天章閣待制知瀛。

《長編》卷三百三元豐三年四月丁巳謂知鄆州賈昌衡、李肅之相繼於鄆築堤捍水患。《北宋經撫年表》以昌衡替克臣，是。《詩案·供狀》：「安撫使賈昌衡，奏乞召還近侍。」昌衡字子平，真定獲鹿人，昌朝弟，《宋史》卷二百八十五有傳。

戊戌（二十五日），提舉醴泉觀、兵部郎中陳汝義知應天府。轍有《代陳汝義學士南京謝表》。

戊戌云云，據《年表》。

表見《欒城集》卷四十九。首云：「臣某言：伏蒙聖恩授臣南京留守、知應天府事，臣已於今月某日到任訖者」。

汝義，泉州晉江人。據乾隆《晉江縣志》卷八，汝義爲皇祐五年進士。治平四年，召試學士院，授集賢校理，見《宋會要輯稿》選舉二八之四。熙寧元年爲京東轉運使、權知青州，見同上書選舉三三之一五。四年知南康軍，見《長編》卷二百二十一本年三月丙午紀事；八年，提舉醴泉觀，見同上書卷二百六十四該年五月乙酉紀事。

《延祐四明志》卷二十有汝羲詩二首。《歲時廣記》卷八引《復雅歌詞》有汝羲《減字木蘭花》詞一首。

鮮于侁(子駿)旋以京東西路轉運使攝應天府事。

《欒城後集》卷二十一《書鮮于子駿父母贈告後》：「予在應天幕府，子駿以部使者攝府事，朝夕相從也。」

《欒城集》卷八有《次韻轉運使鮮于侁新堂月夜》詩，作於本年秋。參以下「鮮于侁寄所作新堂月夜詩」條。知陳汝羲就任不久即去任。

同年余京通判嵐州，轍作詩送行。

詩見《欒城集》卷八。首云：「矯矯吴越士，遠爲并代行。」京爲越州會稽人，已見熙寧九年「在齊州期間與同年余京有交往」條紀事。嵐州屬河東路，河東路習以并、代稱之。以下云：「寒暄雖云異，慷慨慰平生。」知京來南都。又云：「閑官少愧耻，教子終餘齡。定心養浩氣，閉目收元精。」互勉。

河上暮歸過南湖，轍作詩。

詩見《欒城集》卷八。其二云：「淤田水淺客來遲，解舫都門問幾時。誰道兩京鷄犬接，差除屈指未曾知。」爲接來自京師之友而作，友人來遲。

京東西路提刑孫頎(子思)移湖北轉運，轍作詩送行。

詩見《欒城集》卷八。中云：「宦游得鄉國。」又云：「歸念湖湘遠。」《蘇軾文集》卷五十六有《與孫子思》七簡，其第六簡云：「仲通來，知在府中，計與子由輩游從甚樂。」仲通，梁交字。知頎與轍交有素。

頎一字景修，長沙人。嘗官太常少卿，故轍此詩之題以少卿稱之。參本譜元豐二年四月三日紀事。頎父成象，天聖元年卒，年三十三。見《忠肅集》卷十四《贈刑部侍郎孫公墓表》。《沅湘耆舊録》前編卷十八謂頎乃真宗咸平間進士，誤；其謂頎號拙翁，則可信。《輿地紀勝》卷六十九《荆湖北路·岳州》有頎詩。

元豐四年九月四日，頎以湖北轉運副使知荆南，七年六月辛未知廣州。見《長編》卷三百十二元豐四年九月甲子注文、卷三百四十六。

《蘇軾文集》卷七十二《金剛經報》首云「蔣仲父聞之於孫景修」云云。

按：李清臣、孔宗翰爲京東路提刑，轄京東東路、京東西路。頎任京東西路提刑，知自元豐元年起，京東路提刑，復爲二員(另有京東東路提刑一員)。在宋代，此種分合，經常有之。

《青山集》宋刻本卷三《贈孫郎中景修》：「江潮夜漲北風惡，雙櫓喜逢溪岸泊。桂陽史君賢故人，借問殷懃吏來數。浮橋傾危暗難渡，静枕不眠聽曉角。平明自笑僕乘無，破帽赤髯行踸踔。袖持漫刺前起居，屢歎窮愁手頻握。嬰兒連死瘦妻卧，病骨尚遭讒喙啄。壯志消盡同寒灰，生事無涯委藜藿。男兒有命何足論，斗酒貰衣評舊學。愛君新篇溢千楮，突兀寒霄見南嶽。龍蛇千丈老松衫，霹靂一聲揮電雹。豈宜偃蹇處郎曹，固合逶迤步臺閣。天子聰明繼堯舜，廟堂論道皆伊霍。拔茅連茹收時才，尺寸高卑應不錯。君馳亭路鶚横秋，我困汙泥龜縮殼。」附此。

秦觀入京應舉，過徐，首次見蘇軾，呈詩，軾次韵。觀旋經南都，見弟轍，赴京師。

《淮海集》卷四《别子瞻》：「人生異趣各有求，繫風捕影只懷憂。我獨不願萬户侯，惟願一識蘇徐州。徐州英偉非人力，世有高名擅區域。珠樹三株詎可攀，玉海千尋真莫測。一昨秋風動遠情，便憶鱸魚訪洞庭。芝蘭不獨庭中秀，松柏仍當雪後青。故人持節過鄉縣，教以東來償所願。天上麒麟昔漫聞，河東鸑鷟今纔見。不將俗物擬天真，北斗已南能幾人。八塼學士風標遠，五馬使君恩意新。黄塵冥冥日月换，中有盈虚亦何算。據龜食蛤暫相從，請結後期遊汗漫。」《蘇軾詩集》卷十六《次韵秦觀秀才見贈秦與孫莘老李公擇甚熟將入京應舉》即次《别子瞻》韵。

《欒城集》卷八《次韵秦觀秀才攜李公擇書相訪》，亦次《别子瞻》韻，中云：「史君南歸無限情，鴻飛攜書墮我庭。」史君謂李常（公擇）。據詩，知常離徐州後，南歸淮上，觀與之相見，因攜常書來。知觀來徐州，爲夏季事。轍次韻詩末自注：「秦君與家兄子瞻約，秋後再遊彭城。」觀留徐之日甚短。考《詩集》、《淮海集》、《欒城集》，觀秋後未來徐州。

《後山集》卷十一《秦少游字序》首云熙寧、元豐之間，蘇軾守徐，以下云：「揚秦子過焉，豐醴備樂，如師弟子。其時余病卧里中，聞其行道雍容，逆者旋目，論説偉辯，坐者屬耳，世以此奇之，而亦以此疑之，惟公以爲傑士。」公謂蘇軾。《施譜》謂觀至是始見蘇軾。

蘇軾雨中過舒焕（堯文）教授，作詩。

詩見《蘇軾詩集》卷十六（八三一頁）。

詩云：「疏疏簾外竹，瀏瀏竹間雨。窗扉静無塵，几硯寒生霧。」庭院閑，居室之内外閑。又云：「美人樂幽獨，有得緣無慕。坐依蒲褐禪，起聽風甌語。」主人閑。又云：「客來淡無有，灑掃涼冠屨。濃茗洗積昏，妙香净浮慮。」主人待客閑。不着一語，歸去。詩末云：「自非陶靖節，誰識此閑趣。」「閑趣」乃此詩之主旨。其中「有得緣無慕」一句，乃至理。

舒焕作詩寄李常（公擇），蘇軾次焕韵。

軾詩見《蘇軾詩集》卷十六（八三二頁）。

詩末云：「怪君一身都是德，近之清潤淪肌骨。細思還有可恨時，不許藍橋見傾國（自注：公擇有婢名雲英，屢欲出，不果）。」德而云「怪」，造語奇特。蓋謂李常之清潤超出尋常以至難以接受、接近。此乃個人秉性，雖怪而終無足怪。然有婢欲出而不出，蘇軾竊不然之，至云「可恨」。蘇軾與李常爲摯友，此乃戲言，雖云「恨」，未必真恨、深恨之，其盼李常出雲英，則屬真誠。李常所蓄婢，决非雲英一人；多蓄婢，傷生，蘇軾與其他友人嘗言之。此可視爲蘇軾對李常之忠告。

軾撰王禹偁（元之）畫像贊，題於其碑陰，六月五日，寄禹偁之曾孫汾。

贊見《蘇軾文集》卷二十一（六〇三頁）。

《詩案·與王汾作碑文》：「元豐元年六月，王汾寄到曾祖禹偁内翰神道碑示軾，求軾題碑陰，軾於當月五日，寄與王汾。此文除無譏諷外，不合云『使其不幸而立於衆邪之間，安危之際，則公之所爲，必將驚世絶俗，使斗筲穿窬之流，心破膽裂』，意謂今日進用之人爲『衆邪』。又言今時所行新法，係天下安危，故云『衆邪之間，安危之際』也。又謂天子今時進用之人，皆『斗筲穿窬之流』，皆以譏諷朝廷進用之人，并新法不便也。又云『紛紛鄙夫，亦拜公像，何以占之，有泚其顙』，亦以譏諷今時進用之人，謂之鄙夫，言拜公之像，心愧而汗顙也。軾在臺，於九月三日準問有無盡供答因依，即不係朝旨降到册子内。」

《紀年録》：六月，題王禹偁碑陰。

軾與文同(與可)簡，詢同是否得浙郡。

《佚文彙編》卷二與同第九簡即此簡，作於夏秋間。《丹淵集》卷首同墓銘：洋州代還，判登聞鼓院，數月，乞郡東南，除知湖州。卷首《年譜》繫以上所述於本年。

十七日，轍代作祈神文祈晴。

文乃《欒城集》卷二十六《南京祈禱文》其六。文中謂梁宋之郊「淫雨不節，水潦横潰」，祈神「錫之開晴」。

七月五日，以秋陽炳耀，蘇轍作謝神文。

文乃《欒城集》卷二十六《南京祈禱文》其七。

十五日，軾應鄉人之請，作《眉州遠景樓記》，贊眉守黎錞(希聲)善政。

文見《蘇軾文集》卷十一，云錞「簡而文，剛而仁，明而不苛，衆以爲易事」，民留之，既留三年，民益信。卷五十三與錞第二簡及留任事。

郭印《雲溪集》卷六《眉州太守劉公，忽於池中獲東坡所作遠景樓碑，鄉人費洪雅有詩美之，因率同賦，次其韻》中云：「幾年困厄在污池，照夜寒光空水底。有如鐘磬傳不朽，壁間字字摇科斗。雷霆破蟄里耳驚，龍蜈蟠泥神物守。」又云「遺編禁錮學無師」。印乃北宋、南宋之交人，此所寫乃北宋末事。

徐州陳師仲（傳道）來書，轍答之。

《欒城集》卷二十二答傳道書其一：「今年春，君西游，謀所以葬先子於朋友。既而東歸，貧不克舉。書來告曰，將改卜七月，且問所以爲葬。」轍答：「子而固子之守，盡子之有，斂手足形還葬，此則曾子之所以葬其親也。」意謂盡己力不必以此求助於朋友。轍書末云「今既七月矣」，蓋作於七月初至之時，故繫之於此。又，師仲來書之前，嘗以文爲贈，轍贊其文「翛然以清」。

劉涇寄詩來，轍次其韻。

次韻見《欒城集》卷八。涇詩佚。《蘇軾詩集》卷十五有《宿州次韻劉涇》，作於熙寧十年自京師赴徐州途中，時涇爲宿州教授。涇寄轍詩當作於宿州。詩云：「詩書近日貴新説，掃除舊學漫無光。竊攘瞿曇剽李耳，牽挽性命推陰陽。狂流滚滚去不返，長夜漫漫未遽央。」謂王安石新學流行，深以未能改變爲憂。轍於新法憤激之情，較之兄軾，有過之而無不及。

轍贊涇「筆力强」。涇字巨濟，一字濟震，號前溪。熙寧六年進士。《宋史》本傳謂「爲文務奇怪語」；蓋筆力如不裁抑，易生此弊。參熙寧三年紀事。

城南訪張恕，轍作詩。

詩見《欒城集》卷八。詩云：「秋隨脱葉暗相催。」點秋。又云：「赤棗青瓜報豐熟，黄鷄白酒勸徘徊。」贊南都醇風。恕蓋居南都之城南。

癸巳（二十一日），轍有《同李倅鈞訪趙嗣恭留飲南園晚衙先歸》詩。

據《年表》。詩見《欒城集》卷八，無「七月癸巳」字。知《年表》所見之本與今本有異。首云：「城南高樓出喬木，下有方塘秋水足。」點秋。末云：「令人更愧東宫師，眷戀溪山棄華屋。」似趙嗣恭爲東宫太子師，辭而歸田里。

二十二日，軾爲滕令范純粹作《滕縣公堂記》。純粹替去，交代新任王安上立石。

記見《蘇軾文集》卷十一。

《容齋隨筆·四筆》卷十二《當官營繕》：「元豐元年，范純粹自中書檢正謫知徐州滕縣，一新公堂吏舍，凡百一十有六間，而寢室未治，非嫌於奉己也，曰吾力有所未暇而已。是時新法正行，御士大夫如束濕，雖任二千石之重，而一錢粒粟，不敢輒用，否則必著册書。東坡公歎其廉，適爲徐守，故爲作記，其略曰：『至於宫室蓋有所從受，而傳之無窮，非獨以自養也。今日不治，後日之費必倍，而比年以來，所在務爲儉陋，尤諱土木營造之功，攲仄腐壞，轉以相付，不敢擅易一椽，此何義也。』是記之出，新進趨時之士，娼疾以惡之。」

《詩案·爲王安上作公堂記》：「元豐元年七月，爲王安上作《公堂記》。軾知徐州，滕縣贊善大夫范純粹，修葺本州廨宇，極齊整。本官替去，軾作《滕縣公堂記》一首與范純粹，交代知縣王安上寺丞，立石在本縣，即不曾寄范純粹，其記多，不具載。此記大率譏諷朝廷新法已來，減削公使錢，裁損當直公人，不許修造屋宇，故所在官舍例皆壞陋也。軾準問目，有無不盡，供説因依，即不係册子内。」此云「七月」，與《文集》不同，今從《文集》。《長編》卷二百八十五熙寧十年十月戊子紀事：「權發遣度支判官，右贊善大夫王安上權發遣江南東路提點刑獄，舊治饒州，上以安上兄安石方居閑，特詔安上治江寧。」可參。安上字純甫，見《書繼》卷五。

軾復黄庭堅書，盛贊其詩，並寄次韻《古風》二首。

書見《蘇軾文集》卷五十二（一五三二頁），詩見《蘇軾詩集》卷十六（八三四頁）。書謂庭堅《古風》二首，「托物引類，真得古詩人之風」。書云「秋暑」，當爲七月作。《詩案·和黄庭堅古韵》：「軾答書一封，除無譏諷外，云：『觀其文以求其人，必輕外物而自重者，今之君子，莫能用也。』今之君子，謂近日朝廷進用之人不能援進庭堅而用之也。及依韻答和《古風》云：（略）。意言君子小人，進退有時，如夏月蚊虻縱横，至秋月息，比庭堅於蟠桃，進必遲，自比苦李以無用全生。又《詩》云：『憂心悄悄，愠於群小。』以譏諷當今進用之人皆小人也。」

《宋史》卷四百四十四《黄庭堅傳》：「蘇軾嘗見其詩文，以爲超軼絶塵，獨立萬物之表，世久無此作，由是聲名始振。」「超軼」二句，即見於《文集》卷五十二與庭堅之書。

胡允文（執中）卒，子公達奉喪歸，軾爲文祭之，並以詩送公達。

祭文見《蘇軾文集》卷六十三（一九三九頁）。祭文稱允文爲郎中。

《豫章黄先生文集》卷三十跋蘇軾此文，稱允文爲屯田。是允文官至屯田郎中。

《蘇軾詩集》卷十六有《送胡掾》。據祭文及上述黄集跋文，知爲公達，時爲徐州獄掾。黄集跋文謂公達爲峽州守有聲，「治郡政雖嚴而不苛，事雖整而常暇。」

舒焕觀蘇軾所藏墨，作詩，軾次其韵。

軾詩見《蘇軾詩集》卷十六（八三七頁）。詩云：「此墨足支三十年，但恐風霜侵髮齒。」又云：「一螺點漆便有餘，萬竈燒松何處使。」此乃此詩主旨。藏墨以備實用，有墨可用即可不必貪。所藏之墨，能實用即足心意，不必求「永寧第中擣龍麝」而製成之墨中特殊珍品。詩又云：「人生當著幾緉屐，定心肯爲微物起。」人生有限，需作之事甚多，墨乃微物，不必爲此耗去許多寶貴時光。此乃蘇軾人生態度重要方面之一，不可忽視。

密州守宋靖國以詩紀蘇軾在密州時雜詠，軾次韵答之。

軾詩見《蘇軾詩集》卷十六（八四一頁）。詩題原作「密州宋國博」。王文誥題下注文：「宋國博，時代孔宗翰守密州。」詩「山城辱吾繼，缺短煩遮護」句下王文誥注文：「公前有《送孔郎中赴郊》詩（撰者按，詳本年此前「孔宗翰罷京東路提刑後知陜州有詩送行」條紀事），今以此聯證之，宋國博乃代宗翰守密者，確無可疑，特指出之。」據《長編》熙寧十年八月紀事，知宋國博爲宋靖國。

詩首云：「吾觀二宋文。」宋人師民瞻注：「二宋，宋郊、宋祁也。國博乃其嗣子。」查《名臣碑傳琬琰之集》上集卷七王珪所撰《宋元憲公庠忠規德範之碑》，庠五子：充國，尚書都官郎中；均國，國子博士；其三人早亡。同卷范鎮所撰《宋景文公祁神道碑》謂祁子男十五人：定國，進士及第，終太常博士；次，不及名；靖國；彦國，國子博士；惠國，尚書虞部員外郎；輔國；奉國；祚國，太子後贊善大夫；順國，大理寺丞；佑國，終祕書省正字；亮國、保國，大理評事；嗣國，早亡；俊國；廣國，太常寺太祝。

詩又云：「昔年謬陳詩，無人聊瓦注。於今賡絶唱，外重中已懼。」宋靖國之詩，當爲研究蘇軾在密州所作詩之珍貴資料，惜不傳。

范祖禹（淳甫）來詩，軾答之。

《答范淳甫》在《蘇軾詩集》卷十六，祖禹時在洛佐司馬光修《資治通鑑》。

梁交知莫州，軾賦詩、詞（《浣溪沙》）送行。其繼任者或爲歐育。

詞見《東坡樂府》卷下，《注坡詞》調下原注：「彭門送梁左藏。」贊交「論兵齒頰帶冰霜」。詩見《蘇軾詩集》卷十六（八四六頁）。《欒城集》卷八亦有送詩。

《欒城集》卷九《送將官歐育之徐州》首云「輕衫駿馬走春風」，爲春季事。或爲接梁交之任者。《宋會要輯稿》第九十册《職官》四九之四熙寧三年九月有鄜延路走馬承受公事歐育言事記載。《長編》卷三百四十五元豐七年五月甲辰紀事：京東路第二將歐育昨防拓修永樂城，移疾於米脂寨，可罷將官。

轍有送行詩。

轍詩乃《欒城集》卷八《送梁交供備知莫州》。《宋史》卷一百六十九《職官》九《武臣三班借職至節度使叙遷之制》云：「供備庫使，轉西京左藏庫副使。」又云：「西京左藏庫使階武經大夫，供備庫使階武翼大夫。」供備庫使通常無職掌，左藏庫使掌收受各地財賦收入，供給官吏及軍兵俸禄賜予。然據軾詩，左藏庫使似與供備庫使，均爲銜，亦無實際職掌。轍稱供備，軾稱左藏，不過一階之差。或交原爲供備，以後轉爲左藏。軾定詩稿時，乃以左藏稱之。莫州屬河北東路，治任丘縣。轍詩云：「千騎臨邊自激昂。」莫州屬邊地，蓋勉之。

趙屼過南都，歸覲錢塘，赴永嘉，轍有送行詩，軾次韵。

《欒城集》卷八有《送趙屼秘書還錢塘》詩，《蘇軾詩集》卷十七有《次韻子由送趙屼歸覲錢塘遂赴永嘉》詩。《蘇軾文集》卷十七《趙清獻公神道碑》：「屼通判温州，從公游天台、雁蕩，吴越間榮之。」屼，清獻公抃仲子。温州爲永嘉郡。屼赴永嘉，乃就通判任。

鮮于侁（子駿）寄所作《新堂月夜》詩，轍、軾皆次韵。

侁詩見《宋文鑒》卷十八。轍詩乃《欒城集》卷八《次韵轉運使鮮于侁新堂月夜》，時侁爲京東西路轉運使。末云：「遥知新堂夜，明月入杯酒。千里共清光，照我茅檐漏。」轉運使駐鄆州，故云「共」。軾詩見《蘇軾詩集》卷十六，參熙寧十年「軾至鄆州」條紀事。

秋祀高辛，轍作二絶。

詩見《欒城集》卷八。詩題「辛」原作「禖」，據《年表》改。高辛乃黄帝曾孫帝嚳之號與字，帝堯之父。見《史記》卷一《五帝本紀》。轍詩其一首云：「蕩蕩巍巍堯舜前，一丘惟見柏森然。」可證。裴駰《史記集解》引《皇覽》：「帝嚳冢在東郡濮陽頓丘城南臺陰野中。」濮陽距南都甚近。高禖，乃謂媒神，帝王祀以求子。見《經義述聞》十四《禮記》上《高禖》。轍詩與帝王求子無涉，故據《年表》改「禖」爲「辛」。

詩其一「蕩蕩」句頌帝嚳之德。其二首云：「乾德年中初一新，頹垣破瓦委荆榛。」不禁感慨繫之。

過興教院，贈釗上人詩。

詩見《欒城集》卷八。首云：「四十年間此院留，臨河看盡往還舟。」知興教院臨河，釗上人住持興教院四十年。末云：「同來并是三年客，聽説行藏各自羞。」此三年客中，似亦包括作者；所以「羞」者，不外面對高僧，益覺俗氣。

王鞏自京師來，轍作詩多首。

詩見《欒城集》卷八。其《次韵王鞏代書》中云：「一笑便成經歲隔，扁舟重到滿城知。」知鞏來。其《次韵南湖清飲》其二首云：「坐客經年半已非，喜君重到暫相依。」「君」謂鞏。其《次韵偶成》云「交情淡泊久彌新」，「世俗如君今有幾」，「君」似亦爲鞏。鞏之來約爲八月。

八月九日，軾寫次韵黄庭堅《古風》詩寄王鞏。

據《詩案·與王鞏作三槐堂記并真贊》。《詩案》原謂「元豐二年」，「二」乃「元」之誤，以二年此時正追赴詔獄也。

癸丑(十二日)，黄樓成。同日，長孫楚老生；楚老名簟。

樓成，據《蘇軾文集》卷六十六《書子由黄樓賦後》。《蘇軾詩集》卷十六《答范淳甫》叙及建黄樓。楚老生，據《文集》卷五十一《與李公擇》第五簡，《詩集》卷十七《中秋見月和子由》亦及之。名簟據《墓誌銘》。《欒城後集》卷二十一《六孫名字説》：「昔予兄子瞻命其諸孫，皆以竹名。」

甲寅（十三日），軾書《表忠觀碑》。

據《金石萃編》卷一百三十七《表忠觀碑》。

十五日，詠中秋月寄弟轍。

《蘇軾詩集》卷十七《中秋月寄子由三首》其二：「六年逢此月，五年照離别。」今年中秋作。《後村先生大全文集》卷一百十《題跋·二蘇公中秋月詩》：「二蘇公彭城中秋月倡和，七言可拍謫仙之肩。坡五言清麗者似鮑庾，閑雜者似韋柳。前人中秋之作多矣，至此一洗萬古而空之，詩既高妙，行書又妙絶一世。諸家所收坡帖，皆在下風。」

中秋見月，轍作詩寄軾。軾和。軾寄《中秋月》來。

轍詩見《欒城集》卷八。詩云：「使君携客登燕子，月色着人冷如水。」使君謂軾，徐州有燕子樓，遥想軾此時度中秋情景。詩又云：「南都從事老更貧，羞見青天月照人。」自叙。軾和作見《蘇軾詩集》卷十七，中云：「南都從事莫羞貧，對月題詩有幾人。」答轍。

王鞏（定國）數寄詩與蘇軾，軾次韵或答之。

《蘇軾詩集》卷十六《次韵答王定國》末云「願君不廢重九約」。謂九月九日慶黄樓落成，堅鞏來徐州之約。時鞏居京師。詩作於五六月間。

同上卷十七《答王鞏》（題下自注：鞏將見過，有詩，自謂惡客，戲之）：「古來彭城守，未省怕惡客。」注文謂痛飲爲惡客。詩戲謂鞏「千金一擲頗黎盆，連車載酒來」。蘇軾以「惡」相答：「子有千瓶酒，我有萬株菊。任子滿頭插，團團見花不見目。醉中插花歸，花重壓折軸。」於是：「彭城之游樂復樂，客惡何如主人惡。」賓主盡歡。倡酬往來，情趣無限。

同上《次韻王定國馬上見寄》首云「昨夜霜風入裌衣」，點季候。中云：「尚能來趁菊花時。」謂九月九日來徐州之約。

十八日，與堂兄不疑(子明)夫婦簡，並寄《中秋》三詩，深致想念之意。

《佚文彙編》卷四《與子明》第八簡：「闊別十年，瞻奉無期，此懷可知。」熙寧元年離蜀，至是已十年。簡又云：「弟已有替人，替成資。二年水旱，無種不有，且只得善去也。」時離離徐州任期已不遠。

《中秋》三詩，當指《中秋月寄子由三首》。

簡稱不疑爲寺丞。

同日，祭張方平之妻永嘉郡夫人馬氏，弟轍作祭文。

《欒城集》卷二十六《祭永嘉郡夫人馬氏文》：「維元豐元年，八月壬寅朔，十八日己未，具官某謹以清酌庶羞之奠，祭于故永嘉郡夫人馬氏之靈。惟夫人毓德大宗，作配仁人。富貴顯榮，居之若無。寬裕慈祥，終身不改。晚通至道，游心空寂。啓手即化，容如平生。登證妙果，古人是似。歲月遷逝，歸全南野。君子在位，嗣子在列。都人出祖，欷歔歎息。軾與弟轍，皆遊門下，義均親戚。令德懿行，夙所聞知。恭致祀奠，禮薄誠至。尚饗。」乃以兄弟二名義作。

按：馬氏乃張方平之妻，太常少卿絳之女。見《文集》卷十四《張方平墓誌銘》。《欒城集》同上卷有《代南京留守祭永嘉郡夫人馬氏文》。絳，《樂全集》卷四十有墓銘。

三郡之士皆舉於徐。孫勉、頓起爲考官。

三郡云云，據《蘇軾文集》卷十《徐州鹿鳴燕賦詩敘》。《欒城集》卷八有《次韻頓起考試徐沂舉人見寄》。三郡除徐、沂，其他一郡不詳。孫勉乃覺弟，據《詩集》卷十七《送孫勉》自注，《陶山集》卷一、卷二有詩及之。《蘇軾詩集》卷十七《中秋月寄子由》自注及頓起。

《蘇軾詩集》卷十七《與頓起孫勉泛舟探韻得未字》：「佳人尺書到，客子中夜喟。」二人有兒女之懷。於是勉以詩「一吐千丈氣」，多作詩；於是約二人「明朝出城南，遺迹觀楚魏」，以寬其懷。

同上《次韻答頓起二首》其一叙舊。其二中云：「早衰怪我遽如許，苦學憐君太瘦生。」「早衰」當自頓詩中引出。又云：「茅屋擬歸田二頃，金丹終掃雪千莖。」承上嘆老言，欲歸休，欲服金丹；兼二人言之。

同上《送頓起》：「臨行挽衫袖，更賞折殘菊。」又云：「酒闌不忍去，共接一寸燭。」臨別依戀。頓起有詩詠黄樓，詩末云：「惟有黄樓詩，千古配淇澳。」惜已佚。

同上《送孫勉》於盛贊孫勉秋試舉於徐得人後，謂「君才無不可，要使經百鍊」。勉之兄覺（莘老），於蘇軾爲摯友，故爲此言以勉之，亦朋友以善相告之義也。

鄭僅（彦能）行，軾作詩送行。復送僅，席上軾復賦。

《蘇軾詩集》卷十六《次韻舒教授寄李公擇》後，復有《送鄭户曹》。《詩集》本卷此前已有《送鄭户曹》，已詳本年此前「鄭僅赴大名府户曹軾有送行詩」條，次本年之春。據此首《送鄭户曹》，知僅春日並未成行。此首《送鄭户曹》云及修黄樓，云及「遲君爲座客，新詩出瓊瑰，樓成君已去，人事固多乖」，爲八月事。

同上復有《送鄭户曹賦席上果得榧子》。蓋衆人相送，以席上果爲題，軾得榧子。軾詩云：「祝君如此果，德膏以自澤。驅攘三彭仇，已我心腹疾。」此果善自珍惜，有保健作用。軾又云：「願君如此木，凛凛傲霜雪。斲爲君倚几，滑浄不容削。」此果之木，柏理松几，可爲器用。事實如此，並未夸大。末云：「物微興不淺，此贈毋輕擲。」此榧子或即蘇軾所贈，故直云「物微」；若爲他人所贈，便不當如此出之，情真意摯，送行詩中别出一格。

蘇軾復賦《蝶戀花》送鄭僅（彦能）。

詞見《全宋詞》第一册第三二一頁。首句爲「别酒勸君君一醉」。調下原注：「送潘大臨。」趙令時《侯鯖録》卷一：「東坡在徐州，送鄭彦能還都下，問其所游，因作詞云：『十五年前我是風流帥，花枝缺處留名字。』記坐中人語，嘗題於壁。後秦少游薄游京師見此詞，遂和之。其中有『我曾從事風流府』。公聞而笑之。」

吴曾《能改齋漫録》卷十六：「右《蝶戀花》詞，東坡在黄時，送潘邠老赴省試作也。今集不載。」按，曾慥本《東坡詞拾遺》載之，《全宋詞》據以録入。

《蘇軾詞編年校注》云：蘇軾知潁州，與趙令時過從甚密。令時平日所與游處，强半元祐勝流，其《侯鯖録》所載較爲翔實，亦多精贍可喜。而曾慥、吴曾均爲南宋初人，《東坡詞拾遺》、《能改齋漫録》成書皆晚於《侯鯖録》。吴《録》雖自詡博洽，但參訂失實處頗多。互相比較，此詞以趙説較爲可靠。

《編年校注》又云：考之張耒《潘大臨文集序》、潘淳《潘子真詩話》、釋惠洪《泠齋夜話》，知大臨徽宗崇寧間仍居黄州，後客死蘄春，年未五十。軾居黄時，大臨尚爲青年，根本不可能有此詞所云「回首長安佳麗地，三十年前，我是風流帥」那様的「青樓」、「舊事」。而趙令時説此詞是蘇軾在徐州送鄭僅還都下作。「十五年前，我是風流帥」云云，乃「記坐中人語」，是鄭僅的話，則是合情的。蘇軾《中秋月寄子由三首》其三：「鄭子向河朔，孤舟連夜行。」自注：「鄭僅赴北京户曹。」知僅赴任在中秋節前，詩與本詞，情事切合。《東坡詞拾遺》詞中「十五年前」原作「三十年前」，《編年校注》據《侯鯖録》改，是。《編年校注》亦據《侯鯖録》，改題下注文爲「送鄭彦能還都下」，亦是。《全宋詞》第五八八頁陳師道《木蘭花减字》詞自注：「古詞云：十五年來，從事風流府。」蘇軾巧妙用其語。

王鞏作《自詠》詩，轍次韵。與鞏同飲王廷老（伯敭）家，鞏戲詠，轍次韵；時廷老回南京。鞏之徐州，轍作詩送行。

轍詩見《欒城集》卷八，鞏詩佚。

轍《次韵王鞏自詠》中云：「粗免趨時頭似葆，稍能忍事腹如囊。」「頭似葆」出《漢書》卷六十三《武五子傳·燕刺王旦》：「當此之時，頭如蓬葆，勤苦至矣。」注：「草叢生曰葆。」轍面對時事，牢騷甚盛。此詩又見明刊本《東坡續集》。《蘇軾詩集》編入卷五十「他集互見詩」，題作《和子由次王鞏韵》，如囊之句可爲一噱》。清人查慎行定爲蘇轍「客徐州時與定國唱和之作」。

轍《次韵王鞏同飲王廷老度支家戲詠》首云：「白魚紫蟹早霜前。」點季候。中云：「上客遠來工緩頰，雙鬟爲出小垂肩。」新傳大曲皆精絶，忽發狂言亦可憐。」知有歌伎侑酒；狂言而可憐，知不得志於時。

轍《送王鞏之徐州》敘鞏語：「故人彭城守，久作中朝逐。詩書自娛戲，樽俎當誰屬。相望鶴頸引，欲往龜頭縮。前期失不遂，浪語頻遭督。黄樓適已就，白酒行亦熟。登高暢遠情，戲馬有前躅。篇章雜笑語，行草爛盈幅。歸來貯篋笥，把玩比金玉。」黄樓已於本年八月十二日成。

鞏之徐州，乃應軾之請，其中重要活動之一，即慶黄樓落成。鞏至徐，約爲九月初。九月初九日，大合樂慶黄樓落成，鞏與會。詩又云：「吾兄别我久，憂患欲誰告。孤高多風霆，彈射畏顛覆。」知朝中議軾者大有人在，預示風霆將至。末云：「恨我閉籠樊，無由托君轂。」欲與鞏同往徐州慶黄樓落成，然因公務所阻，不能如願。

王鞏來，示張方平近作《樂全堂雜詠》，軾題詩。有譏諷。

題詩乃《蘇軾詩集》卷十七《張安道見示近詩》，《欒城集》卷八有次韻。《詩案·送張方平》云：「元豐元年八月内張方平令王鞏將詩一卷來徐州，題封曰《樂全堂雜詠》，拆開看，乃是張方平舊詩，今不記，其詞即無譏諷，軾作一詩題卷末。其詞云：『人物已衰謝，微言難重尋。清談未足多，感時意殊深』。軾言晉元帝時，衛玠初過江左，不意永嘉之末，復聞正始之音。軾意言晉元帝時，人物衰謝，不意復見張方平之文章才氣，以譏諷今時風俗衰薄也。意以衛玠比方平。故云：『清談未足多，感時意殊深』，言我非獨多衛玠清談，但感時之人物衰謝，微言難繼，此意殊深遠也。又云：『少年有奇志，欲和南風琴。荒林蜩蛩亂，廢沼蛙蟈淫。遂欲掩兩耳，臨文但噫喑。』意言軾少年，本有志欲和天子薰風之詩，因見學者皆空言無實，雜引佛老異端之書，文字雜亂，故以荒林廢沼，比朝廷新法，屢有變改，事多荒廢，致風俗虛浮，學者誕妄，如蜩蛩之紛亂，故遂掩耳不欲論文也。又云：『蕭然王郎子，來自緱山陰。云見浮丘伯，吹簫明月岑。遺聲落淮泗，蛟鼉爲悲吟。』以王子晉比王鞏，以浮丘伯比方平也。『願公正王度，祈招繼愔愔。』據《左氏》楚靈王欲求九鼎於周，求地於諸侯，其臣令尹子革諫王，其詩曰：『祈招之愔愔，式昭德音。思我王度，式如玉，式如金，形民之力，而無醉飽之心。』楚靈王不能用，以及於難，其事節止於此。但軾不全記其詞。軾欲張方平勿爲虛言之詩，當作譏諷朝廷政事闕失，如祭父作祈招之詩也。軾封題云，上還宣徽太尉丈文，表姪蜀人蘇軾謹封，令王鞏將與張方平收却。」

九月庚辰（初九日），軾於徐州大合樂慶黃樓之成。轍作《黃樓賦》，軾爲刻石并以絹親書之。

《蘇軾文集》卷六十六《書子由黃樓賦後》：「子城之東門，當水之衝，府庫在焉。而地狹不可以爲甕城，乃大築其門，護以塼石。府有廢廳事，俗傳項籍所作，而非也。惡其淫名無實，毀之，取其材爲黃樓東門之上。元豐元年八月癸丑，樓成。九月庚辰，大合樂以落之。始余欲爲之記，而子由之賦已盡其略矣，乃刻諸石。」

《蘇軾詩集》卷十八《次韵和劉貢父登黄樓見寄并寄子由二首》其二「自寫千言賦，新裁六幅圖」句下自注：「近以絹自寫子由《黄樓賦》，爲六幅圖，甚妙。」《山谷集·别集》卷十《題蘇子由黄樓賦草》：「銘欲頓挫崛奇，賦欲弘麗，故子瞻作諸物銘，光怪百出，子由作賦，紆餘而盡變。二公已老，而秦少游、張文潛、晁無咎、陳無己方駕於翰墨之場，亦望而可畏者也。」《欒城遺言》謂轍自謂此賦學《兩都》。

《江蘇金石志》卷九《蘇潁濱黄樓賦》（原注：舊拓翦裱本）：「熙寧十年七月乙丑，河决於澶淵，東流入鉅野，北溢於濟，南溢於泗。八月戊戌，水及彭城。余兄子瞻適爲彭城守，水未至，使民具畚鍤，畜土石，積芻茭，完窒隙穴以爲水備，故水至而民不恐。自戊戌至九月戊申（按：原作「辰」，今從《宋文鑑》卷五蘇轍《黄樓賦》），水及城下者二丈八尺，塞東西北門，水皆自城際山，雨晝夜不止。子瞻衣製履屨，廬於城上，調急走，發禁卒以從事，令民無得竊出避水，以身率之，與城存亡。故水大至而民不潰。方水之淫也，汗漫千餘里，漂廬舍，敗冢墓，老弱蔽川而下，壯者狂走，無所得食，槁死於丘陵林木之上。子瞻使習水者浮舟楫、載糗餌以濟之，得脱者無數。水既涸，朝廷方塞澶淵，未暇及徐。子瞻曰：『澶淵誠塞，徐則無害。塞不塞天也，不可使徐人重被其患。』乃請增築徐城，相水之衝，以木堤捍之，水雖復至，不能以病徐也。故水既去而民益親。於是即城之東門爲大樓焉，堊以黄土，曰土實勝水，徐人相勸成之。轍方從事於宋，將登黃樓，覽觀山川，弔水之遺迹，乃作黄樓之賦，其詞曰：子瞻與客游於黄樓之上，客仰而望，俯而歎，曰：『噫嘻殆哉！在漢元光，河决瓠子，騰蹙鉅野，衍溢淮泗，梁楚受害二十餘歲。下者爲汙澤，上者爲沮洳，民爲魚鼈，郡縣無所。天子封祀太山，徜徉東方，哀民之無辜流死不藏，使公卿負薪以塞宣房。《瓠子》之歌，至今傷之。嗟維此邦，俯仰千載。河東傾而南洩，蹈漢世之遺害。包原隰而爲一，窺吾墉之摧敗。吕梁齟齬，横絶乎其前；四山連屬，合圍乎其外。水洄洑而不進，環孤城而爲海。舞魚龍於隍壑，閲帆檣於睥睨。方飄風之迅發，震鞞鼓之驚駭。誠蟻穴之不救，分閭閻之横潰。幸冬日之既迫，水潛縮以自退。樓流枿於喬木，遺枯蚌於水裔。聽澶淵之奏功，非天意吾誰賴。今我與公冠冕裳衣，設几布筵，斗酒相屬，飲酣樂作，開口而笑，夫豈偶然也哉！』子瞻曰：『今夫安於樂者，不知樂之爲樂也，必涉於害者而後知之。吾嘗與子凴兹樓而四顧，覽天宇之宏大。繚青山以爲城，引長河而爲帶。平皋衍其如席，桑麻蔚乎旆旆。畫阡陌之縱横，分園廬之向背。放田漁於江浦，散牛羊於烟際。清風時起，微雲霮霸。山川開闔，蒼莽千里。東望則連山參差，與水皆馳，群石傾奔，絶流而西，百步涌波，舟楫紛披，魚鼈顛沛，没人所嬉，聲崩震雷，城堞爲危。南望則戲馬之臺，巨佛之峰，巋乎特起，下窺城中，樓觀翱翔，嵬峨相重，激水既平，眇莽浮空，駢洲接浦，下與淮通。西望則山斷爲玦，傷心極目，麥熟禾秀，離離滿隰，飛鴻群往，白鳥孤没，橫烟澹澹，俯見落日。北望則泗水淼漫，古汴合焉，匯爲濤淵，蛟龍所蟠，古木蔽空，烏鳥號呼，賈客連檣，聯絡城隅。送夕陽之西盡，導明月之東出，金鉦涌於青嶂，陰霧爲之辟易。窺人寰而直上，委餘彩於沙磧。激飛楹而入户，使人體寒而戰慄，息洶洶於群動，聽川流之蕩潏。可以起舞相命，一飲千石，遺棄憂患，超然自得。且子獨不見夫昔之居此者乎？前則項籍、劉備，後則光弼、建封，戰馬成群，猛士如林，擐臂長嘯，風動雲興，朱閣青樓，舞女歌童，勢窮力竭，化爲虚空，山高水深，草生故墟，蓋將問其遺老，既已灰滅而無餘矣。故吾將與子弔古人之既逝，憫河决於疇昔，以變化之無在，付酒杯於終日。』於是衆客釋然而笑，頹然而醉，酒傾月墜，扶攜而出。」

《蘇軾詩集》卷四十六《黄樓致語口號》云及「知府學士民人所恃，憂樂以時」，乃頌軾德政，乃爲慶黄樓落成而作。味其文，似爲他人所作，誤入蘇集。

《詩集》卷十九《次韻和劉貢父登黄樓見寄並寄子由二首》其二「自寫」聯下自注：「近以絹自寫子由《黄樓賦》，爲六幅圖，甚妙。」

《慶湖遺老詩集》卷一《黄樓歌·序》：黄樓成，「因合醼以落，坐客三十人，皆文武知名士」。歌有云：「使君登覽興如何，舞劍吟箋賓從多。水平照影見雁下，山谷答響聞漁歌。樓下汀州長芳草，一麾南出彭門道。昨日春遊詠白蘋，後夜秋風悲鵩鳥。黄岡汝海心悠哉，青衫白髮多塵埃。采菱使女今何在，騎竹兒童望不來，望不來，碧雲長月長徘徊。」深道徐人之思。賀詩作於元豐七年仲冬。

《後山詩注》卷十一《黄樓》首云：「樓以風流勝，情緣貴賤移。屏亡老畢篆，市發大蘇碑」。注：「《黄樓賦》乃畢仲詢篆，東坡書，至是起廢焉。」又注：黄樓「厄於紹聖黨禍」。詩約作於元符三年。

《墨莊漫録》卷三：「徐州有營妓馬盼者，甚慧麗，東坡守徐日，甚喜之，盼能學公書，得其彷彿。公嘗書《黄樓賦》未畢，盼竊傚公書『山川開合』四字，公見之，大笑，略爲潤色，不復易之，今碑中四字，盼之書也。」盼盼乃侍酒官妓。《慶湖遺老詩集》卷二《燕子樓》之小序及其人，時爲元豐五年壬戌。

《却掃編》卷下：「東坡既南竄，議者復請悉除其所爲之文，詔從之。於是士大夫家所藏，既莫敢出，而吏畏禍所在，石刻多見毁。徐州黄樓，東坡所作，而子由爲之賦，坡自書。時爲守者獨不忍毁，但投其石城濠中，而易樓名觀風。宣和末年，禁稍弛，而一時貴游以蓄東坡之文相尚，鬻者大見售。故工人稍稍就濠中摹此刻。有苗仲先者，適爲守，因命出之，日夜摹印，既得數千本，忽語僚屬曰：『蘇氏之學，法禁尚在，此石奈何獨存。』立碎之。人聞石毁，墨本之價益增。仲先秩滿，攜至京師，盡鬻之。所獲不貲。」

《欒城集》卷九《和子瞻自徐移湖將過宋都途中見寄五首》其三：「千金築黄樓，落成費百金。誰言史君侈，聊慰楚人心。高秋吐明月，白壁懸青岑。晃蕩河漢高，恍悢窗户深。邀我三日飲，不去如籠禽。」轍未能往。

《蘇軾詩集》卷十七《九日黄樓作》云「莫嫌酒薄紅粉陋」，有紅粉與會。又云：「黄樓新成壁未乾，清河已落霜初殺。朝來白霧如細雨，南山不見千尋刹。樓前便作海茫茫，樓下空聞櫓鴉軋。薄寒中人老可畏，熱酒澆腸氣先壓。烟消日出見漁村，遠水鱗鱗山齾齾。」黄樓近景與遠景。又云：「詩人猛士雜龍虎。」自注：「坐客三十餘人，多知名之士。」既有文人，又有武士。又云：「楚舞吴歌亂鵝鴨。」鵝鴨謂鵝鴨池，城旁有之，知黄樓在城旁。楚舞吴歌加以鵝鴨之聲，可謂喧騰。

同上《九日次韻王鞏》末云：「相逢不用忙歸去，明日黄花蝶也愁。」留鞏。鞏之原韵早佚。

《後山居士文集》卷六《黄樓》：「樓上當當徹夜聲，與人何事有枯榮。已傳紙貴咸陽市，更恐書留後世名。」當當徹夜，當爲打碑。黄樓之碑，蘇轍作，蘇軾書。據此詩，黄樓建成後，時有人爲贏利，拓蘇軾之碑。師道爲徐州人，不久又爲官於徐，詩乃實録。

同上《黄樓》：「樓以風流勝，情緣貴賤移。屏亡老畢篆，市發大蘇碑。更覺江山好，難忘父老思。只應千載後，覽古勝當時。」附此。

《蘇軾詩集》卷三十五詩題：「在彭城日，與定國爲九日黄樓之會。（下略）」定國，鞏字。軾爲鞏賦《千秋歲》，見《東坡樂府》卷上，詞有「明年人縱健，此會應難復」句，調下原注「重陽徐州作」，知作於今年。《蘇軾文集》卷五十二與鞏第十二簡，作於黄州，叙及重九登黄州棲霞樓，「望君凄然，歌《千秋歲》，滿座識與不識，皆懷君」，憶此時事。蘇轍未與其會，見《欒城集》卷九《和子瞻自徐移湖將過宋都途中見寄》其三。

《樂静集》卷十《上眉陽先生》叙代舒焕（堯文）爲徐州教授，一日，與焕登黄樓，焕曰：「此蘇公燕集之地也。酒後喜爲文章，盡篋中無留紙，如方盤大斛，瀉出珠貝，照爛磊落，鑠手奪目，衆人排捽，争先取之，惟恐其攫之不多也。是時，晚風落日，遠山逶迤，川流無波，白鳥上下。竊思昔年席上之樂，徘徊俯仰，欲去不能。蓋中心眷焉者，不獨在夫山水一時之覽也。」又引焕言：「先生與人交，略去圭角，洞見肺腑，恐其不親己，人亦自忘其鄙吝，而不知所以化。」先生謂軾。

《慶湖遺老詩集》卷六《和彭城王生悼歌人盼盼·序》：「盼盼馬氏，善書染。死葬南臺，即鳳皇原也。生賦詩十篇，因和其一，甲子四月望。」詩云：「東園花下記相逢，倩盼偷回一笑濃。書簏尚緘香豆蔻，鏡奩初失玉芙蓉。歌闌燕子樓前月，魂斷鳳皇原上鐘。寄語虞卿謾多賦，九泉無路達魚封。」

同日，張恕作詩寄贈轍。轍次恕韵寄軾，軾次恕韻。

轍詩見《欒城集》卷八，恕詩佚。《蘇軾詩集》卷十七有《次韵張十七九日贈子由》。轍詩末云：「茱萸插遍知人少，談笑須公一解頤。」自注引王維重九詩。張十七，謂恕。

陳師道作《黄樓銘》。

《後山集》卷十七《黄樓銘·序》謂正月甲子蘇軾得神宗獎諭，以下叙：「臣某惟念祇承謨訓，人神力同，敢自爲功以速大戾，而明揚褒大，無以報稱，乃作黄樓於東門，具刻明詔，以承天休而明德意，使其客陳師道以爲之銘。臣師道伏惟吕尚南仲内撫百姓，外平諸侯，詩美文、武，尹吉甫、召虎南伐淮夷，北伐玁狁，功歌宣王。君能使人以盡其才，臣能有功以報其上，古之義也。臣師道又惟感而通之者道也，行而化之者德也，制法明教者政也，治人成功者事也。昔之詩人歌其政事則并其道德而傳之，後王有作，可舉而行，顧臣之愚，何與於此，誠樂君臣之盡道云。臣不佞，冒死上黄樓銘，其詞曰：『皇治惟成，修明法度。協和陰陽，十有一年。天灾時行，河失其防。齊魯梁楚，千里四達。潰亂散亡，皇仁隱憂。臨遣信臣，以惠東方。羸老困窮，安慰撫養。發散積倉，流人如歸。居人忘危，完聚靡傷。天叙地平，明聖成能。人神效祥，靈平告成。百穀豐盈，萬邦樂康。郡縣祇畏，允迪聖謨。終事無荒，皇功不居。歸休臣民，邇昭遠揚。守臣拜手，夸大休嘉。使民不忘，改作黄樓。以臨泗上，述修故常。庶臣無侫，原始要終。銘之石章，以告成功。以揚德聲，永永無疆。』」

十七日，軾與張天驥、顔復、王鞏登雲龍山，題名，有詩。

題名見《佚文彙編》卷六（二五八一頁）。《蘇軾詩集》卷十七《登雲龍山》作於此時，見注文。同卷尚有《雲龍山觀燒得雲字》云「偶從二三子，來訪張隱君」。隱君謂天驥，爲此略後事。

十八日，軾簡劉摯。

《詩案·揚州贈劉摯孫洙》：「元豐元年九月十八日，寫書寄劉摯，云『定國見臨數日，有詩可取』。王鞏字定國。」

《宋史》卷三百四十《劉摯傳》謂元豐初爲集賢校理、知大宗正寺丞，爲開封府推官。

王鞏、顔復同泛舟，鞏作詩，軾次韵。鞏獨眠，作詩，軾亦次韵。

軾詩分別見《蘇軾詩集》卷十七第八七四、八七五頁。

前者首云「沈郎清瘦不勝衣」，謂鞏，知鞏瘦。次云「邊老便便帶十圍」，謂復，知復肥。以鞏瘦，故有第三句「蹭蹀身輕山上走」；以復肥，故有第四句「歡呼船重醉中歸」。五、六句「舞腰似雪金釵落，談辯如雲玉麈揮」，叙歸來飲宴，可略窺當日官守中士大夫之生活。末句似以五六句所叙生活爲非，然亦不過略作點染。

後者首云「居士身心如槁木」，贊之。次云「旅館孤眠體生粟」，則似諷之，鞏似不耐寂寞。詩云「服藥千朝償一宿」，蘇軾贊美獨眠。

王鞏、顔復攜妓游泗水，軾作《百步洪》。

《蘇軾詩集》卷十七《百步洪二首·叙》：「王定國訪余於彭城。一日，棹小舟與顔長道攜盼、英、卿三子游泗水，北上聖女山，南下百步洪，吹笛飲酒，乘月而歸。余時以事不得往，夜著羽衣，佇立於黄樓上，相視而笑，以爲李太白死，世間無此樂三百餘年矣。」

《容齋隨筆·三筆》卷六及今人錢鍾書《宋詩選注》盛贊軾善用譬喻。

九月中旬，王鞏（定國）離徐州，來南京，軾作詩托鞏致轍。鞏至南京，旋回京師，轍作詩送之。

《蘇軾文集》卷六十八《書出局詩》：「十年前在彭城時，王定國來相過，留十餘日，還南都。時子由爲宋幕，定國臨去，求家書，僕醉不能作，獨以一絶與之。云：『王郎西去路漫漫，野店無人霜月寒。淚濕粉箋書不得，憑君送與卯君看。』卯君，子由小名也。」作於元祐三年。

詩乃《欒城集》卷八《戲次前韵寄王鞏二首》。次前韵者，次《次韵張恕九日寄子瞻》韵也。詩其一首云：「白馬貂裘錦幂羅，離觴瀲灧手親持。」乃叙鞏即將上馬回京師，轍設宴送別，故謂離觴。中云：「不分歸心太忽草，更憐人事苦縈縻。」叙鞏歸心忽忽，乃由於人事縈縻。其二末云：「悠悠後會須經歲，冉冉霜髭漸滿頤。」明謂此詩乃離別時作。據此，詩題中之「寄」字當爲「送」字之誤，或鞏至京師後，轍寄至京師。

《蘇軾文集》卷十《王定國詩集叙》：「念昔日定國過余於彭城，留十日，往返作詩幾百餘篇。」鞏詩不傳。又云：「一日，定國與顔復長道游泗水，登桓山，吹笛飲酒，乘月而歸，余亦置酒黄樓上以待之，曰：『李太白死，世無此樂三百年矣。』」《次韻王鞏留别》見《蘇軾詩集》卷十七。

詩見《蘇軾詩集》卷四十八（二六三二頁）。

謂鞏留徐「十餘日」，與《王定國詩集叙》所云「十日」，略不同。鞏之去，在本月下旬。致弟轍

蘇軾題李思訓所畫《長江絶島圖》。

詩見《蘇軾詩集》卷十七（八七二頁）。

詩所云之絶島，謂竦立於長江中之大孤山、小孤山。小孤山之小孤轉爲小姑，於是有小姑嫁彭郎之説。彭郎者，江側石磯名澎浪者也。并有小孤廟。好一段優美之神話故事。軾詩末云：「舟中賈客莫漫狂，小姑前年嫁彭郎。」賈客見廟中靚美之小姑形象而生遐想，乃情理之常。蘇軾表述賈客心態，其思想境界高出俗儒不可紀極。需知小姑爲人所塑造，小姑作爲神亦與人相通。

《蘇軾文集》卷七十有《書李將軍三駿馬圖》。李將軍，謂思訓。

郭祥正自當塗寄黄樓歌來。

《青山集》卷九《徐州黄樓歌寄蘇子瞻》：「君不見彭門之黄樓，樓角突兀淩山丘。雲生霧暗失柱礎，日升月落當簾鈎。黄河西來駭奔流，頃刻十丈平城頭。渾濤舂撞怒鯨躍，危堞僅若杯盂浮，斯民嚚嚚坐恐化魚鼈。刺史當分天子憂。植材築土夜連晝，神物借力非人謀。河還故道萬家喜，匪公何以全吾州。公來相基壘巨石，屋成因以黄名樓。黄樓不獨排河流，壯觀彈壓東諸侯。重簷斜飛掣驚電，密瓦瑩静蟠蒼虯。乘閑往往宴賓客，酒酣詩興横霜秋。沉思漢唐昕陳迹，逆節怙險終何求。誰令頸血濺砧斧，千載付與山河愁。聖祖神宗仗仁義，中原一洗兵甲休。朝廷尊崇郡縣肅，彭門子弟長歡游。隨五馬但看紅袖舞華筵，不願黄河到樓下。」按：《青山集》卷四《浪士歌·序》謂棄官合肥，歸隱當塗姑孰，凡五年，乃監閩汀郡，監攝守漳南，留漳幾三年。卷五《漳南書事》有「元豐五年秋」之語。則寄蘇詩當作於隱當塗姑孰時。祥正，太平州當塗人。有詩名。梅堯臣、王安石均譽其詩，《宋史》卷四百四十四有傳。

道潛（参寥）自京師來，經南京赴徐州，與轍晤，轍贈詩。

《参寥子詩集》卷三《訪彭門太守蘇子瞻學士》云及：「邇來旅食寄梁苑，坐嘆白日徒虚盈。彭門千里不憚遠，秋風匹馬吾能征。」梁苑謂京師開封。道潛自京師訪軾，南京爲道途所必經。同上《寄蘇子由著作》：「先生道德若爲容，曾向南都幕下逢。」叙此時事。轍詩見《欒城集》卷八。盛贊道潛：「塵埃既脱落，文彩自精鮮。」道潛經南都，爲九月事。

二十三日，張方平（安道）生日，轍作詩爲壽。

詩見《欒城集》卷八。其一首云：「椿年七十二回新。」方平今年七十二歲。

三十日，三郡之士會於黄樓，軾作《鹿鳴燕詩叙》。

叙見《蘇軾文集》卷十，《蘇軾詩集》卷十七有《鹿鳴燕》。

本月，劉恕卒。恕弟格（道純）來，軾與鮮于侁（子駿）簡，求爲格謀一差遣。

恕卒見《范太史集》卷三十八墓碣。《蘇軾文集》卷五十三與侁第三簡稱格「讀書强記辨博，文詞粲然可觀，而立節强鯁，吏事亦健」；云格「旦夕歸南康軍待闕」，知來徐；稱恕「故友」，知格來在恕卒後。

《山谷外集詩注》卷十六《送劉道純》，元祐二年作，注文謂時格當主銅陵簿。詩盛贊格「胸中峥嶸書萬卷」，惜其才不獲大用。

《欒城集》卷三十八《劉凝之屯田哀辭·叙》謂得請歸廬山，以奉養其父凝之，三年，得疾不起。

秋末，道潛（參寥子）來訪，是爲始見。道潛呈詩，蘇軾次韵。

《參寥子詩集》卷三《訪彭門太守蘇子瞻學士》：「眉山鬱茀眉水清，清淑之氣鍾群形。精璆美璞不能擅，散發宇内爲豪英。煌煌蘇氏挺三秀，豫章、杞、梓參青冥。少年著書即稽古，經緯八極何峥嶸。未央宫中初射策，落筆游刃揮新硎。翰林醉翁發奇歎，臺閣四座争相驚。逡巡傳玩騰衆手，一日紙價增都城。同時父子擅芳譽，芝蘭玉樹羅中庭。風流浩蕩播江海，粲若高漢懸明星。前年聞公適吴會，五（按：疑應作『玉』）漿跪（按：當作『饋』，《詩集》「查注」引參寥詩，『跪』即作『饋』）道人争迎。浮雲流水付幽討，下視世網鴻毛輕。野人弱齡不事事，白首丘壑甘忘情。神仙高標獨未識，暫棄蘿月人間行。朝吴暮楚失邂逅，惝怳夜夢還悍悍。邇來旅食寄梁苑，坐嘆白日徒虚盈。彭門千里不憚遠，秋風疋馬吾能征。鈴齋吏退屬幽款，一看揮麈銀河傾。」次韻詩題爲《次韻道潛見贈》，在《詩集》卷十七。

《施譜》謂爲始見。

《墨莊漫録》卷一：「參寥本名曇潛，因子瞻改曰道潛。」

閭丘孝忠過徐州，軾賦《浣溪沙》以贈。

《東坡樂府》卷下《浣溪沙》（原注：贈閭丘朝議，時過（按：原作「還」，據《外集》改）徐州）：「一别姑蘇已四年，秋風南浦送歸船，畫簾重見水中仙。」

《中吴紀聞》卷四《徐朝議》條謂閭丘孝忠以朝議大夫歸老。卷五《閭丘大夫》條謂蘇集有詞二首及孝忠。此詞即其一。又謂「公後房有懿卿者，頗具才色」，蘇詞及之。則「水中仙」云者，乃指懿卿也。蘇軾熙寧七年過蘇州，飲孝忠家賦詩，越四年爲今年。

蘇軾爲張天驥雲龍草堂石磬題詩。

詩見《蘇軾詩集》卷十七（八七七頁）。石磬懸張天驥山人雲龍草堂之室。軾詩末云：「殊非濮上音，信是泗濱石。」贊石磬所發之聲爲正聲，贊石磬，亦以贊張山人；謂磬爲泗濱石，孔子亦居泗濱，略有贊張山人讀詩書不俗之意。

蘇軾應文同（與可）之請，書近作七首遺之。

《蘇軾佚文彙編》卷五《跋自書詩》：「與可寄此黄素一書，求余自書近日□作，乃爲書此七首以遺之。元豐□（戊）午□月十七日，彭城守□逍遥堂記。」

「午」後所空爲一格，此跋當作於本年十月（包括十月）以前。

滕縣時同年建西園，爲題詩。嘗爲時同年畫竹。

題詩見《蘇軾詩集》卷十七（八八三頁），次《次韻僧潛見贈》二詩後，今從其編次。

《六硯齋二筆》卷三：「沛縣儒學大門，嵌壁有東坡竹二枝。跋云：『先生與叔祖山陽掾，暨先大夫同榜雅契。熙寧中，守彭門，叔祖通直赴約射堂，晏談旬餘。一日，戲寫邛竹二枝，且曰：『觀此如何？』曰：『公精鑒也。』卷而贈之。於今四十餘年矣。乃刻石以傳久云。宣和丁丑冬至日，朝奉郎、通判澤州時敦題。梁溪漫叟時道安立石。』」跋中「先大夫同榜」云云，乃時同年，名、字均不詳。《寶鐵齋金石文跋尾·蘇文忠畫竹石刻》亦有此記載，「澤州」作「許州」，

「道安」作「豐口」。

《慶湖遺老詩集》卷五《游滕縣時氏園池》(原注：乙丑八月賦)：「珍重西園主，開門待子猷。城隅樹交蔭，棧下水通流。鵁鶄鳴深竹，蜻蜓駐小舟。可能忘夢想，塵土滿徐州。」「珍重」云云，知主人好客，「城隅」四句，知時氏園池在城之隅。園内有樓，在水之上。園内有小舟，知其範圍頗大。樹林、翠竹掩映，鵁鶄、蜻蜓點綴，知園主人不俗。作於元豐八年。

軾與王廷老(伯敭)倡酬。

《蘇軾詩集》卷十七有《次韻王廷老和張十七九日見寄二首》、《次韻王廷老退居見寄》。前者云及「霜葉」，爲秋季事。《長編》卷二百八十：熙寧十年正月丙子，廷老追兩官勒停。《欒城集》卷二十六祭廷老文：「君以罪廢，還家宋都。」倡酬時，廷老居南都。

《欒城集》卷八有《次韻王廷老寄子瞻》，蘇軾無次韻。

傅裼罷通判，軾有送行詩。田叔通代裼。

《蘇軾詩集》卷十七《次韻顔長道送傅倅》首云「兩見黄花掃落英」，其去在九月或九月略後。今次此。蘇軾與裼交往記載止此。同上有《和田國博喜雪》，國博即叔通；《詩集》卷十八《再次韻答田國博》稱爲「風流別乘」。

十月五日，軾跋秦觀《湯泉賦》。

《蘇軾文集》卷六十七有《書游湯泉詩後》。此湯泉詩，即《湯泉賦》。秦賦見《淮海集》卷一，賦後附蘇軾跋文。《淮海先生年譜》謂賦作於熙寧九年。

秦賦有「大江之濱，東城之野」句，《歴陽典録》卷六謂泉在江浦西四十里，舊屬和州，全名惠濟湯泉。《輿地紀勝》卷四十八《淮南西路・和州・景物上・湯泉》：「在烏江縣東北五十七里。韓熙載爲之記。元豐初，秦觀與孫覺、僧道潛來遊，皆有詩。觀又爲賦，并蘇軾跋。後，孫覺結庵其上，榜曰寄老，劉攽有記。」攽記不見今本《彭城集》。

十一日，轍長女嫁文同（與可）之子務光（逸民）。

《蘇軾文集》卷五十一《與李公擇》第五簡：「邁往南京，爲舍弟此月十一日嫁一女與文與可子，呼去幹事。」簡中云及一孫「八月十二日生，名楚老」，知作於本年。軾此簡約作於本月或下月，今次本月。

吴琯（彦律）得解，求舉於禮部。十二日，軾作《日喻》以贈。

文見《蘇軾文集》卷六十四。

《詩案・知徐州作〈日喻〉一篇》：「元豐元年，軾知徐州，十月十三日，在本州監酒正字吴琯鎖廳得解，赴省試，軾作文一篇，名爲《日喻》，以譏諷近日科場之士，但務求進，不務積學，故皆空言而無所得。以譏諷朝廷更改科場新法不便也。」此言「十三日」，與《文集》略不同。

十五日，軾與客觀月黄樓，有詩。

據《蘇軾詩集》卷十七詩題（八八九頁）。

十六日，軾與文同簡，贊道潛之詩及其爲人；催作《黄樓賦》。

《佚文彙編》與文同第十簡：「近有一僧名道潛，字參寥，杭人也。特來相見。詩句清絶，可與林逋相上下，而通了道義，見之令人肅然，有一詩與之，録呈，爲一笑也。」簡中所云與道潛詩，當爲《次韻僧潛見贈》。此簡，《次韻僧潛見贈》題下「施注」亦節引。簡又云：「《黄樓賦》如已了，望付去人，如未，幸留意！留意！」

蘇軾夜過舒焕（堯文），戲作詩。

詩見《蘇軾詩集》卷十七（八八八頁）。

詩云：「先生堂上霜月苦，弟子讀書喧兩廡。推門入室書縱横，蠟紙燈籠晃雲母。先生骨清少眠卧，長夜默坐數更鼓。耐寒石硯欲生冰，得火銅瓶如過雨。」狀盡舒焕教授之清苦。

陳睦（子雍）使三韓回，過南都，爲蘇轍話此行艱苦。

《長編》卷二百九十二本年九月壬辰（二十一日）紀事：「安燾、陳睦言：『已離高麗國涉海，今月乙亥（初四日）至明州定海縣。』詔燾等速赴闕。」則經南都赴京師，當爲十月間事，今據此繫之。

《欒城集》卷十四《次韻子瞻送陳睦龍圖出守潭州》：「海上石橋餘折棟，大舶記君過鐵甕。東行萬里若乘空，老蜃長鯨應入鞚。波揺風卷卧不起，免教髀肉鞍磨痛。歸來過我話艱苦，驚汗津津尚流汞。海涯風物畫成圖，錯落天吴兼紫鳳。至今想像隔人世，往往風濤吹晝夢。（下略）」篇末自注：「子雍奉使三韓，轍時在南都，見其往返，故此詩言之。」

轍作《墨竹賦》，兄軾盛贊之。

《蘇軾佚文彙編》卷二《與文與可》第十簡：「近見子由作《墨竹賦》，意思蕭散，不復在文字畛域中，真可以配老筆也。」簡云「乍涼」，點季候。

賦見《欒城集》卷十七，乃爲文同作，未注寫作時間。據軾簡，約爲此略前作。

通判李鈞作壽花堂，轍作詩記之。

詩見《欒城集》卷八，其叙云：「尚書郎晉陵李公秉性直而和，少從道士得養生法，未五十去嗜欲，老而不衰。爲南都通守，其西堂北牖下，池生菖蒲，開花三四，芬馥可愛。以書占之，曰：『此壽考之祥也。』因名其堂曰壽花，而余爲作詩記之。」

鈞爲慶曆二年（一〇四二）進士，見《咸淳毗陵志》卷十一。如鈞登進士之年爲二十歲，則至今年已達五十七歲。

軾題張方平（安道）近詩，轍次韻。

軾詩見《蘇軾詩集》卷十七。首云：「人物一衰謝，微言難重尋。殷勤永嘉末，復聞正始音。清談未足多，感時意殊深。」要點爲感時。

轍詩見《欒城集》卷八。中云：「至人不妄言，淡如朱絲琴。悲傷感舊俗，不類騷人淫。又非避世翁，閔默遽陽瘖。嘐嘐晨鷄鳴，豈問晴與陰。」要點亦爲感時。而感時之要害又爲不滿新法。

轍《次韵廣州陳繹諫議和陳薦宋敏求二龍圖二首》。

此乃詩題，見《欒城集》卷八。意當爲以陳繹韵和陳薦、宋敏求詩。

陳繹，《宋史》卷三百二十九有傳。傳謂繹「元豐初，知廣州」。嘉靖《廣東通志》謂元豐元年十二月到任。《長編》卷二百九十一元豐元年八月己酉紀事：「起居舍人、龍圖閣待制、知廣州曾布知桂州。」繹乃接布任，其除命當亦在此時。

轍此詩作於本年冬。繹原韵當自京師寄至南京。《長編》本年八月庚午紀事：「判北京留司御史臺、龍圖閣直學士陳薦爲寶文閣學士提舉醴泉觀。」亦可爲繹原韵作於京師之佐證。《長編》以下云：「初，薦罷青州，得北京留臺，將歸其鄉里邢州。上以路遡京闕，特令入見而有是命。」知薦罷青州，爲此前不久事。轍詩有《和彦升寓定力》。彦升，薦字。定力乃定力院，在京師。見拙撰《陸游佚著輯存·己·附録·老學庵續筆記輯佚》，在《陸游集》第五册。轍詩首云：「曾送飛龍白日翔，未應中路許還鄉。」即謂神宗召入見。中云：「城下寶坊聊寄榻。」即謂寓定力院。末云：「相逢出處何須問，五嶺清平十月涼。」此乃就陳薦與陳繹言，益見繹原韵作於京師。轍《和彦升赴上醴泉》首四句：「琳宫清浄思悠哉，頗似山林未肯回。五日趨朝真自適，一樽無事得頻開。」可具體了解提舉醴泉觀。

薦，卒於元豐七年九月，見《長編》卷三百四十八。年六十九，見傳。繹已見治平二年紀事。

本月，軾上皇帝書。論徐州爲京東諸郡安危所寄，兵單俗悍，乞建立利國監冶户武裝，乞移南京新招騎射兩指揮於徐；並乞兼領沂州兵甲巡檢公事，以此自效；陳治盗之法；並請特爲京東、京西、河北、河東、陝西五路之士，别開仕進之門，以取人材。徐州任中，其主張部分得以施行。

書見《蘇軾文集》卷二十六（七五八頁）。

書論利國監爲徐州安危所繫。書云：「州之東北七十餘里，即利國監，自古爲鐵官，商賈所聚，其民富樂，凡三十六冶，冶户皆大家，藏鏹巨萬，常爲盗賊所窺，而兵衛寡弱，有同兒戲。」

書論欲使利國監不可窺，一在訓練冶户，一在請朝廷增强實力，即移南京新招兩騎射於徐。

書論沂州山谷重阻，爲逋逃淵藪，盗賊每入徐州界中。求兼領沂州兵甲巡檢公事，蓋爲治盗便利。書論去盗之法，一在修軍政，一在稍重郡守之權，責以大綱，略其小過，聽法外處置强盜。

書論依據京東等五路特點，選拔人材乃大事，而去盗不過區區小者。書謂京東等五路乃「自古豪傑之場，其人沈鷙勇悍，可任以事，然欲使治聲律，讀經義，以與吴、楚、閩、蜀之士争得失於毫釐之間，則彼有不仕而已，故其得人常少」。書又云：「唐自中葉以後，方鎮皆擇列校以掌牙兵嗇。是時四方豪傑，不能以科舉自達者，皆争爲之，往往積功以取旄鉞。」又云：「故臣願陛下采唐之舊，使五路監司郡守，共選士人以補牙職，皆取人材。心力有足過人而不能從事於科舉者，禄之以今之庸錢，而課之鎮税場務督捕盗賊之類，自公罪杖以下聽贖。依將校法，使長吏得薦其才者，第其功閥，書其歲月，使得出仕比任子，而不以流外限其所至。朝廷察其尤異者，擢用其數人，則豪傑英偉之士漸出於此途，而姦猾之黨，可得而籠取也。」書末引述歷史，論州郡須加强武備，以防事故發生。

《文集》卷四十九《與章子厚參政》第二書言及建立利國監冶户武裝，云：「軾在郡時，常令三十六冶，每户點集冶夫數十人，持却刃槍，每月兩衙於知監之庭，以示有備而已。」

《文集》卷四十八《黄州上文潞公書》：「軾在徐州時，見諸郡盗賊爲患，而察其人多凶俠不遜，因之以饑饉，恐其憂不止於竊攘剽殺也。輒草具其事上之。」

本月，王鞏自京師寄書來徐。

《詩案·與王詵往來詩賦》:「九月間,軾托王鞏到京見王詵時,覓祠部一兩道與相知僧。十月内,王鞏書來,云王詵已許諾。未取。」

苦寒,秦觀(太虚)致轍簡。轍常有簡與觀。

《淮海集》卷三十《與蘇子由著作簡》其一:「某頓首再拜著作先生。頃過南都,幸一拜清重,扁舟東下,迫於同行,不獲款聽緒言以厭所願,但增於悒耳。比日苦寒,伏惟尊候動止萬福。某受性庸昧,與世異馳。昨迫於衣食,强出應書,僥倖萬一之遇,既而擯棄,乃理之當然,無足道者。顧親已老,田園之入,殆不足以給朝夕之養,犬馬之情,不能無堙鬱耳。此外亦復何恨。惟先生不棄,時教之以書,使無聊之中有以自慰,幸甚幸甚。未緣侍坐,伏乞爲國自頤,以副輿願。不宣。」

按,「强出應書」數語,謂秋試落榜。此簡作於落榜回至高郵以後。謂苦寒,當爲十一月;若已歲暮,則必有此類問候語。轍致觀簡已早佚。

王廷老(伯敭)歸,蘇轍與游。次韵王廷老寄軾詩。

《欒城集》卷二十六《祭王虢州伯敭文》叙廷老以罪廢,以下云:「還家宋都,轍適在是。簿書之閑,往走君廬。忘其厄窮,笑歌歡呼。夜飲不歸,月墮城隅。間屏僕夫,與我深言。今昔之故,君何不聞。指後將然,已而信然。見遠識微,我不如君。」

《集》卷十四《送王廷老朝散知虢州》：「滿腹貯精神，觸手會衆理。一廢十五年，直坐才多爾。我昔游宋城，憶始識君子。簿書填丘山，賓客亂蜂蟻。出尋城下宅，屢屣牀前履。清談如鋸木，落屑紛相委。解頤自有樂，置酒姑且止。逡巡破黄封，婉娩歌皓齒。風高熊正白，霜落蟹初紫。夜闌竟未厭，河斜客忘起。歸來笑僮僕，熟醉未曾爾。（下略）」《長編》卷二百二十二熙寧四年四月癸酉、壬午紀事，時廷老爲兩浙路提點刑獄。後爲兩浙轉運使，於熙寧八年十月癸丑罷，以不公失職，并究治。見《長編》卷二百六十九。《兩浙金石志》卷六有熙寧十年廷老游石屋洞題名。石屋洞在杭州。《蘇軾詩集》卷十七《次韻王廷老和張十七九日見寄二首》，作於本年秋，時廷老已回；廷老乃睢陽人，南京（南都）爲睢陽郡，廷老罷官歸南京約在今年中，姑繫於此。

詩見《集》卷八，蓋詠黄樓。首二云：「歌吹新成百尺臺，青山臨水巧崔嵬。」謂樓之高與位置。以下四句：「佳人解作回文語，狂客能鳴摻鼓雷。擷菊傳杯醒復醉，采菱蕩槳去仍回。」謂與賓客、佳人於黄樓作詩飲宴。末二句：「新年聞欲相從飲，春酒還須剩作醅。」似軾有來南京之意，蓋徐州任將滿也。詩作之時，略近歲末。詩與廷老無涉，直不過借其韻。

頓起考試徐、沂舉人，作詩見寄，轍次韻。

《蘇軾詩集》卷十七《中秋月寄子由三首》其三：「頓子雖咫尺，兀如在牢扃。」自注：「頓起來徐試舉人。」同上卷《送頓起》：「留君終無窮，歸駕不免促。岱宗已在眼，一往繼前躅。」宋趙次公注：「頓蓋之兖州。」起自兖來，回兖去。岱宗，泰山。

轍詩見《欒城集》卷八。詩其一首云：「齊楚諸生儼鞸紳，人人願得出君門。」起有素望。

此後起與轍無文字交往記載。茲略考起以後仕歷。元豐六年三月癸卯，《長編》卷三百三十四有監察御史頓起言事記載。六月乙丑罷，見《長編》卷三百三十五。道光《泰州志》卷十三謂元祐四年，起通判泰州。《永樂大典》卷七千二百三十八有起詩，題爲：「元符二年二月七日，按部過邛州火井縣三友堂小酌。（下略）」元符三年（或建中靖國元年），起爲吏部郎中。見《蘇魏公文集》卷十二詩題。《山谷老人刀筆》卷七有與起三簡。

此後，起與軾亦無文字交往記載。

《成都文類》卷十三尚有起《贈廣都寓舍賢婦二喻》詩。詩云：「二喻出儒家，清貧一無有。零丁依老姑，破屋僧堂後。相對誦詩書，未嘗窺户牖。」作者爲之擇配豪右之家，二喻不從。詩云：「大喻前致詞，灑淚濕衣袖。荷德固已深，緘情亦須剖。上言親未葬，心欲土自負。下述妹未笄，婷婷無傅姆。還家復獻書，自叙貧且陋。鉛華世所悦，銅臭非吾偶。肯效閭閈間，碌碌逐雞狗。」不慕富貴，願嫁一普通農夫以終老，令人欽敬。二喻終結美滿姻緣。以下云：「董子慕高風，喜曰真吾婦。吾親雙白髮，吾弟室未授。睠言姊妹賢，可以相先後。五兩幣雖輕，意則千金厚。輜軒雙造門，觀者競奔走。」此乃叙事詩，可謂一段佳話。作者當日當有集傳世。讀此詩，可以知作者爲官親民之風。

李鈞離南京，轍作送行詩。

詩見《欒城集》卷八。中云：「扁舟水涸費牽挽，瘦馬雪凍憂朝參。」蓋已歲暮。以下云：「一官來往似秋燕，薄俸包裹如春蠶。東南乞麾尚可得，白首誰念家無甔。」鈞蓋往京師乞調官。《集》卷十一有《次韻温守李鈞見寄》詩，知得官温州。詩首云：「梁苑相從簿領中，清風相逐畫船東。」憶在南京同游。

文同（與可）知湖州。轍有詩送行。

《丹淵集》卷首《年譜》引《神宗實録》：「『元豐元年冬十月壬寅朔，戊午，以判登聞鼓院、司封員外郎、集賢校理文同知湖州。』蓋十月十七日也。」

王定民詩來，軾答之。

《答王定民》見《蘇軾詩集》卷十七，有「請君章草賦黄樓」之句，知定民亦善書。《欒城集》卷十四《次韻王定民宣德》首云：「彭城寺壁看詩來，顔氏瓢樽偶共開。」叙熙寧十年在彭城事；顔氏乃謂顔復，知其時與定民嘗從蘇軾兄弟游。

定民字佐才，亳人。見題下「王注」。孫紹遠《聲畫集》卷三、卷五有定民（佐才）詩多首。餘參元豐七年「軾在黄王定民嘗專人至」條。

十一月初八日。軾爲張天驥作《放鶴亭記》。

記見《蘇軾文集》卷十一。

《慶湖遺老詩集》卷二《遊雲龍張氏山居·序》：「雲龍山距彭城郭南三里，郡人張天驥聖途築亭於西麓。元豐初，郡守眉山蘇公屢登，燕於此亭下。畜二鶴，因以放鶴名亭，復爲之記。亭下有小屋，曰蘇齋，壁間榜眉山所留二詩及畫大枯株，亦公醉筆也。亭上一逕至山腹，有石如甕治者，公復題三十許字，記戊午仲冬雪後與二三子攜惠山泉烹鳳團此巖下，張即鑱之。」作於元豐五年八月。戊午即今年，記不見。

《邵氏聞見後録》卷十五：「或問東坡：雲龍山人張天驥者，一無知村夫耳；公爲作《放鶴亭記》，以比古隱者，又遺以詩，有『脱身聲利中，道德自濯澡』，過矣。東坡笑曰：『裝鋪席耳。』東坡之門，稍上者不敢言，如琴聰、蜜殊之流，皆鋪席中物也。」「脱身」云云，乃《詩集》卷十五《過雲龍山人張天驥》語。

十九日，軾應蒙令王兢請，作《莊子祠堂記》。

記見《蘇軾文集》卷十一；莊子蒙人，王兢始作祠堂。

兢字彦履，鄧人。嘉祐進士。元豐五年七月，知宿州。元祐初，提點湖南刑獄。四年七月，以權京西提刑改秦鳳路提刑。未至，入爲祠部郎中。五年六月，遷司農少卿。六年閏八月，遷將作監。八年三月，爲京東西路轉運使。官至左朝請大夫。紹聖二年卒，年六十四。事迹見《西臺集》卷十三墓銘，並參《長編》卷三百二十八、四百六十五、四百八十二。

《咸淳臨安志》卷八十五《慶善寺圓照堂題詠》，有王兢之作，云：「佛心開晦瞑，覺性極融明。實相自然見，客塵何處生。銅瓶秋水浄，草坐月華清。不必曹溪去，穿雲振錫行。」附此。

十二月辛亥（初十日），詔録囚，降死罪一等，杖以下釋之。十三日，轍代鮮于侁作《謝減降德音表》。時鮮于侁仍以京東西路轉運使攝應天府事兼南京留守。

十二月辛亥云云，據《長編》卷二百九十五。

《欒城集》卷四十九《代南京留守謝減降德音表》：「臣某言：今月十三日進奏院遞到中書劄子一道，疏决見禁罪人，臣已即時施行訖者。」表以下云及「頃自秋末，逮兹歲終」。末云：「臣幸攝守留鑰，親被鴻休。」

《欒城後集》卷二十一《書鮮于子駿父母贈告後》：「予在應天幕府，子駿以部使者攝府事，朝夕相從也。」

十二日，軾致簡秦觀（太虚），托道潛（參寥）轉致。道潛歸，有送行詩。道潛留徐州日，蘇軾

參元豐二年正月初五日紀事。

嘗與道潛等遊戲馬臺；與道潛放舟百步洪之下；蘇軾嘗於席上命妓求道潛詩，道潛有作；道潛嘗陪蘇軾登黄樓；蘇軾嘗與道潛、張天驥月夜遊百步洪東崖，題名：游倡甚樂。

十二月十二日云云，見以下「秦觀致簡」條紀事。

送行詩見《蘇軾詩集》卷十七，題即作《送參寥師》。

《詩集》卷十七有《次韻潛師放魚》。蘇軾與舒焕、張天驥、道潛同遊戲馬臺，見《詩集》卷十七詩題，蘇軾與道潛放舟百步洪之下，見《百步洪二首·序》。《參寥子詩集》卷三《子瞻席上令歌舞者求詩，戲以此贈》：「底事東山窈窕娘，不將幽夢囑襄王。禪心已作沾泥絮，肯逐東風上下狂。」

同上《陪子瞻登徐州黄樓》：「黄花離披秋日短，使君無事邀僧飯。飯餘軟語爇香幽，共坐圓庵不知晚。燭籠持火報黄昏，使君愛客還留連。前登修徑步超逸，後却從御來聯翩。城頭陰陰未上月，城下激激鳴潺湲。漁燈照舡沙岸近，賈客夜唱聲清圓。徘徊始轉黄樓側，銀箭銅壺知幾刻。欄杆倚遍惜分攜，泣泣芙蓉珠露滴。」

同上《虚白堂》（題下原注：與子瞻共坐，有客饋魚於子瞻，瞻遣放之，遂命賦是詩）：「嘉魚滿盤初出水，尚有青萍點紅尾。銀腮戢戢畏烹煎，掘強有時俄自起。彼客殷勤贈使君，顧向中厨薦醪醴。使君事道不事腹，杞菊終年食甘美。傳呼慎勿付庖人，百步洪邊放清泚。回首無欺子産淳，謾道悠然泳波底。」

同上《逍遥堂書事呈子瞻》：「尋常卧雲林，往往厭闤闠。今朝郡齋裏，岑寂返可愛。曦和破簾櫳，幽鳥語庭際。開門面脩圃，珍木羅翠蓋。蕭疏舊菊叢，裛露有餘態。主人事天和，萬慮屏身外。勞生一斷梗，何處考根柢。安能從物役，擾擾空卒歲。脱巾每相從，頗得資傲睨。」

上引道潛詩「底事東山」云云，《侯鯖録》卷三謂爲口占，詞句略有不同，謂：「坡云：沾泥絮吾得之，被老衲又占了。」《冷齋夜話》卷六《東坡稱道潛之詩》：「坡移守東徐，潛往訪之，館於逍遥堂。士大夫争欲識面，東坡饌客罷，俱來，而紅粧擁隨之。東坡遣一妓前乞詩，潛援筆而成曰（略）。一坐大驚，自是名聞海内。」《風月堂詩話》卷上較詳，云：「參寥自餘杭謁坡於彭城，一日，燕郡寮，謂客曰：『參寥不與此集，然不可不惱也。』遣官妓馬盼盼持紙筆就求詩焉。參寥詩立成，有『禪心已似沾泥絮，不逐春風上下狂』之句。坡大喜曰：『吾嘗見柳絮落泥中，私謂可以入詩，偶未曾收拾，遂爲此人所先，可惜也。』」

《詩案·次韻潛師放魚詩》：「元豐元年四月中作次韻潛師放魚詩一首，軾知徐州日，有相識浙僧道潛來相看，同在河亭上坐，見人打魚，其僧買魚放生，後作詩一首，即無譏諷，軾依韻和詩一首與本人云：『疲民尚作魚尾赤，數罟未除吾顙泚。』《左傳》云：『如魚赬尾，横流而方揚轡。』注云：『魚勞則尾赤焉。』是時徐州大水之後，役夫數起，軾言民之疲病，如魚勞而尾赤也，數罟，謂魚網之細密者，又言民既疲病，朝廷又行青苗助役，不爲除放，如密網之取魚也，皆以譏諷朝廷，新法不便，所以致大水之災也。」

此處所云「元豐元年四月中」，係誤刊。道潛始來於今年秋末。

同治《徐州府志》卷二十《宋蘇軾題百步洪東崖石刻》：「右百步洪石刻。舊志云：明成化中，主事尹珍於洪東崖石間，得石刻一，上書『郡守蘇軾、山人張天驥、詩僧道潛月中遊』十六字，蓋軾守徐時筆也。因建蘇墨亭。今没於河。」

軾祈雪霧豬泉、靈慧塔。

《蘇軾文集》卷六十二有《祈雪霧豬泉祝文》、《蘇軾詩集》卷十七有祈雪霧豬泉詩二首（八九七頁）。《文集》卷六十二《禱靈慧塔文》亦爲祈雨作；同卷有徐州作《謝雪祝文》。

軾贈舒焕（堯文）詩。

《蘇軾詩集》卷十七《祈雪霧豬泉出城馬上作贈舒堯文》：「山下野人家，桑柘雜榛菅。歲晏風日暖，人牛相對閑。」村落景物如畫。以下云：「薄雪不蓋土，麥苗稀可删。」此所以祈雪也。以下云「願君發豪句」，是舒焕（堯文）同行也。

同上《次韻舒堯文祈雪霧豬泉》，緊次上詩。詩云：「長笑蛇醫一寸腹，銜冰吐雹何時足。蒼鵝無罪亦可憐，斬頸橫盤不敢哭。」時有蜥蜴雨法，刑鵝祈雨法。細味詩句，蘇軾并不信。霧豬泉之下，傳有豬龍。祈雪霧泉者，祈豬龍也。舒焕作詩「新聲妙語慰華顛」，好語祈豬龍發慈悲。雪不降，復「怪詞欲逼龍飛起」，龍不飛，雪仍不降；於是復請舒焕「揮毫落紙勿言疲」，再作詩「驚龍起」。頗似戲語。云豬龍能致雪，或亦未信。

《山谷外集詩注》卷四《次韻子瞻與舒堯文禱雪霧豬泉唱和》：「老農年饑望人腹，想見四溟森雨足。林回投璧負嬰兒，豈聞烹兒翁不哭。未論萬户無炊煙，蛛絲蝸涎經杼軸。使君閔雪無肉味，煮餅青蒿下鹽菽。豈云剪爪宜侵肌，霜不殺草仍故緑。幽靈奰贔西山霧，牲肥酒香神未瀆。得微往從董父餐，寧當罪繫葛陂淵。卜擇祠官齊博士，暴露致告蒼崖顛。請天行澤不汲汲，爾亦枯魚過河泣。生鵝斬頸血未乾，風馬雲車坐相及。百里旌旗灑玉花，使君義動龍蛇蟄。老農歡喜有春事，呼兒飯牛理簑笠。博士勿嘆從公疲，明年麥飯滑流匙。」附此。

《參寥子詩集》卷四《寄舒堯文教授》：「經綸滿腹貯雲霓，卓犖丘門道可躋。絳帳開時霞影亂，青衿立處雁行齊。憶親麈尾焚昏夜，共惜[金芻]梢落月低。別後鳳毛知更長，五車應已識詮題。」作於離徐州後。首二句贊之甚至。亦附此。

十九日，軾上樞密薛向書，陳國計。

《平園續稿》卷八《題東坡上薛向樞密書》：「薛恭敏公元豐元年九月，自樞密直學士、工部侍郎、知定州召入西府。蘇文忠公昔嘗與之論天下事，今復貽書，深切著明，如此責善爲有加矣。薛本以理財論兵進。及在政路首尾三年，同列質以西北事，則養威持重，未嘗啓其端，最後詔民蓄馬，既奉行，復欲反汗，爲舒亶論罷。聞義能徙，不善能改，未必不因蘇公之書，比夫患失遂非者有間矣。元祐間，特被褒表，豈無所自耶？公作此詩，年四十三，是日其生朝也。身爲二千石，士民當盈庭爲壽，否則與家人飲食燕樂，乃齋心呵凍，極陳國計，其賢於人遠矣。官本不載此書於集，惟麻沙本及别集有之。故人劉籛壽使君之子宗奭兄弟，家藏真迹。慶元戊午七月旦，以示前進士周某，敬題其後。」《宋史·宰輔表》本年九月乙酉紀事：薛向自樞密直學士、工部侍郎除同知樞密院事。軾上薛向書已佚。《攻媿集》卷七十《跋東坡上樞密論開邊書》：「裕陵鋭意攘夷，晚乃信用兵不是好事，樞臣得公書，惜乎不早以聞，徒流傳至今也。」即周必大所云之書。

《昌谷集》卷十七《跋劉倅所藏東坡論兵書後》：「太祖欲親征河東，范魯公力疾建言：『願陛下以生靈爲念，所貴資洪福，益聖壽。』神宗欲用兵西北，蘇文忠貽書執政：『使吾君子孫蕃多，長有天下，人臣歸美報上，極安静和平之福，至於壽考萬年，子孫千億。』非與國共休戚，念不到此也。然魯公時居上相，朝夕納誨，乃其職業。文忠立朝，未大用，以誣奏請外補，稍遷而守徐，得政平訟理，即不廢事，職可以不諫，又委曲爲人言之，忠肝義膽，不置國事於度外可見矣。按薛向首横山之議，實在治平。異時熙寧諸公堡撫寧城婁降裕羅格勒，破蒙羅覺，掩河湟而有之，皆在其後。當入對受密賜，文、韓、司馬諸公相先後，薄其爲人，至或以憸巧目之。其復用，未秉政，守正諸君子固已深疑之矣。文忠代張文定草疏，已斥其事。今自定州賜對，復以論兵入樞筦，本末備見，宜文忠所深憂也。文忠之言既有以感動其善心，卒之秉政三年間，諱言西北兵事，謂之聞義能徙，容有此理，於時言官劾奏，所謂『反覆無大臣體』，當不止蓄馬一事。然已誤國家，困生靈矣。士大夫以迎合見用，既富且貴，乃欲收拾士譽，不復認前説自己出，終不可掩，故因考本末而有感焉。嘉定己巳下元日東匯澤曹某敬書。」此論兵書，即與薛向書；「使吾君」云云乃書中文字；其全文已佚。《平園續稿》跋與此跋爲研究此書之重要資料，故詳録之。

《平園續稿》跋作於慶元戊午（一一九八），此跋作於嘉定己巳（一二〇九），時間甚近。此跋所云劉倅當即《平園續稿》所云劉宗奭兄弟中之一人。

《蘇軾文集》卷四十八《上韓樞密書》云及「在錢塘時」，蒙以書見及，「自爾不復通問者，七年於兹」。此「在錢塘」，乃熙寧爲倅時。據此，此書當作於元豐一、二年間。查《宋史·宰輔表》，元豐四年，正月辛亥韓縝除同知樞密院事，不合。此書大旨，在勸此樞密諫阻神宗用兵西北，與《上薛向書》合。疑此文亦爲與薛向者，「韓」乃「薛」之誤。今附此。

《輿地紀勝》卷八十三《隨州·碑記》：「東坡墨迹：崇寧改元刻石，今在倅廳。」薛向以元豐四年三月甲寅，卒於知隨州任。見《長編》卷三百十一。此墨迹或即軾上向書。向，《宋史》卷三百二十八有傳，卒年六十六。據此，向長蘇軾二十一歲。

本月，訪獲石炭於州之西南白土鎮之北，軾乃作《石炭》詩，稱之爲遺寶。

詩見《蘇軾詩集》卷十七，有「豈料山中有遺寶，磊落如硻萬車炭」之句。石炭乃煤。

道潛（參寥）過淮上，專人寄詩並簡來。軾和詩並答簡。

《蘇軾文集》卷六十一與道潛第一簡：「别來思企不可言，每至逍遥堂，未嘗不悵然。」以下云：「三詩皆清妙，讀之不釋手，且和一篇爲答。所要真贊，尚未作，來人又不敢久留，甚愧！甚愧！」又云：「某開春乞江浙一郡，候見去處，當以書奉約也。」「開春」云云，知本簡作於本年之末。

道潛原韻，題作《自彭城回止淮上因寄子瞻》。蘇軾和詩，見《蘇軾詩集》卷十八，題作《和參寥見寄》；簡中「和一篇爲答」，當即此詩。詩末云：「待我西湖借君去，一杯湯餅潑油葱。」即簡中「某開春乞江浙一郡」云云之意。據此，知此詩乃作於本年之末，《詩集》次此詩於元豐二年之初，誤。

與樞密侍郎簡，軾求江浙一郡。

《蘇軾文集》卷六十《與樞密侍郎》首云「違去門下已八年」，自熙寧四年離京師，至是已七年餘，舉成數，自可言八年。簡云「去替止數月」，「履兹寒凝」，作於本年冬。

此樞密侍郎不知爲誰。查《宋史·宰輔表》，時吴充爲樞密使，王韶爲樞密副使，馮京知樞密院事，孫固、吕公著、薛向同知樞密院事，曾孝寬簽書樞密院事。公著原爲户部侍郎，向原爲工部侍郎。

軾乞四明，不得。與范百嘉（子豐）簡，以政事簡易爲樂。時百嘉之女已許字過。

「乞四明」云云，見《佚文彙編》卷三與百嘉第一簡。簡云：「四明既不得，欲且徐乞淮浙一郡。」

《蘇軾文集》卷五十與百嘉第二簡：「小事拜聞，欲乞東南一郡，聞四明明年四月成資，尚未除人，托爲問看。」第四簡亦言乞四明，並云「八月九月間，秋水既過，彭城城下徹備」，知爲冬季事。《佚文彙編》卷二《與文與可》第九簡亦云及乞四明。

《佚文彙編》與百嘉第一簡又云：「外郡雖麤俗，然每日惟早衙一時辰許紛紛，餘蕭然皆我有也。」簡末稱「子豐正字親家翁足下」。據《文集》卷二十一《藥師琉璃光佛贊》，過之妻爲范氏，是百嘉乃過之岳父。時過才七歲，故爲許字。《佚文彙編》與百嘉第二簡簡末稱「子豐承事親家翁執事」。子豐名百嘉，見《范太史集》卷三十九百嘉墓銘。《東坡樂府》卷上《南鄉子》：「涼簟碧紗厨，一枕清風晝睡餘。睡聽晚衙無箇事，徐徐，讀盡牀頭幾卷書。」「睡聽」云云，與范百嘉簡中「外郡」云云，爲同一景象。此《南鄉子》當作於徐州。

《婚禮新編》之《送定》：「忝戚具位姓　某。右某啓。伏承親家翁某官小娘子與男某結親者。敢議婚姻，蓋恃鄉閭之末；遂忘閥閲，亦緣聲氣□□。龜筮既從，祖考咸喜。恭惟令愛小娘子，慶闈擢秀，豈獨衛公之五長；而男某駑□少文，庶幾南容之三復。恭馳不腆之禮，永結無窮□歡。悚抃於懷，敷宣罔既。謹奉啓以聞，伏惟臺察不宣。謹啓。　月　日忝戚具位姓　某　啓。」

按據《婚禮新編》，此乃《書儀》。《送定》之後，原注：「第一幅、第二幅，准前。」謂此《書儀》，乃「東坡先生」作。「親家翁」、「婚姻」、「鄉閭」、「令愛」、「以聞」、「臺察」，皆提行。

又按，此《送定》，乃《蘇軾文集》卷四十七《與過求婚啓》。《文集》無「忝戚具位」至「與男某結親者」云云，「閥閲」《文集》作「門閥」；「□□」作「之同」；「恭惟令愛」作「伏承令子弟」；「而男某駑□少文」作「而某第三子某駑質少文」；「禮」作「幣」；「□歡」作「之歡」；無「謹奉啓以下」文字。

又按：「鄉閭」云云，范百嘉、蘇軾皆爲蜀人。

文同領吴興，有書來。蘇軾與簡爲賀，並建議同赴任時過徐。轍有送同詩。

《佚文彙編》卷二與同第十一簡叙之。《丹淵集》卷首《年譜》引《實録》：本年十月十七日，文同除知湖州。軾簡云「筆凍」，當作於本年近年底時。

《欒城集》卷八有《送文與可知湖州》。中云：「歲暮輕帆舉。」點時間。似其時同已自京師至南京。時同「病新愈」。

《忠肅集》卷十五《送文與可同出守湖州》：「東蜀老儒者，吴興新使君。前更四州守，風政超古人。歸來天禄閣，袖手隨衆羣。一毫不染指，世味從甘辛。謂柔未易招，謂剛可以親。渾然鎮冒器，承以繅率文。詞章謝剞劂，天葩出靈根。冥冥古咸池，衆聽所卧聞。外物了無累，獨愛霜中筠。應憐歲寒節，落筆收天真。七賢與六逸，林下仍溪濱。對之浪狂醉，顧豈知此君。比年不多寫，造化慳至珍。而我得二紙，毫素餘清芬。留當雪霜展，可慰思慕勤。煌煌鐘鼎具，未許刊名勳。聊復詠黄鵠，南國垂朱輪。拔足出埃壒，投身當水雲。人與境相得，長鯨卧天津。冰壺地千里，雲屏山四鄰。醉月若下酒，芼羹沼渚蓴。仕宦子雖適，孤陋予何伸。曲蓬誰與直，坐遠蘭蕙熏。臨風寫高興，願寄江南春。」附此。

《忠肅集》卷十九《重送文與可》：「神標人慕紫芝眉，襟韻誰量叔度陂。相與論心惟有竹，未能無意獨於詩。東風臘尾消冰雪，南浦船頭轉鼓旗。想及下車春洽洽，汀洲烟雨白蘋時（原注：君喜畫竹作詩）。」乃送文同知湖州任。同自汴京乘舟赴陳州，劉摯親往送行。亦附此。

秦觀（太虚）秋試失利，軾簡慰，并作詩鳴不平。

簡乃《蘇軾文集》卷五十二答觀第一簡，謂「此不足爲太虚損益，但弔有司之不幸爾」。《蘇軾詩集》卷十七《次韻參寥師寄奉太虚三絶句時秦君舉進士不得》其一：「底事秋來不得解，定中試與問諸天。」作於道潛歸後。

軾題宋迪（復古）《瀟湘晚景圖》。

《蘇軾詩集》卷十七有《宋復古畫瀟湘晚景圖三首》。《蘇軾文集》卷七十《跋范漢傑畫》叙作詩事，不詳具體時間，今參《詩集》編次，次此。

《圖畫見聞志》卷三：「宋道字公達，洛陽人。宋迪字復古。二難皆以進士擢第，今并處名曹，悉善畫山水寒林，情致嫻雅，體像雍容，今時以爲秘重矣。」《式古堂書畫彙考·畫》卷二引宋宣和御府收藏，有迪所作《晴巒漁樂圖》等凡二十三種、三十一幅。

《東軒筆録》卷五：熙寧七年，元絳爲三司使，迪爲判官，以失火，迪奪官勒停，絳罷使。《温國文正司馬公文集》卷十三有《和邠守宋度支迪來卜居處南園爲鄰》詩。

《蘇軾文集》卷五十《上韓魏公》，熙寧二年作，云「宋迪度支在岐下」，其時已有交往。

蘇軾作詩贈狄崇班季子，盛贊其英武。

詩乃《蘇軾詩集》卷十七《贈狄崇班季子》。

詩首云：「狄生臂鷹來，見客不會揖。」傲，不習於揖，生來即傲。三、四句：「踞牀吒得隽，借筋數禽人。」《外集》「吒」作「詫」，今從。上句作者自叙，謂出意料之外，得此俊才。下句謂狄生，借筋一短暫之間，竟擒數人，實不可及。五、六句：「短後椈豹裘，猶濺腥血濕。」上句言其着裝，下句似言其才從習武場上習練歸來。七、八句：「指呼索酒嘗，快作長鯨吸。」豪邁超羣。九、十句：「半酣論刀槊，怒髮欲起立。」作者詢其刀槊，爲作者論刀槊，論戰場上刀槊拚殺，壯懷激烈。以上皆言狄生英武、勇武。十一、十二句：「北方老猘子，狂突尚不縶。」謂遼（契丹）尚盤踞北方，勢力尚强大。十三、十四句：「要須此慓悍，氣壓邊烽急。」國家需要如狄生等傑出之英武之士守邊，以遏制敵方凶燄。謂狄生爲「慓悍」，至當。十五至十八句：「夜走追鋒車，生斬符離級。持歸獻天王，封侯穩可拾。」作者以爲狄生可以爲國家建殊勳，立大業，獲封侯之賜。末二句：「何爲走獵師，日使羣毛泣。」應據《外集》改「走」爲「老」，改「毛」爲「士」。至此，讀者方知，如此剽悍之英武之士。不過一獵師，着一「老」字，知狄生將老於此位，無地可以施展其才能。狄生不得其位，不獨作者惜之，「羣士」亦爲之深惜，以至於泣。作者至此，感慨萬分。似此贊揚英武之士之作，作者作品中僅見於此。英才沉淪於下僚豈少哉，匪世無人，實朝廷不能發其人。

狄生，不得其名。

秦觀致簡蘇轍并寄詩。

《淮海集》卷三十《與蘇子由著作簡》其二：「某再拜。不肖之迹，雖復爲世所棄，而杜門謝客，頗得專意讀書，衡茅之下，有以自適。古語有之，蘭生幽宫，不爲莫服而不芳。某雖不敏，竊事斯語。但鄉閭士子，類皆從事新書，每有所疑，無從考訂，而先生長者，皆在千里之外，以此良悒悒耳。比因冬後輒爲古詩一首，寄獻下執事繕寫以呈，雖詞意鄙迫，不足以道盛德之萬一，然區區之慕望庶幾於此少見之。伏惟少賜覽閲，幸甚幸甚。」簡中云及「雖復爲世所棄」，知作於秋試不利之後。簡云「冬後」，而又次於《與蘇子由著作簡》其一（起句「頃過南都」）之後，其作簡時間，當已近歲暮。簡云「古詩一首」，已不見；《欒城集》卷九《次韵秦觀見寄》當次此所寄「古詩一首」之韵。參元豐二年「次韵秦觀見寄」條。

王鞏自京師寄詩來，轍次韵。

次韵見《欒城集》卷八。首云：「池上輕冰暖却開，迎春送臘仰銜杯。」新歲將至未至。末云：「商丘冷坐君知否。」頗有無聊賴之感。

喜雪，轍作詩呈鮮于侁（子駿）。

詩見《欒城集》卷八。共三首。其二首云：「春秋無麥自當書，況復秋田水潦餘。一雪端來救焦槁，千箱乞與等親疏。」歷叙本年災情，知作於本歲之末。

《式古堂書畫彙考·書》卷十《潁濱喜雪詩帖》：「轍謹賦喜雪一首，奉權府運使司封郎中一笑。」以下録此三首之第一首，《集》「初鳴霰」，此作「知鳴雷」，「遺勝」作「遺迹」。此下爲《蘇黄門再賦喜雪帖》：「再用書字韵賦喜雪一首。」以下録此三首之第二首，《集》「自」此作「似」，「試」作「更」。末句之後有「轍上」二字。

文務光游南湖，作詩，轍次韵。

次韵見《欒城集》卷八。首云：「料峭東風助臘寒。」知作於歲末，明言臘。

軾贈雙刀，轍作詩。軾次韵。

轍詩見《欒城集》卷八，次《次韵文務光秀才游南湖》後，故繫此。詩叙欲將引刀斬鯨鯢、戮犀兕，然「有志竟不從」，故「撫刀但長嘆」。詩叙欲於歸來之時以此刀刈蓬蒿，鋤田植芳蘭，然「惜刀不忍用，用亦非所便」。詩末云：「牀頭夜生光，知有蛟龍蟠。慚君贈我意，時取一磨看。」唯用以自勉。

軾詩見《蘇軾詩集》卷十八。

道潛（參寥）寄詩來，盛贊轍。

《參寥子詩集》卷三《寄蘇子由著作》：「先生道德若爲容，曾向南都幕下逢。拔俗高標鶩萬丈，凌雲逸氣謁千重。低梧暫宿張家鳳，濁水難藏許氏龍。歲晚雪霜雖更苦，未應憔悴碧巖松。」

石康伯（幼安）往京師攜軾簡過文同（與可），請同作《黄樓賦》，又附絹四幅，請同作竹木、怪石，少許置黄樓上爲屏風，以爲徐州奇觀。

據《佚文彙編》卷二與同第七簡。此簡作於本年之末。簡末所云「正月中遣人至淮上咨請」，蓋謂同赴吴興任途經淮上也。

《畫繼》卷五《文氏傳》：「文氏湖州第三女，張昌嗣之母也。居郫。湖州始作黄樓鄣，欲寄東坡，未行，而湖州謝世，遂爲文氏奩具。文氏死，復歸湖州孫。」湖州謂文同。

歲末，秦觀致簡蘇軾。

《淮海集》卷三十《與蘇公先生簡》第一簡：「某頓首再拜知府學士先生，比參寥至，奉十二月十二日所賜教，慰誨勤至，殆如服役，把玩彌日，如晤玉音，釋然不知窮困憔悴之去也。即日，伏惟尊候動止萬福，某鄙陋不能，脂韋婉孌，乖世俗之所好，比迫於衣食，彊勉萬一之遇，而寸長尺短，各有所施，鑿圓枘方，卒以不合，親戚游舊，無不憫其愚而笑之，此亦理之必然，無足嘆者。但以再世偏親皆垂白，而田園之入，殆不足奉裘褐，供饘粥，犬馬之情，不能無悒悒爾，然亦命也，又將奚尤！惟先生不棄而時賜之以書，使有以自慰，幸甚！幸甚！窮冬未由侍坐，伏乞爲國自重，下慰輿情，不宣。某頓首再拜。」據窮冬云云，知此簡撰於本年末。

張方平（安道）應轍請重訂父洵《文安先生墓表》。軾謝書。

詳本譜嘉祐八年「本歲蘇洵作《辨姦論》刺王安石」條。

本年，與歐陽奕（仲純）簡多起；奕尋卒，軾有祭文。轍有挽詩。

《蘇軾文集》卷五十三與奕簡五首，皆作於徐。其一云「今方稍安，而夏秋之患未可量」、其二云「奏乞錢與夫爲夏秋之備」，皆作於春間。

祭文見《文集》卷六十三（一九四〇頁），云「去歲君來見我於國門之東」，知作於今年。蘇軾與奕簡其三、其四、其五，皆云奕已至陳，是奕或卒於陳也。《欒城集》卷十六有輓詞，作於今年。

《平園續稿》卷七《跋歐陽文忠公誨學帖》云奕乃胡宿之婿，性倜儻，文章豪放，尤長於詩，多至三百篇；云熙寧末鄭俠得罪，凡通問者皆獲譴，奕獨傾資與之；云奕年僅三十四。奕詩不傳。跋謂歐陽修年二十三，以《玉不琢不成器賦》魁國子監。修以奕質美，故書此賦以勵其學。知《誨學帖》即此賦。跋又謂帖已刻石，真迹藏郡人胡柢家。賦、帖不傳。跋作於慶元二年。

《誠齋集》卷四詩題：「胡英彦得歐陽公二帖，蓋訓其子仲純、叔弼之語，其一公自書之，其一東坡書之。」詩作於乾道三年（一一六七），早於周必大之跋二十九年。胡英彦或爲柢之父。

參元豐二年「與歐陽棐簡」條。

《類説》引《王直方詩話》：「歐陽仲純夢道士持告身云：上帝命汝爲長白山主。既没，東坡哭之云：死爲長白主，名字書絳闕。全詩已佚。」按：「死爲」二句在《詩集》卷三十四《送歐陽推官赴華州監酒》中。未佚。奕之語見軾詩自注。

轍詩乃《欒城集》卷十六《歐陽伯和仲純輓詩二首》其二。

《韻語陽秋》卷十三引《松漠紀聞》云：「長白山在冷山東南，白衣觀音所居，其山禽獸皆白，人或穢其間則致蛇虺之害。」以下，《韻語陽秋》云：「知福地何處無之。白樂天之蓬萊山，王平甫之靈芝宫，歐陽永叔之神清洞，皆有詩章以紀其異，其亦仇池、長白之類歟。」謂長白山爲福地。

本年，軾與章惇(子厚)簡，論時事。

《止齋先生文集》卷四十二《跋東坡與章子厚書》：「予來湘中，見故家遺帖爲多，而有二異：此書與趙潭州所藏黄門論章子厚罷樞密疏也。諫疏在省中，不知何年流落人間，固可異；此書傷觸大臣，宜不爲藏，而亦存於今，則尤異耳。書作於元豐元年，於是西方用兵。後四十七年，王、蔡爲燕山之役，京師遂及於禍。『不仁而可與言，則何亡國敗家之有。』信哉！信哉！又後六十七年，永嘉陳傅良書。」《宋史·宰輔表》：熙寧九年十月丙午，吴充、王珪爲相。本年在位。陳傅良所云「傷觸大臣」，當指吴、王。《嘉泰吴興志》卷十四謂熙寧十年四月，章惇再知湖州，五月丁母憂。軾與惇簡時，惇正居憂。

是歲，張耒寄轍詩。耒旋來，留連一日，别去，復寄詩。

《張耒集》卷十四《寄子由先生》：「先生四十猶不遇，獨坐南都誰與語。青衫弟子天下窮，饑走京塵困羈旅。高門得飯暫見肉，敝筐無實惟巢鼠。樓頭酒貴不敢沽，三百青銅輸杜甫。强顏講學昧時宜，漫自吟詩愁肺腑。平生不解謁貴人，况乃令嚴門者拒。此生自料應常爾，但願流年醉中度。又思人世樂乃已，此外紛紛何足數。豫期歸日在涼秋，想見西風蕩煩暑。區區懷抱冀披豁，一尊願駐東歸艣。」

同上《再寄》：「宛丘之别今五年，汴上留連纔一日。殘生飄泊客東南，憂患侵陵心苦失。先生神貌獨宛然，但見巖巖瘦而實。有如霜露入秋山，掃除繁蔚峰巒出。自言近讀養生書，頗學仙人餌芝术。披尋圖訣得茯苓，云是松間千歲物。屑而爲食可不饑，功成在久非倉卒。上侔金石免毒裂，下比草木爲强崛。涓涓漱納白玉津，煉以真元納之骨。神仙自是人不知，豈爲難求廢其術。我聞公説心獨嗟，欲問太虚窮恍惚。奈何不使被金朱，乃俾枯槁思巖窟。又觀世事不可常，倚伏誰能定於一。終身軒冕亦何賴，况有朝升而暮黜。何如端坐養形骸，壽考康寧無夭屈。乃知豈即非良圖，却笑兒曹嗜糠籺。青衫弟子昔受經，賦分羈窮少倫匹。自知無命作公卿，頗亦有心窮老佛。但思飽暖願即已，妄意功名心實不。終朝策杖從公游，更乞靈丸救衰疾。」

據前詩，未之來在秋。據後詩，未與轍相會於汴上，轍言近餌茯苓之效。

同年余京通判嵐州，轍有送行詩。

《欒城集》卷八《送余京同年兄通判嵐州》：「矯矯吴越士，遠爲井代行。寒暄雖云異，慷慨慰平生。我昔在濟南，君時事淄青。連年食羊炙，便欲忘蓴羹。問君棄鄉國，何似弊屣輕。丈夫事所志，歸去無田耕。閑官少愧恥，教子終餘齡。定心養浩氣，閉目收元精。此志我亦然，偶與長者并。會合不可期，未易夸者評。」作於本年。

軾題湖州沈沔之天隱樓。

詩見《蘇軾詩集》卷四十八，題作《題沈氏天隱樓》。詩有「散盡黄金猶好客」之句。《詩集》卷十二詩題：「回先生過湖州東林沈氏，飲醇，以石榴皮書其家東老菴之壁云：『西鄰已富憂不足，東老雖貧樂有餘。白酒釀來因好客，黄金散盡爲收書。』」據此，則此沈氏，乃湖州東林之沈氏。

《沈氏三先生文集》卷一《西溪文集》卷一《五言沈沔天隱樓》首云：「吴會富山水，吴興盛人物。風流自南朝，德譽世不没。吾宗州之望，譜序遠且蕃。」中云：「軒軒吾宗子，自少慕奇偉。仕意一不如，去之若泥滓。起樓臨孤墅，自以天隱名。超焉謝用友，於兹寄生平。」《丹淵集》卷十八有《寄題湖州沈秀才天隱樓》詩，作於元豐元年，詩云：「自念久不偶，歸老東南州。地名水精宫，家有天隱樓。收捲勢利心，欲與汗漫遊。出處固以義，無爲子光羞。」據此，沔或爲東老之另一子。蘇軾之詩，當亦爲寄題，或與文同之詩同時作。姑繫於此。

三蘇年譜卷二十九

元豐二年（一〇七九）己未　蘇軾四十四歲　蘇轍四十一歲

正月初五日，轍自書《靈巖寺》詩付靈巖寺僧；鮮于侁（子駿）爲刻石。

《靈巖寺》見《欒城集》卷五，爲《游泰山四首》之一。

北京圖書館藏有《靈巖寺詩刻》拓本。詩末有轍自跋，云：「轍昔在濟南，以事至泰山下，過靈巖寺，爲此詩，寺僧不知也。其後見轉運使中山鮮于公於南都，公嘗作此詩，并使轍書舊篇以付寺僧。元豐二年正月五日題。」《欒城集》未收。

轍跋之後有靖康間空明居士跋，云：「蘇子由從事於齊日有題靈巖詩。鮮于子駿後漕京東刊石，頃失之。妙空被命而來，寺之敝陋更新，盡以諸公題刻，櫛比於中門兩壁，恨亡蘇詩也。靖康初，偶得墨本於在平李時陞家，再摹石。空明居士跋。」

七日，軾獵城南，會者有雷勝等十人，以「身輕一鳥過，槍急萬人呼」爲韻作詩，並作《獵會詩序》叙其事。

蘇軾除自作外，并代雷勝作，詩皆見《蘇軾詩集》卷十八（九一七、九一九頁）。

序見《文集》卷十。《長編》卷三百四十五元豐七年四月壬午紀事：詔陝西路句當使臣雷勝等七人減磨勘年有差，以按閲集教官奏論也。乃勝事迹之可考者。

轍次軾自作詩韵。

轍詩見《欒城集》卷九，中云：「翩翩白馬將，手把青絲挑。少小事邊徼，斬刈輕茶蓼。殿前賜鞍勒，珂月明皎皎。自言得所事，强暴無不了。」即叙雷勝。《蘇軾文集》卷十《獵會詩序》謂勝「膂力絶人，騎射敏妙，按閲於徐，徐人欲觀其能，爲小獵城西」。

軾因王鞏（定國）寄與雷勝等獵會詩十首與王詵（晉卿），詵亦寄所作。

《詩案·與王詵作寶繪堂記》：「軾先與將官雷勝，并同官寄居等一十人出獵等詩各一首，計十首，並無譏諷，軾後批請定國將此獵詩轉示晉卿都尉，當輸我一籌也。王鞏字定國，王詵字晉卿。王詵令書表司張遵寄軾詩十一首，並後序云『子瞻所寄新詩並獵會事迹，誇示一時之樂，余因回示報樂侍寢清歌者雲英等，凡十有一，輒效子瞻十家之詩，各以其名，製詞一篇寄子瞻，不知却復輸此一籌否。』其意説富貴作樂飲燕，即無譏諷。軾字子瞻。鞏向真廟朝裹尊禮楊大年，時人稱之，今王詵尊禮子瞻，亦同年爾。軾言到家逢着難時節，王詵言向因世居，事後也曾到登對奏知，今後不敢與人往還。上乃宣諭詵云：『如温良之士大夫，往還亦自無害。』軾言次第自家是不温良底也。」

「鞏向真廟」之「向」，當爲「問」之誤。

世居謂趙世居。趙世居事，參熙寧八年閏四月二十一日紀事。

據此段紀事，王詵與蘇軾之關係，較之以前似稍疏遠。

詵之作不見。

軾所云「十首」，謂全部獵會詩，其中軾自作一首，軾代雷勝作一首，其他八首，乃與獵會其他人所作。

十五日，軾作《王仲儀真贊》，遺其子鞏。應鞏之請也。鞏尚求作《三槐堂銘》，亦作。

文分别見《蘇軾文集》卷二十一、卷十九。十五日云云，據《紀年録》。

《文集》無《三槐堂記》，有《三槐堂銘》，《銘》之長叙叙三槐堂事，即記。《銘》在《文集》卷十九，未著寫作歲月，細考其文，約爲守徐時作。

《汴京遺迹志》卷十一：三槐堂，在仁和門外，宋兵部侍郎王祐手植三槐於庭。祐，鞏之祖上也。

《詩案·與王鞏作三槐堂記并真贊》謂元豐二年「十月中王鞏書來」，求蘇軾作《三槐堂記》、《真贊》，其時軾在詔獄，「二年」乃「元年」之誤。

《詩案》引《三槐堂記》：「吾儕小人，朝不謀夕。相時射利，皇卹厥德。庶幾僥倖，不種而獲。

不有君子，其何能國。」「言祖宗朝若無此有德君子，安能建國乎，以言王旦父子也」。《詩案》引《真贊》「平居無事」至「惟世臣、巨室爲能」數語，「意以譏諷當今進用之人，止可商功利，課殿最而已，若緩急安衆決策，須舊臣有德之人，素所畏服者」。《詩案》又引《真贊》「使新進之人當之」至「豈能坐勝」數語，謂「有才而德望未隆者，縱有韓信、白起之勇，張良、陳平之智，亦不如世臣宿將，人素畏服，成功速也」。《詩案》又引《真贊》：「彼窶人子，既陋且寒。終勞永憂，莫知其賢。」「意以譏諷當今進用之人，出於貧賤，意見鄙儉，空多勞憂，不足爲利也。」

參以上「軾因王鞏寄與雷勝等獵會詩」條。

己丑（十九日），趙抃加太子少保致仕。軾上賀啓。

己丑云云，見《長編》卷二百九十六。《蘇軾文集》卷十七《趙清獻公神道碑》謂抃時年七十二，「退居於衢，有溪石松竹之勝」。啓見《文集》卷四十七（一三四六頁）。

轍有賀啓。

啓見《欒城集》卷五十。首云「榮歸故里」，抃乃衢人。中云「退居水石之鄉」，衢蓋有溪石松竹之勝；「抃呼吸清華，轍以百年之壽爲期。

二十一日，文同卒於陳州。十日後轍作祭文。

《丹淵集》卷首范百禄撰《宋故尚書司封員外郎充秘閣校理新知湖州文公墓誌銘》：「元豐二

年正月二十一日，尚書司封員外郎、充秘閣校理、新知湖州文公，以疾卒於陳州之賓館，享年六十有二。」《蘇軾文集》卷十一《文與可畫篔簹谷偃竹記》及《年表》均謂同卒於正月二十日。祭文見《欒城集》卷二十六，作於本年二月初一日。中云：「君牧吴興，我官南京。從君季子，長女實行。君次於陳，往見姑嫜。使者未反，而君淪亡。」上年末，務光尚在南京，轍《集》卷八有《次韻文務光秀才游南湖》。知務光與轍長女即在南京結婚并度歲。新年一開始，即往陳州；其時同已病，同上卷《送文與可知湖州》詩即有「况乃病新愈」之句。《蘇軾文集》卷五十一《與李公擇》第十五簡：「與可之亡，不惟痛其令德不壽，又哀其極貧，後事索然。而子由婿其少子，頗有及我之累。所幸其子賢而文，久遠却不復憂，唯目下不可不助他爾。」可參。

秦觀寄來《黄樓賦》并簡，蘇軾盛贊其賦。

《淮海集》卷三十《與蘇公先生簡》第二簡：「頃蒙不間鄙陋，令賦黄樓，自度不足以發揚壯觀之萬一，且迫於科舉，以故承命經營，彌久不獻。比緣杜門多暇，念嘉命不可以虚辱，輒冒不韙，撰成繕寫呈上。詞意蕪迫，無足觀覽，比之途歌野語，解顔一笑可也。又多不詳被水時事，恐有謬誤，並太鄙惡處，皆望就垂改竄，庶幾觀者不至詆訶，以重門下之辱。素紙一軸，敢冀醉後揮掃近文并《芙蓉城》詩，時得把玩，以慰馳情，幸甚！幸甚！」《與蘇公第一簡》已見上年之末。此簡當作於本年之初，今次此。

同上卷一《黄樓賦》，其引云：「太守蘇公守彭城之明年，既治河决之變，民以更生，又因修繕其城，作黄樓於東門之上，以爲水受制於土，而土之色黄，故取名焉。樓成，使其客高郵秦觀賦之。」其詞曰：「惟黄樓之環瑋兮，冠雉堞之左方。挾光晷以横出兮，干雲氣而上征。既要眇以有度兮，又洞達而無旁。斥丹雘而不御兮，爰取法乎中央。列千山而環峙兮，交二水而旁奔。岡陵奮其攫拏兮，谿谷效其吐吞。覽形勢之四塞兮，識諸雄之所存。意天作以遺公兮，慰平日之憂勤。翳大河之初决兮，狂流漫而稽天。御扶摇以東下兮，紛萬馬而争前。象罔出而侮人兮，螭蜃過而垂涎。微精誠之所貫兮，幾孤墉之不全。偷朝夕以昧遠兮，固前識之所羞。慮異日之或然兮，復壓之以兹樓。時不可以驟得兮，姑從容而浮遊。儻登臨之信美兮，又何必乎故丘。觴酒醪以爲壽兮，旅殽核以爲儀。儼雲霄以侍側兮，笑言樂而忘時。發哀彈與豪吹兮，飛鳥起而參差。悵所思之遲暮兮，綴明月而成詞。噫變故之相詭兮，遒傳馬之更馳。昔何負而遑遽兮，今何暇而遨嬉。豈造物之莫詔兮，惟元元之自貽。將苦逸之有數兮，疇工拙之能爲。韙哲人之知其故兮，蹈夷險而皆宜。視蚊虻之過前兮，曾不介乎心思。正余冠之崔嵬兮，服余佩之焜煌。從公於斯樓兮，聊徘徊以徜徉。」

《黄樓賦》在《淮海集》卷一。《宋史》卷四百四十四《秦觀傳》謂觀「賦黄樓，軾以爲有屈、宋才」。《蘇軾詩集》卷十七《太虚以黄樓賦見寄作詩爲謝》：「我詩無傑句，萬景驕莫隨。」猶言未能寫活萬景，甚妙。以下盛贊秦觀之《黄樓賦》：「夫子獨何妙，雨雹散雷椎。雄辭雜今古，中有屈宋姿。」以下云：「南山多磬石，清滑如流脂。朱蠟爲摹刻，細妙分毫釐。」刻之石。

蘇軾與僚友於臺頭寺步月，分韵賦詩，軾得人字。

軾詩見《蘇軾詩集》卷十八（九二〇頁）。

詩云「步屧中庭月趁人」。不言人趁月，而言月趁人，甚妙。詩云「浥浥爐香初泛夜，離離花影欲摇春」，點夜，點春。爐香初泛，以浥浥狀之；花影欲摇，以離離狀之，皆臻妙絶。末云「一簪華髮岸綸巾」，蓋自謂也。

查有關徐州志，未詳其地。

蘇軾作《種松得徠字》詩。時與僚友種松。

詩見《蘇軾詩集》卷十八。

據詩題，知蘇軾與衆僚友於春日種松。此詩題下自注：「其四在懷古堂，其六在石經院。」種松之地多處，懷古堂、石經院乃其中之二。足見此次種松活動，規模可觀。於是分韻作詩。軾得「徠」字。

詩云：「青松種不生，百株望一枚。」種松，存活率低。以下云所種之松，乃魯人以斗粟自徂徠山易來，并云：「束縛同一車，胡爲乎來哉。泫然解其縛，清泉洗浮埃。枝傷葉尚困，生意未肯回。山僧老無子，養護如嬰孩。」作者得之親身見聞，令人感動。前此叙愛樹者、種樹者，未聞及此。以下云：「坐待走龍蛇，清陰滿南臺。孤根裂山石，直幹排風雷。」滿懷激情，祝松健康成長。

種松，即今日之植樹活動，應表而出之。

晦日，軾與畢仲孫、舒焕及其子彦舉、寇昌朝、王適、王遹、道士戴日祥、子邁等游泗之上，登桓山，入石室，賦詩，作《游桓山記》，刻石。

詩見《蘇軾詩集》卷十八（九二二、九二三頁），一自作，一代戴作。記見《文集》卷十一；刻石，見《後山集》卷六《桓山》自注。《詩集》卷十七《夜過舒堯文戲作》云「郎君欲出先自贊」，此郎君乃彦舉。

本月，軾上狀乞醫療病囚。

文見《蘇軾文集》卷二十六（七六三頁）。旨在專醫專掌醫療病囚，不得更充他役；落實醫療費用，獎勵有成績之醫療人員。

春初，秦觀致簡蘇軾。

《淮海集》卷三十《與蘇公先生簡》第三簡：「某頓首。昨所遣人還，奉所賜詩書，伏蒙獎與過當，固非不肖之跡所能當也。愧畏。比辰，伏惟尊候萬福。某比侍親如故，敝廬數間，足以庇風雨，薄田百畝，雖不能盡充饘粥絲麻，若無横事，亦可給十七。家貧素無書，而親戚時肯見借，亦足諷誦。深居簡出，幾不與世人相通。老母家人，見其如此，又得先生所賜詩書，稱借過當，副之藥物，亦可以湔所敗辱，爲不朽矣。參寥時一見過，他客既以奔軍見棄，又不與之往還，因此遂絶，頗得專意讀書，學作文字，性雖甚愚戇，亦時有所發明，差勝前時汩汩中也。《懋誠集引》，尋已付邵君刻石畢，寄上次。《黄樓賦》比以重違尊命，率然爲之，不意過有愛憐，將刻之石，又得南都著作所賦，但深媿畏也。文與可學士尚未至，如過此，當同參寥往見矣。春初，未侍坐間，伏乞保衛尊重，下慰惓惓，不宣。某再拜。」時文同去世之訊，觀尚未得知。懋誠，乃邵迎。參熙寧七年「至高郵弔邵迎之喪」條。

秦簡云「春初」，不云新正，約作於正月中下旬，今次此。

留守與賓客會開元龍興寺觀燈，轍作詩。時留守仍爲鮮于侁攝。

詩見《欒城集》卷八。中云：「卧聞歌管逐春風。」點春。又云：「使君行樂人人共。」當在正月。

往柘城，旋回。作二詩。

詩見《欒城集》卷九。其一《春日耕者》前六句敘鄉村初春景象。末云：「紛紜政令曾何補，要取終年風雨時。」以爲新法無補農事，耕者所依賴者仍在天時。

其二《自柘城還府馬上》中云：「柳黄新過雨，麥緑稍鋪田。河潤兼冰散，禽聲向日圓。」亦爲初春景象。柘城在南京西南八十里。又云：「送客情初惡，還家意稍便。旋聞夫事起，已過佛燈然。簿領何時畢，塵埃空自憐。」此次往柘城乃公務，而此公務似爲送一感情不投、志向不合之客人，而又不得不去，故情緒不佳。詩所云「夫事」，當爲夫役之事。

二月初五日，軾爲文祭文同（與可）。

文見《蘇軾文集》卷六十三（一九四一頁）。文云「歲次己未，□□□□朔，五日甲辰」，今考《長編》，乃二月。

《文集》卷五十一《與李公擇》第十五簡：「與可之亡，不惟痛其令德不壽，又哀其極貧，後事索然。」《蘇軾詩集》卷十九《林子中以詩寄文與可及余，與可既殁，追和其韻》中云：「自聞與可亡，胸臆生堆阜。懸知臨絶意，要我一執手。相望五百里，安得自其牖。」

《詩案·和黄庭堅古韻》：「軾作文同學士祭文一首，……除無譏諷外，云『道之難行，哀哉無徒，豈無友朋，逝莫告予』，意言軾屬曾言新法不便，不蒙朝廷施行，是道不行，軾孤立無徒，故人皆舍之而去，無有相告語者。以譏諷當今進用之人，與軾故舊者，皆以進退得喪易其心，不存故舊之義。」

軾與宋希元種松臺頭寺，賦詩送之。

詩見《蘇軾詩集》卷十八（九二一頁），自注：「是日，與宋君同栽松寺中。」《蘇軾文集》卷六十有《答宋寺丞一首》，謂宋「來書稱道過當」，末云：「適會夫役起，無頃刻閑暇。」作於元豐元年。此寺丞或是希元。

二十九日，題文彦博詩。

文見《蘇軾文集》卷六十八（二一二九頁），贊彦博富於學問，其幼時詩已精審研密，積之也久。

三十日，軾寄《祭文與可文》與黄庭堅。

三十日云云，據《詩案·和黄庭堅古韻》。

同日寒食，軾作詩憶前年此日與王詵（晉卿）北城之游。

詩見《蘇軾詩集》卷十八（九三〇頁），題下「誥案」謂詩爲寒食日作。詩題所云與詵書，已佚。

本月，盜賊謀劫利國監，軾使沂民程棐往捕之。

據《蘇軾文集》卷四十九《與章子厚參政》第二書。書云：「沂州承縣界有賊何九郎者，謀欲劫利國監。又有闞温、秦平者，皆猾賊，往來沂、兖間。欲使人緝捕，無可使者。」乃使程棐前往。以下云：「棐願盡力。因出帖付與。不逾月，軾移湖州。」

月夜，軾與王適（子立）、王遹（子敏）、張師厚飲杏花下，賦詩。師厚赴殿試，送詩。

詩皆見《蘇軾詩集》卷十八（九二二六頁）。《蘇軾文集》卷六十八《記黄州對月詩》叙月夜事；作於元祐四年，時師厚已久亡，師厚乃蜀人。《詩集》卷二十《次韻前篇》：「去年花落在徐州，對月酣歌美清夜。」叙月夜事。約爲二月。

春寒，黄庭堅致書蘇軾。又有和粲字韻三首來，次韻。

《山谷全書·别集》卷十二《與蘇子瞻書》：「某再拜啓。春寒，伏惟知府祠部學士尊體動止萬福。頃自衛州試舉人，歸於鄭掾處，得賜教，不以汙下難於獎拔，接引開納，勤勤懇懇，俯傴而忘其臂之勞，强駑馬於千里，不敢自絶，勉奉鞭勒，至於不勝任而後已耳。和詩詞氣高妙，無以爲諭。往聞執事豈弟之聲，今食其實，獨恨未有親近之幸耳。去（按『去』下疑脱一『年』字）九月到家，老兒病脚氣，初甚驚人，會得善醫診視，今十去九矣。又苦寒嗽，未能良愈。坐此不通書閣下。仰惟大雅函容，有以裁其罪。黄樓之作，名不虚生，淺短豈敢下筆。願見記刻，淹熟規摹，當勉爲公賦之。子由尚在閑處，識者所恨。伯氏往得接歡，極嘆其沉冥而游刃於世，故以爲古人不過如此。想數得安問。外舅謝師厚，外砥礪而中坦夷，士大夫間少見。暮年無所用心，更屬全功於詩，益高古可愛。數有酬和，冗，未辦録上。冬春愆雪，麥根無澤，伏惟長民者未能忘憂。數舍阻於參侍，不勝馳情。伏祈動静調護利物坐進此道。謹奉狀，不宣。」書中云及黄樓，是此以前不久蘇軾嘗有書與黄庭堅，今不見。書云「春寒」，約作於二月。

《山谷外集詩注》卷五《見子瞻粲字韵詩，和答三人，四返不困而愈崛奇，輒次韵寄彭門三首》其一：「公材如洪河，灌注天下半。風日未嘗攖，晝夜聖所嘆。名世二十年，窮無歌舞玩。入宫又見妬，徒友飛鳥散。一飽事難諧，五車書作伴。風雨暗樓臺，雞鳴自昏旦。雖非錦繡贈，欲報青玉案。文似《離騷經》，詩窺《關雎》亂。賤生恨學晚，曾未奉巾盥。昨蒙雙鯉魚，遠托鄭人緩。風義薄秋天，神明還舊貫。更磨薦禰墨，推挽起疲懦。忽忽未嗣音，微陽歸候炭。」其二：「人仁風從東來，拭目望齋館。鳥聲日日春，柳色弄晴暖。漫有酒盈樽，何因見此粲。」其二：「人生等尺捶，豈耐日取半。誰能如秋虫，長夜向壁嘆。朝四與暮三，適爲狙公玩。臭腐蹔神奇，暗噫即飄散。我觀萬世中，獨立無介伴。小黠而大癡，夜氣不及旦。低首甘豢養，尻脽登俎案。所以終日飲，醉眠朱碧亂。無人明此心，忍垢待濯盥。仰看東飛雲，只使衣帶緩。先生古人學，百氏一以貫。見義勇必爲，少作衰俗懦。忠言願回天，不忍斁吞炭。還從股肱郡，待詔圖書館。投壺得賜金，侏儒餘飽暖。寧令東方公，但索長安粲。」其三：「元龍湖海士，毀譽略相半。下床卧許君，上床自永嘆。丈夫屬有念，人物非所玩。坐令結歡客，化爲煙霧散。武功有大略，亦復寡朋伴。詠歌思見之，長夜鳴曷旦。東南望彭門，官道平如案。簡書束縛人，一水不能亂。斯文媲秬鬯，可用圭瓚盥。誠求活國醫，何忍棄和、緩。開疆日百里，都内錢朽貫，銘功甚俊偉，乃見儒生懦。且當置是事，勿使冰作炭。上帝群玉府，道家蓬萊館。曲肱夏簟寒，炙背冬屋暖。只令文字垂，萬世星斗粲。」

蘇次韵詩見《蘇軾詩集》卷十八，題作《往在東武，與人往反作粲字韻詩四首，今黄魯直亦次韵見寄，復和答之》。

《重刻山谷先生年譜》卷四元豐二年紀事：「《見子瞻粲字韵詩，和答三人，四返不困而愈崛奇，輒次舊韵寄彭門》：詩中有『昨蒙雙鯉魚，遠托鄭人緩』之句，鄭人郡前與東坡書『自衛州試舉人歸於鄭掾處，得所賜教』云云。又有『冬春愆雪』之語，而此詩亦云『鳥聲日日春，柳色弄晴暖』，次篇有云『東南望彭門，官道平如案』，二詩與前書當是今春所作。」時庭堅仍在北京，爲國子監教授。

軾題雪齋詩寄杭僧法言。

詩見《蘇軾詩集》卷十八。題即作《雪齋》。

《淮海集》卷三十八《雪齋記》叙蘇軾倅杭時，名僧法言之東軒爲雪齋，云：「後四年，公爲彭城。復命郡從事畢君景儒篆其名，并自作詩以寄之，於是雪齋之名浸有聞於時，士大夫喜幽尋而樂勝選者過杭而不至，則以爲恨焉。」又云：「公之才豪於天下，斥其棄餘，以爲詞章字畫者，亦皆絶妙一時，讀而翫之，使人超然有孤舉遠擢之意，是齋雖褊小，無足取稱於人，而公所書詩，實在其壁。」故爲士大夫所向往。秦觀之文，作於元豐三年四月。

軾以雙刀贈弟轍，轍作詩，次其韵。

據《蘇軾詩集》卷十八詩題。

《欒城集》卷八有《子瞻惠雙刀》詩，《詩集》卷十八次轍韵詩「查注」已引。

鮮于侁（子駿）還朝，轍作詩送行，兼簡范鎮（景仁）。

詩見《欒城集》卷九。詩云：「春風歸騎忽西顧。」點春。又云：「朝騎匹馬事朝謁。」乃奉召還朝。

《宋史》卷三百四十四《鮮于侁傳》：「元豐二年召對。」

詩叙侁攝應天府「私相喜」，以下云：「窮冬夜長一事無，燈火相從夜深睡。讀書萬卷老不廢，《感寓》百篇深有意。俗吏惟知畏簡書，窮途豈意逢君子。」二人交深。侁有《感寓》詩。

時范鎮仍閑居京師。故詩末云：「古人避世金馬門，何必柴車返田里。」

張芻（聖民）來知應天府兼南京留守。轍代芻作謝上表。

表乃《欒城集》卷四十九《代張芻諫議南京謝表》。表首云：「伏以南陽重鎮，久愧於無功；留鑰乏人，復叨於寵寄。」南陽（鄧州）乃京西南路治所。據司馬光《涑水紀聞》卷十六：熙寧十年五月，楊繪責授荆南節度副使，張芻未幾遷諫議大夫、知鄧州。《長編》卷二百九十七本年四月丙寅紀事注：本年六月九日，李復圭知鄧。芻到南京具體時間不詳，約爲本年之夏、秋間，兹次此。

轍次韵秦觀見寄。先是上年冬觀自高郵寄詩來，至是次韵。

次韵見《欒城集》卷九。中云：「東南信多士，人物世不闕。」贊觀。又云：「野情樂江海，夢想扁舟兀。」轍自謂。感嘆「世路多顛蹶」，不滿新法。

參元豐元年「秦觀致簡并寄詩」條。觀原韵已佚。

轍次韵道潛見寄。

次韵見《欒城集》卷九。首云：「蕭蕭華髮映衰容，慚愧高僧嘆不逢。」此乃次參寥《寄蘇子由著作》詩韵，參元豐元年「道潛寄詩來」條。

轍與道潛書。

書見宋刊《聖宋名賢五百家播芳大全文粹》卷十六「尺牘」中，轍稱道潛爲參寥大師。文曰：「别後三承惠書，仍以佳篇爲贈，而未嘗奉答。雖見愛，亦當見訝矣。然實以家私多故，衮衮至此，非敢慢也。太虚書中具之，幸見亮耳。承寓高郵精舍，彼有與往還，當甚爲樂。即日道體勝常。所示詩卷，愈加精絶，但吟諷而已。拙詩猶未暇録，奉和一篇，殊無意思，取笑而已。

因風尚無惜音問，千萬順時保愛。」按「奉和一篇」應即《集》卷九《次韵道潛見寄》。轍與秦觀（太虚）、道潛（參寥）元豐元年、二年間多交往，今姑繫此。此簡《欒城集》不收，參見劉尚榮《蘇軾佚著輯考》。

轍次韵王鞏三首。鞏往來京師、南都兩都之間。

次韵見《欒城集》卷九。鞏詩佚。轍《次韵王鞏元日》云及「餘寒未便夾羅衣」、「春風娜娜」，約作於二月。其《次韵答王鞏》叙鞏顯赫家世而不遇：「胡爲久邅厄，黽俛受侵侮。往來兩都間，奔走未安土。」鞏於是欲拂衣走東皋，轍謂「此説吾不取」。其《次韵王鞏留别》叙鞏終於「决策歸田」，作詩留别蘇轍。轍詩末云：「茅廬但恐非君處，籍籍朝中望已傾。」歸田不過暫時之事。

將官歐育之徐州，轍作詩送行。

詩見《欒城集》卷九。詩首云：「輕衫駿馬走春風。」點春。

徐州雨降，同僚以詩相賀，蘇軾作詩答之。

詩見《蘇軾詩集》卷十八（九三三頁）。

詩云：「愧我賢友生，雄篇鬬新語。」謂同僚賀雨。以下云：「君看大熟歲，風雨占十五。天地本無功，祈禳何足數。」知同僚賀雨詩以爲雨之降乃太守祈禳之功，而蘇軾以爲天地不自以爲功，太守何功之有。立言得體。以下「渡河不入境，未若無蝗虎」句，論革新吏治與減輕自然災害關係，見解深刻；「而况刑白鵝，下策君勿取」句謂白鵝祈雨法不可取，前此已言之。

三月三日，軾題王羲之書。

《蘇軾文集》卷六十九《題逸少書》其三作於本日。

軾次田叔通韻多首。至叔通家，賦《南鄉子》贈其舞鬟。

《蘇軾詩集》卷十八《次韻田國博部夫南京見寄》云「柳絮榆錢不當春」，《再次韻答田國博部夫還》云「從教積雨洗殘春」，作於三月；此外尚有《田國博見示石炭詩有鑄劍斬佞臣之句次韻答之》。《全宋詞》第三二一頁《南鄉子》原注：「用前韻贈田叔通家舞鬟。」有「春入腰肢金縷細」之句，乃春季事。《總案》繫此詞於元豐八年四月，或誤以田叔通、田待問爲一人，失之。《全宋詞》載詞之前韻，云「不是使君能矯世」，軾自謂；又云「唱遍山東一百州」，古嘗以山東稱徐州。此詞作於徐。

本月，軾罷徐州，以祠部員外郎、直史館知湖州軍州事。有《謝交代趙祠部啓》。

《王譜》：「三月，自徐州移知湖州。」繫銜見本年七月二十八日紀事。

《山谷外集詩注》卷五有《再和寄子瞻聞得湖州》：「春波下數州，快若七札貫。」再和者乃和粲字韻。啓見《文集》卷四十六，首云「近審新命，屈領此邦」，乃接替蘇軾知徐。中云：「眷此東原，幾爲大澤。尚呻吟之未復，豈罷陋之所堪。」謂熙寧十年徐州大水。趙祠部不詳名、字。《年表》：「二月丁巳（十八日），以軾知湖州。」得告在三月。

晁端仁（堯民）其時嘗問蘇軾詩於黄庭堅，庭堅有答。

《山谷外集詩注》卷五《次韻答堯民》：「君問蘇公詩，疾讀思過半。譬如聞韶耳，三月忘味歎。我詩豈其朋，組麗等俳玩。」又云：「門静鳥雀嬉，花深蜂蝶亂。」當作於春末。端仁，鉅野人。事迹詳《雞肋集》卷六十七《朝請大夫致仕晁公墓誌銘》；謂庭堅厚端仁，有「四海一堯民」之句。參元祐七年「與晁端仁有交往」條。

軾在徐，嘗修石橋，以開元寺僧法明董其事。

《蘇軾文集》卷六十一《答開元明座主》第四簡：「石橋之壞，每爲悵然。吾師經營，非不堅盡，當由窮蹇之人所向無成，累此橋耶？知尚未有涯，但勿廢此志，歲豐人紓，會當成耳。」作於元豐八年正月十九日，參該年紀事。此略前，《答開元明座主》第一簡已有「石橋用工，初不滅裂，云何一水，便爾敗壞」之語，作於黄州。詳元豐六年「徐州開元寺僧法明來簡答之」條。民國《銅山縣志》卷十九謂開元寺在徐州城南里許，詳元豐八年六月十五日紀事。

軾在徐，嘗誚陶潛無弦不如無琴之説，以爲陶非達者；嘗爲舒焕（堯文）論作字之法；嘗賞白鶴泉；嘗考戲馬臺；嘗取寇鈞國先世所藏李廷珪等十三家墨書杜詩，并品其次第；與劉

昱（晦叔）有交往。

《蘇軾文集》卷六十五《淵明非達》謂潛作《無弦琴》云「但得琴中趣，何勞弦上聲」，以潛非達者。以「五音六律」，不害爲達，苟爲不然，無琴可也，何獨弦乎。《丹陽集》卷八《書淵明集後》：「子瞻爲徐州，誚淵明無弦不如無琴，後悔其言之失。」《文集》卷六十五《淵明無弦琴》以徐州時之説爲妄。

《樂静集》卷九《跋東坡真迹》：「昔東坡守彭門，嘗語舒堯文曰：『作字之法，識淺、見狹、學不足三者，終不能盡妙；我則心、目、手，俱得之矣。』觀其用筆凌厲，馳逐出入二王之畛域，而不見其轍迹。晚年獨與顔魯公周旋並驅而步不許退也。長箋大幅，風吹雨灑，如掃敗壁，十目注視，排肩争取，神氣不動，兀如無人。譬諸解衣磅礴，未嘗見舟而操之，莫知爲我，莫知爲人，非神定氣閒，孰能爲之？必曰三折爲波，隱鋒爲點，正如團土作人，刻木似鵠，復何神明之有。」

《樂静集》卷五《記白鶴泉》：「臨角門外折行而西二十步，有石井曰白鶴泉，野老云：昔有兩白鶴翔唳而下，因以名焉。」又云：「眉陽蘇公來守此邦，治公之餘，抉奇摘古，以寓吟嘯，初得泉焉，味甘色白，於茶尤宜，以謂雖不及惠山而不失爲第三水，人始稱之。世傳陸羽、張又新《水記》次第二十種，多出東南，北州之水，棄而不載。一旦蘇公獨爲詮賞，而北人不甚喜茶，雖知之，弗貴也。」

同上《辨戲馬臺》：「城南有山，建佛刹其上，徐人謂之戲馬臺者也。宋高祖九日登此臺，賦詩燕集，故事風流，至今存焉。眉陽蘇公嘗考之曰：『山石犖确，不可以戲馬，其南有亞父塚，疑即故臺也。』」以下謂范增（亞父）墓在濡須，「知塚即臺」。《文集》卷五十五《與楊元素》第十二簡謂徐「城南有亞父塚，然非也。塚在居巢」。

《春渚紀聞》卷八《十三家墨》：「余爲兒時，於彭門寇鈞國家見其先世所藏李廷珪下至潘谷十三家墨。斷珪殘璧，粲然滿目。其廷珪小挺，歲久不見膠彩，而書於紙間視之，其黑皆非餘墨所及。東坡先生臨郡日，取試之，爲書杜詩十三篇，各於篇下書墨工姓名，因第其品次云。」

《斜川集》卷三《劉晦叔挽詞》：「泗濱初獲拜荆州。」㫷見元祐六年「時京西路轉運副使爲劉㫷」條。

《後山居士文集》卷六《從寇生求茶庫紙》：「南朝官紙女兒膚，玉版雲英比不如。乞與此翁元不稱，他年留待大蘇書。」大蘇謂蘇軾。此寇生或是鈞國。附此。

蘇軾在徐州，嘗畫贈陳師仲（傳道）。

《參寥子詩集》卷九《過彭城觀陳傳道知録所藏東坡公畫》：「枯株瘦石兩相望，南北悠悠徑路長。卷盡平岡三百里，風枝雨葉更飄揚。」據首句，似所畫者爲枯株、瘦石，據三、四句，似以徐州平岡三百里爲背景。此當爲蘇軾所畫以贈傳道者，作於在徐時。

蘇軾在徐州，廂界嘗有殺狗公事，蘇軾以爲狗不應殺。

《蘇軾文集》卷七十三《記徐州殺狗》記其事。軾引孔子曰：「弊帷不棄，爲埋馬也。弊蓋不禁，爲埋狗也。」以爲「死猶當埋，不忍食其肉，況可得而殺乎」。蘇軾以爲狗不應殺，乃在不忍食其肉。其時「勅書不禁殺狗」，蘇軾之意與之相左。

傳守徐時，李定之子某嘗過，軾戲之；傳嘗經蕭縣，畫枯木於泉山。

《誠齋詩話》：「東坡知徐州，李定子之某過焉。坡以過客故事宴之，某人大喜，以爲坡敬愛之也。因起而請求薦墨。坡佯應曰：『諾。』久之閑談，坡忽問李：『相法謂面上人中長一寸者壽百年，有是說否？』李曰：『未聞也。』坡曰：『果若人言，彭祖好一個獃長漢。』李大慚而退，見王僑卿説。」

《後山詩注》卷十一《拱翠堂》題下自注：「蕭邑富人竇敦禮，即泉山作此堂，規制宏麗，無咎作記。」詩云：「至人但有經行處，寶蓋仍存朽老枝。」任注：「似是東坡經途，曾畫枯木於此。」無咎，晁補之。

軾留别田叔通、寇昌朝（元弼）、石夷庚（坦夫）。作《江城子》、《減字木蘭花》别徐州。

詩見《蘇軾詩集》卷十八（九三四頁），詩云田等三人「送我睢陽道」。

詞皆見《東坡樂府》卷下。《江城子》下闋有云：「隋堤三月水溶溶。背歸鴻，去吳中。回首彭城，清泗與淮通。」去徐爲三月事。《減字木蘭花》題下原注：「彭門留别。」有「佳人千點淚」之語。

昌朝與蘇軾文字記載止於此，兹略考其以後仕歷。《慶湖遺老詩集》卷三有《送寇元弼王文舉》詩，詩序稱「寇之官符離之荆山戍」。賀鑄自注此詩：「丁丑八月彭城賦。」考鑄生平，此丁丑乃乙丑（一〇八五）之誤。《後山集》卷十一《寇參軍詩序》，乃爲昌朝作。序謂昌朝仕爲許州司理參軍；并云昌朝「一無所好，顧嗜酒與詩，方其展紙濡筆，立下疾行，倏忽數十百韻，衣冠在旁，合手起色，駭嘆不暇，然成輒棄去」。序作於元符二年八月，時昌朝已殁。

孔武仲詩來，轍次韻答之。

詩見《欒城集》卷九。詩云：「閑官更似揚州學。」武仲時已爲揚州教授。

傅宏著作歸覲待觀城闕，轍作詩送行。

詩見《欒城集》卷九。首云：「膠西前輩鄭康成，千載遺風及後生。」則宏乃膠西人。中云：「還家彩服頻爲壽，得邑河壖喜有兵。」宏之母其時尚在。觀城屬河北東路澶州，在州東九十里，境内有黄河，故曰河壖。

連雨不出，轍作詩寄張恕。

詩見《欒城集》卷九。末云:「高閑只有張公子,臥聽蕭蕭打葉音。」時已麥熟。

往南都軾走筆寄弟轍五首。

詩見《蘇軾詩集》卷十八(九三五頁)。詩其四云:「今來舊遊處,櫻麥半黄緑。」點季候。

抵南都,軾見張方平,晤弟轍。

《蘇軾文集》卷六十三《祭張文定公》第三文:「十五年間,六過南都,而五見公。」此其第二次。

晤弟轍,參本年以下「晤吕熙道」條。

在南都,軾晤僧應言。言諳水利,有功於東平而不欲賞。

《蘇軾文集》卷十二《薦誠禪院五百羅漢記》:「熙寧十年,余方守徐州,聞河決澶淵,入巨野,首灌東平。吏民恟懼,不知所爲。有僧應言建策,鑿清泠口道,積水北入於古廢河,又北東入於海。吏方持其議,言彊力辯口,慨然論河決狀甚明。吏不能奪,卒以其言決之,水所入如其言,東平以安,言有力焉。衆欲爲請賞,言笑謝去。」以下言「移守湖州,而言自鄆來,見余於宋」。鄆州乃東平郡。

軾晤吕熙道(希道、景純)。以病留南都半月。

《蘇軾文集》卷五十九《答吕熙道》其一有「既至治下,謂當朝夕繼見,而病與人事奪之,又迫於行,怱遽捨去」之語。其二云:「南都住半月,恍然如一夢耳。……舍弟朴訥寡徒,非長者輕勢重道，誰肯相厚者。」時弟轍在南都，《欒城集》卷七有《呂希道少卿松局圖》、卷八有《送呂希道少卿知滁州》詩，知熙道即希道。

《總案》謂希道時守南都。查《范太史集》卷四十二《呂希道墓誌銘》：「爲開封府推官，……左遷監南京糧料院，數月，遷知滁州。」是希道未嘗知南都也。蘇軾之簡云「治下」，乃指監糧料院也。

轍次韻軾走筆所寄詩。

《蘇軾詩集》卷十八《罷徐州往南京馬上走筆寄子由五首》其四：「青衫老從事，坐穩生髀肉。聯翩閱三守，迎送如轉轂。」老從事謂轍。三守謂龔鼎臣、陳汝羲、張芻。鮮于侁乃攝守，不計在內。清馮應榴《蘇文忠詩合注》及《蘇軾詩集》「誥案」均誤，蓋未考轍《欒城集》及《年表》也。

轍和見《欒城集》卷九；其五末云：「輕舟舍我南，吴越多清流。」謂往湖州。

軾賦《木蘭花令》（經旬未識東君信）。

詞見《全宋詞》第三二七頁。

《東坡詞編年箋證》：「考先生於己未三月十日抵南都，過張方平樂全堂，訪呂熙道，以病留南都半月。……《文集》卷五九《與呂熙道二首》其一曰：『既至治下，謂當朝夕繼見，而病與人事奪之，又迫於行，怱遽捨去，可勝歎也。』其二曰：『南都住半月，恍然如一夢耳。』又，《文集》

卷十一《靈壁張氏園亭記》云：『余自彭城移守吴興，由宋登舟，三宿而至其下。』文末署曰：『元豐二年三月廿七日記。』以此，知公離南都則在三月廿四日也。十日到，廿四日離，剛好半月。《詩集》卷十八《罷徐州，往南京，馬上走筆寄子由五首》其四有句云：『前年過南京，麥老櫻桃熟。今來舊遊處，櫻麥半黄緑。』詞云『經旬』，蓋整言之，即南都卧病半月，故『未識東君信』耳。『麥秋寒』亦即『櫻麥半黄緑』時也，原之時令、事實、詞意，蓋離南都時友人（張方平或吕熙道）送别，伶人佐酒，作此詞。暫繫己未三月下旬，待詳考。」今從其説。

癸巳（二十四日），賜時彦以下及第。

據《長編》卷二百九十七。

晁補之及第。補之有謝蘇軾啓。

《山谷外集詩注》卷六《次韻晁補之廖正一贈答詩》注文引《登科記》：「己未元豐二年，晁補之廖正一同榜。」

《雞肋集》卷五十二《及第謝蘇公書》：「祇荷寵光，出於己分，既愧且懼，不敢爲榮。昔齊主父學《易》、《春秋》百家言游齊諸生間，莫能厚遇，相與排擯不容於齊，西入關，資用乏，諸公賓客，頗或厭之，乃上書闕下，一歲四遷。主父因言削諸侯，徙豪傑。或意其太横，主父曰：臣結髮游學，阨日久矣，吾日暮途遠，故倒行而逆施之。補之讀《史記》至此，以謂士窮不見遇，發憤感激，自食可也，而倒行逆施，則爲非計，私自記刻，雖窮不爲。蓋補之始拜門下，年甫冠，先人方彊仕，家固自如，在門下二年，所聞於左右不曾爲今日名第計也。自吴歸魯，先人謝世，家四壁立，偏親需養，婚媾日逼，少業慵惰，不能作業，念無以奉朝夕，束書薄游，爲苟且之圖，分外得之，粗飽爲幸。夫畫虎類狗，既非本心，而轉衣爲裳，則所不能。昔望之不肯禄禄而反抱關者，夫豈得已。補之敢不益自檢束，期終教育之賜。拳拳之心，言不能數，惟閤下裁擇。」

《宋史》卷四百四十四晁補之本傳未言登進士具體年份。據補之與蘇軾此書，補之自杭州侍父回魯，遭父喪，喪服除即應試，是登第爲本年事。本傳言補之登第後，調澶州司户參軍，《雞肋集》卷三十《澶州學生登科記》，作於元豐三年十二月，益爲補之今年登第之明證。

軾别弟轍。二十七日，至靈壁鎮，應張碩之請，作《張氏園亭記》。

記見《蘇軾文集》卷十一。文云「余自彭城移守吴興，由宋登舟」，「三宿而至靈壁張氏之園。其離南都，或在三月二十四日。文謂碩之伯父及父爲此園，作蘭皋之亭以養其親。

《詩案·張氏蘭皋園記》：「元豐二年三月二十七日，與張碩秀才撰宿州靈壁鎮《張氏蘭皋園記》。」

《慶湖遺老集》卷三《游靈壁蘭皋園》之序謂「集賢張校理治此以奉親，因名蘭皋」。

《元豐類稿》卷八《過靈壁張氏園》其一：「梨棗纍纍正熟時，粟田鶉兔亦争肥。園亭盡日追尋遍，只欠厭厭醉始歸。」其二：「汴水溶溶帶雨流，黄花艷艷亦迎秋。看花引水園林主，應笑行人易白頭。」其三：「秫地成來多釀酒，杏林熟後亦留錢。不須置驛迎賓客，直到門前繫畫船。」

《王魏公集》卷一《題靈壁蘭皋張氏園亭》：「池塘脈脈春泉動，亭館陰陰夏木涼。砌葉亂風摇月色，簷枝留雪宿年芳。四時氣象誰長見，一夜追遊我太忙。從此與君攜酒後，夢魂應不隔滄浪。」

《慶湖遺老詩集》卷三《游靈壁蘭皋園》（題下原注：「集賢張校理治此園以奉親，因名蘭皋。戊辰二月，余舟行次靈壁，訪張氏子碩，於園中諸亭壁間，得故人東萊寇元弼三四詩，因繼題十八韵，兼簡元弼。」首云：「集仙昔榮養，卜築循蘭陔。深徑萬株合，清池百畝開。飛梁蔭菡萏，攢棟跨崔嵬。淮海劚紅藥，瀟湘移翠栽。岱松珮蘿蔦，海石糊莓苔。車馬遠驚聒，魚鳥忘嫌猜。」可謂一方勝概。

《忠肅集》卷十九《宿州靈壁張氏園亭舟遇始知之》：「去國身隨濁汴傾，瞥然雙槳若孤鷹。不知堤木藏金谷，但見漁人説武陵。已許平生惟水石，坐看名利僅蚊蠅。從今所至停舟問，詩酒雖衰亦强能。」可見主人不俗。

軾與文務光簡，慰其父同之喪。

《蘇軾文集》卷五十一《與文郎》：「兩易晦朔，追慕無窮，奈何，奈何！」知作於三月，時同卒已二月。此文郎乃務光。

軾過宿州，贈官妓小蘇聯語。過泗州，題孫奕（景山）西軒；倉中訪劉季孫（景文），戲贈一絶。嘗欲買田泗上，不遂。過龜山。過淮，復贈奕兼寄弟轍詩。

贈聯「舞腰窈窕，影摇千尺龍蛇動；歌喉宛轉，聲散半天風雨寒」，見《詩話總龜》前集卷三十七引《泗上録》。「影摇」、「聲散」句出石延年《古松》。《續墨客揮犀》卷六《出侍姬十數人》條亦引此聯，謂爲贈豪士之侍姬媚兒者，不從。

題奕詩見《蘇軾詩集》卷十八（九三九頁），贈季孫詩見卷四十七（二五二九頁），計時當已入四月。《詩集》卷二十四《龜山辯才師》：「千里孤帆又獨來，五年一夢誰相對。」作於元豐七年，寫此時事。過淮贈奕詩（九四〇頁）云「好在長淮水，十年三往來」，此乃第三次過淮。《欒城集》卷九有《次韻子瞻過淮見寄兼簡孫奕職方三首》。

季孫世家開封。《名賢氏族言行類稿》卷三十有傳。季孫，軾摯友。

《詩集》卷十九《次韻和劉貢父登黄樓見寄並寄子由》其一自注「本欲買田於泗上，近已不遂矣」。

軾過淮，寄詩來，轍次韵。

軾詩見《蘇軾詩集》卷十八。其三云：「回首濉陽幕，簿書高没人。何時桐柏水，一洗庾公塵。此去漸佳境，獨游長慘神。待君詩百首，來寫浙西春。」湖州屬浙西。轍詩見《欒城集》卷九，其末云：「南游得如願，夢想霅溪春。」上句謂軾，下句自謂；霅溪在湖州，轍亦向往湖州。

軾詩詩題爲《過淮三首贈景山兼寄子由》。

蘇軾舟中夜起，作詩。

詩見《蘇軾詩集》卷十八（九四二頁）。

詩首云「微風蕭蕭吹菰蒲」，以爲下雨；嗣云「開門看雨月滿湖」，起而視之，非雨。點夜起。以下云：「舟人水鳥兩同夢，大魚驚竄如奔狐。夜深人物不相管，我獨形影相嬉娱。暗潮生渚弔寒蚓，落月挂柳看懸蛛。」獨享清境。

賦《木蘭花令》（高平四面開雄壘）。

詞見《全宋詞》第三二七頁。

據《漢書》卷二十八《地理志》：「高平縣屬臨淮郡。」即宋之泗州。

《東坡詞編年箋證》：「高平屬泗州臨淮郡，以詞首句推之，必作於泗州。考公終生凡十過泗：熙寧四年倅杭首過泗在十月，元豐二年己未二過泗赴湖州當在三月底，同年赴臺獄三過泗在八月，元豐七年甲子自黄州責授汝州四過泗在十二月，元豐八年乙丑允其常州居住五過泗在四月，元祐四年己巳守杭六過泗在六月，元祐六年辛未還朝七過泗在四五月間，元祐七年壬申自潁移揚八過泗在三月，同年還朝九過泗在八月，元祐九年甲戌南遷十過泗在五月。詞云『三月風光初覺媚』，則唯己未與壬申過泗相合耳。然壬申過泗，因久旱不雨，流民載道，公屏去吏卒，入鄉弔民，唯去大聖普照王之塔祈雨，無其他遊踪，亦無遊興（參觀《總案》卷三十五），何言『三月風光初覺媚』耶！己未過泗則不同。己未三月初告下，以祠部員外郎直史館知湖州軍州事，三月十日抵南都，以病留半月，二十四日别南都，二十七日至靈壁，四月二十日至湖州任。《總案》謂四月初至泗州，純屬臆斷，無明文記載。竊以爲三月二十七日作《靈壁張氏園記》後即行，以其在南都留半月，絶無久留之理。靈壁屬宿州，與泗州爲鄰郡，舟行當日或翌日即到，故知公至泗當爲三月二十七、二十八、二十九數日間。是年二月離徐前《答郡中同僚賀雨》詩有『水旱行十年，饑疫遍九土』之句，離泗過洪澤湖《舟中夜起》詩又有『微風蕭蕭吹菰蒲，開門看雨月滿湖』之句（兩詩均見《詩集》卷十八）。久旱逢雨，正是『風光媚』之時，『初』字也有了着落。即久旱逢雨，『初覺媚』也。在泗遊踪亦可辨，有《書泗州孫景山西軒》、《過泗上喜見張嘉父二首》（均見《詩集》卷十八）。泗守爲誰？張嘉父元豐八年始登第，顯非泗守。孫景山名奕，《宋史》無傳，《宋人傳記資料索引》亦不載泗州仕履。然公離泗《過淮三首贈景山兼寄子由》其二『故人真吏隱』句注謂『指景山也』，可謂孫爲泗守之證，詞中『園中桃李使君家』亦有着落矣。可知此詞編是年三月過泗時無疑。」

按：《過泗上喜見張嘉父二首》，實作於元祐七年。見本譜元祐七年紀事。然《書泗州孫景山西軒》，乃作於本年。薛瑞生先生謂孫奕爲泗守乃卓見。今仍從之。

四月三日，轍爲孫頎（景修）《古今家戒》作序。頎亦蘇軾之友。

轍序見《欒城集》卷二十五。頎，長沙人，少孤而教於母，嘗官太常少卿。《蘇軾文集》卷七十二《金剛經報》首云「蔣仲父聞之於孫景修」云云。

《青山集》卷十《贈孫郎中景修》：「江湖夜漲北風惡，雙櫓喜逢溪岸泊。桂陽使君賢故人，借問慇懃更來數。浮橋傾危暗難渡，静枕不眠聽曉角。平明自笑僕乘無，破帽赤鬚行踸踔。袖持漫刺前起居，屢歎窮愁手頻握。嬰兒連死瘦妻卧，病骨尚遭讒喙啄。壯志消盡同寒灰，生事無涯委藜藿。男兒有命何足論，斗酒貰衣評舊學。愛君新篇溢千楮，突兀寒宵見南嶽。龍蛇千丈老松杉，霹靂一聲揮電雹。豈宜偃蹇處郎曹，固合逶迤步臺閣。天子聰明繼堯舜，廟堂論道皆伊霍。拔茅連茹收時才，尺寸高卑應不錯。君馳亨路鶚横秋，我用汙泥龜縮殼。」可見其爲人。

頎父成象天聖元年卒，年三十三。《忠肅集》卷十四有墓銘。頎元豐四年九月，以湖北轉運副使知荆南，七年六月辛未知廣州。見《長編》卷三百十二、三百四十六。

十二日，軾跋歐陽修家書。

跋見《蘇軾文集》卷六十九（二一八五頁）。修云「凡人勉强於外，何所不至，惟考之其私，乃見真僞」。修教育晚輩嚴，與其立朝大節相一致。

《演繁露續集》卷四《劉禹錫蘇子瞻用孔子履事》：「東坡跋歐公家書曰：『仲尼之存，人削其迹，夢奠之後，履藏千載。』劉禹錫《佛衣銘》曰：『尼父之生，土無一里。夢奠之後，履存千祀。』東坡語意或因劉耶？然其作問處，不如東坡脈貫也。」附此。「仲尼」云云，見《蘇軾文集》卷六十九《跋陳瑩中題朱表臣歐公帖》。

至高郵，見道潛、秦觀，遂載與俱。

據《蘇軾文集》卷十二《秦太虚題名記》。

軾至金山，次舊詩韵贈寶覺；大風，留二日，有詩。

詩見《蘇軾詩集》卷十八（九四二、九四三頁）。

《淮海集》卷八《次韵子瞻贈金山寶覺大師》：「雲峰一變隔炎涼，猶喜重來飯積香。宿鳥水干迎曉鬧，亂帆天際受風忙。青鞋踏雨尋幽徑，朱火籠紗語上方。珍重故人敦妙契，自憐身世兩微茫。」

軾至京口，弔萬松岡刁約墓，爲文祭之。

文見《蘇軾文集》卷六十三（一九四三頁），云「顧瞻萬松，蔚乎蒼芊」。《蘇軾詩集》卷十五《哭刁景純》云「忍見萬松岡，荒池没秋草」。約葬萬松岡。文云「俛仰空山，草木再春」，約卒熙寧十年，今爲二歲。

軾與道潛、秦觀游惠山，覽唐處士王武陵、竇羣、朱宿所賦詩，皆次韵。贈惠山僧惠表及錢道人詩。

游惠山、贈惠表等詩見《蘇軾詩集》卷十八（九四四、九四六頁）。道潛詩乃《參寥子詩集》卷四《子瞻赴守湖州三首》，觀詩乃《淮海集》卷四《同子瞻賦游惠山三首》。

蘇軾賦《醉落魄·蘇州閶門留别》。

詞見《東坡樂府》卷下。

詞首云「蒼顔華髮」。歐陽修三十九歲在滁州作《醉翁亭記》，已云「蒼顔白髮」。蘇軾此時已四十四歲，自可云之。

詞云「舊交新貴音書絶」。此句應予以較多注意。蘇軾已感到處境之孤立。其時，蘇軾不滿新法之詩及言論，正爲反對者所乘，其影響正在日益擴大，一場暴風雨勢將降臨其身。

蘇軾自京口經惠山（屬無錫），必經蘇州，然後至松江、湖州。此詞作於經蘇州時。

軾過松江，與關景仁（彦長）、徐安中會於垂虹。道潛、秦觀亦會，分韻賦詩。

蘇軾詩見《蘇軾詩集》卷十八（九四七頁），其一起云「吴越溪山興未窮，又扶衰病過垂虹」。得「風」字。景仁字彦長，《咸淳臨安志》卷六十六附父魯傳。魯登大中祥符五年進士第，嘗知杭州仁和縣事，見《家世舊聞》卷上。景仁乃嘉祐四年進士，見《寶慶會稽續志》卷六。弟景暉，嘉祐八年進士。字彦遠。見《雞肋集》卷十六《别關景暉二首》。景暉長晁補之二十五歲，見《雞肋集》卷十六《送會稽關彦遠罷官河北》，知景仁長於蘇軾。《後山集》卷二有《贈關彦長詩》，《鐔津集》卷十一有《與關彦長秘書書》。《宋詩紀事》有景仁詩。《蘇軾詩集》卷十八有《次韻關令送魚》。此關令，即景仁，時爲令松江。景仁能鐘律曆數草隸，尤長於詩。

《淮海集》卷六《興子瞻會松江得浪字》：「松江浩無旁，垂虹跨其上。漫然銜洞庭，領略非一狀。况如陣平野，萬馬攢穹帳。離離雲抹山，窅窅天粘浪。烟中漁唱起，鳥外征帆颺。愈知宇宙寬，斗覺東南壯。太史主文盟，諸豪盡詩將。超摇外形檢，語笑供頡頏。娵娟棄追逐，撥刺亦縱放。獨留三百缸，聊用沃軒曠。」

《參寥子詩集》卷四《吴江垂虹亭同賦得岸字》：「蜿蜒誇長虹，吴會稱傑觀。淪連幾萬頃，放目失垠岸。倒影射遥山，青螺點空半。從來誇震澤，勝事無昏旦。破浪湧長鬐，排空度飛翰。肺肝入清境，劃若春冰泮。安得凌九垓，從公遊汗漫。」

道潜（參寥）作詩示蘇軾，軾次韵答之。

軾詩見《蘇軾詩集》卷十八（九四八頁）。道潜原韵不見。詩云：「昨日放魚回，衣巾滿浮萍。」道潜在徐州放魚，見元豐元年十二月十二日紀事。嗣云：「今日扁舟去，白酒載烏程。」謂去湖州，江行。

軾將至湖州，上監司狀。

《蘇軾文集》卷四十七《湖州上監司先狀》：「弭棹江郊，聳聞風采。馳神德守，若奉誨音。欣抃之深，敷宣莫究。」「上監司先狀」，當即先上監司狀之意。

二十日，軾到湖州任，進謝上表。

表見《蘇軾文集》卷二十三（六五三頁）。《詩案·湖州謝上表》：「元豐二年四月二十九日，赴任湖州，《謝上表》云：『臣荷先帝之誤恩，擢置三館；蒙陛下之過聽，付以兩州。陛下知其愚不適時，難以追陪新進；察其老不生事，或能牧養小民。』軾謂館職多年，未蒙不次進用，故言『荷先帝之誤恩，擢置三館，蒙陛下之過聽，付以兩州』。又見朝廷進用之人，多是少年，及與軾議論不合，故言『愚不適時，難以追陪新進』，以譏諷朝廷進用之人，多是循時迎合。又云『察其老不生事，或能牧養小民』，以譏諷朝廷，多是生事擾擾，以奪農時。上件《表》係元准朝旨坐到事節。」

《何譜》謂到任爲本月二十一日，《王譜》同《詩案》。今從《文集》。《嘉泰吴興志》卷十四亦云四月二十日到任。軾前任爲王安禮，元豐元年十月到任，十一月押赴闕。

湖州，屬兩浙路，縣六：烏程、歸安、安吉、長興、德清、武康，治烏程、歸安。湖州爲昭慶軍。

時陳師錫爲掌書記。

《長編》卷二百七十四熙寧九年四月癸巳云以及第進士「陳師錫爲昭慶軍節度掌書記」。《宋史》卷三百四十六師錫傳謂「調昭慶軍掌書記，郡守蘇軾器之，倚以爲政」。

錢世雄（濟明）爲吴興尉。

《參寥子詩集》卷四《同吴興尉錢濟明南溪泛舟》，約作於本年。《淮海集》卷三十《與蘇黄州簡》謂蘇軾被逮後，覯即至吴興，見「陳書記、錢主簿」，知此主簿即世雄。《蘇軾文集》卷六十九《跋錢君倚書遺教經》云「軾在杭州，與其子世雄爲僚，因得觀其所書佛《遺教經》刻石」。按：蘇軾倅杭時，世雄未嘗爲官於杭，此「杭」乃「湖」之誤。《參寥子詩集》卷四《同吴興尉錢濟明南溪泛舟》「枇杷弄實梅欲黄，海氣冥冥錯昏晝。僧坊亭午隘可鄙，畫舸從君逐溪溜。斗欣紛翳眼前失，但覺波光翻縠縐。蘋花洗雨白雪香，荷柄吹風青玉瘦。回看行人走南北，蠢蠢岸傍如蟻鬭。一竿落日麗樵明，繞郭雲山相倚構。嶄嶄青壁映彤霞，轉盼忽驚開錦繡。好將傑句爲余寫，天乞君才多穎茂。錦囊玉刻厭傳玩，燕尾蠶頭吾未究。輕橈欲動蹇淹留，城上哀笳淒已奏。」

同上卷五《寄濟明》：「茫乎一氣同渾淪，彌漫六合無邊垠。吁哉破散幾千載，被在萬物含其真。清輕爲天濁爲地，一一厚薄理自匀。駑駘驥驥不并厩，夜光魚目難相親。錢郎少年禀清裔，英姿綽欲揮等倫。忠言讜論躡根本，行義修篤無緇磷。是家嚴君抱勁烈，直筆曾預螭頭臣。我昔浮游霅溪側，傾蓋遇子情彌欣。炎雲燒空五六月，漾舟南郭吟青蘋。溪流寬圍野橋碧，溪樹静嘯涼飈新。奇探險取得佳句，欲壓柳惲江南春。瓶盂屬我暫行役，樂事一跌成參辰。使君旋亦報西去，紛紛萬變難重陳。南山暮冬厚積雪，剛茂不死期松筠。」可參。

祖無頗（夷甫）或爲通判。

蘇軾就逮時，在告，無頗權州事。無頗或爲通判，見本年以下「就逮」條。

王適（子立）、王遹（子敏）來從。蘇軾與王氏兄弟賦詩游賞。

《蘇軾文集》卷十五《王子立墓誌銘》謂適、遹「皆從余於吴興，學道日進，東南之士稱之」。

《蘇軾詩集》卷十九有《與王郎夜飲井水》、《與王郎昆仲及兒子邁繞城觀荷花登峴山亭晚入飛英寺分韻得月明星稀四字》。

《輿地紀勝》卷四《安吉州·景物上》：「峴山：在州南五里，本名顯山，唐以廟諱改名。天寶中，太守韋景先起五花亭於山下。有唐相李適之石酒樽在焉。」引以上所云《與王郎昆仲》詩其三。安吉州乃湖州。

二十二日，軾謁文宣王廟及諸廟，作祝文。

祝文見《蘇軾文集》卷六十二（一九二〇頁），均有「視事之三日」之語。文宣王乃孔子。

秦觀（太虚），戲蘇軾耳聾，軾次韵答之。

軾詩見《蘇軾詩集》卷十八（九五〇頁）。

詩云：「晚年更似杜陵翁，右臂雖存耳先聵。人將蟻動作牛鬭，我覺風雷真一噫。」杜陵翁借以自謂。牀下蟻動，耳聾之人以爲乃牛鬭，而作者以爲風雷。知某一短暫時間内，聽力較之平時，略有下降，故秦觀以耳聾戲之。然「人生一病今先差」，聽力恢復。蓋「此心終未了，不見不聞還是礙」；心既未了，見、聞即不可離，見、聞之用即不可少。秦觀原韻，或有既耳聾則耳根清净以此戲之之意，故蘇軾戲以此答之，耳根不能清净，耳根清净不得。詩末云：「今君疑我特佯聾，故作嘲詩窮險怪。須防額癢出三耳，莫放筆端風雨快。」知秦觀之詩借耳聾大肆發揮，直疑蘇軾裝聾（撰者按，蘇軾爲秦觀之長輩，如此立言，似覺稍稍超過界限）。蘇軾則謂秦觀須防止額上生出三耳，聽覺過敏，疑心更重，以致下筆時左右遲疑，不能如風雨之疾。雖戲言之，然亦耐秦觀尋味。秦觀此詩原韻不傳，或以立意不盡當，用詞不盡適如其分而删去之。

五月五日端午，軾遍游飛英諸寺，作詩。秦觀同游。

詩見《蘇軾詩集》卷十八（九五一頁）。《蘇軾文集》卷六十八《自記吴興詩》：「僕爲吴興，有《游飛英寺》詩云：『微雨止還作，小窗幽更妍。盆山不見日，草木自蒼然。』非至吴越，不見此景也。」此四句即在卷十八詩中。

影印本《浙江通志》卷二百二十九《寺觀·湖州府·飛英教寺》：「嘉靖《浙江通志》：在府治東北二里。萬曆《湖州府志》：唐咸通五年忠顗禪師建，刺史高湜表爲資聖寺。中和五年改爲上乘寺。宋景德二年改今額。初，咸通中僧雲皎自長安來，得舍利，建飛英石塔寺，以此名。明洪武中，分寺爲二，東曰飛英教寺，西曰飛英教院。」

《淮海集》卷三《同子瞻端午日遊諸寺賦得深字》：「太史抱孤韻，暢懷在登臨。別乘載鄒枚，佳辰事幽尋。參差水石瘦，窅窕房櫳深。清磬發疏箔，妙香横素襟。復登翠堵坡，環回矚嶔崟。雙溪貫城郭，暝色帶孤禽。涼飈動爽籟，薄雨生微陰。塵想澹清漣，牢愁洗芳斟。揮箑訂往古，援毫示來今。愧無刻燭敏，續此金玉音。」太史謂蘇軾，別乘謂州倅，知此日之會，祖無頗亦與。

影印本《浙江通志》卷二百二十九《寺觀·湖州府·飛英教寺》：「嘉靖《浙江通志》：在府治東

北二里。萬曆《湖州府志》：唐咸通五年忠顗禪師建，刺史高湜表爲資聖寺。中和五年改爲上乘寺。宋景德二年改今額。初，咸通中僧雲皎自長安來，得舍利，建飛英石塔寺，以此名。」

劉撝（行甫）自長興道湖州赴餘姚，軾有詩送行；十三日，餞撝於錢氏園，贈《南歌子》。

詞見《東坡樂府》卷下，注「湖州作」，首句爲「山雨蕭蕭過」。

《蘇軾詩集》卷十八《送劉寺丞赴餘姚》「施注」：「劉寺丞，名撝，字行甫，長興人。……公守湖州，行甫自長興道郡城赴餘姚，公既賦此詩，又即席作《南柯子》爲餞，首句云『山雨瀟瀟過』者是也。後題『元豐二年五月十三日吳興錢氏園作』。今集中乃指他詞爲送行甫，而此詞第云『湖州作』，誤也。真迹宿皆刻石餘姚縣治。」朱孝臧《東坡樂府》卷一：「別有『日出西山雨』一首，題作《送行甫赴餘姚》，即『施注』所謂他詞者，疑是與詞題互誤。」《南柯子》即《南歌子》。

按：元刻本《東坡樂府》卷下「日出西山雨」一首，詞題爲「送行甫赴餘姚」；而「山雨蕭蕭過」一首，詞題爲「湖州作」。今從「施注」與朱説。

參元豐五年「軾作《南歌子》（日出西山雨、雨暗初疑夜、帶酒餘山雨）」條。

《鄱陽集》卷八《次韻答劉行甫同年》：「江外書來墨未乾，笑言可惜礙雲山。字無塵迹精神健，詩有天才態度閑。皓月分明生海上，仙韶容易落人間。夜深一夢無拘束，飛度重湖曉未還。」可參。

二十二日，軾與久上人簡，謝其注念。

簡乃《佚文彙編》卷四《與久上人》，云「北游五年」，自熙寧七年至是爲五年。據簡，久上人或爲杭僧。

李行中（無悔）來訪，軾與周邠（開祖）簡及之；邠專使惠海味。

簡乃《蘇軾文集》卷五十六與邠第四簡，云及行中「許秋涼再過」，知作於到湖州後不久。簡又云和邠詩一首，今不見。邠知樂清，臨海。

與歐陽棐（叔弼）簡。蘇軾嘗書棐父修之訓棐帖。

《後村題跋》卷二《跋東坡與歐陽棐帖》：「此帖當在未下臺獄時。述古，陳公密學；純老、巨源，錢、孫兩内相也。叔弼此時豈預知李定輩將鞫詩案乎？昔虞卿解相印，與魏齊俱亡；魏其寧失侯，不使灌夫獨死。坡公之貶，嘗與唱和之人，不過贖銅，而人情觀望，至不敢往還如此。世變日下，而世故亦可畏矣。覽之太息。」此簡今不見。

簡中所云述古乃陳襄。所云純（醇）老乃錢藻，巨源乃孫洙。襄時爲樞密直學士兼侍讀，即密學；藻時爲翰林侍讀學士、知審官東院；洙元豐初兼直學士院，旋擢翰林學士。分別見《宋史》襄、藻、洙傳，並參《宋會要輯稿》第五十一册《儀制》一一之八。據跋文，蘇軾之簡當及以上三人。

棐，修第三子，生慶曆七年，見《歐陽文忠公集》卷首《年譜》。

《誠齋集》卷四《胡英彦得歐陽公二帖蓋訓其子仲純叔弼之語其一公自書之其一東坡書之英彦刻石以遺朋友吾叔父春卿得一本有詩謝英彦和焉萬里用其韻以簡英彦》：「聖處眇安在，談者一何易。注瓦矜細巧，岑鼎喪良貴。群兒有新舌，六學無故意。向來孟韓息，不有歐蘇繼。庸知後死者，未渠（自注：去聲）鄉愿棄。同時鴟鴉噪，並起爪觜利。兩公察膏肓，與世作薑桂。挾山初作難，破竹忽乘勢。雙明日配月，再立仁與義。我有香一瓣，恨不生並世。厥今聖域裏，澹叟真守器。怪來闌玉秀，渠以清白遺。當家有學林（自注：英彦道號曰學林），滿腹惟典記。人間市井言，眼底寇讎視。獨於兩公帖，費此半生喜。麝煤叩山骨，卧聽丁丁美。令我竹林老，亦復拜嘉惠。敢云賡絶唱，頗欲與兹事。朝來窗几爽，盡室問何瑞。寶帖更新詩，小子汝其志。」

詩題所云歐陽修二帖，其訓子奕（仲純）者，乃修所作《玉不琢不成器賦》，修自書，已見元豐元年「本年與歐陽奕簡奕尋卒」條。其另一帖乃蘇軾所書，即修訓棐（叔弼）者。修訓棐帖久佚，然其内容尚可從楊萬里詩中得其一二，故全録之，庶幾踪迹蘇軾書之之意。

孫洙（巨源）卒。

《宛琰集删存》卷二李清臣撰《孫學士洙墓誌銘》謂洙卒于本年五月，年四十九。

《蘇軾詩集》卷三十《興龍節侍宴前一日微雪與子由同訪王定國小飲清虚堂定國出數詩皆佳而五言尤奇子由又言昔與孫巨源同過定國感念存没悲歎久之夜歸稍醒各賦一篇明日朝中以示定國也》：「十年聚散空咨嗟。」元祐三年作。《欒城集》卷十六《雪中訪王定國感舊》，即感孫洙。

五月，蔡挺（子正）卒。轍代張方平作祭文。

祭文見《欒城集》卷二十六。挺卒據《樂全集》卷四十墓銘。挺，《宋史》卷三百二十八有傳。

軾哭陳舜俞（令舉）之殯，爲文祭之，嘆其抱奇才絶識而不得用。

文見《蘇軾文集》卷六十三（一九九四頁）。文末云：「予與令舉别二年而令舉殁，既殁三年，而予乃始一哭其殯而弔其子也。」

《宋史》卷三百三十一《陳舜俞傳》：「舜俞始嘗棄官歸，居秀之白牛村，自號白牛居士。已而復出，遂貶死。蘇軾爲文哭之，稱其『學術才能，兼百人之器，慨然以身任天下之事，而人之所以周旋委曲，輔成其天者不至。一斥不復，士大夫識與不識，皆深悲之』云。」據此，軾或至秀州白牛村弔之。「學術」云云，見祭文。

《渭南文集》卷二十八《跋東坡祭陳令舉文》：「東坡前後集祭文凡四十首，惟祭賢良陳公辭指最哀，讀之，使人感嘆流涕。其言天人予奪之際，雖若出憤激，然士抱奇材絶識，沉壓擯廢，不得少出一二，則其肝心凝爲金石，精氣去爲神明，亦烏足怪，彼憒憒者固不知也。紹熙甲寅十二月二十九日，笠澤陸某謹書。」

軾弔張先（子野）之宅，作祭文。

《蘇軾文集》卷六十三《祭張子野文》：「我來故國，實五周歲。不我少須，一病遽蜕。堂有遺像，室無留璧。人亡琴廢，帳空鶴唳。」是蘇軾親臨其宅祭奠。熙寧七年，蘇軾過此，今年爲五周年。據《唐宋詞人年譜·張子野年譜》，先卒於元豐元年，年八十九，與文中「不我少須」之語亦合，先乃烏程人，已見熙寧四年「與張先遊」條紀事。

李常（公擇）寄詩來，答之。

《蘇軾詩集》卷十九詩題：「李公擇過高郵，見施大夫與孫莘老賞花詩，憶與僕去歲會於彭門折花饋筍故事，作詩二十四韻見戲，依韻奉答，亦以戲公擇云。」

常時仍爲淮南西路提點刑獄，見《長編》卷二百九十九本年十二月庚申紀事。

蘇軾雪上訪道人，不遇，作詩。

詩見《蘇軾詩集》卷十九（九六一頁）。

詩首云：「花光紅滿欄，草色緑無岸。」叙道人居住之環境。末句云「白石澗」，亦道人生活之環境。第三句云「青眼人」，知道人不與禮俗之士交往；末句云「長歌」，知道人放懷自得：蘇軾之不遇固宜。蘇軾未云敬嘆，然敬嘆之意自在其中。

霅上，謂湖州。《輿地紀勝》卷四《兩浙西路·安吉州·景物上·霅溪》：「《寰宇記》：在烏程縣之東南一里，凡四水合爲一溪。」此四溪爲苕溪、霅溪、前溪、餘不溪。通謂之霅溪。霅上，霅溪之上也。

李常（公擇）寄詩來，軾依韵答之。

答韻見《蘇軾詩集》卷十九（九六二頁）。時常爲淮南西路提點刑獄。據蘇軾詩題，知常詩乃叙赴淮西提刑任中，途經高郵，見施大夫與孫覺（莘老）賞花詩，因憶去年與蘇軾徐州之會。道光《高郵州志》卷八疑此施大夫乃施廣譽，時知高郵縣。

軾寄題王鞏清虚堂。

詩見《蘇軾詩集》卷十九（九六四頁）。《汴京遺迹志》卷八：「清虚堂，在汴城内之東隅。」《欒城集》卷二十四有記。

卞山黄龍洞禱晴，軾和孫同年詩。

詩見《蘇軾詩集》卷十九（九六五頁）。《輿地紀勝》卷四《安吉州·景物下》：「黄龍洞，在烏程卞山，石壁峭立，巖竇陰沉，莫窮其底。蘇軾有刻。」「刻」下疑脱一「石」字。《詩集》「查注」引《吴興備志》謂蘇軾手書此詩，當時刻石，置黄龍洞。《詩集》此詩以下尚有《次韻孫秘丞見贈》、《送孫著作赴考城兼寄錢醇老李邦直二君於孫處有書見及》。孫同年、秘丞、著作當爲一人，以嘗官秘書丞、著作郎等館職，故以稱之，惜不詳其名字。

軾過賈收（耘老）水閣，與客遊道場山、何山，歸憩收溪亭，畫風竹，并有詩。

詩見《蘇軾詩集》卷十九（九六六、九六八頁）。後者「施注」引蘇軾自題畫竹云：「子瞻歸自道場、何山，因憩耘老溪亭，命官奴秉燭捧硯，寫風竹一枝。」

《苕溪漁隱叢話》前集卷五十九：「苕溪漁隱曰：賈耘老舊有水閣，在苕溪之上，景物清曠。東坡作守時，屢過之，題詩畫竹於壁間。沈會宗又爲賦小詞云：『景物因人成勝槩。滿目更無塵可礙。等閒簾幕小欄干，衣未解。心先快。明月清風如有待。誰信門前車馬隘。別是人間閒世界。坐中無物不清涼，山一帶。水一派。流水白雲長自在。』其後水閣屢易主人，已摧毁久矣，遺址正與余水閣相近，同在一岸，景物悉如會宗之詞。故余嘗有鄙句云：『三間小閣賈耘老，一首佳詞沈會宗。無限當時好風月，如今總屬績溪翁。』蓋謂此也。」會宗名蔚，湖州人。詞調爲《天仙子》，見《全宋詞》第一册第七〇五、七〇六頁。

《嘉泰吳興志》卷十七《賢貴事實下·烏程縣》云賈收：「其居有水閣，曰浮暉。李公擇、蘇子瞻爲州與之遊，唱酬極多。子瞻常遊何山、道場山回，值風雨，艤舟於浮暉，命官奴秉燭掃風雨竹於壁間，或刻之石，今在墨妙亭。」又云：「蘇去，公作亭以懷蘇名之，有詩一編，號《懷蘇集》。」集早佚。

《吴興備志》卷二十五：「子瞻出城，見坡竹秀擢可愛，回訪耘老，乘興寫真（原注：見《晚香堂蘇帖》，前有『眉陽蘇軾』印，後有『猶賢乎己』印）。」

《軒渠録》：「東坡知湖州，嘗與客遊道場山，屏退從者而入。有僧憑門閫熟睡，東坡戲云『髡閫上困』，有客即答曰，何不對『釘頂上釘』！」兹附此。《軒渠録》在涵芬樓鉛印本《説郛》卷七。

孫秘丞作詩贈蘇軾，軾次韵答之。

軾詩見《蘇軾詩集》卷十九（九六八頁）。詩首云「感慨清哀似變風」，謂孫秘丞之詩。第三句「迂疏自笑成何事」，孫秘丞自謂。第四句「冷淡誰能用許功」，蘇軾贊之。第五、六句：「不怕飛蚊如立豹，肯隨白鳥過垂虹。」知孫秘丞非湖州人，以湖州多蚊蚋。于是「吟哦相對忘三伏」，詩篇來往。點季候。

軾作詩寄杭州净慈寺宗本長老。表忠觀錢自然道士自杭來見，其歸，送以詩。

詩皆見《蘇軾詩集》卷十九（九七〇頁）。前者云「何時策杖相隨去」，神馳林泉。後者謂自然爲言觀尚未成。

吴中梅雨既過，清風彌旬，湖人謂之舶趠風。蘇軾作詩。

詩見《蘇軾詩集》卷十九(九七二頁)。

詩云:「幾處縈回度山曲,一時清駛滿江東。」人爲舶趠風歌唱,船爲舶趠風快駛。盛贊舶趠風。詩末云:「欲作蘭臺快哉賦,却嫌分别問雌雄。」宋玉作《風賦》,謂有專屬於楚襄王之雄風,有屬於庶人之雌風。蘇軾以爲,風無雌雄。上自天子,下至庶人,同時受大自然之恩賜。見識在宋玉之上。

丁騭(公默)送蝤蛑,蘇軾有詩。

詩見《蘇軾詩集》卷十九(九七三頁)。騭,毗陵人,嘉祐二年進士。嘗爲祁門令。元祐初,從臣蘇轍(《咸淳毗陵志》卷十七《丁騭傳》謂爲蘇軾)、劉攽、張問、曾肇、孔文仲、胡宗愈薦之。司馬光嘗曰:「士大夫無不登光門者,而騭不來,真自重之士。」除太常博士。元祐二年六月爲右正言,《彭城集》卷二十二有制文。三年二月爲左正言,十月知處州。七年七月,以左朝請郎爲司封員外郎。八年五月知宿州。紹聖元年卒。在朝敢言事,《宋名臣奏議》卷十二、六十九有文。見《咸淳毗陵志》卷十一、《温國文正司馬公文集》卷六十《答楚州糧料胡寺丞宗愈》、《范太史集》卷五十五《手記》及《長編》卷四百二、四百四至九、四百十一、四百十五、四百七十五、四百八十四等。

道潛(參寥)適杭,秦觀(太虚)適越,道中分别寄詩與軾。

《蘇軾文集》卷十二《秦太虚題名記》：「太虚、參寥又相與適越，云秋盡當還。」實則爲道潛適越之杭州，秦觀適越之越州。本年以下有「道潛自杭州寄詩」條紀事。

《文集》卷五十二《與秦太虚》第三簡：「昨晚知從者當往何山。辱示，方悟以雨輟行，悔今日不相從也。聞只今遂行，故不敢奉謁。分韻詩語，益妙，得之殊喜。拙詩令兒子録呈。暑濕，惟萬萬慎護，早還爲佳。」簡中所云「分韻詩語」，當指《詩集》卷十九泛舟城南分韻賦詩事；「拙詩」當指蘇軾分韻所賦之詩。此後，秦觀等即暫離吴興，「早還」乃望其自越回吴興也。計秦觀等之去，當在六月。

《參寥子詩集》卷四《吴興道中寄子瞻》（原注：與少游同賦）：「弱性嗜幽散，出門隨所便。蓮房紛可襲，林屋正高褰。羣木含晨景，孤撑破宿烟。逶迤屯秀崿，宛轉滀清漣。岸匝藤花暗，崖垂桂影圓。引雛鳴鵠鶬，解籜露嬋娟。恍若經愚谷，渾疑渡輞川。葑田青泛泛，石葛蔓綿綿。緬想醉山簡，相從狂謫仙。援毫更妙韻，愧乏碧雲妍。」

《淮海集》卷七《德清道中還寄子瞻》：「投曉理竿枻，溪行耳目醒。蟲魚各蕭散，雲日共晶熒。水荇重深翠，烟山疊亂青。路回逢短榜，崖斷點孤翎。叢薄開羅帳，淪漪寫鏡屏。疏籬窺窅窕，支港泛笭箵。遠溆依微見，哀猱斷續聽。夢長天杳杳，人遠樹冥冥。旅思摇風旆，歸期數月蓂。何時燃蜜炬，復聽閣前鈴。」

道潛自杭州寄詩與軾。

《參寥子詩集》卷四《夏日龍井書事》（原注：呈辯才法師兼寄吴興蘇太守并秦少游，少游時在越）其一：「翠櫪高蘿結晝陰，驕陽無地迫吾身。石崖細聽紅泉落，林菓初嘗碧柰新。揮麈已欣從惠遠，談經終恨少遺民。何時暫著登山屐，來岸烏紗漉酒經。」其二：「雨過千巖爽氣新，孤懷入夜與誰印。風蟬故故頻移樹，山月時時自近人。禮樂汝其攻我短，形骸吾已付天真。露華漸冷飛蚊息，窗裏吟燈亦可聽。」其三：「自憐多病畏炎曦，長夏投踪此最宜。青石白沙含淺瀨，碧梧蒼竹聒涼颸。雲中雞犬聽難辨，谷口漁樵自不知。斑杖芒鞋隨步遠，歸來幽火認茅茨。」其四：「朅來人外慰棲遲，谷遠山長萬事遺，好鳥未嘗吟俗韻，白雲還解弄奇姿。藤花冉冉青當户，竹色娟娟碧過籬。不羡故人探禹穴，短橈孤榜逐漣漪。」「自憐」云云，叙在杭生活。

《柯山集》卷九《寄答參寥五首》其五：「蘇公守吴興，山水方有主。子兮從之游，挂錫當可駐。塵埃困孤鶴，念子久失所。秋風展其翼，道使萬里去。青雲引高吭，爽絶誰敢五。予駒欲西秣，東我江海艣。平生二三子，往往在南土。子才得所樂，我拙日益魯。拳拳相思心，契闊不得語。」

孫著作赴考城，并赴京師，蘇軾作詩送行并兼寄錢藻（醇老）、李清臣（邦直）。錢李京師致孫著作書及軾。

詩見《蘇軾詩集》卷十九(九七四頁)。

詩云:「使君閑如雲,欲出誰肯伴。清風獨無事,一嘯亦可喚。來從白蘋洲,吹我明月觀。門前遠行客,青衫流白汗。問子何匆匆,王事不可緩。」作者招清風爲伴,乃爲出行,似非送客,而實爲送客。淡淡寫來,其味彌永,於送行詩中有新意。孫著作之赴考城,爲就新任。詩云:「故人錢與李,清廟兩圭瓚。蔚爲萬乘器,尚記溝中斷。」謂錢藻、李清臣在京師嘗致書孫著作,書中及蘇軾。詩末所云「欲寄二大夫」,實謂錢藻、李清臣。孫著作與錢李爲友,知亦爲知名之士。詩稱「子亦東南珍」,孫著作當爲浙人或閩人。

錢藻時知開封府,見《長編》卷三百一本年十二月庚申紀事。藻元豐五年卒,年六十一。見《元豐類稿》卷四十二墓誌銘。

據《雞肋集》卷六十二《資政殿大學士李公(清臣)行狀》,時清臣爲太常博士,國史院編修官。

李常(公擇)賦梅花詩寄蘇軾,軾次韻。

軾詩見《蘇軾詩集》卷十九(九七八頁)。

詩云:「蕭然臥灊麓,愁聽春禽哢。忽見早梅花,不飲但孤諷。詩成獨寄我,字字愈頭痛。」李常時提點淮南西路刑獄,刑獄司在舒州(潛)。常原韻爲本年春作。

詩云：「尋花不論命，愛雪長忍凍。」是乃真愛，名言也。

詩云：「故山亦何有，桐花集么鳳。君亦憶匡廬，歸掃藏書洞。何當種此花，各抱漢陰甕。」相約各回鄉。常嘗讀書匡廬。

桐花鳳，見《蘇軾文集》卷七十一《記先夫人不殘鳥雀》。

寄詩徑山澄慧大師淵。

詩見《蘇軾詩集》卷十九(九八〇頁)，題作《送淵師歸徑山》。《咸淳臨安志》卷二十五引此詩，題作《寄澄慧大師淵》，今從，參《詩集》卷十九校記第五十二條。詩云：「溪城六月水雲蒸。」作於六月。

六月十三日，次韻周邠(開祖)見寄。

詩見《蘇軾詩集》卷十九(九八一頁)，時周宰樂清，有譏諷意，見《詩案·寄周邠諸詩》。《詩案》云：「元豐二年六月十三日，軾知湖州，有周邠作詩寄軾，軾答云：『政拙年年祈水旱，民勞處處避嘲嘔。河吞巨野那容塞，盜入蒙山不易搜。事道故因慙孔孟，扶顛未可責由求。』此詩自言遷徙數州，未蒙朝廷擢用，老於道路，并所至遇水旱盜賊，夫役數起，民蒙其害，以譏諷朝廷政事闕失，并新法不便之所致也。又云：『事道故因慚孔、孟，扶顛未可責由、求。』以言已仕而道不行，則非事道也，故有慚於孔、孟。孔子責由、求云：危而不持，顛而不扶，則將焉用彼相矣。顛謂顛仆也，意以譏諷朝廷大臣。不能扶正其顛仆。」

林希（子中）以詩寄文同（與可）及蘇軾，同既殁，軾至是追和希之韵。

軾詩見《蘇軾詩集》（九八三頁）。希之詩佚。

《長編》卷二百八十八元豐元年三月辛巳紀事：「命太常博士、祕閣校理陳睦假起居舍人、直昭文館爲高麗國信副使，代林希，希謫監杭州樓店務。」《宋史》卷三百四十三《林希傳》：「責監杭州樓店務。歲餘，通判秀州。」知希之詩作於杭州。

詩首云：「斯人所甚厭，投畀每不受。」謂同在世時，人所甚厭。嗣云：「欲其少須臾，奪去惟恐後。」排同者衆，排之者欲速其死。寫同之遭遇，似寫自身。以下有云：「胡不安其分，但聽物所誘。時來各飛動，意合無妍醜。」責同不安分，不隨波逐流；責同似亦責自身。故以下有文同「平生無一旅」之句。同平生既無一旅，而「既死咤萬口」，則此萬口之惜同，未必以真誠。蘇軾不勝感慨。詩末「故人多厚禄，能復哀君否」可證。

章惇（子厚）守湖州時，嘗留題飛英寺，至是，蘇軾次韵。

軾詩見《蘇軾詩集》卷十九（九八六頁）。惇詩佚。惇守湖州，已見本譜此前熙寧八年紀事。

詩首句叙舊游，次云「而今人在鳳麟洲」，時惇官翰林學士。末二云：「黄公酒肆如重過，杳杳白蘋天盡頭。」盼惇重來湖州，相與一游。

蘇軾與僚屬於城南縣尉水亭賦詩，軾得「長」字。

軾詩見《蘇軾詩集》卷十九（九八七頁）。

詩首云：「兩尉鬱相望，東西百步場。」湖州治烏程、歸安二縣，故云兩尉。百步場，謂尉司較閱處。蘇軾與僚屬來水亭，當爲較閱。較閱者，觀兵丁習武也。次云：「插旗蒲柳市，伐鼓水雲鄉。」「插旗」、「伐鼓」，叙習武演練，益足證明此乃太守檢閱。蒲柳市、水雲鄉，查《嘉泰吴興志》卷二、卷三，烏程、歸安二縣鄉里，並無其名，蓋泛指。

自「全家依畫舫，極目亂紅妝」以下十句，乃叙檢閱既罷游水亭，此二句或叙游人。「瀲瀲波頭細，疏疏雨脚長」，適逢下雨。「我來閑濯足」二句，苕溪之水不深。「澤國山圍裏，孤城水影傍。」品賞湖州城風物。

《嘉泰吴興志》卷十三：「顔魯公集有《柳惲西亭記》云：湖州烏程縣南水亭，即柳惲西亭也。……陸羽《圖記》云：西亭在城西南二里，烏程縣南六十步，跨苕溪爲之。……本朝天聖中，縣令方仲弓重修，以臨苕溪，水來自浮玉山，故易『浮玉亭』今名。」

軾與胡祠部游法華山，贈賈收（耘老）詩。

詩見《蘇軾詩集》卷十九（九八八頁）。詩有云：「歸途十里盡風荷。」

同上《次前韵贈賈耘老》：「今朝偶上法華嶺，縱觀始覺人寰隘。山頭卧碣弔孤冢，下有至人僵不壞。」

《詩集》與胡祠部游詩「查注」謂石斗山又名法華山。《輿地紀勝》卷四《兩浙西路·安吉州·景物下》：「石斗山：《寰宇記》：在烏程縣，王羲之嘗游處焉。」同上《碑記》：「唐大光和尚神異碑：在烏程法華寺，乾寧中李紳書。」文：「唐大光和尚道蹟碑：在烏程法華寺。」

胡祠部，待考。

軾寄題趙抃（閱道）衢州高齋。

詩見《蘇軾詩集》卷十九（九九一頁），首云：「見公奔走謂公勞，聞公引退云公高。」

《蘇軾文集》卷十七《趙清獻公神道碑》：「元豐二年二月，加太子少保致仕，時年七十二矣。退居於衢，有溪石松竹之勝，東南高士多從之游。」

《避暑録話》卷上：「趙清獻公自錢塘告老歸，……治第衢州，臨大溪，其旁不遠數步，亦有山麓屹然而起，即作別館其上，亦名高齋。既歸，唯居此館，不復與家人相接，但子弟晨昏時至。以二浄人、一老兵爲役，早不茹葷，以一浄人治膳於外。功德院號餘慶，時以佛慧師法泉主之。泉，聰明高勝，禪林言泉萬卷者是也。日輪一僧伴食，泉三五日一過之。晚乃略取肉及鮓脯於家，蓋不能終日食素。老兵供掃除之役，事已即去，唯一浄人執事其旁，暮以一風鑪置大鐵湯瓶，可貯斗水，及列盥漱之具，亦去。公燕坐至初夜就寢，雞鳴，浄人治佛室香火，三擊磬，公乃起，自以瓶水頮面趨佛室。暮年尚能日禮佛，百拜誦經，至辰時。余年二十一，嘗登高齋，尚仿佛其處，後見公客周竦道其詳，欣然慕之。」所謂「亦名高齋」，乃以錢塘州治有高齋也。

軾晤俞汝尚之子温父，賦詩贈之。

《蘇軾詩集》卷十九《送俞節推》：「猶喜見諸郎，窈然清且深。」節推，温父也。見題下「施注」。《吴興掌故集》謂俞節推名有任。諸郎乃以下所引《丹陽集》所云俞俟兄弟。《丹陽集》卷十七《俞居易俟兄弟並時爲屬邑長示其父所藏東坡送行詩用其韻跋卷末》：「吾州兩支邑，伯季俱鳴琴。清談一傾倒，娓娓正始音。文室賴芝蘭，藥籠資桂參。猥示晏楹書，什襲緘藏深。好事識雅趣，揚美知孝心。躋榮荷門基，行矣勳業尋。」可參。

蘇軾在湖州，與俞温父之叔父（或伯父）簡。

簡乃《蘇軾文集》卷五十五《與人一首》（一六四五頁）。簡云：「何生寫真，逮十分矣。非公與子中指摘，亦不至是也。」何生，名充，姑蘇人。熙寧七年，嘗爲蘇軾寫真，見該年紀事。子中，乃王適之又一字，從蘇軾來湖州。簡云：「令姪節推甚安，幕中極煩他也。」節推乃俞温父，參本年以下紀事。節推全稱節度推官。據此簡，蘇軾知湖州，温父爲節度推官。節度推官乃幕職。

簡云：「比來道氣如何？用新術有驗否？」知温父之叔習道。

軾次韵答孫侔。

詩見《蘇軾詩集》卷十九（九九三頁），此詩之後，又有《重寄》詩，亦與侔者。侔，《宋史》卷四百五十八有傳，頗嫌簡略，兹略補於下。查《宋會要輯稿》第一百二十册《選舉》三四之三八：嘉祐四年七月二十三日，以揚州處士孫侔試秘書省校書郎充州學教授，以知揚州劉敞，右正言吴及並薦其材行，故有是命。《長編》卷一百九十亦及此事，惟稱「處士」爲「進士」。劉敞《公是集》卷二十五有《答校書郎孫侔少述》、《和孫少述題虎丘》、《和孫侔雁蕩山二首》。劉攽《彭城集》卷三《奉酬孫少述》有「道遠義彌敦」之句；卷四《和孫少述雪》有「餓隱賤禄仕，乃見終古情」之句。曾鞏《元豐類稿》卷八《和酬孫少述》云及：「自信簞瓢樂，寧羞猿鶴驚。」侔詩不傳。侔卒於元豐三年，年六十六。見答孫侔詩題下「施注」。《元豐類稿》卷七《孫少述示近詩兼仰高致》：「大句閎篇久擅場，一函初得勝琳琅。少陵雅健材孤出，彭澤清閑興最長。世外麒麟誰可繫，雲中鴻雁本高翔。白頭多病襄陽守，展卷臨風欲自强。」謂其詩兼有杜甫之雅健，陶潛之清閑，欲向其學習。時曾鞏守襄陽。同上卷八《和酬孫少述》：「自信簞瓢樂，寧羞猿鶴驚。論高知峻節，交淡見純誠。自昔心無間，相逢眼更明。何當薦有道，坐想軟輪迎。」贊其品德高致，欲薦之。

劉攽（貢父）爲京東轉運使，行部至徐州，登黄樓，賦詩見寄，軾次韵答之，並寄弟轍。

次韻詩見《蘇軾詩集》卷十九（九九五頁）。

《宋史》卷三百一十九《劉攽傳》：「爲開封府判官，復出爲京東轉運使。」

次韻詩其一云：「青派連淮上，黄樓冠海隅。此詩尤偉麗，夫子計魁梧。……坐令乘傳遽，奔走爲儲須。」是行部至徐登黄樓作詩也。攽原倡已佚。

轍亦次韵。

轍詩其一末云：「同舍新持節，專城敢遽呼。未迎行部駕，已放下淮艫。試問登消暑，如何楚與吴。」前二句謂攽新除京東路轉運使，中二句謂攽至徐，軾已去。後二句就軾言，自注謂「吴興有消暑樓」。消暑樓，在郡圃。登樓，俯視萬井，谿山環列，爲一郡登覽勝地。唐時建，見《嘉泰吴興志》卷十三。轍詩見《欒城集》卷九。

陪杜充、張恕鴻慶宫避暑，轍作詩。

詩見《欒城集》卷九。中云：「簿書霑汗垢。」蓋已盛暑。又云：「老郎無不可，公子亦能和。」上句謂充，下句謂恕。

宋城宰韓秉文惠日鑄茶，轍作詩。

詩見《欒城集》卷九。首云：「君家日鑄山前住。」則秉文爲越州人。日鑄山在越州。緊次此詩爲《次前韵》，品日鑄茶。

孔武仲詩來，轍答之。

詩見《欒城集》卷九。中云：「我貧客去盡，君來常不速。愧君贈桃李，永願報瓊玉。」據《宋史》卷三百四十四《孔武仲傳》，武仲或時在京師，官國子直講。京師離南京近，故武仲能常來，且有餽贈。足見情誼之深。詩叙濟南往事後，以下云：「别來今幾何，歸期已屢卜。西南有薄田，茅舍清溪曲。」有回蜀之意。

七夕軾賦《漁家傲·七夕》（皎皎牽牛河漢女）。

詞見《東坡樂府》卷上。

《東坡詞編年箋證》：「彊邨案云：『詞有「汀洲蘋老」語，疑在湖州時作。公在湖州遇七夕惟元豐己未也。』暫從朱説，俟再考。」今從其説。彊邨，朱祖謀。

七月七日，軾作《文與可畫篔簹谷偃竹記》。

記見《蘇軾文集》卷十一。

甲戌（初八日），以宣徽南院使、東太一宫使張方平爲太子少師、宣徽南院使致仕。轍代方平作《謝表》。先是轍代方平撰《乞致仕表》三首，至是得請。

甲戌云云，據《年表》。代撰《謝表》、《乞致仕表》，見《欒城集》卷四十九。

吴思道道人歸吴興，轍作詩送行。

詩見《欒城集》卷九。其一云：「一去吴興十五年，東歸父老幾人存。惠山唯有錢夫子，一寸閑田曉日暾。」《蘇軾詩集》卷十一有《惠山謁錢道人烹小龍團登絶頂望太湖》詩，作於熙寧六年。錢道人即錢夫子，當爲思道道友。

陳之方秘丞贈詩，轍次其韵答之。

次韵見《欒城集》卷九。詩云：「故人多東南。」知之方爲轍老友。之方乃舒州人，熙寧六年，知英州浛光縣，改清遠縣。見光緒《清遠縣志》卷九。詩云：「東都多名卿，投刺日盈笈。一言苟合意，富貴出旬浹。行看文石階，高談曳長裓。」曲盡世態。之方則否，知爲清介之士。道光《廣東通志》卷二百七有之方《祠南海神》詩。

軾題《璇璣圖》三首，十二日書。

《回文類聚》卷一《璇璣圖考異》謂《璇璣圖》近見一本，乃治平中太常少卿沈立將漕河朔，於東都陳安期家所得：「其後有東坡及孔毅甫、秦太虚跋語。坡則三詩，元豐二年七月十二日書。孔則五詩，四年九月十七日題。秦則一詩，元祐戊辰正月十四日。汝南蠹魚閣所記，皆今所刊者。但五詩以補子瞻之遺，平時多見《淮海集》中，初不以爲出於毅甫也。」此三詩，即《蘇軾詩集》卷四十七《次韻回文三首》。毅甫，平仲字。太虚，觀字。

二十七日，程棐使人至，告軾已捕獲「妖賊」郭先生等。

據《蘇軾文集》卷四十九《與章子厚參政》第二書。書謂方欲具始末奏陳，會逮赴詔獄，未果。《宋會要輯稿》第九十一册《職官》五二之一二本年六月十一日紀事：詔遣大理少卿蹇周輔往徐州鞫妖人郭進獄。知郭先生乃郭進。

在湖州，軾與僧仲淵交往；題顔真卿《放生池碑》；築蘇灣之堤；爲僧書岑碩詩。姚淳嘗惠問，有簡與之。

《宋詩紀事補遺》卷九十六：「仲淵，字潛老，德清人。爲蘇公稱許。後祝髮某林，蘇公爲親書度牒，叢林榮之。」録《上蘇子瞻》：「文章落落昌黎老，風物蕭蕭李謫仙。二子本來爲獨擅，使君才力已雙全。」按：此詩一見清陸心源《吴興詩存》二集卷二十四。「某林」作「梅林」。「蘇公」謂「軾」。

《蘇軾文集》卷六十九有《題魯公放生池碑》。《輿地紀勝》卷四《安吉州》謂《勑天下放生池碑》，舊在文宣王廟，今在魯公祠，顔真卿撰并書。

《吴興備志》卷十五：「蘇灣在峴山寺前。其堤，蘇子瞻爲守時所築。因名其灣曰蘇公灣，堤曰蘇堤。」又：「學士山：在蘇灣，面對峴山，右挹碧湖，子瞻常游，故名，或曰即方屏山。」卷二十四謂蘇軾爲三德院僧手書唐岑碩詩，僧無知者。簡乃《文集》卷五十七《與姚君》第三簡，云及「咫尺」。

楊繪(元素)作詩憶六客會寄蘇軾,約爲軾守湖時事。

《觀林詩話》叙熙寧七年六客會後,張先、陳舜俞、劉述相繼化去,唯蘇軾、楊繪、李常在,繪因作詩寄軾:「仙舟游漾霅溪風,三奏琵琶一艦紅。門望喜傳新政異,夢魂猶憶舊歡同。二南籍裏知誰在,六客堂中已半空。細問人間爲宰相,争如願住水晶宫。」以下云:「『天池問盧杞,願住水晶宫,願爲人間宰相?』杞對曰:『願爲人間宰相。』遂不得仙。今吴興有水晶宫之號,故云。」時軾知吴興,繪詩當作於此時。《密齋筆記》卷二亦記繪寄詩事,文略同,不録。

傳軾守湖時多游於湖州城外。

宛委山堂本《説郛》卷六十八引周密《吴興園林記·章參政嘉林園》云「外祖文莊公居城南,後有地數十頃」,「有嘉林堂、懷蘇書院。相傳坡翁作守,多游於此城之外」。《癸辛雜識》前集亦有此記載,惟「頃」作「畝」,文莊公乃章良能。

晁端彦(美叔)以忍事箴之,軾不聽。約爲熙寧入朝至入獄以前事。

《曲洧舊聞》卷五:「東坡性不忍事,嘗云如食中有蠅,吐之乃已。晁美叔每見,以此爲言。坡云:『某被昭陵擢在賢科,一時魁舊往往爲知己,上賜對便殿,有所開陳,悉蒙嘉納。已而章疏屢上,雖甚剴切,亦終不怒。使某不言,誰當言者。子之所慮,不過恐朝廷殺我耳。』美叔默然。坡浩歎久之，曰：『朝廷若果見殺我，微命亦何足惜，只是有一事，殺了我後好了你。』遂相與大笑而起。」

二十八日，中使皇甫遵到湖州勾攝蘇軾前來御史臺。罷湖州。先是御史中丞李定、御史舒亶、何正臣等言蘇軾謗訕朝政，御史臺檢會送到《錢塘集》，乃詔知諫院張璪及李定推治以聞。

二十八日云云，據《詩案·中使皇甫遵到湖州勾至御史臺》、《詩讞》。

《長編》卷二百九十九元豐二年七月己巳紀事：詔張璪、李定推治蘇軾。「時定乞選官參治及罷軾湖州，差職員追攝。既而上批令御史臺選牒朝臣一員乘驛追攝，又責不管別致疏虞狀，其罷湖州朝旨，令差去官齎往。」

《詩案·御史中丞李定劄子》：「右諫議大夫權御史中丞李定劄子。臣切見知湖州蘇軾，初無學術，濫得時名，偶中異科，遂叨儒館。及上聖興作，新進仕者，非蘇之所合，軾自度終不爲朝廷獎用，銜怨懷怒，恣行醜詆，見於文字，衆所共知。或有燕蝠之譏，或有竇梁之比。其言雖屬所憾，其意不無所寓，訕上罵下，法所不宥。臣切謂軾有可廢之罪四，臣請陳之。昔者堯不誅四凶，而至舜則流放竄殛之，蓋其惡始見於天下。軾先騰沮毀之論，陛下稍置之不問，容其改過，軾怙終不悔，其惡已著，此一可廢也。古人教而不從，然後誅之，蓋吾之所以俟之者盡，然後戮辱隨焉。陛下所以俟軾者可謂盡，而傲悖之語，日聞中外，此二可廢也。軾所爲文辭，雖不中理，亦足以鼓動流俗，所謂言僞而辨。當官侮慢，不循陛下之法，操心頑愎，不服陛下之化，所謂行僞而堅。言僞而辨，行僞而堅，先王之法當誅，此三可廢也。《書》：『刑故無小。』知而爲與夫不知而爲者異也。軾讀史傳，豈不知事君有禮，訕上者誅，肆其憤心，公爲詆訾，而又應制舉對策，即已有厭獎更法之意。陛下修明政事，怨不用已，遂一切毁之，以爲非是，此四可廢也。而尚容於職位，傷教亂俗，莫甚於此。臣伏惟陛下，動静語默，惟道之從，興除制作，肇新百度，謂宜可以於變天下，而至今未至純著，殆以軾輩虚名浮論，足以惑動衆人故也。臣叨預執法，職在糾姦，罪有不容，其敢苟止！伏望陛下斷自天衷，特行典憲，非特沮乖慝之氣，抑亦奮忠良之心，好惡既明，風俗自革，有補於世，豈細也哉！取進止。元豐二年七月二日崇政殿進呈。奉聖旨後批：四狀（按：指此狀及以下舒、何、李三狀）并册子，七月三日進呈。奉聖旨送御史臺根勘聞奏。」

同上《監察御史裏行舒亶劄子》：「太子中允集賢校理權監察御史裏行舒亶劄子。臣伏見知湖州蘇軾近《謝上表》，有譏切時事之言，流俗翕然，争相傳誦。忠義之士，無不憤惋。且陛下自新美法度以來，異論之人，固不爲少，然其大，不過文亂事實，造作讒説，以爲摇動沮壞之計。其次，又不過腹非背毁，行察坐伺，以幸天下之無成功而已。至於包藏禍心，怨望其上，訕讟慢罵，而無復人臣之節者，未有如軾也。蓋陛下發錢以本業貧民，則曰『赢得兒童語音好，一年强半在城中』；陛下明法以課試郡吏，則曰『讀書萬卷不讀律，致君堯舜知無術』；陛下興水利，則曰『東海若知明主意，應教斥鹵變桑田』；陛下謹鹽禁，則曰『豈是聞韶解忘味，邇來三月食無鹽』。其他觸物即事，應口所言，無一不以譏謗爲主。小則鏤板，大則刻石，傳播中外，自以爲能。其尤甚者，至遠引衰漢、梁、竇專朝之士，雜取小説燕蝠争晨昏之語，旁屬大臣，而緣以指斥乘輿，蓋可謂大不恭矣。然臣切考歷古以來，書傳所載，其間擾攘之世，上之人雖有失德之行，違道之政，而逆節不軌之臣，苟能正其短以動揺人心，亦必回容顧避，自托於忠順之名而後敢出此。恭惟陛下躬履道德，立政造士，以幸天下後世，可謂堯舜之用心矣。軾在此時，以苟得之虚名，無用之曲學，官爲省郎，職在文館，典領寄任，又皆古所謂二千石，臣獨不知陛下何負於天下與軾輩，而軾敢爲悖慢，無所畏忌，以至如是。且人道之所自立者以有義，而無逃於天地之間者，義莫如君臣。軾之所爲，忍出於此，其能知有君臣之義乎！夫爲人臣者，苟能充無義之心，往以爲利，則其惡無所不至矣。然則陛下其能保軾之不爲此乎！昔者治古之隆，責私議之殊説，命之曰不收之民，狃於姦宄，敗常亂俗，雖細不宥。按軾懷怨天之心，造訕上之語，情理深害，事至暴白，雖萬死不足以謝聖時，豈特在不收不宥而已。伏望陛下體先王之義，用治世之重典，付軾有司，論如大不恭，以戒天下之爲人臣子者。不勝忠憤懇切之至。印行四册，謹具進呈。取進止。元豐二年七月二日，崇政殿進呈。奉聖旨，送中書。」

同上《監察御史裏行何正臣劄子》：「御史臺根勘所，元豐二年七月四日，准中書批送下太子中允權監察御史裏行何正臣劄子。臣伏見祠部員外郎、直史館、知湖州蘇軾《謝上表》，其中有言：『愚不識時，難以追陪新進；老不生事，或能牧養小民。』愚弄朝廷，妄自尊大，宣傳中外，孰不歎驚。夫小人爲邪，治世所不能免，大明旁燭，則其類自消，固未有如軾爲惡不悛，怙終自若，謗訕譏罵，無所不爲，道路之人，則又以爲一有水旱之災，盗賊之變，軾必倡言歸咎新法，喜動顏色，惟恐不甚。今更明上章疏，肆爲詆誚，無所忌憚矣。夫出而事主，所懷如此，世之大惡，何以復加。昔成王戒康叔，以助王宅天命，作新民，人有小罪非眚，乃惟終不可不殺，蓋習俱污陋，難以丕變，不如是，不足以作民而新之，况今法度未完，風俗未一，正宜大明誅賞，以示天下。如軾之惡，可以止而勿治乎？軾所爲譏諷文字，傳於人者甚衆，今猶取鏤板而鬻於市者進呈。伏望陛下特賜留神。取進止。元豐二年三月二十七日，垂拱殿進呈。奉聖旨，送中書。」「正臣」原作「大正」。今從《宋史·何正臣傳》。

同上《國子博士李宜之狀》：「國子博士李宜之狀。昨任提舉淮東常平，過宿州靈壁鎮，有本鎮居止張碩秀才，稱蘇軾與本家撰《靈壁張氏園亭亭記》。內有一節，稱：『古之君子，不必仕，不必不仕。必仕則忘其身，必不仕則忘其君。譬之飲食，適於饑飽而已。然士罕能蹈其義，赴其節。處者安於故而難出，出者狃於利而忘返。于是有違親絶俗之譏，懷禄苟安之弊。』宜之看詳上件文字，義理不順，言『不必仕』，是教天下之人必無進之心，以亂取士之法。又軾言『必不仕則忘其君』，是教天下之人無尊君之義，虧大忠之節。又軾稱『譬之飲食適於饑飽而已，然士罕能蹈其義，赴其節』，宜之詳此，即知天下之人仕與不仕不敢忘其君，而獨軾有『不必仕則忘其君』之意，是廢爲臣之道。又軾稱『處者安於故而難出，出者狃於利而忘返』，於是有違親絶俗之譏，懷禄苟安之弊，頗涉譏諷，乞賜根勘。」

同上《御史臺檢會送到册子》：「檢會送到册子，題名是《元豐續添蘇子瞻學士錢塘集》全册，内除目録更上抄寫外，其三卷並録付。中書門下奏，據審刑院尚書刑部狀，御史臺根勘到祠部員外郎、直史館蘇軾，爲作詩賦并諸般文字，謗訕朝政及中外臣僚，絳州團練副使、駙馬都尉王詵，爲留蘇軾譏諷文字及上書奏事不實按并劄子二道者。」既云「元豐續添」，乃入元豐後有所增益而再版。

《蘇軾文集》卷二十九《乞郡劄子》：「昔先帝召臣上殿，訪問古今，勑臣今後遇事即言。其後臣屢論事，未蒙施行，乃復作爲詩文，寓物托諷，庶幾流傳上達，感悟聖意，而李定、舒亶、何正臣三人，因此言臣誹謗，臣遂得罪。」

同上卷三十二《杭州召還乞郡狀》叙三任外補後，云：「先帝眷臣不衰，時因賀謝表章，即對左右稱道。黨人疑臣復用，而李定、何正臣、舒亶三人，構造飛語，醖釀百端，必欲致臣於死。先帝初亦不聽，而此三人執奏不已，故臣得罪下獄。定等選差悍吏皇遵，將帶吏卒，就湖州追攝，如捕寇賊。」皇遵當即皇甫遵。

《軾墓誌銘》：「徙知湖州，以表謝上。言事者擿其語以爲謗，遣官逮赴御史獄。初，公既補外，見事有不便於民者，不敢言，亦不敢默視也，緣詩人之義，托事以諷，庶幾有補於國。言者從而媒孽之，上初薄其過，而浸潤不止，至是不得已從其請。」

《東軒筆録》卷十叙蘇軾嘗爲士大夫贊美朱壽昌尋母得母之詩作序，「譏激世人之不養母者，李定見其序，大愧恨，會定爲中丞，劾軾嘗作詩謗訕朝廷，事下御史府鞫劾」。序不見。

李定字資深，揚州人；舒亶字信道，明州慈溪人；何正臣字君表，臨江新淦人：《宋史》卷三百二十九有傳。

《揮麈録·後録》卷六云「汪輔之，宣州人」，以下言：「熙寧中爲職方郎中、廣南轉運使，蔡持正爲御史知雜，摭其謝上表，有『清時有味，白首無能』，以謂言涉譏訕，坐降知虔州以卒。有文集三十卷行於世。後數年，興東坡之獄，蓋始於此。」

就逮。軾與妻子訣别，留書與弟轍，處置後事。郡人送者雨泣。陳師錫出餞，王適、王遹兄

弟送出郊，倉卒别法言。邁隨行。就逮時，在告，祖無頗權州事。王適兄弟送家人赴南都弟轍處。

《蘇軾文集》卷六十八《題楊朴妻詩》、《佚文彙編》卷五《題魏處士詩》叙及與妻子訣别。《文集》卷四十八《黄州上文潞公書》：「軾始就逮赴獄，有一子稍長，徒步相隨。其餘守舍，皆婦女幼稚。」卷三十二《杭州召還乞郡狀》叙就逮，「臣即與妻子訣别，留書與弟轍，處置後事，自期必死」。書不見。《孔氏談苑》卷一《蘇軾以吟詩下吏》：「蘇軾以吟詩有譏訕，言事官章疏狎上，朝廷下御史臺差官追取。是時，李定爲中書丞，對人太息，以爲人才難得，求一可使逮軾者，少有如意。於是太常博士皇甫僎被遣以往。僎攜一子二臺卒倍道疾馳。駙馬都尉王詵與子瞻游厚，密遣人報蘇轍，轍時爲南京幕官，乃亟走介往湖州報軾，而僎行如飛，不可及。至潤州，適以子病求醫，留半日，故所遣人得先之。僎至之日，軾在告，祖無頗權州事。僎徑入州廨，具鞾袍，秉笏立庭下，二臺卒夾侍，白衣青巾，顧盼獰惡，人心洶洶不可測。軾恐，不敢出，乃謀之無頗。無頗云：『事至於此，無可奈何，須出見之。』軾議所以服，自以爲得罪，不可以朝服。無頗云：『未知罪名，當以朝服見也。』軾亦具鞾袍，秉笏立庭下，無頗與職官皆小幘列軾後。二卒懷臺牒，拄其衣，若匕首然。僎又久之不語。人心益疑懼。軾曰：『軾自來殛惱朝廷多，今日必是賜死，死固不辭，乞歸與家人訣别。』僎始肯言，曰：『不至如此。』無頗乃前曰：『太博必有被受文字。』僎問：『誰何？』無頗曰：『無頗是權州。』僎乃以臺牒授之。及開視之，只是尋常追攝行遣耳。僎促軾行，二獄卒就直之。即時出城登舟，郡人送者雨泣。頃刻之間，拉一太守如驅犬鷄。此事無頗目擊也。」據此，遵一名僎。

《萍洲可談》卷二：「東坡元豐間知湖州，言者以其誹謗時政，必致死地，御史臺遣就任攝之，吏部差朝士皇甫朝光管押。東坡方視事，數吏直入上廳事，捽其袂曰：『御史中丞召。』東坡錯愕而起，即步出郡署門，家人號泣出隨之。」朝光，皇祐元年進士，見《嚴州圖經》卷一。不知朝光是否即遵。

《文集》卷十五《王子立墓誌銘》：「余得罪於吴興，親戚故人皆驚散，獨兩王子不去，送余出郊，曰：『死生禍福，天也，公其如天何！』返取余家，致之南都。」

《宋史》卷三百四十六《陳師錫傳》：「軾得罪，捕詣臺獄，親朋多畏避不相見，師錫獨出餞之，又安輯其家。」

《文集》卷六十一《與言上人》：「去歲吴興倉卒爲別，至今耿耿。」言上人乃杭法惠寺僧法言。此處言及「倉卒」，當是軾就逮時法言適在吴興。

無頗，字夷甫，上蔡人，無擇從弟，以蔭補官。《龍學文集》卷十六《提刑始末》謂無頗「攝治吴興郡」，仕至提點利州、福建二路刑獄。元祐八年卒，年六十五。事迹除參《提刑始末》外，尚可參《龍學文集》卷十六附録《歷官勑書十三道》及《淮海集》卷三十八《祖氏先塋芝草記》。無擇，《宋史》卷三百三十一有傳。龍學，即謂無擇。

軾過江。

《蘇軾文集》卷三十二《杭州召還乞郡狀》：「過揚子江，便欲自投江中，而吏卒監守不果。」

軾至揚州，知揚州鮮于侁往見，未能通。

《宋史》卷三百四十四《鮮于侁傳》：「元豐二年召對，命知揚州。」以下言：「蘇軾自湖州赴獄，親朋皆絶交。道揚，侁往見，臺吏不許通。或曰：『公與軾相知久，其所往來書文，宜焚之勿留，不然，且獲罪。』侁曰：『欺君負友，吾不忍爲，以忠義分譴，則所願也。』」

軾過平山堂下，見杜介(幾先)家紙窗竹屋，慨然羡慕。

《蘇軾文集》卷五十八《與杜幾先》：「去歲八月初，就逮過揚，路由天長，過平山堂下，隔牆見君家紙窗竹屋依然，想見君黄冠草屨，在藥墟棋局間，而鄙夫方在縲紲，未知死生，慨然羡慕，何止霄漢。」簡作於元豐三年。

軾至宿州，御史符下，圍船搜取文書。

《蘇軾文集》卷四十八《黄州上文潞公書》：「至宿州，御史符下，就家取文書。州郡望風，遣吏發卒，圍船搜取，老幼幾怖死。既去，婦女恚駡曰：『是好著書，書成何所得，而怖我如此。』悉取燒之。」

蘇軾經汴堤。

《蘇軾詩集》卷十九《御史臺榆槐竹柏·榆》首云：「我行汴堤上，厭見榆陰緑。千株不盈畝，斬伐同一束。」

軾八月十八日，赴臺獄。

據《詩讞》。《詩案·中使皇甫遵到湖州勾至御史臺》：「今年七月二十八日，中使皇甫遵到湖州勾攝軾前來。至八月十八日，赴御史臺出頭。當日准問目，方知奉聖旨根勘。」《孔氏談苑》卷一《皇甫僎深刻》：「蘇子瞻隨皇甫僎追攝至太湖蘆香亭下，以柁損修完。是夕，風濤澒洞，月色如晝。子瞻自惟倉卒被拉去，事不可測，必是下吏，所連逮者多，如閉目窣身入水，頃刻間耳。既爲此計，又復思曰：『不欲辜負老弟。』弟謂子由也。言己有不幸，則子由必不獨生也。由是至京師，下御史獄。」又云：「皇甫僎之追取蘇軾也，乞逐夜所至，送所司寄禁。上不許，以爲只是根究吟詩事，不消如此。其始彈劾之峻，追取之暴，人皆爲軾憂之。至是乃知軾必不死也。」此乃綜述途中情況，故次於此。

《蘇軾詩集》卷十九《御史臺榆槐竹柏·槐》首云：「憶我初來時，草木向衰歇。高槐雖驚秋，晚蟬猶抱葉。」

軾入獄，作二詩授獄卒梁成，以遺弟轍。

詩見《蘇軾詩集》卷十九（九九八頁），題云：「予以事繫御史臺獄，獄吏稍見侵，自度不能堪，死獄中，不得一别子由。」故作此詩。

獄中賦榆、槐、竹、柏詩，見《詩集》卷十九（一〇〇二頁），本年「八月十八日」條已引《詩集》卷二十《曉至巴河口迎子由》：「去年御史府，舉動觸四壁。幽幽百尺井，仰天無一席。隔牆聞歌呼，自恨計之失。留詩不忍寫，苦淚漬紙筆。」《蘇軾文集》卷三十二《杭州召還乞郡狀》：「到獄，即欲不食求死。而先帝遣使就獄，有所約敕，故獄吏不敢别加非横。臣亦覺知先帝無意殺臣，故復留殘喘，得至今日。」

《孔氏談苑》卷一《皇甫僎深刻》謂蘇軾入獄，以下云：「李定、舒亶、何正臣雜治之，侵之甚急，欲加以指斥之罪。子瞻憂在必死，掌服青金丹，即收其餘，窖之土中，以備一旦當死，則併服以自殺。有一獄卒，仁而有禮，事子瞻甚謹，每夕必然湯爲子瞻濯足。子瞻以誠謁之，曰：『軾必死，有老弟在外，他日托以二詩爲訣。』獄卒曰：『學士必不至如此。』子瞻曰：『使軾萬一獲免，則無所恨；如其不免，而此詩不達，則目不瞑矣。』獄卒受其詩，藏之枕中。」又云弟轍後得詩，「以面伏案，不忍讀也。」

《萍洲可談》卷二：蘇軾「下獄，即問五代有無誓書鐵券，蓋死囚則如此，他罪止問三代」。

《避暑録話》卷下：「蘇子瞻元豐間赴詔獄，與其長子邁俱行。與之期，送食惟菜與肉，有不測，則徹二物而送以魚，使伺外間以爲候。邁謹守踰月，忽糧盡出謀於陳留，委其一親戚代送，而忘語其約。親戚偶得魚鮓送之，不兼他物。子瞻大駭，知不免，將以祈哀於上而無以自達，乃作二詩寄子由，囑獄吏致之。蓋意獄吏不敢隱，則必以聞，已而果然。神宗初固無殺意，見詩益動心，自是遂益欲從寬釋，凡爲深文者皆拒之。」

《貴耳集》卷上謂二詩奏，「神考、慈聖亦閔之」。慈聖乃太皇太后曹氏。

《蘇魏公文集》卷十《己未九月，予赴鞫御史，聞子瞻先已被繫，予晝居三院東閣，而子瞻在知雜南廡，才隔一垣，不得通音息，因作詩四篇，以爲異日相遇一噱之資耳》作於獄中，詳以下「蘇頌九月」條。蘇頌在知濠州任被逮，旋得白。見《曲阜集》卷四《贈司空蘇公墓誌銘》。

《二老堂詩話·記東坡烏臺詩案》謂蘇頌在獄中有詩云：「遥憐北户吴興守，詬辱通宵不忍聞。」自注云：「所劾歌詩有非所宜言，頗聞鎸詰之語。」按：吴興守謂蘇軾；「鎸」疑爲「鐫」之誤，「鐫詰」當有深文致之之意。今本頌集不見「遥憐」全詩。

轍上書乞納在身官贖軾，不報。軾得罪前，轍嘗以謹於言行爲戒。轍得軾在獄中作二詩。

《欒城集》卷三十五《爲兄軾下獄上書》中云：「臣竊思念軾居家在官，無大過惡，惟是賦性愚直，好談古今得失，前後上章論事，其言不一。陛下聖德廣大，不加譴責，軾狂狷寡慮，竊恃天地包含之恩，不自抑畏，頃通判杭州及知密州日，每遇物托興，作爲歌詩，語或輕發。」又云：「軾之將就逮也，使謂臣曰：軾早衰多病，必死於牢獄。死固分也，然所恨者，少抱有爲之志，而遇不出世之主，雖齟齬於當年，終欲效尺寸於晚節，今遇此禍，雖欲改過自新，洗心以事明主，其道無由。況立朝最孤，左右親近必無爲言者，惟兄弟之親，試求哀於陛下而已。」末云：「欲乞納在身官，以贖兄軾，……但得免下獄死爲幸。」

《蘇軾文集》卷四十九《與章子厚參政書》第一書：「軾所以得罪，其過惡未易以一二數也。平時惟子厚與子由極口見戒，反覆甚苦，而軾强狠自用，不以爲然。」以下有「追思所犯，真無義理，與病狂之人蹈河入海者無異」之語。

《蘇軾文集》卷三十二《杭州召還乞郡狀》：「（就逮，）臣即與妻子訣别，留書與弟轍，處置後事。」

《孔氏談苑》卷一《蘇軾以吟詩下吏》：「蘇軾以吟詩有譏訕，言事官章疏狎上，朝廷下御史臺差官追取。……太常博士皇甫僎被遣以往。僎遣一子二臺卒倍道疾馳。駙馬都尉王詵與子瞻游厚，密遣人報蘇轍。轍時爲南京幕官，乃亟走介往湖州報軾，而僎行如飛，不可及。」軾在獄中詩其一末云：「與君今世爲兄弟，又結來生未了因。」乃情至之言。轍後得詩，不忍卒讀。

九月二十三日，張方平生日，轍作詩爲壽。

詩見《欒城集》卷九。詩云：「高秋過生日。」又云：「嗟我本俗士，從公十年游。謬聞出世語，俯作籠中囚。俯仰迫憂患，欲去安自由。」

張耒赴壽安尉任，過南京，作詩呈轍。轍次韵。

《張耒集》卷九《泊南京登岸有作呈子由子中子敏逸民》：「客行歲云暮，孤舟衝北風。出門何蕭條，驚沙吹走蓬。北涉濉河水，南望宋王臺。落葉舞我前，鳴鳥一何哀。重城何諠諠，車馬溢四郭。朱門列大第，高甍麗飛閣。湯湯長河水，赴海無還期。蒼蒼柏與松，岡原常不移。覽物若有歎，誰者知我心。口吟新詩草，手撫白玉琴。鳴琴感我情，一奏涕淚零。子期久已死，何人爲我聽。推琴置之去，酌我黄金罍。幽憂損華姿，流景良易穨。」子中，或爲遹兄弟輩，名肆，參本譜元豐五年紀事。子敏乃王遹，詳此下「登南城有感」條；逸民，文務光之字。又，《欒静集》謂王子中乃王適。詳元豐五年「本歲李昭玘來書」條。

同上書卷五十三《書曾子固集後》：「元豐二年夏，曾公自四明守亳，道楚。予時自楚將赴河南壽安尉，始獲以書拜公於行次。」以下叙鞏（子固）約耒至亳爲旬日會，然耒至永城病未愈，乃因永城令寓書於鞏。據此，鞏蓋自永城至南京。《張耒集》附録清邵祖壽《張文潛先生年譜》繫以上云云於元豐元年，并謂耒文「元豐二年」爲誤。蓋由未詳考轍之集，耒云「元豐二年」不誤。壽安屬西京河南府，在西京西南七十六里。次韻見《欒城集》卷九。首云：「客舟逝將西，日夜西北風。維舟罷行役，坐令鬢如蓬。」壽安在南京之西，故云客舟將西。據詩，未小憩南京。詩云：「夜吟感秋詩，惜此芳物零。」秋已過。末云：「盡我一杯酒，愁思如雲頹。」自述情懷。

轍登南城有感示文務光、王遹。張耒次韻。

轍詩見《欒城集》卷九。首云：「幽憂隨秋至，秋去憂未已。城南試登望，百草枯且死。落葉投人懷，驚鴻四面起。所思不可見，欲往將安至。」所思謂軾也。遹與其兄適，臨城人。軾知徐，適兄弟來學。軾往湖，適兄弟從。軾就逮，適兄弟來南京，《集》卷九詩可見。《張耒集》卷九《和登城依子由韻》：「步登高城望，望望殊未已。惟時歲將窮，冬孟月魄死。紛吾方有懷，一坐爲三起。悲歌擊枯柄，聲與淚俱至。人生隨大鈞，命不貸君子。付之無如何，外垢資内洗。前知賤終吉，外頗與愚似。開門張瓊瑶，誰者目不寄。支離冒多福，嬋娟畏獨美。舉頭蒼天高，嘆此青雲士。酌公芳尊酒，願公百憂止。履善神所勞，委置目前事。」「舉頭」二句似謂軾。「酌公」四句則勸轍寬釋因軾被逮所縈之愁結。

張耒離南京，赴壽安，王適作詩送行，轍次適韻。張耒作詩寄轍，轍次韻。

適、耒詩均佚，轍詩見《欒城集》卷九。前者其一末云：「憐君顧我情依舊，竹性蕭疏未受霜。」

上句自耒言，下句自謂。後者末云：「縣前女几翠欲滴，吏稀人少無晨集。到官惟有懶相宜，卧看南山春雨濕。」此時耒尚未到任；然耒收此詩時，或已入新歲。壽安有女几山。謂「懶相宜」，微以軾爲戒。

王適兄弟送文務光還陳，作詩。轍次適韵。

轍詩見《欒城集》卷九。首云：「三君皆親非復客，執手河梁我心惻。」三君謂王適、王遹、文務光。務光爲轍長婿，前已言及。據《年表》，適以後爲轍次婿，計轍此時已心許之。中云：「君家西歸在新歲，此行未遠心先恐。故山萬里知何許？我欲因君亦歸去。」文同卒於陳州後，其靈柩在陳州。細味詩句，其家將扶同之柩回蜀。

知應天府兼南京留守張芻（聖民）燕集，作詩。轍次芻韵。

轍詩見《欒城集》卷九。首云：「淮陽卧閣生清風，梁園坐嘯囹圄空。」謂芻知陳州、知應天府皆有治績。中云：「一杯相屬時方冬。」點冬。

蘇頌九月被繫，獄中作詩及蘇軾。

《蘇魏公文集》卷十詩題：「己未九月予赴鞫御史聞子瞻先已被繫。予晝居三院東閣，而子瞻在知雜南廡。才隔一垣，不得通音息，因作詩四篇，以爲異日相遇一噱之資耳。」詩其一云：「早年相值浙江邊，多見新詩到處傳。樓上金蛇驚妙句，卷中腰鼓伏長篇（自注：子瞻觀雨望湖樓，壁有「電光時掣紫金蛇」之句。又示予近詩一軸，首篇《答鮮于郎中》云：「有如琵琶弦，常遭腰鼓鬧。」前人未有此意）。仳離歲月流如水，抑鬱情懷積似烟。今日柏臺相望處，隔垣音響莫由宣。」其二云：「詞源遠遠蜀江流，風韵琅琅舜廟球。擬策進歸中御府，文章傳過帶方州（自注：前年高麗使者過餘杭，求市子瞻集以歸）。未歸綸閣時稱滯，再换銅符政并優。嘆惜鍾王行草筆，却隨諸吏寫毛頭。」其三云：「源流同是子卿孫，公自多才我寡聞。謬見推稱丈人行，應緣舊熟秘書君。文章高絶誠難敵，聲氣相求久益勤。莫爲歌詩能數眯，聖朝終要頌華勛。」其四云：「近年出處略相同，十載邅迴我與公。杭婺鄰封遷謫後，湖濠繼踵縶維中。詩人囁囁常多難，儒者凄凄久諱窮。他日得歸江海去，相期來訪蒜山東。」

十月十五日，軾聞太皇太后曹氏不豫，有赦，作詩。

《宋史·神宗紀》本年十月紀事：「己酉，太皇太后疾，上不視事。庚戌，罷朝謁景靈宫，命輔臣禱於天地、宗廟、社稷。減天下囚死罪一等，流以下釋之。」庚戌，十五日。

詩見《蘇軾詩集》卷十九（一〇〇〇頁）。

《宋史》卷二百四十二有《慈聖光獻曹皇后傳》，即此太皇太后。

二十日，太皇太后曹氏卒。軾有輓詞。曹氏於蘇軾有國士之知。

輓詞見《蘇軾詩集》卷十九（一〇〇〇頁）。詩其二云：「未報山陵國士知。」又云：「一聲慟哭猶無所，萬死酬恩更有時。」

《宋史·神宗紀》本年十月紀事：「乙卯，太皇太后崩。」乙卯，二十日也。

曹氏病中嘗言於神宗，應放蘇軾，詳十二月二十六日紀事。

自八月二十日至十一月二十日供狀，供出作《山村》等文字（其中有帶譏諷者）寄與張方平等原由。

據《詩案》，蘇軾在上述時間内，供出與王詵往來詩賦、與王詵作《寶繪堂記》、與李清臣寫《超然臺記》并詩、次韻章傳、送劉述吏部詩、寄周邠諸詩、與子由詩、杭州觀潮五首、和黄庭堅古韻、與王汾作碑文、與劉邠通判唱和、與湖州知州孫覺詩、送張方平詩、送錢藻知婺州、和李常來字韻、爲王安上作公堂記、揚州贈劉摯孫洙、次韻潛師放魚詩、知徐州作《日喻》一篇、爲錢公輔作哀辭、與僧居則作《大悲閣記》、與晁繹先生作文集序、和陳述古十月開牡丹四絶、寄題司馬君實獨樂園、送曾鞏得燕字詩、湖州謝上表、遊杭州風水洞留題、和劉恕三首、送蔡冠卿知饒州、爲張次山作《寶墨堂記》、送杜子方陳珪戚秉道、與王鞏作《三槐堂記》并《真贊》、謝錢顗送茶一首、送范鎮往西京、祭常山作放鷹一首、《後杞菊賦》并引、同李杞因獵出遊孤山作詩四首、徐州觀百步洪詩、張氏《蘭皋園記》因依。

《詩案·供狀》，叙仕歷、舉主之後，云：「登科後來入館，多年未甚進擢，兼朝廷用人多是少年，所見與軾不同，以此撰作詩賦文字譏諷，意圖衆人傳看，以軾所言爲當。軾與張方平、王詵、李清臣、黄庭堅、司馬光、范鎮、孫覺、李常、曾鞏、周邠、蘇轍、王鞏、劉摯、陳襄、錢藻、顔復、盛僑、王汾、錢世雄、吴琯、王安上、杜子方、戚秉道、陳珪相識，其人等與軾意相同，即是與朝廷新法時事不合及多是朝廷不甚進用之人，軾所以將譏諷文字寄與。」《詩案·中使皇甫遵到湖州勾至御史臺》云八月二十日：「軾供狀時，除《山村》詩外，其餘文字，并無干涉時事。二十二日，又虚稱更無往復詩等文字。二十四日，又虚稱别無譏諷嘲詠詩賦等應係干涉文字。二十七日，又虚稱即别不曾與文字往還。三十日，却供通自來與人有詩賦往還人數姓名，又不説曾有黄庭堅譏諷文字等因依，再勘方招外，其餘前後供析語言因依等不同去處，委是忘記，誤有供通，即非諱避，軾有此罪愆，甘伏朝典。」《孫公談圃》卷上：「子瞻得罪時，有朝士賣一詩策，内有使墨君事者，遂下獄。李定、何正臣劾其事，以指斥論。謂蘇曰：『學士素有名節，何不與他招了？』蘇曰：『軾爲人臣，不敢萌此心，却未知何人造此意。』一日，禁中遣馮宗道按獄，止貶黄州團練副使。」《蘇軾文集》卷四十一有《沿路賜奉安神宗御容押班馮宗道並内臣等銀合茶藥敕書》，卷三十九有《馮宗道右騏驥使制》。

宛委山堂本《説郛》卷二十葉夢得《玉澗雜書》：「陶隱居掛朝服神虎門事，於當時本無意，直是棄官欲去爾。蘇子瞻倅錢塘時，作詩常用此事。後坐詔獄，吏舉詩問所出，子瞻倉卒誤記。本傳云：『陶見齊祚將衰，故去。』不敢以實對，即謬言：予往官鳳翔，見壁間王嗣宗詩云：『欲掛衣冠神虎門，先尋水竹渭南村。却將舊斬樓蘭劍，旋博黄牛教子孫。』云詩事本此，實自作也。舒信道諸人得知，果大笑，以謂未嘗讀陶傳，因釋不問，故至今傳此爲嗣宗詩。後嘗再用云：『歸來趁别陶弘景，看掛衣冠神虎門。』」涵芬樓《説郛》卷八亦收。

《甲申雜記》：「天下之公論，雖仇怨不能奪也。李承之奉世知南京，嘗謂余曰：『昨在侍從班時，李定資深鞫蘇子瞻獄，雖同列，不敢輒啓問。一日，資深於崇政殿門忽謂諸人曰：蘇軾誠奇才也。衆莫敢對。已而曰：雖二三十年所作文字詩句，引證經傳，隨問即答，無一差舛，誠天下之奇才也。歎息不已。』」《邵氏聞見後録》卷二十一亦記此事，文略同。

十一月二十八日，李定奏乞在臺收禁蘇軾，聽候斷遣。神宗從其請。

《詩案·中使皇甫遵到湖州勾至御史臺》：「中書省劄子：權御史中丞李定等，准元豐二年十一月二十八日劄子，蘇軾公事，見結按次，其蘇軾欲乞在臺收禁，聽候勑命斷遣。奉聖旨依奏。」此前及收坐事，云：「十月十五日，奉御寶批見勘治蘇軾公事，應内外文武官，曾與蘇軾交往，以文字譏諷政事，該取會驗問看若干人聞奏。至十一月二十一日，准中書批送下本所，伏乞勘會蘇軾舉主。奉聖旨，李清臣按後聲説，張方平等并收坐。奉聖旨，王鞏説執政商量等言，特與免根治外，其餘依次結按聞奏。」《詩案》上則之後列收坐人姓名：「王鞏、王詵、蘇轍、李清臣、高立、僧居則、僧道潛、張方平、田濟、黄庭堅、范鎮、司馬光、孫覺、李常、曾鞏、周邠、劉摯、吴琯、劉攽、陳襄、顔復、錢藻、盛僑、王汾、戚秉道、錢世雄、王安上、杜子方、陳珪。」《詩案》謂「已上係收蘇軾有譏諷文字，不申繳入司」。以下列「承受無譏諷文字」姓名：「章傳、蘇舜舉、錢顗、蔡冠卿、吕仲甫、劉述、劉恕、李杞、李有開、趙昶、李孝孫、仲伯達、晁端彦、沈立、文同、梁交、關景仁、張次山、徐汝奭、吴天常、劉瑾、李佖、晁端成、邵迎、陳章、楊介、刁約、姜承顔、張援、李定、毛國華、劉勛、沈迥、許醇、黄顔、單錫、孔舜亮、歐陽修、焦千之、孫洙、岑象求、張先、陳烈、張吉甫、張景之、李庠、孫弁。」

劉瑾，字元忠，吉州人。《宋史》卷三百三十三有傳。傳稱「瑾素有操尚，所涖以能稱」。《蘇魏公文集》卷三十四有《虞部員外郎姜正顔可比部員外郎制》，此姜正顔當即姜承顔。沈迥，遘之弟，遼之兄，括之姪，見《夢溪筆談》卷末《沈括事略》。高立、田濟、徐汝奭、張援、劉勛、許醇、黄顔、張景之，待考。

臘雪，轍作詩五首。

詩見《樂城集》卷九。其三中云：「着人消瘴疫，覆麥長根荄。」頌雪。其二末云：「一被簪裳褢，長遭羅網牽。飛霙迫殘臘，愁思渡今年。」愁緣兄軾起。其五中云：「忠信亦何罪，才名空誤身。」直爲軾控訴。

雪晴復雪，王適作詩。轍次韻。

次韻見《欒城集》卷九。其一中云：「空餘浩然氣，凛凛接清昊。」寫晴。其二中云：「重陰偶復合，飛霰滿南軒。」寫復雪。

吕由庚推官得替還洛中，轍作詩二首送行。

詩見《欒城集》卷九。其一首云：「君家相國舊元勛，凛凛中丞繼後塵。」端乃由庚曾祖，宋初名臣，《宋史》卷二百八十一有傳。誨乃由庚父，嘗官御史中丞，《宋史》卷三百二十一有傳。《蘇軾文集》卷三十七有代吕大防所撰《乞録用吕誨子孫劄子》，可參。由庚，《宋史》附父傳。以下，詩云：「談笑二年同幕府。」則自熙寧十年末，由庚即來南京。其二中云：「送行我豈無樽酒，多難君知久鮮歡。」謂軾繫獄也。吕誨熙寧初，抨擊新法甚力。轍與由庚交契有由。

陳師仲（傳道）以其祖父洎（亞之）詩草示轍。

詳元祐元年正月七日紀事。

歲暮，轍作《四十一歲歌》。

歌見《欒城集》卷九。中云：「平生讀書空自誤。」蓋爲憤激之言。且因仕途「有陷穽」，遂生還鄉之念。

軾獄中賦榆槐竹柏四首，轍次其韻。

軾詩見《蘇軾詩集》卷十九。此前，「軾入獄」條已及。轍詩見《欒城集》卷九。其《槐》中之槐，似以狀軾。槐今日之零落、枯槁，似狀軾目前之處境。末云：「微陽起泉下，生意未應絶。」槐能復蘇，則軾之生亦有望。

十二月庚申（二十六日），責授蘇軾水部員外郎、黄州團練副使、本州安置，不得簽書公事，王詵、蘇轍、王鞏三人謫降，自張方平以下二十二人罰銅。初，軾下獄，除蘇轍外，張方平、范鎮等皆上書救之，不報。仁宗之后慈聖光獻曹氏及王安禮、吴充嘗言於神宗，宜釋蘇軾。章惇亦救之。至是得釋。

《長編》卷三百一元豐二年十二月庚申紀事：「祠部員外郎、直史館蘇軾責授檢校水部員外郎、黄州團練副使、本州安置，不得簽書公事，令御史臺差人轉押前去。絳州團練使、駙馬都尉王詵追兩官勒停，著作佐郎、簽書應天府判官蘇轍監筠州鹽酒税務，正字王鞏監賓州鹽酒務，令開封府差人押出門趣赴任。太子少師致仕張方平、知制誥李清臣罰銅三十斤。端明殿學士司馬光、户部侍郎致仕范鎮、知開封府錢藻、知審官東院陳襄、京東轉運使劉攽、淮南西路提點刑獄李常、知福州孫覺、知亳州曾鞏、知河中府王汾、知宗正丞劉摯、著作佐郎黄庭堅、衛尉寺丞戚秉道、正字吴琯、知考城縣盛僑、知滕縣王安上、樂清縣令周邠、監仁和縣鹽税杜子方、監澶州酒税顔復、選人陳珪、錢世雄各罰銅二十斤。初，御史臺既以軾具獄上法寺，當徒二年。會赦當原。於是中丞李定言軾起於草野垢賤之餘，朝廷待以郎官館職，不爲不厚，所宜忠信正直思所以報上之施，而乃怨未顯用，肆意縱言，譏諷時政，自熙寧以來，陛下所造法度，悉以爲非。古之議令者，猶有死而無赦，况軾所著文字，訕上惑衆，豈徒議令之比。軾之姦慝，今已具服，不屏之遠方則亂俗，再使之從政則壞法。伏乞特行廢絶，以釋天下之惑。御史舒亶又言：駙馬都尉王詵收受軾譏諷朝政文字及遺軾錢物，并與王鞏往還，漏洩禁中語。竊以軾之怨望詆訕君父，蓋雖行路猶所諱聞，而詵恬有軾言，不以上報，既乃陰通貨賂，密與燕游，至若鞏者嚮連逆黨，已坐廢停，詵於此時同罣論議而不自省懼，尚相關通。案詵受國厚恩，列在近戚，而朋比匪人，志趣如此，原情議罪，實不容誅，乞不以赦論。又言：收受軾譏諷朝政文字人，除王詵、王鞏、李清臣外，張方平而下凡二十二人。如盛僑、周邠輩，固無足論，乃若方平與司馬光、范鎮、錢藻、陳襄、曾鞏、孫覺、李常、劉攽、劉摯等，蓋皆略能誦説先王之言，辱在公卿士大夫之列，而陛下所當以君臣之義望之者，所懷如此，顧可置而不誅乎？疏奏，軾等皆特責。獄事起，詵嘗屬轍密報軾，而轍不以告官，亦降黜焉。（下略）（原注：朱本改墨本云：軾坐久不得進怨望，凡上所施爲，皆作詩詆訛，無所不至。及受僧屬以畫爲求紫衣度牒於王詵，詵坐受軾謗訕文書及借軾錢携婢妾出城與宴飲，事發，更遣人抵鞏、轍，諭使毁匿所謗訕文書，轍坐受詵指諭，鞏坐與詵、軾交通，而方平等亦並與軾往還，受其謗訕歌詩。按朱本所改舒亶章云『陰通貨賂，密與游宴』，可具見矣；『坐久不得進，怨望詆訕』，則史崇飾之辭也。今但依墨本及新本。）」《宋會要輯稿》第九十八册《職官》六六之一四本日紀事同此，略簡。　王詵貶武當，見《蘇軾文集》卷六十八《題王晉卿詩後》。《詩集》卷四十八《題王維畫》，爲詵作，中有「謫官南出止均、潁，此心通達無不之」之句。　武當乃均州。

《長編》卷三百三元豐三年三月庚寅紀事：「御史滿中行言：近論奏乞追寢翰林學士李清臣新命，未蒙施行。按，清臣前任京東提點刑獄，蘇軾在部中，親見軾輩悖慢怨謗，附下訕上而不能刺舉，則清臣失職之罪，已在可誅，矧復與之更唱迭和，相爲朋比，而怨懟譏謗之辭，又特過之，固治世之刑所不宜赦也。伏望明著清臣罪狀，追寢誤恩。」末云「不聽」。　附此。

《宋大詔令集》卷二百五《尚書吏部員外郎直史館蘇軾責授黄州團練副使本州安置制》（原注：元豐二年十二月）：「勑。具官某。稍以時名，獲躋顯仕。列職儒館，歷典名城。報禮未聞，陰懷觖望。訕毁國政，出於誣欺。致言職之交攻，屬憲司而辯治。詖辭險説，情實俱孚。雖肆有示恩，朕欲從貸；而姦言亂衆，義所不容。黜置方州，以勵風俗。往服輕典，毋忘自新。可。」《净德集》卷三十《答任師中》自注引此制末四句。《净德集》「輕」作「寬」。詩有「頃聞湖州禍，文字倦且廢，朝廷極仁恕，風俗當訓厲，終令服寬典，不忍投四裔，吾儕今唱酬，正可頌治世」之句。

《軾墓誌銘》：「既付獄吏，必欲置之死，鍛鍊久之，不決，上終憐之，促具獄，以黄州團練副使安置。」《長編》卷三百七十元祐元年閏二月引吕陶語，謂張璪「嘗以蘇軾事欲置於死地」。《宋史》卷三百二十八《張璪傳》：「蘇軾下臺獄，璪與李定雜治，謀傅致軾於死，不克。」《何譜》、《王譜》及《年表》謂責授爲本月二十九日事。《紀年録》謂得旨責檢校尚書水部員外郎、黄州團練副使、本州安置，二十九日受勅。《施譜》同《長編》。

《詩案·御史臺根勘結按狀》：「御史臺根勘所，今根勘蘇軾、王詵情罪，於十一月三十日，結按具狀申奏，差權發遣三司度支副使陳睦録問，别無翻異。續據御史臺根勘所狀稱，蘇軾説與王詵道，你將取佛入涅槃及桃花、雀、竹等，我待要朱繇、武宗元畫鬼神，王詵允肯言得。一、熙寧三年已後至元豐三（按：應作『二』）年十一月十五日德音。前令王詵送錢與柳秘丞，後留僧思大師畫數軸，并就王詵借錢一百貫，并爲婢出家及相識僧，與王詵處將祠部來取，并曾將畫與王詵裝褙，并送李清臣詩欲於國史中載所論，并《湖州謝上表》譏用人生事擾民。准勅，臣僚不得因上表稱謝，妄有詆毀，仰御史臺彈奏。又，條海行條貫，不指定刑名，從不應爲輕重，准律，不應爲事理，重者杖八十斷，合杖八十，私罪。又，到臺累次虚妄不實供通，准律，別制下問按推，報上不以實，徒一年，未奏減一等，合杖一百，私罪。一。作詩賦等文字譏諷朝政闕失等事，到臺被問，便具因依招通。准律，作匿名文字，謗訕朝政及中外臣僚，徒二年。准勑，罪人因疑被執，贓狀未明，因官監問自首，依按問，欲舉自首。又准刑統，犯罪按問欲舉而自首，減二等，合比附，徒一年，私罪，係輕，更不取旨。一。作詩賦及諸般文字寄送王詵等，致有鏤板印行，各係譏諷朝廷及謗訕中外臣僚。准勑，作匿名文字，嘲訕朝政及中外臣僚，徒二年，情重者奏裁。准律，犯私罪，以官當徒者，九品以上，一官當徒一年。准勑，館閣貼職，許爲一官，或以官，或以職，臨時取旨。據按蘇軾見任祠部員外郎、直史館，并歷太常博士。其蘇軾合追兩官，勒停放。准勑，比附定刑，慮恐不中者奏裁。其蘇軾係情重及比附，并或以官，或以職。奏聖旨，蘇軾可責授檢校水部員外郎、充黄州團練副使、本州安置、不得簽書公事。」

《樂全集》卷二十六《論蘇内翰》：「臣讀《春秋傳》，晉叔向被囚時，祁奚老矣，聞之，乘驛而見執政韓起，爲言叔向謀而寡過，惠訓不倦，宜蒙寬宥之意。起與之同乘以言諸公而免之。祁奚不見叔向而歸。蓋祁奚之言爲國，非私叔向也。今日傳聞有使者追蘇軾過南京，當屬吏。臣不詳知軾之所坐，而早嘗識其爲人，起遠方孤生，遭遇盛明之世，然其文學實天下之奇才，向舉制策高等，而猶碌碌，無以異於流輩。陛下振拔，特加眷獎，由是材譽益著。軾自謂見知明主，亦慨然有報上之志。但其性資疏率，闕於慎重，出位多言，以速尤悔。頃年以來，聞軾屢有封章，特爲陛下優容，四方聞之，莫不感歎聖明寬大之德，而尤軾僭易輕發之性，今其得罪，必緣故態。但陛下於四海生靈，譬如天之無不覆冒，如地之無不持載，如四時之無不化育，於一蘇軾豈所好惡。伏惟英聖之主，方立非常之功，固在廣收材能，使之以器，若不棄瑕含垢，則人才有可惜者。昔季布親窘高祖，夏侯勝誹謗世宗，鮑永不從光武，陳琳毁詆魏武，魏徵謀危太宗，此五臣者，罪至大而不可赦者也。遭遇明主，皆爲曲法而全之，卒爲忠臣，有補於世。自夫子删《詩》，取諸諷刺，以爲言之者無罪，聞之者足以戒。故詩人之作，其甚者以至指斥當世之事，語涉謗黷不恭，亦未聞見收而下獄也。唐韓愈上疏憲宗，以爲人主事佛則壽促。此言至不順，憲宗初大怒，欲誅而恕之。其後思之，曰：愈亦是愛我。今軾但以文辭爲罪，非大過惡，臣恐付之狴牢，罪有不測。惟陛下聖度，免其禁繫，以全始終之賜。雖重加譴謫，敢不甘心。臣自念朽質，上荷異恩，今伏在田廬，無復涓埃之補，竊慕祁奚雖老猶不忘公室而申請叔向之義，僭越上言，自干鼎鉞，不任惶懼待罪之至。」

《元城語録》卷下：「元豐二年秋冬之交，東坡下御史獄，天下之士爲之環視而不敢救。時張安道致仕在南京，乃憤然上書救之。欲附南京遞，府官不敢受，乃令其子恕持至登聞鼓院投進。恕素愚懦，徘徊不敢投。久之，東坡出獄，其後，東坡見其副本，因吐舌色動久之。人問其故，東坡不答。其後子由亦見之，云：『宜吾兄之吐舌也。此時正得張恕力。』或問其故，子由曰：『獨不見鄭昌之救蓋寬饒乎？』其疏有云『上無許史之屬，下無金張之托』，此語正是激宣帝之怒爾。且寬饒正以犯許史輩有此禍，今乃再訐之，是益其怒也。且東坡何罪，獨以名太高與朝廷争勝耳。今安道之疏乃云『其實天下之奇材也』，獨不激人主之怒乎！但一時急欲救之，故爲此言矣。僕曰：『然則是時救東坡者，宜爲何説？』先生曰：『但言本朝未嘗殺士大夫，今乃開端，則是殺士大夫自陛下始，而後世子孫因而殺賢士大夫必援陛下以爲例。神宗好名而畏議，疑可以此止之。』」

范鎮上書，《長編》本月庚申紀事及之，書不見。

《泊宅編》三卷本卷上：「東坡既就逮下御史府，一日，慈聖曹太后語上曰：『官家何事數日不懌？』對曰：『更張數事未就緒，有蘇軾者輒加謗訕，至形於文字。』太皇曰：『得非軾、轍乎？』上驚曰：『娘娘何以聞之？』曰：『吾嘗記仁宗皇帝策試制舉人罷，歸，喜而言曰：「朕今日得二文士。」謂軾、轍也。「然吾老矣，慮不能用，將以遺後人，不亦可乎！」』因泣問二人安在，上對以軾方繫獄，則又泣下，上亦感動，始有貸軾意。」

《西塘集耆舊續聞》卷二：「慈聖光獻大漸，上純孝，欲肆赦。后曰：『不須赦天下凶惡，但放了蘇軾足矣。』時子瞻對吏也。后又言：『昔仁宗策賢良歸，喜甚，曰：吾今日又爲子孫得太平宰相兩人，蓋軾、轍也，而殺之，可乎？』上悟，即有黄州之貶。」《貴耳集》卷上、《吹劍録》亦叙此事，略同。

《宋史》卷二百四十二《慈聖光獻曹皇后傳》：「蘇軾以詩得罪，下御史獄，人以爲必死。后違豫中聞之，謂帝曰：『嘗憶仁宗以制科得軾兄弟，喜曰：「吾爲子孫得兩宰相。」今聞軾以作詩繫獄，得非仇人中傷之乎？捃至於詩，其過微矣。吾疾勢已篤，不可以寃濫致傷中和，宜熟察之。』帝涕泣。軾由此得免。」

《長編》卷三百一本年十二月庚申引田晝《王安禮行狀》：「軾既下獄，衆危之，莫敢正言者。直舍人院王安禮乘間進曰：『自古大度之君，不以語言謫人。按軾文士，本以才自奮，謂爵位可立取，顧碌碌如此，其中不能無觖望。今一旦致於法，恐後世謂不能容才，願陛下無庸竟其獄。』上曰：『朕固不深譴，特欲申言者路耳，行爲卿貰之。』既而戒安禮曰：『第去，勿漏言。軾前賈怨於衆，恐言者緣軾以害卿也。』始，安禮在殿廬，見御史中丞李定，問軾安否狀。定曰：『軾與金陵丞相論事不合，公幸毋營解，人將以爲黨。』至是歸舍人院，遇諫官張璪，忿然作色曰：『公果救蘇軾耶，何爲詔趣其獄？』安禮不答。其後獄果緩，卒薄其罪。」《宋史》卷三百二十七《王安禮傳》略同。《行狀》全文已佚。《太平治迹統類》卷二十五《蘇軾立朝大概》略軾此事。《宋史》安禮傳謂卒年六十二，《宋會要輯稿》第二十三册《禮》四一之四四謂紹聖三年卒，長蘇軾一歲。

同上注引吕本中《雜説》：「吴充方爲相，一日，問上：『魏武帝何如人？』上曰：『何足道。』充曰：『陛下動以堯舜爲法，薄魏武固宜，然魏武猜忌如此，猶能容禰衡，陛下以堯舜爲法，而不能容一蘇軾，何也？』上驚，曰：『朕無他意，止欲召他對獄考核是非爾，行將放出也。』」《太平治迹統類》卷二十五《蘇軾立朝大概》亦載此事。未言所出。

《獨醒雜志》卷四：「東坡坐詔獄，御史上其寄黄門之詩，神宗見之，即薄其罪，謫居黄州。」以下謂「神宗愛惜人才不忍終棄如此」。

《韻語陽秋》卷五：「余觀東坡自獄中出《與章子厚書》云：『某所以得罪，其過惡未易一二數，平時惟子厚與子由極口見戒，反復甚苦，某强很自不以爲然。』又云：『異時相識，但過相稱譽，以成吾過，一旦有患難，無復相哀者。惟子厚平居遺我以藥石，及困急又有以救邮之，真與世俗異矣。』則知坡繫獄時，子厚救解之力爲多。」與惇書在《文集》卷四十九。《太倉稊米集》卷四十九《讀詩讞》謂「余頃年嘗見章丞相論事表云」：「仁宗皇帝得軾，以爲一代之寳，今反置在囹圄，臣恐後世以謂陛下聽諛言而惡訐直也。」

《春渚紀聞》卷六《裕陵睠賢士》叙蘇軾守杭時，謂劉季孫云：「某初逮繫御史獄，獄具，奏上。是夕昏，鼓既畢，某方就寢，忽見一人排闥而入，投篋於地，即枕卧之，至四鼓，某睡中覺有撼體而連語云學士賀喜者。某徐轉仄問之，即曰：『安心熟寢。』乃掔篋而出。蓋初奏上，舒亶之徒力詆上前，必欲置之死地。而裕陵初無深罪之意，密遣小黄門至獄中視某起居狀，適某晝寢鼻息如雷，即馳以聞。裕陵顧謂左右曰：『朕知蘇軾胸中無事者。』於是即有黄州之命。」《邵氏聞見後録》卷十五謂陳希亮（公弼）知鳳翔府得罪抑鬱抵於死，子慥（季常）居黄州岐亭，蘇軾謫黄，乃「執政疑公弼廢死自東坡，委於季常甘心焉，然東坡、季常相得歡甚，故東坡特爲公弼作傳，至比之汲黯」。則執政之猜，乃屬意度。同上卷二十謂軾與慥有世讎，亦云及此事。

轍謫降另詳下條。

轍貶監筠州鹽酒税。

《年表》謂謫貶爲癸亥（二十九日）事。

筠州屬江南西路，治高安縣。

轍簽書應天府判官期間，嘗晤范純禮（彝叟）。

《欒城後集》卷二十《祭范彝叟右丞文》：「維昔先正，文正稱首。嗟我晚生，不識耆舊。從事南都，見其叔子。議論琅然，前人是似。」文正謂范仲淹，純禮乃仲淹第三子，即叔子。《宋史》卷三百一十四同傳。

轍嘗與京東路轉運判官章楶議賣官麴與榷酒事。

《龍川略志》卷四《議賣官麴與榷酒事》：「真宗皇帝自亳還過宋，御樓宣赦，以宋爲南都，仍弛其酒禁，使民賣官麴，十餘家共之。更七八十年，官課不虧，有監麴院官。神宗立，監司建議罷賣麴而榷酒。時轉運司方苦財賦不足，其判官章楶大喜，親至南都集官吏議之。予曰：『南都賣麴與建都同一敕，今都邑如舊而罷賣麴，一不便也。昔南都、西都皆賣麴，近年西都已榷酒矣，此轉運司所據以爲例也。然西都麴户敗折，列狀求罷，官不得已而聽，今南都麴户未嘗欠官一錢，無故罷之，二不便也。使改法而官獲厚利，不顧而行，尚可也；今八家造酒，每家父子兄弟同幹酒事者不下三人，三八二十四人，乃能辦此課利，今議罷榷酒，欲分城内與河上爲兩務，每務不過監官二人，衙前四人，共十二人，比酒户減半，若較其忠志，公私相遠，至於官本，於所費亦復不少，但恐榷酒之利不如賣麴，三不便也。今不顧三害而決，爲之奈何！』楶不能難，但言本司窘迫，萬一有利耳。議未決，而予謫筠州，楶遂決成榷法。後五年，予過南都，聞酒課不旋踵而敗。又七年，予適預議郊赦，乃罷酒榷而復賣麴，南都人大喜。」章楶，治平二年進士。元豐元年，李察罷京東路轉運判官，楶或接其任。徽宗崇寧元年卒，年七十六。詳《宋史》楶傳。

張方平嘗爲轍言慶曆間契丹來議和親事。

《龍川略志》卷四《契丹來議和親》：「予從張安道南都。聞契丹遣汎使求河東界上地，宰相王安石謂咫尺地不足惜，朝廷方置河北諸將，後取之不難。及北使至，上親臨軒，喻之曰：『此小事，即指揮邊吏分畫。』使者出，告人曰：『上許我矣。』有司欲與之辨，卒莫能得。予聞之，以問安道，安道曰：『昔慶曆中，契丹遣劉六符等來議和親，未許。燕人有梁濟世爲雄州諜者，嘗以詩書教契丹公卿子弟，先得其國書本以獻。仁宗性畏慎。時吕許公爲相，奏曰：「蕃國求和親，漢、唐所不免，當徐議以答之耳，無深憂也。」仁宗深以爲然。及六符至殿，上讀書如平日，無所問。六符失色咨嗟，出至殿外幄次曰：「事已漏矣。」由此有司與之評議，無甚難也。今兩朝地界犬牙相入，本非朝廷所詳。若以實答之，以付邊臣，議定以聞。邊臣以疆埸爲職，誰敢不盡力！而其可否尚在朝廷。事莫便於此。何乃面與之決！』」此則，《長編》卷二百五十九熙寧八年正月注文引。《龍川略志》第一句原作「予從張安道判南都」，今從《長編》删「判」字。轍所云「契丹遣汎使」云云，據注文，乃熙寧七年事。轍此則記事，乃「追記舊事」。

轍嘗代人作《謝黄察院啓》。

文見《欒城集》卷五十。中云：「方河堤潰决之餘，當流民紛委之地。」爲熙寧十年末至元豐元年初事。文云：「廢退已久，慚懼靡遑。」與轍不合。知此啓乃代人所撰。時有黄履，字安中，邵武人。嘗爲監察御史裏行，崇政殿説書兼知諫院，以後又爲御史中丞。《宋史》卷三百二十八有傳。或是其人。

《孟德傳》約作於轍教授陳州、爲幕南京時。

傳見《欒城集》卷二十五。孟德嘉祐中戍秦州。入華山深處，取草根木實食之。一日十病十愈，吐利脹懣無所不至。既數月，安之如食五穀。數遇猛獸，不爲動，不死。張方平(安道)知秦州，德除兵籍爲民。轍稱德爲神勇。又謂其浩然之氣發越於外，爲有道者。軾爲題跋，乃《蘇軾文集》卷六十六《書孟德傳後》。

按：此事乃轍得之方平。此以後，轍謁方平，道途匆匆，未必能從容及此。故繫此。

軾出獄，次獄中寄弟轍韻，賦詩二首。

詩見《蘇軾詩集》卷十九(一〇〇五頁)。

《孔氏談苑》卷一《皇甫僎深刻》叙獄中作詩，托獄卒交弟轍，以下云：「其後子瞻謫黄州，獄卒曰：『還學士此詩。』」又云：「既出，又戲自和云：『却對酒杯渾似夢，試拈詩筆已如神。』子瞻以詩被劾，既作此詩，私自罵曰：『猶不改也。』」

《省齋文稿》卷十九《跋劉提刑家六帖·劉忠肅公辨誣本末》：「劉子駒手書《辨謗始末》，當與蘇氏《烏臺詩案》並行於世，足亦知權臣誣陷之慘而聖朝昭雪之公也。紹熙癸丑臘日，周某書。」此忠肅乃摯。惜其書不傳，兹附於此。

秦觀至越，客程師孟。觀在越嘗作《滿庭芳》（山抹微雲），蘇軾既贊之又微病之。

《苕溪漁隱叢話·後集》卷三十三引《藝苑雌黄》：「程公闢守會稽，少游客焉，館之蓬萊閣。一日，席上有所悦，自爾眷眷，不能忘情，因賦長短句，所謂『多少蓬萊舊事，空回首，煙靄紛紛』也。其詞極爲東坡所稱道，取其首句，呼之爲『山抹微雲』君。」詞見《淮海居士長短句》卷上，謂爲本年歲暮作。

程公闢名師孟，熙寧十年十月至元豐二年十二月守會稽，見《嘉泰會稽志》卷二。

《避暑録話》卷下：秦觀《滿庭芳》首言「山抹微雲，天粘衰草」，爲當時所傳；然蘇軾猶以氣格爲病，故常戲云「山抹微雲秦學士，露花倒影柳屯田」。「露花倒影」，柳永《破陣子》語。

三蘇年譜卷三十

元豐三年(一〇八〇)庚申　蘇軾四十五歲　蘇轍四十二歲

正月初一日，軾離京師赴黄州。

據《蘇軾文集》卷十二《子姑神記》。

過陳州，軾見文同(與可)飛白，作贊。

《蘇軾文集》卷二十一《文與可飛白贊》：「既没一年，而復見其飛白。」同元豐二年正月卒陳州，見該年紀事。贊首尾均云「嗚呼哀哉」，蓋深悼之。贊作於陳州，參本月十一日、十四日紀事。

十一日，弟轍自南都來陳相别軾。時轍習道有成。

《蘇軾詩集》卷二十有《子由自南都來陳三日相别》詩。參十四日紀事。

《蘇軾文集》卷五十二《與王定國》第三簡：「子由昨來陳相别，面色殊清潤，目光炯然，夜中行氣臍腹間，隆隆如雷聲。其所行持，亦吾輩所常論者，但此君有志節能力行耳。」

軾詩云：「夫子自逐客，尚能哀楚囚。奔馳二百里，徑來寬我憂。」夫子，謂轍。

軾詩又云：「此別何足道，大江東西州。畏蛇不下榻，睡足吾無求。便爲齊安民，何必歸故丘。」「畏蛇」云者，以黄州地卑濕多蛇也。詩寬轍。

十四日，軾與弟轍別。

據《蘇軾詩集》卷二十詩題《今年正月十四日與子由别於陳州五月子由復至齊安以詩迎之》。

轍回南京。

同日，軾與文務光（逸民）攜手河堤飲別，並贈以詩。

據《蘇軾詩集》卷二十（一〇一七頁）。務光，同第四子。已見熙寧十年四月紀事。

十八日，軾蔡州道上遇雪。過新息任伋（師中）之居，留詩。過淮，至加禄鎮南二十五里大許店，書戒和尚（清戒、寶曆）詩後，游光山净居寺。

皆有詩，見《蘇軾詩集》卷二十（一〇一九至一〇二四頁）。

二十日，過麻城春風嶺，軾作《梅花二首》。

詩見《蘇軾詩集》卷二十（一〇二六頁）。《總案》引《詩集》卷二十一元豐四年作《正月二十日往岐亭郡人潘古郭三人送余於女王城東禪莊院》「去年今日關山路」句，定此二詩爲此時作。《詩集》卷三十八《十一月二十六日松風亭下梅花盛開》首云「春風嶺上淮南村，昔日梅花曾斷魂」叙此時事。

過麻城萬松亭，軾見熙寧間縣令張毅所植松之存者不及十之三四，賦詩抒慨。

詩乃《蘇軾詩集》卷二十《萬松亭》、《戲作種松》。《輿地紀勝》卷四十九《黄州》：「萬松嶺，在麻城縣西一百里。縣令張毅夾道植松萬株，立亭其中，號萬松亭。」民國《麻城縣續志》卷十四：「龜山石刻：在龜峰山石壁上。『縣令張毅因祈雨遊山，適江西進士吴與弼在此。住山僧圓喜熙寧三年七月立。』」又：「合掌石蔣著題名：在龜峰山。『熙寧五年春三月，邑大夫張仁甫嘗約遊龜峰，不果。冬十月，圓喜師長老靈迹話别於合掌石。前江西進士蔣著題。』」據此，則毅字仁甫。《萬松亭・叙》謂毅「去未十年」，與此合。《清江三孔集》卷七孔武仲《萬松亭》(原注：治平中，縣令張毅種松萬株，以庇行路)：「鬱鬱青山夾路松，行人笑語緑陰中。排雲架壑無餘地，灑面侵襟有好風。一日勞心非欲速，千年流惠亦何窮。我來俯仰尋遺愛，更喜清虚萬慮空。」可參。《能改齋漫録》卷十一《萬松亭》謂亭在關山：「蘇軾之詩當日有碑。以下云：『崇寧以還，坡文既禁，故詩碑不復見，而過往題咏者，多不勝紀。鄱陽倪左司濤傷之以詩云：『舊韻無儀字，蒼髯有恨聲。』此之謂也。」《老圃集》卷下《萬松亭用蘇黄舊韻》：「夾道蒼官異昔時，峨峨冠劍想秦儀。雲垂車蓋尋前路，風送濤聲入舊枝。故作虬龍驚俗眼，不妨霜雪弄妍姿。難追急景遼天鶴，無復當年校尉詩。」亦可參。

軾赴黄州途中至故縣，見道者張先生(憨子)，作《張先生》詩。轍次韻。

軾詩見《蘇軾詩集》卷二十，首云：「熟視空堂竟不言，故應知我未天全。」轍詩乃《欒城集》卷九《次韻子瞻贈張憨子》，答以：「得罪南來正坐言，道人閉口意深全。」張先生即張憨子。轍詩末云：「此心此去如灰冷，肯更逢人問復然。」即將離南京。

《蘇軾文集》卷七十二有《張憨子》一文，《嬾真子》卷一亦叙此事，謂張爲隱者。故縣乃麻城六鎮之一。民國《麻城縣志續編》卷十四：「九螺山石刻：張憨自號九螺山逸人，因題詩鎸石壁上。」《輿地紀勝》卷四十九《淮南西路·黄州·景物下》：「九螺山，在麻城縣故縣鎮，有張憨子，爲九螺山逸人。」

軾至岐亭，見故人陳慥(季常)，爲慥所藏《朱陳村嫁娶圖》題詩。嘗贈慥《臨江仙》。

《蘇軾詩集》卷二十三《岐亭五首·叙》謂慥迎至岐亭北二十五里山上，留五日。至慥家，爲正月下旬。《蘇軾文集》卷十三《方山子傳》亦叙見慥於岐亭。詞見《東坡樂府》卷上，叙謂慥築室黄岡之北，號曰静菴居士；叙中所云龍丘子乃慥。詞約作於到黄之初。《輿地紀勝》卷四十九《黄州》：「風月堂：在麻城縣柳氏家，陳慥季常妻家也。東坡名之曰風月堂。」《施譜》：「初，先生在鳳翔，與陳公弼不協，先生貶黄州，公弼之子慥季常居岐亭，人謂慥必修怨，乃與先生歡然相得。」岐亭屬麻城。

《參寥子詩集》卷一《陳季常静庵》：「龐公與少陵，不肯入州府。畏人嫌其真，但喜歸茅宇。先生豈其徒，與世亦齟齬。年來作庵榜以静，静非對動默即語。閉門謝客親荷鋤，秀甲珍芽春滿圃。黄雞白酒厭妻孥，醉以詩書相媚嫵。况復家傳侍郎後，縹囊玉匣收奇古。寶刀錯落走金蛇，至藥晶熒嘯鉛虎。先生妙齡已絶人，放浪江湖棄簪組。居閑自不減前烈，遇物陰施功不數。我疑造物已收録，富貴來尋君勿阻。不然騎鶴扣玄關，跨躒松喬攀佛祖。」首六句以龐德公、杜甫擬慥（季常），謂慥不入州府。第七至十二句謂作静庵種菜、讀書。第十三所云侍郎乃謂其父希亮；第十四至十六句謂静庵中珍藏其寶刀。以下八句叙慥雖棄簪組然其志仍不凡。

《淮海集》卷三《寄陳季常》：「一鉤五十犗，始具任公釣。揭竿趣灌瀆，與爾不同調。先生本西蜀，俠氣見英妙。哀憐世間兒，細黠似黄鷂。侍童雙擢玉，鬒髮光可照。駿馬錦障泥，相隨窮海嶠。平生携手好，十七登廊廟。小生相吏耶，徒枉尺書召。暮年更折節，學佛得心要。鬻馬放阿樊，幅巾對沉燎。泠泠屋外泉，兀兀原頭燒。欲知山中樂，萬古同一笑。」

同上卷五《題雙松寄陳季常》：「遥聞連理松，托根黄麻城。枝枝相鉤帶，葉葉同死生。雖云金石姿，未免兒女情。想應風月夕，滿庭合歡聲。」

此二詩，作於蘇軾在黄州時。次此。

《浄德集》卷三十六《次韻贈陳季常》：「一塵殊不掛胸中，標韵高閑辯論雄。詩得江山深有助，道因槖籥易爲功。平生擬效漆園吏，何日相逢黄石公。可惜壯年長策在，却陪明月與清風。」

此詩，約作於元祐時。并次此。

二月一日，軾到黄州，上謝表。

《蘇軾文集》卷十二《子姑神記》云二月朔至郡。表見《文集》卷二十三（六五四頁）。黄州乃齊安郡，屬淮南西路，治黄岡。縣三：黄岡、黄陂、麻城。《清容居士集》卷四十六《跋東坡黄州謝表》：「昌黎公《潮州謝表》，識者謂不免有哀矜悔艾之意。坡翁《黄州謝表》，悔而不屈，哀而不怨，過於昌黎遠矣。（下略）」

時州守爲陳軾（君式）。蘇軾與陳軾時有過從，頗相得。

《蘇軾文集》卷六十七《書蘇李詩後》謂始識，「傾蓋如故」。卷五十六《與陳大夫》第一簡：「借示丞相手簡，又承彌勒偈，筆勢峻秀，實爲奇觀。」丞相乃王安石，陳大夫乃陳軾。第二簡叙陳軾約遊，未能往。第八簡叙借示繡佛。

《王臨川集》卷二十《陳君式大夫恭軒》：「恭軒静對北堂深，新斸檀欒一畝陰。膝下往來前日事，眼中封植去年心。每懷鏄𦊅沾餘瀝，獨喜弦歌有嗣音。肯構會須門閥大，世資保用滿籯金。」《元豐類稿》卷八《陳君式恭軒》：「不要牆頭俗眼看，故開蒼蘚種檀欒。虚心得處從天性，勁節知來在歲寒。葉養風烟詩酒美，枝留冰雪送歌殘。名郎感慕同桑梓，手植依然一畝寬。」

《輿地紀勝》卷四十九《黄州·官吏》：「陳軾：元豐中陳軾知黄州。時蘇公軾謫黄州，人皆畏避，懼其累己，公獨願交，期與同憂患。事見《臨川志》。」

《王荆文公詩》卷三十二李壁箋注上所引《陳君式大夫恭軒》：「大夫名軾，字君式，居於撫州黄土橋。」以下謂「東坡命其園曰中隱，堂曰老圃」。《輿地紀勝》卷二十九《撫州·景物上》之《恭軒》條，亦引此事。並謂：「陳手植緑竹一叢於所居側，四時葱倩，後，其子開一軒對之，命曰『恭』。舒王、曾公兄弟來歸里閈，必游息賞玩而去。」舒王乃王安石。

《永樂大典》卷三千一百四十五引《臨川志·陳軾傳》謂陳軾：「臨川人，奏補入官，不譎隨，仕輒齟齬。事親孝，躬耕以養。親没，爲貧復出仕。元豐中知黄州，馭吏急而治民寬，郡境稱治。」以下叙與蘇軾交，已見《輿地紀勝》所引，並謂「以朝奉大夫致仕」。

李琮爲淮南路轉運副使，李常爲淮南西路提點刑獄。

《長編》卷三百二本年正月丙戌：琮以都官員外郎權發遣淮南路轉運副使。琮字獻甫，江寧人。《宋史》卷三百三十三有傳。李常云云,見本譜元豐二年十二月庚申紀事。

樂京監黄州酒税。

京,荆南人。《宋史》卷三百三十一有傳。京嘗爲著作佐郎,熙寧四年十二月壬申罷。見《長編》卷二百二十八。傳謂「復官監黄州酒税」。《蘇軾詩集》卷二十有次京韻三首。

杜傳(孟堅)爲黄州法曹。

郭祥正《青山集》卷八《向舜畢秘校席上贈黄州法曹杜孟堅即君懿職方之孫也》中云:「黄州之客最少年,醉來口角傾詞源。驚龍掣電繞滄海,沙場陣馬成功旋。殿賜新袍織春草,水溢雙瞳犀插腦。壯圖佇結明主知,帶束黄金應未老。」盛贊傳才華、抱負,似傳新得科第。末云:「邂逅桐鄉逢故人,槐槽瀉釀追陽春。形容若畫凌烟閣,第一江南尋隱淪。」桐鄉乃今安徽桐城,考祥正生平事迹,熙寧八年至十年爲桐鄉令,旋致仕歸隱姑孰。祥正與傳遇,乃熙寧末事。餘參本年四月十三日紀事。

蘇軾作《初到黄州》詩。

詩見《蘇軾詩集》卷二十(一〇三一頁)。

詩首云:「自笑平生爲口忙,老來事業轉荒唐。」自我輕嘲。次云:「長江繞郭知魚美,好竹連山覺筍香。」云「魚」、「筍」,照應第一句「口」。贊美黄州。再次云:「逐客不妨員外置,詩人例作水曹郎。」謂爲水部員外郎。末云:「只慚無補絲毫事,尚費官家壓酒囊。」由衷之言。全詩心氣平和,無怨恨之意。

軾賦《南歌子》(寸恨誰云短)。

詞見《東坡樂府》卷下。

《東坡詞編年箋證》首二句「寸恨誰云短,綿綿豈易裁」箋注:「韓愈《感春五首》其二:『孤吟屢闋莫與和,寸恨至短誰能裁。』」白居易《長恨歌》:「天長地久有時盡,此恨綿綿無絶期。」同上書考證:「按詞意,蓋東坡於庚申二月爲王氏夫人同安君來黄而作也。如前所述,東坡與同安君離别半年者僅癸丑、甲寅之交與己未、庚申之交兩次。詞云『春雨消殘凍』,當作於正、二月間。然癸丑十一月赴常潤賑饑,至甲寅二月尚不足半年,且因公外出,亦不當云『寸恨誰云短,綿綿豈易裁』耳。此兩句顯係化用韓愈與白居易詩,已見注中。」以下謂己未八月逮赴御史獄,至今已半年,詞作於本年。今從其説。詞下闋末云:「留取曲終一拍待君來。」亦合。時閏之夫人尚未至黄。

軾寓定惠院。

《蘇軾詩集》卷二十有《定惠院寓居月夜偶出》、《次韻前篇》、《安國寺浴》、《安國寺尋春》、《寓居定惠院之東雜花滿山有海棠一株土人不知貴也》。定惠院在黄岡縣東南,見注文。

《蘇軾文集》卷十二《黄州安國寺記》叙至黄「得城南精舍曰安國寺，有茂林修竹，陂池亭榭，間一二日輒往，焚香默坐，深自省察」。卷五十二《與王定國》第一簡云「寓一僧舍，隨僧蔬食」。《詩集》卷二十《五禽言·叙》叙「寓居定惠院，繞舍皆茂林修竹，荒池蒲葦」。《風月堂詩話》卷下：「晁察院季一名貫之，清修善吐論。客言：東坡嘗自詠《海棠》詩，至『雨中有淚亦悽愴，月下無人更清淑』之句，謂人曰：『此兩句，乃吾向造化窟中奪將來也。』客曰：『坡此語蓋戲客耳，世豈有奪造化之句。』季一曰：『韓退之云「妙語斡元造」，如老杜「落絮游魚白日静，鳴鳩語燕青春深」，雖當隆冬沍寒時誦之，便覺融怡之氣，生於衣裾，而韶光美景，宛然在目，動盪人思，豈不是「斡元造」而「奪造化」乎！』」「雨中」二句，見《寓居定惠院之東（下略）》。《海棠譜》引《古今詩話》謂蘇軾平生喜爲人寫《寓居定惠院之東（下略）》，「人間刻石者，自有五六本，云吾平生最得意詩也。」《晚香堂蘇帖》：「先生食飽無一事，散步逍遥自捫腹。不問人家與僧舍，拄杖敲門看修竹。子瞻。」此四句即在《寓居定惠院之東（下略）》中。可爲蘇軾自我欣賞此詩之證。

轍自南京赴筠州，别張方平（安道），方平作詩贈行。王適隨行。

《欒城三集》卷一《追和張公安道贈别絶句·引》：「元豐初，子瞻以詩獲罪，竄居黄州，予謫監筠州酒税。公凄然不樂，酌酒相命，手寫一詩爲别，曰：『可憐萍梗飄浮客，自嘆匏瓜老病身。

從此空齋臥塵榻，不知重掃待何人。』」

轍過龜山，經邵伯閘，有詩。王適作《細魚》詩，轍次韻。

詩皆見《欒城集》卷九。其《過龜山》云：「再涉長淮水，驚呼十四年。龜山老僧在，相見一茫然。」憶十四年前護父喪經此。其《放閘》所云之閘，乃邵伯閘。淮南東路江都縣有邵伯鎮。《晉書》：謝安鎮廣陵新城，築堰於城北，後人思之，因名爲邵伯埭。亦名邵伯堰。此所云閘，當即堰。廣陵乃揚州。

其《次韻王適細魚》寫魚之微「僅比毛髮大」，寫魚之嬉游「鬚鬣自箇箇」，自得其樂；寫魚之有性靈「還知避船桅」。

至高郵，晤秦觀，經召伯埭上斗野亭，轍題詩。秦觀次韻。與觀別召伯埭，有詩。觀次韻。

題斗野亭詩，見《欒城集》卷九，中云：「飲食隨魚蟹，封疆入斗牛。」

高郵有晉安築之邵伯堰，運河所通，見《輿地紀勝》卷四十三《淮南東路·高郵軍·古迹》。《晉書》卷七十九《謝安傳》：「至新城，築埭于城北，後人追思之，名爲召伯埭。」按召伯埭在高郵湖旁，湖在縣城西北。參《嘉慶一統志》卷九十六《揚州府一》。

觀次韻詩見《淮海集》卷七，云：「滿市花風起，平堤漕水流。不堪春解手，更爲晚停舟。古埭天連雁，荒祠木蔽牛。杖藜聊復爾，轉盼夕烟浮。」

轍别觀詩乃《集》卷九《高郵别秦觀》。其一首云：「濛濛春雨濕邗溝。」點春。又云：「知有故人家在此。」與觀此前已有交往。

其二中云觀「送我扁舟六十里，不嫌罪垢汙交朋」。

觀次韻詩乃《淮海集》卷十《次韻子由召伯埭見别》。其一：「孤蓬短榜泝河流，無賴寒侵紫綺裘。召伯埭南春欲盡，爲公重賦畔牢愁。」云「春欲盡」，知已三月。其二：「青熒燈火照深更，逐客舟航冷似冰。到處故應山作主，隨方還有月爲朋。」其三：「冠蓋紛紛不我謀，掩關聊與古人游。會須匹馬淮西去，雲巘風溪遂所求。」淮西謂淮南西路，黄州屬淮西。去淮西，謂拜謁蘇軾也。轍詩原云「便欲携君解船去，念君無罪去何求」，此亦以答之。

蘇軾於天慶觀觀牡丹，作詩三首。

詩乃《蘇軾詩集》卷二十《雨中看牡丹三首》。注文謂墨迹後題「黄州天慶觀牡丹三首」，以其有助於了解蘇軾行止，故表而出之。

《蘇軾文集》卷五十二《答秦太虚七首》其四有「已借得本州天慶觀道堂三間」之語。

其一寫雨中之牡丹。首云：「霧雨不成點，映空疑有無。時於花上見，的皪走明珠。」觀察入微，表達真切。第五句「秀色洗紅粉」，切雨。末句「頭重欲相扶」，以爲雨所壓，亦切雨。

其二寫雨止之牡丹，於時間爲次日。其三寫風起後之牡丹，於時間爲後日。各有不同，皆盡其態。其三叙風起後有花落地,「未忍污泥沙,牛酥煎落蕊」,牡丹在人之眼中畢竟與其他花不同。三詩筆調樸實。

初到黄,軾與司馬光、王鞏(定國)簡。

《蘇軾文集》卷五十與光第三簡:「某以愚昧獲罪,咎自己招,無足言者。」卷五十二與鞏第一簡云「寓一僧舍,隨僧蔬食,甚自幸」,第二簡云「罪大責輕,得此甚幸,未嘗戚戚」。

李常(公擇)來詩相慰,元浄(辯才)、道潛(參寥)、法言來簡相慰,軾俱答簡。

《蘇軾文集》卷五十一與常第十一簡云「示及新詩,皆有遠别惘然之意」,以下言吾儕「道理貫心肝,忠義填骨髓,直須談笑於死生之際」,不必見「困窮便相於邑」。《文集》卷六十一與道潛第五簡云「予謫居黄州,辯才、參寥遣人致問」;第二簡首云「去歲倉卒離湖」,中云「遠承差人致問,殷勤累幅」;第三、四簡亦作於今年。《文集》卷六十一《與言上人》云及「雪齋清境」,知言上人乃法言。簡又云去歲吴興倉卒爲别,「遠辱不遺,尺書見及,感作殊深」。

章惇書來,勸以追悔往咎,軾答書頗有激憤之意。

《蘇軾文集》卷四十九《與章子厚參政》其一乃答書;據《與章子厚參政》其二,章書來乃「春初」。《宋史·宰輔表》:元豐三年二月丙午,惇自翰林學士、右正言、知審官東院除右諫議大夫、參知政事，故蘇軾以參政諫議相稱。答書云：「追思所犯，真無義理，與病狂之人蹈河入海者無異。方其病作，不自覺知，亦窮命所迫，似有物使，及至狂定之日，但有慚耳。」書中云及妻兒在弟轍處，「未知何日至此」，作於初到黄。

陳慥（季常）來書，請居武昌，軾簡辭。

《蘇軾文集》卷五十三與慥第八簡：「示諭武昌一策，不勞營爲，坐減半費，此真上策也。然某所慮，又恐好事君子，便加粉飾，云擅去安置所而居於别路，傳聞京師，非細事也。」陳簡當作於到黄之初寓定惠院時。黄州屬淮南西路，武昌屬荆湖北路壽昌軍，故云别路也。

鄂守朱壽昌（康叔）惠簡，并致酒、果。軾答壽昌二簡致謝意，并云及菱、翠、朝雲。

《蘇軾文集》卷五十九與壽昌第一簡：「武昌傳到手教，繼辱專使墜簡，感服併深。」以下云：「雙壺珍貺，一洗旅愁，甚幸！甚幸！」又云：「子由尚未到真。」計時當爲三、四月。第十五簡：「子由到此，須留他住五七日。」知作於第一簡略後。簡云：「所問菱、翠，至今虚位，雲乃權發遣耳，何足掛齒牙。」菱、翠當爲蘇軾另二妾之名。

菱、翠詳本譜元豐六年「蘇軾賦《皂羅特髻》」條紀事。

《宋史》卷四百五十六《朱壽昌傳》謂壽昌嘗知鄂州。

秦觀致簡慰軾。

《淮海集》卷三十《與蘇黄州簡》：「自聞被旨入都，遠近驚傳，莫知所謂，遂扁舟渡江。比至吴興，見陳書記、錢主簿，具知本末之詳。以先生之道，仰不愧天，俯不怍人，内不愧心，某雖至愚，亦知無足憂者。但慮道途頓撼，起居飲食之失常，是以西鄉憫憫，有兒女子之懷，殆不能自克也。比聞行李已達齊安，燕居僧坊，水飲蔬食，有以自適，然後私所念慮一切俱亡，且知平日有望於先生者爲不謬矣。彼區區所謂外物者，又何足爲左右道哉！本欲便至齊安，屬久離侍下，未可遠適，問道或在秋杪矣。惟親近藥餌方書，以節宣和氣。臨紙於悒，不盡所懷。」陳書記乃師錫，錢主簿乃世雄，元豐二年四月已及。

軾至黄後，與潘鯁（昌言）、潘丙（彦明）、潘原（昌宗）兄弟游，鯁子大臨（邠老）、大觀（仲達）從游，古耕道、郭遘（興宗）、何頡（斯舉）亦從游。

《施譜》謂黄人從游者有大臨、大觀、頡輩，「後皆有詩云」。《輿地紀勝》卷四十九《黄州》謂鯁、大臨、大觀皆有詩名，「與蘇軾、黄庭堅、張耒游」。鯁與蘇軾同生丙子，元豐二年進士。事迹見《柯山集》卷五十墓銘。《蘇軾詩集》卷二十八《潘推官母李氏挽詞》：「南浦凄涼老逐臣，東坡還往盡幽人。杯盤慣作陶家客，弦誦嘗叨孟母鄰。」推官乃鯁，鯁嘗爲和州防禦推官、吉州軍事推官。蘇軾在黄，嘗往潘家。輓詞元祐二年作。

丙經營酒店於樊口，《蘇軾文集》卷五十二《與秦太虛》第四簡、卷五十三與丙第六簡，《詩集》卷三十一《東坡八首》其七及之。《文集》卷五十九《與朱康叔》第十四簡贊丙「最有文行」，時已爲解元；稱原爲佳士，有舉業。餘見《蘇軾詩集》卷二十一《正月二十日往岐亭郡人潘古郭三人送余於女王城東禪莊院》注文，耕道、遘同上。

《名賢氏族言行類稿》卷二十一引曾慥《百家詩選》：「何頡之，字斯舉，黄岡人。自號樗叟。篤學善屬文。東坡先生謫居齊安，斯舉少年，因侍教誨。」又云「連蹇場屋，晚得一官。韓子蒼守是邦，獨與唱和」，「歲在戊申（按：一一二八），予將漕湖陰，斯舉出坡、谷諸公簡牘數巨軸，其子琥至今藏之，琥亦好學有文」。《道山清話》謂頡之初名頎，黄庭堅極推重之。《柯山集》卷五十《李參軍墓誌銘》、《容齋隨筆·四筆》卷五《黄庭換鵝》稱何頡，無「之」字。《柯山集拾遺》卷二、《筠溪集》卷十一有詩及之。頡之嘗和吕本中詩，見《紫微詩話》。《輿地紀勝》卷四十九舉紹興十一年重建雪堂時頡之所作警句。《夷堅志·丁志》卷十八《東坡雪堂》及何琥修雪堂事。

王齊愈（文甫）、齊萬（子辯）居武昌，與軾往還甚密。

《蘇軾文集》卷七十一《贈别王文甫》叙到黄十餘日，齊萬來訪。《蘇軾詩集》卷二十《王齊萬秀才寓居武昌縣劉郎洑正與伍洲相對伍子胥奔吴所從渡江也》：「明朝寒食當過君。」《文集》卷五十二《與秦太虛》第四簡：「所居對岸武昌，山水絶佳。有蜀人王生在邑中，往往爲風濤所隔，不能即歸，則王生能爲殺雞炊黍，至數日不厭。」《輿地紀勝》卷八十一《壽昌軍》：「車湖：在武昌東三十里。蘇軾在黄州，王文甫居湖上，往來殆百數。車武子故居及墓在其上。」齊愈兄弟乃戍居，見嘉祐四年「過犍爲」條。

二十六日，雨。雨晴後，軾遊四望亭等地，有詩。

詩見《蘇軾詩集》卷二十（一〇四〇頁）。《輿地紀勝》謂亭「在雪堂南高阜之上，唐大和中刺史劉嗣之所立，李紳作記」。

三月十一日，陳襄（述古）卒。

據《古靈集》卷二十五附録葉祖洽所撰襄行狀、《長編》卷三百三本日（甲戌）紀事。時襄在汴京，年六十四。蘇軾元豐六年與襄弟章簡唁其喪，詳該年「復與陳章簡」條。

至揚州，轍晤揚州守鮮于侁（子駿）。侁游九曲池，作詩，轍次韻。

侁知揚州，見《宋史》卷三百四十四傳。侁詩佚。轍詩見《欒城集》卷九，云「春盡草生池」，已近四月初。

轍作《揚州五詠》。秦觀次韻。

轍詩見《欒城集》卷九。其一《九曲池》；其二《平山堂》，堂乃歐陽修所建，在州城西北五里大明寺側，江南諸山，拱列檐下，若可攀取，故以「平山」名。

其三《蜀井》，井在大明寺之側，舊傳地脈通蜀，井水最宜茶，井在崗上，名之曰蜀崗，或曰崗産茶。

其四《摘星亭》，亭乃迷樓舊址，在城西角，江淮南北，一目可盡。以上俱見《輿地紀勝》卷三十七《淮南東路·揚州》。

其五《僧伽塔》。僧伽塔，《輿地紀勝》未載。揚州有石塔，《蘇軾文集》卷十九有《石塔戒衣銘》，不知是否即僧伽塔。

觀詩見《淮海集》卷八。其一云：「蕭瑟通池閟茂林，岸傍無復屬車音。涵春似恨隋家遠，漲曉疑連蜀井深。鬬草事空烟冉冉，司花人遠樹陰陰。勞生俯仰成陳迹，縱有遺聲可用尋。」其二云：「棟宇高開古寺間，盡收佳處入雕欄。山浮海上青螺遠，天轉江南碧玉寬。雨檻幽花滋淺淚，風卮清酒漲微瀾。游人若論登臨美，須作淮東第一觀。」其三云：「蜀岡精氣滀多年，故有清泉發石田。乍飲肺肝俱澡雪，久窺杖屨亦輕便。炊成香稻流珠滑，煮出新茶潑乳鮮。坐使二公鄉思動，放杯西望欲揮鞭（自注：府尹、司封高安著作皆是蜀人）。」其四云：「崑崙左右兩招提，中起孤高雉堞西。不見燒香成宿霧，虚傳裁錦作障泥。螢流花苑飛星亂，蕪滿春城緑髮齊。長憶憑欄風雨後，斷虹明處海天低（自注：障泥事見李商隱《隋宮》詩）。」其五云：「古佛悲憐得度人，應緣來現比丘身。水流月落知何處，花發鶯啼又一春。方外笑談清似玉，夢中煩惱細如塵。老僧自說從居此，却悔平時事遠巡。」

《淮海集》卷十四《與參寥大師簡》：「子由春間過此，相從兩日，僕送至南埭而還，後亦未嘗得書。渠在揚州淹留甚久，時僕值寒食上冢，故不得從之耳。」點明此番與轍交往過程。

轍晤杜介（幾先），題其熙熙堂。介有致兄軾簡，托爲致之。

詩見《欒城集》卷九。中云：「遮眼圖書聊度日，放情絲竹最關身。」末云：「卜築城中移榜就，休心便作廣陵人。」介已歸老，居揚州。《蘇軾詩集》卷十六有《杜介熙熙堂》詩。

《蘇軾文集》卷五十八與介簡：「子由特蒙手書累幅，勞問至厚。」

轍晤李之儀（端叔），或在此時。之儀托轍攜書與軾。

《蘇軾文集》卷四十九《答李端叔書》：「舍弟子由至，先蒙惠書。」參以下「五月末至黃州」條紀事。

之儀，滄洲無棣人。《宋史》卷三百四十四有傳。

途中，轍不住與軾書。軾與王鞏（定國）、朱壽昌（康叔）簡，報轍來黃行踪。

《蘇軾文集》卷五十二《與王定國》第五簡：「子由不住得書，必已出大江，食口如林，五女未嫁，比僕又是不易人也。」時轍有六女，一女已嫁。此未嫁之五女，至筠州喪其一，見本年十月紀事。

同上書卷五十九《與朱康叔》第一簡:「子由尚未到真。」第十五簡:「與可船旦夕到此。……子由到此,須留他住五七日。」

過江,至京口,游金山。轍作詩寄揚州守鮮于侁(子駿)及從事邵光。秦觀有和。

詩見《欒城集》卷九。首云:「揚州望金山,隱隱大如幞。朅來長江上,孤高二千尺。」揚州、京口固甚近。以下叙金山寺「僧居厭山小,面面貼蒼石。虚樓三百間,正壓江潮白。清風斂霽霧,曉日曜金碧。直侵魚龍居,似得鬼神役」,於是感嘆「平生足游衍,壯觀此云極」。《淮海集》卷三《和游金山(題下自注:和子由同彦瞻)》:「江流會揚子,汹汹東南騖。海門劃前開,金山屹中據。鼓鐘食萬指,金牓棲千柱。夜庭游月波,曉觀搏香霧。天清猿鳥哀,風暗魚龍怒。雲物横古今,濤波閲晨暮。三州氣色來,上下端倪露。偉哉元氣間,此勝知誰聚。念昔慦精廬,登臨輒忘去。汲新試團月,飯素羹魁芋。妙興入芳藤,真境在芒屨。别來星暑换,寤寐經從處。忽蒙珠璧投,了與雲巒遇。幽光炯肝肺,爽氣森庭户。區中多滯念,方外饒奇趣。寄語山阿人,泠然行復御。」

邵光,毗陵人,嘉祐八年進士。見《咸淳毗陵志》。據秦觀和詩自注,知光字彦瞻。《淮海集》多處及「邵彦瞻」。光爲揚州從事,知轍在揚州晤光。

四月十三日,軾與江綖、杜沂(道源)及沂子傳(孟堅)、俣遊武昌西山,並題名。沂此略前嘗游武昌，以酴醿花、菩薩泉見餉。爲沂書其父叔元（君懿）諸葛筆。蘇軾與沂爲世交，書簡往還頗多。

題名見《佚文彙編》卷六（二五八一頁）。《大觀録》卷五《與杜道源五首》建炎己酉閏月庚辰魏郡吴幵跋云沂「有子孟堅踐世科」，沂「時過子舍。孟堅官於黄，子瞻適謫居，道源與之游，相好也」。《蘇軾文集》卷五十八與沂第一簡：「謫寄窮陋，首見故人，釋然無復有流落之歎。」《蘇軾詩集》卷二十有《杜沂游武昌以酴醿花菩薩泉見餉》。第一簡贊江令健決，第二簡二處及江令，卷五十九《與朱康叔》第十八簡亦及江令。江令當爲綖，爲武昌令。卷七十《書杜君懿藏諸葛筆》謂嘉祐元年應舉時，叔元以二筆爲贈，「其後二十五年，余來黄州，君懿死久矣，而見其子沂，猶蓄其父」之筆，於是爲跋。《佚文彙編》卷二與沂第四簡邀沂啜茶。皆爲此時事。以上所引第一簡又云「知到官，又復對换，想高懷處之，無適而不可」，簡作於明年四月，參元豐四年四月紀事。沂在黄時間不長。

弘治《太平府志》卷十九：「杜侯，字碩甫，成都人。崇、觀間侍父兄宦金陵，遂寓蕪湖。祖叔元仕仁宗朝，爲職方郎，即蘇軾《志林》謂『杜君懿學李建中字得筆法者也』。父沂，與軾游最厚，軾有《菩薩泉》詩，爲所賦也。侯幼嘗從軾游，與陳瓘、汪藻爲外兄弟，凛有典刑。家藏法書名畫甚富。有田數百畝，伏臘外不求赢。環所居植竹萬箇，賦詩自娱。不妄與人交。動止可規，鄉黨尊禮之。問游里中，童稚亦知敬愛。自號野翁，年七十餘卒。有詩集藏於家，清高蕭散，蓋如其人。」「杜君懿」云云見《書杜君懿藏諸葛筆》。

《蘇軾文集》卷五十三《與陳季常》第七簡：「數日前，率然與道源過江，游寒溪西山，奇勝殆過於所聞。」

《蘇軾詩集》卷二十《遊武昌寒溪西山寺》：「西上九曲亭，衆山皆培塿。却看江北路，雲水渺何有。離離見吴宫，莽莽真楚藪。」以下云「相將踏勝絶」。「相將」者，蓋謂與杜沂等同游。

《輿地紀勝》卷八十一《壽昌軍·古迹》：「避暑宫，在武昌寒溪上。世傳西山寺，即故基。《土俗編》云：至今無暑氣。有吴王讀書堂，在寒溪山間。」

蘇軾作《五禽言》。

詩見《蘇軾詩集》卷二十。

詩其一寫五禽中之蘄州鬼，其首四句：「使君向蘄州，更唱蘄州鬼。我不識使君，寧知使君死。」宋初王禹偁（元之）自黄移蘄州，聞鳥名蘄州鬼者啼之，大惡之，果卒於蘄。蘇軾微責禹偁，此非鳥之過，又何惡之有，以鳥不知禹偁也。微責之中，顯出氣量。

末云：「人生作鬼會不免，使君已老知何晚。」置鳥不言而言人生，禹偁亦不應惡之。

詩其二寫布穀即「脱却破袴」鳥。余家皖西太湖，與蘄州相鄰，近黄州，近猶有此鳥。末云：

「不辭脱袴溪水寒，水中照見催租瘢。」無意中點出農民遭受之苦難，得之於與農民之直接接觸。

詩其三寫「麥飯熟即快活」鳥。此鳥鳴叫，乃豐年景像。詩云「去年麥不熟，挾彈規我肉」，爲鳥鳴憤，亦以戒農夫護鳥。挾彈打鳥，當得之親見。

詩其四寫「蠶絲一百箔」鳥。末云：「願儂一箔千兩絲，繅絲得蛹飼爾雛。」祝蠶絲豐收。

其五寫姑惡鳥。「姑惡」之聲，緣以受姑（撰者按：丈夫之母，一云婆）之虐而又無以自申之婦女而起。詩云：「姑不惡，妾命薄。」借受虐之婦之口以解之。華夏數千年，此種思想，具有極大普遍性。作者於此處，以其深沉之筆，點破此一現實。

本月，毛漸爲晏知止所刻曾鞏所編《太白集》作序。蘇軾嘗謂其中有僞作。

毛序見《李太白全集》卷三十《附録》。

《蘇軾文集》卷六十七《書諸集僞謬》：「近見曾子固編《太白集》，自謂頗獲遺亡，而有《贈懷素草書歌》及《笑矣乎》數首，皆貫休以下詞格。」

晏知止，參元祐七年「除命下知揚州」條紀事；毛漸，參元祐元年「知高郵軍毛漸軍衙廳成」條紀事。

文務光（逸民）扶父同喪過黄州歸成都，軾再爲文祭之。

再祭文見《蘇軾文集》卷六十三(一九四二頁)。《文集》卷五十九《與朱康叔》第十五簡云「與可船旦夕到此」,又云「子由到此,須留他住五七日」,作於四五月間。《欒城後集》卷二十祭務光文末云在黄相晤,知轍到黄前務光已西去。

軾作《卜算子》,張耒、黄庭堅嘗題其後。

《柯山集拾遺》卷三《題東坡卜算子後》其序云:蘇先生責居黄州,嘗作《卜算子》云:「缺月掛疏桐,漏斷人初静。誰見幽人獨往來,縹緲孤鴻影。驚起却回頭,有恨無人省。揀盡寒枝不肯棲,寂寞沙洲冷。」因題此詩。詩云:「空江月明魚龍眠,月中孤鴻影翩翩。有人清吟立江邊,葛巾藜杖眼窺天。夜涼月墮幽蟲急,鴻影翹沙衣露濕。仙人采詩作步虚,玉皇飲之碧琳腴。」《山谷題跋》卷二《跋東坡樂府》:「語意高妙,似非吃烟火食人語。非胸中有萬卷書,筆下無一點塵俗氣,孰能至是。」謂《卜算子》也。詞見《東坡樂府》卷上,調下原注:「黄州定惠院寓居作。」「幽人」作者自謂。《詩集》卷二十《定惠院寓居月夜偶出》首云「幽人無事不出門」,可證。下闋云「揀盡寒枝不肯棲」則以孤鴻自擬抒個人抱負。參吴世昌先生《有關蘇詞的若干問題》,載《文學遺産》一九八三年第二期。《能改齋漫録》卷十六《東坡卜算子詞》:「東坡先生謫居黄州,作《卜算子》云:(略)其屬意蓋爲王氏女子也，讀者不能解。張右史文潛繼貶黄州，訪潘邠老，嘗得其詳，題詩以誌之：（略）」

張詩「有人」即「幽人」。張詩與蘇詞意合。「王氏」云云，蓋屬附會。

饒學剛《蘇東坡在黄州·卜算子係宋元豐三年作》一文謂此詞作於本年二至五月間。蘇詞評論者多家謂此詞作於元豐五年，饒氏謂「從東坡的行踪可以説明《卜算子》不作於元豐五年」，以蘇軾至黄後寓居定惠院，五月即已遷居城南江濱驛站臨皋。

饒氏復謂「從東坡詞作的手迹亦可佐證」，以《晚香堂蘇帖》手迹亦書「黄州定惠院寓居作」。

饒氏又謂「從詞反映作者的思想感情也可以認定」。饒氏曰：「東坡慶幸出獄被貶黄州，長途跋涉，驚魂未定，心境孤寂。這是他思想極端苦悶矛盾的一年。他寓居破廟定惠院，『閉門却掃，收召魂魄』，隨僧蔬食，『幽人無事不出門』，『閉門謝客對妻子』，『飢寒未至且安居，憂患已空猶夢怕』；輒散步逍遥於海棠樹下，『不問家人與僧舍，拄杖敲門看修竹』，『雨中有淚亦凄愴，月下無人更清淑』。所有這些詞句，與《卜算子·黄州定惠院寓居作》所寫深静月夜中『幽人』那『縹緲孤鴻影』的心境完全一樣。東坡以『孤鴻』自況，表述自己政治上失意而産生孤獨、徬徨、寂寞的心緒的同時，借以寄托自己寧願隻身幽居，不肯隨波逐流地生活於人世的高潔感情。」而「元豐四年、五年，是東坡人生探索時期」，與今年不同。今從其説。

遷居臨皋亭，軾有詩、文。

詩見《蘇軾詩集》卷二十（一〇五三頁），云「全家占江驛」。文乃《蘇軾文集》卷七十一《書臨皋亭》。《輿地紀勝》卷四十九《黄州》謂臨皋館在朝宗門外，有臨皋亭，又謂「東坡故居即今之臨皋亭及臨皋館」。《蘇軾黄州活動年表》謂臨皋亭在黄州城南門外江邊，定惠院右側，水驛。《蘇軾文集》卷五十九《與朱康叔》第五簡云「已遷居江上臨皋亭」，謝其「恩庇」。知遷居，壽昌（康叔）與有力。末云酷暑，遷居在此略前。《王譜》：「按近日黄州《東坡圖》云：先生寓居定惠不久，以是春遷臨皋亭，乃舊日之回車院也。」考其實，遷居時已入夏。

蘇軾與范百嘉（子豐）簡，暢叙居臨皋亭之樂。

簡乃《蘇軾文集》卷五十《與范子豐》第八簡。簡云：「臨皋亭下不數十步，便是大江，其半是峨眉雪水，吾飲食沐浴皆取焉，何必歸鄉哉。江山風月，本無常主，閑者便是主人。」《赤壁賦》中所云「惟江上之清風，與山間之明月，耳得之而爲聲，目遇之而成色」，乃「江山風月」云云之發揮。

轍四月至金陵。晤孔武仲，和武仲《金陵九詠》。游鍾山，有詩。

有詩十一首。其《初至金陵》一首，見《欒城集》卷九，有「初看江南第一州」之句。《蘇軾文集》

卷六十八《書子由金陵天慶觀詩》謂轍至金陵爲四月。其和武仲詩，見《欒城集》卷十。武仲原作久佚。《集》本卷此略後有《舟次大雲倉回寄孔武仲》首云：「一風失前期，十日不相見。君帆一何駛，去若乘風箭。我舟一何遲，出没蔽葭亂。」孔武仲與蘇轍相遇於金陵，屬偶然，此詩「一見誠偶然」之句可證。武仲略前於轍離金陵，故有以上數語。

和詩其一爲《白鷺亭》。首云：「白鷺洲前水，奔騰亂馬牛。」《輿地紀勝》卷十七《江南東路·建康府·景物下》：「白鷺亭，在府城上，與賞心亭相接，下瞰白鷺洲。」謂：「賞心亭下臨秦淮，盡觀覽之勝。」和詩其二爲《覽輝亭》。首云：「城裏最高處，坡陀見一城。」《景定建康志》卷二十二、四十六：覽輝亭在城内飲虹橋南保寧坊内保寧禪寺之後，鳳凰臺舊基側。寺有覽輝亭碑，刓缺不可讀，莫詳其人。唯歲月可考，蓋熙寧三年夏四月也。

和詩其三爲《鳳凰臺》。首云：「鳳鳥久不至，斯臺空復高。」《輿地紀勝》卷十七：「鳳凰臺：故基在保寧寺後。元嘉十六年，秣陵王顗見三異鳥集於山，衆鳥翼而附集，時人謂之鳳凰，乃起臺於上。」和詩其四爲《天慶觀》。首云：「興廢不可必，冶城今静祠。」《景定建康志》卷四十五：「天慶觀，在府治西北。」又謂：「觀臺係晉朝冶城故址。」

參本譜元豐七年七月十六日紀事。

和詩其五爲《高齋》。首云：「金陵佳處自無窮，使宅幽深即故宮。」《景定建康志》卷二十一：「高齋：舊在江寧府治，今在行宫内。康定中葉公清臣建，胡公宿作記。」引王安石《和王微之登高齋二首》。

和詩其六《此君亭》。首云：「緑竹不可數，孤亭一倍幽。」《景定建康志》卷二十二：「此君亭，在華藏寺。」謂王安石有題詩，云：「誰憐直節生來瘦，自許高才老更剛。」此君蓋謂竹也。《輿地紀勝》謂華藏寺在斗門西街北。

和詩其七《見江亭》，自注謂亭在蔣山。首云：「江水信浩渺，連山巧蔽虧。端能上險絶，故自識津涯。」亭蓋在蔣山高處。《景定建康志》卷十六謂蔣山高一百五十八丈，不載見江亭，《輿地紀勝》亦不載。蔣山即鍾山。

和詩其八《定林院》。首云：「定林兩山間，崖木生欲合。」陸游《入蜀記》乾道六年七月八日謂鍾山有定林庵，當即定林院。

和詩其九《八功德水》。首云：「君言山上泉，定有何功德。」《景定建康志》卷十七、十九謂鍾山之東有八功德水。八功德謂一清、二冷、三香、四柔、五甘、六浄、七不饐、八蠲痾。

其《游鍾山》首云：「江南四月如三伏，北望鍾山萬松碧。」點明時、季。中云：「坐弄清泉八功德。」又云：「困卧定林依石壁。」

至太平州，轍晤郭祥正（功甫），題其醉吟庵。

詩見《欒城集》卷十。首云：「姑熟溪頭醉吟客，歸作茅庵劣容席。」太平州治當塗，當塗有姑熟溪，郭祥正乃當塗人。末云：「不用騎鯨學太白。」郭祥正少時詩文有逸氣，人以爲太白後身。已見本譜元豐元年紀事。

其事迹詳拙撰《郭祥正事迹編年》，在點校本《郭祥正集》附録。

至蕪湖，轍作《湖陰曲》。

詩見《欒城集》卷十。《輿地紀勝》卷十八《江南東路·太平州·蕪湖縣詩》引此詩中四句：「帳中晝夢日繞壁，驚起知是黄鬚兒。馬鞭七寶留道左，猛士徘徊不能追。」同上《景物下·玩鞭亭》：「在蕪湖縣北二十里。晉王敦鎮姑孰。明帝時，敦將舉兵内向，帝密知之。乃乘巴滇駿馬，微行至湖陰，察敦營壘。敦正晝寢，夢日環其城，驚起，曰：『此必黄鬚鮮卑奴來也。』乃使五騎追帝，帝亦馳去。見逆旅賣食嫗，以七寶鞭與之，曰：『後有騎來，可以此示之。』俄而追者至，因以鞭示之，五騎傳玩稽留，帝僅獲免。亭名以此。」明帝，乃晉明帝司馬紹。湖陰，蕪湖。

五月十二日，軾作《石芝》詩。

詩見《蘇軾詩集》卷二十（一〇四七頁），末云「神仙一合五百年，風吹石髓堅如鐵」。有嘲服食求仙之意。

五月，至池州，轍重遇孔武仲。作詩，約晤於廬山陰。晤州守滕元發，同游蕭丞相樓，應元發命題詩。

詩見《欒城集》卷十。其《舟次大雲倉回寄孔武仲》首云：「一風失前期，十日不相見。君帆一何駛，去若乘風箭。我舟一何遲，出没蔽葭亂。」原同行，武仲舟速，遂失。以下云：「池陽重相逢，撫手成一粲。」喜出望外。末云：「一見誠偶然，四海良獨遠。相期廬山陰，把臂上雲巘。」約登廬山。

其《池州蕭丞相樓二首》其一中云：「樓成始覺江山勝，人去方知德業尊。」《輿地紀勝》卷二十二《江南東路·池州·蕭相樓詩》引，題作《呈滕侍郎》。同上書《景物下》：「蕭相樓，在州治之北。唐大曆中蕭復建，後杜牧重建。」其一末云：「我來邂逅公歸國，猶喜登樓共一樽。」自注：「池守滕元發時將解去。」《寶真齋法書贊》卷十二收有轍此二詩，題書：「滕元發令賦蕭丞相樓，眉陽蘇轍。」《蘇軾佚文彙編》卷五《題子由蕭丞相樓詩贈王文玉》：「元豐三年五月，家弟子由過池，元發令作此詩。（下略）」

《欒城後集》卷一《滕達道龍圖輓詞》其二首云：「南竄逢公弄水亭。」自注：「公時守池。」弄水亭在池州之通遠門外，杜牧之有弄水亭詩。見《輿地紀勝》卷二十二《池州·景物下》。

《清江三孔集》卷二十三孔平仲《滕元發池州蕭相樓》：「相國當時此建旄，正如今日擁三刀。規摹忽起凌千尺，意氣相期在一陶。柱礎下連坤軸壯，簷牙斜插斗杓高。觀公磊落真人傑，莫向江山賦楚騷。」

同上《再賦》：「廊廟之才守一州，暮年名位等酇侯。簪纓七葉皆當軸，棟宇千章爲起樓。撫事蕭條人已遠，臨風慷慨意相投。期公便握璣衡去，留取餘光照斗牛。」附此。

過九華山，轍作詩。

詩見《欒城集》卷十。中云：「忽驚九華峰，高拱立我前。蕭然九仙人，縹緲凌雲烟。碧霞爲裳衣，首冠青琅玕。揮手謝世人，可望不可攀。我行竟草草，安能拍其肩。」未能登九華峰。《輿地紀勝》卷二十二《江南東路·池州·景物下》：「九華山：在青陽縣界。《九域志》云：『舊名九子山。』《輿地志》云：『上有九峰，出碧鷄之類。』」

佛池口遇風雨，轍作詩。

詩見《欒城集》卷十。首云：「長江五月多風暴。」《輿地紀勝》卷三十三《江南西路·興國軍·景物下·富池湖》：「源出永興之翠屏六溪，由富池口入江。」佛池口當即富池口。興國軍永興縣有富池鎮。據《中國歷史地圖集》第六册《北宋·江南西路》，富池鎮臨江，在江州之西。

軾以詩迎轍。舟次磁湖，轍次軾韵并自賦。至巴河口，軾迎至其地并賦詩。

軾詩乃《蘇軾詩集》卷二十《今年正月十四日與子由别於陳州五月子由復至齊安以詩迎之》、《曉至巴河口迎子由》。轍詩乃《欒城集》卷十《舟次磁湖以風浪留二日不得進子瞻以詩見寄作二篇答之前篇自賦後篇次韵》。次韵者，次《今年正月十四日與子由别》之韵也。《輿地紀勝》卷三十三《江南西路·興國軍·景物上》：「磁湖：東坡謂其湖邊之石皆類磁石，（湖）面多産菖蒲，故後人名曰磁湖。《輿地廣記》之説亦同。」《讀史方輿紀要》卷七十六謂磁湖在大冶縣東四十里。轍詩其一有「黄州不到六十里」，似云磁湖距黄州不到六十里。今《中國歷史地圖集》第六册《北宋·江南西路》有磁湖鎮，在大冶東北。《入蜀記》八月十七日紀事：「晚泊巴河口，距黄州二十里，一市聚也。」《輿地紀勝》卷四十九《淮南西路·黄州》謂巴口在黄岡縣東四十三里。

五月末，轍至黄州，挈軾之家小來。并携秦觀（太虚）、李之儀（端叔）、杜介（幾先）與軾書來。爲軾言蕭相樓及滕元發（達道）動止。

《蘇軾文集》卷五十二《答秦太虚》第四簡：「五月末，舍弟來。得手書勞問甚厚。」卷五十五《與章子厚》第二簡：「舍弟自南都來，挈賤累繚繞江淮，百日至此。」《蘇軾文集》卷四十九《答李端叔書》：「舍弟子由來，先蒙惠書。」同上卷五十一《與滕達道》第十五簡：「蕭相樓詩固見之，子由又説樓之雄傑，稱公之風烈。」參本年以上「五月至池州」條紀事。「公」謂蕭復。細味簡文，知滕元發（達道）復修蕭相樓，故「風烈」之下，有「記文固願掛名」之語，蓋元發欲請蘇軾作蕭相樓記。《佚文彙編》卷三與元發第一簡：「舍弟來，具道動止甚詳，如獲一見。」同上卷五《題子由蕭丞相樓詩贈王文玉》叙轍到黄，爲軾誦所作《蕭丞相樓》詩。

杜介簡詳本年以上「晤杜介」條紀事。

朱壽昌（康叔）餽酒與蘇軾，軾簡謝。

軾簡乃《蘇軾文集》卷五十九《與朱康叔》第三簡。簡云：「珍惠雙壺，遂與子由屢醉，公之德也。」

六月，軾與轍同游寒溪西山，有詩。

詩見《蘇軾詩集》卷二十（一〇五四頁）。《欒城集》卷十《黄州陪子瞻遊武昌西山》：「千里到齊安，三夜語不足。勸我勿重陳，起遊西山麓。西山隔江水，輕舟亂鳬鶩。連峯多回溪，盛夏富草木。杖策看萬松，流汗升九曲。蒼茫大江湧，浩蕩衆山蹙。上方寄雲端，中寺倚巖腹。清泉類牛乳，煩熱須一掬。縣令知客來，行庖映修竹。黄鵝特新煮，白酒近亦熟。山行得一飽，看盡千山緑。幽懷苦不遂，滯念每煩促。歸舟浪花暝，落日金盤浴。妻孥寄九江，此會難再卜。君看孫討虜，百戰不摇目。巾冠墮臺下，坐使張公哭。異時君再來，攜被山中宿。」

同上卷十五《次韻子瞻與鄧聖求承旨同直翰苑懷武昌西山舊遊》：「我遊齊安十日回，東坡桃李初未栽。扁舟亂流入樊口，山雨未止淫黄梅。寒溪聞有古精舍，相與推挽登崔嵬。山深縣令喜客至，寺荒蔓草生經臺。黄鵝白酒得野餽，藤床竹簟無纖埃。可憐遷客畏人見，共怪青山誰爲堆。行驚晚照催出谷，中止亂石傾餘罍。（下略）」乃寫此時事。

《省齋文稿》卷十七《跋鄧娗所藏其祖温伯與東坡倡和武昌長篇》：「蘇、鄧兩公同直禁話舊賦詩，逮今踰八十載，東昌周某始獲敬觀鄧氏别本於行在所，因命院吏印其後。印蓋景德二十年舊物，兩公嘗佩之矣。升堂伏几而襲其裳，得毋象環之悪與。淳熙庚子，正月二十八日。」據《周益國文忠公集》卷首年譜，時周必大以吏部尚書兼翰林學士，印蓋翰林院印也。

供奉官鄭文，以所得銅劍贈蘇軾，軾作歌。

歌乃《蘇軾詩集》卷二十《武昌銅劍歌》。詩之引云：「供奉官鄭文，嘗官於武昌。江岸裂，出古銅劍，文得之以遺余。冶鑄精巧，非鍛冶所成者。」蘇軾據此，繹出一段有聲有色之奇妙文字：「雨餘江清風卷沙，雷公躡雲捕黄蛇。蛇行空中如狂矢，電光煜煜燒蛇尾。或投以塊鏗有聲，雷飛上天蛇入水。水上青山如削鐵，神物欲出山自裂。細看兩脅生碧花，猶是西江老蛟血。」非凡之物，必有非凡之經歷。此非凡之劍，得此非凡之筆以傳之，亦云幸矣。鄭文官武昌，在此之前。其仕歷不詳。

在黄州，轍與朱壽昌（康叔）簡。壽昌亦有簡與轍。

《蘇軾文集》卷五十九《與朱康叔》第四簡：「近奉書并舍弟書，想必達。……承以舍弟及賤累至，特有厚貺羊麪酒果，一一捧領訖，但有慚怍。舍弟離此數日，來教尋附洪州遞與之。」「舍弟書」謂轍致壽昌簡；「來教」謂壽昌與轍簡。二簡均佚。

轍離黄州，軾次轍《舟次磁湖以風浪留二日不得進》詩送行。軾送至劉郎洑，飲别於王齊愈家，轍作詩。

軾詩在《蘇軾詩集》卷二十。首云：「平生弱羽寄衝風，此去歸飛識所從。」轍詩乃《欒城集》卷十《將還江州子瞻相送至劉郎洑王生家飲别》。首云：「相從恨不多，送我三十里。車湖風雨交，松竹相披靡。繫舟枯木根，會面兩王子。嘉眉雖異郡，鷄犬固猶爾。相逢勿空過，一醉不須起。」兩王子謂王齊愈（文甫）、王齊萬（子辯），嘉州人，故有「嘉眉雖異郡」之語。《蘇軾詩集》卷一《犍爲王氏書樓》乃嘉祐四年過嘉州時所題，詩云：「借問主人今何在，被甲遠戍長苦辛。」時王氏兄弟不在而遠戍他鄉。《蘇軾文集》卷七十一《贈别王文甫》叙到黄州之初，王齊萬來訪。《蘇軾詩集》卷二十有《王齊萬秀才寓居武昌縣劉郎洑》詩。《輿地紀勝》卷八十一《荆湖北路·壽昌軍·車湖》：「在武昌東三十里。蘇軾在黄州，王文甫居湖上。往來殆百數。」《景物下·劉郎洑》：「在武昌東江上，舊名『流浪』，後訛爲『劉郎』。」則武昌車湖，乃王氏兄弟戍地。

《入蜀記》乾道六年八月十七日紀事謂蘇軾送轍至巴河。

胡掾自武昌至，朱壽昌（康叔）托致羊麪酒果與軾。胡掾或爲胡定之。

《蘇軾文集》卷五十九與壽昌第四簡叙其事。時弟轍已離黄數日，壽昌所致諸物，蓋與軾兄弟二人者。與壽昌第七簡謂胡掾爲佳士，「渠方寄家齊安，時得與之相見」。卷五十二《與秦太虚》第四簡云「岐亭監酒胡定之，載書萬卷隨行，喜借人看」。

了元（佛印）屢來書，求記雲居。軾答簡請少寬假。

《蘇軾文集》卷六十一與了元第一簡叙之。簡云「今僕蒙犯塵垢」，約作於到黄之初；云「大熱」，作於六月間。今繫於本年。記不見，未知作與否。

了元，《五燈會元》卷十六有傳。了元屬雲門宗，乃青原下十世，開先暹禪師法嗣，全稱南康軍雲居山了元佛印禪師。饒州浮梁林氏子，有盛名。神宗嘗賜高麗磨衲金鉢以旌之。

《輿地紀勝》卷二十五《南康軍》：「雲居山：在建昌。乃歐岌得道之處。或以山嘗出雲，故曰雲居山。俗謂天上雲居，地下歸宗。」

定惠院顒師爲蘇軾竹下開嘯軒，軾作詩。

詩見《蘇軾詩集》卷二十（一〇五八頁）。詩叙啼鴂、蛩、蟬、蚓、鳶、鵲之聲，謂「皆緣不平鳴，慟哭等嬉笑」。蓋其自身以爲慟哭，而他物聽之則爲嬉笑，等一聲耳。詩云：「阮生已粗率，孫子亦未妙。」二人皆未至嘯之妙境。次云：「道人開此軒，清坐默自照。」道人即謂顒師。任衆聲之作，不與其間。以下云：「衝風振河海，不能號無竅。」其威力亦有限。末云：「累盡吾何言，風來竹自嘯。」道人、作者欲得之嘯在此，此嘯純乎天籟。

黄岡縣令何長官作詩，蘇軾次其韵。

軾詩乃《蘇軾詩集》卷二十《和何長官六言次韵五首》。其一云「一廛願托仁政」，知此何長官乃黄岡縣令，蘇軾在其屬下。惜其名、字、仕履無可考。詩云「作邑君真伯厚」，何長官直是好官。其二云「學道未逢潘盎」，無異言自身乃狂士；云「草書猶似楊風」，亦有狂氣。自陳秉性。此等語能爲何長官言之，何長官自不俗。其三云有水驛臨皋亭相容，且「長江大欲見庇，探支八月涼風」，自是樂事。其四云「貧家何以娱客，但知抹月批風」。風、月取之無盡，用之不竭，樂在其中。

其五云「青山自是絶色」，而市朝公子不知品賞；只得個人享受。作者善於自我解脱。

轍過赤壁，懷古。

詩見《欒城集》卷十。首云：「新破荆州得水軍，鼓行夏口氣如雲。千艘已共長江險，百萬安知赤壁焚。」赤壁在黄州，見《輿地紀勝》卷四十九《黄州》。然此實乃赤壁磯，非周瑜破曹操之赤壁，轍詩與軾《赤壁賦》及《念奴嬌·赤壁懷古》詞等，均據傳聞以此赤壁爲周瑜破曹操之赤壁，以便抒發懷古情思。破曹赤壁在今湖北蒲圻縣長江南岸，參《三國志·吴·孫權傳》、《資治通鑑》卷六十五漢獻帝建安十三年注。

轍詩末云：「古來伐國須觀釁，意突成功所未聞。」「觀釁」出《左傳·宣公十三年》：「（士）會聞用師，觀釁而動。」《注》謂：「釁是間隙之名。」蓋謂曹操之敗乃違古人伐國之意，失之輕率。

至江州。轍作《江州五詠》。

共詩六首，見《欒城集》卷十。其《自黄州還江州》首云：「身浮一葉返湓城。」謂「返」乃謂去黄州時經江州。江州名湓城、盆城，以江州有盆水（或名盆江）而名。

《江州五詠》中其《射蛟浦》云：「射蛟江水赤，教戰越人驚。」

其《浪井》首云：「江波浮陣雲，岸壁立青鐵。胡爲井中泉，湧浪時驚發。」《輿地紀勝》卷三十

《江南西路·江州·景物上·浪井》：「孫權鑿於灌嬰城，以爲己瑞。湓江有風，水輒動，因號曰浪井。上有北樓，下臨湓江，今爲一郡之勝。」

其《庾樓》云：「元規情不薄，上客有殷生。」庾亮字元規，殷生謂殷浩，見《晉書》卷七十三《庾亮傳》。《入蜀記》八月五日紀事：「庾樓……正對廬山之雙劍峰，北臨大江，氣象雄麗。……庾亮嘗爲江、荆、豫州刺史，其實則治武昌。」意謂樓以庾名蓋誤。轍或因誤就誤耳。《輿地紀勝》謂樓在州治後。其《東湖》首云：「讀書廬山中，作郡廬山下。平湖浸山脚，雲峰對虚榭。」此四句，《輿地紀勝·總江州詩》引，然誤爲軾詩。轍詩自注謂唐李渤「爲九江太守，始營東湖，風物可愛」；《輿地紀勝·官吏·李渤》：「《唐·志》云：渤，穆宗長慶二年爲刺史，築堤，號李渤湖，又名甘棠湖。」則此東湖即李渤湖。

其《琵琶亭》首云：「湓江暮雨晴，孤舟暝將發。夜聞胡琴語，展轉不成別。」《輿地紀勝·琵琶亭》：「在西門外，面大江。白居易爲江州司馬，夜送客湓浦口，聞鄰舟琵琶聲遇商婦爲《琵琶行》之地，故名其亭。」

不到東西二林，轍作詩。

詩見《欒城集》卷十。首云：「山北東西寺，高人永遠師。來游亦前定，回首獨移時。」

《輿地紀勝》卷三十《江南西路·江州·仙釋·慧遠法師》：「晉武帝時，大興佛寺於潯陽。住東林，號圓悟大師。」《慧永禪師》：「晉太和中住西林，號覺寂大師，與陶潛、謝靈運往來。」同上《景物下·東林寺》：「晉武帝太康（按：原作『和』，誤，今正）十年建，唐號太平興龍寺，最爲廬山之古刹。」《西林寺》：「晉太和三年建。水石之美，亦東林之亞。」

轍游廬山山陽，賦七詩，爲留二日。游棲賢谷，有記。

詩見《欒城集》卷十。

《輿地紀勝》卷三十《江南西路·江州·風俗形勝》引《尋真觀記》：「廬山山水甲天下，山之南則簡寂、棲賢、開先、歸宗，山之北則太平、圓通、東西二林。」山陽乃山之南。江州在廬山之北，南康軍在廬山之南。

其一《開先瀑布》首云：「山上流泉自作溪，行逢石缺瀉虹霓。定知雲外波瀾闊，飛到峰前本末齊。」《輿地紀勝》卷二十五《南康軍·景物下·開先寺》：「在城西十五里，李中主所作也。初爲書堂。其後中主嗣國，乃爲僧舍。……寺後有瀑布泉。李白詩云：『飛流直下三千丈。』謂此也。」

其二《漱玉亭》中云：「目亂珠璣濺空谷，足寒雷電繞飛梁。」《輿地紀勝·漱玉亭》：「在開先寺。」《蘇軾詩集》卷二十三有《廬山二勝·開先漱玉亭》詩。

其三《簡寂觀》首云：「山行但覺鳥聲殊，漸近神仙簡寂居。門外長溪浄客足，山腰苦筍助盤蔬。」《輿地紀勝·仙釋·簡寂先生》：「宋陸脩静，文帝素敬之，召不至。明帝設崇虚館、通仙堂以待之。求歸，不許。遂化去，不知所在。謚曰簡寂先生。以故居爲簡寂觀。」《景物下·簡寂觀》：「在城西二十三里。」

其四《歸宗寺》首云：「來聽歸宗早晚鐘，疲勞懶上紫霄峰。墨池漫叠溪中石，白塔微分嶺上松。」詩末自注：「此寺王逸少所置，云有墨池在焉。」《輿地紀勝·景物下·歸宗寺》：「在城西二十五里。即王羲之宅，墨池、鵝池存焉。寺後有金輪、上霄二峰。水曰鸞溪。唐寶曆中，有赤眼禪師居之，佛刹之盛，冠於山南，與雲居相□，俗謂天上雲居、地下歸宗。」轍以下有「佛宇争推一山甲」之句。

其五《萬杉寺》首云：「萬木青杉一手栽，滿堂白佛九天來。」自注：「仁宗初年，有僧手種萬杉，特爲建此寺，仍以禁中佛賜之。」《輿地紀勝·景物下·萬杉院》：「在廬山。僧大超植杉萬本。仁宗賜御篆金仙寶殿額，及揭於殿。今有御書四軸及『國泰』二大字。」

其六《三峽石橋》首云：「三峽波濤飽泝沿，過橋雷電記當年。江聲彷彿瞿唐口，石角參差灩澦前。」故此石橋以三峽名。《輿地紀勝·景物下·三峽橋》：「在廬山之歸宗寺，最爲廬山之雄觀。」《集》卷二十三《廬山棲賢寺新修僧堂記》：「元豐三年，余得罪遷高安，夏六月，過廬山，知其勝而不敢留。留二日，涉其山之陽，入棲賢谷。谷中多大石，岌嶪相倚。水行石間，其聲如雷霆，如千乘車行者，震悼不能自持，雖三峽之險不過也。故其橋曰三峽。渡橋而東，依山循水，水平如白練，横觸巨石，匯爲大車輪，流轉洶湧，窮水之變。院據其上流，右倚石壁，左俯流水。石壁之趾，僧堂在焉。狂峰怪石，翔舞於檐上。杉松竹箭，横生倒植，葱蒨相糾。每大風雨至，堂中之人疑壓焉。問之習廬山者，曰：雖兹山之勝，棲賢蓋以一二數矣。」《輿地紀勝·景物下·棲賢院》：「在廬山。……舊置院於尋真。李渤徙置是山，南唐保大中制書，猶有存者。」尋真觀在城北二十五里。

其七《白鶴觀》首云：「五老相携欲上天，玄猿白鶴盡疑仙。」《輿地紀勝·景物下·白鶴觀》：「在城西北二十里，今名爲承天觀。《白鶴觀記》云：『廬山峰巒之奇秀，巖穴之怪邃，泉樹之茂美，爲江南第一。白鶴觀總奇秀、怪邃、茂美，復爲廬山第一。』」按：此乃陳舜俞文。《蘇軾詩集》卷四十二《觀棋》：「五老峰前，白鶴遺址。」《輿地紀勝·景物下·五老峰》：「五峰相連。《論語讖》云：仲尼曰：吾聞堯率舜游首山，觀河洛，有五老飛爲流星，上入於昴，故河洛有五老峰。此峰爲其峭拔，而效其名焉。」

記見《集》卷二十三《廬山棲賢寺新修僧堂記》：「元豐三年，余得罪遷高安。夏六月，過廬山，知其勝而不敢留。留二日，涉其山之陽，入棲賢谷。」下述谷中險奇景觀，追記此時事。

二十八日，軾答章楶（質夫）簡，以不獲再會武昌爲悵。

《渤海藏真帖》第三册：「軾再啓。武昌不獲再會，至今耿耿。承惠書爲别，感服不可言。來歲出按江夏，必行屬縣，當復過江求見也。過桃源，想復一訪遺蹤，鼎、澧間故多嘉處耶！《新唐書》言劉夢得《竹枝詞》，至今武陵俚人歌之，亦復泛否？夢得言竹枝聲含思宛轉，有淇、濮之艷，若果爾，獨不可令蘇、秀二君傳其聲耶！呵呵。傳舍之會，恍入夢中事矣。六月廿八日。軾再拜。」原未云收簡者。今考江夏、桃源、武陵、鼎、澧，皆屬荆湖北路，楶爲該路提刑，故云出按也。今定此簡爲與楶者。

《晚香堂蘇帖》此簡脱「六月廿八日」五字。

《菩薩蠻·七夕黄州朝天門上二首》，軾作於本年七月七日。

詞見《注坡詞》。此二詞，《東坡樂府》在卷下，一題《七夕朝天門上作》（畫簷初掛彎彎月）一題《七夕》（風迴仙馭雲開扇）。參元豐四年「章楶賦《水龍吟》」條紀事。

陳慥（季常）來黄州州城訪軾，郡中及舊州諸豪争欲邀致之，戲作陳孟公詩。先是簡望慥來，至是來。

詩見《蘇軾詩集》卷二十（一〇五七頁），以西漢陳遵（孟公）況慥也。慥第一次來。

《蘇軾文集》卷五十三《與陳季常》第五簡：「何日決可一游郡城？企望日深矣。臨皋雖有一室，可憩從者，但西日可畏。承天極相近，或門前一大舸亦可居。到後相度。」

同上第六簡：「季常未嘗爲王公屈，今乃特欲爲我入州，州中士大夫聞之聳然，使不肖增重矣。不知果能命駕否？」

張師正(不疑)贈辰砂，軾有詩。

詩見《蘇軾詩集》卷二十(一〇六一頁)。《蘇軾文集》卷五十二《與王定國》第八簡云「近有人惠丹砂少許」，此人當即師正。《玉壺清話》卷五：「文瑩丙午歲訪辰帥張不疑師正，時不疑年五十。」以下云：「熙寧丁巳，不疑帥鼎，復見招爲武陵之游。」軾作詩時，師正或猶在鼎。辰州、鼎州俱在荆湖北路。

與王鞏(定國)簡，軾戒以愛身嗇氣。

簡乃《蘇軾文集》卷五十二與鞏第六簡。此簡及三、四、五各簡，皆作於鞏赴賓途中。

南康阻風九日，游東寺，轍作詩。時已及秋七月。

詩見《欒城集》卷十。首云：「欲涉彭蠡湖，南風未相許。扁舟厭摇蕩，古寺慰行旅。」中云「一風輒九日」。《年表》「東寺」作「東林寺」，恐誤。東林寺在山之北，屬江州。此明言東寺爲「古寺」。蓋不甚知名。《輿地紀勝》謂彭蠡湖在南康軍城東南。過湖經洪州，至筠州。轍詩又云：「松聲亂秋雨。」蓋已及秋七月矣。

轍拜劉涣(凝之)於牀下。

《欒城集》卷十八《劉凝之屯田哀辭·叙》首云涣本年九月辛未，卒於廬山之陽，以下云：「今年春，予以罪謫高安。……拜凝之於牀下。」以下叙涣「始得道士法，却五穀，煮棗以爲食，氣清而色和」。《輿地紀勝》卷二十五《江南東路·南康軍·人物·劉涣》：「字凝之，隱廬山。歐陽文忠公賦《廬山高》以送之。後與陳舜俞乘黄犢往來山中。龍眠李伯時畫爲圖，時號西澗居士。」

轍至筠州鹽酒税任。時毛維瞻（國鎮）爲筠州守。至筠州爲七月，大水初去。

《欒城集》卷二十三《筠州聖壽院法堂記》：「高安郡本豫章之屬邑，居溪山之間，四方舟車之所不由，水有蛟蜃，野有虎豹，其人稼穡漁獵，其利粳稻竹箭梗枏茶楮，民富而無事。（下略）」《集》卷二十三《筠州聖祖殿記》：「元豐三年二月，臣（毛）維瞻受命作守。」《輿地紀勝》卷二十七《江南西路·瑞州·官吏·毛維瞻》：「元豐三年到任。」維瞻與趙抃同鄉里，爲衢州人。見《集》卷二十四《太子少保趙公詩石記》。趙抃《趙清獻公集》卷四《次韵張僑慶毛維瞻得謝》謂維瞻少己三歲。《蘇軾文集》卷十七《趙清獻公神道碑》謂抃生於真宗大中祥符元年，則維瞻乃生大中祥符四年（一〇一一）、長轍二十八歲。《長編》卷二百六十九熙寧八年十月庚寅，有「開封府推官、度支郎中毛維瞻提舉洞霄宫」記載。維瞻，《兩浙名賢録》卷四十六有傳。

《集》卷十二《次韵王適大水》：「高安昔到歲方閏，大水初去城如墟。危譙墮地瓦破裂，長橋斷纜船逃逋。漂浮隙穴亂群蟻，奔走沙礫摧嘉蔬。里閭破散兵火後，飲食弊陋魚蝦餘。投荒豈復有便地，遇災只復傷羸軀。人言西有蛟蜃穴，閏年每與風雷俱。漫溝溢壑恣游蕩，傾崖拔木曾須臾。鷄豚浪走不復保，老稚裸泣空長吁。（下略）」《輿地紀勝》卷二十七《江南西路·瑞州·景物下·蛟蜃穴》：「《新志》云：在州西。欒城有詩。」當即此詩。《集》卷十《次韵李撫辰屯田修州門》：「六月江濤壁壘頹。」詩作於今年，則大水初去爲七月。《蘇軾文集》卷五十九《與朱康叔》第十四簡：「舍弟已到官。聞筠州大水城内丈餘，不知虚的也。」到官謂到筠。

時李撫辰（君績）爲倅。

李撫辰爲倅，見《攻媿集》卷七十一《又蘇黄門帖》。參元豐七年「離南昌」條。撫辰，鄞縣人。乾隆《鄞縣志》卷九謂爲慶曆六年進士，影印《浙江通志》卷一百二十三謂爲皇祐元年進士。《延祐四明志》卷十八謂嘗知明州，并載有撫辰《瑞巖寺靈芝閣》詩。

轍寄題陳軾（君式）竹軒。

詩乃《欒城集》卷十《寄題陳憲郎中竹軒》，首云：「家有修篁緑滿軒。」中云：「試剪輕筠扶野步，旋收涼葉煮清樽。」時已退居。

《輿地紀勝》卷二十九《江南西路·撫州·景物上·恭軒》：「陳軾，字君式。居於撫州黄土橋。……陳手植緑竹一叢於所居側，四時葱蒨。後其子開一軒對之，命曰恭。」知此陳憲郎中即軾。轍寄詩時，軾初返。恭軒之名尚未有。

同上書卷四十九《淮南西路·黄州·官吏·陳軾》：「元豐中，陳軾知黄州。時蘇公軾謫黄州，人皆畏避，懼其累己，公獨願交，期與同憂患。」《蘇軾文集》卷六十七《書蘇李詩後》：「此李少卿贈蘇子卿之詩也。予本不識陳君式，謫居黄州，傾蓋如故。」以下言陳軾罷去。據轍詩，蘇軾到黄州後三數月，陳軾即罷去。

孔武仲到官後，寄詩。轍次韵。

轍詩見《欒城集》卷十。首云：「舉楫同千里，繫舟時一言。」本年此前有《舟次大雲倉回寄孔武仲》詩，叙同行事。《輿地紀勝》卷二十一《江南東路·信州·官吏·孔武仲》：「嘗爲推官。《修學記》謂武仲元豐中爲教授，蓋以此官權教授耳。」則武仲與轍同行，蓋爲赴信州推官任。「繫舟」云云，武仲當於江州登陸，登陸告别時，武仲嘗有言云云。武仲詩佚。

毛維瞻觀修城，作詩。轍次韵。

轍詩見《欒城集》卷十。其二首云：「撥棄案頭文字堆。」事煩。其三末云：「史君才力輕山郡，朝論行聞急召陪。」其時有召毛維瞻之訊，然未成事實。

蘇軾與杜傳（孟堅）簡。傳嘗來訪。

簡乃《蘇軾文集》卷五十八《與杜孟堅》第一簡。簡云「稍涼」，約作於八月。簡云：「承明日解舟，病軀尚未能走别，非久當渡江奉見也。」《蘇軾文集》卷五十八《與杜道源》第二簡：「令子孟堅，必已得縣。」其所得之縣，當在黄州對江鄂州。蘇軾云「渡江奉見」，以此。《與杜孟堅》第三簡云及「朱守」，乃朱壽昌。傳當在壽昌治下。

八月上旬，軾跋秦觀（太虚）元豐二年八月十六日所作游杭《題名記》；此《題名記》由元净（辯才）、道潛（參寥）送示。跋叙夜與邁小舟至赤壁事。

《蘇軾文集》卷十二《秦太虚題名記》即跋，跋附秦觀《題名記》。跋云：「予謫居黄州，辯才、參寥遣人致問，且以《題名》相示。」於是叙至赤壁事「以寄參寥，使以示辯才；有便至高郵，亦可録以寄太虚」。《文集》卷六十一《與參寥子》第五簡亦爲此跋文。跋謂至赤壁時，去中秋不十日。

《文集》卷七十一《記赤壁》：「黄州守居之數百步爲赤壁。」《經進東坡文集事略》卷一《後赤壁賦》郎曄注引《江下辨疑》謂赤壁凡三，一在齊安郡之步下，即今黄州。

壬寅（十二日），軾乳母任氏卒。

據《蘇軾文集》卷十五《乳母任氏墓誌銘》。年七十二，本年十月壬午，葬於黄岡縣北。卷五十九《與王慶源》第五簡言任氏卒，「悼念久之」。光緒《黃州府志》卷三十八謂任氏墓誌碑「見存府署」。

中秋對月，轍作詩一贈王適，一寄贈軾。

詩見《欒城集》卷十，乃次《蘇軾詩集》卷二十《定惠院寓居月夜偶出》韻。其一首云：「平明坐曹黃昏歸。」謂鹽酒務。中云：「西京詩句出蘇李，南國風流數王謝。已隨孤棹去中原，肯顧新科求上舍。」勉適應解試。其二中云：「晨餐江市富鱣魴，夜宿山村足梨蔗。」頗足自適。末云：「婁公見唾行自乾，馮老尚多誰定罵。」馮老似謂五代時馮道，婁公謂婁師德。二句意謂謹慎小心，不招惹是非。

王適食茅栗，作詩。轍次韻。

次韻見《欒城集》卷十。末云：「故國霜蓬如碗大，夜來彈劍似馮驩。」因食茅栗思鄉；生活清苦，未免有些許牢騷。

過毛維瞻（國鎮）夜飲，轍作詩。維瞻與趙屼（景仁）唱和，轍次韻、再次韻。

詩見《欒城集》卷十。其《過毛國鎮夜飲》末云：「簿書撥盡知餘力，道院清虛頃未嘗。」忙。其《次韻毛國鎮趙景仁唱和三首一贈毛一贈趙一自詠》其一贈毛末云：「我來邂逅逢寬政，忘却漂流身在南。」頗自適。其二贈趙末云：「奉親魚蟹兼臨海。」屼時侍父抃於衢州。末云：「共君交契非今日，蔽芾棠陰自劍南。」蓋轍與屼初識於成都。其三自詠中云：「畏人野鶴長依嶺，厭事山僧只住庵。黄雀頓來成一飽，白醪新熟喜初酣。」可謂疏頑。其《再和三首》其一詠毛贊毛詩「精絶」。其三自詠中云：「自笑豐年塵滿甑，不堪雨後菌生庵。」生計難。

州學新修水閣，王適作詩。轍次韻。

詩見《欒城集》卷十，中云：「何幸幽居近學宮。」堪喜。

柳真齡以鐵拄杖相贈，軾有詩。

詩見《蘇軾詩集》卷二十（一〇六三頁）。

《欒城集》卷十二《以蜜酒贈柳真公》：「牀頭釀酒一年餘，氣味全非卓氏爐。送與幽人試嘗看，不應知是百花鬚。」同卷又有《次韻柳見答》、《次韻柳真公閑居春日》。前者約作於元豐五年，後二者約作於元豐六年。《總案》謂柳真齡乃柳簿，即柳二，陳慥之客（參《蘇軾文集》卷五十三《與陳季常》第九簡、《詩集》卷二十五《寄吴德仁兼簡陳季常》注文），恐非是。

《欒城集》卷十一《和子瞻鐵拄杖》有「閩君鐵杖七尺長，色如黑蛇氣如霜。提攜但恐汝無力，撞堅過險安能傷。柳公雖老尚强健，閉門却掃不復將」之句。

陳軾（君式）罷，軾書李陵贈蘇武詩送别。

據《蘇軾文集》卷六十七《書蘇李詩後》。文謂書此乃以「道離别」之懷。

徐大受(君猷)知黄州,孟震爲倅。

《東坡樂府》卷上《醉蓬萊》小序:「余謫居黄州,三見重九,每歲與太守徐君猷會於棲霞樓。」詞作於元豐五年。知大受到任爲今年重九以前事。

《蘇軾文集》卷五十七《與徐得之》第一簡:「始謫黄州,舉目無親,君猷一見,相待如骨肉。」蓋到黄州不久,陳軾即罷去,故云「始謫」。

《文集》卷十二《遺愛亭記》:「東海徐公君猷,以朝散郎爲黄州。」參元豐六年三月十六日紀事,大受爲甌寧(今屬福建)人,故言東海。

孟震爲倅,見本年十月九日紀事。震或與大受同時到任。震,鄆人,爲承議郎。見《文集》卷六十六《書子由君子銘泉後》。震登皇祐元年進士第,見《新編分門古今類事》卷六《孟震附尾》條引《幕府燕閑録》。

九月九日,與毛維瞻登高,維瞻作詩,轍次韻。維瞻作三詩,轍亦次韻。

詩見《欒城集》卷十。其《次韻毛君九日》首云:「山脚侵城盡是臺,登高處處喜崔嵬。」同登臺。

其《次韻毛君感事書懷》中云:「才力有餘嫌事少,風情無限覺詩多。」贊維瞻。

其《次韵毛君見督和詩》首云：「新詩落紙一城傳，顧我疏蕪豈足編。」自謙。其《次韵毛君山房遺興》首云：「欲就陽崖暖，新開石磴斜。誰言太守宅，自是野人家。」洵可謂山房。「山房」參本年以下「毛維瞻作州宅八詠轍和之」條。

辛未（十二日），劉涣（凝之）卒。轍作哀辭。

辛未云云，據《欒城集》卷十八《劉凝之屯田哀辭》。哀辭謂本年十月乙酉葬於清泉鄉，作哀辭在此後。

成都勝相院僧惟簡使其孫悟清來，求軾撰《經藏記》。九月十二日，爲作之，悟清嘗與王齊愈（文甫）遊；悟清贈墨，軾爲跋。

《蘇軾文集》卷六十一與惟簡第三簡：「屢要《經藏碑》，本以近日斷作文字，不欲作，既來書丁寧，悟清日夜監督，遂與作得寄去。」文乃《文集》卷十二《勝相院經藏記》。《佚文彙編》卷三《與滕達道》第二簡：《經藏碑》變格作迦語，貴無可箋注。《文集》卷五十一《與滕達道》第十五簡：「《經藏記》皆迦語，想醖釀無由，故敢出之。」十二日云云，見《佚文彙編》卷五《自跋勝相院經藏記》。

《文集》卷六十九《書贈王文甫》，書齊愈典買古書畫事，末云：「川僧清悟在旁知狀。」卷七十《書清悟墨》叙清悟贈墨，「予與王文甫各得十丸」。

《經進東坡文集事略》卷五十四《勝相院經藏記》郎曄注引《冷齋夜話》：「舒王在鍾山，有客自黄州來。王曰：『東坡近日有何妙語？』客曰：『東坡宿於臨皋亭，醉夢而起，作《成都勝相三經記》千餘言，點定纔一兩字。有墨本適留船中。』王遣健步取而至。時月出東南，林影在地，王展讀於風簷，喜見眉間。曰：『子瞻人中龍也，有一字未穩。』客曰：『願聞之。』王曰：『日勝日負，不若曰如人善博，日勝日貧耳。』東坡聞之，拊掌大笑，亦以王爲知言。」注并引蘇符跋：「此先祖文成日所書。『如人善博，日勝日貧。』『貧』初不作『負』字，可見世所傳荆公事爲妄也。符拜手書。」附此。

十五日，軾讀《戰國策》，論商鞅功罪。

文見《蘇軾文集》卷六十五（二〇〇四頁），云：「商君之法，使民務本力農，勇於公戰，怯於私鬬，食足兵强，以成帝業；然其民見刑而不見德，知利而不知義，卒以此亡。」

二十五日，軾書《國史補》杜羔尋親事，寄朱壽昌（康叔）。

據《蘇軾文集》卷五十九與壽昌第十八簡，以羔事與壽昌尋親事相似。

蘇軾與陳慥（季常）簡，望慥來。

簡乃《蘇軾文集》卷五十三《與陳季常》第九簡。

簡云：「日夜望季常入州，但可惜公擇將至，若不争數日，而吾三人者不一相聚劇飲數日，爲可惜耳。」知作於本年九月間。

簡云：「數日得君字韻詩。茫然不知醉中拜書道何等語也。老媳婦云『一絶乞秀英君』，大爲愧悚，真所謂醉時是醒時語也。蒙不深罪，甚幸。」此中似有一有趣故事。君字韻詩乃慥所作，蘇軾得此詩後，醉中作簡答之。酒醒，忘却簡中作何語。「老媳婦」謂妻王閏之，蘇軾酒醉作簡時，閏之適在旁，閏之爲言所作之簡中，有「一絶乞秀英君」字樣。秀英或爲陳慥夫人柳氏之名，故蘇軾大爲愧悚也。「醉時是醒時語」六字妙甚。蓋謂蘇軾久有意乞秀英賦一絶，終不敢出，不意醉時出之，得償所願，此所以云妙也。得慥君字韻後所作之簡，已佚。

簡云：「近者新闋甚多篇篇皆奇。遲公來此，口以傳授。」親密可見。

丙戌（二十七日），文彦博爲太尉。軾有賀啓。

丙戌云云，見《宋史·神宗紀》。啓見《蘇軾文集》卷四十七（一三四七頁）。

丁亥（二十八日），吕公著除樞密副使。軾有賀啓。

丁亥云云，據《宋史·宰輔表》。《蘇軾文集》卷四十七有《賀吕副樞啓》。《經進東坡文集事略》卷二十七收此文，謂爲賀吕公弼者。按：賀啓云「荷三朝兩世之恩」。公弼除樞密副使，爲英宗治平二年七月辛巳，纔二朝，不合。《蘇文繫年考略》謂此啓作於元豐元年九月，爲賀吕公著者；然其時公著所除者乃同知樞密院事，亦不合。賀啓云：「軾登門最舊，稱慶無緣。」以時遭貶謫也，合。

晤章楶（質夫）於武昌傳舍。軾與龐安時（安常）簡。

《佚文彙編》卷二與安時簡叙「爲章憲在武昌見候」，必當趨赴，云「晚當拜見」安時。晤傳舍見本年「章楶惠書爲别」條。

《蘇軾文集》卷五十九《與朱康叔》第十八簡云「章憲今日恐到此」；該簡附記杜羔事，作於本年九月二十五日，簡爲同時作。《長編》卷三百十二元豐四年四月甲子紀事，謂湖北提點刑獄章楶言事。《宋史》卷三百二十八《章楶傳》謂楶哲宗前爲湖北提點刑獄。知楶此時提點湖北刑獄。

閏九月十九日，軾答畢仲舉簡，論學佛老。

簡見《蘇軾文集》卷五十六（一六七一頁），云「學佛老者，本期於静而達，静似懶，達似放，學者或未至其所期，而先得其所似，不爲無害」。簡首云「奉别忽十餘年」，爲故人。

陳璞道士經黄州往筠州訪弟轍。

《蘇軾文集》卷五十二《與王定國》第八簡：「陳璞一月前，直往筠州看子由，亦粗傳要妙，云非久當來此。此人不惟有道術，其與人有情義，久要不忘如此，亦自可重。」與王簡作於冬至稍前，則璞來約爲秋末冬初事。

《欒城集》卷十《次韻毛君山房即事十首·再和十首》第五首："「養生尤復要功圓，溜滴南溪石自穿。近見牢山陳道士，微言約我更三年（原注：牢山陳道士璞近過此，叩之，竟無所云，約三年當再見）。」

《嘉定赤城志》卷十一有陳璞，元豐元年爲台州天台令。當爲另一人。

牢山在京東東路即墨縣，即勞山。

軾與章惇（子厚）書，乞放免程棐之弟岳。

書見《蘇軾文集》卷四十九（一四一二頁），爲與惇第二書。

程棐緝賊有功，已見元豐元年三月紀事。書謂棐之弟岳豪健絶人，棐所以盡力，乃爲其弟，以此乞放免其弟。放免之後，或與一名目牙校、鎮將之類，付京東監司驅使緝捕，其才用當復過於棐。末謂徐州乃南北襟要，自昔用武之地；其意蓋爲任用棐、岳等，有利於防止猾賊。簡末云「秋冷」，點明季節。此書之前不久，蘇軾有簡與惇，見《文集》卷五十五（一六四〇頁）。簡云及弟轍至筠，江淮歲豐，約作於秋中。

毛維瞻策試州學諸生，胡教授作詩，轍次韵。

詩見《欒城集》卷十。末云："「豈惟太守知爲政，仍見先生善設科。」贊維瞻與胡教授，惜胡教授失其名。

毛維瞻作州宅八詠，轍和之。

詩見《欒城集》卷十。其一爲《鳳凰山》。《輿地紀勝》卷二十七《瑞州·景物下·鳳凰山》：「《蜀江志》曰：州衙在鳳凰山山麓。《新志》云：唐武德間，應智頊作守，鳳凰集於此山。」其二爲《披仙亭》。《輿地紀勝·披仙亭》：「《新志》云：欒城有詩。」當即此詩。其三爲《方沼亭》。其四爲《翠樾亭》。《輿地紀勝·翠樾亭》：「在郡治。亦名半山。蘇欒城有詩。」當即此詩。其五爲《李八百洞》。《輿地紀勝·瑞州·仙釋·李八百》：「《神仙傳》云：蜀人，歷夏、商、周，世見之。時人計其年八百歲。然《華林實録》言明香真人乃李八百之妹，高安稱蜀李八百。蜀人之説，必有因焉。《蜀江志》、《新志》云，有李八百洞，在郡治後圃玉龍崗。蘇欒城有詩。」當即此詩，詩有「神仙不與人間異，弟妹還應共一家」之句。其六爲《煉丹井》。《輿地紀勝·丹井》：「又名王井。在郡圃，乃李仙煉丹之井，俗傳李仙鑿七井并法極星。今州治教授廳井是也。」又《煉丹井》：「《新志》云：在郡治後，李八百故迹。欒城有詩。」當即此詩。其七《磨劍池》。《輿地紀勝·劍池》：「在州後圃，乃李仙磨劍之池。中有白蓮山谷，俗所謂『製劍池之菡萏以爲裳』者是也。」又《煉丹井》：「《新志》云：在郡治後，李八百故迹。欒城有詩。」當即此詩。

其八爲《山房》。《輿地紀勝·無訟堂》：「在郡治。《新志》云：後有堂曰山房，欒城有詩。又有毛維瞻詩二十首。」又《碑記·欒城書郡圃八詠》：「在郡圃。」當即此八詩。

十月九日，孟震（亨之）置酒秋風亭，有雙拒霜獨向州守徐大受（君猷）而開，軾作《定風波》詞，又作《守倅不飲》詩。

據《紀年録》。詞見《東坡樂府》卷上，「秋風」作「秋香」。詩見《蘇軾詩集》卷二十一，題爲：「太守徐君猷、通守孟亨之，皆不飲酒，以詩戲之。」

軾詞有「更問樽前狂副使」之句。點出狂，徐大受不俗。

十月，轍小女喪。時李常（公擇）爲光州守曹九章（演父）子焕求婚於轍之女，軾簡轍，轍應之。轍時苦局事瑣碎。

《蘇軾文集》卷五十一《與李公擇》第十三簡：「子由無恙，十月喪其小女，三歲矣。屢有此戚，固難爲情，須能自解爾。所諭曹光州親情，與卑意會，已作書問子由，次第必成也。」簡末云：「莘老必時得書，在徐樂乎？」

《欒城集》卷二十六祭九章文：「逮伯遷黄，公在浮光。山聯川通，可跂而望。有饋豚羔，報之醪漿。」叙定親聯姻。

《蘇軾文集》卷五十二《與王定國》第八簡云：「子由到筠，亦抛却一女子，年十二矣。」又云：「子由在筠，甚苦局事煩碎，深羡老兄之安逸也。」據此，與李常簡中所云所喪之女（三歲）有誤，當據此簡。同上書卷五十五《與章子厚》第二簡：「舍弟……到筠。不數日，喪一女，情懷可知。」「數日」當爲「數月」之誤。

同上書《答秦太虚》第四簡：「舍弟初到筠州，即喪一女子。」

十月，毛維瞻病中菊未開，作詩。轍次韵。維瞻經旬不用鞭扑，作詩，轍亦次韵。

詩見《欒城集》卷十。前者云：「草木亦知年有閏，風霜漸近月方陽。」自注：「十月爲陽月。」後者中云：「政寬境内棠陰合，訟去庭中草色新。」《輿地紀勝》卷二十七《瑞州》有無訟堂，當緣此而建。

秋、冬間，蘇軾有移滁州之傳聞。

《淮海集》卷三十《與參寥大師簡》：「昨聞蘇就移滁州，然未知實耗，果然，甚易謀見也。蓋此去滁纔三程，公便可輟四明之游，來此偕往，瑯琊山水，亦不減雪竇、天童之勝。子由春間過此，相從兩日，僕送至南埭而還，後亦未嘗得書。渠在揚州淹留甚久，時僕值寒食上冢，故不得往從之耳。（下略）」據「子由春間」云云，本簡作於本年，時蘇轍過高郵經黄州赴筠也。簡所云「題名」及「蘇公跋尾」，詳本年「八月上旬」條紀事。此簡作於冬間。

軾與王鞏(定國)長簡,謂杜甫不忘君,欲與鞏共勉;又謂鞏當陰求奇士。時鞏已至賓州貶所。

《蘇軾文集》卷五十二與鞏第八簡:「杜子美在困窮之中,一飲一食,未嘗忘君,詩人以來,一人而已。今見定國,每有書皆有感恩念咎之語,甚得詩人之本意。僕雖不肖,亦嘗庶幾彷彿於此也。」又云:「窮荒之中,恐亦有一二奇士,當以冷眼陰求之。」簡云「非久冬至」,又云「霜月」,點明季候。

雨中宿酒務。轍作詩。

詩見《欒城集》卷十。首云:「微官終日守糟缸,風雨凄涼夜渡江。」中云:「夜深唧唧醅鳴甕,睡起蕭蕭葉打窗。」真切。江乃蜀江,一名蜀水。

李撫辰修州門,作詩。轍次韵。

轍詩見《欒城集》卷十。首云「六月江濤壁壘頽」,州門緣是修。末句盛贊撫辰雍容治劇之才。以下《再和十首》其八:「天爲多才故欲禁,府門摧落漲江深。鼎新翠壁排精鐵,湧出飛樓直百金。」謂撫辰。

轍飲酒過量,肺疾復作,作詩。軾次韵。

轍詩見《欒城集》卷十。本年此前《次韵毛君病中菊未開》首云「病肺秋深霧雨傷」。軾詩見

《蘇軾詩集》卷二十。

《韵語陽秋》卷十二：「蘇子由病酒，肺疾發，東坡告之以修養之道，有曰：『寸田可治生，誰勸耕黃穤。探懷得真藥，不待君臣佐。初如雪花積，漸作櫻珠大。隔墻聞三咽，隱隱如轉磨。』此煉氣法也。」「寸田」云云，在軾次韵中。宋人趙次公謂此乃「唾咽漱法」。此法即屬煉氣法。《韻語陽秋》又云：「後（軾）至海上，有道人傳以神守氣之訣云：『但向起時作，還從作處收。』故《天慶觀乳泉賦》及《養生論》、《龍虎鈆汞論》皆析理入微，則知東坡之於養生之道深矣。」

轍題衢州趙抃（閱道）濯纓亭。

詩見《欒城集》卷十。首云：「掛冠纓上已無塵，猶愛溪光碧照人。」頌其高潔。

《清獻集》卷四《題濯纓亭》：「静處高齋晝杜門，溪亭來往間開樽。釣臺逸老心非傲，浮石仙人迹尚存。對岸烟林雙佛寺，隔灘風笛一漁村。濯纓豈獨酬吾志，清有滄浪示子孫。」高齋，趙抃衢州別館，自杭告老即居此。見《避暑録話》卷上。

轍作茶花詩二首。

詩見《欒城集》卷十。其一中云：「只疑殘枿陽和盡，尚有幽花霰雪初。」已略及十一月間矣。

毛維瞻賦山房即事十首。轍次韵、再次韵。

詩見《集》卷十。前者其一末云：「青苔紅葉騷人事，時見詩筒去又來。」足見唱酬之密。其二末云：「郡人欲問史君處，笑指峰巒紫翠間。」閑。其五首云：「忘身先要解忘名，分別須臾起不平。」警語。

後者其一首云：「澗草巖花日日開，江南秋盡似春回。」令人留連。其四末云：「早病固須閑地著，多憂長被達人憐。」有閱歷人語。其三首云：「城郭村墟共水雲，槿籬竹屋映柴門。」筠州富溪山之美。

前者其二，後者其九，同治《瑞州府志》卷二十二謂爲維瞻詩，恐誤。

轍作詩詠牛尾貍、黄雀。

詩見《欒城集》卷十。前者首云：「首如貍，尾如牛，攀條捷嶮如猱猴。」觀察細。後者首云：「秋風下，黄雀飛。禾田熟，黄雀肥。」冬日正可食之季。二者皆爲美味。《蘇軾詩集》卷二十一有《送牛尾貍與徐使君》詩，中有「酒淺欣嘗牛尾貍」、「披綿黄雀漫多脂」之句，作於元豐四年冬季。其牛尾貍，或即得之轍也。

毛維瞻新葺囷庵、船齋，作詩。轍和。

和見《欒城集》卷十一。中云：「齋如小舫才容住，室類空囷定不貪。擁褐放衙人寂寂，脱巾漉酒鬢髿髿。」囷，倉之圓者。《輿地紀勝》卷二十七《江南西路·瑞州·景物上·囷齋》：「《新志》云：太守毛維瞻所葺。欒城有詩。」當即此詩。詩又云「冬後温風帶嶺嵐」，作於立冬以後，然未至嚴寒。

轍作《寒雨》、《積雨》詩。

詩見《欒城集》卷十一。前者比此雨乃冬雨，然「冰雪期方遠」。後者其二末云：「泥濘沉車轂，農輸絶苦心。」念及勞動者。

轍戲贈李朝散，并戲答。

詩見《欒城集》卷十一。此李朝散，或即李撫辰。前者就李朝散言；末云：「後堂桃李春猶晚，試覓酥花子細看。」似戲言房闈事。後者就個人言，首云：「銀瓶瀉酒正霜天。」點季候。

李常（公擇）按部來。軾與常游寒溪西山，應常請，作《菩薩泉銘》。常嘗爲言天柱寺分桃事。

《蘇軾文集》卷五十二《與秦太虚》第四簡：「公擇近過此，相聚數日，説太虚不離口。」作於歲晚。常來，約爲十一月。銘在卷十九。卷七十一《記公擇天柱分桃》叙分桃事，原未云歲月，姑次此。《輿地紀勝》卷四十六《安慶府》謂天柱寺在皖山，皖山一名潛山、天柱山。以下云：「唐天寶中，玄宗夢九天司命真君現於天柱山，置祠宇。皇朝就修真君祠，太平興國九年，改爲靈仙觀。」

賦《好事近》（烟外倚危樓），送别友人李常（公擇）。

此乃爲李常爲淮南西路提點刑獄時事。安慶府時爲舒州，李常行部至黄。

詞見《全宋詞》第三二六頁。

《東坡詞編年箋證》:「詞爲送别之作無疑。觀其用『張范風流』典,所送之人必爲久别之後又來訪東坡者。客既『跨玉虹歸去』,則送别之地必臨水矣。考東坡仕迹,凡東京與徐、湖、潁、杭、揚、惠、黄等州皆臨水,然唯庚申十月李常來黄訪蘇與詞境相彷彿。公與李友情甚篤,過從甚密。公於熙寧十年丁巳正月自密移徐過濟南訪李,元豐元年戊午三月,李罷齊州任曾赴徐訪公。此後蘇李二人久不值,兩年後至元豐三年庚申十月,公貶居黄州,李在淮南西路提點刑獄任駐舒州,按部來黄州,與公相聚數日,同遊武昌寒溪西山寺而去。《文集》卷五二《答秦太虚七首》其四云:『公擇近過此,相聚數日,説太虚不離口。』此即秦觀謁公後,李未嘗與公相見,故函中必及之也。至元豐四年辛酉十二月,李按部至光州,曾與公相約會於陳季常所居之岐亭,此後至元豐六年癸亥閏六月李常以禮部侍郎召還。公貶黄五載,來訪者頗多,如徐君猷、孟亨之、王齊愈與齊萬兄弟、馬處厚、蹇序辰、楊元素、參寥等十數人。然或爲過客,或爲常客,友情甚篤而遠道來訪者唯李常、楊元素、參寥三人而已。三人之中,唯李常庚申十月來訪與『張范風流』典合,故暫編於此。」今從其説。

按「張范風流」出《後漢書》卷八十一《范式傳》,謂范式與張劭爲友;范家山陽金鄉,張家汝南,二人並告歸里,式與劭約二年過劭拜劭之尊親;約期將至,劭白母請設饌候之,至其日,式果至。

軾借得天慶觀道堂三間，自冬至日起，齋居四十九日。

據《蘇軾文集》卷五十二《與王定國》第八簡、《與秦太虛》第四簡、《與滕達道》第二十五簡。其旨在養生。參元豐四年「冬初秦觀致簡」條。

蘇軾養生，重在静。《與王定國》此簡云：「道術多方，難得其要，然以某觀之，惟能静心閉目，以漸習之，但閉得百十息，爲益甚大。」是年冬至爲十一月初九日。

十一月十五日，軾作《趙先生舍利記》。蓋以得之趙先生之舍利授悟清，使持歸勝相院。

記見《蘇軾文集》卷十二。趙先生，昶父棠。

趙昶（晦之）知藤州。軾簡昶憂南方兵事。昶在藤餽丹砂，報以蘄笛，賦《水龍吟》贈昶侍兒。

《蘇軾文集》卷五十七與昶第一簡云「剖符南徼」，知作於第一簡後不久。《宋史·神宗紀》：元豐二年南徼「兵興多事」。第二簡言「南事方殷」，知作於第一簡後不久。《宋史·神宗紀》：元豐二年五月丙子，順州蠻叛，峒兵討平之；乙酉，詔安南軍死事孤寡廩給之；六月甲辰，廣西捕賊儂智春，執其妻子以獻。知兵興已有時日。第二簡云：「聞廟略必欲郡縣荒服，就使必克，正是添一熙河屯守，餽餉中原，無復寧歲，况其不然，憂患未易言也。」以用兵爲非。

《孔氏談苑》卷二《趙昶婢善吹》：「朝士趙昶有兩婢，善吹笛。知藤州日，以丹砂遺子瞻，子瞻以蘄笛報之，并有一曲，其詞甚美，云：『木落淮南，雨晴雲夢，日斜風裊。』又云：『自桓伊不見，中郎去後，孤負秋多少。』斷章云：『爲使君洗盡蠻風瘴雨，作清霜曉。』昶曰：『子瞻罵我矣。』昶，南雄州人，意謂子瞻以蠻風譏之。」所引詞即見《水龍吟》，在《東坡樂府》卷上。

題臨江蕭氏家寶堂；蕭刓賀族叔司理登科還鄉，作詩，轍和之。

詩見《欒城集》卷十一。蕭氏爲臨江望族。據《輿地紀勝》卷三十四《江南西路·臨江軍·人物》有蕭賀者，兄弟四人，三登科第，賀之弟貫、貢，同登大中祥符八年進士；賀之從姪注，字岳夫，尤有名於世。轍爲題詩之蕭氏，當爲賀之族人。蕭刓，據轍之詩題，時爲察推，即爲筠州觀察推官。《元祐黨人傳》卷八刓之傳謂刓累官觀察推官，蓋據轍詩。傳又謂「與蘇軾兄弟相倡和」。按：軾現存詩，無與刓倡和者；謂軾與刓倡和，失之。和刓詩其一首云「家聲籍籍大江西」，刓亦當爲臨江人。《輿地紀勝》卷一百一十《廣南西路·潯州》有刓詩。

吴厚秀才來訪，贈轍詩。轍次厚韵。

轍詩見《欒城集》卷十一。其一首云：「騷人思苦骨巉巉，百里攜詩相就談。」其二云及「負郭」、「躬耕」。知厚乃一寒士，百里外負郭而居。其三首云：「一卷新詩錦一端，掉頭吟諷識芳酸。」厚乃一苦吟之士；評以芳酸，可謂厚知己。參元豐四年七月九日紀事。

毛維瞻燒松花作詩，轍次韵。陪維瞻游黃仙觀，作詩。

詩見《欒城集》卷十一。前者其一云：「爐爇松花取易然。」《本草綱目》卷三十四謂松花別名松黃；而《政和證類本草》卷十二《松脂》謂松黃乃松花之粉。蓋松有脂，故易燃。其六云：「黃蠟供炊自一家，錙銖貧富遞矜誇。」以黃蠟較松花，則前者爲奢矣。末句點出。後者首云：「李叟仙居仍近市，黃公道院亦依城。」李叟乃李八百，前已及。《輿地紀勝》卷二十七《江南西路·瑞州·景物下·玉宸觀》：「在高安縣東七里。晉黃仁覽朝斗煉丹淬劍之地，俗呼黃仙觀。元豐中，蘇欒城與太守毛維瞻來游，有『白鶴翻飛終不返，黃冠憔悴只躬耕』之句。」此二句即在詩中。同上卷《仙釋·黃仁覽》：「字紫庭。許遜（按：遜乃道士，亦居筠州，事迹詳《輿地紀勝》）以女妻之。遜少學於豫章吴猛，盡傳其道。仁覽遂學於遜。後同父母家屬同許遜昇天。」

王適作梅花詩，轍次韵。

轍詩見《欒城集》卷十一。首云：「江梅似欲競新年。」知新年尚未到。

蘇軾賦《菩薩蠻》回文四時閨怨四首，效劉攽（貢父、十五）體。先是攽創此體見寄，至是效之，以寄李常（公擇）。

詞見《東坡樂府》卷下。

本年「十月轍小女喪」條引《蘇軾文集》卷五十《與李公擇》第十三簡引「子由無恙十月喪其小

女」至「次第必成也」一段文字，末云：「效劉十五體，作回文《菩薩蠻》四首寄去，爲一笑。不知公曾見劉十五詞否？劉造此樣見寄，今失之矣。得渠消息否。」此簡作於本年十一、二月間。今次此。

效原詞已久佚。

十二月八日，轍作《東軒記》。東軒，住所也。

《欒城集》卷二十四《東軒記》：「余既以罪謫監筠州鹽酒税，未至，大雨，筠水泛溢，蔑南市，登北岸，敗刺史府門。鹽酒税治舍俯江之滸，水患尤甚。既至，弊不可處，乃告於郡，假部使者府以居。郡憐其無歸也，許之。歲十二月，乃克支其欹斜，補其圮缺，闢聽事堂之東爲軒，種杉二本，竹百箇，以爲宴休之所。然鹽酒税舊以三吏共事，余至，其二人者適皆罷去，事委於一。晝則坐市區鬻鹽、沽酒、税豚魚，與市人争尋尺以自效；暮歸筋力疲廢，輒昏然就睡，不知夜之既旦。旦則復出營職，終不能安於所謂東軒者。每旦暮出入其旁，顧之，未嘗不啞然自笑也（下略）。」

《輿地紀勝》卷二十七《江南西路·瑞州·景物上·東軒》：「《新志》云：在貢院。元豐中，欒城居之。」

十五日，淮南轉運司取勘前知徐州時不覺察百姓李鐸、郭進等謀反事。蘇軾尋奏程棐等緝捕、告獲因依，乞勘會施行。

據《蘇軾文集》卷二十三《謝徐州失覺察妖賊放罪表》。奏文已佚。

十八日，軾書蒲永昇畫後（即《畫水記》）寄惟簡，惟簡刻之石。

文見《蘇軾文集》卷十二，末云：「元豐三年十二月十八日夜，黄州臨皋亭西齋戲書。」《紀年録》：十二月十八日，書蒲永昇畫後。文盛贊孫知微畫，然《邵氏聞見後録》卷二七云軾謂知微畫爲工匠手，附此。《圖畫見聞志》卷四：「蒲永昇，成都人。性嗜酒放浪。善畫水，人或以勢力使之，則嘻笑捨去，遇其欲畫，不擇貴賤。蘇子瞻内翰嘗得永昇畫二十四幅，每觀之，則陰風襲人，毛髮爲立。子瞻在黄州臨皋亭，乘興書數百言，寄成都僧惟簡，具述其妙，謂董、戚之流爲死水耳（原注：惟簡住大慈寺勝相院，其書刻石在焉）。」董乃羽，蘇軾文已及；戚乃文秀。據《圖畫見聞志》，二人俱工畫水。

二十日，軾作《石氏畫苑記》。畫苑，石康伯（幼安）、夷庚（坦夫）父子所編也。

文見《蘇軾文集》卷十一。文謂康伯家「書畫數百軸，取其毫末雜碎者，以冊編之，謂之石氏畫苑。」《紀年録》謂此記作於十二月二日，與《文集》略不同。

《寶晉英光集》卷六《李邕帖贊》，序云：「坦夫，幼安長子，書畫號翰林苑，蘇子瞻爲之序。」又云坦夫，昌言之孫，名夷庚。《蘇軾詩集》卷十八《留别叔通、元弼、坦夫》：「石生吾邑子，勁立風中草。宦遊甑生塵，菽水媚翁媪。」謂夷庚。

冬，滕元發（達道）過黄州境赴安州新任。蘇軾以未能晤面爲悵。

《佚文彙編》卷三與滕第一簡：「舍弟來，具道動止甚詳，如獲一見。移守安陸，日問首耗，承已到郡，且審起居康勝。初不知軒旆過黄陂，既是州界一走，見亦不難，此事甚可惋歎也。」簡末云「苦寒」，爲今冬事。

《總案》謂元豐四年正月「滕元發自池州徙安州來訪」，誤。蘇軾在黄，未與元發晤。

《長編》卷三百五元豐三年六月癸卯紀事：「御史何正臣言：禮部侍郎滕甫，近自知池州移知蔡州。甫頃嘗阿縱大逆之人，法不容誅，朝廷寬容，尚竊顯位，於甫之分，僥倖已多，豈可更移大藩！乞别移遠小一州。詔改知安州。」元發至是赴任。安州治安陸。

歲晚，軾答秦觀（太虚）長簡，贊其詩文，勸其多著可用之書；簡並叙個人節儉生活。

《蘇軾文集》卷五十二與觀第四簡詳叙到黄後諸况外，並云：「寄示詩文，皆超然勝絶。」又云：「竊爲君謀，宜多著書，如所示論兵及盗賊等數篇，但似此得數十首，皆卓然有可用之實者，不須及時事也」。簡末有「歲晚苦寒」之語。

簡又云：「初到黄，廪入既絶，人口不少，私甚憂之。但痛自節儉，日用不得過百五十，每月朔便取四千五百錢，斷爲三十塊，掛屋梁上，平旦用畫叉挑取一塊，即藏去叉，仍以大竹筒别貯用不盡者，以待賓客，此賈耘老法也。度囊中尚可支一歲有餘，至時，别作經畫，水到渠成，不須預慮。以此，胸中都無一事。」

李琮（獻父）行部至黄，軾與晤。代琮作《上神宗論京東盜賊狀》。琮嘗贈天台玉版紙。

《蘇軾文集》卷四十九答琮書：「奉别忽然半年。」書中有「自夏至後，杜門不出，惡熱不可過」語，作於元豐四年夏，知琮來黄乃本年歲末事。

《宋名臣奏議》卷一百四十四有李琮《上神宗論京東盜賊》，篇末編者注：「元豐三年上，時爲淮南轉運副使，時蘇軾責黄州，爲琮代作。」《文集》卷三十七《代李琮論京東盜賊狀》，即此文；題下原注：「元豐□年。」今從《宋名臣奏議》。奏文之末云「臣雖非職事」，以京東屬京東路。

《文集》卷七十《書天台玉版紙》：「李獻父遺余天台玉版紙，殆過澄心堂，頃所未見。」贈紙與作文，均不知爲何時事，姑附於此。

陳慥（季常）病，旋愈，致簡蘇軾，軾答簡。

軾簡乃《蘇軾文集》卷五十三《與陳季常》第十簡。

簡云：「疊辱來貺，且喜尊體已全康復。」

《與陳季常》第九簡云「日夜望季常入州」，慥未來，蓋以病之故。此簡約作於本歲之末。

簡云：「公之養生，正如小子之圓覺，可謂『害脚法師鸚鵡禪，五通氣毬黄門妾』也。」此二句當爲當時俗語。《景德傳燈録》卷二十八《藥山惟儼禪師》：「有行者問：『有人問佛答佛，問法答法，唤作一字法門，不知是否？』師曰：『如鸚鵡學人話語，自話不得，由無智慧也。』」鸚鵡禪不知是否出此。此處之意，或爲陳慥於養生，頭痛醫頭，脚痛醫脚；只圖收效於一時，不計厥功於長遠；淺嘗輒止，缺乏耐心。此亦蘇軾養生之弱處。

簡云「不受盡言」，似蘇軾嘗爲言養生之道於慥，而且詳盡，而慥未能聽之，終釀成病。故有「鸚鵡禪」之譏。軾言養生之簡已佚。

簡云「黄門妾」。黄門，天閹之稱，先天性不能進行性行爲者。黄門不應有妾，今而有妾，則妾也者，不過擺設而已。就養生而言，光言不行，亦猶是也。惟不知「五通氣毬」作何解釋。

歲末，答李之儀（端叔）書，論制科人習氣。

書見《蘇軾文集》卷四十九（一四三二頁），云「舍弟子由至，先蒙惠書」，知此書乃答書。弟轍本年五月末至黄，已見本譜。書末云「歲行盡」，此書乃歲末作。《紀年録》亦繫此書於今年。

書中叙少年讀書作文，專爲應舉；後又舉制策，「其科號爲直言極諫，故每紛然誦説古今，考論是非，以應其名」，譊譊至今，坐此得罪幾死，而「此正制科人習氣」。蓋慨乎言之。

遣人至青神，致王箴（元直）簡，問訊友舊；悼楊從（存道）之逝。簡王淮奇（慶源），叙初到黄放浪山水間。

《蘇軾文集》卷五十三與箴第一簡云及「人還，詳示數字」，知蘇軾自黄州遣人至蜀。又云「黄州真在井底，杳不聞鄉國消息」，到黄初作。明年姪安節自蜀至，鄉國信息通矣。又云「存道奄忽，使我至今酸辛」。

《文集》卷五十九與淮奇第五簡云乳母任氏卒，今年作。簡云放浪山水間，生平未嘗有此適。宛委山堂《説郛》卷七十四《卧游録》言蘇軾初謫黄「布衣芒屩，出入阡陌，多挾彈擊江水，與客爲娱樂。每數日，必一泛舟江上，聽其所往，乘興或入旁郡界，經宿不返」。可互參。卧游録，宋吕祖謙撰。見《直齋書録解題》卷七。

李常（公擇）餽軾甘。

《蘇軾詩集》卷二十一《東坡八首》其六：「我有同舍郎，官居在灊岳。遺我三寸甘，照座光卓犖。」同舍郎謂李常。常官淮南西路提刑，治所在舒州，舒、黄相接。《南史·彭城王義慶傳》云冬月啖甘。常之餽當爲本年冬季事。

軾與杜介（幾先）簡。

簡見《蘇軾文集》卷五十八（一七五九頁），云及去歲就逮，知作於今年。又云「托子駿求便達此書」，軾知鮮于侁（子駿）其時尚在揚州任。

代鮮于侁撰《醮上帝青詞》。

青詞見《蘇軾文集》卷六十二。青詞云：「竊禄江淮之上，幾及二年。」又云「及茲歲暮」。作於今年。據《宋史》卷三百四十四《鮮于侁傳》，侁其時尚在知揚州任。

是歲至筠州後，轍從道全禪師、克文（雲庵）禪師、聖壽省聰禪師游。

《欒城集》卷二十五《全禪師塔銘》叙全禪師全名道全禪師，洛陽王氏子；游高安，事洞山克文禪師，五年而悟；高安太守請住石臺清涼，已而徙居黄蘗。以下云：「元豐三年，眉山蘇轍以罪謫高安，師一見，曰：『君静而惠，可以學道。』」

《集》卷二十五《洞山文長老語録叙》：「克文禪師，幼治儒業，弱冠出家求道，得法於黄龍南公，説法於高安諸山，晚居洞山。……元豐三年，予以罪來南，一見如舊相識（下略）。」

《冷齋夜話》卷七《夢迎五祖戒禪師》：「蘇子由初謫高安時，雲庵居洞山，時時相過。」《五燈會元》卷十七《寶峰克文禪師》謂全名爲「隆興府寶峰克文雲庵真浄禪師」，知克文即雲庵。克文乃陝府鄭氏子，南嶽下十二世，黄龍南禪師法嗣。

《集》卷十二詩題：「余居高安三年，每晨入暮出，輒過聖壽訪聰長老。」《後集》卷二十四《逍遥聰禪師塔碑》：「予元豐中以罪謫高安，既涉世多難，知佛法之可以爲歸也。是時洞山有文，黄蘗有全，聖壽有聰。是三老人皆具正法眼，超然無累於物。予稍從之游，既久而有見也。」

參元豐四年六月十七日紀事。

轍與兄軾書，教以省事。

《蘇軾文集》卷五十一《與滕達道》第二十二簡：「近得筠州舍弟書，教以省事，若能省之又省，使終日無一語一事，則其中自有至樂，殆不可名。此法奇秘，惟不肖與公共之，不可廣也。」簡有「冬至後，齋居四十九日，亦無所行運，聊自反照而已」之語，知作於冬至後，或及歲末。同上書卷五十二與秦觀(太虛)第三簡言及擬冬至後齋居事，作於本年。故知轍簡作於本年。

丐者趙生從轍游。

《欒城集》卷二十五《丐者趙生傳》：「高安丐者趙生，弊衣蓬髮，未嘗沐洗，好飲酒，醉則毆詈其市人，雖有好事時召與語，生亦慢罵，斥其過惡。故高安之人皆謂之狂人，不敢近也。……元豐三年，予謫居高安。時見之於途，亦畏其狂，不敢問。是歲歲暮，生來見予。」以下叙趙生與己論道。按此文别見於《龍川略志》卷二，題作《趙生挾術而又知道》。

蘇軾與周主簿簡。

簡見《蘇軾文集》卷六十。

簡云：「罪廢衰朽，過辱臨顧，增愧汗也。」作於到黄之初。其時人聞蘇軾之名而遠之，而周主簿獨異於常人，此所以可貴。簡云：「甚欲詣謝，巾褐草野，不敢造門，幸加矜恕。」益見簡爲到黄之初作。此周主簿或官於黄州。今次此。

焦千之(伯强)卒。

《蘇軾文集》卷六十九《跋焦千之帖後》:「伯强之没,蓋十年矣,覽之悵然。」跋作於元祐五年,上溯十年爲今年。

聞張希甫卒,軾跋其墓銘。

跋文見《蘇軾文集》卷六十六(二〇六三頁)。文謂元豐元年在徐州,希甫年七十,辟穀道引,蘇軾勸其無自苦,後二年謫黄州,聞其卒。

黄人作師中庵,以待任伋來訪蘇軾。

《欒城集》卷二十四《黄州師中庵記》叙任伋(師中)倅黄,「常游於定惠院」。「院」下疑脱去「作亭」二字。以下云:「既去,郡人名其亭曰任公。其後余兄子瞻以譴遷齊安,人知其與師中善也,復於任公亭之西爲師中庵。曰:『師中必來訪子,將館於是。』」伋有德於黄。伋卒於明年三月,見《淮海集》卷三十三《任公墓表》。築庵爲本年事。

軾録《南史·盧度傳》不殺生事,叙不殺生之願。

《蘇軾文集》卷六十六《書南史盧度傳》叙之,謂自去年得罪下獄得脱後,「自此不復殺一物」。今年作。《善誘文·子瞻以己諭雞》:「赦罪放免還家,每見庖厨有活物,即令人放之。嘗有言曰：『吾得罪處囹圄，何異雞鴨之在庖厨，我豈復忍殺彼之生命耶！』」附此。

光州道人朱元經或卒於本歲，有文記其事。

《蘇軾文集》卷七十三《朱元經爐藥》、《異人有無》記元經事。前者云元經百許歲，欲訪之未果，「到黄不久，遂聞其死」。《欒城後集》卷五《抱一頌》亦記元經事。

三蘇年譜卷三十一

元豐四年（一〇八一）辛酉　蘇軾四十六歲　蘇轍四十三歲

春雪，王適作詩。轍次韻。

詩見《欒城集》卷十一。元豐三年閏月，立春日在十二月。然詩中有「潤催江柳排金綫，光雜山茶點絳葩」之句，知確爲新年，故繫此詩於此。

正月初，軾與潘丙觀子（紫）姑神於郭遘家，記之。嘗賦《少年遊》，戲記子姑神事。

文乃《蘇軾文集》卷十二《子姑神記》；卷七十二《仙姑問答》亦記此事。《文集》卷十二《天篆記》：「江淮間俗尚鬼。歲正月，必衣服箕箒爲子姑神，或能數數畫字。惟黄州郭氏神最異。」《孔氏談苑》卷二《厠神》云：「紫姑者，厠神也。」又云：「近黄州郭殿直家有此神，頗黠捷，每歲率以正月一日來，二月二日去。蘇軾與之甚狎。嘗問軾乞詩。軾曰『軾不善作詩』。姑畫灰云『猶裹猶裹』。軾云：『軾非不善，但不欲作爾。』姑云：『但不要及他新法，便得也。』」郭殿直乃郭遘。

詞見《全宋詞》第三二四頁，或爲本年事。

二十日，軾往岐亭，潘丙、古耕道、郭遘送至女王城東禪莊院，有詩。

詩見《蘇軾詩集》卷二十一(一〇七七頁)。《蘇軾文集》卷六十六《書所獲鏡銘》言本年正月「自齊安往岐亭」。

《輿地紀勝》卷四十九《黄州》引《齊安志》謂女王城乃昔之楚王城之訛。《文集》卷六十六《記黄州故吴國》亦辨之。

二十一日，軾宿團封。

據《蘇軾文集》卷十二《應夢羅漢記》。黄岡縣有團風鎮。「風」當即「封」。

二十二日，岐亭道上見梅花，軾作詩贈陳慥；至岐亭。在岐亭，作詩戒慥止殺，得應夢羅漢。

詩見《蘇軾詩集》卷二十一(一〇七八頁)。至岐亭，見《蘇軾文集》卷十二《應夢羅漢記》。戒慥止殺。詩乃《詩集》卷二十三《岐亭》其二。《應夢羅漢記》叙與慥入山中，得應夢羅漢。《文集》卷七十二《應夢羅漢》亦記其事，文略異。

軾自岐亭泛舟還，過古黄州，獲白陽鏡。

《蘇軾文集》卷六十六《書所獲鏡銘》叙得鏡。卷五十三《答李方叔》第二簡亦叙此事。此鏡，陸惟忠亦蓄，詳《文集》卷七十《書陸道士鏡硯》。趙令畤亦收有，見《侯鯖録》卷一。

蘇軾賦《浚井》詩。

詩見《蘇軾詩集》卷二十一。首云「古井没荒萊」，切浚，非鑿井。中云：「沾濡愧童僕，杯酒暖寒栗。」以酒勞之。

蘇軾賦《紅梅三首》。并賦《定風波》詠紅梅。

詩見《蘇軾詩集》卷二十一。其一首云「怕愁貪睡獨開遲」，其二首云「雪裹開花却是遲」，點今年紅梅開時遲。其三首云「幽人自恨探春遲，不見檀心未吐時」。其所以探春遲，乃以紅梅未開，於紅梅有深情。

詞見《東坡樂府》卷上。調下原注：「詠紅梅。」此詞乃隱括《紅梅三首》其一而成，游戲之作也。如詞上闋：「好睡慵開莫厭遲，自憐冰臉不時宜。偶作小紅桃杏色，閑雅，尚餘孤瘦雪霜姿。」《紅梅三首》其一：「怕愁貪睡獨開遲，自恐冰容不入時。故作小紅桃杏色，尚餘孤瘦雪霜姿。」其文字之偶不同處，以詩、詞之平仄、叶韻不同也。

軾賦《南鄉子》，寫臨皋亭晚景。

詞見《東坡樂府》卷上。《注坡詞》調下注：「黄州臨皋亭作。」首云「晚景」，又云「認得岷峨春雪浪，初來，萬頃蒲萄漲渌醅」。去年此時，尚不居臨皋亭，知爲今年春初作。

悟清歸，軾簡惟簡（寶月）；并簡滕元發（達道），求爲書《經藏碑》碑額大字，令悟清歸途中持往。嘗欲以吴道玄所畫釋迦佛送惟簡所在中和院供養。

《蘇軾文集》卷六十一與惟簡第三簡首云「新歲」，以下叙《經藏碑》已作得，「碑額見令悟清持書往安州，干滕元發大字」。《佚文彙編》卷三與元發第二簡，即求元發書大字之書。元發應請書大字，見《文集》卷五十一與元發第十五簡。

《文集》卷六十一與惟簡第四簡首云「此間諸事，請問清師即詳也」，爲第三簡附簡。第五簡云欲送吴道玄畫供養，或亦爲此時作。此畫「頗損爛」，爲鮮于侁所贈者；見《蘇軾詩集》卷十六詩題（八二九頁）。

二月二十七日，軾爲模上人書佛經。

嘉慶《寧國府志》卷二十《蘇東坡觀自在菩薩如意陀羅尼石刻》（原注：在郡北門外十里廣教寺塔顛，塔經火燬，石亦腐不可搨，僅向收藏家借得一閲，今録書刻月日，摹勒姓名於右）：「元豐四年二月二十七日，責授黄州團練副使眉□蘇軾書，以贈宣城廣教模上人。紹聖四年五月朔，宛陵郡人汪遵昰施財，上石乾明寺，楞嚴講院行者徐義謹勸摹刊。」又見《安徽通志考·金石古物考》卷十五。模上人，待考。

嘉慶《寧國府志》卷十二《坡仙石碣》引乾隆《府志》謂碣在宣城「城北廣教寺雙塔中，蘇軾書」。未詳其内容。

軾作《太上玄靈北斗本命延生真經注解後序》。

道藏本《太上玄靈北斗本命延生真經注解》載軾此序，云：「蓋聞昊天皇皇，至高至邈。無梯可以倚其上，無路可以達其中。大道默默，至幽至玄。無計可以度其元，無方可以測其理。於是以善爲升天之經，以經爲入道之門。善則通於雲衢，經則露其隱奥。則非善乃天之無路，則非經乃道之無門。是故立經度死，垂教開生，而况厥恩莫大乎經也，其福莫大乎善也夫。聖人垂經，則有恩而無，凡夫奉善，則無福而有。因心以作，所由生也。若得遇玄文，空披視已。不戒不奉，匪究匪窮。何異有患求醫，唯誦驗而不餌於藥，恐刑開律，但解科而罔戒於非。思之矣然而覽之，豈可獲其濟也。凡有得遇，可戒奉之。庶乎俾寒獄之冰消，使火山之焰息可得。蓬宫閬苑，注籍得道之名；幽府羅酆，部落拘囚之目。咸拯識靈，同登道岸。余行微性戇，不愧聾言。謬作嘆文，標其經闕。眉山蘇軾序。」

茲以「軾爲模上人書佛經」附次此。

此後序，轉引自《三蘇全書》。

毛維瞻惠温柑荔枝，轍作詩。

詩見《欒城集》卷十一。其一末云：「不有風流吴越客，誰令千里送江南。」温柑當以產於温州而名。温州屬浙，而維瞻乃浙人，此二句蓋以戲之。

王適游真如寺，作詩，適復作新燕詩。轍均次韵。

轍詩見《欒城集》卷十一。《輿地紀勝》卷二十七《江南西路·瑞州·景物下·大愚山》：「《新志》云：在州東行春門外，有真如寺。」詩前者云：「東郊大愚山，自古薝蔔林。微言久不聞，墜緒誰當尋。道俗數百人，請聞海潮音。齋罷車馬散，萬籟俱消沉。」感嘆此寺無高僧。後者句句扣「新」字。「力猶微」、「掠地飛」十分真切。末云：「養雛不怕巢成早，記取朝朝爲啓扉。」囑適善護持。

陪毛維瞻夜游北園，轍作詩。

詩見《欒城集》卷十一。中云：「一樽花下夜忘歸，燈火尋春畏春晚。」逸興不淺。此二句，《輿地紀勝》卷二十七《江南西路·瑞州·詩》引。

轍作《山橙花口號》。

詩見《欒城集》卷十一。末云：「漂泊江南春欲盡。」作於三月。

三月十一日，軾會王齊愈（文甫）家，評荼蘼花、桃花、海棠花、罌粟花。

據《蘇軾文集》卷七十三《四花相似説》。不詳何年，姑次此。

十四日，軾與張商英（天覺）簡，敘在黄州之會。時商英責監江陵赤岸鹽税，經黄赴貶所。

《佚文彙編》卷二與商英第一、第四兩簡爲殘篇，乃據北京市文物商店所藏西樓帖。西南師範大學徐永年同志《成都西樓蘇帖初箋》謂文明書局珂羅版印《宋拓西樓蘇帖》第二册此二簡乃一簡，第一簡在前，是。第一簡首云：「羈旅寂寞久矣，見公得一散懷抱，爲樂難名。」《宋史》卷三百一十三《文彦博傳》叙慶州兵亂，樞密使文彦博奏神宗謂乃更張之過，王安石排之，御史張商英摭樞密使他事以摇彦博，坐不實貶。《宋史·神宗紀》謂慶州兵亂乃熙寧三年八月事。《宋史》卷三百五十一《張商英傳》：「張商英，字天覺，蜀州新津人。」《傳》叙商英所貶者爲監荆南税，以下云：「更十年，乃得館閣校勘、檢正刑房。商英嘗薦舒亶可用，至是，亶知諫院，商英以婿王溈之所業示之，亶繳奏，以爲事涉干請，責監赤岸鹽税。」《長編》卷三百八繫商英再責於元豐三年九月丁卯，所責爲監江陵府江陵縣税。赤岸，鎮名，屬江陵。《長編》、《宋史》合。簡作於今年，時商英經黄赴貶所，簡云「侵夜解去」，可證。若在明年此時，蘇軾則在赴蘄水途中，或在蘄水。

二十四日，任伋（師中）卒於遂州守任。伋守瀘州，嘗受誣，以幸免。軾與轍於瀘事反復致意。

伋卒及受誣，見《淮海集》卷三十三《任公墓表》。

《蘇軾文集》卷六十三《祭任師中文》：「禍福之來，孰知其因。自壽自夭，自屈自信。天莫爲之，矧凡鬼神。」深爲其不公正遭遇而不平。

《朱文公文集》卷八十三《跋汪伯起家藏二蘇墨迹》：「元豐間，西南夷與疆吏不相得，怒且生事，時眉山任公伋字師中守瀘州。……今其家藏兩蘇公文記詩篇甚衆，蓋詩猶真迹，而於瀘事猶反復致意焉。」

馮弋同年來訪，作詩。轍次韵。

詩見《欒城集》卷十。末云：「賣鹽酤酒知同病，一笑何勞賦《北門》。」《北門》，《詩經·國風·邶風》篇名，云：「出自北門，憂心殷殷。終窶且貧，莫知我艱。已焉哉，天實爲之，謂之何哉。」以下有「王事適我，政事一埤益我，我入自外，室人交徧讁我」之語。蓋謂仕不得志也。據此，知弋亦居州縣下僚，故彼此有同感也。

王適（子立）赴徐州應舉，轍作詩送行。

詩見《欒城集》卷十一。首云：「送别江南春雨淫。」適爲徐人，故往徐州應舉（秋試），以明年禮部試也。適之赴徐爲三月事。《年表》謂爲七月，誤。適經黄州赴徐，《蘇軾詩集》卷二十一本年有《武昌酌菩薩泉送王子立》詩。

游吴氏園，轍作詩。

詩見《欒城集》卷十一。中云：「清池解洗春心熱。」猶爲三月。

轍題江州周寺丞泳夷亭。

詩見《欒城集》卷十一。中云：「山中李生好讀書，出山作郡山前居。手開平湖浸山脚，未肯即與廬山疏。」《集》卷十《江州五詠·東湖》首云：「讀書廬山中，作郡廬山下。平湖浸山脚，雲峰對虛榭。」自注謂唐李勃隱居廬山，泉石奇勝，及爲九江太守，始營東湖，風物可愛。轍蓋以周寺丞比李勃。詩末云：「道州一去應嫌遠，千里思山夢中見。青山長見恐君嫌，要須罷郡歸來看。」似周寺丞將爲道州守。道州今屬湖南，爲道縣。查有關道縣志，未見，蓋淹没已爲時久遠矣。

毛維瞻游陳氏園，作詩。轍次韵。

詩見《欒城集》卷十一。中云：「篔簹似欲迎初暑，芍藥猶堪送晚春。」作於春夏之交。

江漲，轍作詩。

詩見《欒城集》卷十一。詩叙江漲：「鷄犬萃墳冢，牛羊逾圈牢。厨薪散流柹，困米爲浮糟。卧席不遑卷，剥蔬仍未繅。」詩叙江落：「晴日慰人願，寒風送驚濤。藩籬出舊趾，蠃蚌遺平皋。」漲、落之間，遭受艱難，以「流竄非擇地」自慰，蓋亦無可奈何。

柳真齡（安期）贈軾鐵拄杖，軾作詩謝之。轍和。

軾詩乃《蘇軾詩集》卷二十《鐵拄杖》。轍詩見《欒城集》卷十一。真齡明年來筠，見明年紀事。

軾題贈徐大受（君猷）侍人閭姬。又嘗賦《西江月》贈大受寵姬勝之；又作《减字木蘭花》贈之。又嘗有詞贈大受其他侍人。

《蘇軾詩集》卷四十八詩題謂張天覺過黄「徐君猷爲守，有四侍人，姓爲孫、姜、閻、齊，適張夫人攜其一往壻家，既暮復還，乃閻姬也，最爲徐所寵，因書絶句云」。此乃采自《春渚紀聞》卷六《賦詩聯詠四姬》條。詩作於張商英過黄時。

《西江月》見《東坡樂府》卷上。小序云：「送建溪雙井茶、谷簾泉與勝之，徐君猷家後房，甚慧麗，自陳叙本貴種也。」上片「龍焙今年絶品」云云，贊其貴；下片「人間誰敢更争妍」，贊其麗。語皆雙關。

《揮麈録·後録》卷七：「君猷後房甚盛，東坡『常聞堂上絲竹』詞中謂『表德元來字勝之』者，所最寵也。」詞中無「常聞」云云，當是蘇軾另有一詞。「表德」云云，見《東坡樂府》卷下《減字木蘭花》。

《全宋詞》第三二二頁有《減字木蘭花》（柔和性氣）「贈君猷家姬」，第三二三頁有同上調「贈徐君猷三侍人」，一爲嫵卿，一爲勝之，一爲慶姬。

《佚文彙編》卷五《戲題》乃爲大受寵姬作，兹附志於此。

《東坡樂府》卷下尚有《菩薩蠻·贈徐君猷笙妓》詞。

以上各詞，不詳具體撰寫時間，今因題閻姬詩事，綜述於此。

章楶（質夫）賦《水龍吟》，約爲本年春事。蘇軾次韵，并寄《菩薩蠻》七夕詞二首（畫簷初掛彎彎月、風迴仙馭雲開扇)與楶。

《唐宋諸賢絶妙詞選》卷五章楶《水龍吟》(原注：柳花)：「燕忙鶯懶花殘，正堤上、柳花飄墜。輕飛點畫青林，誰道全無才思。閑趁遊絲，静臨深院，日長門閉。傍珠簾散漫，垂垂欲下，依前被，風扶起。蘭帳玉人睡覺，怪春衣、雪霑瓊綴。繡牀旋滿，香毬無數，才圓却碎。時見蜂兒，仰粘輕粉，魚吹池水。望章臺路杳，金鞍遊蕩，有盈盈淚。」詞作於春季。次韻詞見《東坡樂府》卷上，調下原注：「次韻章質夫楊花詞。」《菩薩蠻》見《東坡樂府》卷下、《注坡詞》。

《蘇軾文集》卷五十五《與章質夫》第一簡：「《柳花》詞妙絶，使來者何以措詞。本不敢繼作，又思公正柳花飛時出巡按，坐想四子，閉門愁斷，故寫其意，次韻一首寄去，亦告不以示人也。《七夕》詞亦録呈。」次韻詞有「抛家傍路」之句，時東坡雪堂尚未營也。參《文學評論叢刊》第十八輯劉崇德《蘇軾楊花詞繫年考辨》。

賦《水調歌頭》寄章楶(質夫)。又嘗作枯木拳石叢篠寄楶。又嘗有簡與楶，贊縣令徐軻。

詞見《東坡樂府》卷上，序云：「建安章質夫家善琵琶者乞爲歌詞，余久不作，特取退之詞，稍加隱括，使就聲律，以遺之云。」退之詞，謂《聽穎師琴》詩。《蘇軾文集》卷五十九《與朱康叔》第二十簡云楶「求琵琶歌詞，不敢不寄呈」。簡約作於本年，以去年楶來，明年壽昌(康叔)離任也。《山谷老人刀筆》卷十三《與郭英發》第一簡：「東坡公聽琵琶一曲，奇甚。試用澄心堂紙寫去。因詩句豪壯，頗增筆勢，或有佳石，試刻之置齋中，亦一奇事也。」作於戎州。此琵琶曲，或即《水調歌頭》。韓愈詩，見《全唐詩》卷三百四十。

《後村先生大全集》卷一百二《聽蛙方氏帖·東坡穎師聽琴水調及山谷帖》：「隱括他人之作，當如漢王晨入信、耳軍，奪其旗鼓，蓋其作略氣魄，固已陵暴之矣。坡公此詞是已。他人勉强爲之，氣盡力竭，在此則指麾呼喚不來，在彼則頡頏偃蹇不受令，勿作可矣。但韓詩云『濕衣淚滂滂』，坡詞前云『彈指淚縱横』，後云『無淚與君傾』，或以爲複，余曰：前句雍門之哭也，後句昭文之不鼓也，結也，非複也。（下略）」

《春渚紀聞》卷六《墨木竹石》：「（東坡）先生戲筆所作枯株竹石，雖出一時取適，而絶去古今畫格，自我作古。薳家所藏枯木并拳石叢篠二紙，連手帖一幅，乃是在黄州與章質夫莊敏公者。」作時不詳，附此。

同治《玉山縣志》卷十：「東坡在黄，嘗簡質夫提刑，稱述徐公名軻云：『徐令往還齊安，屢接其笑語，殊佳士。得在治所，甚幸！甚幸！許爲致峽州怪石，雖非急務，然亦爲幽居之尤物也。石出歸、峽間新灘之下，扇子峽之上，嵌空翠潤，有圭璋之質，未爲世人所知。公始遣僕使此石見重於世，未必不由吾二人也。』朱待制跋之曰：『東坡先生謫齊安時，身且不容於世，而推賢揚善，如恐不及，推其類，至於一石之微，亦必欲其見重於時，而不以爲己私玩，此其視世之横以自營者，其心量之廣狹爲何如也。』徐君之孫，得此帖於玉山汪氏。」朱待制，或爲翌，《灊山集》作者。

四月八日，母程氏忌日，軾飯僧於安國寺，作《應夢羅漢記》。

記見《蘇軾文集》卷十二。記謂以在岐亭所得之應夢羅漢，「完新而龕之，設於安國寺」。

軾述父洵遺志，成《易傳》，又作《論語説》。四月，上文彦博書，以《論語説》呈之，并叙元豐二年得罪事。

《蘇軾文集》卷四十八《黄州上文潞公書》云「到黄州，無所用心」，「遂因先子之學，作《易傳》九卷。又自以意作《論語説》五卷」。《軾墓誌銘》：「先君晚歲讀《易》，玩其爻象，得其剛柔遠近喜怒逆順之情，以觀其詞，皆迎刃而解，作《易傳》未完，疾革，命公述其志。公泣受命，卒以成書，然後千載之微言，焕然可知也。復作《論語説》，時發孔氏之秘。」《昭德先生郡齋讀書志》卷一上：「《毗陵易傳》十一卷。右皇朝蘇軾子瞻撰。自言其學出於父洵，且謂卦不可爻别而觀之，其論卦必先求其所齊之端，則六爻之義未有不貫者，未嘗鑿而通也。」《直齋書録解題》卷一著録《東坡易傳》十一卷。

《昭德先生郡齋讀書志》卷一下：「《東坡論語解》十卷，右皇朝蘇軾子瞻撰。子瞻没後，義有未安者，其弟子由嘗辨正之，凡二十有七章。」《直齋書録解題》卷三著録《東坡論語傳》十卷、《潁濱論語拾遺》一卷，《欒城三集》卷七《論語拾遺》之引叙及拾遺事。

按：《易傳》當即《東坡易傳》，《論語説》當即《東坡論語解》。蘇軾在儋州，對以上二書進行訂補，形成定稿，故卷數記載不同。參元符三年「在儋州訂補《易傳》、《論語傳》」條。

《欒城集》卷十八《鳳咮石硯銘·叙》謂蘇軾在黄撰《易傳》時，鳳咮石硯「日效於前，與有功焉」。《文集》卷十九《鳳咮硯銘》有序叙其事。

《欒城先生遺言》云父洵作《易傳》未完，疾革，命蘇軾兄弟述其志。以下云：「東坡受命，卒以成書。初，二公少年皆讀《易》，爲之解説，各仕它邦。既而東坡獨得文王、伏羲超然之旨，公乃送所解予坡。今《蒙卦》猶是公解。」

上文書首云「孟夏」，知爲四月作。又云「承以元功，正位兵府，備物典册，首冠三公。雖曾孫之遇，絶口不言；而金縢之書，因事自顯」。《宋史·神宗紀》元豐三年紀事：九月丙戌，彦博拜太尉；閏九月乙卯，加彦博河東、永興軍節度使。《宋史》卷三百十三《文彦博傳》，彦博辭不拜兩鎮節度，「將行，賜宴瓊林苑，兩遣中謁者遺詩祖道，當世榮之」。

書作於今年。

《總案》引邵伯温《聞見録》「元豐四年，故參知政事王堯臣之子同老以至和中潞公與劉沆、王堯臣共乞立英宗爲皇嗣」云云，遂謂書首所云之事爲四年事，並繫此書於元豐五年。按：《總案》誤。《總案》所引《聞見録》，出卷三。該則首云「元豐四年召北京留守文潞公陪祀南郊」，以下以「先是」二字追叙至和中議儲事。《總案》略去「先是」二字，以致此誤。書謂出獄後「復强顔忍恥，飾鄙陋之詞，道疇昔之眷，以卜於左右，遽辱還答，恩禮有加」。是出獄後有書簡往來也，至是乃上此書。蘇軾以《論語説》呈彦博，蓋以彦博爲一代偉人而托以傳於世也。

本月，軾答杜沂（道源）簡。

答簡乃《蘇軾文集》卷五十八與沂第一簡，云「兩辱手書，懶不即答」，乃作此簡。簡云「别來又復初夏」，知作時。蓋去年四月相晤於黄，旋别。簡云「知到官，又復對换」，不詳沂何官。

軾與陳軾簡。

簡乃《蘇軾文集》卷五十六《與陳大夫》第七簡，首云「蒙惠竹簞、剪刀等」，謝其厚饋；云及「去歲冬至齋居四十九日」，知作於今年；又云「旦夕復夏至」，約作於四五月間。

五月初五端午，軾賦《少年遊》贈徐大受（君猷）。

詞見《東坡樂府》卷上，調下原注：「端午贈黄守徐君猷。」詞云：「獄草烟深，訟庭人悄。」頌其政績。《紀年録》繫本年。

轍作《競渡》詩。

詩見《欒城集》卷十一。首云：「史君欲聽榜人謳。」競渡蓋由毛維瞻所倡。中云：「父老不知招屈恨。」競渡爲紀念屈原，詩或作於端陽節前後。

初九日，轍作《廬山棲賢寺新修僧堂記》。軾贊其文。

記見《欒城集》卷二十三。蓋應棲賢寺長老智遷及其徒惠遷之請。記謂二遷修僧堂置力而不懈，蓋以待四方之游者，以便其求道。

《蘇軾文集》卷六十六《跋子由棲賢堂記後》：「子由作《棲賢堂記》，讀之便如在堂中，見水石陰森，草木膠葛。僕當爲書之，刻石堂上，且欲與廬山結緣，他日入山，不爲生客也。」據「他日入山」云云，此文作於轍文後不久，要之不出黄州時。軾第一次入廬山，在元豐七年，時已離黄。

十一日，軾略評唐垌（林夫）家所藏永禪師、歐陽率更、褚河南、張長史、顔魯公、柳少師六人書而書其後。

文見《蘇軾文集》卷六十九（二二〇六頁）。垌，錢塘人。父詢字彦猷，俱以書法名。垌事迹見《詩集》卷三十三《遊寶雲寺（下略）》「施注」。《清江三孔集·朝散集》有《唐林夫惠書，字法精絶，以詩謝之》等詩多首。

望後，軾書《阿房宫賦》。

《壯陶閣書畫録》卷四《宋蘇東坡書營籍周韶落籍詩軸》附清人題跋：「余在嶺南，購得宋人畫阿房宫圖，後附東坡書《阿房宫賦》，紙本，蓑衣裱，字大七分餘，磊礴蕭散，與此軸同。款：元豐四年五月望後，眉山蘇軾書。」

王適（子立）自筠赴徐秋舉，過黄，軾與適游武昌西山酌菩薩泉以送，作詩。

詩見《蘇軾詩集》卷二十一（一〇八四頁）。《欒城集》卷十一《送王適徐州赴舉》，本年作，云「送别江南春雨淫」。《蘇軾文集》卷五十三《答李方叔》第三簡云「姪壻王適子立，近過此，往彭城取解」。其過黄約在五月間。適爲轍第二壻，見《蘇潁濱年表》。《欒城集》卷十《次韻王適食茅粟》首云「相從萬里試南餐」，作於元豐三年，知適隨轍往筠，其完婚約在元豐二三年間。

軾營東坡，馬正卿爲經紀之，作《東坡八首》。自是始號東坡居士，蓋慕白居易而然。

《蘇軾詩集》卷二十一《東坡八首》序：「余至黄州二年，日以困匱。故人馬正卿哀余乏食，爲於郡中請故營地數十畝，使得躬耕其中。地既久荒爲茨棘瓦礫之場，而歲又大旱，墾闢之勞，筋力殆盡。釋耒而歎，乃作是詩，自愍其勤，庶幾來歲之入以忘其勞焉。」

《王譜》：「以《東坡圖》考之，辛酉方營東坡。」即本年。

《軾墓誌銘》：「公幅巾芒屩，與田父野老相從溪谷之間，築室於東坡，自號東坡居士。」《紀年録》、《施譜》繫自號東坡居士事於本年，《王譜》則謂自號東坡居士爲明年事，今從前二者。《容齋隨筆·三筆》卷五《東坡慕樂天》：「蘇公責居黄州，始自稱東坡居士，詳考其意，蓋專慕白樂天而然。白公有《東坡種花》二詩云：『持錢買花樹，城東坡上栽。』又有《步東坡》詩云：『朝上東坡步，夕上東坡步，東坡何所愛，愛此新成樹。』又有《别東坡花樹》詩云：『何處殷勤重回首，東坡桃李新種成。』皆爲忠州刺史時所作也。蘇公在黄，正與白公忠州相似。」《二老堂詩話·東坡立名》條亦引白居易《東坡種花》、《步東坡》詩，並云：「本朝蘇文忠公不輕許可，獨敬愛樂天，屢形詩篇。蓋其文章皆主辭達，而忠厚好施，剛直盡言，與人有情，於物無著，大略相似。謫居黄州，始號東坡，其原必起於樂天忠州之作也。」《輿地紀勝》卷四十九《黄州·景物上》謂東坡在州治之東百餘步。《方舟集》卷一《游黄州東坡》：「斯文元祐間，一代文章好。我生嗟已後，不及見此老。朅來東坡上，雪堂亞荒草。此州三家村，大江流浩浩。四海矜重名，六丁護殘稿。傷心逐客令，失脚空山道。昔爲魑魅憎，今作神明禱。小橋行吟處，風葉付誰掃。」附此。《雙溪集》卷一《東坡三絶句》其一：「門庭桃柳人人護，焚屋新遭盗跖餘。鄰社蕭條近尤劇，孫孫子子寶公書。」其二：「嶺背泉甘陵谷遷，危亭圜顧尚依然。春蘭秋菊無終古，地上居人世世賢。」其三：「爲文赤壁并黄坂，奇韻平生想像中。延目練江咨逝水，舉頭碧落看飛鴻。」據詩，知蘇轍之孫籀嘗訪東坡。約在蘇轍卒後而中原尚無擾攘之時。詩叙當地居民皆知愛護東坡，於窮困之中珍視蘇軾之書，蓋軾之德澤入人心者深。

軾與王鞏（定國）簡，欲自號鏖糟陂裏陶靖節。簡及王詵（晉卿）。

《蘇軾文集》卷五十二與鞏第十三簡叙近於側左得荒地數十畝，買牛一具，躬耕其中，却亦有味，鄰曲相逢欣欣，故欲以鏖糟陂裏陶靖節自號。

簡謂：「如聞晉卿已召還都。」《長編》卷三百三元豐三年四月丁亥，已有「前絳州團練使、駙馬都尉王詵復慶州刺史，聽朝參」之記載。

彦正判官贈軾古琴，作偈附簡呈之。時海印禪師紀公（紀老）自三衢至。

簡見《蘇軾文集》卷五十七（一七二九頁），首致謝意。中云：「適紀老枉道見過，令其侍者快作數曲。」以下呈偈：「若言琴上有琴聲，放在匣中何不鳴？若言聲在指頭上，何不於君指上聽？」彦正判官，待考。紀老之來，在六月二十三日陳慥來前，參該日紀事。今次此。

《文集》卷二十二《送海印禪師偈》：「海印禪師紀公，將赴峨眉，往别太子少保趙公於三衢。」以下云「復枉道過軾於齊安」。參本年九月十五日紀事。趙公乃抃，抃《清獻集》卷五有《送海印長老赴峨眉都僧二首》。

登郡譙，轍偶見姜應明（如晦）司馬醉歸，作詩；復作詩送應明。

詩見《欒城集》卷十一。後者首云：「七歲立談明主前，江湖晚節弄漁船。」知應明流落不偶。《集》卷十二《次韻唐覲送姜應明謁新昌杜簿》詩末自注：「姜如晦方有嶺外之行。」則如晦爲應明之字。

轍寄題趙屼承事戲彩堂。

詩見《欒城集》卷十一。首云：「春晚安輿遍浙東，永嘉别乘喜無窮。」屼時爲温州通判，知今年侍父抃游浙東。戲彩堂用老萊子娱親故事，蓋亦爲抃而建。此時，當因李鈞專人之便寄至屼。參下條。

温州守李鈞寄詩來兼簡毛維瞻，轍次鈞韵。

轍詩見《欒城集》卷十一。鈞爲温州守，約爲元豐二年，參本譜元豐元年「李鈞離南京作送行詩」條。清嘉慶《瑞安縣志》卷九謂鈞於仁宗嘉祐間知温州，失之。鈞詩，當由專人送至筠。《瑞安縣志》同上卷有鈞詩。

六月十日，軾致郭至孝慰簡，時至孝遭親喪。

《晚香堂蘇帖》：「軾啓。前日疊辱手諭，感慨彌日。又數承令子見訪，不得即時裁謝，悚息之至。多事，熱甚。孝履何如，計哀苦，不易！不易！示喻哀輓，固當作，但新以言語得罪，且更少徐云耳。必亮此意。無緣詣别，千萬節哀强食。流汗，不謹。軾再拜至孝奉議閣下。六月十日。」簡云「熱甚」，以下「夏答李琮書」條可參，故繫於本年。

《佚文彙編》卷三《與郭廷評二首》其一末云「軾再拜至孝廷評郭君」。上簡云奉議謂奉議郎，乃官，此所云廷評乃職。此二簡俱云「孝履支持」，知作於上簡略後。此二簡分别云「三日」、「十二日」，當屬本年七月。第二簡云「船已令到淮揚」，又云及汶上，知至孝乘舟載親櫬沿江下然後沿運河北上，至孝或爲京東人。

十七日，轍應聖壽院僧省聰請，作《筠州聖壽院法堂記》。另有頌記聰事。

記見《欒城集》卷二十三。記謂聖壽院近在城東南隅，每事之閑輒往游。以下云：「其僧省聰本綿竹人，少治講説，晚得法於浙西本禪師。聽其言亹亹不倦。郡人有吴智訥者，治生有餘，輒盡之於佛，既爲僧堂之後室，又爲聰治其法堂，皆極壯麗，凡材甓金漆皆具於智訥。堂成，聰以余游之亟也，求余爲記。余亦喜聰之能以其法助余也，遂爲記其略。」查《五燈會元》卷十六，有慧林本禪師，乃青原下十一世，全稱東京慧林宗本圓照禪師，嘗居杭州净慈寺。杭爲浙西。此浙西本禪師即慧林本禪師。

頌見《集》卷十八，題曰「筠州聰禪師得法頌并叙」。叙中云：「聰住高安聖壽禪院，予嘗從之問道。」《年表》：六月壬申，有《聖壽院法堂記》。

二十三日，陳慥（季常）自岐亭來。軾作《雜書琴事十首》贈之。

文見《蘇軾文集》卷七十一，謂「客有善琴者，求予所蓄寶琴彈之，故所書皆琴事」。善琴者乃言紀公之侍者。慥乃第二次來訪。同上卷此下尚有《雜書琴曲十二首》贈慥，或亦此時作。

賦《虞美人》（定場賀老今何在）。

詞見《東坡樂府》卷下。《注坡詞》題作「琵琶」。

《東坡詞編年箋證》：「《文集》卷七一《雜書琴事十首》其一《家藏雷琴》云：『余家有琴，其面皆作蛇蚹紋，其上池銘云：『開元十年造，雅州靈關村。』其下池銘云：『雷家記八日合。』不曉其『八日合』爲何等語也？其嶽不容指，而絃不敂，此最琴之妙，而雷琴獨然。求其法不可得，乃破其所藏雷琴求之。琴聲出於兩池間，其背微隆，若薤葉然，聲欲出而隘，徘回不去，乃有餘韻，此最不傳之妙。』其跋尾云：『元豐四年六月二十三日，陳季常處士自岐亭來訪予，携精筆佳紙妙墨求予書。會客有善琴者，求予所蓄寶琴彈之，故所書皆琴事。』此詞當作於此時無疑，編辛酉六月。東坡家琴既爲開元時雷家所造，名雷琴，又爲『會客有善琴者』彈之，因鈎起開元遺事之思，故作是詞。」今從其説。

己卯（二十四日），知洪州王韶卒。轍代毛維瞻作祭文。

韶卒據《長編》卷三百一十三。文見《欒城集》卷二十六。韶，《宋史》卷三百二十八有傳，年五十二。

與陳慥、王齊愈及齊萬、潘丙、古耕道等會於師中菴，爲文祭任伋。

文見《蘇軾文集》卷六十三（一九四四頁）。慥乃第二次來訪。

《欒城集》卷二十四《黄州師中菴記》言伋（師中）倅黄時，常游定惠院，以下云：「既去，郡人名其亭曰任公。其後，余兄子瞻以讁齊安。……復於任公亭之西爲師中菴，曰：『師中必來訪余，將館於是。』明年三月，師中没於遂州，郡人聞之，相與哭於定惠者，凡百餘人，飯僧於亭而祭師中於菴。」記作於本年十二月。遂州屬梓州路，治小溪縣。

《佚文彙編》卷四《與友人》：「黄人聞任師中死，相率作齋，然皆以軾爲主，亦一佳事。」乃叙此時事。此簡首云「令子今年何處取解」知作於本年八月取解前。會師中庵祭任伋，當爲五六月間事。

《蘇軾詩集》卷二十一有輓任伋詩（一〇八五頁）。

李廌（方叔）致簡蘇軾，軾答簡。

軾簡乃《蘇軾文集》卷五十三《答李方叔》第一簡。

簡云：「遞中辱手書。」知此簡爲答簡。

簡云：「今年暑毒十倍常年。雨晝夜不止者十餘日，門外水天相接，今雖已晴，下潦上蒸，病夫氣息而已。」簡約作於七月。

夏，軾答李琮書，以王天常論西南邊事之語詳告之。

書見《蘇軾文集》卷四十九（一四三四頁）。首云「奉別忽然半年」，作於今年。書云「惡熱不可過」。琮來書詢及王天常所言西南邊事，故答之。書云：「如聞公以職事當須一赴闕，不知果然否？」《宋史》卷三百三十三《李琮傳》謂琮徙梓州路轉運副使。則琮詢邊事，亦以職事所須。《祠部集》卷五有《送王天常太祝詩》。

軾與李廌（方叔）多簡。及秋試事，并爲廌紹介王適兄弟。

《蘇軾文集》卷五十三答廌第一簡云「今歲暑毒十倍常年」，與上條所云答李琮書作於同年；首云「久不奉書問爲愧」，知此前廌已與蘇軾有交往。答廌第二簡言秋試，祝鼎甲之捷，作於「暑中」。第三簡亦及秋試，并云姪壻王適「往彭城取解，或場屋相見」，知廌秋試亦在彭城；簡云適詞學德性皆過人，「其弟名遹字子敏，亦不甚相遠」，作於第二簡前。

《嬾真子》卷二：「李方叔，初名豸，從東坡遊。東坡曰：『五經中無公名，獨《左氏》曰「庶有豸乎」，乃音直氏切，故後人以爲蟲豸之豸。又《周禮》供具：絼，亦音治，乃牛鼻繩也。獨《玉篇》有此豸字。非五經不可用，今宜易名曰廌。』方叔遂用之。秦少游見而嘲之曰：『昔爲有脚之豸乎？今爲無頭之廌乎？』豸以况狐，廌以况箭，方叔倉卒無以答之，終身以爲恨。」

《石林詩話》卷中：「李廌，陽翟人。少以文字見蘇子瞻，子瞻喜之。」

七月二日，徐州失覺察李鐸等謀反事放罪，軾上謝表。

表見《蘇軾文集》卷二十三（六五五頁）。參元豐三年十二月十五日紀事。《施譜》：「七月，有旨徐州失覺察妖賊事，免取勘。」

《却掃編》卷下云神宗讀蘇軾謝表讀至「無官可削，撫己知危」，笑曰：「畏吃棒耶！」

九日，轍作《吴氏浩然堂記》。

記見《欒城集》卷二十四。首云：「新喻吴君志學而工詩，家有山林之樂，隱居不仕，名其堂曰浩然。」又云吴「居於江」。此吴氏疑即吴厚。本譜元豐三年有「吴厚秀才來訪」條。轍次韵厚詩云「百里携詩相就談」、「羡君負郭足爲生」；又云「已覺安閑真樂事」、「隱居便作江南計」。新喻屬臨江軍，距筠州在百里以上，或及二百里，作詩舉成數，亦可云百里。新喻臨贛江，與負郭之語亦合。「安閑」、「隱居」乃緣吴氏而起；吴氏其時隱居，轍羡其隱居生活，故亦有隱居之想。

《年表》：七月甲午，有《吴氏浩然堂記》。甲午爲九日。

軾與陳軾簡，報轍安訊。

《蘇軾文集》卷五十六《與陳大夫》第五簡：「子由亦時得安訊，皆托餘庇也。」作簡時「隆暑」。

洞山克文（雲庵）長老作詩。轍次韻。

轍詩見《欒城集》卷十一。中云：「偶知珠在手，一任甑生塵。」《蘇軾詩集》卷四十五《乞數珠贈南禪湜老》引清查慎行注：「《木槵子經》云：當貫木槵子一百八箇，常自隨身志，心稱南無佛陀，達磨僧伽乃過一子，具如彼經。」此一百八箇木槵子相貫，即數珠，亦即轍所云之珠。「偶知」句之意乃謂專心佛法。據此，知轍學佛法於克文。又云：「竄逐非關性，顛狂却甚真。」此「性」似謂性命。

旱，轍代毛維瞻作祈雨青辭。

文見《欒城集》卷二十六。文云「去夏大水」，故知爲今年作。文又云：「亢陽爲災，不雨彌月。水泉耗竭，多稼殄瘁。」知旱爲六七月間。

神宗有意以蘇軾成國史，爲執政所沮。

《聞見近録》：「蘇子瞻既貶黄州，神宗每憐之。一日，語執政曰：『國史大事，朕意欲俾蘇軾成之。』執政有難色。上曰：『非軾則用曾鞏。』其後鞏亦不副上意。」《邵氏聞見後録》卷二十一亦有此記載，「每憐之」作「殊念之」；「語執政」作「語宰相王珪、蔡確」，謂「珪有難色」。餘略同。

《曾鞏集》附録林希撰鞏之墓誌銘：元豐四年，神宗手詔中書門下曰：「曾鞏史學見稱士類，宜典五朝史事。」遂以鞏修國史。據《長編》卷三百十四，神宗手詔乃本月己酉（二十四日）事。今據此繫入。

王彭（大年）卒。彭子讜（正夫）專人報其父之喪，軾簡慰之。讜有文名。

慰簡乃《蘇軾文集》卷五十九與讜第一簡，云「無由助執紼」，知作於黄。

彭少時從父討夏，有邊功，已見嘉祐六年「王彭爲監軍」條。《文集》卷六十二《王大年哀詞》謂彭以後爲將，日有聞，乞自試於邊，「先帝方欲盡其才，而君以病卒」。則彭之卒，在本年用兵西夏前。今姑繫此。

與讜第二簡叙作哀詞事，云「曹子方因會，致區區」，第三簡亦云「子方見過」。子方名輔，參元祐二年「送曹輔赴閩漕」條。哀詞約作於元祐在朝時，乃應讜請。

哀詞云「讜以文學議論有聞於世」。讜有《唐語林》，今以多種版本傳。《四庫全書總目提要》卷一百四十一謂讜失考。按：可考。《清江三孔集·宗伯集》卷八有送讜赴官八桂詩。曹輔嘗爲廣西提刑，讜官八桂，當與輔有關。

《雞肋集》卷十六《次韻王正甫馬陵感事》：「風雨關河浩蕩愁，騷人憭慄對清秋。追君舊事何堪聽，投我新詩不易酬。紙上安知百年後，酒中聊可一生浮。言歸款段誰能約，正有疏頑馬少游。」以騷人稱讜，蓋讜亦善詩。附此。

同上書卷十七《次韻郤倅王正夫》：「函谷雞鳴滿面塵，夫君泛愛尚爲親。清時有味俱吾黨，黄髮相看更幾人。物理未驚翁喪馬，世情應笑子知津。似聞絶塞風霜苦，只約觥船莫負春。」云「清時有味」，補之與讜蓋知己。亦附此。

《永樂大典》卷二千二百六十四引《畫墁集·和郤倅王正夫大夫游西湖》：「雨過花開一郡忙，紫微山影照湖光。東風不費舟船力，暖日能添羅綺香。已拚今朝須盡醉，預愁明日又辭鄉。飽聞馮翊無花草，唯有城頭至樂堂。」亦附此。馮翊謂郤州。此西湖乃杭州西湖。

吴復古（子野）專人來書，軾答之。

《蘇軾文集》卷五十七答復古第一簡：「專人來，忽得手書，且喜居鄉安穩。」知復古時在潮陽。又云「到黄已一年半」，知簡作於本年七月間。答復古第二簡有「三年廬墓」之語，知復古時居鄉服喪。第三簡謝復古專人惠建茗、沙魚、赤鯉，并云：「近有李明者，畫山水，新有名，頗用墨不俗，輒求得一横卷，甚長，可用大牀上繞屏，附來人納上。」《畫繼》卷六《李明傳》叙此事。第四簡約復古北行時來黄一遊。皆在黄時事，兹并叙於此。

毒熱解，軾書陶潛《酬劉柴桑》詩後。

文見《蘇軾文集》卷六十七（二一一一五頁）。文謂「自夏歷秋，毒熱七八十日不解」。《文集》卷四十九《答李琮書》云及今年「惡熱不可過」，故繫此事於今年。

八月十五日，軾與客飲江亭，書鄭元輿（君乘）絹紙贈孟陽，爲跋。

跋見《蘇軾文集》卷七十（二二三〇頁）。元輿官黄，未詳何官。

同日，李嬰賦《滿江紅》以呈，約爲本年事。

《苕溪漁隱叢話》前集卷五十九：「元豐間，都人李嬰調蘄水縣令，作《滿江紅》一曲，往黄州，上東坡，東坡甚喜之。其詞曰：『荆楚風烟，寂寞近、中秋時候。露下冷，蘭英將謝，葦花初秀。歸燕殷勤辭巷陌，鳴蛩凄楚來窗牖。又誰念，江邊有神仙，飄零久。横琴膝，攜筇手。曠望眼，閑吟口。任紛紛萬事，到頭何有。君不見凌烟冠劍客，何人氣貌長依舊。歸去來，一曲爲君吟，爲君壽。』」元豐五年二月二十二日，蘇軾曾與李嬰等游武昌西山，見該年紀事。

十六日，軾書陶潛詩二首，爲跋。

《晚香堂蘇帖》：「『種豆南山下，草盛豆苗稀。侵晨理荒穢，帶月荷鋤歸。道狹草木長，夕露沾我衣。衣沾不足惜，但使願無違。』『人生歸有道，衣食固其端。孰是都不營，而以自求安。開春理常業，歲功聊可觀。晨出肆微勤，日入負米還。山中饒霜露，風氣亦先寒。田家豈不苦，弗獲詞此難。四體誠乃瘦，交無異患干。盥息茅檐下，牛酒散襟顔。遥遥沮溺心，千載乃相關。但願長如此，躬耕非所歎。』陶彭澤晚節躬耕，每以詩自解，意其中未能平也。流寓黄州二年，適值艱歲，往往乏食，無田可耕，蓋欲爲彭澤而不可得者。此二篇最善，偶親録之。

元豐四年八月十六日，軾。」「種豆南山下」一首，紹聖元年正月十六日又書，并跋，見該年紀事。

下旬，軾賦《水龍吟》抒懷。

詞見《全宋詞》第一册第三三〇頁。

詞首云「小溝東接長江，柳堤葦岸連雲際」。

《蘇軾文集》卷七十一《記游定惠院》云及「夤緣小溝」。此詞乃作於黄州。詞云「又經歲」，是作於到黄州一年餘之後。詞又云：「露寒風細。抱素琴，獨向銀蟾影裏，此懷難寄。」乃寫八月下旬景象。詞云「因念浮丘舊侶」，蓋懷念釋道諸友。

八月，轍入試院，有唱酬十一首。放榜後，毛維瞻招之，轍次韻。

《年表》：八月，有《試院唱酬十一首》。

轍詩皆見《欒城集》卷十一。其《放榜後次韻毛守見招》首云：「飽食安眠愧不材，疏簾翠帟幸相陪。」則轍入試院，當應維瞻之請。其《戲呈試官吕防》云「新秋」、云「霜」，點季候。其《次韻吕君見贈》中云：「老病低摧方伏櫪，壯心堅鋭正當年。莫嫌客舍一杯酒，試論灊山三祖禪。」自注：「吕前官舒州，問禪灊山。」「老病」句轍自謂，則吕防正當壯年。淮南西路舒州州西北有三祖山，山有三祖禪師塔，見《輿地紀勝》卷四十六。其《次前韻三首》其一首云：「老去在家同出家，《楞伽》四卷即生涯。」習佛已爲日常生活。

轍作詩送毛滂。滂乃維瞻子。

詩乃《欒城集》卷十一《送毛滂齋郎》。齋郎當爲滂小名。據詩，知滂孝親、喜騎射，善飲酒、作詩。詩云：「折腰奔走漸勞神。」又云：「花發陳吴二月春。」似滂乃往陳、吴之間，爲前途奔走。毛滂有《東堂集》（《永樂大典》本）傳世。其卷一《擬秋興賦》謂作於二十四歲時。而元豐六年初，滂以《擬秋興賦》寄軾。則轍作此詩時，滂不過二十二歲或略多。

九月九日，軾與太守徐大受（君猷）會於棲霞樓，賦《南鄉子》（霜降水痕收）以呈，並懷王鞏。陳師道後有和。答鞏書敘及重九之會。

《蘇軾文集》卷五十二《與王定國》第十二簡：「重九登棲霞樓，望君淒然，歌《千秋歲》，滿座識與不識，皆懷君。遂作一詞云：（略）」《蘇軾詩集》卷二十一《次韻和王鞏六首》其三：「賓州在何處，爲子上棲霞。」詞見《東坡樂府》卷上。

《東坡樂府》卷上《醉蓬萊》小序謂「余謫居黄州，三見重九，每歲與太守徐君猷會於棲霞樓」。作於元豐五年。而《南鄉子》序謂「重九，涵輝樓呈徐君猷」，則爲今年作。是棲霞樓、涵輝樓爲一地。

《輿地紀勝》卷四十九《淮南西路·黄州·景物下》：「棲霞樓。在儀門之外西南，軒豁爽塏，坐揖江山之勝，爲一郡奇絶，東坡所謂賦《鼓笛慢》者也。」參元豐五年正月十七日紀事。《後山集》卷二十四《南鄉子二首》（原注：九日用東坡韵）其一：「晴野下田收，照影寒江落雁洲。禪榻茶爐深閉閣，颼颼，横雨旁風不到頭。登覽却輕酬，剩作新詩報答秋。人意自闌花自好，休休，今日看時蝶也愁。」其二：「潮落去帆收，沙漲江回旋作洲。側帽獨行斜照裏，颼颼，卷地風前更掉頭。語妙後難酬，回雁峯南未得秋。唤取佳人聽舊曲，休休，瘴雨無花孰與愁？」其二下闋乃爲王鞏而發。

十五日，海印禪師紀公將赴峨眉，作偈送行。

偈見《蘇軾文集》卷二十二（六四五頁）。《外集》謂此偈作於元豐元年，誤。偈中有「道到東坡」之語，則爲經營東坡以後事。參以本年六月二十三日紀事，知爲本年事。

二十二日，書《集歸去來辭》六首。

據《金石萃編》卷一百二十八。此六首，乃《蘇軾詩集》卷四十三《歸去來集字十首》之前六首；參「合注」注文。

二十三日，張方平生日。軾以鐵拄杖爲壽，作詩。

詩見《蘇軾詩集》卷二十一（一〇八六頁），有「入懷冰雪生秋思」之句。方平生日，已見熙寧三年紀事。

《欒全集》卷二《蘇子瞻寄鐵藤杖》：「隨書初見一枝藤，入手方知鍛鍊精。遠寄只緣憐我老，間攜常似共君行。静軒獨倚身同瘦，小圃頻遊脚爲輕。何日歸舟上新洛，拄來河岸笑相迎。」時方平已致仕，見《長編》卷二百九十九元豐二年七月甲戌紀事。

九月，堂兄不欺(子正)卒。

《佚文彙編》卷四《與子明》第九簡：「大哥奄逝，忽已一年。」作於元豐五年九月一日。

九月，筠州燕貢士，轍作詩。

詩見《欒城集》卷十一，云「秋晚」，爲九月。詩首云：「泮水生芹藻，干旄在浚城。」燕貢士，乃燕是科得解者。浚城謂京師汴京，明年應禮部試。

同月，轍印施《楞嚴標指要義》十卷贈機長老。其書蓋僧惟盛所刻。轍亦嘗以贈毛維瞻(國鎮)。

《平園續稿》卷十一《跋蘇黄門在筠州施楞嚴標指》：「蘇文定公以元豐二年己未，乞納官贖兄文忠公罪，旋自南京簽判謫監筠州鹽酒税。明年至官。又明年四月，僧惟盛刻《楞嚴標指要義》十卷成。公時年四十三，史夫人四十一。其九月，印施十本贈機長老，卷末親題名氏。嘉泰甲子，筠幕玉牒彦璋、南夫得之，求志歲月。(下略)」

《欒城集》卷十一《毛國鎮生日二絶》其二：「聞公歸橐尚空虚，近送《楞嚴》十卷書。」作於本年冬。參以下「毛國鎮生日送《楞嚴》十卷」條。

《輿地紀勝》卷二十七《江南西路·瑞州·景物下·净覺院》：「在新昌縣西北百十里廣賢鄉五峰山。……舊有蘇文定公夫人史氏印施《楞嚴經標指要義》十卷。每卷末有文定親書『佛弟子史氏印施』。周益公跋記，後并刻於石。」周益公即《平園續稿》撰者周必大。

同月，筠州聖祖殿修成。轍作記。

《年表》：九月，有《聖祖院記》。

記見《欒城集》卷二十三。聖祖謂后稷與老子。記云：「元豐三年二月，臣維瞻受命作守，始至伏謁，愓然不寧。既視事，遂以言於朝，度其宫之東得隙土，南北十有二筵，東西九筵，伐木於九峰、逍遥之山。四年八月始庀工，九月而告成。」所以不寧者，以此前六十九年未嘗修葺也。所云宫乃祠宫。

潘原(昌宗)失解，軾作詩慰之。

詩乃《蘇軾詩集》卷二十一《與潘三失解後飲酒》。失解乃秋季事。

米黻(元章)來訪。蘇軾作畫贈黻。

《蘇軾文集》卷五十八與黻第一簡：「復思東坡相從之適，何可復得。」

《獨醒雜志》卷五叙黻言：「元豐中，至金陵識王介甫，過黄州識蘇子瞻，皆不執弟子禮，特敬前輩而已。」《米海岳年譜》元豐七年紀事：「按温革叔皮跋米帖云：米元章元豐中謁東坡於黄岡，承其餘論，始專學晉人，其書大進。」同上書謂元豐二年、三年黻官湖南長沙，本年有題廬山東林碑，云「十月十六日，楚國米黻」。知黻離長沙爲本年，其過黄爲秋季。《總案》謂黻來黄爲元豐五年，失之。

《畫史》：「蘇軾子瞻作墨竹，從地一直起到頂。余問：『何不逐節分？』曰：『竹生時，何嘗逐節生！』運思清拔，出於文同與可。自謂與文拈一瓣香，以墨深爲面，淡爲背，自與可始也。作成林竹甚精。子瞻作枯木，枝幹虬屈無端，石皴硬，亦怪怪奇奇無端，如其胸中盤鬱也。吾自湖南從事過黄州，初見公，酒酣，曰：『君貼此紙壁上。』觀音紙也。即起作兩枝竹，一枯木，一怪石，見與。後晉卿借去不還。」晉卿，王詵字。

《文物》一九六五年第八期夏玉琛《記蘇軾枯木竹石文同墨竹合卷》謂上海博物館藏有蘇軾《枯木竹石圖》、文同《墨竹圖》真迹，並謂軾「並非只是不求形似」。玆附此。《畫史》：「蘇軾子瞻，家收吴道子畫佛及侍者誌公十餘人，破碎甚，而當面一手，精彩動人，點不加墨，口淺深暈成，故最如活。」此畫得於鮮于侁，見熙寧十年「至鄆州」條紀事。米黻見此畫，或在黄州相見時。

秋，馬默（處厚）過黄赴廣南西路轉運使任，軾作簡與賓州王鞏（定國），請默順道致之。

《蘇軾文集》卷五十二與鞏第十簡：「馬朝請過此，議論脱然，必知所以待定國者。」第十一簡：「馬公過此嘉便，無好物寄去，收拾得茶少許，謾充信而已。」第十二簡：「馬處厚行，曾奉書，必便達。」《總案》謂以上三簡作於元豐三年，誤。第十二簡明言鞏「久居蠻夷中，不鬱鬱足矣」，可證。《文集》此卷與鞏簡自第一至十八皆編年，其第八簡已及元豐三年九月堂兄不欺之逝。

處厚乃默之字。默，《宋史》卷三百四十四有傳。默，單州武成人。考默之傳，默過黄乃爲赴廣南西路轉運使任。賓州屬廣南西路，在默之治下。蘇軾故以「必知所以待定國者」爲言。第十簡云及「入秋以來，翛然清遠」，是默之過黄爲秋季八九月間事。

《總案》謂默乃往知賓州者，誤。蓋由未細考《宋史》。

《清江三孔集》卷二十三孔平仲《送馬朝請使廣西》：「海水揚波今合清，秋風千里使華行。言皆有道非徒發，事若無心更不生。談笑從容懷遠俗，琴書瀟灑寄高情。佇聞静勝諸蠻服，何必樓船十萬兵。」附此。

軾過陳慥（季常）寓齋，書營籍周韶落籍詩答村姬。慥旋返。

《壯陶閣書畫録》叙周韶落籍事後，尚有蘇軾自跋，跋云：「元豐四年秋日，過季常寓齋，留飲。

座中紅裙，蓋村姬也，向余問錢塘事，書此答之。軾。」慥旋返見十月二十二日紀事。

毛維瞻清居寺探菊，作詩，轍次韵。維瞻作詩見贈，又作《偶成》詩，轍亦次韵。

詩皆見《欒城集》卷十一。其《次韵毛君清居探菊》中云：「今日共君拚一醉。」知轍與維瞻同游清居寺。《輿地紀勝》卷二十七《江南西路·瑞州·景物下·小洞山》：「《新志》云：在州西北。有清居寺。欒城與太守毛維瞻於此探菊，有詩。」即此詩。

其《次韵毛君見贈》首云：「江國騷人不耐秋，夜吟清句曉相投。」贊維瞻爲騷人，其詩句爲清句。維瞻詩傳於世者，有元陳性定《仙都志》卷下詩一首，兹録此：「峭拔神仙宅，來尋烟水重。深應盤九地，高不讓群峰。瞻對奇勝畫，捫緣直豈容。幾時蓮葉下，終古鮮紋封。往事云難問，無言路有踪。橋山杳何處，侍從此攀龍。」

其《次韵毛君偶成》末云：「時聽淵明詠歸去，猶應爲我故遲淹。」淵明以擬維瞻。維瞻以轍故遲淹，足見情誼之深。

轍作詩送饒州周沃秀才免解。

詩見《欒城集》卷十一。云「驥老」，沃年事已高。云「束裝鄰里助」，知沃乃爲赴京師應明年禮部試。沃乃久試科場不得志之寒士。《長編》卷二百七十一熙寧八年十二月辛亥紀事有廣南西路轉運判官周沃，乃另一人。

轍頻與兄軾簡。時了却《詩傳》，又成《春秋集傳》。

《蘇軾文集》卷五十二《與王定國》第十簡：「子由在高安，不住得書。」簡作於本年之秋。同上第十一簡：「子由亦了却《詩傳》，又成《春秋集傳》。閑知之，爲一笑耳。」作於第十簡同時。按：此所成者乃初稿，以後尚不斷完善，見本譜以後叙事。同上書卷五十七《答吴子野》第二簡：「子由不住得書，無恙。」以下有「滕在安州，沈在延州」之語。滕謂甫(元發、達道)，沈謂括。今年滕在安州，沈在延州。

軾與王鞏(定國)簡，報轍平安。

簡乃《蘇軾文集》卷五十二與鞏第十二簡，作於本年。簡云「乍冷」，約作於十月。簡又云：「子由甚安。吾儕何嘗不禪，而今乃始疑子由之禪爲鬼爲佛，何耶？」軾、轍皆習禪，然有不同處，惜此處未能盡其詳。

孔平仲(毅父)江州官舍作小庵，轍題詩寄之。平仲次韵。軾嘗求平仲寄信籠與轍。

《欒城集》卷十一《孔平仲著作江州官舍小庵》：「近山不作看山計，引水新成照水庵。」《清江三孔集》卷二十三《蘇子由寄題小庵用元韵和》：「官身粗應三錢府，吏隱聊開一草庵。擁砌幽篁如月映，覆檐喬木與天參。畏人自比藏頭雉，老世今同作蛹蠶。豈獨忘言兼閉息，舌津晨漱不勝甘。」

同上《子瞻子由各有寄題小庵詩却用元韵和呈》：「二公俊軌皆千里，兩首新詩寄一庵。大隱市朝希柱史，好奇兄弟有岑參。霜天凍坐癡於雀，雨夕春眠困若蠶。不是本來忘世味，便投閑寂亦難甘。」軾詩見《蘇軾詩集》卷二十一，題作《次韵子由寄題孔平仲草庵》。

《蘇軾文集》卷五十七與平仲第二簡：「子由信籠敢煩求便附與。内有繫婿一帶，乞指揮去人，勿令置潤濕處也。」

參元豐五年「孔平仲監江州錢監作草庵軾次轍韻寄題」條。

冬初，秦觀致簡。蘇軾嘗有簡勸觀應秋試，觀從軾言，得解。

《淮海集》卷三十《與蘇公先生簡》第四簡：「某頓首再拜。去冬伏奉所賜教，旋又李獻甫過此，甚得興居之詳，欣慰何可勝言。尋欲上狀，而區區之情欲布於左右者，一日復一日，人事無間斷，而自春已來，尤復擾擾。家叔自會稽得替，便道取疾入京改官，令某侍大父還高郵，又安厝亡嬸靈柩在揚州，且買地趁今冬舉葬。入夏，又爲諸弟輩學時文應舉，而家叔至今，雖已改官，尚滯京師未還。老幼夏間多疾病，更遇歲饑，聚族四十口，食不足終日，忽忽無聊賴，本欲作書詳道，至今不果，甚可笑也。想公當悉此意矣。即日初寒，伏惟尊候萬福。前得所賜書承用道家方士之言，自冬至後，屏去人事，室居四十九日乃出。又李濆傳到成都大慈寶藏記文，誦書讀記，想見公超然逸舉於形骸埃壒之外，雖欲從之，不可得也。辱誨諭，且令勉彊科舉。如某者，實無所有，豈敢求異於時，但長年頗慙爲兒女所嗤笑耳。得公書，重以親老之命，煩自摧折，不復如向來簡慢，盡取今人所謂時文者讀之，意謂亦不甚難。及試，就其體作數首，輒有見推可者，因以應書遂亦蒙見録，今復加工，如求應舉時矣。但恐南省所取又不同，儻只如此，恐十有一二可得也。前寄呈亂道，繼亦作得十數篇，未敢附上。子駿以公言，顧遇甚厚，嘗令作揚州集序并辯才法師見囑作龍井記，言師囑作雪齋記。二記皆黄魯直所書，已刻成，尚未寄到，今且録草去，因便却乞并此書轉則高安先生處，幸甚！幸甚！子駿以保任不當，當罷去，莘老復固辭不來，亦是無聊一事也。莘老云：有兩書托公擇寄去，不知曾有書去否。渠云非求答，但欲知達否爾。昨過此不多日，然相聚甚款，未嘗無一日不數十次，及公昆仲也。雖不求揚州爲公作黄樓主人，亦是吾黨中一段佳事。某來歲東歸時，庶幾到徐見之也。黄魯直去年過此，出所爲文，尤非昔時所見，其爲人亦稱是，真所謂豪傑間出之士也。但恨去速，不得與之從容。參寥在阿育王山璉老處極得所，比亦有書來。昨云已斷吟詩，聞説後來已復破戒矣。某數日間便西行，未緣侍坐，伏乞與時自重，下慰瞻依，不宣，某再拜。」書中云及初寒，當作於冬初。時孫覺（莘老）知徐，見《宋史》卷三百四十四《孫覺傳》。簡中所云子駿乃鮮于侁。

高安先生謂蘇轍。

十月二十日，軾書遊垂虹亭。

文見《蘇軾文集》卷七十一（二二五四頁），感歎張先、劉述、陳舜俞「皆爲異物」。

二十一日，軾撰《飲酒説》。

文見《蘇軾文集》卷七十三。

二十二日，軾訪王齊愈於江南車湖，得陳慥書報，种諤勝夏，作詩祝捷。

詩乃《蘇軾詩集》卷二十一《聞捷》，詩序叙訪齊愈。詩云：「聞説官軍取乞誾，將軍旂鼓捷如神。」緊次此詩，爲《聞洮西捷報》，云：「放臣不見天顔喜，但驚草木回春容。」

十一月丁酉（十五日），神宗對輔臣於天章閣，議行官制除目。神宗欲除蘇軾爲著作郎。既而中輟。

《長編》卷三百十九元豐四年十一月丁酉紀事：「對輔臣於天章閣，議行官制，既而中輟。」《聞見近録》：「六侄震嘗謂余曰：神宗一日召執政詣天章閣，而吴雍與震預召，時爲中書檢正官也。及對，乃議官制除目。……至禮部郎中，則曰：『此南宫舍人，非他曹可比，可除劉摯。』至著作郎，則曰：『此非蘇軾不可。』少選，上默然久之，曰：『得之矣，太常少卿可除范純仁。』既畢，即曰：『朕與高遵裕期，某日當下靈武，候其告捷，當大慶賚，至是官制可行，除目可下。』仍戒曰：『外人有知者，不過卿等數人泄耳。』又命執政戒雍、震。其後靈武失律，官制隔歲乃下，比之初議，十改五六矣。」《長編》卷三百二十五元豐五年四月壬子朔有户部檢正官吴雍、王震言事記載，同月甲戌，有「朝奉郎、檢正中書户部公事吴雍，守左司郎中、通直郎、館閣校勘、檢正中書禮房公事王震試右司員外郎」之記載。參元祐元年三月十七日紀事。

二十二日，軾題陳吏部詩後，應陳師仲請也。師仲爲蘇軾編述《超然》、《黄樓》二集，軾報書爲謝；論編詩應以時間爲先後。

題陳吏部詩後，見《蘇軾文集》卷六十八（二一三三頁）；吏部名亞，師仲之祖父。亞一名洎，見《雞肋集》卷三十三《書陳洎事後》，嘗平冤獄。

《蘇軾文集》卷四十九《答陳師仲主簿書》云：「先吏部詩，幸得一觀，輒題數字，繼諸公之末。」時師仲爲錢唐主簿。又云：「見爲編述《超然》、《黄樓》二集，爲賜尤重。」又云：「足下所至，詩但不擇古律，以日月次之，異日觀之，便是行記。」

《超然集》當爲蘇軾密州詩文結集，《黄樓集》當爲徐州詩文結集。《外集》卷首列有此二集。

杭州故人信至黄州，問候蘇軾，軾作詩。

軾詩見《蘇軾詩集》卷二十一（一〇九〇頁）。

詩叙杭州故人送來「輕圓白曬荔，脆釅紅螺醬」及西菴茶。詩云：「故人情義重，説我必西向」，令人感動。西向者，黄州在杭州之西也。此可求之古人，今殆不能矣。次云：「一年兩僕夫，千里問無恙。相期結書社，未怕供詩帳。」詩帳者，蘇軾以詩得罪時，有司取杭州境内所留詩數百首也。道義之交，金石不渝，是之謂也。

惜此友不詳其名氏。

蘇軾作《四時詞》。

詩見《蘇軾詩集》卷二十一。

其一寫春。首云「春雲陰陰雪欲落，東風和冷驚簾幙」，乃初春。次云「漸看遠水緑生漪，未放小桃紅入萼」，似爲簾幙中人所見之景象。然簾幙中無由見之，不過作者以所見代之耳。第五句點出簾幙中佳人。此「佳人瘦盡雪膚肌」，緣由在於「愁」。第七句云「深院無人剪刀響」。無人何以有剪刀響？并非無人，而乃使人覺得無人，寂静之至也。蘇軾此句之妙即在此。此四詩乃寫春、夏、秋、冬四時閨中佳人生活，前三者共同點一爲愁，一爲寂。其二云「高樓睡起翠眉嚬」。其所以「嚬」，乃以有愁。又云「玉腕半揎雲碧袖，樓前知有斷腸人」。既有愁，又有寂，且點出愁、寂之因由。其三云「新愁舊恨眉生緑」，點愁。又云「抱琴轉軸無人見，門外空聞裂帛聲」，寂。其四云「霜葉蕭蕭鳴屋角，黄昏斗覺羅衾薄」，乃初冬，寂。云「起來呵手畫雙鴉，醉臉輕勻襯眼霞」，此佳人乃妙齡，尚不知愁。此四詩乃蘇軾閑寂無聊賴時之作，其生活基礎實在杭而非黄。

姪安節自蜀來。旋去，軾賦詩送之。

《蘇軾文集》卷六十九《跋所書摩利支經後》：「姪安節於元豐庚申六月大水中，舟行下峽。……明年十二月至黄州。」《蘇軾文集》卷七十一《記與安節飲》叙及冬至日與安節飲，樂甚。則安節至黄當爲十一月事。安節留黄時，嘗與之夜坐，賦詩。詩注謂安節乃不疑之子。安節將去，賦詩十四首送之，並應安節之請，書《摩利支經》使持歸蜀。

《文集》卷六十八《題子明詩後》叙姪安節自蜀來，并云：「吾兄子明，舊能飲酒，至二十蕉葉，乃稍醉。與之同游者，眉之蟇頤山觀侯老道士，歌謳而飲。方是時，其豪氣逸韻，豈知天地之大，秋毫之小耶！」該文末所附黄庭堅跋謂道士乃軾之從叔慎言。慎言於蘇軾爲叔伯輩，亦見《嘉祐集》卷十三《蘇氏族譜》。軾之高祖祐六子，曾祖杲次四，六爲德，德有子子勳，子勳有子慎言。文中云及不疑(子明)時以刑名政事著聞於蜀。

《蘇軾詩集》卷二十一《侄安節遠來夜坐三首》其一云「嗟予潦倒無歸日」，感傷、凄苦。其二云「永夜思家在何處」，有家歸不得。

同上《冬至日贈安節》首云：「我生幾冬至，少小如昨日。當時事父兄，上壽拜脱膝。」又云：「憶汝總角時，啼哭爲梨栗。」年事漸高，對親人喜叙舊情。

同上詩題之伯父送先人下第歸蜀詩云：「『人稀野店休安枕，路入靈關穩跨驢。』安節將去，爲誦此句，因以爲韻，作小詩十四首送之。」其二云：「瘦骨寒將斷，衰髯摘更稀。未甘爲死別，猶恐得生歸。」意氣並未全衰。

轍次軾送安節詩韻。

轍詩見《欒城集》卷十一。題作《次韻子瞻與姪安節夜坐三首》。其二頗能代表此一時期思想。首云：「少年高論苦崢嶸，老學寒蟬不復聲。」少喜言時事，今不復言。以下云：「目斷家山空記路，手披禪册漸忘情。」有家不得歸，乃入於禪。以下云：「功名久已知前錯，婚嫁猶須畢此生。」知錯而不能辭官不做，蓋了婚嫁無錢不能辦。末云：「家世讀書難便廢，漫留案上鐵燈檠。」讀書人本分。軾詩作於十一月，轍詩約作於十二月。

蘇軾雪後到乾明寺，遂宿，作詩。

詩見《蘇軾詩集》卷二十一。

詩首云「門外山光馬亦驚」，以有雪。三、四句「風花誤入長春苑，雲月長臨不夜城」寫路途中景象。以雪壓樹幹、樹枝、房舍，形成各種奇特景觀，故謂誤入長春苑。以雪覆蓋大地，大地一片白色，猶如月光照映，故謂長臨不夜城。此二句乃蘇軾寫景妙句，有新意。

十二月二日，雨後微雪，徐大受攜酒見過，軾座上賦《浣溪沙》三首。

此三首爲「覆塊青青麥未蘇」、「醉夢昏昏曉未蘇」、「雪裏餐氊例姓蘇」，見《東坡樂府》卷下。

第一首有「臨皋烟景世間無」之句，是會於臨皋亭。

三日，酒醒，雪大作，軾又次原韵，賦《浣溪沙》二首。

此二首爲「半夜銀山上積蘇」、「萬頃波濤不記蘇」，見《東坡樂府》卷下。《紀年録》繫本月二日及本日事於本年，傅幹《注坡詞》則謂爲元豐五年事。今考《詩集》卷二十一有《次韻陳四雪中賞梅》、《記夢回文二首》之叙有「十二月二十五日大雪始晴」之語。皆爲本年。今從《紀年録》。庫本《清江三孔集》卷二十有孔平仲《元豐四年十二月大雪》、《十二月二十五日大雪》詩。

李常（公擇）按部。軾應常之約，赴岐亭陳慥家相會。次韻前所作《岐亭》詩并和陳慥《雪中賞梅》韵。旋回。

《蘇軾文集》卷五十三與慥第一簡云「今日見馬鋪報，公擇二十一日入光州界，計今已在光。輒於太守處借人持書約會於岐亭，某決用初一日早離州，初二日晚必造門」。此「二十一日」，謂十一月，「初一」、「初二」則謂本月（十二月）。光州屬淮南西路。卷五十七《與幾宣義》云「向者以公擇在舒，時蒙相過」。所云「時」，包括上年相會。據此，是相晤也。

《蘇軾詩集》卷二十三《岐亭五首》其三云「三年三過君」，蓋指元豐三年正月、本年正月及此次。卷二十一《次韵陳四雪中賞梅》：「臘酒詩催熟，寒梅雪鬭新。」晤常在十二月。慥行四，故以陳四相稱。

滕元發（達道）來簡，蘇軾答之。

軾答簡乃《蘇軾文集》卷六十一《與滕達道》第十四簡。簡云：「專使，辱示手書。」自安州來。又云：「旬日來親客數人相過，又李公擇在此，不免往還紛紛。」知簡作於歲末。親客來者有姪安節。

大雪中，軾贈徐大受牛尾貍，有詩；懷朱壽昌，寄《江城子》，以窮苦無告者爲憂。

詩見《蘇軾詩集》卷二十一（一〇九一頁）。《欒城集》卷十《筠州二詠》，一爲牛尾貍。此牛尾貍當即弟轍所贈而轉贈大受者。詞見《東坡樂府》卷下，首句乃「黄昏猶是纖纖雨」。《蘇軾文集》卷七十一《書雪》念及「舍外無薪米者，亦爲之耿耿不寐」。

二十五日，大雪始晴。軾作夢回文詩。

詩見《蘇軾詩集》卷二十一（一一〇二頁）。

軾與李常（公擇）簡送行。

《蘇軾文集》卷五十一與常第十四簡云「雪屢作，足慰勸耕之懷」，指常行部。又云「新歲不及奉觴，唯祝晚途遇合」，爲送行也。

雪中，洞山克文（雲庵）、黄蘖道全二禪師來訪，轍作詩。

詩見《欒城集》卷十一。中云：「雪中訪我二大士，試問此雪從何來。」談禪口吻。

毛維瞻（國鎮）生日，轍送《楞嚴》十卷，并作詩。維瞻將歸，作詩，轍次韻。

詩見《欒城集》卷十一。前者其一首云「生日元同小趙公」，謂抃；注所云叔平大趙參政，乃槩，事迹見《蘇軾文集》卷十八《趙康靖公神道碑》。其二云近送《楞嚴》。後者云「故事誰從問典彝」、「石泉未信可忘饑」，惜其去。

送楊騰山人，轍作詩。

詩見《欒城集》卷十一。山人以窮而學道。山人當來筠，勸轍學道，而轍答云：「一窮百不遂，此事終無緣。君看《抱朴子》，共推古神仙。無錢買丹砂，遺恨盈塵編。」憤激之語，言人所未言。

十二月，轍作《黄州師中庵記》。

事見《年表》。

記見《欒城集》卷二十四。記謂眉山人任伋，字師中，父洵之友。伋嘗通守黄州，既去而黄人思之不忘，乃爲師中庵。伋今年三月没於遂州，黄人乃祭伋於庵。

轍與兄軾簡，報平安。

《蘇軾文集》卷五十五《與楊元素》第七簡：「舍弟近得書，無恙。不知相去幾里，但遞中書須半月乃至也。」簡首云「筆涷」，知作於冬末。楊繪（元素）時知荆南。繪，綿竹人。《宋史》卷三百二十二有傳。

歲末，李昭玘致書蘇軾，欲從游於門下。時昭玘爲徐州教授。

《樂静集》卷十《上眉陽先生》：「月日，謹齋潔裁書馳獻於眉陽先生閣下。某爲兒童時，先生父子兄弟一旦出岷峨，四方士大夫稱誦其文，曰，有宋以來，未嘗見此文也。至采拾先生父子兄弟所著書，人人爲長編大軸，手自操札，較其所得多少，以相輕重。某是時，嘗得其本於親家，雖未能深達義趣，讀之反覆，不知所以不能廢。後數年，偶友人晁補之自新城侍親歸云：辱在先生門下，雖疾風苦雨，晨起夜半，有所請質，必待見先生而後去，先生亦與之優游講析，不記寢食，必意盡而後止。晁君氣豪邁，辨博俊敏，下筆輒數千言，紆餘卓犖，馳肆揫斂，文盡其妙。嘗曰：此文，蘇公謂某如此作；此文，某所作，蘇公以爲然者也。又數年，先生罷東武，還朝，晁君見先生於京師。既歸，昏夜叩門，開軒置燭，出先生新文十餘篇，促席吟誦。晁君健辭氣，每道先生言語，至險絶處，口吃如不快意。須臾風雨暴落，窗撼燭滅，倏忽之間，疑有神物。二人者獨把卷囁嚅，恍然不知心形之俱忘也。某與晁君少同學，而齒差長。自知議論智識遠不及，而彼獨聞道於賢。先生赬顔熱中，憤悱交作。不幸頻年已來，憂患摧鑠，身窮而志慼，坐則面墻，舉則礙屋，慨然思遊四方，趨走於賢士大夫之門，少起其衰惰湫底之氣。然而賤迹囚纍，觸事乖剌，猶區區收拾古人腐餘，綴爲文詞，出應有司，而輒玷一第，得官於徐。徐，先生舊治也，風迹未遠，門生故吏多出庠序，而半在官府，每相過者，論先生德義，誦先生文章，堂上琅琅，終日不絶。某獲代者，舒堯文也。堯文辱先生深知，把酒揮墨，登臨嘯歌，無日不相尋。言先生與人交，略去圭角，洞見肺腑，恐其不親己，人亦自忘其鄙吝，而不知所以化。一日，登黄樓，曰：『此蘇公燕集之地也。酒後喜爲文章，盡篋中留紙，如方盤大斛，瀉出珠貝，照爛磊落，鑠手奪目，衆人排捽，争先取之，惟恐其攫之不多也。是時，晚風落日，遠山逶迤，川流無波，白鳥上下。竊思昔年席上之樂，徘徊俯仰，欲去不能。』蓋中心眷焉者，不獨在夫山水一時之覽也。某與堯文仕宦同，而堯文辱先生之遊最久，物我未忘，每自慚恨。未幾，王子中秀才以書見，投出新文五篇，愛其器質深重，擺去俗習，不類科舉文字，乃知先生弟子由壻也。某竊不自度，扣以先生動止，則曰蘇公在齊安，掩關著書，俯仰一世，淡然自足，如巖居隱士之行，與世相遺，少無謫宦意。嗚呼，事不難，無以知君子，歲寒然後知松柏之後凋。古之聖賢，安居無事修身誠心者必期至於此而後信。今斯人也，某何得預聞焉。故某昔之所謂憤悱慚恨者，皆不留於心，而惟知感動慨歎，夜不卧寐，自謂終身所修何爲而及此也。某踪迹之賤，未嘗聞於執事之前，而出處違忤，不得一拜道德之貌，所幸傳先生之詳者，皆出於先生交從親舊之間，而得之尤多。然而問魯人以泰山，其言如是而高，如是而大，已載於目前矣。至於雲烟蔽虧，氣象明晦，日麗雨潔，春濃秋瘠，變化無窮，雖魯人有不能道者，要須屏心注目，躊躇終年而後能盡也。天聰不遠，人意相望，朝廷一旦以詔起先生，而位在公相，不肖方謀爲禄仕，南北未定，不知何時得造門下。區區所懷，輒爾陳叙。窮冬苦寒，惟乞爲道自重，不宣。」書云「窮冬苦寒」，已及歲末。

按：書中言及王適（子中）以書見，是作於適本年來徐之後。

房州通判許安世書言本州異人三朵花事，軾作詩。

詩見《蘇軾詩集》卷二十一（一一〇三頁），次本年歲末。

《輿地紀勝》卷八十六《京西南路·房州·仙釋》：「三花仙：元豐間，來自京師，嘗簪三花遊於市廛，頗能詩，有仙意。通守許安世以其詩話告於東坡，坡有詩序。郡守李侯在京師，與之相善，問扣以前事，則云至房中説之。及侯守房，三花曰：『記房中之言否？』既見李侯，七日而尸解，作詩云：『學道無成鬢已華，不勞千劫漫烝沙。歸來且看三宿覺，未暇遠尋三朵花。兩手欲遮瓶裏雀，四條深怕井中蛇。畫圖要識先生面，試問房陵好事家。』」

同上《景物下》：「三花祠：福溪巖寺有三花仙祠。三花仙者，元豐間，嘗簪三花遊於市。傅晞儉《三朵花》詩：『千年飽服長生藥，三朵長簪不老花。』」《詩集》引「查注」轉引《輿地紀勝》，錯誤頗多，查氏未見《輿地紀勝》原書也。

李廌（方叔）來，軾贊其才，勉以節。廌旋别去謀葬親，蘇軾作詩以勸風義者。

《宋史》卷四百四十四《李廌傳》：「謁蘇軾於黄州，贄文求知。軾謂其筆墨瀾翻，有飛沙走石之勢，拊其背曰：『子之才，萬人敵也，抗之以高節，莫之能禦矣。』廌再拜受教。而家素貧，三世未葬，一夕，撫枕流涕曰：『吾忠孝焉是學，而親未葬，何以學爲！』旦而别軾，將客游四方，以葳其事。軾解衣爲助，又作詩以勸風義者。」軾詩已佚。

《蘇軾文集》卷四十九答廌書，約作於元豐五年冬，有「别後」之語（參該年「冬寒答李廌書」條）。卷五十三答廌第一至第三簡，末云「别後」，本年秋試前作，見本年「與李廌多簡」條。廌來黄爲本年冬或明年冬前事，今繫於本年。

了元（佛印）來簡，軾答之。

《蘇軾文集》卷六十一與了元第四簡：「辱書累幅，勞問備至，感怍不已。臘雪應時，山中苦寒，法體清康。」今年臘雪多。以下叙馳仰之意。

孟震往安州，求滕元發（達道）爲其子作舉主。蘇軾致簡元發，求爲收録。

軾簡乃《蘇軾文集》卷五十一《與滕達道》第十九簡、第十六簡。

前者云：「因孟生行，少奉區區。」其行謂往安州也。孟生即謂孟震。

後者云：「本州倅孟承議震，老成佳士。有一子應武舉，未有舉主，輒納其家狀，幸許其進，特爲收録。」又謂「其子頗有學行」。

滕元發（達道）嘗求作《蕭相樓記》，軾回簡答他日作，并期仲殊來。

《蘇軾文集》卷五十一與元發第十五簡：「蕭相樓詩固見之，子由又説樓之雄傑，稱公之風烈。記文固願掛名，豈復以鄙拙爲解。但得罪以來，未嘗敢作文字。」以下云「當更俟年載間爲之」。蕭相樓在池州，參元豐三年「弟轍過池州」條紀事。簡首云「蜀僧遂獲大字以歸」，參本年以上「悟清歸」條，爲本年事。簡又云：「仲殊氣訣，必得其詳。許傳授，莫大之賜也。此道人久欲游廬山，不知有行期未？若蒙他一見過，又望外之喜也。」《輿地紀勝》卷七十七《荆湖北路·德安府·仙釋神異》：仲殊，安州人，與東坡爲莫逆交，有文曰《寶月集》。仲殊名揮，張姓，善詞。《全宋詞》、《全宋詞補輯》均收有仲殊詞。餘參元祐六年三月十九日紀事。

軾爲陳慥作《方山子傳》。慥父《陳希亮傳》，當作於是歲前後。

二傳俱見《蘇軾文集》卷十三。前者云「前十有九年余在岐下」。蘇軾與慥相識，始於嘉祐八年，今十九年。後者云「公没十有四年」而作。按：希亮卒於治平二年，越十四年爲元豐二年。傳當作於黄，或爲應慥請而作，傳中「十有四年」之「四」疑有誤。

後者又云官鳳翔時，屢與希亮争議，「至形於顔色，已而悔之」。《畫墁集》卷六《房州修城碑陰記》謂蘇軾作希亮傳，乃「補過之言」。

陸惟忠道士來，軾爲言陳太初得道事。

《蘇軾文集》卷十五《陸道士墓誌銘》：「道士陸惟忠，字子厚，眉山人。家世爲黄冠師。……始見余黄州。……其後十五年，復來見余惠州。」惟忠至惠，爲紹聖三年，逆數十五年，爲今年。

同上卷七十二《陳太初尸解》：「予謫居黄州，有眉山道士陸惟忠，自蜀來，云：『有得道者曰陳太初。』問其詳，則吾與同學者也。」

陸佃《陶山集》卷三《送陳初道録》：「巉巖瘦骨欲成全，雲鎖三茅洞府深。莫道桃花落水出，等閑應被各相尋。」詩題中之「陳初」乃「陳太初」，脱去「太」字。詩首句「巉巖瘦骨」，狀太初之貌，深得其神。云「三茅」，知太初練道三茅山。佃祖父陸軫習道，詳陸游《家世舊聞》。佃於道流有情，蓋有家庭影響。

軾中子迨（仲豫）常隨其父往來於樊口。

《斜川集》卷五《送仲豫兄赴官武昌叙》：「頃侍先君杖履，往來於樊口甚數。」此處所叙乃迨今年十二歲時事（過文作於政和元年）。

軾代滕元發作論西夏書，論用兵西夏，法當緩之。

書見《蘇軾文集》卷三十七（一〇五二頁）。《經進東坡文集事略》卷四十收此文，題下注云：「元豐四年，西夏有變，朝廷亟欲進兵，故公代甫上此狀。」甫，元發原名。

轍有《次韻馮弋同年》詩。

《欒城集》卷十一《次韻馮弋同年》：「細雨濛濛江霧昏，坐曹聊且免泥奔。賣鹽酤酒知同病，一笑何勞賦北門。」作於本年。

馮弋不詳仕歷，據轍詩，似亦爲州縣下僚。

弟轍代作答周郎中啓，約爲今年事。

《欒城集》卷五十《代子瞻答周郎中啓》：「伏承不察空疏，辱示書教，稱道過實，慚懼交至。某自少讀書，喜作文字。志氣方鋭，以多爲賢。流傳世俗，誤見推許。近歲以來，遭罹患難，舊學衰落，加以當世文士述作至多，每一開編，終日驚嘆。故自近日深自斂退，未嘗有所作文。方欲收拾舊書，而已傳布四方，不可復揜，豈謂賢達上復以此見稱。每讀來書，祇增愧汗。所示古今詩二卷，詞藻既瞻，格律又高，誦詠再三，浩不可測，辱賜之厚，未知所報。」據「近歲」云云，約作於今年。

軾戲作《寒熱偈》。其偈爲江夏李樂道持去。

偈見《蘇軾文集》卷二十二。偈云：「今歲大熱八十餘日。」參本年「毒熱解」條。

樂道善篆字。《文集》卷五十七《與徐得之》第六簡及之，嘗請樂道爲徐大受墓誌銘書篆。

軾記樊山。

文見《蘇軾文集》卷七十一(二二五四頁)。文考樊山命名由來及山中古迹。文有「十五年前過之」之語，謂治平三年扶父柩過此。至今年爲十五年。

軾與馬正卿(夢得)飲東禪，書孟東野「我亦不笑原憲貧」句以贈。

據《蘇軾文集》卷六十七《書孟東野詩》，今年作。正卿乃貧士，蓋以慰之。卷七十二有《馬夢得窮》。

軾畫竹。今存。

《壯陶閣書畫録》卷四《宋文與可蘇東坡墨竹合卷》：「蘇竹，絹本，高八寸五分，寬七寸五分，首題『元豐四年紀興，蘇軾』，下押子瞻氏，朱文方印，楷書，大六七分，凝重老蒼，力透紙背。作病竹一節，高四寸許，左出一枝，僅十餘葉，而風饕雪虐之狀可掬，亦黄州作。寥寥短幅，氣象萬千，真足頑廉立懦。」《文物》一九六五年第八期夏玉琛《記蘇軾枯木竹石文同墨竹合卷》謂此合卷今藏上海博物館。據夏文，知此合卷即《壯陶閣書畫録》所云之合卷。

任伯雨(德翁)子姪來，軾致簡伯雨。

《蘇軾文集》卷五十七與伯雨第一簡：「子姪來，領手教。」簡中云及「昆仲首捷」，當指本年秋試，作於今年。簡云「自蒲老行後」，此蒲老或爲宗孟。

伯雨，孜（遵聖）子。《宋史》卷三百四十五有傳。《蘇軾詩集》卷十五《京師哭任遵聖》：「平生惟一子，抱負珠在掌。見之齠齔中，已有食牛量。」謂伯雨也。知相識已久。

軾與知藤州趙昶（晦之）簡，叙在黄安土忘懷之意。

《蘇軾文集》卷五十七與昶第三簡：「某謫居既久，安土忘懷，一如本是黄州人，元不出仕而已。」又云：「藤既美風土，又少訴訟，優游卒歲，又復何求。」既羡之，又勉之。簡約作於今年。

楊繪（元素）編《本事曲子》。軾與繪簡，力贊之。繪時在荆南。

《蘇軾文集》卷五十五與繪第七簡：「所編《本事曲子》，足廣奇聞，以爲閑居之鼓吹也。然切謂宜更廣之，但囑知識間各記所聞，即所載日益廣矣。輒獻三事，更乞揀擇，傳到百四十許曲，不知傳得足否？」簡云「筆凍」，或作於本年，以今年雪大天寒也。第八簡云陳慥之兄忱（伯誠）「其人甚奇偉，得其一詞以助《本事》」；又云「近於城中葺一荒園」，知作於元豐五年。

按：《本事曲子》全名《時賢本事曲子集》，乃最早詞話。原本早佚。梁啓超有輯本，僅數則。

繪於熙寧十年五月甲子，以提舉在京諸司庫務、翰林學士、禮部郎中責授荆南節度副使、不簽書公事，見《長編》卷二百八十二。時尚在荆南。荆南治長沙。

李常(公擇)爲光州守曹九章(演父)子焕求婚於轍之女,軾爲作簡商之弟轍,轍應之。

《蘇軾文集》卷五十一與常第十三簡叙求婚事。《欒城集》卷二十六祭九章文:「逮伯遷黄,公在浮光。山聯川通,可跂而望。有饋豚羔,報之醪漿。始於朋友,求我婚姻。數歲之間,相與抱孫。」九章,已見熙寧十年「過符離」條。焕字子文,後爲轍第三女之婿。見《蘇潁濱年表》。完婚參元豐五年「曹焕自光州赴筠州」條。《欒城集》卷二十三有元豐六年五月所作《光州開元寺重修大殿記》,時九章爲光守。宋制,州守任二年。知九章知光,其上限爲本年。故繫求婚事於此。《范忠宣公集》卷四《寄和浮光曹九章大夫》贊九章爲政,卷四有和九章詩。《景蘇園帖》:「軾啓。衮衮職事,日不暇給,竟不獲款奉,愧負不可言。特辱訪别,惋悵不已。信宿起居佳勝。明日成行否?不克詣違,千萬保重!保重!新酒兩壺,輒拜上,不罪浼瀆。不一!不一!再拜主簿曹君親家閤下。八月廿九日。」此主簿曹君,爲九章兄弟輩。兹次於此。

軾與杜傳(孟堅)簡。

《蘇軾文集》卷五十八與傳第二簡:「今歲親知相過,人事紛紛,殊不如去年塊處閑寂也。」「親」云者,當指姪安節自蜀來。今繫此簡於本年。與傳第一、三兩簡亦作於黄。

蘇軾與滕元發（達道）簡，以國事爲念。

軾簡乃《蘇軾文集》卷五十一《與滕達道》第二十簡。

簡云：「黄當江路，過往不絶，語言之間，人情難測，不若稱病不見爲良計。二年不知出此，今始行之耳。」所見如此，有元發之教益。此簡作於本年。

簡又云：「西事得其詳乎？雖廢棄，未忘爲國家慮也。」西事當爲西夏事。此簡作於代元發論西夏書前。

蘇軾與范百嘉（子豐）簡。

簡乃《蘇軾文集》卷五十一《與范子豐》第六簡。

簡云：「似叔頗長成，每日作詩讀史，但蒙拙少訓督耳。」似叔乃過小名，時百嘉之女已許字之。據「長成」言之，此簡乃作於黄州，約在元豐四、五年間，今繫於本年。

簡云：「新珠想日長進。」新珠不知爲何人之女。簡又云：「納銀一笏，托用買圓熟珠子二千枚，少錢，告那出，便納上。婚嫁所須不可，奈何，甚非情願。」似買珠子即爲新珠之出嫁。

歲暮，蘇軾與滕元發（達道）簡。

簡乃《蘇軾文集》卷五十一《與滕達道》第二十七簡。

簡云「雪後苦寒」。元豐四年冬大雪。又云「歲復行盡」，點作簡季候。簡祝元發「别膺新祉」，爲新年祝福。

《與滕達道》第二十八簡首云「某再拜」，似與第二十七簡作於同時。第二十八簡云：「見戒不爲外境所奪，佩此至言，何時忘乎。」何謂「不爲外物所奪」？即第二十簡所言：「平生學道，專以待外物之變，非意之來，正須理遣耳。」易言之，乃堅持操守，排除干擾之謂。

毛維瞻上書求歸未報，轍作詩；維瞻作絶句，復作詩留别，轍次韵。

詩見《欒城集》卷十一。其《次韵毛君上書求歸未報》首云「白髮憂民帶減圍」，贊維瞻忠於職事。其《次韵毛君絶句》所云中池之士似爲修煉之士，蓋維瞻亦講修煉。其《次韵毛君留别》中云：「魚縱江潭真窟宅，鶴飛松嶺倍精神。」知求歸已得請。末云：「自號白云知有意，便從丹竈拂埃塵。」維瞻所居號白雲莊，《集》卷十二有《和毛國鎮白雲莊五詠》。丹竈云者，修煉也。

應毛維瞻之請，轍作趙抃詩石記。

記見《欒城集》卷二十四，云：「高安太守朝請大夫毛公，與資政殿大學士太子少保趙公，里人也。……元豐三年，大夫來守高安，簿書期會非其意也，間與客語，有歸歟之嘆，曰：『要當從公於松石之間，逍遥以忘吾老。』時又出公之詩以誇其坐人。公詩清新律切，筆迹勁麗，蕭然如其爲人。」末云「大夫將刻公詩於石」，知此記作於維瞻官筠時，然不詳其具體歲月，今繫此。

三蘇年譜卷三十二

元豐五年(一〇八二)壬戌　蘇軾四十七歲　蘇轍四十四歲

正月初二日，宜都令朱嗣先來，語及歐陽修爲夷陵令時事，軾爲書之，並書修所作《黄牛廟》詩。

據《蘇軾文集》卷六十八《書歐陽公黄牛廟詩後》：「黄牛廟詩，修作於爲令時。」

同日，軾與陳慥(季常)簡，約慥月末入城。

《佚文彙編》卷二與慥第二簡：「何日果可入城？昨日得公擇書，過上元乃行，計月末間到此。公亦於此時來，如何？如何？竊計上元起造尚未畢工，軾亦自不出，無緣奉陪夜遊也。」《蘇軾文集》卷五十三與慥第三簡：「近得公擇書云，四月中乃到此。」是李常(公擇)正月末未來也。「上元起造」當指作雪堂。

初三日，軾作文祭堂兄不欺(子正)。

祭文見《蘇軾文集》卷六十三(一九五九頁)。

十七日，軾夢前黄守閭丘孝直(公顯)，覺而作《水龍吟》(小舟横截春江)。

詞見《東坡樂府》卷上，蓋有懷孝直。《輿地紀勝》卷四十九謂孝終守黄「作棲霞樓，爲郡之勝絶」。守黄時間不詳。

閭丘孝直之「直」原作「終」，今從《注坡詞》。

《雪溪集》卷一詩題：「黄州棲霞樓，蘇翰林所賦『小舟横截春江』是也。曾竑父罷郡，畫爲圖，求詩。」詩首云：「銅雀不得鎖二喬，春江亦夢攜西子。此樓縹緲想風流，此恨纏綿在雲水。洞庭葉下愁湘君，不獨陽臺雲雨神。精神感通若相遇，夢境幻境皆成真。」附此。

二十日，軾與潘丙、郭遘出郭尋春，作詩。同日，觀子姑神於黄人汪若谷家，作《天篆記》，復作詩。

詩俱見《蘇軾詩集》卷二十一（一一〇五頁），前者乃和去年是日所作同至女王城詩。記見《蘇軾文集》卷十二，謂「余去歲作何氏録以記之」，謂《子姑神記》也。參元豐四年「正月初」條。以此知《天篆記》作於本年。汪若谷，不詳。

蘇軾與了元（佛印）簡。

簡乃《蘇軾文集》卷六十一《與佛印》第五簡。

簡云：「夢想高風，忽復披奉，欣慰可知。但累日煩擾爲愧耳。」知蘇軾與了元曾相晤。《與佛印》第四簡云：「一水之隔，無緣躬詣道場，少聞謦欬。」知了元往廬山、鄂州作佛事。蘇軾此第五簡約作於上年之末或本年之初，今繫本年之初。簡云：「重承人船相送，益用感作。」知蘇軾回時，了元盛情相送。

蘇軾於東坡浚井，作詩。

詩見《蘇軾詩集》卷二十一（一一〇六頁）。

同上卷《東坡八首》其二末云：「家僮燒枯草，走報暗井出。一飽未敢期，瓢飲已可必。」此所浚之井即在東坡。

詩云：「瓶罌下兩綆，蛙蚓飛百尺。腥風被泥滓，空響聞點滴。上除青青芹，下洗鑿鑿石。」浚井過程，得之親身參與。次云：「沾濡愧童僕，杯酒暖寒栗。」尊重勞動與勞動者，并深深贊美之。次云：「白水漸泓渟，青天落寒碧。」於是井浚成。

蘇軾賦《紅梅三首》。

詩見《蘇軾詩集》卷二十一。

其一首二句：「怕愁貪睡獨開遲，自恐冰容不入時。」自紅梅自身寫紅梅。其特點在「遲」。三、四句：「故作小紅桃杏色，尚餘孤瘦雪霜姿。」紅梅乃「小紅桃杏色」，而又保持「孤瘦雪霜姿」。既有梅之本質，而顏色略異於其他梅。加一「故作」、「尚餘」，活躍、跌宕。五、六句：「寒心未肯隨春態，酒暈無端上玉肌。」直寫紅梅之精神、性格，有意不隨俗。以上皆紅梅之風格。七、八句：「詩老不知梅格在，更看緑葉與青枝。」謂石延年（曼卿）《紅梅》詩「認桃無緑葉，辨杏有青枝」以此爲紅梅特色，失之。其二首云「雪裏開花却是遲，何如獨占上春時」，似與紅梅商討。其三首云「幽人自恨探春遲，不見檀心未吐時」，寫法又一變。「幽人」，作者自謂。前者自客觀寫，此則自自身寫。變化有致。

此三詩乃閑中破岑寂之作。

二月二十二日，與李嬰、吴亮、趙安節、王齊愈、潘丙等游武昌西山題名。載酒尋鄧潤甫（温伯、聖求）西山題詩，或爲此時事。

題名見《佚文彙編》卷六（二五八一頁）。

《蘇軾詩集》卷二十七《武昌西山》叙有云：「嘉祐中，翰林學士承旨鄧公聖求，爲武昌令。常游寒溪西山，山中人至今能言之。軾謫居黄岡，與武昌相望，亦常往來溪山間。」詩有云：「春江渌漲蒲萄醅，武昌官柳知誰栽。憶從樊口載春酒，步上西山尋野梅。西山一上十五里，風駕兩腋飛崔嵬。同游困卧九曲嶺，褰衣獨到吴王臺。中原北望在何許？但見落日低黄埃。歸來解劍亭前路，蒼崖半入雲濤堆。浪翁醉處今尚在，石臼抔飲無樽罍。爾來古意誰復嗣，公有妙語留山隈。」公，乃指潤甫。潤甫，建昌人，《宋史》卷三百四十三有傳。吴亮，見元豐六年「武昌主簿吴亮……」條紀事。趙安節，待考。

毛維瞻致仕還鄉，轍作詩送行。代維瞻者疑爲許長卿。

詩乃《欒城集》卷十一《送毛君致仕還鄉》。《年表》繫此詩於本年，題作《送毛君司封致仕還鄉》。末云：「嗟我好奇節，嘆公真丈夫。天高片帆遠，目斷清風徂。惟應東宮保，迎笑相攜扶。」東宮保謂趙抃，抃官太子少保。

維瞻年初去任以後，至元豐六年七月，始云及知筠州賈蕃，爲時一年半。疑賈蕃非代維瞻者。《龍川略志》卷四《許遵議法雖妄而能活人以得福》條，云及至齊「後十餘年，謫居筠州，筠守許長卿，遵之子也」。疑代維瞻者爲許長卿，而賈蕃又代許長卿。轍以熙寧六年至齊，於元豐七年離筠，亦可云「十餘年」。

景福順長老來訪，轍作詩贈之。

詩見《欒城集》卷十一，其引云：「轍幼侍先君，聞嘗游廬山過圓通，見訥禪師，留連久之。元豐五年以謫居高安，景福順公不遠百里惠然來訪，自言昔從訥於圓通，逮與先君游。歲月遷謝，今三十六年矣。二公皆吾里人，訥之化去已十一年，而順公年七十四，神完氣定，聰明了達，對之悵然。」《五燈會元》卷十八謂順長老居洪州上藍。《蘇軾詩集》卷二十三《圓通禪院，先君舊游也，院有蜀僧宣，逮事訥長老識先君云》詩題中及訥長老。

轍次韻孔平仲(毅父)著作見寄四首。

詩見《欒城集》卷十一。

《清江三孔集》卷二十《寄子由》:「晨興悲風鳴,霜霰集我屋。忽驚歲云晚,日月疾轉轂。穴蟲知天時,閉户各潛伏。而我亦勞止,擾擾尚馳逐。宵征戴星明,暮飯多見燭。灰塵凋鬚眉,銅臭蝕肌肉。念當投劾去,牽繫五斗粟。豈無數畝田,亦有千箇竹。平生羨爲農,水旱憂不足。空效鳥雀饑,唧啾如聚哭。内顧復遲回,行藏類羝觸。長卿著犢鼻,揚子投天禄。岷峨能生賢,獨不主爲福。如君乃栖栖,似我宜碌碌。連山積雪壯,霽色明群玉。對此想清標,凛然疑在目。安得兩翅長,高舉逐黄鵠。飛去墮君前,綢繆論心曲。」作於元豐四年歲末。

同上《再寄子由》:「溢城趨高安,相望若鄰屋。思君腸九回,終夕轉車轂。一從江上别,再見臘與伏。岧嶢阻躋攀,疲曳愧躡逐。此心敢忘德,炯炯如寸燭。念昔見教勤,綢繆均骨肉。及今無所成,長大惟食粟。讀君《黄樓賦》,溢耳感絲竹。蹈海始知深,秋水暫自足。斯文道中喪,弔古堪慟哭。勃興得公家,萬物困陵觸。聲名載不朽,豈羨卿相禄。琢琱窮乃工,未剥不爲復。嗟予空有心,資性本碌碌。佳篇屢寄酬,珍賜比金玉。隋珠照十乘,只報一魚目。反顧拙丹青,何由希畫鵠。黄華强再奏,取笑陽春曲。」作於元豐五年春。

孔平仲(毅甫、毅父)監江州錢監,作草庵,軾次轍韻寄題平仲。平仲嘗來黄相晤。

詩見《蘇軾詩集》卷二十一(一一〇八頁),次本年春。本卷尚有《次韵孔毅父久旱已而甚雨》。《欒城集》卷十一有《孔平仲著作江州官舍小庵》,作於元豐四年。同上尚有《次韵孔平仲著作見寄四首》,作於本年。其一云:「昔在京城南,成均對茅屋。」「歸來九江上,家有十畝竹。」轍兄弟與平仲交往已久。《山谷外集詩注》卷十有《次韵和答孔毅甫》、《再用舊韻寄孔毅甫》。前者有「溢浦鑪邊督數錢」之句,注文謂平仲時監江州錢監。庭堅時知太和縣,見《山谷全書》卷首《年譜》。詩次元豐四年。《山谷外集詩注》卷十《次韵和答孔毅甫》注引蘇軾簡:「數日前,孔毅甫見過,此人錢監得替,欲入京注擬,中路思家而還。」注又云平仲「元祐入館時監江州錢監」,則簡所云「思家而還」乃指返錢監任。平仲任江州錢監時間頗長。餘參本年九月八日、元豐六年三月二十五日紀事。

友人惠蘇軾雲巾、方舄,軾作詩謝之。

詩見《蘇軾詩集》卷二十一(一一一〇頁)。

詩其二末云:「擬學梁家名解脱,便於禪坐作跏趺。」梁武帝作解脱履,其詳不可得知;然顧名思義,其履當便於穿着。蘇軾欲得是履,有便於起居行動。履雖小道,亦可覘其性格。

軾作雪堂。李元直(通叔)篆寄「雪堂」字。攜酒勞四鄰。

《東坡樂府》卷下《江城子》引：「元豐壬戌之春，余躬耕於東坡，築雪堂居之。」堂凡五間，《佚文彙編》卷二《與陳季常》第二簡云：「竊計上元起造。」知雪堂之興工爲正月中旬事。

《蘇軾文集》卷十二《雪堂記》：「蘇子得廢圃於東坡之脅，築而垣之，作堂焉，號其正曰雪堂。堂以大雪中爲之，因繪雪於四壁之間，無容隙也。起居偃仰，環顧睥睨，無非雪者，蘇子居之，真得其所居者也。」同上卷五十三《與陳季常》第四簡：「柴炭已領，感怍！感怍！東坡昨日立木，殊耽耽也。」叙築雪堂也。

《王譜》引《雪堂記》「蘇子」至「無容隙」云云，謂雪堂之名「蓋起於此」。并謂：「先生自書『東坡雪堂』四字以榜之。試以《東坡圖》考雪堂之景，堂之前則有細柳，前有浚井，西有微泉，堂之下，則有大冶長老桃花茶、巢元脩菜、何氏叢橘，種秔稌，蒔棗栗，有松期爲可斲，種麥以爲奇事，作陂塘，植黄桑，皆足以供先生之歲用，而爲雪堂之勝景云耳。」又謂：「以《東坡圖》考之，自黄州門南至雪堂，四百三十步。」

《太倉稊米集》卷三十三《送孫求仁官黄岡》中云：「東坡營雪堂，始種坡前柳。至今有遺迹，過者爲回首。」

《清江三孔集》（庫本）卷八孔武仲《蘇子瞻雪堂》：「古縣東邊仄徑開，先生曾此剗蒿萊。鸞凰一去應不返，花柳當年皆自栽。畫壁蒼茫留水墨，朱欄剥落長莓苔。鄰翁笑我來何暮，檢點風烟興盡回。」此詩約作於紹聖間，參《宋史》卷三百四十四《孔武仲傳》。《蘇軾文集》卷五十一《與李公擇》第九簡：「某見在東坡，作陂種稻，勞苦之中，亦自有樂事。有屋五間，果菜十數畦，桑百餘本，身耕妻蠶，聊以卒歲也。」卷五十五《與楊元素》第八簡：「近於城中葺一荒園，手種菜果以自娱。」卷六十《與子安》第一簡：「近於城中得荒地十數畝，躬耕其中，作草屋數間，謂之東坡雪堂。種蔬接果，聊以忘老。」《蘇軾詩集》卷二十一《次韻孔毅父久旱已而甚雨》其二：「去年東坡拾瓦礫，自種黄桑三百尺。今年刈草蓋雪堂，日炙風吹面如墨。」又：「四鄰相率助舉杵，人人知我囊無錢。」雪堂之成，得力於四鄰。卷二十二《上巳日與二三子攜酒出游隨所見輒作數句明日集之爲詩故辭無倫次》：「東坡作塘今幾尺，攜酒一勞工農苦。」塘在雪堂下，見「王注」。《文集》卷五十七與李元直第四簡贊所寄篆字，「筆勢茂美，足爲郊藪之光」。《東坡赤壁藝文志》卷五引明郭鳳儀文，謂蘇軾於雪堂側，「手植梅一株，大紅千葉，一花三實，迄今嘉靖戊申，枯本猶存」。《東坡赤壁》同。

陳慥（季常）來，旋去。軾有詩。

《蘇軾詩集》卷二十一《陳季常見過》其一：「君來輒館我，未覺雞黍窄。」其二：「送君四十里，只使一帆風。江邊千樹柳，落我酒杯中。」慥第三次來。

沈遼自湘徙池途中來訪軾，小駐即去。

《雲巢編》卷四《贈别子瞻》：「平生稚游眉陽客，五年不見鬢已白。借田東坡在江北，芟夷蓬蒿自種麥。相逢不盡一樽酒，故態那復論歡戚。手抱阿武勸餘瀝，維摩老夫失定力。老夫寂寂出三湘，更欲卜居池水陽。薄田止須數十畝，田上更樹麻與桑。（下略）」《題子瞻雪堂即次前韻》：「眉陽先生齊安客，雪中作堂愛雪白。堂下佳蔬已數畦，堂東更種連坡麥。不能下帷學董相，何暇悲歌如甯戚。布裘藜杖自來往，山禽幽弄均春力。案上詩書羅縑緗，爐中燒藥笑王陽。晨炊且糴北倉粟，冬服已指山前桑。南岡差高多種橘，迤北漸下宜栽秧。北鄰亦有放達士，道路壺榼常相望。」《初泊磁湖》（原注：時子瞻在齊安）：「小駐武昌江北岸，春風今夜泊江南。」

沈遼，《宋史》卷三百三十一有傳。徙池，詳傳。過黄爲本年春。至池後，卜居齊山，詳本年以下「與沈遼簡」條。

毛滂自筠州來謁軾。

《蘇軾詩集》卷三十一《次韻毛滂法曹感雨》：「我頃在東坡，秋菊爲夕餐。永愧坡間人，布褐爲我完。雪堂初覆瓦，上簟無下莞。時時亦設客，每醉筒輒殫。一笑便傾倒，五年得輕安。公子豈我徒，衣鉢傳一簞。」叙此時事。滂來蓋雪堂初成時。滂乃維瞻子。《欒城集》卷十一有

《送毛滂齋郎》詩。維瞻時爲筠州守，與蘇轍倡酬甚密。《施譜》：滂「舊以詩文受知」蘇軾。

董鉞歸鄱陽途中來訪，蘇軾次鉞所作《滿江紅》韵。

《注坡詞·滿江紅》引楊繪《本事曲集》叙鉞自梓漕得罪歸鄱陽，過蘇軾於黄，以下云蘇軾「怪其豐暇自得。曰：『吾再娶柳氏，三日而去官，吾固不戚戚，而憂柳氏不能忘懷於進退也。已而欣然，同憂患如處富貴，吾是以益安焉。』乃令家童歌其所作《滿江紅》，東坡嗟嘆之不足，乃次其韻。」次韻首云「憂喜相尋，風雨過，一江春緑」，鉞之來，乃春時事。《長編》卷三百十四元豐四年七月甲辰紀事：梓州路轉運副使董鉞除名，以瀘州失利之故。知過黄州爲本年事。

同治《饒州府志》卷二十：董鉞，字毅夫，德興人，治平二年進士；遇事剛果，耿介不羣；自奉清約，家無儋石之儲，所積惟圖書滿篋而已。鉞之仕歷，《長編》有記載：熙寧九年七月戊寅，以夔州路轉運副使、太常丞特遷一官，以募人佃牧地之勞；八月辛卯，奏事。元豐元年正月甲子，詔成資日升一任，留再任。三年六月壬辰，詔往渝州應副瀘州事。七月戊辰，以屯田員外郎徙梓州路轉運副使。分别見卷二百七十七、二百八十七、三百五、三百六。

王天麟殿直來，言岳鄂間人不願多舉子事。軾乃與鄂守朱壽昌書，建議明立賞罰以變此風，并倡議捐資救助其貧甚不能舉子者。

《蘇軾文集》卷四十九《與朱鄂州書》：「昨日武昌寄居王殿直天麟見過，偶說一事，聞之酸辛，爲食不下。……天麟言：岳鄂間田野小人，例只養二男一女，過此輒殺之，尤諱養女，以故民間少女，多鰥夫。」書云及「春寒」，點明季節。《文集》卷五十九有《答君瑞殿直一首》，叙徐大受（君猷）事。此君瑞當即天麟。《文集》卷七十二《黄鄂之風》言及救助：使黄士古耕道歲出十千，爲黄人之富者倡，多買米布絹絮，使安國寺繼蓮書其出入，訪貧甚不能舉子者少遺之。又言「吾雖貧，亦當出十千」。

唐坰（林夫）贈丹石硯。軾銘之。

銘見《蘇軾文集》卷十九（五五一頁），作於春。

作《雪堂記》，軾答潘大臨（邠老）之問。大臨嘗從蘇軾學詩。

記見《蘇軾文集》卷十二（四一〇頁）。趙刻《志林》卷四有此文，題作「雪堂問潘邠老」。考其文，文中之所謂客，實以大臨爲原型，或即爲大臨。「問潘邠老」者，乃潘邠老問也。《豫章黄先生文集》卷二十《書倦殼軒詩後》：「潘邠老早得詩律於東坡，蓋天下奇才也。」《説郛》本《潘子真詩話》亦謂大臨「得句法於東坡」。《冷齋夜話》卷四《滿城風雨近重陽》條謂，大臨「工詩，多佳句，東坡、山谷尤喜之」，而「滿城」一句，則爲傳誦名句。大臨入江西詩派，劉克莊《江西詩派小序》則謂「其詩自云師老杜，然有空意無實力」。

《詩話總龜·前集》卷三十七引《王直方詩話》轉引潘大臨詩：「爲邦雖陋勿雌黄，我曾侍立蘇公旁。見公顔色不憔悴，不似賈誼來江湘。」此詩乃爲答張耒《齊安行》而作，張詩有「百年生死向中州，千金莫作齊安游」之句，大臨爲解嘲也。《詩集》卷二十二詩題：「潘邠老家造逡巡酒，余飲之。」

軾賦《臨江仙》（詩句端來磨我鈍）贈來訪道友。

詞見《東坡樂府》卷上。《東坡先生全集》卷七十四題作「贈友」。

詞有「昔年共采芸香」句。《注坡詞》：「謂同在書職也。魚豢《典略》曰：『芸香辟紙魚蠹，故藏書臺稱芸臺。』」

詞有「喬木擁千章」句。《史記·貨殖列傳》：「山居千章之材。」又曰：「木千章」；注：「章，材也。舊時作大匠掌材，曰章曹掾。」

《東坡詞編年箋證》謂觀詞中用「芸香」、「千章」典，必當年曾在書職之同僚有過黄訪坡者。又，詞中公自稱「雪堂坡下老」，當在雪堂建成之後。甚是。拙意尚不能定爲何人。按：《編年箋證》謂爲贈楊繪（元素）作。

《蘇軾詞編年校注》編此詞於元豐六年末。該書引劉崇德《蘇詞編年考》謂乃蘇軾贈滕達道作，以軾與達道爲書職（館職）同僚於治平間。尚待深入考證。

張志烈《蘇詞三首繫年辨》謂爲元豐六年寄轍作。以詞有「春草滿池塘」句，用《南史·謝惠連傳》謝靈運懷惠連故事。特志此。

軾復李昭玘書，以先得黄庭堅、晁補之、秦觀、張耒爲樂，亦以昭玘欲從游爲樂，勉昭玘有所至。

書見《蘇軾文集》卷四十九（一四三九頁）。云「春和」，點明季節；首次並提黄、晁、秦、張四人。

《欒静集》卷十《上蘇黄門》云得蘇轍《筠州東軒記》，又得《棲賢法堂記》，又未幾得蘇軾此書。《筠州東軒記》即《東軒記》，元豐三年十二月作，見《欒城集》卷二十四；《棲賢法堂記》即《欒城集》卷二十三《廬山棲賢堂新修僧堂記》，元豐四年五月作。軾書當作於本年春。

《蘇門六君子文粹》卷首《六君子雜記》引雲龕李氏序略轉引蘇軾此書謂：「書歷道黄、張、晁、秦諸公，且曰：『此數子者，挾其有餘之姿，而騖無涯之知，必極其所如往而後已，則此安所歸宿哉！惟明者念有以反之。』其意蓋以彼爲不然而勉其有所至也。」

參本年以下「李昭玘來書願請教轍門下」條。

三月三日，與客飲酒，軾書陶潛《飲酒》詩後。

文見《蘇軾文集》卷六十七（二〇九一頁）。

寒食，雨，軾作詩。

詩見《蘇軾詩集》卷二十一（一一一二頁），云「自我來黄州，已過三寒食」。《山谷全書·别集》卷七《跋東坡書寒食詩》：「東坡此詩似李太白，猶恐太白有未到處。此書兼顔魯公、楊少師、李西臺筆意，誠使東坡復爲之，未必及此。他日東坡或見此書，應笑我於無佛處稱尊也。」

寒食詩墨迹，今傳。

清明，徐大受（君猷）分新火，軾有詩。

詩見《蘇軾詩集》卷二十一（一一一三頁）。是歲清明爲三月初五日。

七日，軾往沙湖相田，道中遇雨，作《定風波》，至沙湖，在黄氏家，得澤州吕道人沉泥硯。

《蘇軾文集》卷六十八《書清泉寺詞》：「黄州東南三十里，爲沙湖，亦曰螺師店。余將買田其間，因往相田。」黄岡縣有沙湖鎮。詞見《東坡樂府》卷上，云「料峭春風吹酒醒」。得硯據《文集》卷七十《書吕道人硯》。

得臂疾，軾往麻橋龐安時（安常）家治療，留數日，愈。安時嘗求書字，書之，安時贈李廷珪墨。

《蘇軾文集》卷五十三《與陳季常》第三簡叙往安時家治臂疾。卷七十三《單龐二醫》：「元豐五年三月，予偶患左手腫，安常一鍼而愈。」卷七十《書龐安時見遺廷珪墨》叙書字、贈墨事。安時爲蘄水人，麻橋當屬蘄水。

赴蘄水。軾山行夜飲，中夜起行，醉卧小橋畔，題《西江月》於橋柱上。

《東坡樂府》卷上《西江月》自序：「頃在黄州，春夜行蘄水中，過酒家，飲酒醉，乘月至一溪橋上，解鞍，曲肱醉卧少休。及覺已曉，亂山攢擁，流水鏗然，疑非塵世也，書此語橋柱上。」《外集》本此詞序云：「山行夜飲野人家，中夜起行，醉卧小橋畔，覺衆山横擁，流水鏗然，疑非塵世，遂題一闋於柱上，名《西江月》。」前者爲追憶，後者爲當時所書。詞有「解鞍攲枕緑楊橋」之句，《東坡赤壁》云緑楊橋在今浠水縣城東。

軾至蘄水。徐禧（德占）來訪。與龐安時遊清泉寺，賦《浣溪沙》。欲訪吴瑛（德仁），未果。回黄州。

《蘇軾詩集》卷二十一《弔徐德占》序：「余初不識德占，但聞其初爲吕惠卿所薦，以處士用。元豐五年三月，偶以事至蘄水。德占聞余在傳舍，惠然見訪，與之語，有過人者。」禧詳本年十月紀事。

《蘇軾文集》卷六十八《書清泉寺詞》謂「寺在蘄水郭門外二里許，有王逸少洗筆泉，水極甘，下臨蘭溪，溪水西流」，乃賦詞；並謂「是日極飲而歸」。蘄水屬蘄州，有蘭溪水。詞見《東坡樂府》卷下，云「誰道人生無再少，門前流水尚能西，休將白髮唱黄雞」，自積極一面看待人生，欲與安時共勉共勵。《詩集》卷二十五《寄吴德仁兼簡陳季常》中云：「我遊蘭溪訪清泉，已辦布襪青行纏。稽山不是無賀老，我自興盡回酒船。」寫此時事，二人原不相識。瑛，蘄春人。《宋史》卷四百二十六有傳，《柯山集》卷四十九有墓銘。時致仕家居，人愛其樂易而敬其高。光緒《蘄水縣志》卷二《古迹》：「城南有石麓，横抵河流，上有『激湍』二字，舊志云：東坡所鐫。」又：蘭溪南岸有龍潭，潭側石壁立，鼓之聲輒應，名打鼓石，「相傳東坡泛月於此，鐫『擊空明』三字於石」。又：有疊翠亭，蘇軾所名，今廢，舊志謂溪南文昌閣，乃亭舊址。《清江三孔集》卷二十孔平仲《送徐德占》：「魚蝦争後先，波浪拂西北。今朝卧龍起，且與收風色。」收風色，謂諸葛亮（卧龍）定大局。以此相喻，足見其人之不凡。

蘇軾作《南歌子》（日出西山雨、雨暗初疑夜、帶酒衝山雨）。

詞見《東坡樂府》卷下，其次第爲「雨暗初疑夜」、「日出西山雨」、「帶酒衝山雨」。今從《蘇軾詞編年校注》。

「日出西山雨」，《東坡樂府》原題「送行甫赴餘姚」。蘇軾所作送劉撝（行甫）赴餘姚詞，已見元豐二年五月十三日紀事。此詞有「亂山深處過清明」之句，知作於三月間。《蘇軾詞編年校注》次此詞於元豐五年三月，今亦從。

「雨暗初疑夜」、「帶酒衝山雨」，與「日出西山雨」之韻同，作於同時。

軾與林敏功(子仁)、林敏修(子敬)有交往。

《聲畫集》卷六林敏功《子瞻畫扇》：「夫子江湖客，毫端托渺茫。攢峰埋暮雨，古樹困天霜。偪側餘僧舍，溟濛失雁行。死生隨化盡，此意獨難忘。」

《全宋詞》第一册第二八八頁有蘇軾《鷓鴣天》，調下原注：「東坡謫黄州時作此詞，真本藏林子敬家。」此詞，或爲蘇軾贈敏修者。

敏功，蘄春人，嘗以《春秋》預鄉薦，不第。元符末詔徵不赴，賜號高隱處士。有詩文百二十卷，兵火後不存。《直齋書録解題》著録敏功《高隱集》七卷，《宋史·藝文志》著録《林敏功集》十卷。弟敏修有《無思集》四卷，《輿地紀勝》卷四十七有傳。《集注分類東坡詩》姓氏中有敏功兄弟及林子來。《直齋書録解題》謂敏修字子來，與《集注分類東坡詩》不同，今從後者。蘇軾與敏功兄弟交往時間不詳，今因至蘄水，附其事於此。

秦觀落第。

據《淮海先生年譜》，《年譜》並云：「如黄州，候蘇公於館舍。」又云「元豐七年，蘇公游廬山，跋先生所與辯才題名」，秦觀、元浄(辯才)題名爲本年所題。

《蘇軾文集》卷七十一《跋太虚辯才廬山題名》有「復書太虚與辯才題名之後，以遺參寥」之語，作於元豐七年五月十九日，參該日紀事。道潛(參寥)由廬山至黄，乃元豐六年清明後事，見該年「道潛來」條紀事。觀往廬山當過黄州，惜無文字佐證。

軾友人吴與登進士第。

《後村先生大全集》卷一百零四《墨林方氏帖·蘇文忠公·與可權長官時澤推官帖》：「二君不知何人，可權失其姓。時澤雖著姓氏而失其名，當考。」《宋史翼》卷十九《吴與傳》：吴與，字可權，漳浦人。元豐五年進士。歷餘干令，以奉議大夫通判潮州。故人張天覺當國，或諷之使見，與曰：「平生與天覺語皆忠義，反逞身干進乎！」卒不往。家藏書二萬卷。

鄭樵稱海内藏書四家，與其一也。

時澤，待考。

黄裳(冕仲)爲進士及第第一人。蘇軾嘗戲謂其《謝及第啓》爲酸文。

裳及第見《長編》卷三百二十四元豐五年三月乙巳(二十四日)紀事。裳，南劍州人也。《能改齋漫録》卷十四《恩袍色動仙籍香浮》：「仁宗賜進士及第詩云：『恩袍草色動，仙籍桂香浮。』黄冕仲《謝及第啓》，全用以爲一聯，云：『恩袍色動，迷芳草之依依；仙籍香浮，惹春風之拂拂。』東坡戲之，曰：『好作聞喜燕酸文。』」

裳撰有《演山集》六十卷，今通行本有《四庫全書珍本初集》本，其中無一語及蘇軾。蘇軾之戲，裳固耿耿於懷矣。

《宋史翼》卷二十六有《黄裳傳》。

楊繪（元素）詩來，軾答之。

答詩見《蘇軾詩集》卷二十（一一一四頁）。詩念張先、劉述、陳舜俞之逝，有流落悲傷之意。詩有「不愁春盡絮隨風」之句，約作於春末。時繪在荆南，見元豐四年「楊繪編《本事曲子》」條紀事。

王適（子立）徐州解試不利，回經黄州。

《蘇軾詩集》卷四十八《歸來引送王子立歸筠州》叙適出徐州，過淮至黄與晤，嘗於雪堂清夜賞月。詩有「久抱一而不試」之語。

適回黄具體時間，最早在春末。二月二十二日，蘇軾與李嬰等游武昌西山，無適。三月初至沙湖，亦無適。

孟震自安州還，滕元發（達道）書贈大字。李嬰乞告改葬，將至安州，欲自滕元發處求防護數人。蘇軾致簡元發。

簡乃《蘇軾文集》卷五十一《與滕達道》第十七簡。

簡云「乍暄」，點季候，爲三月事。簡云：「孟生還，領書教，並賜大字二墨，喜出望外。」又云：「李嬰長官乞告改葬，過府欲求防護數人，乞不阻。」元豐四年八月十五日紀事謂嬰爲都人，即汴都人；其原籍或在安州，或在其附近。

三月二十日，轍作《上高縣學記》。

記見《欒城集》卷二十三。記謂：「上高，筠之小邑，介於山林之間，民不知學，而縣亦無學以詔民。縣令李君懷道始至，思所以導民，乃謀建學宫。」逾年而成。

春，轍與兄軾簡言學道有得。

《蘇軾文集》卷四十九《答李昭玘書》：「舍弟子由……云：『學道三十餘年，今始粗聞道。』」考其言行，則信與昔者有間矣。獨軾倀倀焉未有所得也。」書云及「春和」，知作於春。轍之簡亦當作於春。

陰晴不定，轍作詩簡唐覲并敖吴二君。

詩見《欒城集》卷十一。其一首云「積雨春連夏」，詩蓋作於春夏之交。其四首云「西鄰豫章客，病骨瘦欒欒」，乃就唐覲言。《古今圖書集成·文學典》卷七十六引《江西通志》，謂覲爲高安人，博學嗜書，隱居不仕，蘇轍與游。高安本屬豫章，或就此言。其五首云：「二子薪中楚，相攜泮上游。」似就敖、吴言，二人致力科舉。其二云「荐饑人甚困」，其三云：「漲江方斷渡，小棹信輕生。貧賤誰憐汝，漂浮空自驚。」頗有感慨。

東坡收大麥二十餘石，軾乃舂爲飯；或雜以小豆，妻王氏謂之「新樣二紅飯」。

據《蘇軾文集》卷七十三《二紅飯》。文謂麥飯「嚼之嘖嘖有聲，小兒女相調，云是嚼虱子。日中饑，用漿水淘食之，自然甘酸浮滑，有西北村落氣味」。又謂二紅飯「尤有味」。此爲本年或下年事，今繫入本年。

官制將行，神宗有意用蘇軾爲中書舍人、翰林學士，爲王珪等所沮。

《曲洧舊聞》卷二：「元豐初，官制將行，裕陵以圖子示宰執，於御史中丞執政位牌上，貼司馬温公姓名。又於中書舍人、翰林學士位牌上，貼東坡姓名。其餘與新政不合者，亦各有攸處。仍宣諭曰：『此諸人雖前此立朝，議論不同，然各行其所學，皆是忠於朝廷也，安可盡廢！』王禹玉曰：『領德音。』蔡持正既下殿，謂同列曰：『此事烏可，須作死馬醫始得。』其後上每問及，但云臣等方商量進擬。未幾宫車晏駕，而裕陵之美意卒不能行。」時王珪爲左相，蔡確（持正）爲右相。確，泉州晉江人，《宋史》卷四百七十一有傳。

《宋史·神宗紀》元豐五年五月辛巳朔：行官制。《長編》卷三百十九元豐四年十一月丁酉，有「對輔臣於天章閣議行官制既而中輟」之記載。則《曲洧舊聞》所云乃本年官制行前不久事。《墓誌銘》謂本年「上有意復用，而言者沮之」。

四月二十八日，軾書《眉山遠景樓記》。

《壯陶閣書畫録》卷三《宋蘇東坡大楷眉山遠景樓記卷》末云：「元豐五年四月廿八日。東坡居士蘇軾撰，并書於僑居之雪寮。」雪寮，當即雪堂。《眉山遠景樓記》見《蘇軾文集》卷十一，實作於元豐元年七月十五日，此乃重書。

四月，雨後游大愚，轍作詩。

詩見《欒城集》卷十二。首云：「風光四月尚春餘。」大愚詳元豐四年「王適游真如寺」條。

高安令羅審禮去官，轍作詩送行。

詩見《欒城集》卷十二。中云：「政成仍喜新蠶熟，歸去還將舊橐空。」其去任爲四五月間事。以下云「清白」，爲「舊橐空」作注脚。

董鉞（義夫、毅夫）歸去，軾作《哨遍》以送，志思歸之意。并寄朱壽昌（康叔）。董與蘇軾甚相得。

《東坡樂府》卷上《哨遍》序：「陶淵明賦《歸去來》，有其詞而無其聲。余既治東坡，築雪堂於上，人俱笑其陋，獨鄱陽董毅夫過而悦之，有卜鄰之意。乃取《歸去來》詞，稍加檃括，使就聲律，以遺毅夫，使家僮歌之，時相從於東坡。釋耒而和之，扣牛角而爲之節，不亦樂乎？」

《蘇軾文集》卷五十九《與朱康叔》第十三簡：「董義夫相聚多日，甚歡，未嘗一日不談公美也。舊好誦陶潛《歸去來》，常患其不入音律，近輒微加增損，作《般涉調哨遍》，雖微改其詞，而不改其意，請以《文選》及本傳考之，方知字字皆非創入也。謹作小楷一本寄上，即求爲書，抛磚之謂也。」董之去，在朱壽昌罷鄂守前。

《蘇軾詩集》卷三十一《次韻黃魯直寄題郭明父府推潁州西齋》：「雪堂亦有思歸曲。」「王堯卿注」謂爲《哨遍》。

五月，軾以怪石供了元（佛印），作《怪石供》。時了元居廬山歸宗。了元旋主潤州金山。

文見《蘇軾文集》卷六十四，云石出江上，得古銅盆一枚以盛石，「廬山歸宗佛印禪師適有使至，遂以爲供」。

《輿地紀勝》卷四十九《黃州·景物下》：「聚寶山：在州治之後，赤壁之上。山多小石，紅黃粲然，東坡所作《怪石供》，即此石也。」則山上亦有此石。

《文集》卷六十一與了元第二簡：「收得美石數百枚，戲作《怪石供》一篇，以發一笑。」

《輿地紀勝》卷二十五《南康軍·風俗形勝》謂「歸宗據雲水之都要」，有「天上雲居、地下歸宗」之語。同上《仙釋》謂了元嘗結菴於卧龍祠口；《景物下》謂歸宗寺在城西二十五里，卧龍菴（按：當即卧龍祠）在城西北二十里，蒼崖四壁，怒瀑中瀉，大壑淵深，凜然可畏。

了元主金山，見張舜民《畫墁集》卷七《郴行録》元豐六年七月丙寅紀事。舜民稱之爲金山主僧，與之相晤；并云了元「頗嫻外學，文寶燦然，圖畫尺牘好玩之物，莫不畢具，又畜孔雀能言之鳥數種」。了元能詩，《冷齋夜話》有了元答可遵詩。《文集》與了元第十一簡首云徂暑，以下云「承有金山之召」，促其治裝，簡或作於本年。

軾重建武昌西山九曲亭，轍爲記。嘗戲題贈王居士。

《欒城集》卷二十四《武昌九曲亭記》：「子瞻遷於齊安，廬於江上。齊安無名山，而江之南武昌諸山，坡陁蔓延，澗谷深密，中有浮圖精舍，西曰東山，東曰寒谿，依山臨壑，隱蔽松櫪，蕭然絶俗，車馬之迹不至。每風止日出，江水伏息，子瞻杖策載酒，乘漁舟亂流而南。山中有二三子，好客而喜游，聞子瞻至，幅巾迎笑，相攜徜徉而上，窮山之深，力竭而息，掃葉藉草，酌酒相勞，意適忘返，往往留宿於山上。以此居齊安三年不知其久也。然將適西山，行於松柏之間，羊腸九曲而獲少平。游者至此，必息倚怪石，蔭茂木，俯視大江，仰瞻林皐，傍矚溪谷，風雲變化，林麓向背，皆效於左右。有廢亭焉，其遺址甚狹，不足以席衆客。其傍古木數十，其大皆百圍千尺，不可加以斧斤。子瞻每至其下，輒睥睨終日。一旦大風雷雨，拔去其一，斥其所據，亭得以廣。子瞻與客入山視之，笑曰：『兹欲以成吾亭耶？』遂相與營之。亭成，而西山之勝始具，子瞻於是最樂。（下略）」

《蘇軾詩集》卷二十一《西山戲題武昌王居士》引有云：「予往在武昌，西山九曲亭上有題一句云：『玄鴻横號黄檞峴。』」此王居士，當爲王齊愈（文甫）。《總案》：轍記有「居黄三年」之語，而亭成於雷風拔木之後。當爲元豐五年夏間事。

唐覯離筠州，轍作詩送行；覯作詩送姜應明（如晦）謁新昌杜簿，轍次韵。

轍詩見《欒城集》卷十二。前者首云：「溪上幽居少四鄰，西家幸有著書人。」此著書人即覯，參以上「陰晴不定」條。詩云「心馳藺會戰車塵」，自注「唐君常欲爲陜西官，慨然有功名之志」；詩又云「笑殺年來老病身」，則覯爲年青有爲之士。後者首云：「夫子雖窮氣浩然，輕簑短笠傲江天。」謂如晦。以下云「泮上講官」，似如晦亦爲筠州教授；又云「山中老簿亦疑仙」，則謂杜簿。

新種芭蕉，轍作詩。

詩見《欒城集》卷十二。首二句言成長快，三四句言亦不過空心大葉，第五句言暮雨風來，蕭騷作響，頗有樂趣，第六句言霜降葉落。第八句「堂上幽人」，自謂。作者自芭蕉榮枯悟出人生道理，於是有第八句。

姜應明（如晦）至黄蘗山中，作詩見寄，轍次韵。

詩見《欒城集》卷十二。《輿地紀勝》卷二十七謂黄蘗山在新昌縣西一百里，知應明已至新昌見杜簿。

王適（子立）回筠州，軾作《歸來引》送之。

《欒城集》卷十二《迎寄王適》，本年作，云「扁舟夏涉氣如蒸」。適離黄爲夏季事。《歸來引》見《蘇軾詩集》卷四十八。《佚文彙編》卷二《與朱康叔》第一簡：「適會姪壻後日行，來日已約數客酌餞。」姪壻乃適。

李常（公擇）離舒州任赴京師，軾與常簡論儉素乃長策。

《蘇軾文集》卷五十一與常第十簡首云「治行窘用不易」，謂離舒也。謂節儉「是惜福延壽之道」，住京師「尤宜用此策」。簡約作於夏間，參本年以下「與齊州幾宣義簡」條。

曹焕自光州赴筠州，道過黄岡。蘇軾有《漁家傲》贈其父光州守曹九章。

《欒城集》卷十二《東軒長老二絶·叙》：「始余於官舍營東軒，彭城曹君焕子文自浮光訪余於高安，道過黄岡。」焕赴筠，當爲完婚。

《全宋詞》第三二〇頁收蘇軾《漁家傲》詞，中有「也應勝我三年貶」之句，知作於今年。又有「些小白鬚何用染」，或爲焕述其父近況而發。

焕之來不知具體時間，姑參本年以下「曹焕離黄去筠州」條紀事，繫之於夏間。

楊世昌道士自廬山來，得其蜜酒方，軾作《蜜酒歌》贈之。

《蘇軾文集》卷五十一《與滕達道》第五十八簡：「楊道人名世昌，緜竹人，多藝。」并云「留幾一年」。簡約作於元豐六年四月。《佚文彙編》卷六《帖贈楊世昌》其一云世昌字子京，乃綿竹武都山道士，「自廬山來過余，□□(按：約爲『近一』二字)年乃去」，「明日當舍余去」。作於元豐六年五月八日。世昌之來，約爲四五月間事。

詩見《蘇軾詩集》卷二十一(一一一五頁)；同卷《次韻孔毅父久旱已而甚雨》其三云世昌之來「萬里隨身惟兩膝」。《欒城集》卷十二有《和子瞻蜜酒歌》。

《苕溪漁隱叢話》前集卷八引韓子蒼云：「東坡今集本《蜜酒歌》少兩句，改數字。蘇公下筆奇偉，尚竄定如此。嘗語參寥曰：『如老杜言「新詩改罷自長吟」者，乃知此老用心甚苦，後人不復見其剞劂，但稱其渾厚耳。』」

蘇軾復作《蜜酒歌》一首，答姪遲、适與王適(子立)唱和，贊遲等之詩。

軾詩見《蘇軾詩集》卷二十一(一一一六頁)，題謂「答二猶子與王郎見和」。今考之，二猶子蓋遲、适，王郎蓋王適。

詩云：「古來百巧出窮人。」此種認識，不僅源自蜜酒釀造、製作之觀察，亦源自長時間以來於社會各種勞動與勞動者之接觸與了解，於蘇軾思想發展有重要意義。

詩云：「老夫作詩殊少味，愛此三篇如酒美。」三篇謂遲、适及王適之詩。

《文物》一九七三年第七期載《宋故承議郎眉山蘇仲南墓誌銘》：「伯父東坡公，以爲其才類我。……諱适。」适今年十五歲。

陳慥(季常)來,贈揞巾,軾有詩。軾贈黄山人詩。問大冶長老乞桃花茶栽東坡,有詩。

詩皆見《蘇軾詩集》卷二十一(一一一七至一一一九頁)。次《蜜酒歌》後。

慥乃第四次來訪。《墨莊漫録》卷二引蘇軾《贈黄照道人》首二句,即贈黄山人首二句,知山人名照。

《太倉稊米集》卷三十五詩題:「蘇内相在黄岡,嘗從桃花寺僧覔茶栽,移種雪堂下。」知大冶長老乃桃花寺僧。

《輿地紀勝》卷三十三《江南西路·興國軍·景物下》:「桃花寺:在永興縣南五十里桃花尖山之下。寺中有甘泉,里人用以造茶,味勝他處,今茶號曰桃花絶品。」

參元豐六年三月十六日紀事。

據「施注」,軾贈慥揞巾詩,黄州有石刻。

蘇軾與朱壽昌(康叔)簡,求學服朱砂法。

簡乃《蘇軾文集》卷五十九《與朱康叔》第十七簡。

簡云:「見元章書中言,當世之兄馮君處,有一學服朱砂法,甚奇。惟康叔可以得之,不知曾得未?若果得,不知能見傳否?想於不肖不惜也。」

《七集·續集》卷四「元章」作「天覺」。按，作「天覺」是。知張商英（天覺）其時有簡與蘇軾。商英與蘇軾有交往，參元豐六年六月五日紀事及元豐四年三月十四日紀事。

朱壽昌離鄂守任前，蘇軾嘗寄贈《滿江紅》。

詞見《東坡樂府》卷上。下闋云「狂處士」，謂禰衡。云「空洲對鸚鵡，葦花蕭瑟」，禰衡有《鸚鵡賦》，惜之也。末云：「願使君、還賦謫仙詩，追黄鶴。」《李太白詩集》卷十一《江夏贈韋南陵冰》：「我且爲君搥碎黄鶴樓，君亦爲我倒却鸚鵡洲。赤壁争雄如夢寐，且須歌舞寬離憂。」以「寬離憂」互勉。

朱壽昌罷鄂守，陳瀚繼任。

《蘇軾文集》卷六十七《題温庭筠湖陰曲後》謂本年：「蕪湖東承天院僧藴湘，因通直郎劉君誼，以書請於軾，願書此詞而刻諸石，以爲湖陰故事。而鄂州太守陳君瀚爲致其書，且助之請。」王適赴筠時，壽昌猶在鄂，則瀚繼任當爲入秋後事。寫温庭筠詞，見元豐七年六月二十三日紀事。

此後軾與壽昌無交往。《宋史》卷四百五十六壽昌傳謂卒年七十，約爲此後不久事。

軾作《魚蠻子》，刺賦税之重。

詩見《蘇軾詩集》卷二十一（一一一二四頁），云「人間行路難，踏地出賦租」。次夏、秋間。

《老學庵筆記》卷一引張舜民《漁父》詩，謂《魚蠻子》乃取《漁父》之意作，而舜民作於謫官湖湘時。「誥案」謂舜民時在黄。按：舜民經黄赴郴，乃元豐六年秋事，詳該年紀事。舜民至郴，已及冬初，其《漁父》撰成並傳至黄，蘇軾或已離黄。陸游之説偶誤。細考之，乃舜民取蘇軾之意而出之以直言。舜民《漁父》如「保甲原無籍，青苗不著錢」，蓋爲蘇軾斯時欲言而不敢言者。

七月十三日，軾題伯父涣舉進士謝啓後，以遺堂兄不疑（子明）。

文見《蘇軾文集》卷六十六（二〇六四頁）。《文集》卷六十《與子安兄》第一簡：「近購獲先伯父親寫《謝蔣希魯及第啓》一通，躬親褾背題跋，寄與念二，令寄還二哥。」念二乃千乘。千乘時約居京師，參元豐六年「長子邁去京師」條紀事。

十六日，軾與客泛舟赤壁，作《赤壁賦》。

《賦》見《蘇軾文集》卷一。《蘇軾詩集》卷二十一《次韻孔毅父久旱已而甚雨三首》其三有「楊生自言識音律，洞簫入手清且哀」之句。楊生乃楊世昌道士。《賦》所云「客有吹洞簫者」，其客，或即世昌也。《文集》卷七十一《記赤壁》，作於此略前，可參。

赤壁懷古，軾賦《念奴嬌》（大江東去）。

《紀年録》謂爲七月作，次《赤壁賦》之後。詞見《東坡樂府》卷上。

《東坡赤壁》謂坡仙亭石刻有此詞，草書；書後有款識：「久不作草書，適乘醉走筆，覺酒氣拂拂，似指端出也。東坡醉筆。」此文見《佚文彙編》卷六，文字間不同。草書詞及跋，當作於此時或略後。

初秋夜坐，軾與子邁聯句。

詩見《蘇軾詩集》卷二十一（一一二五頁）。詩云：「清風來無邊，明月翳復吐。（原注：自）松聲半虛空，竹影侵半户。（原注：邁）暗枝有驚鵲，壞壁鳴飢鼠。（原注：自）露葉耿高梧，風螢落空廡。（原注：邁）微涼感團扇，古意歌白紵。（原注：自）樂哉今夕游，獲此陪杖屨。（原注：邁）傳家詩律細，已自過宗武。短詩膝上成，聊以感懷祖。」

詩所云「自」，乃蘇軾。詩云「露葉」、「微涼」，爲七八月之間之景像。詩所云宗武，乃杜甫之子，今指邁。「短詩」云云，用《晉書》王述、王坦之父子故事。坦之雖長大，述猶抱置膝上；懷祖謂述，今軾自謂。父子間吟詩，情趣盎然。邁詩甚有思致。邁得蘇軾鍾愛。

次韻和王鞏賓州所寄六首。軾嘗跋所和詩。

詩見《蘇軾詩集》卷二十一（一一二六頁），其一有「況子三年囚」之句。《蘇軾文集》卷六十八有

《題和王鞏六詩後》。

黄庭堅(魯直)寄書來。轍答書。

《豫章黄先生文集》卷十九《寄蘇子由書三首》其一:「庭堅頓首再拜。誦執事之文章而願見二十餘年矣。官學匏繫,一州輒數歲,迄無參對之幸。每得於師友昆弟間,知執事治氣、養心之美,大德不逾,小物不廢,沈潛而樂易,致曲以遂直,欲親之不可媟,欲疏之不能忘,雖形迹闊疏,而平生詠嘆,如千載寂寥,聞伯夷、柳下惠之風而動心者。然惟小人不裕於學,方羊塵垢之外,樸拙無所可用,既已成就,雖造物之爐錘,不能使之工也。得邑極南,幸執事在旁郡,且當承教,爲發萬金良藥,使痼疾少愈。而到官以來,能薄不勝事劇,陸沈簿領中,救過不暇,筆墨不足以寫心之精微,故欲作記而中休。時因過賓高安行李,必問動静,以其所言,參其所不能言,承典司管庫之鑰,率職不怠,懷璧混貧,舍者争席,良以自慰。比得報伯氏書詩,過辱不遺,緒言見及,敢問不肖既全於拙矣,於事無親疏,不了人之愛憎,人謂我失,愚非所恤,獨不知於道得少分否。恭惟聞道先我,爲世和、扁,有病於此,固聞而知之。因來,尚賜藥石之誨,抱疾呻吟,仁者哀憫。向冷,不審體力何如,惟强飯自重。」

按:庭堅書中「得邑極南」之「邑」即謂太和。庭堅元豐四年到太和任,見《山谷全書》卷首《黄文節公年譜》。庭堅與轍文字交往始於此書。庭堅兄大臨(元明)及庭堅寄轍詩,皆在此書之後。以此，今次庭堅書於「黄大臨寄詩來」之前。

《欒城集》卷二十二《答黄庭堅書》謂「魯直以書先之」，知庭堅先來書。書云：「自廢棄以來，頽然自放。」知作於筠州。

時二人猶未見面。書云：「比聞魯直吏事之餘，獨居而蔬食，陶然自得。」知庭堅之書作於知太和時。書贊庭堅「目不求色，口不求味，此其中所有過人遠矣」。

黄大臨（元明）寄詩來，轍次韵。

《山谷外集》卷七附大臨《奉寄子由》：「鐘鼎功名淹管庫，朝廷翰墨寫風煙。遥知道院頗岑寂，定是壺中第幾天。歷下笑談漫一夢，江南消息又餘年。動心忍性非無意，吏部如今信大顛。」轍詩乃《欒城集》卷十二《次韵黄大臨秀才見寄》。以秀才稱，知大臨未登第。大臨時當家居。

李朝散游洞山，作詩。轍次韵。

轍詩見《欒城集》卷十二。其二中云：「迎秋水石不勝閑。」點秋。又云「近來寄我《金剛頌》」，知轍未同游。李朝散或爲李撫辰。

黄庭堅（魯直）寄詩來，轍次韵。

《山谷外集詩注》卷九《次元明韵寄子由》：「半世交親隨逝水，幾人圖畫入凌煙。春風春雨花經眼，江北江南水拍天。欲解銅章行問道，定知石友許忘年。脊令各有思歸恨，日月相催雪滿顛。」時庭堅爲太和令。《漢官儀》：縣令秩五百石，銅章、墨綬。「欲解銅章」句可證庭堅此詩作於太和。

次韻見《欒城集》卷十二，題作《次烟字韵答黄庭堅》。

黄庭堅有《秋思寄子由》詩。

詩見《山谷詩集注》卷一，云：「黄落山川知晚秋，小蟲催女獻功裘。老松閲世卧雲壑，挽著滄江無萬牛。」

《山谷詩集注·目録》次此詩於元豐四年至六年之間，《山谷集》附《山谷年譜》次此詩於元豐四年。細考之，此詩當作於本年或下年之秋，今次本年。

秋，轍賦《簡學中諸生》。時兼權筠州州學教授。

詩見《欒城集》卷十二。首云「泮水秋生藻荇涼」，作於秋。末云：「腐儒最喜南遷後，仍見西雍白鷺行。」以此爲樂。兼教授不詳始於何時。

柳真齡（安期）來筠州，以蜜酒送之，軾作詩。真齡答詩，轍次韵。

轍詩見《欒城集》卷十二，真齡詩佚。詩後者末云：「漂流異日俱陳迹，笑説過從想未忘。」既云「過從」，是真齡來訪也。前者首云：「牀頭釀酒一年餘。」是自釀也。軾在黄州亦釀酒。

八月四日，軾爲方竹逸畫竹石，并跋，時竹逸之友金鏡來黄州。

《六硯齋三筆》卷一：「蘇文忠《竹石》一卷，有題跋，絶俗神品也，録之：『昔歲，余嘗偕方竹逸尋净觀長老，至其東齋小閣中，壁有與可所畫竹石，其根莖脈縷，牙角節葉，無不臻理，非世之工人所能者。與可論畫竹木，於形既不可失，而理更當知，生死、新老、烟雲、風雨，必曲盡真態，合於天造，厭於人意，而形理兩全，然後可言曉畫，故非達才明理，不能辨論也。今竹逸求余畫竹，因妄襲與可法則爲之，并書舊事以贈。元豐五年八月四日，眉山蘇軾。』」「净」後當脱一「因」字。净因在汴京，見《文集》卷十一《净因院畫記》。

山東蓬萊之蓬萊閣有此文刻石，「因妄襲與可法則爲之」句後，有「雖不能得與可萬一，聊以酬竹逸知遇耳」十六字。惟篇末「元豐五年」之「五」誤作「二」，知此刻石乃輾轉傳刻，非據原真迹入石。以元豐二年八月四日，蘇軾正赴詔獄。

同上：「子瞻先生於元豐己未，自徐州移任吴興，日訪諸公高隱談詩較墨。興至，輒點染竹石、詞翰，隨贈所喜。若匪人，雖乞弗與也。越三載壬戌，先生責黄州，僕亦有事於黄。竹逸先生寄此卷素，以乞先生竹石。至則先生往蘄水，候旬餘始還，得拜覿於臨皋亭中，握手問故。飲半劇，述前望游赤壁之勝，起而撫松長嘯，朗誦《赤壁賦》一過。僕知先生興酣矣，遂出卷頂懇，蒙慨然揮灑，復書『春夜行蘄水，過酒家飲酒，乘月至溪橋上，解鞍少休』《西江月》詞一闋賜。僕捧硯，視竹若紫鳳回風，石如白雲出岫，書則豪放軼宕，如快馬斫陣而步伍自存。僕愧不知書，不敢管窺臆贊，然如釋迦牟尼現丈六金身，雖至愚至幼，靡不合掌稱佛者也。因識始末，并録先生詞以歸竹逸云（詞略）。武林金鏡敬題。」《西江月》起句爲「照野瀰瀰淺浪」，見《東坡樂府》卷上。

中秋，蘇軾賦《念奴嬌》（憑高眺遠）。

汲古閣本《東坡詞》收此詞，題作「中秋」。

《總案》卷二十一：「元豐五年壬戌八月十五日，作《念奴嬌》詞。」即此詞。《蘇軾詞編年校注》從其説。今亦繫此。

本月，賀鑄（方回）作詩懷蘇軾。

《慶湖遺老詩集》卷二《登黄樓有懷蘇眉山》序云：「時公謫居黄岡，壬戌八月彭城賦。」詩云：「登黄樓，望黄州。黄州望不見，樓下水東流。水流何可留，浮雲更悠悠。傷心澤畔客，憔悴楚蘭秋。」時鑄知徐州。

八月，披仙亭與客飲，轍作詩。

詩見《欒城集》卷十二。中云：「江西八月熱猶在，坐中遷客頭欲斑。」上句點作詩時間，下句言與客飲。

居高安三年，每日輒過聖壽訪聰長老，謁方子明浴頭，轍作詩。

詩見《欒城集》卷十二。首云：「朝來賣酒江南市，日暮歸爲江北人。」日日如此。來往以舟，或食或洗浴，俱見詩。浴頭，參以下「題方子明道人東窗」條紀事。

軾作詩見寄，轍次韻。

軾詩乃《蘇軾詩集》卷二十二《初秋寄子由》，叙嘉祐五、六年寓京師事。轍詩乃《欒城集》卷十二《次韵子瞻感舊見寄》，云「秋風送餘熱」，約作於九月。軾詩繫元豐六年，今從《欒城集》繫今年。

友人作豐歲詩，轍次韵。同孔武仲（常父）作張夫人詩。

轍詩見《欒城集》卷十二。前者首云：「風雨迎寒欲勞農，今年真不負元豐。」後者云張夫人以弱女子獨力「身舉十五喪」。詩末注文謂武仲作詩言其賢，武仲詩已佚。轍詩并據武仲之言，叙嘉祐末身爲尚書郎之王某，親死不葬，其子孫佯狂。作此詩蓋彰善斥惡，意在匡俗。

九月一日，軾與堂兄不疑（子明）夫婦簡致候，并寄堂兄不欺（子正）奠文，時不欺已大葬。

《佚文彙編》卷四與不疑第九簡叙之，時不欺之卒已一年。簡稱不疑爲通直而不稱具體官稱，時不疑鄉居，通直乃通直郎。

曹焕離黄去筠州，軾作詩送之。焕過廬山，以詩示圓通知慎禪師，知慎和之。焕離廬山，知慎送出門，入室而卒。弟轍賦詩。

《蘇軾詩集》卷二十三詩題：「子由在筠作《東軒記》，或戲之爲東軒長老。其婿曹焕往筠，余作一絶句送曹以戲子由。曹過廬山，以示圓通慎長老。慎欣然亦作一絶，送客出門，歸入室，趺坐化去。子由聞之，乃作二絶，一以答余，一以答慎。（下略）」

《欒城集》卷十二《東軒長老二絶·叙》首云焕過黄州，以下云：「家兄子瞻以詩送之曰：『君到高安幾日回？一時抖擻舊塵埃。贈君一籠牢收取，盛取東軒長老來。』君過廬山見圓通知慎禪師，出詩示之。師嘗與余通書，見之欣然。明日謂君：『昨見黄州詩，通夕不寐，以一偈繼之，曰：「東軒長老未相逢，却見黄州一信通。何用揚眉資目擊，須知千里事同風。」吾野人不能數爲書，君爲我誦之而已。』君既至，未暇及此。客有自廬山至者，曰：『慎師送客出門，還入丈室，燕坐而寂。』君乃具道其事，余感之，作二絶，其一以答子瞻，其二以答慎也。」其一：「東軒正似虚空樣，何處人家籠解盛？縱使盛來無處著，雪堂自有老師兄（原注：子瞻新築東坡雪堂）。」其二略。詩次元豐五年。

《詩集》「一以答慎」之後，云：「明年余過圓通，始得其詳，乃追次慎韵。」「明年」云者，乃元豐七年，是以曹焕之去爲元豐六年事。今從《欒城集》。

焕離黄時間，約在九月初，見以下九月八日紀事。

《青山集》卷二有《圓通行簡慎禪師》詩，卷二十有《合肥逢清漣上人》，原注謂清漣乃慎禪師弟子，可參。

據軾送煥詩，煥抵筠州，約及十月。

煥乃轍第三女之婿，見《年表》。

八日，軾與孔平仲（毅父）簡。

《蘇軾文集》卷五十七《與毅父宣德》第一簡：「明日便重九。」又云「近姪婿曹君行」，曹君乃煥，簡本年作。　時平仲在江州，由黄至筠，道途所經。第二簡云「子由信籠敢煩求便附與」，作於此後不久。

重九，軾與太守徐大受會於棲霞樓，作《醉蓬萊》。

詞見《東坡樂府》卷上；小序云：「今年公將去，乞郡湖南，念此惘然，故作是詞。」詞下片末云：「來歲今朝，爲我西顧，酹羽觴江口。　會與州人，飲公遺愛，一江醇酎。」謂明年此時，大受已離黄矣。

軾復賦《定風波》。

詞見《東坡樂府》卷上，題下注「重九」。

《蘇軾詞編年校注》引薛瑞生《東坡詞編年箋證》定此《定風波》詞作於元豐三年，今次本年。

《蘇軾詞編年校注》注文：「唐武宗會昌五年重九，池州刺史杜牧之攜張祜登齊山，作《九日齊安登高》詩。其辭曰：『江涵秋影雁初飛，與客攜壺上翠微。塵世難逢開口笑，菊花須插滿頭歸。但將酩酊酬佳節，不用登臨恨落暉。古往今來只如此，牛山何必獨沾衣。』蘇軾隱括而成是詞。」

按，《二妙集》題下注「重陽」之後，即有「括杜牧之詩」五字。

巢谷（元修）自蜀來，蘇軾使迨、過從學。

《蘇軾文集》卷六十《與子安兄》第一簡：「巢三見在東坡安下，依舊似虎，風節愈堅。師授某兩小兒極嚴。」是簡云及近作東坡雪堂、近題伯父涣《謝蔣希魯及第啓》，又云「此書到日，相次，歲猪鳴矣」，當作於本年冬初。《總案》謂谷來爲元豐六年事，誤。

谷來自蜀中，見《蘇軾詩集》卷二十二《元修菜·叙》。

《宋史》卷四百五十九《巢谷傳》謂嘗爲幕經制瀘夷韓存寶幕下。元豐四年七月甲辰，韓存寶得罪伏誅（見《宋史·神宗紀》）。谷變姓名至江、淮間。則谷來黄，乃其避禍時。

軾與齊州幾宣義簡。

簡見《蘇軾文集》卷五十七，云：「向者以公擇在舒，時蒙相過，既去，索然無復往還，每思檻泉之遊，宛在目前。聞河决陽武，歷下得無有曩日之患乎。」知致簡時，李常（公擇）離舒已有日」，幾宣義其人，與蘇軾、李常皆舊友，常知齊時已官於齊。《宋史·神宗紀》本年八月戊寅紀事：「河決原武。」十二月辛酉紀事：「塞原武決河。」《蘇文繫年考略》謂簡中「陽武」爲「原武」之誤，是。簡末云「乍冷」，約作於秋末。《七集·續集》卷五收此簡，「幾」後有「道」字。蘇軾友人有黄好謙（幾道），與簡所云經歷不合。

題方子明道人東窗，轍又次前韵。子明嘗以釋迦舍利贈轍。

詩見《欒城集》卷十二。前者云：「禪關敲每應，丹訣問無經。」知子明既習佛，又習道。居於聖壽寺，則此寺實兼容佛、道。《集》卷十三《贈方子明道人》云：「子言舊事净慈師。」净慈師即慧林宗本圓照禪師，嘗居杭州净慈寺。見元豐四年六月十七日紀事。知方子明與聖壽聰禪師俱爲宗本圓照禪師之弟子。

《蘇軾文集》卷十九《真相院釋迦舍利塔銘·叙》：「洞庭之南，有阿育王塔，分葬釋迦如來舍利。嘗有作大施會出而浴之者，緇素傳捧，涕泣作禮。有比丘竊取其三，色如含桃，大如薏苡，將竄之他方，爲衆生福田。久而不能，以授白衣方子明。元豐三年，軾之弟轍謫官高安，子明以畀之。」

轍迎寄王適。

詩見《欒城集》卷十二。《蘇軾詩集》卷四十八《歸來引送王子立歸筠州》叙適出徐州，至黄與晤；詩有「久抱一而不試」之語，知適徐州解試不利。轍此詩云「扁舟夏涉氣如烝」，謂適離黄。詩末云：「安心且作衰慵伴，海底鯤魚會化鵬。」慰適并以終有遠大前程相勉。適抵筠州，當爲秋間事。

李昭玘（成季）來書，願請教轍門下，爲灑掃之列。昭玘之書乃王適攜至。

《樂静集》卷十《上蘇黄門》：「月日，具位某，謹齋心服形裁書寄獻於筠州宣德先生閣下。某成童時，已聞先生文章道德，光耀震發，驚撼天下耳目，於今二十年，公卿大夫閭巷之士，講服傳道者嘗竊聞之矣，自以賢不肖尊賤勢不相及，復至出處乖隔，無緣趨伏門下，譬猶景星一出，高者先見，三尺之童，行於稠人廣市之中，欲引頸而望光彩者，未可得也。守官東徐，數月，先生之婿王子中惠然肯顧，不以不肖無可與語，寓學舍幾一年，數道先生議論風趣，頗熟於耳，前者稍獲銘誦，日夜感躍，如窮乏久饑之人，乍食粱肉，縱未得大嚼，聊使染指搶鼻，亦足自慰，幸甚幸甚。後於王子中處，得先生《筠州東軒記》讀之，其意欲歸伏田里，追求顔氏之樂。又於高郵先生處，得《棲賢法堂記》讀之，以謂士苟一日聞道，則死無餘事。未幾，黄州先生以書見復云：舍弟子由，學道三十年，今粗始聞道，考其言行，信與昔有間矣。某獲是三説，敬拜避席，斂容以思，雖未能造先生之門，上其堂而窺其室，正猶牧羊之子，方散亂失箠於多歧之間，行大道者，忽出手而一招之也。嗚呼，士之困於俗習，易己逐物，頹靡不反，失其本心，而不知學道之可樂者多矣，非高明君子篤好而特立，以震耀其昏慸欲死之質，則聖人之門何賴焉。此天下想望先生風采者，非獨某一人也。薄禄所縻，未能脱然以去，屈膝請教於下風，而願爲灑掃之列，不勝慚恨。伏乞爲道自重，下慰士望。不宣，再拜。」書中所引兄軾與昭玘之書，見《蘇軾文集》卷四十九。并參本年此前「春與兄軾簡言學道有得」條。書云「先生之婿王子中」，則子中乃王適（子立）又一字。

適攜書至見此下「答李昭玘書」條。

高郵先生謂秦觀。

轍答李昭玘書，論古之知道者，勉之以收其精而治身。

《欒城集》卷二十二《答徐州教授李昭玘書》首云：「轍啓：女夫王君適自徐還筠，承賜以長書。」昭玘以知道許轍，轍云：「夫古之所謂知道者，富貴不能淫，貧賤不能憂，夫豈如轍困躓而謀安者耶！若夫收其精以治身，而斥其土苴以惠天下，此君侯之所當學也，而亦何取於轍哉。」「長書」即上條所引録之「上蘇黄門」。

十月七日，軾記夢中所賦詩。

《東坡志林》卷一《記夢賦詩》：「軾初自蜀應舉京師，道過華清宫，夢明皇令賦太真妃裙帶詞，覺而記之，今書贈柯山潘大臨邠老，云：『百疊漪漪水皺，六銖縰縰雲輕。植立含風廣殿，微聞環佩摇聲。』元豐五年十月七日。」

十五日夜，軾復游赤壁之下。作《後赤壁賦》。從游者有道士楊世昌（子京）。

賦見《蘇軾文集》卷一。《佚文彙編》卷六《帖贈楊世昌》叙從游。

本月，軾作詩弔徐禧（德占）。禧死於邊事，詩傷其爲明所誤。復爲壙銘。

詩見《蘇軾詩集》卷二十一（一一三四頁）。詩以松柏喻禧，有云：「哀哉歲寒姿，骯髒誰與論。竟爲明所誤，不免刀斧痕。」詩之引謂作於本月（十月）。

同治《義寧州志》卷三十鮮于侁《徐忠愍墓誌銘》謂禧：「分寧吴仙里人也。讀書務得大體，尚志節，深明古今治要，喜談兵事，有磊落英多之概。」又謂：「壬戌，奉命城永樂，夏人來争，竟以身報國。特贈金紫光禄大夫、吏部尚書，謚忠愍。」又謂：「公生於大中祥符六年癸丑上元日，卒於元豐五年壬戌季秋月。」

同上書同上卷有蘇軾《徐忠愍壙銘》，兹録此：「翳贛江之南下兮，于豫章而寖鴻。偉西山之卓異兮，列聖靈之仙蹤。世一亂而一治兮，隱則仙而出則賢。憶公之肖（疑應作「育」，撰者）靈於山川兮，奚其質之全也。方少壯之嗜學兮，嘗博覽而周游也。歷中途之頓悟兮，乃獨潛神而内修攝也。餌以顛危垂陷之地兮，所以粹公之節義也。火欲焰而先烟兮，物固有否而後泰也。夫何不幸而從干戈之死也。嗚呼哀哉！人壽百歲兮，其久須臾。惟公忠心所激兮，萬古不渝。西山秀兮水清，魴鱖肥兮香芬。靈仙所都兮，可與飛昇。魂乎來歸兮，結草爲期。澗水不息兮，視我銘詩。」《宋史》卷三百三十四《徐禧傳》紀禧身率士卒拒戰，而又責其「狂謀輕敵」。

禧在當時，毁譽不一。《豫章黄先生文集》卷二十一祭禧文謂禧「文足以弼亮天功，武足以折衝樽俎，識足以超萬人之毁譽，量足以任百世之榮名」。《石門文字禪》卷二十七《跋山谷所遺靈源書》云熙豐之間，天下出二偉人，「徐德占一旦興草萊與人主論天下事，若素宦於朝，黄魯直氣摩雲霄，與蘇東坡並馳而争先，二公皆名震天下，聖世第一等人也」。《邵氏聞見録》卷十謂或云禧降蕃。《東軒筆録》卷十四、《揮麈録·前録》卷三及《後録》卷二、卷八載禧事迹。《清江三孔集·朝散集》卷一有《送徐德占》詩，《名賢氏族言行類稿》有傳。《指月録》卷二十四亦及之。《山谷詩集注》卷十六《題徐氏書院》任注謂徐禧娶庭堅從妹。

初冬，蔡承禧以淮南西路轉運副使按部至黄州，與蘇軾相見。

本年正月，蔡承禧爲淮南西路轉運副使，見《長編》卷三百二十二。據《蘇魏公文集》卷五十六《承議郎集賢校理蔡公墓誌銘》：承禧，臨川人。熙寧七年，召對便殿，訪以時事，極陳用人立法之弊，擢太子中允御史監察裏行。滿二歲，加集賢校理。爲開封府推官，改判官，管句使院公事兼提舉三司帳句磨勘司，累遷太常博士。至是出使淮南西路。

《蘇軾文集》卷五十五《與蔡景繁》第一簡：「自聞車馬出使，私幸得托迹部中。」作於本年煩暑。第三簡：「某謫居幽陋，每辱存問，漂落之餘，恃以少安。今者又遂一見，慰幸多矣。」《總案》據此謂承禧爲蘇軾營屋，佐證不足。簡有「衝涉薄寒」語，知相見爲初冬事。第十簡有「正如公傳舍見飲時狀」之語，知見於傳舍。

《文集》卷六十三《祭蔡景繁文》：「我還於黄，衆所遠擯。惟子之故，不我籍轔。」

《忠肅集》卷十六《送蔡景繁赴淮南運使》：「新堤洛水東風峭，下入長淮春浩渺。淮南使者蓬萊仙，疊鼓鳴鐃畫船曉。旦時契闊慕聲名，晚歲綢繆親紵縞。磨鉛並直登瀛洲，對案同廳佐京兆。青蒿長松慙異質，流水高山喜同調。雖當倥偬喧囂中，不廢罇罍與吟嘯。歲月撲面來紛紛，冠蓋送客聲擾擾。北園去歲賦紅梅，南浦今春歌碧草。黄金龍節使光華，白面書生才縹緲。世高臺閣與省府，遍歷從容譽清劭。投虛餘刃無足爲，澄清百城付談笑。時行有命又有義，所遇何多亦何少。未應刻意懷軒裳，知有高情在魚鳥。黄鵠千歲凌長風，奈此沙邊老鶬鴇。朝廷羽儀重人物，行聞追鋒賜嚴召。玉音寄我其無忘，時有歸鴻下雲表。」可參。

本月以後，自臨皋亭遷雪堂。

《王譜》：「以《東坡圖》考之，《後赤壁賦》云：『十月既（按：當作之）望，蘇子步自雪堂，將歸於臨皋。』則壬戌之冬未遷，而先生以甲子六月（按：乃四月）過汝，則居雪堂止年餘。由是推之,先生自臨皋遷雪堂,必在壬戌十月之後明矣。」《蘇軾文集》卷七十《跋吴道子地獄變相》末云:「元豐六年七月十日,齊安臨皋亭借觀。」是遷居雪堂後,仍來往於臨皋亭。

蘇軾讀孫甫(之翰)《唐論》,贊其書。

下條答鷹書中云:「録示孫之翰《唐論》。僕不識之翰,今見此書,凛然得其爲人。至論褚遂良不譖劉洎,太子瑛之廢緣張説,張巡之敗緣房琯,李光弼不當圖史思明,宣宗有小善而無人君大略,皆《舊史》所不及。議論英發,暗與人意合者甚多。又讀歐陽文忠公《志》文、司馬君實跋尾,益復慨然。」以下言鷹(方叔)欲蘇軾書歐陽修之文入石,軾以爲甫之所立於世者,雖無修之文可也,欲托字畫之工以求信於後世乃陋事,辭之。

《歐陽文忠公集·居士集》卷三十三《尚書刑部郎中充天章閣待制兼侍讀贈右諫議大夫孫公墓誌銘》:「公諱甫,字之翰,許州陽翟人也。……天聖……八年,……進士及第。……公博學强記,尤喜言唐事,能詳其君臣行事本末,以推見當時治亂,每爲人説,如其身履其間,而聽者曉然如目見,故學者以謂終歲讀史,不如一日聞公論也。所著《唐史記》七十五卷,論議宏贍,書未及成,以嘉祐二年正月戊戌卒於家,享年六十。公既卒,詔取其書,藏於秘府。」

《温國文正司馬公文集》卷七十九有《書孫之翰墓誌後》、《書孫之翰唐史記後》二文。《元豐類稿》卷四十七有《天章閣待制孫公行狀》。《宋史》卷二百九十五有傳。衢本《郡齋讀書志》卷七：「《唐史要論》十卷。右皇朝孫甫之翰撰。歐陽永叔、蘇子瞻稱其書議論精覈，以爲舊史所不及。終於天章閣待制。」《直齋書録解題》卷四：「《唐史論斷》三卷。天章閣待制陽翟孫甫之翰撰。孫甫以《唐書》煩冗遺略，多失體法，乃修爲《唐史》，用編年體。自康定元年逮嘉祐元年，成七十五卷，爲論九十二首。甫殁，朝廷取其書留禁中。其從子察録以遺温公，而世亦罕見。聞蜀有刻本，偶未得之，今惟諸論存焉。」《四庫全書總目提要》卷八十八著録孫甫《唐史論斷》三卷，謂朱熹稱其議論勝《唐鑑》。又謂蜀刻本不存，理宗端平乙未，復刻於東陽。四庫著録之本乃從《唐紀》鈔本别行，非其舊帙。蘇軾所云之《唐論》即《唐史論斷》。《唐紀》七十五卷本，已佚。

冬寒，答李廌（方叔）書，評廌詩文，微箴之。廌持喪，遣邁慰之。

《蘇軾文集》卷四十九答廌書叙别後得二書，未答，專人又辱長箋。此書乃答廌長箋者。書云「比日孝慰無恙，感慰深矣」，廌正持喪。書贊廌作「詞氣卓越，意趣不凡」，「但微傷冗，後當稍收斂之」。末云「冬寒」而不云「窮冬」、「隆冬」，約爲十月事。

《文集》卷五十三與廌第四簡云「承持制甚苦，哀慕良深」，欲走詣，以謫居不便，「謹遣小兒問左右，當以亮察」。小兒乃邁，此乃鷹自黄返回後事。鷹返後復遭喪，亦爲本年事。

十二月十三日，軾跋李康年篆《心經》後。

跋文見《蘇軾文集》卷六十九（三九〇頁）。

《文集》卷五十九有《答李康年一首》，中稱：「篆書《心經》，字小而體完，尤爲奇妙。……要跋尾，謾寫數字，不稱妙筆。」則跋文乃應康年之請而寫。

跋文謂康年江夏人。按：康年嘗攝尉武昌。嘗有《自江夏登舟一夕而至〔武昌〕》詩：「可笑幽航載歸夢，遲明身在武昌城。」蓋康年亦善詩。見《輿地紀勝》卷八十一《荆湖北路·壽昌軍·詩下》。康年善篆，《豫章黄先生文集》卷二十九有《跋李康年篆》一文贊之。《慶湖遺老集》卷八《江夏八詠》，謂紹聖四年「九月，采江夏遺迹未著於時者賦之」，其中有《舒元輿榜》，小序謂：「元祐中，郡守王得臣始命李康年序其事而摹刻於石，榜遂失所在。」

又：與蘇軾交游者，尚有李元直，字通叔，亦善篆，見本年「春作雪堂」條紀事，乃另一人。

十九日，生日，軾置酒赤壁磯下，進士李委作新曲《鶴南飛》以獻。與其會者有郭遘、古耕道。賦詩。

詩乃《蘇軾詩集》卷二十一《李委吹笛》。委字公達，見《蘇軾文集》卷五十《與范子豐》第七簡。

蹇序辰（授之）提舉江西常平，簡來，有答。蹇過黄，蘇軾欲見，以兒婦突病，未能遂願。

《宋史》卷三百二十九《蹇序辰傳》：「登第後數年，以泗州推官主管廣西常平。……易京西，旋提舉江西常平。」序辰成都雙流人，父周輔，字磻翁，《宋史》同上卷有傳。

《蘇軾文集》卷五十五《與蹇授之》第六簡謂「手書見及，感愧不可言」。又云：「承奉使江表，鄉閭之末，亦竊以爲寵，但罪廢之餘，不敢復自比數故舊。」簡有「衝涉薄寒」語，點明季節。同上第三簡：「子由在部下，甚幸，但去替不遠耳。」蓋筠州監酒務，正江西常平所屬。同上《與蹇授之》第四簡：「昨日食後，垂欲上馬赴約，忽兒婦眩倒，不省人者久之，救療至今，雖稍愈，尚昏昏也。小兒輩未更事，義難捨之遠去，遂成失言。」同上第五簡：「不得一見而別，私意甚不足。」此數簡，《文集》未詳考先後。此兒婦，乃邁妻石氏。

《總案》入蹇提舉江西常平於元豐三年，不合。簡既謂弟轍「去替不遠」，知蹇提舉江西常平約爲今年或明年事，今繫入本年。

崔閑來黄。閑善琴，軾與游甚密。爲閑作《醉翁操》。

《蘇軾文集》卷五十七《與陳朝請》第二簡云「適寒苦嗽」，聯繫卷六十《與巢元修》，知作於下年春。簡云學琴，云有廬山崔閑者極能琴，「遠來見客，且留之，時令作一弄」。閑之來，約爲本年冬。

《永樂大典》卷二千七百四十一引《南康志》：「崔閑，字誠老，星子人。自少讀書，不務進取，襟懷清曠，平日以琴自娱。始遊京師，士大夫見其風表，莫不倒屣。後倦游復歸，乃結廬於玉澗兩山之間，號睡足菴，自謂玉澗道人。」同上引《九江府志》謂蘇軾號曰玉澗山人，閑「耕蒔以給，自號無着道人」。道潛稱曰玉荆山人。《參寥子詩集》卷一《玉荆山人崔君草堂》云「玉荆潤落碧漪漣」，知玉荆即玉澗。

《蘇軾詩集》卷四十八《送酒與崔誠老》云「雪堂居士醉方熟，玉澗山人冷不眠」。《佚文彙編》卷六《書雲成老》叙閑「來雪堂，日日晝寢」。上引《九江府志》引閑詩：「每與本坡心印傳，雪堂終日悟琅然。七絃高掛渾無用，明月當天一點圓。」閑居雪堂。《文集》卷六十七《題孟郊詩》叙夜聞閑彈《曉角》，始覺孟郊《聞角》之妙。

《總案》卷三十五引石刻蘇軾《醉翁操》真迹：「慶曆中，歐陽公謫守滁州。瑯琊幽谷，山川奇麗，鳴泉飛瀑，聲若環佩。公臨聽忘歸，僧智仙作亭其上，公刻石爲記，以遺州人。既去十年，太常博士沈遵聞而往游，以琴寫其聲，爲《醉翁吟》，蓋宫聲三疊。後會公河朔，遵援琴作之，公歌以遺遵，并爲《醉翁引》以叙其事，然調不注聲，爲知琴者所惜。後三十餘年，公薨，遵亦没。有廬山道人崔閑，遵客也，妙於琴理，常恨此曲無詞，乃譜其聲，請於東坡居士，以補其缺。然後聲、詞皆備，遂爲琴中絶妙，好事者争傳。」與《文集》卷四十八《醉翁操》之引有不同處，與《澠水燕談録》卷七所叙文字略同。《澠水燕談録》并云：「方其補詞，閑爲弦其聲，居士倚爲詞，頃刻而就，無所點竄。」

《總案》同上卷引曾鞏跋：「余與子瞻皆歐陽公門下士也。公作《醉翁引》，既獲見之矣。公没後，子瞻復按譜成《醉翁操》，不徒調與琴協，即公之流風餘韻，亦於此可想焉。後人展此，庶尚見公與子瞻之相契者深也。南豐曾鞏記。」《曾鞏集》無此文。

據鞏文，知《醉翁操》作於元豐六年四月鞏卒前。《永樂大典》卷二千七百四十一引《九江府志》崔閑詩，有「雪堂終日悟琅然」句；又引蘇軾此後寄閑詩「道合何妨過虎溪，高山流水是相知，與君一别無多日，夢到琅然夜榻時」。「琅然」乃《醉翁操》首句，知此詞作於雪堂，爲閑居雪堂時事。此詩，《詩集》未收。《永樂大典》同上卷引《南康志》謂《醉翁操》「石刻今在郡齋」。

軾與皮仙翁往來，或爲此前後事。

《永樂大典》卷二千七百四十一引《九江府志》：「皮仙翁：不知何名，亦與蘇、黄往來。庭堅嘗爲賦《清江引》曰：『先生抱琴坐客床，坐中冷冽凝清霜。琴心静與人意會，一瀉萬里之長江。七絃雖在十指空，江水東流波不動。仙翁默坐我忘機，似成白晝羲黄夢。』其風概可知。」

皮仙翁事迹，原附《崔閑傳》，今因崔閑附繫於此。

軾與沈遼（睿達）簡。遼築室池州齊山之上，名曰雲巢。

《蘇軾文集》卷五十八與沈第一簡（元豐六年作）：「某去歲不記日月，遞中奉書，并封公擇小簡，謂必達。今承示諭，豈浮沉耶？」此簡已佚。時遼卜居池州齊山，見《雲巢編》卷七《三遊山記》。公擇，李常也。據《雲巢編》及《宋史》卷三百三十一《沈遼傳》：遼輾轉徙池州，乃築室齊山之上，名之曰雲巢。與遼簡首云「退居安隱」，當在雲巢建成之後，約及冬。

歲末，軾作《黄泥坂詞》。

詞見《蘇軾文集》卷四十八。末云「歲既宴兮草木腓」，知作於歲末。首云：「出臨皋而東騖兮，并叢祠而北轉。走雪堂之陂陀兮，歷黄泥之長坂。」知遷居雪堂後，仍往來於臨皋、雪堂之間。

《欒城集》卷十二《同王適曹煥游清居院步還所居》作於元豐六年春。末云：「笑問黄泥行，此味還同否？」自注：「子瞻謫居齊安，自臨皋亭游東坡，路過黄泥坂，作《黄泥坂詞》。二君皆新自齊安來，故云。」知《黄泥坂詞》作於今年。

《文集》卷六十八《書黄泥坂詞後》：「余在黄州，大醉中作此詞。」

巴陵令上官彝寄詩文並多簡來，軾答簡贊其詩文，有向往洞庭君山之意。

《蘇軾文集》卷五十七與彝第一簡：「專人至，辱書及詩文二册。」以下云：「觀書辭，博雅純健，有味其言；次觀古律詩，用意深妙，有意於古作者；卒讀《莊子論》，筆勢浩然，所寄深矣，非淺學所能到。」第二簡云及「謫居幸獲相近」。第三簡：「詩篇多寫洞庭君山景物，讀之超然神往於彼矣。」以下言不作詩已三年，此三年當自初至黄州始，簡作於本年末。今據此繫與彝三簡於此。

彝，福建路邵武軍邵武縣人。熙寧九年進士。見同治《福建通志》卷一百四十七。爲巴陵令，見光緒《巴陵縣志》卷四十八。紹聖中官建昌軍教授，《輿地紀勝》卷三十五《江南西路·建昌軍·景物下》有彝《虎頭山》詩。《宋史·藝文志》總集類著録彝《麻姑山集》三卷，已早佚。《沈氏三先生文集·雲巢編》卷三《次韻奉贈巴陵上官令》云及「蒙恩許北下，始接諸公武」，又云「巴陵遇言游，高文璨瑶圃。泠泠挹清風，使人懷玉斧」。同上《奉贈上官令》首云：「洞庭春水静，楚山氣雄勁。欲言世上清，不敵巴陵令。」卷四有《奉謝上官令詩卷》詩，卷五《奉酬巴陵令》云及「忽枉故人問，乃是巴陵君。君治最瀟灑，洞庭天下聞。高材有餘暇，壯觀誰能群」。此上官乃彝。

王子中自徐州來，軾得李昭玘所寄題雪堂詩，與昭玘簡，贊之。簡並贊李廌詩，首次及廖正一(明略)。嘗應昭玘之請，爲作竹石。

《樂静集》卷一《雪堂詩寄子瞻》：「愁雲蔽日昏風發，鵝毛大片舞空闊。陰崖冰壓木仗折，一鳥不飛人足絶。山翁口掉肩擁褐，斫竹撑茅勞架結。堂成不用巧丹涅，却畫東坡四山雪。羣石嶄嶄争皎潔，門外堂開兩清洌。萬境一心同瑩徹，石牀雲生濕肌髮。布被飀飀冷於鐵，半夜哀猿叫山月。山翁高哦響修越，不道妻啼憂米竭。世事薰膏付灰滅，長安高門奔請謁。赤日炙背沙埋轍，僕夫汗流馬吐舌。三謁不逢腹欲爇，怒氣恐成疽毒裂。狂走不須求扇暍，此堂一登能濯熱。」

《蘇軾文集》卷五十五《與李昭玘》：「王子中來，且出所惠書。……既拜賜雪堂新詩，又獲觀負日軒諸詩文，耳目眩駭，不能窺其淺深矣。……觀足下新製，及魯直、無咎、明略等諸人唱和，於拙者便可閣筆，不復措詞。近有李豸者，陽翟人，雖狂氣未除，而筆勢瀾翻，已有漂砂走石之勢，常識之否？」

《文集》卷十一《遊桓山記》記從游桓山者有王適、王遹、王肄。王適兄弟元豐四年赴徐秋試，已見該年紀事。今年王適回筠。《樂静集》卷一有《送王子中南歸筠州》詩。據此，肄當爲子中之名，乃適、遹之兄弟輩。《柯山集拾遺》卷三有《聞蘇先生除校書郎喜而爲詩并招王子中》詩。此蘇先生乃轍。轍除校書郎，爲元豐八年八月，見該年紀事。詩中有「王郎蕭蕭好文章」之句。

正一，見元祐二年十月丙午紀事。

《樂静集》卷六《真樂堂記》：「李子以書乞墨竹於眉陽先生，先生不妄許可，得李子之言，喜而不拒，作大小竹石二番以貺焉。李子再拜而受，正顔色而觀之，柯葉脩勁，聳動偃仰，風雨霜霰所不能淩，廉角竅缺，盤礴屼嵂，百夫不可轉也。一日而神動，二日而心化，三日不知形骸之所忘，意慮之所得，彷徨顧步，如恐其忽然失之也。當此之時，雖疾雷不驚，飄瓦不觸，況乎睡寐飢飫晦暘寒燠所能覺哉！先生謂李子曰：『君豈復事此兒女子喜好者也。』先生道德高重，冠服天下，歉然猶以兒女自處，則眇乎不足數者，非敢與知也。富貴聲色，得之則淫溺怠傲，不得之則窮日力而爭，此壯者之所好也。飴蜜梨栗，得之則莞爾而笑，不得則雖若有失而不知所怨，此兒女之所好也。及夫愁精搖思，昏病羸僂，雖堂堂之軀，未嘗不爲兒女之所輕，挾懷咀嚼，叫呼相擲，雖三尺之子，未嘗不爲壯者之所嘆。二者之好，果誰樂耶？然而壯者之好無窮，兒女之好易足，吾以易足者爲真樂，夫爲天下所笑，必以笑天下者也，爲衆人之所棄，必亦棄衆人者也。物我未定，不可奪此而與彼，則姑從所好，吾豈知有物哉！今以先生石竹掛於堂，因名其堂曰真樂，且以成先生之貺而不敢忘也。」昭玘以爲兒女之好易足，易足者爲真樂。「君豈復事」云云，當爲答昭玘書中之語，其全文已佚。昭玘乞墨竹書已佚。

光州守曹九章（演甫）書報李臺卿（明仲）亡故，作詩弔臺卿。

詩見《蘇軾詩集》卷二十一（一一三一頁）。詩叙謂臺卿博學强記，罕見其比，好左氏，有《史學考正同異》，多所發明，知天文律曆。又謂臺卿爲麻城主簿，始識之。《詩集》同卷尚有《曹既見和復次韻》詩。

臺卿事迹，他處未見。

續蜀主孟昶所作《洞仙歌令》，首二句爲《洞仙歌》。

《東坡樂府》卷上《洞仙歌·序》叙七歲時見眉州朱尼道蜀主作詞事，云：「今四十年，朱已死久矣，人無知此詞者，但記其首兩句暇日尋味，豈《洞仙歌令》乎？乃爲足之云。」是作於今年。詞略。

《墨莊漫録》卷九：「東坡作長短句《洞仙歌》，所謂『冰肌玉骨，自清涼無汗』者。……近見李公彦季成詩話，乃云楊元素作《本事》，記《洞仙歌》『冰肌玉骨，自清涼無汗』，錢唐有老尼能誦後主詩章兩句，後人爲足其意以填此詞，其説不同。予友陳興祖德昭云：頃見一詩話，亦題云李季成作，乃全載孟蜀主一詩：『冰肌玉骨清無汗，水殿風來暗香滿。簾間明月獨窺人，欹枕釵横雲鬢亂。三更庭院悄無聲，時見疏星度河漢。屈指西風幾時來，只恐流年暗中换。』云，東坡少年遇美人，喜《洞仙歌》，又解后處景色暗相似，故檃括稍協律以贈之也。予以謂此説近之。據此乃詩耳。而東坡自叙乃云是《洞仙歌令》，蓋公以此叙自晦耳。《洞仙歌》腔出近世，五代及國初，未之有也。」按，蘇軾明言《洞仙歌令》乃短調，其所作《洞仙歌》，已較原調有所發展。張邦基之説亦未足信，姑録之以備考。

《苕溪漁隱叢話》前集卷六十引《漫叟詩話》載楊繪《本事曲》所叙，謂當以蘇軾之《洞仙歌令·

敘》爲正。按：昶詩疑乃宋人好事者據軾《洞仙歌令》爲之。

毛維瞻（國鎮）致仕。軾應請書陶潛《歸去來》以贈，并跋。嘗簡維瞻。

《欒城集》卷十一《送毛君致仕還鄉》，本年作；謂維瞻。跋見《蘇軾文集》卷六十九（二一九八頁），云及「林下展玩」。簡見《文集》卷五十七（一七九八頁）。劉攽（貢父）謂此簡「前數句是夜行迷路，誤入田螺精家中來」，見《道山清話》。簡前數句爲：「歲行盡矣，風雨淒然。紙窗竹屋，燈火青熒。」攽語蓋戲之。

趙昶（晦之）再任藤州，軾簡賀。

據《蘇軾文集》卷五十七與昶第四簡。昶以元豐三年任，再任爲本年。

軾多簡與陳軾。

《蘇軾文集》卷五十六《與陳大夫》第三簡云奉違「兩改歲」，今年作。第六簡云九郎「今歲科詔，當就何處下文字」，就今年禮部試而言。第四簡云「九郎淹滯」，知禮部試未售。《王臨川集》卷二十《陳君式大夫恭軒》云「獨喜弦歌有嗣音」，贊九郎。九郎，陳軾之子。

周紫芝生。

《太倉稊米集》卷三《壬午秋日》注：「時年二十一。」據推。該書卷七《夜讀艾子書其尾》肯定《艾子》爲蘇軾所作，有重要價值。

軾與堂兄不疑（子明）簡，勸以時自娱。

《蘇軾文集》卷六十與不疑：「世事萬端，皆不足介意。所謂自娱者，亦非世俗之樂，但胸中廓然無一物，即天壤之内，山川草木蟲魚之類，皆是供吾家樂事也。」時不疑滯留蜀中。并寄近作《歸去來引》與不疑，知此簡約作於今年。

滕元發（達道）專人借示蘇軾李成《十幅圖》。

《蘇軾文集》卷五十一與元發第四十九簡云：「承專人借示李成《十幅圖》，遂得縱觀，幸甚！幸甚！」又云：「此本真奇絶，須當愛護也。月十日後，當於徐守處，借人賫納。」徐守謂大受（君猷），此簡約作於本年。

成字咸熙，系出唐宗室，營丘人。生後梁末帝貞明五年，卒於宋太祖乾德五年。《聖朝名畫評》卷二《李成傳》稱成所「畫山水林木，當時稱爲第一」。《圖畫見聞志》卷三、《宣和畫譜》卷十一、《圖繪寶鑑》卷三均有《李成傳》。

王禹錫入太學，軾有贈。

《蘇軾文集》卷六十九《書贈王十六二首》其一：「王十六秀才禹錫，好蓄余書，相從三年，得兩牛腰。既入太學，重不可致，乃留文甫許分遺。」文甫，齊愈字。自元豐三年至此首尾爲三年。其二亦作於此時。今次此。

《文集》卷七十《書張遇潘谷墨》叙贈禹錫墨事。此或爲元祐中事，今附於此。《苕溪漁隱叢話》前集卷五十五引《王直方詩話》：「王禹錫行第十六，與東坡有姻連，嘗作《賀知縣喜雨》詩云：『打葉雨拳隨手重，吹凉風口逐人來。』自以爲得意。東坡見之，曰：『十六郎作詩，怎得如此不入規矩。』禹錫云：『蓋是醉中所作。』異日，又持一大軸呈坡，坡讀之，曰：『爾復醉耶！』」與蘇軾有姻連之王十六，名箴，妻王閏之之弟，與禹錫非一人。《王直方詩話》偶失。

轍作王陶輓詞。

詩乃《欒城集》卷十二《王度支陶輓詞二首》。陶字樂道，京兆萬年人。神宗時，嘗權三司使，故以度支稱之。元豐三年卒，年六十一。謚文恪。《名臣碑傳琬琰集·中集》卷二十四有墓誌銘、《宋史》卷三百二十九有傳。

陳師仲寄詩來，轍次韻。師仲嘗寄書來，轍答書。

轍詩見《欒城集》卷十二。詩首云：「朽株難刻畫，枯葉任凋零。」「朽株」、「枯葉」皆況己，頗不能平。至筠二年有餘，未能遣回，不平由此起。次云：「舊友頻相問，村酤獨未醒。」下句意謂與世浮沉，不能如屈原之獨醒。下云：「山牙收細茗，江實得流萍。」萍實謂萍蓬草之果實。萍蓬草生南方池澤中，葉大如荇，開黄花。劉向《説苑·辨物》謂楚昭王渡江，得萍實，大如斗。

食之甜如蜜。見《本草綱目》卷十九《草》八《萍蓬草》。二句意似謂筠地出産豐富，頗足以度日。末云：「頗似申屠子，都忘足被刑。」《史記》與《漢書》之《儒林傳》有《申公傳》，言申公受「胥靡」之刑（《史記集解》謂爲腐刑）。二書無申屠公受足刑之記載。轍或出誤記，或有意閃爍之，意爲已忘却自己乃被謫至此者，而於被謫深致不滿。

答書見《集》卷二十二，首云「蒙惠書論詩」。中云「子瞻既已得罪」，知作於在筠時。

轍寄題江渙南園茅齋。

詩見《欒城集》卷十二。首云：「白髮辛勤困小邦。」題稱渙爲長官，蓋渙爲一小縣之令。中云：「畦畔草生親荷鍤，牀頭酒熟自傾缸。」頗足自適。不知謂己抑謂渙，或兼有之。

轍詠霜與乾荔支。

詩見《欒城集》卷十二。前者其二云：「坐睡依爐暖，細聲聞葉飛。」閑適。

吴厚寄詩，轍次厚韵。

詩見《欒城集》卷十二，有「白髮潛生歲欲除」之句，蓋已及歲暮矣。末云：「久恐交親還往絶，牀頭猶喜數行書。」與厚之情誼在加深。

王先生送陳慥（季常）往江南，因訪蘇軾，軾賦《滿庭芳》。

詞見《東坡樂府》卷上。詞之小序云：「有王長官者，棄官黄州三十三年，黄人謂之王先生。

因送陳慥來過余，因爲賦此。」

詞上闋云：「聞道司州古縣，雲溪上、竹塢松窗。」《唐書·地理志》：「武德三年，以黄陂縣置南司州。七年州廢。」知「司州古縣」爲黄陂，王先生現居黄陂。王先生爲長官（縣令）之所在，或即在黄陂。詞云「子」，謂陳慥。慥往江南，王先生送之，乃與慥過黄州訪蘇軾。蓋其人非輕易下人者，非專訪也。

下闋所云「居士先生」，乃蘇軾自謂。軾元豐四年自號東坡居士。則王先生之來，當在本年或明年，今繫於本年。

詞以「凛然蒼檜」、「霜幹」擬王先生，盛贊其歷經風霜、傲然聳立之姿，令人肅然起敬。蘇軾謂光、黄間多異人，王先生即爲異人。

陳慥此次乃過黄州至江南，不計入至黄次數。

蜀僧明操思歸，蘇軾書陳慥（龍丘子）之壁。

軾詩見《蘇軾詩集》卷二十一（一一三七頁）。

詩首句：「久厭勞生能幾日。」蓋以流落江湖，厭倦生活，情緒不佳。次句：「莫將歸思擾衰年。」有歸思而不能歸，明操之歸，勾起思鄉夢，故云擾之也。末二句：「片雲會得無心否，南北東西只一天。」乃述明操之意，意爲片雲無心自在飛。南北東西皆爲天空範圍，不必以一地拘之，雖歸猶在此天之内。蓋以開拓作者視野，從思鄉中解脱。《東坡七集》中之《續集》卷二載此詩，題作《蜀僧明操思歸，龍丘子書壁》。此題有二解，一爲明操思歸，龍丘子（陳慥）作詩，蘇軾因慥之詩而作詩；一爲此詩乃陳慥所作。不能明，志疑於此。

是歲前後，劉攽（貢父）貶衡州，攽過黄州晤蘇軾，并賦詩。

《後山集》卷二十一《談叢》：「蘇長公以詩得罪，劉攽貢父以繼和罰金，既而坐事貶官湖外，過黄而見蘇。寒温外，問：『有新譁否？』貢父曰：『有二屠父，至（編撰者按：疑應作「質」）其子，而易業爲儒賈。二父每相見，必以爲患。甲曰：「賢郎何爲？」曰：「檢典與解爾。」乙復問，曰：「與舉子唱和詩爾。」他日，乙曰：「兒子竟不免解，著賊贓，縣已逮捕矣。」甲曰：「兒子其何免耶？」乙曰：「賢郎何虞？」曰：「若和著賊詩，亦不穩便。」』公應之，曰：『賢尊得以憂裏。』」

《宋史》卷三百十九《劉攽傳》謂元豐中「黜監衡州鹽倉」。張舜民《畫墁集》卷三有《同劉貢甫學士登石鼓合江亭》一首。舜民於元豐六年冬抵官郴州，知攽黜衡州爲本歲前後事。石鼓合江亭在衡州，見《輿地紀勝》卷五十五。《清波雜志》卷四謂舜民晤攽於衡州。《學易集》有《送劉貢父貶衡州》詩。《彭城集》卷十《黄州臨皋亭》：「遠國江千里，荒城水一涯。居人愁避虎，過客競乘槎。秋雨吹天暮，寒濤浸日車。從來遷謫地，卑濕是長沙。」過黄乃秋季事。

杜沂（道源）約卒於本年，軾與沂子傳（孟堅）簡，哀慰之。

《晚香堂蘇帖》：「軾啓。昨日令子見訪，始知道源傾逝，懷想疇昔，潸焉出涕，奈何！奈何！想孝愛之深，何以堪處。軾自獲譴以來，所至未嘗出謁，雖地主亦不往謝，今來無緣往弔，慚負深矣。憂恚所纏，恐畏萬端，非有簡於左右也。千萬亮察。令弟各安否，且祝節哀强食，毋重堂上之憂。不次。軾頓首。」此簡作於黄州。簡中所云令弟乃杜俁。元豐四年，蘇軾與傳簡，傳家尚無事，參該年「與杜傳簡」條。沂約卒於本年。

《晚香堂蘇帖》上簡之後尚有一簡，乃《佚文彙編》卷二《與杜道源五首》之第五簡。簡云「輒送十緡省爲一奠之用」，當爲奠沂之喪。首云「令子所示」，據上簡，此子乃傳之子。此乃與傳簡，題應作《與杜孟堅》。

沂父叔元，叔元有曾孫曰唐弼，見《大觀録》卷五《諸帖一册》吴玕跋。不知唐弼是否爲沂之孫。

軾與章惇（子厚）簡，叙東坡耕居生活。爲本年或下年事。

《蘇軾文集》卷五十五《與章子厚》第一簡：「僕居東坡，作陂種稻，有田五十畝，身耕妻蠶，聊以卒歲。昨日一牛幾病死，牛醫不識其狀，而老妻識之，曰：『此牛發豆斑瘡也，法當以青蒿粥啖之。』用其言而效。勿謂僕謫居之後，一向便作村舍翁。老妻猶解接黑牡丹也。言此，發公千里一笑。」涵芬樓鉛印本《説郛》卷十八有宋葉寘《坦齋筆衡》，其中《東坡牛醫》一則，即叙此事；謂黑牡丹乃牛之俗呼；「黑牡丹也」句後，尚有「『子厚，我更欲留君與語，恐人又謂從牛醫兒來，姑且去。』遂大笑而别」一段文字，與簡不同。

陳忱（伯誠）或卒於本年，軾有簡慰其弟慥（季常）。

簡見《佚文彙編》卷二，爲與慥第三簡，有「季常篤於兄弟」之語。《蘇軾文集》卷十三《陳公弼傳》謂慥兄弟四人，忱居長，知忱乃伯誠之名。蘇軾約於元豐四年撰《陳公弼傳》時，忱猶爲度支郎中，其卒當爲元豐五六年間事。今繫入本年。

三蘇年譜卷三十三

元豐六年（一〇八三）癸亥　蘇軾四十八歲　蘇轍四十五歲

元日，王適作詩。轍次適韻，并示曹焕。焕來筠乃爲完婚。

詩見《欒城集》卷十二。其二首云：「放逐三年未遣回，復驚爆竹起春雷。」點時令。末云：「二君未肯嫌貧病，猶得衰顔一笑開。」有二人相依，亦足慰寂寞。

《集》卷二十六《祭曹演父朝議文》叙熙寧末、元豐初蘇、曹二家有意定姻。蓋轍以第三女字曹九章（演父）之子焕。以下云：「逮伯遷黄，公在浮光。山聯川通，可跂而望。有饋豚羔，報之醪漿。始於朋友，求我婚姻。數歲之間，相與抱孫。」焕之來爲完婚，其完婚之日，當爲上年之末。

正月三日，軾點燈會客，作詩。

詩乃《蘇軾詩集》卷二十二《正月三日點燈會客》，末云：「冷烟濕雪梅花在，留得新春作上元。」上元，正月十五日。

十五日，軾作《唐畫羅漢偈》。時悟清復來黄。

文見《蘇軾文集》卷二十二。《寶真齋法書贊》卷十二《蘇文忠羅漢偈帖》即此文，文末云：「元祐八年正月望日，雪堂書。」文云「東坡居士告悟清師」，又云「旬有八日，清師復命，且以晝來」。按：元豐三年，悟清嘗來黄州，四年離去，已見各該年紀事。時蘇軾猶未自號東坡居士。文又云「今者是晝在黄梅山常歡喜所，子往爲我致問常公」。黄梅山屬淮南西路蘄州黄梅縣，見《元豐九域志》卷五，距黄州不遠。此所叙之事爲黄州時事。據此，悟清歸蜀後復當來黄，時當在元豐五六年間。《法書贊》所云「元祐八年」有誤。以「六」易訛成「八」，今姑繫入本年。悟清歸時不詳。

二十日，軾循前年、去年例，復出東門尋春。

《蘇軾詩集》卷二十二有詩（一一五四頁），末云：「豈惟見慣沙鷗熟，已覺來多釣石温。長與東風約今日，暗香先返玉梅魂。」

軾病眼，苦壅嗽。感時氣。

病眼詳本年三月十六日紀事。據《避暑録話》卷上，乃病赤眼。《蘇軾文集》卷七十三《口目相語》首云「子瞻患赤目」，或爲此時事。苦壅嗽，見本年以下「巢谷遊武昌車湖」條。

《文集》卷五十一《與滕達道》第五十八簡：「某感時氣，卧疾逾月，今已全安。」簡約作於本年四月。

《蘇軾詩集》卷二十二《和秦太虛梅花》：「去年花開我已病。」作於元豐七年春梅花「竹外一枝斜更好」之時。

毛滂（澤民）寄來《擬秋興賦》并簡，軾答簡贊滂之作。

《蘇軾文集》卷五十三答滂第七簡：「《秋興》之作，追配騷人矣。」贊其有「奇思」。簡末云「數日適苦壅嗽，殆不可堪」。知作於此時。

《東堂集》卷一《擬秋興賦》序謂潘岳（安仁）作《秋興賦》時，年三十二，始見二毛，今少岳八歲，頭獨早白。知滂作《擬秋興賦》時爲二十四歲。

大寒軾步至東坡，贈詩巢谷。

詩見《蘇軾詩集》卷二十二（一一五九頁）。蓋嘲蒲宗孟（傳正）。

《山谷全書·別集》卷七《跋東坡嘲巢三》：「東坡此詩，蓋嘲蒲傳正。傳正請於先帝，欲寄金賙之。先帝笑曰：『鄉黨親舊，同朝僚友，以有餘助不足，縣官當怒之耶！』」蘇贈巢詩中有「故人千鍾禄，馭吏醉吐茵，那知我與子，欲將寒蟄呻」之句，蓋謂此也。時宗孟以翰林學士加中大夫守尚書右丞，見《宋史·宰輔表》。

巢谷（元修）遊武昌車湖，軾簡促其歸。

《蘇軾文集》卷六十與谷簡：「日日望歸，今日得文甫書，乃云昨日始與君瑞成行。東坡荒廢，春笋漸老，餠餤已入末限，聞此，當俟駕耶！」又云：「某五七日來，苦壅嗽殊甚，飲食語言殆廢，矧有樂事！」文甫乃王齊愈，居車湖。君瑞當爲王天麟，見元豐五年「王天麟殿直來」條。

陳章來簡，軾答之。

答簡乃《蘇軾文集》卷五十七《與陳朝請》第二簡。時章知濠州，見第一簡校記。簡云：「某自竄逐以來，不復作詩與文字。」簡有「適寒苦嗽」之語，知作於春間。

轍寄梅仙觀楊智遠道士詩。

詩見《欒城集》卷十二。首云：「道師近在真人峰，欲往見之路無從。」《輿地紀勝》卷二十六《江南西路·隆興府·仙釋·梅福》：「福嘆曰：『生爲我酷，仕爲我梏，形爲我辱，智爲我毒。』於是棄南昌尉，去妻子，入洪崖山。得道爲神仙，有梅仙觀、梅仙壇，在豐城縣北岸。」同上卷《景物下》謂洪崖山在新建縣西三十里。真人峰當在此山。梅福，壽春人。嘗爲南昌尉。後去官歸里。數上書譏刺王鳳。王莽專政，福乃棄妻子去九江。事迹見《漢書》本傳。後傳成神仙。故轍此詩云：「梅翁漢朝南昌尉，手摩龍鱗言世事。一朝拂衣去不還，身騎白驎翳紅鸞。」轍頗歆羡楊智遠，有「脱去羅網」求其指點之意。

春雪，轍作詩。

詩見《欒城集》卷十二。詩中云：「信逐殘梅到，花從半夜匀。」約作於正月。末云：「預喜田宜麥，槃飡餅餌頻。」雪兆豐年。

轍贈石臺問長老二絶。軾亦作。

轍詩見《欒城集》卷十二。其二首云：「蒲團布衲一繩牀，心地虚明睡自亡。」問長老乃成都吴氏子，棄俗出家。

軾詩見《蘇軾詩集》卷二十二。詩題云：「子由作二頌，頌石臺長老問公，手寫《蓮經》，字如黑蟻，且誦萬遍，脅不至席二十餘年。予亦作二首。」其二末云：「誰信吾師非不睡，睡蛇已死得安眠。」

《輿地紀勝》卷二十七《江南西路·瑞州·景物下·石臺山》：「在新昌縣南三十里，中有清涼禪院。」又《仙釋·問長老》：「（住）新昌報恩院。治平中改曰清涼禪院。」又《碑記·東坡書大愚石臺山詩》：「在本山。」石臺山詩或爲軾、轍贈問長老詩，知當時或有石刻。

毛維瞻（國鎮）自衢州寄《白雲莊五詠》來。轍和之。

和詩見《欒城集》卷十二。其五《白雲莊偶題》，同治《瑞州府志》卷二十二謂爲維瞻詩，恐誤。商務印書館影印本《浙江通志》卷四十八《古迹·衢州府·白雲莊》引《輿地紀勝》：「在江山縣南三十五里石門，有軒堂臺榭之勝。邑人毛維瞻建，趙抃題四詠。」此處所引，今本《輿地紀勝》在缺卷中。

轍所和五詠，餘四韵爲《掬泉軒》、《平溪堂》、《眺遠臺》、《濯纓庵》。此五詠，趙抃《趙清獻公集》皆有和。

王適落日行江上，作詩。轍次韵。

次韵見《欒城集》卷十二。其一首寫寒烟漁唱，以下云：「江轉少人家，自此知安往。維舟倚叢薄，明月獨相向。」舟行江上，而後停舟對月，似轍與適同行。江，蜀江。

張秀才爲寫真，轍作詩。

詩見《欒城集》卷十二。首云：「潦倒形骸山上樗，每經風雨輒凋疏。」此乃轍此時之真。轍贊秀才之筆妙。

同王適、曹焕游清居院步還所居，作詩。適作春雨詩，轍次韵。

詩見《欒城集》卷十二。前者叙尋僧即游清居院，以下叙歸途荒涼情景：「茅茨遠相望，鷄犬亦時有。人還市井罷，日落狐兔走。回風吹横烟，燒火卷林藪。」野趣自得。以下云：「二君獨何爲，經歲坐相守。」情意融怡。後者叙風雨蕭條，有寂寞之感，蓋以久遭客禁故也。

軾在黄州作《蜜酒歌》，轍和之。

軾詩見《蘇軾詩集》卷二十一。轍詩見《欒城集》卷十二。軾詩云：「先生年來窮到骨，問人乞米何曾得。」轍云：「忍饑不如長醉眠。」蓋戲之。

李憲講律，作詩見贈。轍次韵。

轍詩乃《欒城集》卷十二《次韵講律李司理憲見贈》中云：「禮律縱横開卷盡，虀鹽冷落待賢非。」憲蓋以司理兼爲教授。末云：「猶喜江邊暮春近，舞雩風雨得同歸。」詩約作於二月，以同爲教授也。生活清苦，得弦歌之樂。

王適游陳氏園，作詩。轍次韵。

詩見《欒城集》卷十二。首云：「宿雨晴來春已晚。」作於二月末或三月初。

三月十六日，軾簡徐大正（得之）。時大正已來黄，大正與軾及大冶長老等有往還。

《佚文彙編》卷二與大正第一簡：「軾春時病眼。」去年此時不在黄，明年此時將離黄，知作於今年。簡約大正等移坐雪堂前作詩。

弘治《八閩通志》卷六十三《徐大正傳》：「字得之，甌寧人。嘗赴省試，過釣臺，題詩曰：『光武初從血戰回，故人長短論詩材。中宵若起唐虞興，未必先生戀釣臺。』蘇軾見之，遂與定交。」其定交約爲蘇軾倅杭時事。大正乃大受弟，見本年「徐大受卒於道」條。

《書畫題跋記》卷四《東坡病眼帖》高殿跋：「蘇長公居黄州，自號東坡居士，在城南築一白雪堂，□四百三十步。前有桃李林泉，後有菓菜。堂下大冶長老，往還惟徐得之、陳季常、張懷民、參寥子、乾明寺中庵可爲莫逆，餘者皆先輩也。此札在黄州與徐得之者。公爲人風流弘暢，日以詩酒騁雄，所謂强支歲月者是也。又夢中杭人多惠龍團盡食，復守杭食龍團作記，蓋其驗。甲辰二月既望，欒山高殿識。」《式古堂書畫彙考·書》卷十亦引高殿跋，然有脱文。《書畫題跋記》文字，似亦有脱漏，然較前者爲善。「强支歲月」、「夢中」、「杭人多惠龍團」皆軾簡中語。

《太倉稊米集》卷三十五詩題：「蘇内相在黄岡，嘗從桃花寺僧覓茶栽，移種雪堂下。余始至此，會歲且暮。明年春，得新芽試之，色香味俱絶，不減湖越二品，宜其見賞於此老人也。人言雪堂今已鞠爲館驛，茶蓋可知矣。」詩云：「梅雪既掃地，桃花露微紅。風從北苑來，吹入茶塢中。真香不可説，玉色誰與同。不知耐幾湯，成此三味功。顧渚與日注，名高各雌雄。四海一大地，所至皆春風。物固有不幸，乃爾殊窮通。此品不見稱，白雲空蒙茸。移栽雪堂下，賴有黄岡翁。來禽青李帖，絶世無此工。遂使桃花名，遍滿江西東。此老久下世，真賞殊未逢。只今調粥手，乳花爲誰濃。堂今在館驛，樹亦知何蹤。樹固不足惜，館驛行當空。」此詩作於紹興中。詩云「來禽」，知蘇軾有簡與大冶長老，周紫芝猶見之。

十九日，軾與郭澄江簡。

簡見《佚文彙編》卷三（二四九五頁）。云「杜門自放，養成頑懶」，知作於黄；云「杜兄」乃杜傳；云「重病」，爲今年。

《吴越所見書畫録》卷一《宋蘇文忠樂地帖卷》，即與澄江簡。據明臨川王英跋，蘇軾與澄江「往來書翰甚多，元季悉燬於兵」；盧陵余學夔跋謂澄江乃廬陵人，以承直郎謫西安，與蘇軾「相與友善，雖同遷謫中，然相勉隨寓而樂，所謂無人而不自得者」。西安，乃衢州之治。

二十五日，軾書弟轍答孔平仲二偈後寄弟轍。

文爲《蘇軾文集》卷六十《與子由》第三簡；此簡，《外集》題作「書子由答孔平仲二偈後」，見該簡校記。此簡之旨，在與弟轍論佛理。

《欒城集》卷十二《答孔平仲二偈》其一：「熟睡將經作枕頭，君家事業太悠悠。要須睡著元非睡，未可昏昏便爾休。」其二：「龜毛兔角號空虛，既被無收豈是無。自有真無遍諸有，燈光何礙也嫌渠。」本年，蘇軾及平仲詩多首：《次韻孔毅父集古人句見贈五首》、《孔毅父妻挽詞》、《孔毅父以詩戒飲酒，問買田，且乞墨竹，次其韻》，皆在《蘇軾詩集》卷二十二。足見情誼之深。平仲原唱已佚。

《蘇軾文集》卷六十《與子由》第三簡（《外集》卷四十四此簡之題作《書子由答孔平仲二偈後》）：「任性逍遥，隨緣放曠，但盡凡心，無别勝解。以我觀之，凡心盡處，勝解卓然。但此勝解，不屬有無，不通言語，故祖師教人，到此便住。如眼翳盡，眼自有明，醫只有除翳藥，何曾有求明方。明若可求，即還是翳。固不可於翳中求明，即不可言翳外無明。而世之昧者，便將頽然無知，認作佛地。若如此是佛，猫兒狗子，得飽熟睡，腹摇鼻息，與土木同，當恁麽時，可謂無一毫思念，豈可謂猫兒狗子已入佛地。故凡學者，但當觀心除愛，自粗及細，念念不忘，會作一日，得無所除，弟以教我者是如此否？因見二偈警策，孔君不覺悚然，更以問之。書至此，墻外有悍婦與夫相毆，詈聲飛灰火，如猪嘶狗嘷。因念他一點圓明，正在猪嘶狗嘷裏面。譬如江河鑒物之性，長在飛沙走石之中。尋常静中推求，常患不見。今日鬧裏忽捉得些子，如何！如何！元豐六年三月二十五日夜，已封書訖，復以此寄子由。」軾與轍論佛理。

柳真齡作《閑居春日》，王適作《東軒即事》，轍皆次韻。

次韵見《欒城集》卷十二。前者云：「一局無言消永日。」後者其二中云：「過墻每欲隨飛蝶。」突出「閑」字。

李憲還新喻，轍作詩送之。

詩見《欒城集》卷十二。首云「采芹芹已老」，知憲教授筠州，乃暫權。詩云：「黄卷忘憂易，青衫行路難。」堪稱警句，對仗工穩。知憲滿腹書卷，然似無科第，遭遇不偶。

問黄蘗長老道全禪師疾，轍作詩。

詩見《欒城集》卷十二。末云：「日夜還將藥石攻。」勉長老用藥。卷二十五《全禪師塔銘》謂今年師得疾甚苦，以下云：「見我語不離道，曰：『吾病宿業也，殆不復起矣。君無忘道，異時見我無相忘也。』既而病良愈。」

道潛（參寥）來，館於東坡。嘗與軾同游武昌西山。蘇軾喜道潛詩，嘗誦之。

道潛云云，據《蘇軾文集》卷十九《參寥泉銘》之叙。叙謂「留期年」。同上卷六十八《記參寥詩》記夢中記道潛詩有「寒食清明都過了」之句，則其來當在清明寒食之後。同卷《書參寥詩》：「僕在黄州，參寥自吴中來訪，館之東坡。」以下亦記上述夢中詩。

《冷齋夜話》卷四《道潛作詩追法淵明乃十四字師號》：「道潛作詩，追法淵明，其語逼真處。『數聲柔櫓蒼茫外，何處江村人夜歸。』又曰：『隔林髣髴聞機杼，知有人家住翠微。』時從東坡在黄州，京師士大夫以書抵坡曰：『聞公與詩僧相從，真東山勝遊也。』坡以書示潛，誦前句，笑曰：『此吾師十四字師號耳。』」《詩話總龜·前集》卷十四引《王直方詩話》亦有此則，謂「東坡云參寥善絶句」，每爲人誦「隔林」一聯。

按：「隔林」一聯見《參寥子詩集》卷八，題作《東山》。

四月初一日，中書舍人曾鞏（子固）卒。轍作輓詞。

四月云云，據《年表》。輓詞見《欒城集》卷十三；中云：「儒術遠追齊稷下，文詞近比漢京西。」盛贊之。

時紛傳蘇軾與鞏同日或先後卒，神宗以詢蒲傳正。范鎮以此遣人問訊。

《蘇軾文集》卷七十一《書謗》謂鞏卒，「人有妄傳與子固同日化去，如李賀長吉死時事，以上帝召也。時先帝亦聞其語，以問蜀人蒲宗孟，且有嘆息語。」

《長編》卷三百五十五元豐七年正月己未紀事引李丙《丁未録》：「前此京師盛傳軾已白日仙去，上對左丞蒲宗孟，嗟惜久之。」

《文集》卷五十《荅范蜀公》第二簡：「李成伯長官至。……春夏間，多患瘡及赤目，杜門謝客，而傳者遂云物故，以爲左右憂。聞李長官説，以爲一笑。平生所得毁譽，殆皆此類也。」

《避暑録話》卷上：「子瞻在黄州病赤眼，踰月不出，或疑有他疾，過客遂傳以爲死矣。有語范景仁於許昌者，景仁絶不置疑，即舉袂大慟，召子弟具金帛，遣人賙其家。子弟徐言此傳聞未審，當先書以問其安否，得實，弔恤之未晚。乃走僕以往。子瞻發書大笑。故後量移汝州《謝表》有云：『疾病連年，人皆相傳爲已死。』」

《春渚紀聞》卷六《裕陵惜人才》：「公在黄州，都下忽盛傳公病殁。裕陵以問蒲宗孟，宗孟奏曰：『日來外間似有此語，然亦未知的實。』裕陵將進食，因歎息再三，曰：『才難。』遂輟飯而起，意甚不懌。後公於哲廟朝表薦先子博士《備論》云：『先皇帝道配周、孔，言成典謨，蓋嘗當食不御，有才難之歎。』其説蓋出於此。」

《邵氏聞見後録》卷十六：「東坡既遷黄岡，京師盛傳白日仙去。神廟聞之，對左丞蒲宗孟歎惜久之。故東坡謝表有云『疾病連年，人皆相傳爲已死；飢寒併月，臣亦自厭其餘生』也。」

六日，黄庭堅作書與蘇軾；並寄《食筍》詩。軾次韵。

《豫章黄先生文集》卷十九《上蘇子瞻》第二書：「庭堅再拜。自往至今，不承顔色，如懷古人。頃不作書，且置是事。即日，不審何如。伏惟坐進此道，以聽浮雲之去來。客土不給伏臘，尚可堪忍否？夫忠信孝友不言而四時並行，晏然無負於幽明而至於草衣木食，此子桑所以歌不任其聲，求貧我者而不得也。且聞燕坐東坡，心醉六經，滋味糟粕而見存乎其人者，頗立訓傳以俟後世子雲，安得一見之。昨傳得寄子由詩，恭儉而不迫，憂思而不怨，可願乎，如南風報德之絃，讀之使人凛然增手足之愛。欽仰！欽仰！公擇、莘老頗嗣音否？師厚詩語氣益謹嚴，極似鮑明遠，但因來不多復未果録寄耳。比以職事在山中食笋，得小詩，輒上寄，一笑。旁州士大夫和詩，時有佳句，要自不滿人意。莫如公待我厚，願爲落筆，思得申紙疾讀，如老杜所謂『一洗萬古凡馬空』者。朝夕須報，惟君子之四時體道一致，神明其相之。」時庭堅知太和，見《山谷全書》卷首年譜。《山谷老人刀筆》卷二有此書，謂作於四月六日。

《蘇軾詩集》卷二十二有《和黄魯直食筍次韻》。庭堅原韻，見《山谷外集詩注》卷十二。庭堅詩題作《食笋十韻》，云：「洛下斑竹笋，花時壓鮭菜。一束酬千金，掉頭不肯賣。我來白下聚，此族富庖宰。藾栗戴地翻，觳觫觸墻壞。䶜䶜入中厨，如償食竹債。甘葅和菌耳，辛膳腼薑芥。烹鵝雜股掌，炮鼈亂裙介。小兒哇不美，鼠壤有餘嘬。可貴生於少，古來食共噫。尚想高將軍，五溪無人采。」

黄庭堅得轍《次烟字韵》答詩，再次韵答轍，復次韵寄轍。轍復次韵。

《山谷外集詩注》卷九《再次韵奉答子由》：「薑尾銀鈎寫珠玉，剡藤蜀繭照松烟。似逢海若談秋水，始覺醯鷄守甕天。何日清揚能覿面，只今黄落又凋年。萬錢買酒從公醉，一鉢行歌聽我顛。」盼與轍相晤。

同上卷《再次韵寄子由》：「想見蘇耽攜手仙，青山桑柘冒寒烟。麒麟墮地思千里，虎豹憎人上九天。風雨極知雞自曉，雪霜寧與菌争年。何時確論傾樽酒，醫得儒生自聖顛。」再盼與轍晤。

同上卷尚有《次韵寄上七兄》，次《再次韵寄子由》後，今亦録於此：「學得屠龍長縮手，煉成五色化蒼烟。誰言游刃有餘地，自信無功可補天。啼鳥笑歌追暇日，飽牛耕鑿望豐年。荷鋤端欲相隨去，邂逅青雲恐疾顛。」此七兄，疑即大臨(元明)。作於太和任。

轍詩乃《欒城集》卷十二《復次烟字韵答黄大臨庭堅見寄二首》。據題，似大臨亦有再次韵，已佚。其一中云：「犬牙舂米新秋後，麥粒蒸茶欲社天。」叙筠州生活。其二首云：「十載勞思寤寐間。」轍與大臨識於齊州。與庭堅之識，在元祐元年。見該年紀事。

夜歸臨皋，軾賦《臨江仙》。

詞見《東坡樂府》卷上，《注坡詞》調下有「夜歸臨皋」四字。《避暑録話》卷上叙傳蘇軾卒范鎮遣僕致書，軾發書大笑。以下云：「未幾，復與數客飲江上，夜歸，江面際天，風露浩然，有當其意，乃作歌辭，所謂『夜闌風静縠紋平，小舟從此逝，江海寄餘生』者，與客大歌數過而散。翌日，喧傳子瞻夜作此辭，挂冠服江邊，拏舟長嘯去矣。郡守徐君猷聞之，驚且懼，以爲州失罪人，急命駕往謁，則子瞻鼻鼾如雷，猶未興也。然此語卒傳至京師，雖裕陵亦聞而疑之。」「夜闌」云云，乃詞中句。

五月一日，張公裕（益孺）卒。蘇軾嘗跋其《清净經》。

公裕卒據《范忠宣公文集》卷十四《承議郎充秘閣校理張君墓誌銘》。公裕，蜀之江原人，爲嘉州守，卒於嘉州官舍。人稱之爲有道君子。嘗注《詩》、《易》、《春秋》、《老子陰符》共三十三卷。爲文典贍，有家集，已佚。跋見《蘇軾文集》卷六十六（二〇六五頁）。

初五日，轍作《光州開元寺重修大殿記》。蓋應光州守曹九章之請。

記見《欒城集》卷二十三。殿始作於至道丙申，復新於今年，中間寂寥八十八年。

八日，軾帖贈綿州武都山道士楊世昌（子京）回蜀。

帖見《佚文彙編》卷六（二五八七頁）。

楊世昌離黃。軾托世昌致簡滕元發（達道）。

贈世昌帖中有「明日當舍余去」之語。明日，五月九日也。

《蘇軾文集》卷五十一與元發第十簡：「因楊道士行，奉啓上問。」據此，世昌乃取道安州。

本月，軾畫扇寄贈蔡承禧（景繁）。《南堂五首》寄承禧：南堂之成，得承禧之力。轍次《南堂》韵。

《蘇軾文集》卷五十五與承禧第十簡叙及「中夏」，知作於本月。簡叙贈畫扇。

同上與承禧第九簡：「臨皋南畔，竟添却屋三間，極虛敞便夏，蒙賜不淺。」第十一簡：「近葺小堂，强名南堂，暑月少舒，蒙德殊厚。小詩五絶，乞不示人。」據「暑月」，其成在春夏之交。

《總案》據簡謂南堂乃承禧使有司增葺。

詩見《蘇軾詩集》卷二十二。《欒城集》卷十二《次韻子瞻臨皋新葺南堂五絶》其二有「旅食三年已是家」之句。

轍詩其一首云：「江聲六月撼長堤。」轍詩作於六月。

蹇序辰（授之）悼亡，軾作慰疏。時陳慥（季常）亦悼亡。

慰疏爲《蘇軾文集》卷五十五與序辰第一簡。第二簡亦有慰意，作於第一簡略前，云「季常悲恨甚矣，亦常以書痛解之」；又云「適苦目疾」，約作於五六月間。與慥慰簡佚。

軾復與陳章簡，慰其兄襄（述古）之逝。

簡乃《蘇軾文集》卷五十七《與陳朝請》第一簡，云「春夏以來，卧病幾百日，今尚苦目疾」，約作於今夏五六月間。

六月三日，軾與楊繪（元素）簡，叙病後狀況，盼晤面。

《蘇軾文集》卷五十五與楊第二簡，即此簡。簡云：「軾病後百事灰心，雖無復世樂，然内外廓然，稍獲輕安。何時瞻奉，略道所以然者。」

五日，軾與張商英（天覺）簡。

《佚文彙編》卷二《與張天覺》第二簡首云「一向多病」，末云「久望公還」，知作於今年。中云：「向蒙示諭『鐵牛老鼠』之説，實不曉此謎。但廢放之中，病患相仍，默坐觀省，雖無所得，而向之浮念雜好，盡脱落矣。永日杜門，游從登覽，舉覺無味，此下根鈍器，所守如此，不足爲達者言也。」言學佛、道也。

《閑閑老人滏水文集》卷二十《書東坡寄無盡公書後》謂張商英「佛學信有得」，「又自以爲三教大師」。蘇軾與商英書或亦及此。蘇軾書不見，兹附於此，以著其交往之迹。

《佚文彙編》卷二與商英第三簡云及「令小兒往荆渚求少田，……甚欲與公晚歲爲鄰翁」，亦作於今年。

二十日，軾戲代筠州黄檗惟勝禪師答弟轍之頌。

《蘇軾文集》卷二十有《代黄檗答子由頌》，謂作於六月二十日。今考弟轍之頌，入詩，次於本年春後，題作《問黄檗長老疾》，在《欒城集》卷十二。

《欒城集》卷十一《雪中洞山黄檗二禪師相訪》作於元豐四年。洞山乃寶峯克文禪師，參元豐七年「將至筠州」條。

《五燈會元》卷十七有惟勝傳，全稱「瑞州黄檗惟勝真覺禪師」，乃潼川羅氏子，與洞山同爲南嶽下十二世，乃石霜圓禪師法嗣。

軾作《元修菜》贈巢谷（元修）。

詩見《蘇軾詩集》卷二十二，叙謂菜原名巢，蘇軾以谷之故，易名元修，欲谷以後回蜀，「致其子而種之東坡之下」。詩末云：「長使齊安民，指此説兩翁。」兩翁謂谷及軾。

日日出東門，軾賦詩。

《蘇軾詩集》卷二十二《日日出東門》：「日日出東門，步尋東城游。」

章惇、道潛嘗論此詩，《蘇軾文集》卷六十八《記所作詩》叙其事。

《寄周安孺茶》或作於本年夏。

詩見《蘇軾詩集》卷二十三（一一六二頁）。詩云：「自爾入江湖，尋僧訪幽獨。」知作於黄。又云：「昨日散幽步，偶上天峯麓。山圃正春風，蒙茸萬旂簇。呼兒爲招客，采製聊亦復。地僻誰我從，包藏置厨簏。何嘗較優劣，但喜破睡速。况此夏日長，人間正炎毒。」《總案》繫此事於今年，今從。

天峯，在蘄州，其地産團黄茶，《茶譜》「有一旂二槍之號」。見《蘇軾黄州活動年表》。《輿地紀勝》卷四十七《淮南西路·蘄州·景物下》：「天柱峯：在黄梅縣北四十里。」此天柱峯或即詩中所云之天峯。

僧應純將之廬山，軾作偈送之。時與蘇壽明、巢谷、應純會。應純并求煮東坡羹之法，應之并作頌。

偈見《蘇軾文集》卷二十二（六四一頁），頌見卷二十（五九五頁）。四人皆眉人。谷今春遊武昌車湖，秋又將去，故次其事於此。

《萍洲可談》卷二謂蘇軾在黄，手作菜羹，號東坡羹，自叙其制度，好事者珍奇之。

軾與沈遼（睿達）簡。遼嘗求爲其詩作序，又求爲所居雲巢作記，均辭之。

《蘇軾文集》卷五十八與遼第一簡云「今年一春卧病，近又得時疾，逾月方安」。

《雲巢編》卷八附黄庭堅《雲巢詩序》謂沈遼嘗從蘇軾爲其詩作序，軾曰「虎豹來田，吾以是累，吾方刮除毛皮，獨以形立，子當愛我，不當要我作文」，又欲乞曾鞏，會鞏卒，乃求庭堅。《文集》

與遼第二簡云「所須拙文記雲巢，向書中具道矣，恐不達，故再」云云，辭不作。簡作於元豐七年，乃叙本年此時事。簡所云「書」，已佚。

《沈氏三先生集·雲巢編》卷四《居雲巢》：「我昔泛歸艇，逍遥下湘川。願言覿開士，爲我斷攀緣。不識達摩老，誰將言句傳。幽林得邂逅，故步空囂然。邇來齊山下，乃在清溪邊。一徑雖甚微，松竹上參天。白雲本無迹，作巢類烏鳶。上下絶人籟，由來在山巔。朝炊一盂飯，夕寄一榻眠。委羸豈無事，亦爇爐中烟。久已净諸業，自然忘蓋纏。此生與此世，影響寄餘年。時有佳客至，相與傲林泉。客中後孤坐，隱隱風中絃。」叙齊山隱居生活。得此幽静之境，宜可頤顔益壽，不知何以不旋踵而遽離人世。

武昌主簿吴亮（君采）攜其友人沈君十二琴之説與高齋先生趙抃之文來見。閏六月，軾題沈君琴。嘗與郭生遊寒溪，亮爲置酒，乃改白居易《寒食》詩作挽歌。又嘗有簡與亮。

《題沈君琴》見《蘇軾詩集》卷四十七，輓歌見卷四十八（二六一八頁）。簡見《蘇軾文集》卷五十八（一七四九頁）。沈君疑爲濟，參元祐七年四月二十四日紀事。

亮乃常山人，元豐二年進士。見光緒重刊康熙《衢州府志》卷十八。《宋會要輯稿》第九十九册《職官》六八之二〇大觀四年五月一日有「司農卿吴亮送吏部」記載。郭生當爲遘，作輓歌，與亮簡時間不詳，附此。

《蘇軾文集》卷七十一《書士琴·贈吴主簿》，作於閏六月二十四日，與《題沈君琴·叙》略同。

閏六月，王適作《大水》詩，轍次韵。

轍詩見《欒城集》卷十二，有「閏年每與風雷俱」之句，意謂筠州遇閏年大水。「閏六月」云云，據《年表》。蓋今年閏六月也。

轍贈三局能師二絶。

詩見《欒城集》卷十二。其一云「此生竟墮陰陽數」，其二云「憑師細考何年月，可買山田養病身」，似其人爲術士之類。

七月六日，飲王齊愈家，軾醉後畫墨竹，賦《定風波》。

詞見《東坡樂府》卷上，謂元豐五年作，今從《全宋詞》（二八九頁）。

十日，臨皋亭借觀吴道玄《地獄變相》，軾爲跋。

跋見《蘇軾文集》卷七十（二二一三頁）。

丙辰（十三日），罷蘇轍兼權筠州州學教授。時朱彦博爲本路監司。

《長編》卷三百三十七本日紀事：「國子司業朱服言：諸州學或不置教授，乞委長吏選見任官兼充，先以名上禮部，從本監體驗，可爲教授，即依所乞。其餘逐州（按：『餘逐州』三字原缺，據《年表》補）舊補差教授，悉放罷。仍録進轍權筠州教授所撰策題三道（按：此句《長編》原作『有筠州學策題三道』，今從《年表》），以其乖戾經旨（『以其』據《年表》補，『旨』後有『仍録進呈』四字，據《年表》删）。於是禮部言：乞令本監具何如（按：似應作『如何』）體驗外官學行堪充教授及杜絶徇私請托舊弊，然後立法。其見爲教授人，候有新官，令罷。其筠州權教授、監本州酒税蘇轍，乞令本路别差官兼管勾。從之。」

《蘇軾詩集》卷二十二《聞子由爲郡僚所捃恐當去官》：「少學不爲身，宿志固有在。雖然敢自必，用舍置度外。天初若相我，發迹告宏大。豈敢負所付，捐軀欲投會。寧知事大謬，舉步得狼狽。我已無可言，墮甑難追悔。子雖僅自免，鷄肋安足賴。低回畏罪罟，黽勉敢言退。若人疑或使，爲子得微罪。時哉歸去來，共抱東坡耒。」或爲罷權教授而發。

服字行中，湖州烏程人。《宋史》卷三百四十七有傳。《萍洲可談》謂服生慶曆戊子，小轍三歲。《欒城集》卷三十七《乞罷蔡京知真定府狀》，作於元祐元年閏二月，中有「臣竊見前者臺官論朱服不孝事迹，服因此乞外官，宰相除服直龍圖閣知潤州」之語。服論轍之語，未必公。

《蘇軾文集》卷五十一《與李公擇》第六簡：「舍弟得信，無恙。但因議公事，爲一倅所怒，日夜欲傾之，念脱去未能爾。子由拙直之性，想深知之，非公孰能見容者，然實無他爾。而人或不亮。牢落如此，爲一農夫而不可得，豈復有意與人争乎！亦不足言，聊可一笑而已。」可參。

朱彦博參紹聖四年九月乙丑紀事，謂彦博元豐中任江西監司，轍在其部内，轍嘗以事被朝廷廉按，彦博力爲掩護，竟以幸免。

《式古堂書畫彙考·書》卷十《蘇子由車馬帖》：「轍啓。頃承車馬按部，獲少奉談笑，殊慰傾瞻。奉違未幾，即日，不審起居何如？轍幸此解罷，免於敗闕，皆出餘庇，感戴實深，未遑走謝左右，惶悚可量也。酷暑，千萬爲時珍重，謹奉手啓，不宣。轍再拜提刑國博執事。六月九日。」

此簡，《欒城集》未載。此簡手迹見《秦郵續帖》卷下，文字小異。全文參見劉尚榮《蘇轍佚著輯考》尺牘《與某提刑書》。細味此簡文字，似此提刑國博乃朱彦博；轍罷兼權教授，乃六月九日以前事，與《長編》不合。今姑録此簡簡文於此，以待進一步考證。

孫𧍶自京師赴偃師枉道來訪，出父洵之手蹟。十五日，軾跋而歸之。其行，托寄二簟與張方平（安道）。

跋見《蘇軾文集》卷六十九（二一九二頁）。

《佚文彙編》卷二《與張安道》第一簡：「近者孫𧍶宣德赴偃師，托寄帶拜二簟去，不審達未？」𧍶字叔静，已見治平二年「孫𧍶嘗從父洵請問」條紀事。《宋史》卷三百四十七《孫𧍶傳》謂「調越州司法參軍，守趙抃薦其材。知偃師縣」。則𧍶過黄，乃爲赴偃師任。

同日，書劉庭式事，贊美庭式不負約娶盲女，盲女死而不復娶。

文見《蘇軾文集》卷六十六(二〇五一頁)。庭式,嘗爲密倅,已見熙寧七年末紀事。其不負約事,亦見《宋史·劉庭式傳》及《夢溪筆談》卷九。

本月,周邦彦(美成、清真先生)進《汴都賦》。邦彦詩,有蘇軾影響。

本月云云,見王國維《清真先生遺事》附年表,時邦彦二十八歲。

《能改齋漫録》卷八《春在先生杖屨中》:「《西清詩話》記周邦彦《祝壽》詩:『化行禹貢山川外,人在周公禮樂中。』余以爲此乃模寫東坡《刁景純藏春塢》詩『年抛造物甄陶外,春在先生杖屨中』是也。」邦彦,錢唐人。《宋史》卷四百四十四有傳。邠之姪,見《咸淳臨安志》卷六十六。

《清真先生遺事》:「先生於熙寧、元祐兩黨均無依附,其於東坡爲故人子弟。哲宗初,東坡起謫籍,掌兩制,先生尚留京師,不聞有往復之迹。其賦汴都也,頗頌新法,然紹聖之中,不因是以求進。」蘇軾、邦彦無往復之迹,或與政治見解不同有關,然邦彦之詩,則有蘇軾影響,故繫其事於此。

復與陳章簡,軾慰其兄襄(述古)之逝。

簡見《蘇軾文集》卷五十六,爲《與陳朝請》第一簡。簡云:「錢塘一别,如夢中事。……中間述古捐館,有識相弔,矧故人僚吏相愛之深者。然中無一字以解左右,蓋罪廢窮奇,動輒累人，故往還杜絶。至今思之，慚負無量。」此簡有「春夏以來，卧病幾百日，今尚苦目疾」之語，知作於本年夏間。

陳軾(君式)致政，有簡及之。陳軾旋卒，有祭文。轍有輓詩。

祭文見《蘇軾文集》卷六十三(一九四六頁)。文首稱「故致政大夫之靈」。查《文集》卷五十六《與陳大夫》第五簡：「公微疢，聞已除，且當指射湖外一郡，胡爲遂入宫觀也?」與「致政」之語合。蘇軾與陳軾元豐五年有書簡往來，已詳上年。此簡云及「隆暑」，是作於本年也。其卒當在簡後不久。

《欒城集》卷十二《臨川陳憲大夫輓詞二首》其一：「一時冠蓋盛臨川，直亮推公益友先。淡泊朱絲初少味，蕭疏翠竹久彌鮮。崎嶇處世曾何病，奔走成功亦偶然。天理更疏終不失，雍雍今見子孫賢。」其二：「五月扁舟憶過門，哀憐逐客爲招魂。開樽不惜清泉潔，揮汗相看白雨翻。病起清言驚苦瘦，歸休尺牘尚相存。秋風灑涕松楸外，談笑猶疑對竹軒(原注：公家有竹軒，轍嘗賦詩)。」二詩作於元豐六年。其《寄題陳憲郎中竹軒》，見同上書卷十，詩云：「家有修篁緑滿軒，趨庭詩禮舊忘言。凌霜自得良朋友，過雨時添好子孫。試剪輕筠扶野步，旋收涼葉煮清樽。風流共道勝桑梓，鄰里何妨種百根。」作於元豐三年，本譜該年紀事已摘引。此陳憲即陳軾，是陳軾嘗官提刑也。詩所云「竹軒」，當即恭軒，見元豐三年「時州守爲陳軾」

條紀事。據轍詩，陳軾約卒於秋七月。轍嘗訪陳軾，爲五月間，然不詳爲何年。轍之訪受到盛情接待。轍之遭遇頗爲陳軾所關注。轍往訪時，適值陳軾病後，并知二人書簡往還不斷，其與轍之簡，尚有存者。二人之情，在師友之間。

知郡賈蕃大夫思歸，作詩。轍次韻。

轍詩見《欒城集》卷十二。此「知郡」即知州。《年表》繫此詩於七月。

畢仲游《西臺集》卷十三《朝議大夫賈公（蕃）墓誌銘》：「開封人。……通判江州，判南京國子監。官制行，改朝奉大夫、知筠州。」《宋史·神宗紀》元豐五年五月辛巳朔紀事：「行官制。」則蕃之到筠州任，爲元豐五年秋冬至今年春之間。或爲接許長卿之任者。《墓誌銘》又云：「元祐四年八月七日卒，年七十。」知長於轍二十一歲。蕃字仲通。

久不作詩，轍作詩呈王適。

詩見《欒城集》卷十二。詩點「秋風」，云及「筆硯生塵」。詩云「落日東軒談不足」，翁婿情深。

王鞏（定國）北歸，轍喜而作詩。先是鞏以兄軾詩案牽連，謫監賓州鹽酒務，至是歸。鞏寄詩與轍，轍和。與軾簡，報王鞏已至江西。

詩見《欒城集》卷十二。其《喜王鞏承事北歸》首云：「同罪南遷驚最遠，乘流北下喜先歸。」鞏謫賓州，見《長編》卷三百一元豐二年十二月庚申紀事，已見本譜。賓州在桂林西南，屬廣南西路，距東京四千三百六十里。

其《和王鞏見寄三首》其一首云：「南遷春及秋，江湖未云半。逮此歸路長，始悟行日遠。」轍作此詩時，鞏猶在途中，距京師開封，路程尚遥，故云「江湖未云半」也。「逮此」二句，酸楚真切。

《和王鞏見寄》之後，尚有《復次韵》一首。次韵或爲次鞏之韵。云「復次韵」，此前尚有一詩，已佚。此詩首云：「滕王閣在誰攜手，徐孺湖寬可放情。」時鞏已至洪州。詩末自注：「近遣僕至鍾陵，還，言定國與魯直會於舟中，燈火終夜而去。」鍾陵乃進賢，在洪州東南，屬洪州。舟由此北去，即爲洪州。魯直，庭堅之字。據此，轍未能與鞏晤。

《蘇軾文集》卷五十二《與鞏第十五簡》：「昨日遞中得子由書，封示定國手簡，承已到江西，尊體佳健。」然其書十一月方達。轍簡佚。

滕元發（達道）惠贈茶、酒并來簡。蘇軾答簡，論楊繪（元素）開閤放出四人事。

答簡乃《蘇軾文集》卷五十一《與滕達道》第二十九簡。

答簡云：「須示二小團皆新奇，蘇合酒亦佳絶。」又云：「示喻夏中微恙。」此簡約作於本年秋。

簡云：「近聞元素開閤放出四人，此最衛生之妙策。其一姓郭者，見在野夫處。元素欲醒，而野夫方醉爾。」元素，楊繪字。野夫，李莘字。莘乃常之兄，《蘇軾詩集》卷二十三有《過建昌李野夫公擇故居》詩。蘇軾此處所云，正醒者之語。

簡云：「張夢得嘗見之，佳士佳士。」此張夢得，當即黃庭堅所云之「安陸張夢得」。滕元發所在安州，即治安陸。元發致蘇軾之簡中，當提及張夢得，或張夢得乃由元發之延譽而蘇軾始識之。

王鞏南遷初歸，賦詩。次其韻。

次韻詩見《蘇軾詩集》卷二十二（一一七二頁）。《總案》繫此詩於初秋。鞏原作不見，同上卷尚有《喜王定國北歸第五橋》詩。

《佚文彙編》卷二《與張安道》第一簡云：「王郎北歸，慰喜可量，恨不得助舉一觴耳。憂喜過人，何翅霜露，欲尋王郎初別時意味，豈復有絲毫在者。則今日會合之喜，又與造物皆逝矣。」所寫爲此時事。王郎，乃鞏，張方平（安道）之壻。

參本年以下「王鞏到江西」條紀事。

蘇軾復與滕元發（達道）簡，復論楊繪開閤放出四人事。

簡乃《蘇軾文集》卷五十一《與滕達道》第三十簡。

簡云：「此中有無量樂，回顧未絕，乃無量苦。辱公厚念，故盡以奉聞也。晚景若不打疊此事，則大錯，雖二十四州鐵打不就矣。」就楊繪開閤放出四人事言之也。放之其樂無窮，以其衛生也；否則，沉湎於女色之中，取樂於一時，而貽患於無窮。「晚景」云云，乃蘇軾向元發所進忠言，欲元發效楊繪而有所行動。故簡又云：「既欲發一笑，且欲少補左右耳。」所云「發一笑」，乃謂此至關緊要之事，以詼諧之筆出之。所云「少補」，則謂有益於衛生也。

疾愈，軾聞李常（公擇）、孫覺（莘老）進用，與常簡。

《蘇軾文集》卷五十一與常第八簡：「春夏多苦瘡癤、赤目，因此杜門省事。而傳者遂云病甚者，至云已死，實無甚恙，今已頗健。」簡云及富弼之卒，查《文集》卷十八《富鄭公神道碑》，弼卒於本年閏六月二十一日。簡約作於秋初。簡云：「公擇、莘老進用，皆可喜。」《宋史》卷三百四十四《李常傳》云「召還後爲太常少卿，遷禮部侍郎」。《長編》卷三百三十七本年七月丙辰紀事：李常以禮部侍郎爲南郊禮儀使。常、覺《宋史》傳同卷。覺傳謂知徐後「知應天府，入爲太常少卿」，知二人召還後爲同僚。

八月五日，軾與李委飲赤壁下；叙游飲之樂，贈范百嘉（子豐）兄弟。并書《後赤壁賦》贈范。

據《蘇軾文集》卷五十與百嘉第七簡。李委之來，蓋告别蘇軾，共飲赤壁，蓋餞之也。《經進東坡文集事略》卷《後赤壁賦》郎曄注：「元豐六年嘗自書此賦」。以下引此簡。

二十二日，與張方平（安道）簡，求金丹。

簡見《佚文彙編》卷二。簡叙今年春夏間患疾事,以下云:「軾於門下至厚,先生有金丹奇藥而不以數粒見分,實未免耿耿。若遂其請,謹藏之耳,未敢服也。」《蘇軾文集》卷七十三有《養生訣》上方平,中有「今此閑放」之語,作於黄。今以此文與簡有相類處,附於此。

二十五日,江西提舉鑄錢朝請大夫錢昌武致仕。

據《宋會要輯稿》第一百零五册《職官》七七之五一。時昌武年七十二。《長編》卷三百四十八入元豐七年八月壬辰。

《蘇軾文集》卷五十二《與李端叔》第八簡云於錢昌武朝議處得治臂痛不能舉之方。此事不詳年月,姑以昌武致仕事附於此。

《南陽集》卷十五有及昌武詩多首,其《通判錢昌武代歸以詩見别次韻爲答》詩云:「衰病何堪治鄴臺,貳車猶喜得高才。劍光久已冲牛斗,力振沉埋尚愧雷。」可想見其人。

二十七日,軾作《節飲食説》。

文見《蘇軾文集》卷七十三。

《避暑録話》卷上:「司馬文正公在洛下,與諸故老時游集相約,酒行,果實食品皆不得過五,謂之真率會,嘗見於詩。子瞻在黄州,與鄰里往還,子瞻既絶俸,而往還者亦多貧,復殺而爲三。自言有三養，曰：安分以養福，寬胃以養氣，省費以養財。」「安分」云云，乃《節飲食説》中語。

八月，轍賦短篇呈酒務同官。兄軾次韵。

詩見《欒城集》卷十二，題云：「予初到筠，即於酒務庭中種竹四叢、杉二本。及今年，二物皆茂。秋八月，洗竹培杉，偶賦短篇呈同官。」詩首云：「種竹成叢杉出檐，三年慰我病厭厭。」《年表》：「八月，有《庭中種松竹》詩。」即此詩也。

軾詩見《蘇軾詩集》卷二十二，題作《次韵子由種杉竹》。

趙吉攜書往黄州見軾。

《欒城集》卷二十五《丐者趙生傳》叙吉與游，以下云：「是時予兄子瞻謫居黄州，求書而往，一見喜子瞻之樂易，留半歲不去。」按，軾明年四月離黄州，則吉抵黄州當在本年十月，而離筠州，則又在八、九月。參元祐元年紀事。

轍作詩輓孔平仲（毅父）封君。

詩見《欒城集》卷十二。其一首云：「交契良人厚，家風季婦賢。詩書中有助，蘋藻歲無愆。」知此封君即平仲夫人。

轍至上高，賦息軒、起亭二絶。

詩見《欒城集》卷十二。嘉慶《上高縣志》卷十六謂息軒、起亭在縣後圃。上高乃筠州屬邑。詩其二詠起亭，末云：「長官亦與人俱起，笑擁黄紬放早衙。」信爲縣之後圃也。

錢世雄（濟明）專人致簡，軾答簡。

《晚香堂蘇帖》：「軾啓。專人來，領手教，眷待益厚，感怍不可言。且審侍奉外起居佳勝爲慰。汪君過此，幸一見之，誠佳士，如所喻也。恨其在疚，不得久接，去此久矣，想即日已到。軾凡百如昨，子由亦安，兒子覓差遣未還。昨日本路漕到，今日新守到，旦夕舊守發去，閑廢之人，亦隨例忙迫，不致久留來人，非遠，别奉狀也。乍寒，萬萬自重，不宣。軾再拜濟明仁弟閣下。」

楊寀（君素）到知黄州任。徐大受（君猷）罷黄守，離任，軾嘗賦《好事近》相贈。

以上「錢世雄專人致簡」條引蘇軾與世雄簡：「今日新守到，旦夕舊守發去。」《蘇軾文集》卷五十五《與楊元素》第四簡有「新、舊守到、發冗甚」之語。楊寀，見本年九月二十日紀事。《文集》卷七十三《記張公規論去欲》云「太守楊君素」，知寀字君素。

《蘇軾文集》卷五十九《答君瑞殿直》：「君猷知四月末乃行，猶可一見否？」據「旦夕舊守發去」之語，知大受四月末並未行。詞見《東坡樂府》卷下，調下注：「黄州送君猷。」

軾長子邁往荆南買田。先是楊繪（元素）之弟來，議買田；陳慥來，報荆南莊田；與樂京議

及荆南田。乃遣邁往。邁旋去京師謀差遣。

八月二十二日紀事引蘇軾與張方平簡：「已令兒子往荆南買一莊子。」

《蘇軾文集》卷五十五與繪第四簡云「令弟見訪」，據第一簡，繪弟或爲慶基。據第四簡，議買之田凡二處，一在軍屯之東，一在官務相近之莊；據第九簡，尚有定襄胡家莊、荆南頭湖莊子。第四簡云「某都不知彼中事，但公意所可，無不可者」，第九簡云「小子坐享成熟」，乃與繪合買。第九簡所云荆南頭湖莊子，乃據陳慥之報，時慥亦至黄。此乃慥第五次來黄。第九簡又云「又見樂宣德，言此田甚好，但税稍重」，此田即荆南頭湖莊子。此樂宣德即京，京乃荆南人。

以上「錢世雄專人致簡」條引蘇軾與世雄簡：「兒子覓差遣未還。」覓差遣乃謂赴京師候選。知邁去荆南後，稍事停留，即往京師。

蘇軾此後未提及荆南有田，田當未買成。《文集》卷七十一《書田》謂「所至訪問田，終不可得」，或作於本年此略後。

軾答蘇鈞(子平)簡，寄所撰鈞父世美(舜舉)哀詞。

《蘇軾文集》卷五十七答鈞第二簡叙之。簡有「兒子令往荆南幹少事」語，故次此。

《文集》卷六十三《蘇世美哀詞》叙舜舉卒後八年夢見之，故作哀詞。答鈞簡謂哀詞作於去年。

知舜舉熙寧七年卒。

《參寥子詩集》卷八《蘇世美夫人挽辭》：「夫子剛中早數奇，閨門高節聳當時。淵明晚欲歸三徑，德曜能從賦五噫。不見萊衣華髮事，空驚薤露昔人悲。故知造物酬陰施，玉立諸郎富白眉。」附此。

范鎮（蜀公）來簡約軾卜居許下，答簡欲賣京師房産以爲卜居資。鎮嘗求撰其父之墓碑，辭之。鎮嘗來書以酒有毒、佛作祟爲言，欲救其弊，覆簡。

《蘇軾文集》卷五十答鎮第三簡云鎮「欲爲卜鄰，此平生之至願」。以下云「囊中止有數百千，已令兒子持往荆渚買一小莊子」，知簡作於八月間，以下云欲賣京師房業。卷七十一《書蜀公約鄰》叙鎮約卜鄰許下，不欲居。

與鎮第五簡叙不撰墓碑，以「有先戒」。

鎮嘗來書云云，據與鎮第四簡。《避暑録話》卷下：「范蜀公素不飲酒，又詆佛教，在許下，與韓持國兄弟往還，而諸韓皆崇此二事，每燕集，蜀公未嘗不與。極飲盡歡，少間，則必以談禪相勉。蜀公頗病之，蘇子瞻時在黄州，乃以書問救之當以何術，曰：『麴糵有毒，平地生出醉鄉；土偶作祟，眼前妄見佛國。』子瞻報之曰：『請公試觀能惑之性，何自而生，欲救之心，作何形相。此猶不立，彼復何依。正恐黄面瞿曇，亦須斂衽，况學之者耶！』意亦將有以曉公，而公終不領，亦可見其篤信自守不肯奪於外物也。」「麴糵」、「子瞻報之」云云，乃簡中語。《續明道雜志》：「范蜀公不信佛説，大蘇公嘗與公論佛法其所以不信之説。范公云：『鎮平生事，非目所見者，未嘗信。』蘇公曰：『公亦安能然哉？設公有疾，令醫切脈，醫曰寒，則服熱藥，曰熱，則餌寒藥。公何嘗見脉而信之如此，何獨至於佛而必待見耶！』」

樂京以承議郎致仕。屢來訪，軾卧疾未能晤，以簡致歉。

京致仕據《宋史》卷三百三十一《樂京傳》。

《蘇軾文集》卷六十《與樂推官》叙來訪事。此推官即京。此簡重出，本卷《與人三首》第三首即此簡。參《蘇文繫年考略》。

京元祐元年五月落致仕，見《長編》卷二百二十八熙寧四年十二月壬申注文；然未赴朝廷，見傳。《范太史集》卷五十五《手記》有京，云「已卒」，知卒於元祐間。

重陽棲霞樓送客，蘇軾賦《西江月》。

詞見《東坡樂府》卷上。上闋云：「當年戲馬會東徐，今日凄涼南浦。」江淹《别賦》：「春草碧色，春水渌波。送君南浦，傷如之何。」知爲送客。東徐謂徐州。戲馬臺在徐州。知所送之客曾往徐州會蘇軾。軾知徐州時，友人有閭丘孝忠者嘗過之，軾爲賦《浣溪沙》，見元豐元年紀事。下闋云：「莫恨黄花未吐，且教紅粉相扶。」孝忠後房有懿卿者，頗具才色。此「紅粉」或指之。并見元豐元年紀事。未能定待考。

或謂此詞乃送别徐君猷之作，其時君猷已離任，非是。

九月十一日，轍書事。

詩見《欒城集》卷十二。詩末云：「潑醅昨夜鵞泉涌，洗盞今晨聽婦誇。歸采茱萸重一醉，不須怪問日時差。」淡淡寫來，其味彌永。

二十日，張舜民來訪軾。

《畫墁集》卷八《郴行録》：「壬戌，早，次黄州。見知州大夫楊寀、通判承議孟震、團練副使蘇軾，會於子瞻所居。晚食於子瞻東坡雪堂，子瞻坐詩獄謫此已數年。黄之士人出錢於州之城東隅地築磯，乃周瑜敗曹操之所。州在大江之湄，北附黄崗，地形高下，公府居民極於蕭條，知州廳事敝陋，大不勝處，國初王禹偁嘗謫此。」

《畫墁集》卷七、卷八爲《郴行録》。《郴行録》開端已佚；用干支記日，不記月。據卷七己丑紀事，知所紀者爲元豐六年事。《畫墁集》卷四詩題有「元豐癸亥秋季赴官郴嶺」之語，亦可證。再考《郴行録》卷七戊子紀事，知己丑爲八月十五日，時在池州。《畫墁集》作者張舜民乃泝江西上。考《蘇軾詩集》卷二十九《次韻張舜民自御史出倅號留别》注文，舜民原爲環慶帥屬，以元豐五年與夏戰，兵敗，謫監郴州酒税，此其赴任也。《總案》不詳考《郴行録》及《畫墁集》，而遽以「趙次公注」爲據，定舜民赴郴爲元豐五年事，誤。

又按：詳考《郴行録》，此壬戌乃九月二十日。

二十四日，應張舜民之招，軾與舜民游武昌西山。

《畫墁集》卷八《郴行録》：「丙寅，招蘇子瞻遊武昌樊山。山之巔有郊天臺，即孫權即位郊天之處。食罷，移舟離黄州泊對岸樊溪口。蘇子瞻以舟涉江，同詣武昌縣。縣在樊溪之東，隔樊山五里許，即吴之西都，有吴王城。同縣令李觀，佐吴亮、嚴竑及子瞻諸人，遊武昌樊山。步出西門，涉寒溪，迤邐步上。凡兩寺，在山中，景致幽邃，下寺有觀音泉，澄澈可愛。」

按：詳考《郴行録》，此丙寅乃九月二十四日。

《能改齋漫録》卷十一《文章伯矍鑠翁》有李觀字夢符，袁州人，登第。皇祐間以著作佐郎知清江。不知是否爲此李觀。

二十五日，軾與張舜民會食李觀宅。

《畫墁集》卷八《郴行録》：「丁卯，會食李令宅。射於懸圃。蘇子瞻言：『近獲一魚，似鮎，而四足能履地而行。不敢殺，復縱之江中。』或曰『此鯢魚也』。」參周必大《遊山録》卷二。

張舜民嘗自述從征靈武時所作詩，蘇軾爲記之。或爲此時事。

據《蘇軾文集》卷六十八《書張芸叟詩》。

《文集》卷七十二《永洛事》記舜民所言元豐五年永洛之役事，或作於此時。

二十七日，軾四子遯生。作詩。

二十七日云云，據《蘇軾詩集》卷二十三詩題（一二三九頁）。詩題謂遯小名幹兒，頎然穎異。遯乃第四子。《詩集》卷四十八《洗兒戲作》爲遯作。《蘇軾文集》卷五十五《與蔡景繁》第六簡：「雲藍小袖者，近輒生一子，想聞之，一拊掌也。」「雲藍小袖」謂朝雲。

《十拍子》軾賦於去年或今年暮秋。

詞見《全宋詞》第一册第二九五頁，調下注：「暮秋。」中云「東坡日月長」，今繫此。

王鞏（定國）到江西，軾喜致簡。旋爲鞏詩集作叙。

《蘇軾文集》卷五十二與鞏第十五簡：「承已到江西，尊體佳健。忠信之心，天日所照，既遂生還，晚途際遇，未可量也。」

叙見《文集》卷十（三一八頁），云：「定國歸至江西，以其嶺外所作詩數百首寄余。」

《豫章黄先生文集》卷十六有《王定國詩集序》，本年八月壬辰作。《欒城集》卷十二有《喜王鞏承事北歸》、《和王鞏見寄》、《復次韻》等詩，皆作於今年。《復次韻》詩末自注：「近遣僕至鍾陵，還，言定國與黄君魯直會於舟中，燈火終夜而去。」可考證鞏在江西踪迹。江西離黄不遠，軾叙當作於秋、冬間。《蘇軾詩集》卷三十一《書王定國所藏王晉卿畫著色山》云「君歸嶺北初逢雪」。犖抵京師，已及歲末。

軾作二頌，頌筠州石臺山問長老戒行。

《欒城集》卷十二《贈石臺問長老二絶·叙》：「石臺長老問公，本成都吴氏子，棄俗出家，手書《法華經》，字細如黑蟻，前後若一，將誦之萬遍，雖老而精進不倦，脅不至席者二十有三年。余來高安，以鄉人相好。」卷十三有《謝洞山石臺遠來訪别》詩。

參本年以上「轍贈石臺問長老二絶軾亦作」條。

筠州，理宗時改瑞州。

鄧忠臣（慎思）扶母周氏柩過黄，軾作輓詞輓其母。

挽詞見《蘇軾詩集》卷二十二（一一七六頁）。注文謂忠臣以本年六月丁家艱去國。過黄爲秋冬間。《蘇軾文集》卷六十六《跋鄧慎思石刻》叙忠臣扶喪過黄時事。忠臣詳元祐元年十二月紀事。

十月十二日夜，至承天寺，與張懷民遊；同夜，視故人風疾，慨歎酒色害人。

據《蘇軾文集》卷七十一《記承天夜遊》、卷七十三《記故人病》。懷民詳十二月八日紀事。

十五日，軾醉中書行草數紙，贈唐坰（林夫）。

據《蘇軾文集》卷七十《書唐林夫惠諸葛筆》，贊其筆。

本月，誤傳軾被召，賀鑄有詩。

《慶湖遺老詩集》卷六《題彭城南臺寺蘇眉山詩刻後·序》：「癸亥十月，徐之走卒還自京師，誤傳蘇黄州被召。南臺寺公舊題數詩，先摹刻諸石，因賦此書其左。」詩云：「秋風幾度老江蘺，鼎水眉峰隔夢思。下走誤傳宣室召，上前誰進子虚辭。東坡麋鹿同三徑，西掖鵷鸞占一枝。獨有野僧違一俗，翠珉新勒舊題詩。」清抄本「一俗」作「末俗」。

本月，許安世卒，軾賻其喪。簡蔡承禧（景繁），叙其家貧，求爲言於朝廷。

許顗《彦周詩話》云先伯父安世「元豐七年，自都官員外郎奔祖父喪，卒於黄州，東坡解衣賻之」。

《陶山集》卷十四《許侯墓誌銘》謂侯名拯，乃安世父，卒於元豐六年八月甲子，卒後四十九日而安世卒。按：元豐六年八月無甲子，卒日文字有誤，安世之卒，仍可定爲九、十月間事，今繫入本月。

《蘇軾文集》卷五十五與承禧第七簡：「前日親見許少張暴卒。」以下云：「少張徒步奔喪，死之日，囊橐罄然，殆無以斂。其弟麻城令尤貧，云無寸壠可歸，想公聞之悽惻也。料朝廷亦憐之。如公言重，可爲一言否？」官麻城令者名安石，見《陶山集》卷十四《許侯墓誌銘》。

董鉞（毅夫、義夫）卒。

《蘇軾文集》卷五十五與承禧第七簡敘許安世卒後，云：「數日間，又聞董義夫化去。」頗傷感。

本月，趙吉攜弟轍書自筠州來黄。

《欒城集》卷二十五《丐者趙生傳》謂生名吉，代州人，知道，有異術，居筠，人謂之狂人。謂求書赴黄見兄軾，喜軾之樂易，「留半歲不去，及子瞻北歸，從之」。軾明年四月去，其來在本月。

《丐者趙生傳》謂元豐三年歲暮，吉來見，謂蘇轍曰：「吾知君好道而不得要，陽不降，陰不升，故肉多而浮，面赤而瘡，吾將教君挽水以溉百骸，經旬諸疾可去，經歲不怠，雖度世可也。」轍「用其説，信然，惟怠不能久，故不能究其妙」。《蘇軾文集》卷七十三《記趙貧子語》：「趙貧子謂人曰：『子神不全。』其人不服，曰：『吾僚友萬乘，螻蟻三軍，粃糠富貴，而晝夜死生，何謂神不全乎？』貧子笑曰：『是血氣所扶，名義所激，非神之功也。』」二者皆道者言。《總案》謂貧子即吉。《丐者趙生傳》謂吉生五代後周，乃出傳聞。

《總案》以爲《記趙貧子語》一文中「其人」即轍，非是。軾文中明謂「予嘗預聞其説」，軾在黄，轍在筠，吉謂轍之語，何由聞之。其二，軾文中「僚友萬乘，螻蟻三軍」云云，與轍斯時處境亦不合。

《道山清話》記趙吉事二則，稱之爲趙先生。

神宗有旨起蘇軾知江州，爲王珪(禹玉)所沮。

王鞏《聞見近録》：「(上)有旨起蘇軾以本官知江州，中書蔡持正、張粹明受命，震當詞頭。明日，改承議郎、江州太平觀。又明日，命格不下。曰：『皆王禹玉力也。』」持正，確字；粹明，璪字。震乃鞏之姪，故略去其姓。王震以本年十月丁丑試中書舍人，見《長編》卷三百四十。起知當爲本年冬事。

《聞見近録》又云：「王和甫嘗言蘇子瞻在黄州，上數欲用之。王禹玉輒曰：『軾嘗有「此心惟有蟄龍知」之句，陛下龍飛在天而不敬，乃反欲求蟄龍乎！』章子厚曰：『龍者，非獨人君，人臣皆可以言龍也。』上曰：『自古稱龍者多矣，如荀氏八龍、孔明卧龍，豈人君也！』及退，子厚詰之曰：『相公乃欲覆人之家族耶！』禹玉曰：『舒亶言爾。』子厚曰：『亶之唾亦可食乎？』」王珪沮蘇軾，於此可見。《石林詩話》卷上：「元豐間，蘇子瞻繫大理獄。神宗本無意深罪子瞻。時相進呈，忽言蘇軾於陛下有不臣意。神宗改容曰：『軾固有罪，然於朕不應至是，卿何以知之？』時相因舉軾《檜》詩『根到九泉無曲處，世間惟有蟄龍知』之句，對曰：『陛下飛龍在天，軾以爲不知己，而求之地下之蟄龍，非不臣而何？』神宗曰：『詩人之詞，安可如此論，彼自詠檜，何預朕事！』時相語塞。章子厚亦從旁解之，遂薄其罪。子厚嘗以語余，且以醜言詆時相，曰：『人之害物，無所忌憚，有如是也！』(原注：時相，王珪也。)」《庚溪詩話》卷上亦謂此爲坐獄時事。《長編》卷三百四十二元豐七年正月己未注文引朱勝非《秀水閑居録》亦載此事;《長編》同日所引李丙《丁未録》謂爲元豐二年下獄時事,然《長編》謂「不知丙傳之何書」,又云王鞏《聞見近録》「載王珪舉蟄龍詩,則以爲已在黄州,初非下獄時也,當并考,朱勝非所録,蓋全用鞏舊書」。今從鞏説,次此事於此。

《蘇軾文集》卷三十二《杭州召還乞郡狀》:「及竄責黄州,每有表疏,先帝復對左右稱道,哀憐獎激,意欲復用,而左右固争,以爲不可,臣雖在遠,亦具聞之。」

《庚溪詩話》卷上:「上一日與近臣論人材,因曰:『軾方古人孰比?』近臣曰:『唐李白文才頗同。』上曰:『不然,白有軾之才,無軾之學。』上累有意復用,而言者力沮之。」《行營雜録》亦録此事,文略同。

王適作《寒夜讀書》、《新葺小室》、《炙背讀書》、《雪》詩。轍和或同賦。

轍詩見《欒城集》卷十二。其《和王適寒夜讀書》中云:「今夕亦何夕?忽如舊游至。終篇再三嘆,推枕不成寐。」謂適之詩也。其《和王適新葺小室》首云:「向日堂東一室存,竹爲窗壁席爲門。」此堂當爲東軒。末云:「他年一笑同誰説,伴我三年江上村。」可見兩代人情誼之密。其《和王適炙背讀書》云「少年讀書處,寒夜冷無火」,勤讀。而今「炙背但空坐」,「不復問冬課」,懶讀,不免感嘆。其《同王適賦雪》中云:「未容行役掃車轂,應有老農歌麥飯。」雪隨人意。

軾與錢世雄（濟明）簡，報轍安。

簡見《蘇軾佚文彙編拾遺》卷上，作於「乍涼」。

病中，州守賈蕃相訪，轍因游中宫僧舍，作詩。

詩見《欒城集》卷十二。其一中云：「五馬獨能尋杜老。」謂蕃也。其二首云：「東鄰修竹野僧家，亂柳枯桑一徑斜。」則此中宫僧舍在東軒之東。

十一月一日，轍作《黄州快哉亭記》，亭乃張夢得作，蘇軾命名。軾賦《水調歌頭》。

記見《欒城集》卷二十四，云：「清河張君夢得謫居齊安，即其廬之西南爲亭，以覽觀江流之勝，而余兄子瞻名之曰快哉。」清河屬河北東路恩州。《黄豫章先生文集》卷二十九《跋僞作東坡書簡》云及「安陸張夢得」，不知與清河張夢得有無干涉。《蘇軾文集》卷五十三《與滕達道》第二十九簡，約作於元豐五六年間，末有「張夢得嘗見之，佳士！佳士！」之語。計夢得來黄，乃此前不久事。

詞見《東坡樂府》卷上，調下序云：「黄州快哉亭贈張偓佺作。」有「知君爲我新作」之句。《外集》調下序云：「黄州快哉亭，張君夢得謫居時作，子瞻爲之命此名，且賦詞。」是張夢得即張偓佺，不知孰爲名、孰爲字。《總案》謂夢得字懷民，以張夢得、張懷民爲一人，無據。《紀年録》謂《水調歌頭》作於本年。

七日，記黄州通判孟震（仰之）事，贊震爲君子。

記見《佚文彙編》卷六（二五八六頁）。記言京東狂人孔直温「謀反」，事連石介之子，震上書韓琦，言其子決非通謀，得不深究，全活甚衆。蘇軾書此，當爲贈别孟震。震乃鄆人，其别黄當以致仕歸鄆，參元祐元年「與滕元發簡乞照管孟震」條紀事。

同日，軾叙黄州倅孟震（仰之）廳宇中有泉，乃名曰君子泉，轍爲之記。

《蘇軾佚文彙編》卷六《孟仰之》末云：「震廳宇中，有一泉甚清，大旱不竭，余因名之君子泉，而子由爲之記。」以震爲君子人也。參以下九日紀事。

九日，軾書轍所撰《君子泉銘》贈黄州倅孟震，并跋。

《蘇軾文集》卷六十六《書子由君子泉銘後（原注：孟君名震，鄆人，及進士第，爲承議郎）》：「子由既爲此文，余欲刻之泉上。孟君不可，曰：『名者，物之累也。』乃書以遺之。元豐六年十一月九日題。」

《輿地紀勝》卷四十九《淮南西路·黄州·古迹·君子泉》：「『雲夢澤南君子泉，水無名字托人賢。兩蘇翰墨人爲重，未刻他山世已傳。』言黄倅孟震公宇中有此泉。東坡名，子由記。」記即銘，知當日有刻石。

轍銘文已佚，而叙殘存於宋刊《百家注分類東坡詩集》卷二十三《孟震同游常州僧舍》無己注所引，叙文如下：「孟君亨之，篤學而力行，克有常德，信於朋友，一時皆稱之，曰：『此君子也。』因號之曰『孟君子』。君通守齊安，其圃有泉，旱不加損，水不加益，因名之曰『君子泉』。」按無己注署「先生《君子泉銘叙》」。清人王文誥考證云，陳師道（無己）「時有妄語，此又誤子由爲（東坡）先生」。按，王説是。《君子泉銘叙》確爲蘇轍作而《集》漏載者也。蘇軾僅爲蘇轍銘記撰跋，已見上引。參見劉尚榮《蘇轍佚著輯考》。「公宇中有此泉」，出自七日紀事中所引《孟仰之》一文。

《蘇軾文集》卷五十八《與孟亨之》：「今日齋素，食麥飯、筍脯有餘味，意謂不減芻豢，念非吾亭之，莫識此味，故餉一合，并建茶兩片，食已，可與道媪對啜也。」道媪不知何人，或即震（亨之）之夫人。蘇軾與孟震，可謂君子交。君子之交，其淡如水，其味彌永。

楊耆自蜀來訪軾。九日，書贈舊所作詩。耆貧甚，作《醵錢帖》，欲率友人醵錢以贈。

詩乃《蘇軾詩集》卷二十二《贈楊耆》。《晚香堂蘇帖》有此詩，末云「十一月九日」，以下有「趙郡蘇氏」印章；詩引與「查注」所引石刻文字同，首云「余三十年前，雨過扶風」。按：此「三十年」當屬蘇軾一時偶然誤記，當依《集注分類東坡詩》、《外集》此詩之引作「二十年」。詩之引所叙述者乃黄州事。若至明年此時，軾已離黄矣。故次於本年。

帖見《蘇軾文集》卷五十七（一七三二頁），云「欲率昌宗、興宗、公頤及何、韓二君，各贈五百」。

昌宗乃潘原字，興宗乃郭遘字。公頤，《文集》卷五十二《與潘彦明》第二簡及之，不詳其姓。何君或爲聖可，韓不詳。

十一日，冬至日，軾書名僧令休硯贈黄岡主簿段璵。此前，蔡承禧（景繁）寄《海州石室》詩來，和答。此前後，爲孔平仲（毅甫）龍尾硯作銘。

《蘇軾文集》卷七十《書名僧令休硯》叙璵以令休硯相贈，乃作此以報。同卷有《書硯》贈璵，約作於此前後；文引《蘇軾文集》卷十九《孔毅甫龍尾硯銘》語。

詩見《蘇軾文集》卷二十二（一一七八頁）。《文集》卷五十五與承禧第八簡叙其事。簡作於冬至前。

十二日，軾爲張夢得書《昆陽城賦》。嘗觀夢得所藏郭忠恕畫山水木屋卷，作《郭忠恕畫贊》。

十二日云云，據《紀年録》。當日當有跋文，已佚。畫贊見《蘇軾文集》卷二十一，當爲此前後作，或應夢得之請作。

李廌《德隅堂畫品》品評諸畫中，有郭忠恕《樓居仙圖》，即張夢得所藏忠恕畫山水木屋卷。廌品云：「郭忠恕恕先所作。中書令趙韓王普『思默堂印』，相國王冀公欽若『太原欽若圖書』。作石似李思訓，作樹似王摩詰，至於屋木樓閣，恕先自爲一家，最爲獨妙。棟樑楹桷，望之中虚，若可躡足，闌楯牖户，則若可以捫歷而開闔之也。以毫計寸，以分計尺，以尺計丈，增而倍之，以作大字，皆中規度無小差，非至詳至悉委曲於法度之内者不能也。然恕先仕於朝，跅弛不羈，放浪玩世，卒以傲恣流竄海島，中道仆地，蜕形仙去。其圖寫樓居，乃如此精密。非徒精密也，蕭散簡遠，無塵埃氣。」以下謂蘇軾有贊并引贊。據《直齋書録解題》卷十四《德隅堂畫品》條，廌此書撰於元符元年，乃就趙令時行橐中諸畫爲之，時令時官襄陽。知《樓居仙圖》此時已入藏趙令時，張夢得或已於此前謝世。令時，詳元祐六年紀事。

十九日，軾書四箴。

據《紀年録》。此書四箴，即《蘇軾文集》卷六十六《書四戒》。

同日。軾跋懷素書。

《晚香堂蘇帖》：「『人人送酒不曾沽，終日松間挂一壺。學聖不成狂便發，真堪畫作醉僧圖。』此懷素書也。深好論之，人間當有數百本也。元豐六年十一月十九日。」懷素爲草書。《後村先生大全文集》卷一百四《題跋·墨林方氏帖·蘇文忠公·書懷素自作五言帖》：「蘇子美《贈秘演》詩云：『賣藥得錢只沽酒，一飲數斗猶惺惺。』演塗去之。子美大怒。演云公詩傳萬口，吾持戒不謹，已爲浮屠罪人，公又從而暴之乎！懷素工草書，同時如顔尚書、張處士餉酒與魚，如坡公手録其醉筆，人固不可以無藝也。此二髡，一畏人知其飲酒，一自狀其醉絶，甚可笑。」附此。

徐大受（君猷）卒於道，喪過黄州，軾爲文祭之，并有輓詞。與大受之弟大正（得之）簡，商議處置其後事。

《蘇軾詩集》卷二十二《徐君猷輓詞》：「一舸南游遂不歸。」指赴湖南。祭文見《蘇軾文集》卷六十三（一九四六頁）。《輓詞》有「雪後獨來栽柳處」之句，其喪過黄州，當在十一月、十二月間也。

《蘇軾文集》卷五十七與大正第一簡：「諸令姪皆少年，未甚更事。得之既手足之愛，事事處置令合宜。」又云：「十三、十四皆可，俊性，不宜令失學。」又云：「若候葬畢，迎君猷閤中，與其三子置之左右，而教以學，則君猷爲不死矣。」第二簡：「邑君與十三、十四等，可暫歸張家，爲長策，幸更與詳議。」十三、十四，大受子。十四名叔廣，見《春渚紀聞》卷六《賦詩聯詠四姬》條。邑君，大受妻張氏。《揮麈録·後録》卷七謂大受有子字輔之，名端益，娶燕王元儼孫女，粗有文采。

軾嘗跋徐十三秀才求字帖。十三，大受之子。

《鬱孤臺法帖》卷六《徐十三秀才相見輒求字帖》：「徐十三秀才相見輒求字，度其所藏，當有數千軸，然猶貪求不已。今日方病，對案不食，而求字不衰，吾不知此字竟堪充飢已病否？此蔽殆不可解也。」

此帖文字，不見《蘇軾文集》、《蘇軾佚文彙編》、《蘇軾佚文彙編拾遺》。

此文作於黃州。軾跋中所云之徐十三，當即上條所引與徐大正簡中兩次提及之「十三」，知徐十三乃徐君猷之子，今繫於「徐大受卒於道」後。

《蘇軾文集》卷五十七《與徐十二首》。此徐十二，非徐十三兄弟輩。

《徐十三秀才》帖中「數千」之「千」疑爲「十」之誤。

徐十三在黃時，不過一少年，沉戀蘇軾書法至於如此，誠爲難得，亦可見蘇軾書法之魅力。自此文中，可見徐、蘇二家情好無間，亦可見蘇軾愛護徐十三甚至，感人至深。

太守楊寀（君素）、通判張公規邀遊安國寺，軾記公規論去欲。

文見《蘇軾文集》卷七十三（二三七五頁）。據此，公規當爲繼孟震（亨之）之任者。

李巋令黃陂，軾晤於黃州，贊其有格韻。簡薦巋於蔡承禧（景繁）。

《蘇軾文集》卷五十五與承禧第十一簡：「黃陂新令李巋到未幾，其聲藹然，與之語，格韻殊高。比來所見，縱小有才，多俗吏。儔輩如此人殆難得。公好人物，故輒不自外耳。」以下叙南堂建成事，知作於本年。

巋字端伯，育之子。育，已見熙寧二年七月丙戌紀事。巋與父嘗從邵雍遊。見《邵氏聞見録》卷十八。爲程顥、程頤弟子。《河南程氏遺書》卷一《端伯傳師説》即記巋所得二程語録。程頤並謂「語録，只有李鸝得其意」。《文集》卷三十九有《李鸝宣德郎制》文。餘見元祐元年十二月六日紀事。

滕元發(甫、達道)罷安州，入朝，蘇軾欲於岐亭相見，至黄陂，則元發已道出信陽，遂相失，會雨雪間作，遂暫寓僧舍。歸黄。

《蘇軾文集》卷十五《故龍圖閣學士滕公墓誌銘》：「敕使謝諲市物於安，因緣爲姦，民被其毒，公密疏姦狀，上爲罷黜諲。」《長編》卷三百四十二元豐七年正月乙巳注文引以上數語，然後云罷安州入朝。據此，元發入朝，似以有功之故。

《文集》卷五十一與元發第三十一簡：「公解印入覲，當過岐亭故縣，預以書見約，輕騎走見，極不難，慎勿枉道見過。」簡有「乍冷」之語，當爲十月間事。此略前有「久不朝覲，緣此得望見清光，想足慰公至意」之語，見與元發第六十簡。

同上第二十六簡：「某到黄陂，聞公初五日便發，由信陽路赴闕，然數日如有所失也。」此初五日，當屬十一月。簡以下叙住僧舍事。

同上第十八簡：「專人復來，承已過信陽，跋涉風雨，從者勞矣。」又云：「某比謂公有境上之約，必由黄陂遂徑來此，拙於籌畫，遂失一見，愧恨可知。」此簡作於歸至黄時。

自聞滕元發解印入朝至自黄州到黄陂然後歸黄州期間，軾嘗簡元發，戒勿舊事重提而議論

新法。

《蘇軾文集》卷五十一與元發第八簡：「某欲面見一言者，蓋謂吾儕新法之初，輒守偏見，至有異同之論。雖此心耿耿，歸於憂國，而所言差謬，少有中理者。今聖德日新，衆化大成，回視向之所執，益覺疏矣。若變志易守以求進取，固所不敢，若嘵嘵不已，則憂患愈深。」

此段話之主旨，在戒元發謹言，「吾儕新法之初輒守偏見」云云，意在極力誘導，啓發元發謹言。元發以直言敢諫聞於世，《文集》卷十五《故龍圖閣學士滕公墓誌銘》謂元發「言無文飾」，嘗「力言新法之害」，故以是爲戒也。其主旨不在聲明對於新法態度之改變。

《文集》編者謂此簡作於徐州，《總案》遂繫入元豐二年正月，無「面見」入朝文字依據。《王荊公年譜考略》卷二十四元祐元年紀事録此簡全文，其意在因王安石之卒表明蘇軾對於安石態度之改變，未提及任何證據證明此簡爲是年作。皆不可信。元發入朝見元豐七年正月乙巳紀事。

軾代巢谷（元修）作《遺愛亭記》，頌州守徐大受遺愛。谷旋回蜀。嘗自谷處求得治傷寒《聖散子方》，以授龐安時（安常），爲叙。

記見《蘇軾文集》卷十二，時大受已「去郡」，亭名乃蘇軾所命。《輿地紀勝》卷四十九《黄州》謂大受有善政。《欒城後集》卷二十四《巢谷傳》謂谷「會赦乃出」。《宋史·神宗紀》本年十一月丙午：「祀昊天上帝於圜丘，赦天下。」谷回蜀爲本年十一、十二月間事。《文集》卷五十八《與程彝仲》第六簡云：「元修去已久矣，今必還家。」其還家約在明年春。

叙見《文集》卷十（三三一頁），云其方活人不可勝數，未云離黄，知作於黄。《避暑録話》卷上：「子瞻在黄州，蘄州醫龐安常亦善醫傷寒，得仲景意，蜀人巢谷出《聖散子方》，初不見於前世醫書，自言得之於異人，凡傷寒不問證候如何，一以是治之，無不愈。子瞻奇之，爲作序，比之孫思邈《三建散》，雖安常不敢非也。乃附其所著《傷寒論》中，天下信以爲然。」以下言「宣和後，此藥盛行於京師，太學諸生信之尤篤，殺人無數，今醫者悟，始廢不用」，與蘇軾所言不同。《避暑録話》卷上另一則云「俗方施之貧下人多驗，富貴人多不驗」。巢谷之方，或得之民間，故施之太學諸生而多不驗。

蘇軾作《橄欖》詩。

詩見《蘇軾詩集》卷二十二。

詩寫橄欖之正味「苦且嚴」。嚴者，正宗之苦而不雜以他味也。詩云：「待得微甘回齒頰，已輸崖蜜十分甜。」寫橄欖之回味。得之親嘗，因作此詩。

蘇軾作《東坡》詩。

詩見《蘇軾詩集》卷二十二。

首云「雨洗東坡月色清」。雨洗見清，加之月色更清。次云「市人行盡野人行」。則野人者，蘇軾自謂也。放浪形骸，不拘形迹，得大自然野趣，是之謂野人。末云：「莫嫌犖确坡頭路，自愛鏗然曳杖聲。」坡頭之路高低不平，亦爲野趣。不平之路行於夜中，故須持杖。萬籟俱静，四野皆清，曳杖之聲形成節奏，顯出清寂中之存在。蘇軾特愛此種境界。

十二月八日，飲張懷民小閣，軾賦《南柯子》。

詞見《東坡樂府》卷下，末句「故人憔悴」。蓋謂懷民謫居。《蘇軾文集》卷七十《書懷民所遺墨》叙懷民贈墨二枚。《佚文彙編》卷五《賭書字》叙懷民與張昌言圍棋，賭蘇軾書字事。并繫此。

蘇軾交游有張問字昌言，《宋史》卷三百三十一有傳，不知是否爲此昌言。

滕元發（甫、達道）致簡，蘇軾答簡論修道。

軾簡乃《蘇軾文集》卷五十一《與滕達道》第七簡。

簡云：「意謂途中必一見，……竟不果。」謂元發罷安州入朝，蘇軾欲於岐亭相見而未果也，已詳本年此前「滕元發罷安州」條。

簡云：「示諭宜甫夢遇於傳有無，某聞見不廣，何足取正。」蘇軾友有字宜甫者唯王正路。王正路乃適（子立）之父。參元祐二年八月十九日紀事。此宜甫不知是否爲正路。元發之意似爲宜甫夢中有所遇，乃問蘇軾，夢遇是否書傳中有記載。蘇軾以爲，夢遇乃個人之事，其於將來應驗與否，亦屬個人之事，書傳所載夢遇之事，與宜甫夢遇無關。要言之，夢遇具有偶然性，以今日之語言之，夢遇無規律可循。

此簡所論已越夢遇範圍，其要旨在論修道、學道。簡云：「一念清浄，使不復食，亦理之常，無足怪者。方其不食，不可强使食，猶其方食，不可强使不食也。」其要在順其自然。若以不食爲勝解，方食時强使不食，則是違背自然，不可取。

十五日，軾與楊繪（元素）簡。時繪將知興國軍。

簡乃《蘇軾文集》卷五十五與繪第六簡，云「公决起典郡，無疑也」。《范太史集》卷三十九繪墓銘云「謫居七年，起知興國軍」。繪以熙寧十年謫降，至是首尾爲七年。

十九日，生日，王適以詩來慶，軾次其韵。

次韻詩見《蘇軾詩集》卷二十二（一一八三頁）。時適在筠，見《欒城集》卷十二、十三。適詩佚。

二十七日，軾夢中作祭春牛文。

文見《佚文彙編》卷五（二五四七頁）。

滕元發（達道）入朝，未對。軾簡滕以慰之。

《蘇軾文集》卷十五《滕元發墓誌銘》：「安州既罷，入朝，未對。而左右不悦者，又中以飛語。」

同上卷五十一《與滕達道》第二十五簡：「公忠義皎然，天日共照，又舊德重望，舉動當爲世法，不宜以小事紛然自辨。」時滕將上書自明也。此簡當作於歲末。

在黄州，軾作《黄泥坂詞》。

《蘇軾文集》卷六十八《書黄泥坂詞後》：「余在黄州，大醉中作此詞。」

此詞見《蘇軾詩集》卷四十八。

詞云及「雪堂」，歲宴，最遲作於本年，今繫本年。

詞云：「初被酒以行歌兮，忽放杖而醉偃。草爲茵而塊爲枕兮，穆華堂之清宴。紛墜露之濕衣兮，升素月之團團。感父老之呼覺兮，恐牛羊之予踐。」大醉中放浪形骸，當記親身經歷。

十二月，文彦博致仕。轍有賀啓。

十二月云云，據《年表》。

《長編》卷三百四十一本年十一月甲寅（十三日）紀事：「河東節度使、守太尉、開府儀同三司、判河南府、潞國公文彦博爲河東、永興節度使，守太師、開府儀同三司致仕。於是彦博乞免守太師及兩鎮節度。上批，許罷兼永興軍，止以河東舊鎮守太師致仕，仍貼麻行下。」原注：「據御集，許彦博免兩鎮，乃十二月七日指揮。」《年表》所云十二月致仕，蓋依御集。

賀啓乃《欒城集》卷五十《賀文太師致仕啓》：「右某啓：伏審得謝中朝，歸老西洛。位極師保，望隆古今。（下略）」

除夜，轍作詩。

《年表》謂爲十二月庚子（三十日）。詩見《欒城集》卷十三。首云：「老去不自覺，歲除空一驚。」常情。三四句：「深知無得喪，久已罷經營。」因果判然。

軾與滕元發（達道）簡，報轍平安。

《蘇軾文集》卷五十一與元發第六十簡：「某屏居如昨，舍弟子由得安問。」以下云：「久不朝覲，緣此得望見清光。」謂入覲也。元發入覲，爲本年冬末事。

歲末，軾與錢世雄（濟明）簡，報長子邁將赴德興。時邁自京師還。

《蘇軾文集》卷六十《黄州與人》第二簡：「兒子自京師歸。」同上《與千乘姪》：「邁自北還。」「北」謂京師。卷五十三與世雄第三簡：「曾托施宣德附書及《遺教經》跋尾，必達也。」中云：「旅寓，不覺歲復盡。」末云：「兒子明年二月赴德興。」邁赴德興，爲就德興尉。《遺教經》跋尾乃《文集》卷六十九《跋錢君倚書遺教經》。君倚名公輔，世雄父。公輔嘗書《遺教經》，軾爲跋之。

徐州開元寺僧法明來簡，軾答之。

《蘇軾文集》卷六十一《答開元明座主》一、二簡叙之。《晚香堂蘇帖》有此二簡，文字略有異，茲全録於此：「（按：校之《文集》以上缺三十一字）消息，不知今安在也。石橋用工，初不滅裂，云何一水，便爾敗壞，無乃亦是不肖窮蹇之所累耶！何時復相會，千萬保愛之，軾再拜。」以下另行低數字，又云：「開元大殿非吾師學行，人神響應，安能便成。可喜！可喜！此書附聖塗書中，更不封，勿怪！勿怪！」「消息」云云，乃《文集》第一簡，「開元」云云，乃第二簡。據《晚香堂蘇帖》，此二簡實爲一簡，後者乃前者之附言；後者所云「此書」，即指前者。明座主乃法明，見元豐八年六月十五日紀事。

簡中所云聖塗，乃彭城人張天驥。《文集》卷十二《放鶴亭記》，即爲天驥作。簡既由天驥致，知法明座主時在彭城。簡中云及「窮蹇」，知作於黄州。《文集》第一簡云及「賢上人前年來此」，知此簡約作於元豐五、六年間。今繫本年。

蔣之奇（穎叔）升任江、淮、荆、浙發運使，有書來。蘇軾以啓爲賀。

《宋史》卷三百四十三《蔣之奇傳》：「歷江西、河北、陝西（轉運）副使。……移淮南，擢江、淮、荆、浙發運副使。元豐六年，漕粟至京，比常歲溢六百二十萬石，錫服三品。請鑿龜山左肘至洪澤爲新河，以避淮險，自是無覆溺之患。詔增一秩，加直龍圖閣，升發運使。」《長編》卷三百三十六本年閏六月乙未，有「賜江淮等路發運副使蔣之奇紫章服」記載。

《蘇軾詩集》卷二十七《和蔣發運》題下「施注」：「爲江淮發運。祖宗舊制，歲終奏計京師，其實多至次年正月到闕，潁叔十月已詣京師奏計。」《蘇軾文集》卷四十七《賀蔣發運啓》云：「伏審上計入覲，拜恩言還。擁節東南，上寄一方之休戚；考圖廣内，示將大用之權輿。」是入覲當在元豐六年。啓又云：「某竄流已久，衰病相仍。方稱慶之未皇，忽移書之見及。」是之奇先有書與軾。

軾與張近（幾仲）簡。

《平園續稿》卷八《跋東坡與張近帖》：「右坡公與張幾仲帖，蓋元豐間謫黄時也。所謂授德興尉者，長子邁也。」知簡約作於歲末或下年年初，今繫此。餘見元豐七年「以銅劍易張近龍尾子石硯」條紀事。蘇軾此簡已早佚。

近，開封人。《宋史》卷三百五十三有傳。

趙鼎臣《竹隱畸士集》卷二《二十日發都門二十三日次潁昌過故府張幾仲舊居》：「入門見華屋，愴然傷我神。堂堂想平生，英氣猶逼人。園花與檻竹，種植手自親。愛之不忍釋，欲去輒逡巡。緬懷大觀初，幕府參下賓。前驅列貔虎，後乘邀徐陳。縱獵轅門曉，賦詩瀛臺春。何曾有天驕，安若兒女馴。至今帳下吏，往往驅朱輪。凄涼十年内，梓樹忽輪囷。惟餘一書記，白首老埃塵。猥忝刺史符，愧彼吏與民。公門那敢辱，往戒猶書紳。」據詩，知趙鼎臣於大觀初佐張近（幾仲）之幕，越「凄涼十年」而爲政和七、八年，此詩作於其時，近已卒。

同上卷五《仲秋席上呈張幾仲》：「父老歡呼夾道周，將軍喜色在眉頭。臨邊已見三開府，翫月何妨七倚樓。盛事珠璣交履舄，豐年酒肉到鋤耰。諸公徑作通宵飲，今夜何須秉燭游。」附此。

軾與沈遼簡，再辭不作《雲巢記》。

簡乃《蘇軾文集》卷五十八與遼第二簡，以「開口得罪，不如且已」也。簡有「小兒亦授德興尉」之語，與與張近簡，約作於同時。

蘇軾賦《皂羅特髻》，懷采菱、拾翠。

詞見《東坡樂府》卷下。明吴訥編《唐宋名賢百家詞》本《東坡詞》有此詞，調下原注：「采菱、拾翠。」此四字，《東坡樂府》無。

《蘇軾詞編年校注》引劉崇德《蘇詞編年考》謂：「采菱、拾翠者，乃蘇軾兩小鬟也。考蘇軾於黄州與朱壽昌（康叔）書有云：『所問菱、翠，至今虚位，雲乃權發遣耳。何足挂齒牙！呵呵。』此信當是元豐四、五年間所寫，當時菱（采菱）、翠（拾翠）位空人去。『雲（朝雲）乃權發進』，可能有兩個意思：一是暫去又回，一是有此意而没有實行。因爲蘇軾與蔡景繁的信中説：『凡百如常，至後杜門壁觀，雖妻子無幾見，况他人也。然雲藍小袖者，近輒生一子。想聞之一拊掌也。』朝雲（即雲藍小袖者）生子遯，在元豐六年七月。這以前，采菱、拾翠已離開蘇軾，輾轉到了汴京，故詞末云：『待到京尋覓。』此亦流露出對她們的懷念。詞當在菱、翠發遣後而作，故編元豐六年。」

今次此詞於本年。

按謂蘇軾與朱壽昌書簡作於元豐四年五年，乃小失，實作於元豐三年，詳該年紀年。

本歲，軾友人欽之嘗有使至，求近文，遂書《赤壁賦》寄之，囑其深藏不出，蓋以多難畏事也。此欽之或爲傅堯俞。

據《佚文彙編》卷二《與欽之一首》，并參該文校注第一條。

堯俞，已見熙寧四年「傅堯俞作濟源草堂」條。《宋史》卷三百四十一《傅堯俞傳》謂其時「不爲時所容」，其爲人「厚重寡言，遇人不設城府」，彼此相投，或以是故。

本歲，軾嘗題堂兄不疑（子明）詩後。

題後見《蘇軾文集》卷六十八（二一三二頁），有「不見十五年」之語。熙寧元年蘇軾與不疑别於蜀中，至是十五年。

李格非（文叔）約於今年來訪，有簡與之。

《蘇軾文集》卷五十七《與文叔先輩》第一簡：「疊辱顧訪，皆未及款語。」贊格非之，「新詩絶佳」。簡又云「十五日當與得之同往也」。得之，徐大正字。知此簡作於黄州，約在本年前後。

今繫於此。

格非，熙寧九年進士。見《太平治迹統類》卷二十八。餘詳紹聖二年「李格非嘗來簡」條紀事。

題孟郊《聞角》詩，或作於今年。

文見《蘇軾文集》卷六十七(二〇九〇頁)。文中有「今夜聞崔誠老彈《曉角》」之語，或作於今年。

書贈九江胡洞微(明之)道士，或作於今年。

《蘇軾文集》卷六十《與胡道師》第一簡，《外集》題作《書贈胡道士》，今從。文中有「參寥子病，求醫於胡」之語，知爲本年或下年初作，今繫入本年。

《文集》卷二十一《石菖蒲贊·叙》云及「九江道士胡洞微」，即此胡道師。《重刻山谷先生年譜》卷十三崇寧元年紀事引山谷跋自書東坡《乳泉賦》，謂洞微字明之，謂「明之又好東坡」。

三蘇年譜卷三十四

元豐七年（一〇八四）甲子　蘇軾四十九歲　蘇轍四十六歲（上）

正月乙巳（初六日），滕元發（甫、達道）知筠州。元發上書，其書，蘇軾代撰。

正月乙巳云云，據《長編》卷三百四十二；《長編》云：「正議大夫滕甫知筠州。甫罷安州，入朝。手詔謀逆人李逢乃甫之妻族，近親不宜令處京師，可與東南一小郡，故也，甫上書自辨，尋改知湖州。」《蘇軾文集》卷十五《滕元發墓誌銘》：「入朝，未對，而左右不悦者，又中以飛語，復貶筠州。士大夫爲公危慄，或以爲且有後命。公談笑自若，曰：『天知吾直，上知吾忠，吾何憂哉！』乃上書自明。」代元發所撰《辯謗乞郡狀》，見《文集》卷三十七。此狀，即《長編》所云之書。

《文集》卷五十一與元發第二十四簡：「所示文字，輒以意裁減其冗，别録一本，因公之成，又稍加節略爾。不知如何？漕司根鞫捃摭微瑣，於公尤爲便也。緣此聖主皎然，知公無過矣。非特不足卹，乃可喜也。但静以待命，如乞養疾之類，亦恐不宜。」據此，蘇軾代撰之文，乃就元發底稿而删略之耳。此簡云及爲璋師作《羅漢堂記》事，《佚文彙編》卷三與元發第一簡亦及之。

賦《菩薩蠻》(城隅静女何人見)。

詞見《東坡樂府》卷下。

詞有「誰識蔡姬賢」之句。《注坡詞》:「蔡姬，蔡邕之女文姬也，博學有才辯，又妙於音律。」按，蔡文姬，事迹見《後漢書》卷八十四《列女傳》。

詞有「江南顧彦先」之句。《注坡詞》:「顧彦先，名榮，吴人，爲南土著姓。機神朗悟，妙於鼓琴。仕吴爲黄門郎。」按，顧榮，《晉書》卷三十八有傳。

《東坡詞編年箋證》:「詞爲贈人之作，贈主乃仕途蹭蹬者。考東坡交遊友朋，宋神宗元豐年間與宋哲宗紹聖年間，與東坡同被貶官者甚夥。然能被東坡尊之爲『先生』且遭際與詞意相彷彿者，蓋滕元發一人耳。」

薛先生引《蘇軾文集》卷十五《故龍圖閣學士滕公墓誌銘》:「公之妻黨有犯法至大不道者，小人因是出力擠公，必欲殺之。帝知其無罪，落職，知池州。徙蔡，未行。改安州。既罷，入朝，未對。而左右不悦者，又中以飛語，復貶筠州。」已分別略見本譜，其妻黨事，乃軾知密時事。元發貶筠，憤然於懷，此其時。軾有簡勸之，已略見本譜。

詞之上闋首云:「城隅静女何人見，先生日夜歌彤管。」第三、四句即以上所引之「誰識蔡姬賢，江南顧彦先」。下闋結末二句云：「惟有謝夫人，從來是擬倫。」薛先生云：「《詩經·邶風·静女》詩序云：『《静女》，刺時也。衛君無道，夫人無德。』此即詞首二句之微意也。三四句『蔡姬賢』與『顧彦先』對舉，蓋謂滕夫人李氏如文姬之賢，非『婦黨李逢爲逆』也；滕如顧彦先之『德聲所振』、『忠義奮發』（按，此乃《顧榮傳》中所引吴郡内史殷祐箋中語），非『左右不悦者』『中以飛語』之叛逆也。結兩句又以謝道韞之逢家難而『風韻高邁』爲比。其眷眷勸慰之意正與函等。」今從其說。

客種蘭東軒，轍作詩。

詩見《欒城集》卷十三。中云：「知有清芬能解穢，更憐細葉巧凌霜。」贊其芳香與氣節。

上元夜，作詩。王適上元夜亦作詩，轍次韵。

詩見《欒城集》卷十三。前者云：「新春收積雨，明月澹微雲。照水疏燈出，因風遠樂聞。」上元景象。後者其二末云：「重因佳句思樊口，一紙家書百鎰輕。」思兄。

二十五日，神宗手札移蘇軾汝州團練副使、本州安置。

據《軾墓誌銘》、《紀年録》、《施譜》及《長編》卷三百四十二元豐七年正月辛酉紀事。《施譜》御札「蘇軾黜居思咎，閲歲滋深，人材實難，不忍終棄」云云，《長編》同。《長編》卷三百五十六元豐八年五月戊戌紀事注文謂爲二十一日事。

《西塘集耆舊續聞》卷五謂「蘇軾黜居」云云，乃制詞中語，首二句作「蘇某謫居之久，念咎已深」。《耆舊續聞》謂乃王震（子發）詞，軾甚歎服。又云：「元祐初，坡入掖垣，尚與子發同僚，和子發詩云『清篇帶月來霜夜，妙語先春發病顔』，蓋爲此也。」軾詩見《蘇軾詩集》卷二十六《次韻王震》。

軾次秦觀、道潛（參寥）梅花詩韻。轍亦次韻。

《淮海集》卷四《和黄法曹憶建溪梅花》：「海陵參軍不枯槁，醉憶梅花愁絶倒。爲憐一樹傍寒溪，花水多情自相惱。清淚斑斑知有恨，恨春相逢苦不早。甘心結子待君來，洗雨梳風爲誰好。誰云廣平心似鐵，不惜珠璣與揮掃。月没參横畫角哀，暗香銷盡令人老。天分四時不相貸，孤芳轉盼同衰草。要須健步遠移歸，亂插繁華向晴昊。」作於元豐六年冬，或已及春。軾詩乃《蘇軾詩集》卷二十二《和秦太虚梅花》。云「江頭千樹春欲暗」，點春。轍詩乃《欒城集》卷十三《次韻秦觀梅花》。首云：「病夫毛骨日凋槁，愁見米鹽惟醉倒。忽傳騷客賦寒梅，感物傷春同懊惱。」感物傷春乃觀詩主旨。

《參寥子詩集》卷三《次韻少游和子理梅花》：「朔風蕭蕭方振槁，雪壓茅齋欲攲倒。門前誰送一枝梅，問訊山僧少病惱。强將筆力爲摹寫，麗句已輸何遜早。碧桃丹杏空自妍，嚼蕊嗅香無此好。先生攜酒傍玉叢，醉裏雄辭驚電掃。東溪不見謫仙人，江路還逢少陵老。我雖不飲爲詩牽，不惜山衣同藉草。要看陶令插花歸，醉卧清風軼軒昊。」時道潛在黄州；詩中所云「少陵老」，似謂軾。軾有次韵，見《蘇軾詩集》卷二十二。子理，當即黄法曹。轍復次韵見《欒城集》卷十三。中云：「拾香不忍游塵汙，嚼蕊更憐真味好。」與道潛同感。又云：「妙明精覺昔未識，但向閑窗看詩草。」贊道潛詩境界有開拓。

《參寥子詩集》卷七《覽黄子理詩卷》：「六載南官何所營，百篇翻覆見高情。霜鷗露鵠元非俗，雪竹風松本自清。俊逸固宜凌鮑照，優游真已逼淵明。微言會有知君者，謾擬鍾嶸試一評。」

二月一日，軾與道潛，徐大正（得之）步自雪堂并柯池入乾明寺觀竹林，謁乳母任氏墳，鋤治茶圃，遂造趙氏園，探梅堂，至尚氏第，憩定惠僧舍，飲茶任公亭、師中菴，乃歸。有題名。

題名見《佚文彙編》卷六（二二五八一頁）。

二十八日，徐大正（得之）致書蘇軾，報其兄大受之柩滯留不行。

《蘇軾文集》卷五十七與大正第六簡：「得二月二十八日所惠書，知仙舟靠閤滯留，不易！不易，即日想已離岸。」

以銅劍易張近（幾仲）龍尾子石硯，軾賦詩。

《平園續稿》卷八《跋東坡與張近帖》：「（坡公）將自黄移汝，嘗賦長篇，以銅劍易幾仲龍尾子石硯，幾仲作詩，送硯返劍，公又屬和，卒以劍歸之。」詩見《蘇軾詩集》卷二十三（一二三七頁），中有「我得君硯亦安用，雪堂窗下《爾雅》箋蟲鰕」之句，此雪堂乃實指，詩作於黄州未發之前。

《硯箋》卷二引蘇軾《劍易張近龍尾子石硯詩跋》：「僕少時好書畫筆硯之類，如好聲色，壯大漸知，自笑至老無復此病。昨日見張君卵石硯，輒復萌此意，卒以劍易之。既得之，亦復何益，乃知習氣難除盡也。」

同上復引蘇軾《卵硯銘》：「東坡硯，龍尾石。開鵲卵，見蒼璧。與居士，同出入。更險夷，無燥濕。」此銘見《蘇軾文集》卷十九，其後尚有「今何者，獨先逸。從參寥，老空寂」十二字。此卵硯，或即近所贈也。

中江令程建用（彝仲）書來，求記中江勝迹。軾復書以多難畏人爲辭，並贊建用書乃高文。

《蜀中名勝記》卷三十《潼川府二·中江縣》引眉山程建用與蘇軾書：「中江於東蜀，號劇邑，以衰拙臨之，始至若無暇，洎半年而滯獄清，期年而庶事稍就叙。乃謀葺亭臺池館之舊，則西園之勝，有環翠亭焉。亭面北而枕南，相傳以薛公田所建也。亭前兩株桐，挺直無節目，高二丈餘，枝葉扶疏，亭後甃石爲山，傍植紅蕉，三面控掩以牆，牆間列詩碑，皆薛公與其子球任本路憲日并歷政諸公之所作也。袤百有五十丈，曰養閑亭，亭之後爲頤正堂，夾堂植花果，堂之東爲潛閣，閣之前牡丹數叢，深紫色，此蜀花之鮓有也。閣後懸窗，窗外百餘本，紫如葚，纖如笴，森如束，高出簷際，皆廖公子孟創植，文公同爲之記。其亭雄壯冠於邑居，西有臺，高丈餘，榜曰觀風。登臺倚欄，其南北與西境，山川歷歷可覩，惟東則爲亭屋縣樓之所蔽。西有棲妙山，山有洞，田真人所名也，今爲集虚觀。《古記》云：『此地雖多惡蟲蛇，唐廣德中，真人自南陽來，卜居其地，遂絶此患。』南江自綿之神泉縣來，衝山足，已而東走百五十里，至郡城下，合涪江。東江來自涪城，歷馬橋鎮，過五成山，至元武山下，入於南江。二江之水，冬或可涉，夏秋積雨，往往漲至數丈，爲墊溺之患，歷政禦以堤防，惟廖公有碑，亦與可之文也。五成在邑之艮地，山頭有二圓崖，高徑各丈餘，俗號挺眼，以邑民多頑悍稟賦，於是前令修堤，命匠者塊之以爲堤址，今無矣。觀山之壯而詳其名，則五成者取爲壇五成之義，今以成爲城，蓋誤也。元武在邑東，其山周回三里，六屈三起，有龜蛇之象，昔之邑名與山，皆取於此。僧寺枕其麓，傍以大雄，而元武之象，實寓其中。其下有淵，淵前後石大如拳，小如彈，連延五七里，有龜甲之文者，近年又有蛇蟠之形者，濱江之民三四琢之，以售於好事者，此物理之不可考也。觀風臺之南有一亭，亭壁塑亂山，榜曰栩栩巖，取夢蝶之義。昔官於此者，或譏其晝寢，彼固以此爲名，建用因而廣之，以塑峨眉而致其意焉。建用昔寓峨眉六七年，歸吾鄉而卜居於北郊，則又遠與之相直。每春晴秋曉，則夫蒼翠嵴崒，巍然當吾廬之門。自從官於兹，别是山也，不爲不久，而歸遊未有期，故形於塑。塑匠，邑民也，無慮數百人。凡兩川釋宫老廟之象，與夫豪貴之家欲狀山川、禽獸、草木之類，莫不出於邑匠。選其匠之尤者，而指示以圖，於是曲盡其妙。自公之暇，近而觀之，由其足而循之，以至於頂，磴道橋閣相屬如綫，僧寺山洞皆如其地，蟄雷之穴，光相之巖，枯木飛瀑，鮮不悉備，恍然以爲昔年之旅寓也。遠而觀之，瑣碎不能分，而大勢横抹天半，忽然以爲出吾廬而倚衡門也。嗟夫，玩其塑以爲真，其迷可笑，然窮其真，亦何異於塑，而玩之者未能離形骸之内，則真與塑，何所往而非迷，况區區之迹，旅寓之年，與夫去北郊之居，逾二紀矣。凄然傷齒髮之暮，而彼崔嵬者不失其故，不知冥冥中去者，彼亦不得而遯，此於道未明者之所爲，豈可以累於通人哉。建用欲易栩栩之名，而記其所以塑壁之意，恨才力之不逮，故舉一邑之大槩，以似明公雖蕞爾之地，不足以掛文翰，亦願明公命一名，撰一記，使不才之人得以附諸末，幸也。」

《蘇軾文集》卷五十八《與程彝仲》第六簡：「所要亭記，豈敢於吾兄有所惜，但多難畏人，不復作文字，惟時作僧佛語耳。」又云：「所示自是一篇高文。」第五簡：「讀别紙所記園亭山水之勝，廢卷閉目，如到其間。」當亦指建用之書。

蘇軾答建用第六簡云巢谷「去已久矣，今必還家」，約作於本年春二三月間。

《安岳集》卷六《答中江程建用知縣》：「嘉陵水落沙帶霜，舟師治舟還故鄉。中江一别三四年，人情風物俱依然。故人寄我江上吟，幽蘭調高無報音。流水茫茫恨空瀉，會合江江溉下。」

據此，知建用善詩。民國《眉山縣志》卷十謂建用「元豐間知中江縣，政尚清簡，案無留牘」。

王適（子立）等游陳家園，橋敗幾不成行，轍作詩。轍復作《幽蘭花二絶》。

詩見《欒城集》卷十三。前者首云：「桃李城東近不遥，偶聞花發喜相邀。」知陳家園在城東，詩作於桃李花發之際。後者其一末云：「春風欲擅秋風巧，催出幽蘭繼落梅。」幽蘭之發，約爲二月間。

轍題胡長史祠堂。

詩見《欒城集》卷十三。詩云「白首青衫仍隱居」，「我來恨不瞻遺老」，知長史爲筠州，其卒在轍來筠州前。詩云「函丈空悲講解餘」，「弟子璵璠相照耀」，知胡長史長經學，弟子知名者多。

轍頻有簡與兄軾。兄軾與姪千乘簡，報轍近況。

《蘇軾文集》卷五十八《與程彝仲》第六簡：「子由頻得書，無恙。」此簡約作於本年二三月間。同上卷六十《與千乘姪》云轍「潦倒頭臚」，作於「春深」。千乘見元祐三年「姪千乘千能」條。

軾與姪千乘簡，以振起家門勉之。

《蘇軾文集》卷六十與千乘簡：「邁自北還，得手書。」「北」指京師，已見元豐六年「歲末與錢世雄簡」條。知千乘居京師。簡又云「日月不居，奄已除服」。千乘乃不欺（子正）之子，見《净德集》卷二十七《静安縣君蒲氏墓誌銘》。不欺卒於元豐四年九月間，千乘既除服，知簡作於本年。簡又云「别來又復春深」，點明作簡季候，知千乘嘗來黄。簡云及二兄不疑（子明），時不疑健在。簡稱千乘爲念二秀才，可見《文集》卷六十《與子安兄》所云之念二即千乘。

曹九章（演父）贈詩，軾次其韵以同社結鄰爲約。

次韻見《蘇軾文集》卷二十二（一一八七頁），作於離黄前。元豐六年十一月七日所作《孟仰之》，尚云「光州太守曹九章以書遺予」，九章此時或仍在光州任。九章以後不久即卒。《欒城集》卷二十六祭九章文叙聯姻後云：「數歲之間，相與抱孫。我雖未際，而日以親。」以下言九章卒。據「未際」，知九章之卒或在元豐八年八月轍除校書郎前。

三月三日，軾與道潛、徐大正（得之）、崔閑（成老）等訪定惠東海棠，憩尚氏第，聞閑彈琴，晚入何氏、韓氏竹園；歸過何氏小圃，記之，明日並作詩。後數日，作詩求劉唐年家煎餅。

記乃《蘇軾文集》卷七十一《記游定惠院》，應大正請作，大正將赴閩中。《蘇軾詩集》卷二十二有《上巳日與二三子攜酒出游隨所見輒作數句明日集之爲詩故辭無倫次》詩。時未得移汝州告。

《參寥子詩集》卷六《廬山道中懷子瞻》：「去年今日東坡路，拄杖相將探海棠。」寫此時事。《輿地紀勝》卷四十九《黄州》:「寒碧堂:在何氏所居。州東門之外,何氏兄弟作寒碧堂以待東坡之至,東坡爲畫竹石及賦詩。」

《記游定惠院》謂「有劉唐年主簿者,餽油煎餅,其名爲甚酥,味極美」。乃作《劉監倉家煎米粉作餅子余云爲甚酥》求之。參注文。《詩集》卷四十八《書裙帶絶句》乃爲唐年之女作。《焦山志》卷七《劉龜年題名》:「劉唐年君佐,弟延年子永、龜年仁父、彭年元老,因訪右軍碑,躋攀至此。熙寧元年季春二十日,龜年謹題,釋景宗同游。」備參。

《竹坡詩話》:「東坡在黄州時,嘗赴何秀才會,食油果甚酥。因問主人,此名爲何。主人對以無名。東坡又問爲甚酥,坐客皆曰:『是可以爲名矣。』又潘長官以東坡不能飲,每爲設醴,坡笑曰,『此必錯著水也。』他日忽思油果,作小詩求之云:「野飲花前百事無,腰間惟繫一葫蘆。已傾潘子錯著水,更覓君家爲甚酥。」李端叔嘗爲余言,東坡云:『街談市語,皆可入詩,但要人熔化耳。』此雖一時戲言,觀此亦可以知其熔化之功耳。」「野飲」云云,即《劉監倉》詩。

《參寥子詩集》卷一《何氏寒碧堂》:「城東十畝春蕭瑟,脩竹漫山藹如櫛。颼颼細浪鳴石齒,黯黯蒼雲翳朝日。虚堂正在無有處,不惜千竿開翠密。鳴鳩野鵲亦解喜,頡頏穿林語啾唧。但得涼陰過酒樽,莫辭晚色侵書帙。蓬萊仙人爲書榜,筆端矯矯龍蛇逸。壯觀南來無與倫,千載風流君不失。」附此。

賦《浣溪沙》（徐邈能中酒聖賢）。

詞見《東坡樂府》卷下，《東坡先生全集》卷七十五題作「感舊」。詞「徐邈」句後二句爲：「劉伶席地幕青天，潘郎白璧爲誰連。」

《東坡詞編年箋證》：「上引《記遊定惠院》又云：『有劉唐年主簿者，餽油煎餌，其名爲甚酥，味極美。客尚欲飲，而予忽興盡，乃徑歸。……坐客徐君得之將適閩中，以復會未可期，請予記之，爲異日拊掌。時參寥獨不飲，以棗湯代之。』《詩集》卷二二有《上巳日，與二三子攜酒出遊，隨所見輒作數句，明日集之爲詩，故辭無倫次》與《劉監倉家煎米粉作餅子，余云爲甚酥。潘邠老家造逡巡酒，余飲之，云：莫作醋，錯著水來否？後數日，攜家飲郊外，因作小詩戲劉公，求之》詩中所謂『劉監倉』即記中所謂『劉唐年』，時爲黃州主簿。徐得之即前黃州太守徐君猷之弟。記與詩中所云之『二三子』者，參寥而外，則徐得之、劉唐年、潘邠老耳。『時參寥獨不飲，以棗湯代之。』蓋以其爲釋子故耳。其餘三人皆在飲者列。東坡才大學博，於詩詞中用典，每與酬唱者姓氏相合。此詞中所謂『徐邈』、『劉伶』、『潘郎』云云，即謂其同遊並飲於定惠院之徐得之、劉唐年與潘邠老耳。故編甲子三月。」今從其說。

軾賦《減字木蘭花·琴》。

詞見《全宋詞》第三二二頁。

詞云：「悲風流水，寫出寥寥千古意。」《東坡詞編年箋證》箋云：「李陵答蘇武書：『但聞悲風蕭條之聲。』《韓詩外傳》：『伯牙鼓琴，鍾子期聽之。方鼓琴，志在山，鍾子期曰：善哉，鼓琴，巍巍乎如泰山。志在流水，鍾子期曰：善哉，鼓琴，洋洋乎若江河。』」

《東坡詞編年箋證》：「《文集》卷七一《記遊定惠院》云：『黄州定惠院東小山上，有海棠一株，特繁茂。每歲盛開，必攜客置酒，已五醉其下矣。今年復與參寥師及二三子訪焉，則園已易主，主雖市井人，然以予故，稍加培治。……既飲，往憩於尚氏之第。尚氏亦市井人也，而居處修潔，如吴越間人，竹林花圃皆可喜。醉卧小板閣上，稍醒，聞坐客崔成老彈雷氏琴，作悲風曉月，錚錚然，意非人間也。』《總案》繫此記於甲子三月三日，而詞正與記相彷彿，故編甲子三月。」今從其説。

移汝州告下，軾有謝表。

《蘇軾文集》卷七十一《贈别王文甫》有「近忽量移臨汝」之語。文作於三月九日，告下當在三月四日至八日之間。《謝表》見《文集》卷二十三。

《春渚紀聞》卷六《裕陵睠賢士》：「公自黄移汝州，謝表既上，裕陵覽之，顧謂侍臣曰：『蘇軾真奇才。』時有憾公者，復前奏曰：『觀軾表中，猶有怨望之語。』裕陵愕然曰：『何謂也？』對曰：『其言「兄弟並列於賢科」，與「驚魂未定，夢遊縲絏之中」之語。蓋言軾、轍皆前應直言極諫之詔，今乃以詩詞被譴，誠非其罪也。』裕陵徐謂之曰：『朕已灼知蘇軾衷心，實無他腸也。』於是語塞云。」

九日，軾贈别王齊愈(文甫)。

見上條「移汝州告下」紀事。《蘇軾文集》卷五十三與齊愈第一簡言「不出此月下旬起發」。

軾與王淮奇(慶源)簡，言將舟行赴汝。時淮奇已退居。

《蘇軾文集》卷五十九與淮奇第四簡言赴汝事。又言：「退居以來，尊體勝常，黑頭謝事，古今所共賢。」《蘇軾詩集》卷三十詩題叙淮奇爲洪雅主簿、雅州户掾，遇吏民如家人，「既謝事，居眉之青神瑞草橋，放懷自得」，蓋謂此也。

蘇頌(子容)有疾，簡來。軾覆簡紹介龐安時爲之治療。

據《佚文彙編》卷三與頌第三簡。與頌第二簡云及頌墜馬有少損，或即頌得疾之因。

遊大别寺，作《大别方丈銘》。軾與大别才老有交往。

銘見《蘇軾文集》卷十九，云：「我觀大别，三門之外，大江方東。東西萬里，千溪百谷，爲江所同。」知嘗遊於此。《元和郡縣志》卷二十八：魯山一名大别，在漢陽縣東北一百步。其山前枕蜀江，北帶漢水，上有吴將魯肅神祠。《輿地紀勝》卷七十九《漢陽軍》：「大别寺：東坡有《大别方丈銘》。」乾隆《漢陽縣志》卷三十《方外·寺觀附》：「太平興國寺，在縣北大别山下，唐建。

宋太平興國中奉敕重建，因名。元豐時，蘇軾自黄州詔還，遊此，作方丈銘，寺僧刻於石，今毀。」以下引蘇軾銘文。此所云「詔還」，當爲量移汝州。《蘇文繫年考略》謂銘文之作，當在三月間，今從。

《文集》卷六十一《與大别才老》第一簡叙才老專人來黄致候，第二簡叙才老來訪，第三簡亦叙才老來訪。蘇軾遊大别寺，或應才老之請。

軾以雪堂付潘大臨、大觀居住。並托潘丙（彦明）照管。

以雪堂云云，見《輿地紀勝》卷四十九《黄州·景物上·東坡》。

《慶湖遺老詩集》卷一《題黄岡東坡潘氏亦顔齋》，作於元符元年六月，其叙有云：「潘邠老昆仲躬耕於東坡，葺亦顔齋以偃息。」詩首云：「東坡有田誰料理，黧面蒼毛潘氏子。結茅題榜亦顔齋，農隙把書聊自喜。」同上拾遺《登黄鶴樓懷古兼寄潘邠老昆仲》，作於元符元年五月，亦可參。

徐大正（得之）將别蘇軾去，蘇軾與大正簡。

《蘇軾文集》卷五十三與丙第六簡：「東坡甚煩葺治，乳媪墳亦蒙留意，感戴不可言。」

簡乃《蘇軾文集》卷五十七《與徐得之》第三、四、五各簡。

第三簡云「知尚留雪堂」，知大正自閩中來即住雪堂。簡所云「興國書」，乃與楊繪（元素）簡。

第四簡云「數日得相從」;大正來後,曾與三月三日之游,見該日紀事。第五簡謂「葬期不遠」,謂其兄大受之葬也。大正之去,爲伴大受之子護大受靈柩至閩也。

蘇軾將離黄州,與李廷評簡。

簡見《蘇軾文集》卷六十。

簡云:「經由特辱枉訪。」知李廷評途經黄州;「枉訪」,似廷評未見蘇軾。簡云:「治行匆遽,不及詣謝,明日解維,遂爾違闊。」知將離黄州,時爲四月上旬。

蘇軾嘗與李常(公擇)簡,贊常之詩。

《藏海詩話》:「東坡《謝李公擇惠詩帖》云:『公擇遂做到人不愛處。』」此簡約作於黄州,全文已佚。《全宋詩》卷六百二十僅收李常詩三首,二殘句。其集已早佚矣。

在黄州,軾賦《浣溪沙》(西塞山邊白鷺飛)。

詞見《東坡樂府》卷下。

《注坡詞》調下有序,云:「玄真子《漁父詞》極清麗,恨其曲度不傳,故加數語,今以《浣溪沙》歌之。」玄真子乃唐人張志和。志和乃婺州金華人,歷代注家謂《漁父詞》所云西塞山在今浙江武康縣(吴興之南,德清之北),後代研究者遂謂蘇軾在杭時作此詞。

軾詞有「散花洲外片帆微」之句。饒學剛《蘇東坡在黄州·〈浣溪沙·西塞山〉確係東坡黄州之作》一文謂：「『散花洲』，杭州没有此地名，只有東坡游覽過的鄂東長江一帶有三個『散花洲』，一在黄梅縣江中，早已塌没；一在浠水縣江濱，今成一村（歷代方志未載入浠水縣境内，而是載入江南大冶縣境内，只因爲江水改道，才將散花洲推向江北浠水縣策湖境内）；一在武昌（今鄂州市）江上建『怡亭』之小島，武昌人稱之爲『吴王散花灘』，史載散花以犒勞戰勝曹操的軍隊的地方。」

饒氏引陸游《入蜀記》乾道六年（一一七〇）八月十六日所記，謂是日至石灰窑（饒氏謂今黄石市市區之一），晚過道士磯，「一名西塞山」。饒氏之意謂宋時黄州附近有西塞山，此爲明證。

饒氏復引《詞苑》：「武昌府大冶縣東九十里，爲道士磯，即西塞山。《水經》云：『壁立千仞，東北對黄公九磯，故名西塞』；横截江流，漩渦沸激；舟人過之，每爲失色。』張耒詩云：『已逢嫵媚散花峽，不怕危亡道士磯。』」饒氏於是謂：『其所述的地理位置與描繪的自然形貌全然屬於黄石西塞山的。』這一切恰好證明了東坡的《浣溪沙》所寫的『西塞山』，就是與『散花洲』相對的『西塞山』。」

今從饒氏之説。

在黄州，軾賦《滿庭芳》，旨在警世，亦在娱生。

《東坡詩話録》卷中引《燕石齋補》：「《玉林詞選》云：東坡《滿庭芳》詞一闋，碑刻徧傳海内，使功名競進之徒讀之可以解體，達觀恬淡之士歌之可以娱生。」按，其詞首云：「蝸角虚名，蠅頭微利，算來着甚乾忙。」末云：「幸對清風皓月，苔茵展、雲幕高張。江南好，千鍾美酒，一曲《滿庭芳》。」在《東坡樂府》卷上。此詞云及「江南」，知作於黄州。

在黄州，軾作《净因净照臻老真贊》。

文見《蘇軾文集》卷二十二。文云：「是故東坡，即此爲實。」

在黄，軾嘗考《雞鳴歌》、《陽關》之第四聲。

《蘇軾文集》卷六十七《書雞鳴歌》、《記陽關第四聲》叙其事。前者疑黄人之山歌爲《雞鳴歌》之遺聲。

在黄，江州守李某嘗送《陶淵明詩集》一部，軾爲書其後。

文乃《蘇軾文集》卷六十七《書淵明羲農去我久詩後》。《蘇東坡軼事彙編》引《圓通紀勝集》：「可僊禪師行録云：師諱真覺，字可僊，嶺南人。游歷諸門，偶届江州，郡守李某請住圓通。東坡先生訪之。」此李某當即送陶集之李某。

《邵氏聞見後録》卷十八：「予昔與蘇仲虎會清溪真覺僧房，客有出東坡書淵明此詩者，仲虎曰：『大父平生愛寫此詩，於士友間數見之。』」仲虎名符。「此詩」即「羲農去我久」詩。附此。

在黄，軾嘗稱賞教授朱載上之詩。

《西塘集耆舊續聞》卷一：「朱司農載上嘗分教黄岡。時東坡謫居黄，未識司農公，客有誦公之詩云：『官閑無一事，蝴蝶飛上階。』東坡愕然，曰：『何人所作？』客以公對。東坡稱賞再三，以爲深得幽雅之趣。異日，公往見，遂爲知己。自此時獲登門。偶一日謁至，典謁已通名，而東坡移時不出，欲留，則伺候頗倦，欲去，則業已達姓名，如是者久之。東坡始出，愧謝久候之意，且云：『適了些日課，失於探知。』坐定，他語畢，公請曰：『適來先生所謂日課者何？』對云：『鈔《漢書》。』公曰：『以先生天才，開卷一覽，可終身不忘，何用手鈔耶？』東坡曰：『不然，某讀《漢書》，至此凡三經手鈔矣。初則一段事，鈔三字爲題，次則兩字，今則一字。』公離席復請曰：『不知先生所鈔之書，肯幸教否？』東坡乃命老兵就書几上取一册至，公視之，皆不解其義。東坡云：『足下試舉題一字。』公如其言。東坡應聲，輒誦數百言，無一字差缺。凡數挑皆然。公降歎良久，曰：『先生真謫仙才也。』他日，以語其子新仲曰：『東坡尚如此，中人之性，豈可不勤讀書耶！』新仲嘗以是誨其子輅（原注：叔暘云）。」（以下另一則謂載上與釋惠洪、朱敦儒有交往）本則自開始至「遂爲知己」云云，亦見《容齋隨筆·四筆》卷十三《二朱詩詞》，并謂載上乃舒州桐城人，次子翌字新仲，官中書舍人，有家學。翌有《灊山集》，今傳。

何次仲（迂叟）及識蘇軾。

《能改齋漫録》卷六《赤壁棲鶻》:「韓子蒼靖康初,守黄州,三月而罷。因游赤壁,而鶻巢已亡,作詩示何次仲迂叟云:(略)次仲和答云:『兒時宗伯寄吾州,諷誦高文至白頭。二賦人間真吐鳳,五年溪上不驚鷗。蟹嘗見水人猶怒,鶻有危巢孰敢留。珍重使君尋故迹,西風悵望古城樓。』」《墨莊漫録》卷九謂此詩爲何頡(斯舉)作,「高文」作「移文」,「溪上」作「江上」,「怒」作「惡」,「危巢」作「危棲」。

在黄州,軾與何聖可有交往。

《蘇軾文集》卷七十一《書贈何聖可》有「寄語黄岡何聖可」之語。卷五十九有《與何聖可一首》,云及「朱先生所著書詩」,或爲朱載上。

楊節之嘗道黄州,以詩賦求正,蘇軾爲文美之。

《雞肋集》卷六十八《右通直郎楊君墓誌銘》:「好書,多所觀覽,而尤善《易》。於文喜韓愈。嘗道黄州,以所爲詩賦贄眉山蘇公,公歎息,爲文美之。」《蘇軾文集》卷六十八《題鳳山詩後》:「楊君詩,殊有可觀之言。」不知是否爲節之。

《楊君墓誌銘》謂:楊字節之,世家單州武成。舉進士不第。爲密州諸城主簿,以趙抃薦,調開封襄邑縣。擢大理評事,知真州六合縣,監荆南府酒,移監鄂州都作院,守朱壽昌數移疾,輒以郡政屬君。知廬州慎縣。知鄆州陽穀縣,勸民以衣食之本。擢通判河中府。元祐八年二月卒，年五十一。《清江三孔集》卷二十一孔平仲《夢錫楊節之孫昌齡見過小飲》稱「節之瓊樹枝，秀氣發扶疏」。

楊君某嘗過黄州，出歐陽修、蔡襄書，軾爲評之。

《蘇軾文集》卷六十九《評楊氏所藏歐蔡書》，爲楊君作也。

在黄期間，道士李斯立嘗與軾游。

《輿地紀勝》卷四十六《淮南西路·安慶府·仙釋》：「道士李斯立：東山靈隱觀有李道士，常從東坡遊。年逾八秩，作詩不凡，如『巖溜透雲涷，溪梅帶雪香』、『有意峯巒千嶂出，無名花草百般香』，皆奇句也。」同上《景物下》謂觀在州東四十五里。斯立號冲妙大師，後爲黄州神霄宫道士。崇寧壬午，雪堂毁，紹興初，應黄人之屬請，重建。見同上書卷四十九。康熙《潛山縣志》卷二十三謂斯立居東山靈仙觀。

在黄，長蘆法秀（圓通）禪師常有簡來，軾有答。

《蘇軾文集》卷六十《與圓通》四簡叙其往還之迹。第一簡云：「自惟潦倒遲暮，終不聞道，……不惟遠枉音問，推譽過當。……」

法秀乃青原下十一世，天衣懷禪師法嗣，全稱東京法雲寺法秀圓通禪師。《五燈會元》卷十六有傳，傳謂法秀爲秦州隴城辛氏子，又謂：「初住龍舒四面，後詔居長蘆……爲鼻祖。」參本年

「與了元簡期其來長蘆」及元祐五年八月紀事。

龍舒四面，在舒州太湖縣境内。四面乃山名，亦寺名，唐宣宗大中間建。久圮。

《侯鯖録》卷四謂法秀「立身峻潔如鐵壁」。

在黄，軾嘗簡法芝（曇秀、芝上人）叙夢彌勒殿事。

《蘇軾文集》卷七十二《夢彌勒殿》叙夢事，末云：「明日得芝上人信，乃復理前夢，因書以寄之。」

在黄，軾作《五祖山長老真贊》。

文見《蘇軾文集》卷二十二。

《輿地紀勝》卷四十七《淮南西路·蘄州·景物下》：「五祖山：在黄梅縣東北二十五里。」

在黄，軾嘗屬黄州教授代作賀啓。

《鶴山先生大全文集》卷六十三《跋蘇文忠屬黄州教授作賀鄧樞密啓》：「言貴於有物，無物非言也，後世非放誕相高，則虚美相加，迨其流弊，至爲駢四儷六，以相諂瀆，則不足以謂之言，矧曰文乎哉！東坡付他人作賀啓，亦初無甚異，而疑者喋喋不厭，何也？」

按：查《宋史·宰輔表》，蘇軾在黄期間，樞密使、樞密副使、知樞密院事、同知樞密院事無姓鄧者。待考。

在黄時，金華盧某嘗從游，蘇軾嘗爲題竹。

《黄氏日鈔》卷九十一《題盧計議先世東坡竹》：「金華盧君曾大父從蘇文忠公於黄州，得其親題□竹，忠簡宗公又爲親題其後。夫二公遺墨，流落人間，富貴家千金博易，僅止一二，尚誇奇寶，況萃見盈尺間，而又皆爲盧君家世作者哉！咸淳辛未七月。」盧君失其名。

在黄，江端禮（惇禮、子和、季恭）嘗以《非非國語》求教益。蘇軾是其論，以柳宗元《非國語》爲非。

《蘇軾文集》卷五十六《與江惇禮》第一簡：「罪廢屏居，忽辱示問累幅，粲然覽之，茫然自失。」第二簡云：「向示《非國語》之論，鄙意素不然之，但未暇爲書爾。所示甚善。」又云：「柳子之學，大率以禮樂爲虛器，以天人爲不相知，云云。」又云「前書論之稍詳」。前書已佚。《嵩山文集》卷十九《江子和墓誌銘》：「東坡謫居黄州，子和特傾慕之，以書講學焉。……子和嘗病柳子厚作《非國語》，乃作《非非國語》。東坡見之曰：『久有意爲此書，不謂君先之也。』」

在黄，軾嘗醉書盧仝詩。

《玉堂嘉話》卷九十四：「東坡醉書盧仝詩，爲團練使書。」團練使，謂黄州團練副使。見元豐二年十二月二十六日紀事。

江端禮（惇禮）來簡欲蘇軾延譽徐君，蘇軾答簡謂不能爲之增重；蘇軾另簡贊端禮所作十論、十二説辭意俱美。

蘇軾簡乃《蘇軾文集》卷五十六《與江惇禮》第三簡、第五簡。端禮所云徐君，不詳爲何人。然云「朝中知之者益衆，不肖固嘗愛仰」，其人已略略有名於時。簡云：「向者亦或從諸公之後，時掛一名，以發揚遺士，而近者不許連名，此事便不繼。」實情自如是；奬掖新進士人，蘇軾一向視之爲份内事。第五簡云：「十論、十二説已一再讀矣，不獨嘆文辭之美，亦以見盡誠求道之至也。」十論、十二説當爲江端禮論學著作。其著作已不傳。端禮與王齊愈、王齊萬兄弟有交往。《與江惇禮》第四簡云及「疊辱臨顧」，知與蘇軾交往頗密，惜不詳具體時間。

在黄州，軾嘗與趙仲修簡。

《蘇軾文集》卷五十九《與趙仲修》第一簡首云「瘡病不往見」。卷五十七《與王佐才》第一簡云及「偶患一瘡，腿上甚痛，行坐皆廢」，作於黄州。與趙簡當作於同時。

《文集》卷五十八《與歐陽晦夫》第一簡，《七集·續集》但云「與晦夫」，無「歐陽」二字，題下原注謂「一云與趙仲修」，當有據。該簡叙晦夫約遊庾公南樓，蘇軾願攜被往。按：庾公南樓，在武昌，庾公乃亮。見《輿地紀勝》卷八十一《荆湖北路·壽昌軍·景物上》。黄州距武昌不遠，此簡當作於黄州。

《詩淵》第二册有宋趙仲修《冬至祀先有感》詩云：「井臼辛勤又一年，仗誰齎恨到重泉。《離騷》空紀高陽後，藍縷過如蚡昌前。終亦有人分鼠璞，只今無俸置豚肩。男兒七尺鬚如戟，獨掩蓬蒿掃紙錢。」其他待考。

在黄州，王定民（佐才）嘗專人送文並書至。軾應其請作《維摩贊》，答簡。

《蘇軾文集》卷五十七《與王佐才》第一簡：「示諭《維摩題跋》，無害。偶患一瘡，腿上甚痛，行坐皆廢，强起寫贊，已揭然疲薾，以是未果。」第二簡云及「歲初附書及《維摩贊》」寄定民。贊即《石恪畫維摩頌》，見《文集》卷二十。所云「無害」者，以用佛語也。

《蘇軾詩集》卷十七答定民詩題下「施注」謂定民嘗官通城縣令。通城屬鄂州。通城離黄州不遠，定民令通城，當爲此時事。

在黄州，軾嘗與張從惠（吉老）遊，獻壽詩於從惠。

《詩集·增補·獻壽戲作》，即爲從惠作。

在黄，軾嘗作雪堂義樽，置鄰近郡所送之酒。

《蘇軾文集》卷七十《書雪堂義墨》：「予昔在黄州，鄰近四五郡皆送酒，予合置一器中，謂之雪堂義樽。」

在黄州，軾聞耒陽令焚木偶，贊令爲明眼人。

《蒙齋筆談》：「韓退之有《木居士》詩，在衡州耒陽縣鼇口寺。退之作此詩，疑自有意，其謂『便有無窮求福人』，蓋當時固已尸祝之矣。至元豐初猶存，遠近祈禱祭祀，未嘗輟。一日，邑中旱，久不雨，縣令力禱不驗，怒，伐而焚之。一邑争救不聽。蘇子瞻在黄州，聞而喜曰：『木居士之誅，固已晚矣，乃閒有此明眼人乎？過丹霞遠矣。』然邑人念之終不已。後復以木傚其像再刻之，歲仍以祀。……張芸叟謫郴州，過見之。（下略）」

在黄州，軾嘗至黄州西北百餘里歐陽院，見院僧所畜古編鐘，記之。

《蘇軾文集》卷七十一《書黄州古編鐘》記其事。

在黄，軾嘗與石康伯（幼安）簡，論及養生。

簡見《蘇軾文集》卷五十七。簡云：「某近緣多病，遂獲警戒持養之方，今極精健。而剛强無病者，或有不測之患。乃知羸疾未必非長生之本也，惟在多方調適。」

在黄，軾嘗與黄仲閔游。

《蘇軾詩集》卷四十八有《奉酬仲閔食新麵湯餅，仍聞糴麥甚盛，因以戲之》、《讀仲閔詩卷，因成長句》詩。

《柯山集》卷二十一《謝仲閔惠友于泉》（原注：泉上多紫竹）：「地吉泉甘慶所鍾，直疑遥與惠山通。曲肱煩暑都消盡，如卧蕭蕭紫竹風。」餘不詳。

同上卷十四《從黄仲閔求友于泉》：「炎暑戰已定，清秋當抗衡。碧雲生雁思，幽草見蛩情。曬麥村墟静，觀書枕簟清。誰能酌玄酒，來破屈原醒。」知仲閔静居村墟，其泉當在村墟之中。以友于泉比玄酒，欲得此酒以醉，於紛擾之世事中解脱，酒之主人可知。

《參寥子詩集》卷八《次韻黄仲閔主簿見訪寶雲諸寺》：「吾廬附曾阿，松竹蔚行路。平生土木軀，羞爲折腰具。蓼蟲甘苦澀，雖死那求遇。黄香諸父賢，傾蓋如有素。相將出水行，所適得佳趣。觀臺深且靚，縞壁懸清句。雲巢倚空端，下覽宜細顧。樓臺霽雪初，碧瓦塵未涴。籃輿指頽景，長挹還辭去。恍如山陰集，俛仰已成故。重來竟何時，相望碧雲暮。」

蘇軾在黄州，李寺丞嘗分俸。軾答簡約納還之期。

簡乃《蘇軾文集》卷六十《答李寺丞》第二簡。

簡云：「遭憂患狼狽」，知作於黄州。簡云「遠蒙分輟清俸二千，輒請至年終、來春，即納上」。《答李寺丞》第一簡有廢棄之人「君獨收卹」之語，作於此略前。惜寺丞不詳其名。

蘇軾在黄州，與徐司封簡。

簡見《蘇軾文集》卷六十。

簡云：「某與陳君略出至安國。」黄州有安國寺，《蘇軾文集》卷十二有《黄州安國寺記》，《蘇軾詩集》卷二十有《安國寺浴》、《安國寺尋春》詩。此所云「安國」，當即其地。陳君或爲慥（季常）。

蘇軾在黄州，高夢得嘗作詞頌之，蘇軾作簡箴之。

簡見《蘇軾文集》卷五十八。

簡云：「新闋尤增詠嘆，然柏舟之諷，何敢當此諸事，幸且慎默於事，既無補，益增嫉爾。」又云：「既忝相知，惟當教語其所不逮，反更稱譽如此，是重不肖之罪也。」其處境艱難可知。

高夢得，仕履待考。

蘇軾在黄州，代夫人王閏之致簡福應真大師。

簡見《蘇軾文集》卷六十一。簡云：「兒從夫遠謫，百念灰滅，持誦之餘，幸無恙。」知閏之亦禮佛。簡又云：「何時復見，一洗嶺瘴。」知閏之嘗受福應真大師洗禮。此簡之意在問候。閏之未經嶺瘴，不知何以「洗」云之，豈謂塵念耶！

蘇軾在黄州，嘗與徐十二簡論食薺。

簡見《蘇軾文集》卷五十七。

簡云：「薺和肝氣，明目。凡人，夜則血歸於肝，肝爲宿血之臟，過三更不睡，則朝旦面色黄燥，意思荒浪，以血不得歸故也。」非深諳醫理者不能道。以下言食薺之法。並謂食薺可治瘡疥。

簡云「朝奉公」，或爲徐大受，則此徐十二者，殆徐大正（得之）也。

蘇軾在黄州，與友人景倩簡。

簡見《蘇軾文集》卷五十九。

簡云景倩來訪，本欲回訪，適陳慥（季常）來，故且已。簡云：「衆客頗懷公高論。」則景倩爲不俗之士。惜不得其姓氏。

在黄期間，楊耆嘗自蜀來訪，貧甚，軾作《醵錢帖》，欲率友人潘原等醵錢以贈，并以舊作扶風驛遇貧者詩贈之。

帖見《蘇軾文集》卷五十七。帖云：「欲率昌宗、興宗、公頤及何、韓二君，各贈五百，如何？」昌宗乃原之字。興宗乃郭遘之字。《總案》卷二十二引蘇軾《與潘彦明》書「申意毅甫、興宗、公頤」（在《文集》卷五十三、爲與潘第二簡）之語，謂韓君乃韓毅甫、何君乃何聖可。何聖可，《文集》卷七十一有文及之，或是其人；謂韓乃毅甫，無佐證。細考蘇軾在黄交游，此毅甫乃孔平仲。又：《總案》卷二十三云及公頤乃宗姓，乃以《醵錢帖》之「興」字原誤爲「與」字，以致此大誤。

詩見《蘇軾詩集》卷二十二(一一九一頁),有引,叙楊耆之事。

在黄,軾嘗作雪堂硯。後以贈姪适。

《雙溪集》卷一《雪堂硯賦》,其引云:「伯祖父東坡先生琢紫金石爲硯,圭首箕制,寘雪堂中。形範卓豁,鴻筆鉅墨,寬然運而有餘。先生以遺先人,此硯與詩書並藏于家,子孫不忘。遭亂後,不知所在。僕憂患餘生,悼失故步,北苑鳳咮山溪石,先生所謂勝龍尾者,因命工采斲,復爲斯製,庶幾乎不失舊物也。嗟乎,所以記録遺書軼事,傳君子百世之澤,點黷殆非復世俗器矣。」其賦曰:「東坡先生入道窮微,曠聽婁視。不貪之寶,不鑿之智。輔物理之自然,廓無心于數外。發爲藝學,舉世莫二。契聖哲之奇韻,示名教之樂地。窮于黄岡,斲石爲硯。底滯聱牙,發明不厭。皂白經緯,箴規忘倦。窮《易》之剛柔貞悔,盡《詩》之興觀羣怨。原法語以折衷,續盤誥之斷爛。評論銘誌,幼婦黄絹。波撇點畫,出入萬變。北扉東閤,言成謨典。感麟凡例之筆,醫國膏肓之砭。鄰敵爲之折衝,姦邪以之喪膽。觀剎谿山之刻,槃盂枕几之篆。揭日月于簡牘,耀龍虵于琬琰。搢紳微公則聾瞽,吾道非公則黯闇。諷誦伏膺,思見斯人。斯人九原,其器尚堅。不居廟廊,非硯恥焉。枕中之訣,父子之傳。裹以緹衣,藉以青氈。其氣羽化,其制殆泯。雷槌取璞,月斧礪刃。三郛二趾,淋漓纖穎。色如青鐵,質如鑱鼎。思公灑翰,毛髮竦凛。篤古舊觀,茵席之鎮。坡陁瀰漫,地闊海浸。提耳畫一,危失先訓。志一氣隨，旨達詞順。遺韍忘弓，斷絃折軫。窺乎突奧，願竊毘準。齪齪腕脱，忽忽道聽。至若葺宇廡下，施牀榻上。王蒙徐偃，坐卧摹倣。鶩之鑽之，誰爲遠過。人更相笑，儇淺叢脞。拊硯三嘆，韜翰亦可。剛健流麗，融會尾瑣。間思修省，老去疑惰。」《雙溪集》，轍孫籀撰。

在黃，術士嘗餽軾燒煉藥。

《孫公談圃》卷中：「子瞻在黃州，術士多從之游。有僧相見，數日不交一言。將去，懷中取藥兩貼，如蓮蘂而黑色，曰：『此燒煉藥也，有緩急服之。』子瞻在京師，爲公言，至今收之。後謫海島無恙，疑得此藥之力。」公，孫升。

在黃，軾或與陳圓游。

《永樂大典》卷三千一百四十二引《南康志》：「陳圓，字德方，星子人。嘗應制舉，當時賢良之名甚著。後隱於城南後山，士子從之學，鄉里名輩，多出其門，蘇、黃諸公皆器重之。」

蘇軾作《黃州春日雜書四絶》。

詩見《蘇軾詩集》卷四十八。

其一末云：「淮上雁行皆北向，可無消息到儂邊。」思鄉。其二首云：「中州臘盡春猶淺，只有梅花最可憐。」梅花開遲。於是遂有「坐遺牡丹成俗物，豐肌弱骨不成妍」。梅花開時，牡丹亦開，牡丹成俗物。其三云「隔牆已見最繁枝」，當爲梅花。末云：「老人無計酬清麗，夜就寒光讀楚辭。」以讀楚辭慰梅花，可謂梅花知己。其四：「貧無隙地栽桃李，日日門前看賣花。」雅興。四詩不必作於一時，興起即爲之，故云雜。

在黄，蘇軾晚游城西開善院，泛舟暮歸，作二詩。

詩見《蘇軾詩集》卷四十八（二六一五頁）。其一及「遠謫」。末云：「風光類吾土，乃是蜀江邊。」思蜀。其二末云：「卜築計未定，何妨試買園。」知詩作於建雪堂以前。此二詩，於蘇軾詩中，爲平易之作。

在黄州，蘇軾戲作切語詩。

詩乃《蘇軾詩集》卷四十八《戲作切語竹詩》、《山行見月四言》，皆游戲文字。

蘇軾在黄，春日嘗與閑山居士小飲，作詩。

詩見《蘇軾詩集》卷四十八（二五九六頁）。詩云：「一杯連坐兩髯棊，數片深紅入座飛。」知爲春日。閑山居士不詳爲何人。

蘇軾在黄州，夢中作詩贈某僧。

詩見《蘇軾詩集》卷四十七，題云：「數日前，夢一僧出二鏡求詩，僧以鏡置日中，其影甚異，其一如芭蕉，其一如蓮花，夢中與作詩。」

詩云：「飛電著子壁，明月入我廬。月下合三璧，日月跳明珠。」三璧者，似合二鏡言之。以下言佛理，其時沉湎於其中。

蘇軾在黄州，得賈收（耘老）簡，答之。

簡乃《蘇軾文集》卷五十七《答賈耘老》第一簡。

簡云：「貧固詩人之常，齒落目昏，當是爲兩荷葉所困，未可專咎詩也。」信手寫來，情趣盎然，不易及也。兩荷葉，收妾。

簡云「遽枉手教」，知收來簡。

蘇軾在黄州，與李先輩簡論石。

簡見《蘇軾文集》卷五十七。

簡云：「此石一經題目，遂恐爲世用，便有戕山竭澤之憂，爲石謀之，殆非所樂也。願密勿語。世所少者，豈此石哉。」鍾情於石如此，此簡實乃絶妙小品文。《蘇軾文集》卷六十四有《怪石供》、《後供石供》，可參。

李先輩惜不詳爲何人。

在黄，偶書論富貴、名節；跋自作詩文。

《晚香堂蘇帖》：「台榭如富貴，時至則有；草木如名節，久而後成。東坡書於雪堂。」同上：

「軾老矣，年來薄有詩文幾卷，收納槖中，幸不散逸，此外百無一營。入山采藥，追隨異人，以希扶老之助，風雨閉門，怡然清卧而已。寓居黄州書。」《佚文彙編》未收。《巴慰祖摹古帖》有此文，「薄有詩文幾卷」作「舊有詩文數十卷」，「幸不散逸」作「幸未散失」，「希」作「笷」，無「寓居黄州書」五字，而作：「雪霽清境，發於夢想。此間但有荒山大江，修竹古木。偶飲村酒，醉後曳杖放脚，不知近遠，亦曠然天真，與武林舊游等也。」《卧游録》有此段文字，「等也」作「未見議優劣也」。

蘇軾在黄州，嘗有答蘇鈞（子平）簡。

簡乃《蘇軾文集》卷五十七《答蘇子平先輩》第一簡。

簡云：「違别滋久。」蘇鈞或嘗訪蘇軾於黄州；蘇軾倅杭時，與鈞之父世美有交往，違别或指此。鈞乃晚輩，故稱先輩。其時習俗如此。

簡贊鈞「窮居篤學日有得」。而云個人「昔時浮念雜好」，亦「掃地盡」，長者敞開心扉，與少者交流。蓋浮念雜好之去，亦趨於篤實也。

蘇軾在黄州，嘗有簡與李元直（通叔），論其所著《通言》等。

簡乃《蘇軾文集》卷五十七《與李通叔》第一簡。

簡云：「獲所著《通言》二篇，及新詩碑刻，廢學之人，徒知愛其文之工妙，而不能究極其意之所未至，欽味反覆，不能釋手，幸甚幸甚。……竊恐著書講道，馳騁百氏，而游於藝學，有以自娱，忘其窮約也。」蘇軾贊其文，然亦委婉指出其不足。一在立意不明，一在忘其窮約。蓋謂元直之作品，任性之所之，肆無邊際，重點、中心不突出也。

簡云「向承寵訪」，又云「復枉專使辱書累幅」，乃作此簡以答之。

《與李通叔》第三簡贊其篆字「筆勢茂美」。

在黄，軾嘗與陳處士游。

《澠水燕談録》卷四《才識》：「謫居黄州，有陳處士者，攜紙筆求書於子瞻。會客方鼓琴，遂書曰：『或對一貴人彈琴者，天陰聲不發。貴人怪之，曰：豈弦慢耶？對曰：弦也不慢。』子瞻之清談善謔，皆此類也。」

在黄，軾嘗與黄岡縣令周孝孫交往。

《蘇軾文集》卷七十二《徐問真從歐陽公游》叙自歐陽修處得問真治足疾之訣，以下云：「予貶黄州，而黄岡縣令周孝孫累得重膇病，某以問真口訣授之，七日而愈。」

《元憲集》卷二十五有《殿中丞周孝孫加上騎都尉制》，餘待考。

在黄，客嘗題涵暉閣，軾爲易一字。

《輿地紀勝》卷四十七《淮南西路·蘄州·詩》：「東坡在黄，客有道其勝而誦所賦『霽容天在水，春色柳藏嬌』之句，先生欣賞，爲以『態』易『色』字，此蓋蘄涵暉閣也。自是涵暉之名益著。」同上《景物下》：「涵暉閣：在郡齋子城之上。」

在黄州，軾嘗據所見，圖叢竹木石。

《古今畫鑑》：「東坡先生文章翰墨，照耀千古，復能留心筆墨，戲作墨竹，師文與可，枯木怪石，時出新意。僕平生見其謫黄州時，於路途民家雞棲豕牢間，有叢竹木石，因圖其狀，作木葉，亦細紋其縷。」又謂：「在祕監，見拳石老檜巨壑海松二幅，奇怪之甚。墨花凡見十四卷。大抵寫意，不求形似。僕曾收《怪木竹石圖》，上有元章一詩，今爲道士黄可玉所有矣，亦奇品也。」

蘇軾在黄期間「放肆」，程頤斥爲不賢不良。蘇、程之怨始於此。

《朱子語類》卷一百三十：「學中策問，蘇、程之學，二家常時自相排斥，蘇氏以程氏爲姦，程氏以蘇氏爲縱横。以某觀之，只有荆公修《仁宗實録》言老蘇之書，大抵皆縱横者流，程子未嘗言也。如《遺書·賢良》一段，繼之以得志、不得志之説，却恐是説他。坡公在黄州，猖狂放恣，不得志之説，恐指此而言。道夫問：坡公苦與伊洛相排，不知何故？曰：他好放肆，端人正士以禮自持，却恐他來檢點，故恁詆訾。」道夫，熹弟子。

《二程集·河南程氏粹言》卷二《聖賢篇》：「子曰：漢世之賢良，舉而後至，若公孫弘猶起之者，今則求舉而自進也。抑曰欲廷對天子之問，言天下之事，猶之可也。苟志於科目之美，爲進取之資而已，得則肆，失則沮，肆則悦，沮則悲，不賢不良，孰加於此！」「子」乃指程頤。朱熹所云《賢良》一段，當指此處所録之語。據此，則蘇、程之怨，由來已久。

蘇軾在黄州，嘗書《離騷》、《九歌》卷贈某友人。

《式古堂書畫彙考·書》卷十《坡翁書離騷、九歌卷》劉沔跋：「東坡先生書楚詞。乃黄州時書。……松年自早歲尊慕先生，家藏先生之文甚富。近年購先生之書尤多，獨此乃先生舊所書耳，信可寶也。宣和四年二月初八日劉沔書。」

沔字元中，見元符二年「劉沔過海至儋來謁」條紀事。

在黄州，軾嘗以卧帳贈李樵（巖老、嵓老）作頌。

頌見《蘇軾文集》卷二十（五九三頁）。

《欒城後集》卷五《代李樵卧帳頌一首》叙云：「子瞻在黄日，以卧帳遺李樵，以頌問曰：『問李儼老，何心居此，愛護鐵牛，障闌佛子？』樵不能答。紹聖二年九月，訪予高安，戲代答之。」頌云：「鐵牛正卧，佛子正渴。奪我與爾，是天人業。爲我害爾，是地獄業。安卧此間，我爾休歇。兹大寶帳，爲降魔設。」《文集》「儼老」作「巖老」。

《文集》卷五十八有《與巖老一首》。此巖老，當即李巖老。簡有「某在東坡」之語，知作於元豐四年以後。卷七十一有《書李嵓老棊》一文。

在黄州，軾嘗以病足之耕牛爲炙，與數客侑酒，三鼓踰城醉歸，遂直書其事。

《春渚紀聞》卷六《牛酒帖》：「先生在東坡，每有勝集，酒後戲書，以娱坐客，見於傳録者多矣。獨畢少董所藏一帖，醉墨瀾翻，而語特有味。云：（略）。所謂春草亭，乃在郡城之外，是與客飲酒，私殺耕牛，醉酒踰城，犯夜而歸。又不知純臣者是何人，豈亦應不當與往還人也？」《牛酒帖》全文，見《佚文彙編》卷五。

居黄期間，筠州聖壽院僧有聰嘗來訪，軾作偈送之。

偈見《蘇軾文集》卷二十二（六四二頁）。偈之序云：「長老聰師，自筠來黄，復歸於筠，東坡居士爲説偈言。」

《欒城集》卷十二詩題：「余居高安三年，每晨出暮入，輒過聖壽訪聰長老，謁方子明，浴頭笑語，移刻而歸。」卷十三《回寄聖壽聰老》有「五年依止白蓮社，百度追尋丈室遊」之句。

在黄時，軾嘗戲用佛經語，爲陳慥（季常）作《魚枕冠頌》。

頌見《蘇軾文集》卷二十。

《嵩山文集》卷十八《題東坡魚枕冠頌》：「東坡先生爲兵部尚書時，爲説之言：黄州時，陳慥相戲曰：『公只不能作佛經。』曰：『何以知我不能。』曰：『佛經是三昧流出，公未免思慮出耳。』曰：『君不知予不出思慮者，胡不以一物試之？』陳不肯，曰：『公何物不曾作題目，今何可相煩者。』復强之。乃指其首魚枕冠曰：『頌之。』曰：『假君之手，爲予書焉可也。』陳於是筆不及並墨茶，且笑曰：『便作佛經語耶！』」作於宣和七年乙巳二月十六日，時距蘇軾叙此事時已「三十有三年」。

在黄期間，杜輿（子師）嘗來游。輿嘗從學於蘇軾，軾爲命名與字。

《蘇軾文集》卷五十六《與杜子師》第一簡有「從者已多日離親側，唯以早還爲宜」之語，則輿嘗與從者至黄，在黄逗留當有時。簡有「使多言者得造風波」之語，爲作於黄之證。

《雞肋集》卷三十五《杜輿子師名字序》：「盱眙杜君從學於眉山先生，先生名之曰輿，字之曰子師。子師道先生之言曰：『夫能載而後可與言輿，能衆而後可以言師。夫能載則能衆矣，故輿有師義。』」以下闡述命名與字之義。《文集》卷六十六有《書晁無咎所作杜輿子師字説後》。

《姑溪居士文集》卷三十八《跋東坡與杜子師書》謂輿乃臨淮居士，「特立好義，不妄許可，寄食於人門館，與妻孥輩卒歲相保，裕如也。雅善東坡老人，酬唱往來，甚款曲」。

潘興嗣贊蘇軾書神似顔真卿，或爲元豐中在黄時事。

《蘇軾文集》卷六十九《記潘延之評予書》：「潘延之謂子由曰：『尋常於石刻見子瞻書，今見真迹，乃知爲顔魯公不二。』」《輿地紀勝》卷二十六《江南東路·隆興府·人物》：「潘興嗣，字延之。……居豫章城南，與王介甫、曾子固友善。初調德化縣尉，許瑊初拜江州守，居同郡，興嗣往見，瑊以刺史自踞，坐不爲禮，興嗣竟去，懷刺而歸，不之見，足不造請。六十餘年，手不釋書，徜徉山水間，嘗曰：『我清世之逸民也。』因自號清逸居士。熙寧以瑞州推官起，不赴，士大夫高其風。」《曾鞏集》卷三十三《奏乞與潘興嗣子推恩狀》，熙寧九年作，時興嗣五十六歲。興嗣長蘇軾十五歲。

宋刻《青山集》卷一《寄題洪州潘延之家園清逸樓》：「南昌城中潘令宅，清逸樓高二千尺。斜飛四角河漢躔，密排萬瓦鴛鴦碧。樓中至樂無人知，掃盡寰區利名迹。霜華吹月雁横空，湖水浸天秋一色。櫓聲斷，漁歌起，西山却在蘆花裹。行客紛紛嗟白頭，纓塵不解滄浪洗。愛君年少先拂衣，古人歸去無今時。上有明明垂衣之堯舜，下有錯落戴主之皋夔。湟中不用一箭取，繚繞驛道通犍爲。更看牧馬天山草，澡心雪恥幽燕兒。朝廷大業昔未有，志士獨往吾何譏。陶彭澤，阮步兵，回首晉道方飄零。絲桐欲彈悲思盈，豈如潘令逢昇平。倚欄一醉弦索鳴，紅綃燃蜜爛華星，玉人舞徹東方明。」可參。

軾爲法照禪師鳳棲院題疏，或爲在黄時事。

《輿地紀勝》卷七十九《荆湖北路·漢陽軍·仙釋·法照禪師》：「今鳳棲院，乃法照禪師所創也。

其題疏皆韓忠獻、趙清獻、蘇文忠公親筆。」軾題疏今不見。同上《景物下·鳳棲山》：「軍治在鳳棲山之陽，亦有鳳棲閣。知軍劉辟疆記云：昔有鳳棲於城隅之山間，故名鳳棲。」

十八日，軾書《水調歌頭》。

《平園續稿》卷十《跋汪逵所藏東坡字》：「《水調歌頭》，題元豐七年三月十八日黄州。已刻石於公法帖第一卷。」此法帖當即西樓帖。汪逵乃西樓帖刻者汪應辰之子。蘇軾在黄時，賦《水調歌頭》二首，一爲賦快哉亭贈張夢得，本譜元豐六年十一月紀事已及。一爲贈章楶家歌者，本譜元豐四年紀事已及。蘇軾將離黄時，與章楶無交往。蘇軾此時所書之《水調歌頭》，當爲賦快哉亭者，書之以贈夢得也。此《水調歌頭》，見《東坡樂府》卷上。

晤孫賓叟道人，轍作詩。

詩見《欒城集》卷十三。詩首云：「萬里飄然不繫舟，酒壚一笑便相投。」轍或晤道人於酒壚。末云：「千金不换金丹訣，何事惟須一布裘。」則道人嘗着一布裘。蓋戲之。

新橋成，轍喜題詩。

詩見《欒城集》卷十三。詩云：「朱欄初喜映春流。」點春。據詩，橋已斷六月。以下云橋長三百尺，可「鯨背參差十五舟」。末云「病夫最與民同喜」，又一次點「喜」。

轍作曾布(子宣)母輓詞。

輓詞乃《欒城集》卷十三《曾子宣郡太輓詞》。布乃鞏(子固)之弟。據《曾鞏集》附録鞏弟肇(子開)所撰鞏行狀，鞏有二母，一曰吴氏，爲文城郡太君；一曰朱氏，爲仁壽郡太君。行狀又謂鞏於元豐五年九月丁母憂。不知鞏生母爲吴氏，抑爲朱氏？不知鞏與布是否爲一母所生？然以情度之，行狀先叙吴氏，鞏與布或皆出吴氏。

轍次韻王適一百五日太平寺看花二絶。適游小雲居，作詩，轍次韻。

詩見《欒城集》卷十三。一百五日即寒食日，即清明節前二日。自冬至至寒食，適爲一百五日。亦有稱一百六日者，則寒食乃清明前一日。參洪邁《容齋隨筆·四筆·一百五日》。元豐六年爲閏年，今年清明、寒食在二月下旬，故《年表》繫前者於二月。《輿地紀勝》卷二十七《瑞州·詩》：「遍入僧房花照眼，細看芳草蝶隨行。」又：「但須匹馬看幽勝，攜取青樽到處開。」即引自前者，文字間有不同。

《輿地紀勝》同上卷《景物下·小雲居》：「資教院。在高安縣來賢鄉，一名小雲居。」後者中云：「僧房幽絶雲居小，春日陰晴野色明。」點春。

與景福順老夜坐，順老道古人搐鼻語，轍作偈。《五燈會元》謂轍爲順老法嗣。

《五燈會元》卷十八《上藍順禪師法嗣·參政蘇轍居士》：「參政蘇轍居士，字子由。……左遷瑞州榷筦之任。是時，洪州上藍順禪師與其父文安先生有契，因往訪焉，相得歡甚。公咨以心法，順示搐鼻因緣。已而有省，作偈呈曰：『中年聞道覺前非，邂逅相逢老順師。搐鼻徑參真面目，掉頭不受別鉗鎚。枯藤破衲公何事，白酒青鹽我是誰。慚愧東軒殘月上，一杯甘露滑如飴。』」此偈，即見於《欒城集》卷十三之詩；《集》「相逢」作「仍逢」，疑應仍從《欒城集》。《輿地紀勝》卷二十六《江南西路·隆興府·上藍院》：「在府城。唐大曆中，馬祖道一禪師嘗建道場於此，號江西馬祖龐居士。寺有鐘，重二萬二千斤。祥符詔取其鐘赴玉清昭應宮，別鑄以給本院。今院爲府城叢林第一。」「上藍」當即「上籃」。據偈所云「東軒」，是順禪師來訪轍於筠州。《五燈會元》列順禪師於臨濟宗，爲南嶽下十二世，不列章次。

《欒城集》卷二十三《筠州聖壽院法堂記》：「高安郡本豫章之屬邑。……昔東晉太寧之間，道士許遜與其徒十有二人散居山中，能以術救民疾苦，民尊而化之，至今道士比他州爲多，至於婦人孺子亦喜爲道士服。唐儀鳳中，六祖以佛法化嶺南，再傳而馬祖興於江西。於是洞山有价，黄蘗有運，真如有愚，九峰有虔，五峰有觀，高安雖小邦，而五道場在焉。則諸方游談之僧接迹於其地，至於以禪名精舍者二十有四。此二者皆他邦之所無，予乃以罪故，得兼而有之。」价乃青原下四世良价禪師，運乃南嶽下三世希運禪師，虔乃青原下五世道虔禪師，愚乃南嶽下三世高安大愚禪師，皆見《五燈會元》。轍筠州期間，佛理修養，較前有明顯發展。軾、轍二人皆涵濡佛理，軾則驅使佛理，以爲己用，轍則篤信之。二人之别在此。

轍題畫枕屏。

詩見《欒城集》卷十三。云水、云山、云霧雨、云灘頭、云釣魚叟，意境悠遠，題畫詩中之佳作。

四月一日，軾將自黄移汝，賦《滿庭芳》（歸去來兮）留别雪堂鄰里；興國軍守楊繪（元素）令李翔（仲覽）來黄，要蘇軾道興國，遂書此詞以贈。

《東坡樂府》卷上《滿庭芳·序》：「元豐七年四月一日，余將去黄移汝，留别雪堂鄰里二三君子。會李仲覽自江南（按：『南』原作『東』，今從《雪山集》卷七《東坡先生祠堂記》引文）來别，遂書以遺之。」《東坡先生祠堂記》：「楊元素起爲富川，聞先生自黄移汝，欲順大江逆西江，適筠見子由，令富川弟子員李翔要先生道富川。」

富川即永興，見《輿地紀勝》卷三十三《興國軍·軍沿革》。永興乃興國軍之治。楊繪知興國，見元豐六年十二月十五日紀事。李翔見此以下「至興國軍」條紀事。

應潘大臨（邠老）、大觀兄弟之請，軾書《赤壁》二賦、《歸去來辭》。

《八瓊室金石補正》卷一百八録蘇軾跋：「元豐甲子，余居黄五稔矣，蓋將終老焉。近有移汝之命，作詩留别雪堂鄰里二三君子。獨潘邠老與弟大觀，復求書《赤壁》二賦。余欲爲書《歸去來辭》，大觀礱石欲并得焉。余性不奈小楷，强應其意。然遲余行數日矣。蘇軾。」跋中所云詩，當爲四月一日紀事所引《滿庭芳》詞。

六日，應安國寺繼連之請，軾作《黄州安國寺記》。嘗題繼連壁。

記見《蘇軾文集》卷十二。《文集》卷七十一《題連公壁》，作時不詳，附此。連公乃繼連。

七日，軾記張君宜醫，贊其專以救人爲事。

文見《蘇軾文集》卷七十三（二三七七頁）。

將離黄，軾友人祖行席上贈營妓李琪詩。

《春渚紀聞》卷六《營妓比海棠絶句》：「先生在黄日，每有燕集，醉墨淋漓，不惜與人。至於營妓供侍，扇書帶畫，亦時有之。有李琪者，小慧而頗知書札，坡亦每顧之喜，終未嘗獲公之賜。至公移汝郡，將祖行，酒酣奉觴再拜，取領巾乞書。公顧視久之，令琪磨硯，墨濃，取筆大書云：『東坡五歲黄州住，何事無言及李琪。』即擲筆袖手與客笑談。坐客相謂：『語似凡易，又不終篇，何也？』至將徹具，琪復拜請。坡大笑曰：『幾忘出場。』繼書云：『恰似西川杜工部，海棠雖好不留詩。』一座擊節，盡醉而散。」詩見《詩集》卷四十八（二六三三頁），録自《庚溪詩話》。《清波雜志》卷五載此，「李琪」作「李琦」，謂軾在黄「每用官奴侑觴，群姬持紙乞歌詞，不違其意而予之，有李琦者獨未蒙賜，一日有請，坡乘醉書」云云，「獎飾乃出諸人右，其人自此聲價增重，殆類子美詩中黄四娘」。

賦《減字木蘭花》（江南游女）别黄。

詞見《全宋詞》第三二三頁。

《東坡詞編年箋證》：「案詞意，似應爲離黄州作，暫編甲子四月。」今從其説。蘇軾居黄州，黄州對江即武昌，蘇軾數往來其間。江南游女所問，乃實際生活記録，借以表達思歸之念。就此詞而言，只「江南游女」一句，即可定爲黄州作。下闋答游女，點出終得歸去。此詞爲告别黄州時作，似應無甚疑義。

軾别黄州，和道潛（參寥）留别雪堂詩。陳慥等送行，道潛、趙吉（貧子）從行。友人厚餉贈行，不受。與司馬光（温公）《啓》。

《蘇軾詩集》卷二十三有《别黄州》、《和參寥》。道潛《留别雪堂呈子瞻》，在《參寥子詩集》卷五。「策杖南來寄雪堂，眼看花絮老風光。主人今是天涯客，明日孤帆下渺茫。」陳慥等送行，見《詩集》卷二十三《岐亭五首·叙》。慥第六次來黄。道潛從行見本年「道潛話别九江」條。

《龍川略志》卷二《趙生挾術而又知道》謂軾别黄，吉從之。

《佚文彙編》卷二《與某宣德書》叙宣德厚贈事，云「當時鄰於寒殍」。

《蘇軾文集》卷五十與光第五簡云「去歲臨去黄州，嘗奉短啓」。《啓》已佚。

過江夜行武昌山上，軾聞黄州鼓角，賦詩眷戀。至車湖，略留王齊愈（文甫）家。

詩見《蘇軾詩集》卷二十三（一二〇二頁）。《梁溪漫志》卷四《東坡緣在東南》：「（東坡）去黄，夜行武昌山上，回望東坡，聞黄州鼓角，凄然泣下。」

《蘇軾文集》卷七十一《再書贈王文甫》：「昨日大風，欲去而不可。今日無風可去，而我意欲留。」留齊愈家至少爲二日。

至興國軍，軾晤知軍楊繪（元素），繪留趙吉。與陳慥、道潛過李翔（仲覽）家。賦詩、詞。

《龍川略志》卷二《趙生挾術而又知道》叙繪留吉，吉後爲駿騾所傷死。

《輿地紀勝》卷三十三《興國軍》：「李翔字仲覽，永興處士李太古之孫也。蘇東坡移汝州日，同陳慥季常、參寥過其家，留題於壁。其家有懷坡閣。」謂閣乃翔登第後瞰湖而築。《東坡先生祠堂記》：「前三十年一嫗尚及見（先生），修軀黧面，衣短绿衫，纔及膝，曳杖謁士民家無擇。每微醉，輒浪適歡相迎曰：『蘇學士來。』來則呼紙作字，無多飲，少已，傾斜高歌，不甚着調，薄睡即醒。書一士人家壁云：『惟陳季常不肯去，要至廬山而返，若爲山神留住，必怒我。』」此士人或即李翔。《相山集》卷二十七《跋李仲覽所藏東坡滿庭芳法帖》：「（東坡）謫黄岡。方是時，親戚故舊平日至厚善者，往往畏咎絶不通問，况有能不遠數百里，冒犯風濤之險，朝夕謦欬於其側以相顧恤者耶！吾觀李公仲覽之從先生游，初非有求，徒以慕先生之高風，乃至於此，想其心亦固，斷之天地，質之鬼神，正復以此獲罪，上下無所憾恨者，是豈小丈夫之所爲哉！先生喜公詩，至謂氣節剛邁，讀之使人肅然自失。」知翔與軾早有交往。同治《興國州志》卷二十謂翔爲元豐八年進士，善詩，蘇軾「氣節剛邁」云云，未見全文。《東坡先生祠堂記》：「先生至富川，見詩『吾曹總爲長江老』者是，今傳富川。見詞『緑槐高柳咽新蟬』者是，今載《集》。且藏下雉李氏。」「吾曹」全詩已佚。「緑槐」乃《東坡樂府》卷下《阮郎歸》首句。《輿地紀勝》卷三十三有白雉山，在大冶縣，下雉或在其地。光緒《興國州志》卷三十五有李翔《滄浪烟雨》詩，云：「峯澗烟波翠靄濃，危亭飛聳到晴空。鴛來菡萏紅香裏，人在琉璃翠影中。洗出風光全是雨，捲回秋暑却因風。使君夜宴冰壺裏，更有銀河一派通。」《蘇軾詩集》卷十四《寄題刁景純藏春塢》有「年抛造物陶甄外，春在先生杖屨中」之句，翔此詩「鴛來」有蘇軾明顯影響。

《蘇軾詩集》卷四十二《觀棋·引》：「嘗獨游廬山白鶴觀。觀中人皆闔户晝寢，獨聞棋聲於古松流水之間，意欣然喜之。」《蘇軾文集》卷六十七《書司空圖詩》：「吾嘗游五老峯，入白鶴院，松陰滿庭，不見一人，惟聞棋聲。」或者據此繫《阮郎歸》詞於本年至廬山時。

按，此詞上闋首云「緑槐高柳咽新蟬」，下闋首云「微雨過，小荷翻」，乃平原夏日景象，不類廬山山中。槐、柳植於平原或丘陵地帶。

軾離興國軍。與楊繪（元素）皆濃醉。繪送至石田驛。

《東坡先生祠堂記》：「先生自富川趣高安，與元素濃醉解别，不及石田，已暮，見詩『惟見孤螢自開闔』者是，今載《集》，見詞『過湖攜手屢沾襟』者是，今傳富川。」「惟見」句在《詩集》卷二十三《自興國往筠宿石田驛南二十五里野人家》。「過湖」全詞已佚。《輿地紀勝》卷三十三謂興國軍圃有小西湖，或即「過湖」中所云之湖。

《雪山集》卷十五《送徐聖可十首》其二：「元素當年會子瞻，山三百疊故依然。風流文采徐、楊並，所欠賓朋似往年。」詩末原注：「蘇子瞻過楊元素，時元素守此邦，送至石田。子瞻有詩，略云：『溪上青山三百疊，快馬輕衫來一抹。』」此爲《自興國往筠宿石田驛南二十五里野人家》首二句。

同治《興國州志》卷二《山川》：「百疊山：（州治）東南四十里，在古石田驛。東坡有『溪上青山三百疊』之句，謝公寓郡，因以爲號。」謝公乃枋得，有《疊山集》，宋末以忠義稱。

同上書同卷謂州治東南七十里有坡山，原名碧雲山，云軾經此登山。卷三謂州治西北十五里有銀山，山之右峽口，原有軾所書「鐵壁」二字鐫懸崖間。或有傳聞因素，茲附此。

十四日，軾至慈湖。訪吴子上兄弟，獲觀父洵送其父中復罷犍爲令赴闕引，作跋。

跋乃《蘇軾文集》卷六十九《跋先君書送吴職方引》。蘇洵《送吴職方赴闕引》，見庫本《嘉祐集》卷十五。興國軍大冶縣有磁湖鎮，境内有磁湖。《輿地紀勝》卷三十三《江南西路·興國軍·景物上·磁湖》：「東坡謂其湖邊之石，皆類磁石，(湖)面多産菖蒲，故後人名曰磁湖。《輿地廣記》之説亦同。」即慈湖。《蘇軾詩集》卷三十七有《慈湖夾阻風五首》，非此慈湖。《讀史方輿紀要》卷七十六謂磁湖在大冶縣東四十里。吴子上，蘇軾同年，嘉祐二年三月已及。子上爲字，其名不詳。查同治《興國州志》，中復之子尚有立禮，治平二年進士。張舜民《畫墁集》卷七《郴行録》元豐六年夏有「次泗州，同年吴立禮承議相候」之記載。《愧郯録》卷三《南北郊》謂元祐七年郊祀議中吴立禮與蘇軾同主合祭天地，時同朝。

在慈湖，軾過程氏草堂，與道潛(參寥)、陳慥(龍丘)觀瀑布水。晤友人程師德。送行者除慥外，皆止慈湖。

在慈湖云云，見《蘇軾文集》卷七十二《記參寥龍丘答問》。《輿地紀勝》卷三十三《景物下》：「全真亭：在磁湖西溪上，天聖中程叔良作。」又：「清風閣：在磁湖，大江之旁，治平中程大年作。」此亭、閣，或即《文集》所云之程氏草堂。同上書同卷《人物》：「程師德：大冶人。大年六子。有才學善行，不求仕進。東坡先生嘗與之遊。家多蘇仙墨迹。」程師德或爲程氏草堂之主人。《東坡先生祠堂記》謂蘇軾自臨皋渡武昌後至興國途中，有詞「高安更過幾重山」云云，「今藏磁湖陳氏」。「陳」當爲「程」之誤刊。王質爲興國人，親見其詞，此詞全詞不傳，當作於程氏草堂，或爲程師德而作。送行者云云，據《蘇軾詩集》卷二十三《岐亭五首·叙》。

二十三日，軾至瑞昌縣。

《永樂大典》卷六千六百九十七引《江州志·碑碣·瑞昌縣·坡公亭》：「《東坡（按：原作『城』，誤）紀行》：蘇軾甲子四月二十三日過。《譙令憲跋》。《坡公館記》：嘉定三年洪偲記。」跋今不見。

《吴禮部詩話》：「東坡自黄移汝，别子由於高安，過瑞昌亭子山，題字崖石，點墨竹葉上，至今環山之竹，葉葉有黑點。景定中，王景琰主瑞昌簿，移植廳事，扁其堂曰景蘇，蓋簿廳東坡夜宿處也。」《永樂大典》卷三千四百二引《二蘇江州寓公傳》謂蘇軾「自興國道瑞昌之亭子山，有軾題名」。按：謂「葉葉有黑點」，乃屬傳聞，然題名亭子山，乃屬事實。此題名，或即《永樂大典》卷六千六百九十七所云之《東坡紀行》。

瑞昌屬江州，在州西一百二十里。見《輿地紀勝》卷三十《江南西路·江州·縣沿革》。

陳慥（季常）歸，軾有詩贈之。

《蘇軾詩集》卷二十三《岐亭五首·叙》謂慥送至九江；其五乃别時贈詩，中云：「我行及初夏，煮酒映疏冪。」慥或未至廬山，瑞昌已屬江州，故次其事於此。

二十四日，軾至廬山北麓，宿圓通禪院。

詳二十五日紀事。

二十五日，父洵忌日，軾手寫寶積獻蓋頌佛一偈，贈圓通禪院長老可僊（僊公），作詩。

詩見《蘇軾詩集》卷二十三（一二一一頁）。詩題云四月二十四日至廬山，宿圓通禪院。可僊全稱廬山圓通可僊法鏡禪師，嚴州陳氏子。屬南嶽下十三世，東林總禪師法嗣。《五燈會元》卷十七有傳。參本年以上「在黄江州守李某」條。

《輿地紀勝》卷三十《江州·景物下》：「圓通寺，在德化縣南五十里，山北之大刹也。」德化乃江州之治。

按：廬山分屬江南東路江州及南康軍（江州，南宋時屬江南西路）。大抵山之南麓屬南康軍，山之北麓屬江州。參《輿地紀勝》卷三十《江州·風俗形勝》引《尋真觀記》，見本年以下「往來廬山南北勝迹」條。

《平園續稿》卷四十《廬山圓通寺佛殿記》云：「江州廬山之陽，石耳峯之下，當國朝乾德、開寶間，江南李後主及昭惠周后，創觀音圓通道場，以奉瑞像，命道濟禪師緣德主之。今號崇勝禪寺。東坡蘇公嘗留詩額。」所留詩額，或爲贈可僊之詩。文稱「江州廬山之陽」。蓋廬山之江州部分，又有陰面、陽面，廬山固甚廣也。

在廬山，了元（佛印）來簡約同遊，軾答簡約自筠州還日同遊。時了元自潤州金山來。

《蘇軾文集》卷六十一與了元第三簡：「見約遊山，固所願也。方迫往筠州，未即走見，還日如約。」知作於廬山。蘇軾在山北，了元原所住之歸宗在山南，其來廬山，當仍住歸宗，故以簡代語。《七集·續集》此簡題作《與金山佛印禪師》，以其時了元爲金山住持，非歸宗住持，其來廬山，乃以他事。了元住金山，參元豐五年五月紀事。

在廬山，軾與開元觀道人遊，約筠州還日再同遊。

《蘇軾文集》卷六十一《答開元明座主》之第一、二、三、四各簡之開元明座主乃徐州開元寺僧法明，已見元豐二年「在徐嘗修石橋以開元寺僧法明董其事」條、元豐六年「徐州開元寺僧法明來簡答之」條，並參元豐八年「正月十九日答徐州開元寺僧法明簡」、「六月十五日徐州開元寺僧法明以蘇軾手簡刻石」條。蘇軾自離徐州後至元豐八年正月十九日前未與法明晤，正月十九日簡中「奉別累年」語可證。《答開元明座主》第五簡：「中前經過，幸聞清論，深欲還日再上謁，以數相知約在棲賢，且自德安徑赴之，遂成食言。」以下有「法體如何」之語。此簡受簡者非徐州開元寺僧法明，而居於廬山。廬山無開元寺，有開元觀，《輿地紀勝》卷三十《江州·

景物下》謂觀「在子城東二里，本晉招隱觀」。此人當居開元觀，覲以道人稱，故以開元觀道人當之。《文集》編者以開元寺僧法明與此人爲一人，致有此誤。蘇軾此簡作於自筠州還廬山後，參本年以下「還廬山作詩其還乃自德安徑赴棲賢」條。

由廬山往筠州，軾至建昌，遇王適。適赴徐州應解試。轍有詩送適。軾將至筠，有詩寄姪遲等，轍次韵。

《蘇軾詩集》卷二十三《將至筠，先寄遲适遠三猶子》叙將至筠，未見遲兄弟而「先逢玉雪王郎子」。句下自注：「時道逢王郎於建昌，方北行也。」王郎乃適。《欒城集》卷十三《次韻子瞻特來高安相別》前爲《次韻王適留別》詩可證。建昌屬南康軍，在軍西南一百二十里。轍詩首云：「遠謫勞君兩度行，復將文字試平衡。」謂應解試。適離筠，約爲四月上旬。

《欒城集》卷十三《次韻子瞻特來高安相別先寄遲适遠却寄邁迨過遯》首云「老兄騎騾日百里」。《詩集》卷二十三《端午游真如遲适遠從子由在酒局》云「今年匹馬來」。其往筠以騎。

《將至筠》詩約作於四月二十七八日。轍詩之作，又在此後。

過李莘、李常兄弟建昌故居，軾有詩。

詩見《蘇軾詩集》卷二十三（一二二〇頁）。詩云：「我來仲夏初，解籜呈新緑。」此處所云「仲夏」，詳考蘇軾前後行迹，與「五月」之意不同。「仲夏」不過言夏之中。詩又云：「何人修水上，種此一雙玉」。謂莘、常兄弟也。見《絜齋集》卷十四《祕閣修撰黄公行狀》。「修水」見下條。

或謂軾經修水深山小溪，無其事。

《鶴林玉露》乙編卷四《來蘇渡》：「修水深山間有小溪，其渡曰來蘇。蓋子由貶高安監酒時，東坡來訪之，經過此渡。鄉人以爲榮，故名以來蘇。」

《輿地紀勝》卷二十六《隆興府·景物上》：「修水，在分寧縣西六十里，東南流經縣。」分寧在洪州（隆興）西六百里。自廬山至筠，由分寧迂迴過大，無暇至彼。

軾至奉新，與弟轍簡，言旦夕相見。

簡見《佚文彙編》卷四（二五一四頁）。奉新在洪州西一百五十里，屬洪州。

軾將至筠州，弟轍與洞山克文禪師、聖壽聰禪師來迎於建山寺。

《冷齋夜話》卷七《夢迎五祖戒禪師》：「蘇子由初謫高安時，雲庵居洞山，時時相遇。有聰禪師者，蜀人，居聖壽寺。一夕，雲庵夢同子由、聰出城迎五祖戒禪師。既覺，私怪之，以語子由。語未卒，聰至，子由迎呼曰：『方與洞山老師説夢，子來，亦欲同説夢乎？』聰曰：『夜來輒夢見吾三人者，同迎五祖戒和尚。』子由拊手大笑曰：『世間果有同夢者，異哉！』良久，東坡書至，曰：『已次奉新，旦夕可相見。』三人大喜，追笋輿而出城，至二十里建山寺，而東坡至。坐定，無可言，則各追繹向所夢以語坡，坡曰：『軾年八九歲時，嘗夢其身是僧，往來陝右。又先妣方孕時，夢一僧來托宿，記其頎然而眇一目，暮年棄五祖來游高安，終於大愚。』逆數蓋五十年，而東坡時年四十九歲矣。」《輿地紀勝》卷二十七所引《冷齋夜話》尚有「子由攜兩衲候於城南建山寺」之語。文字與今傳本略不同。五祖戒禪師，《五燈會元》卷十二有傳。雲庵全稱隆興府寶峯克文雲庵真淨禪師，乃南嶽下十二世，黄龍南禪師法嗣，《五燈會元》卷十七有傳。《欒城集》卷十二有《次韻洞山克文長老》詩，克文原詩不見。克文詩，《宋詩紀事》輯有。《蘇軾文集》卷七十《書雲庵所藏硯》叙觀克文所藏硯，並贊之，當爲在筠時事。兹附志於此。

聖壽聰長老事迹，見《欒城後集》卷二十四《逍遥聰禪師塔碑》；聰卒於紹聖三年九月，年五十五。《蘇潁濱年表》謂卒於紹聖二年。疑誤。

奉新至筠州，按視中國歷史地圖，約百里。

至筠，軾寓於東軒。

《欒城集》卷二十四有《東軒記》，謂軒在聽事堂之東，種杉二本，竹百箇，以爲宴休之所。筠州屬江南西路，治高安縣。理宗時改瑞州，見《輿地紀勝》卷二十七《江南西路·瑞州·沿革》。同上書同上卷《景物上》：「東軒：《新志》云：在貢院。元豐中，欒城居之，有種蘭詩曰：『蘭生幽谷無人識，客種東軒爲我香。』東坡自黄移汝，取道訪欒城，留東軒十日，有詩。」此處所云詩，當指《將至筠先寄遲适遠三猶子》「我爲乃翁留十日」之句。至筠，約爲四月底。康熙《高安縣志》卷六蘇軾小傳謂軾以省弟至高安，「寓居廣福寺，因額其堂曰『同夢』」。不知廣福寺與東軒有無干涉，蘇軾或至其地。

時轍已得旨射近地差遣。

《欒城集》卷十三《次韻子瞻留别三首》其一：「公來十日坐東軒。」

《蘇軾文集》卷五十一《與滕元發（達道）簡》，謂到筠見轍，「他亦得旨射近地差遣」。或指本年以下所云「除官真、揚間」。

五月初五日，端午，遲、适、遠從軾游大愚山真如寺，作詩。轍在酒局未同行，次韵。

《蘇軾詩集》卷二十三《端午游真如遲适遠從子由在酒局》中云：「獨攜三子出，古刹訪禪祖。高談付梁羅，詩律到阿虎。」自注：「梁、羅，遲、适小名也。」阿虎謂遠。「古刹」云云，謂訪大愚禪師於真如寺。

轍詩見《欒城集》卷十三。詩叙人逾四十，日迫老病，「惟當理鋤耰，教子藝稷黍」，意爲農家家人尚可朝夕相守。以下云：「誰令觸網羅，展轉在荆楚。平生手足親，但作十日語。」未免感愴。

軾有墨刻。軾題待月軒。

《輿地紀勝》卷二十七《瑞州·景物下》謂大愚山在州東行春門外；《官吏》謂軾「行真如，謁照公長老，留詩十韻」，即端午詩；《仙釋》謂「大愚禪師，高安人，少遊方，得法於廬山歸宗禪師，還庵於大愚灘頭，因號」，知大愚禪師即照公；《碑記》有蘇軾書大愚山詩，謂「在本山」，則端午詩有石刻。《永樂大典》卷九百七引吕祖儉《大愚叟集·書東坡訪子由倡酬詩（下略）》謂軾訪轍「兄弟叔姪唱和之詩，具皆可考」，以下云「周覽二蘇墨刻」。慶元三年作。《廣輿記》卷十三：「待月軒，大愚山上，蘇軾題。」

軾訪蔡曾、劉平伯，嘗爲平伯寫墨竹；訪盛度之樓。

乾隆《新昌縣志》卷十五《蔡曾傳》：「字子飛。淹貫經史，性剛毅。爲太學生，丞相劉沆館爲子弟師，一日語曾曰：『今年郊祀恩例，欲以浼子。』曾不答。明日，束裝歸，葺南園，植花木，構庭榭，號東郭居士，内姪黄山谷爲之記。蘇子瞻過筠，嘗造焉。」沆爲相乃至和元年至嘉祐元年間事，見《宋史·宰輔表》。《豫章黄先生文集》卷十七《東郭居士南園記》稱曾嘗學四方，所與游居半世公卿而不偶，於是退伏田里，「與野老並鋤，灌園乘屋，不以有涯之生，而逐無涯之欲」。

康熙《高安縣志》卷八：「劉平伯，漢建成侯之裔。高蹈好文，名士推之，二蘇兄弟每過訪焉，並有賡韻。子瞻寫墨竹以贈，今猶藏於家。」卷六謂軾與邑人劉平伯相友善，「至今有畫竹留其家」。

《蘇軾文集》卷五十一《與滕達道》第三十八簡：「近過文肅公樓，徘徊懷想風度，不能去。」同治《瑞州府志》卷七，盛度，天聖元年知。度謚文肅，《宋史》卷二百九十二有傳。

軾往龍泉，訪縣令黄大臨，宿資福寺，有詩。

詩見《蘇軾詩集·增補》(二七八八頁)；并參校注第十七條。龍泉屬江南西路吉州，在吉州西南二百一十里，距筠不遠。

軾嘗游新昌石臺山，訪問長老，并書贈問長老詩。

《輿地紀勝》卷二十七《瑞州·景物下·石臺山》謂蘇軾兄弟嘗游此山，山在新昌南三十里。同上《碑記》謂蘇軾書石臺山詩，在本山。此詩，當即元豐六年所作贈問長老詩(《蘇軾詩集》卷二十二，一一七五頁)。是當日或以後不久此詩有刻石也。參元豐六年「作二頌」條紀事。同上《縣沿革》謂新昌在州西一百二十里。

在筠，軾或晤方子明。

《蘇軾文集》卷十九《真相院釋迦舍利塔銘》之叙叙及弟轍謫筠，白衣方子明以所得洞庭之南阿育王塔所藏釋迦如來舍利與轍事。以下叙過筠見舍利。子明居筠。《欒城集》卷十二有《題方子明道人東窗》，卷十三有《贈方子明道人》詩。軾或晤之。《佚文彙編》卷四《與友人》及子明。

軾離筠州，作詩别轍。轍次韵。臨行轍以慎於口舌爲戒。

軾詩乃《蘇軾詩集》卷二十三《别子由三首兼别遲》。其一首云：「知君念我欲别難，我今此别非他日」。相見不易别更難。中云：「三年磨我費百書」，似謂黄州期間與轍簡凡百；如此説可取，「三年」應作「五年」。其二叙欲退居洛陽，亦望轍居之，故有「兩翁相對清如鵠」之句。其三謂遲爲「傳家好兒子」。《蘇軾文集》卷六十八《題别子由詩後》叙元祐元年三月十六日，嘗書此詩其二贈康師孟。師孟乃名醫。

轍次韵見《欒城集》卷十三。其一云「此行千里隔江河」，汝州遠在千里之外，更增思念。其二末云：「洛川猶是冠蓋林，更願高飛逐黄鵠。」似願軾此後有施展。

《欒城集》卷十三《次韻子瞻端午日與遲适遠三子出遊》：「平生手足親，但作十日語。朝游隔提攜，夜卧困烝煮。未歌棠棣詩，已洽芻靈祖。」《次韻子瞻行至奉新見寄》：「十日留公談，欲作白蓮會（原注：筠州無可語者，往還惟一二僧耳）。瓠瓜一遭繫，賣酒長不在。夜歸步江滑，明月照清瀨。心開忽自得，語異竟非背。」叙相會。

涵芬樓《説郛》卷十二賈似道《悦生隨鈔》引《漫浪野録》：「蘇子瞻汎愛天下士，無賢不肖，歡如也。嘗自言：上可以陪玉皇大帝，下可以陪悲田院乞兒。子由晦默少許可，嘗戒子瞻擇交。子瞻曰:『吾眼前見天下無一箇不好人,此乃一病。』子由監筠州酒税,子瞻嘗就見之,子由戒以口舌之禍。及餞之郊外,不交一談,唯指口以示之。」宛委山堂本《説郛》卷四十一《蓼花洲閑録》略同。

九日,軾過新吴。寄轍詩。轍次韵。

九日云云,據《蘇軾文集》卷六十六《書李志中文後》。軾詩乃《蘇軾詩集》卷二十三《初别子由至奉新作》。《輿地紀勝》卷二十六《江南西路·隆興府·縣沿革·奉新縣》:「在府西百二十里。」原名新吴。詩云:「却渡來時溪,斷橋號淺瀨。茫茫暑天闊,靄靄孤城背。青山眊矂中,落日淒涼外。」處處叙離情。軾此詩,嘉慶《上高縣志》題作《晤弟子由於筠既别上高道中却寄》。轍次韵見《欒城集》卷十三。首云:「四年候公書。」中云:「十日留公談。」呼應軾詩。末云:「欲同千里行,奈此一官礙。何年真耦耕,舉世無此大。」願長共厮守。

十日,軾與李志中同游寶雲寺此君亭。

據《書李志中文後》。《輿地紀勝》卷二十六:「《寶雲寺碑》,在奉新縣東百五十步,有鐵鑄菩薩居也。真君名道成,仕至刺史,辭禄還家,勤行不息,以永嘉二年舉族上升。」謂碑在昭德觀,今「尚存」。《輿地紀勝》又謂:「劉真君:徐騎省鉉作《昭德觀碑》云:考方志,觀乃西晉邑人劉真君之故五十二軀。唐保大六年，祕書郎陳用寬爲之記。今碑具在。」

筠州還，軾過白塔鋪歇馬。

《蘇軾詩集》卷二十三有《白塔鋪歇馬》。外集詩題「白」上有「筠州還」三字，是。注文謂白塔乃歸宗寺尊者耶舍葬地鐵塔寺。《欒城集》卷十《遊廬山山陽七詠·歸宗寺》前四句：「來聽歸宗早晚鐘，疲勞懶上紫霄峯。墨池漫疊溪中石，白塔微分嶺上松。」按：《全宋詩》卷八百六已作《筠州還白塔鋪歇馬》。

還廬山，軾作詩。其還，乃自德安徑赴棲賢。

《蘇軾詩集》卷二十三《初入廬山》其一：「要識廬山面，他年是故人。」自注：「山南山面也。」軾自筠回，入廬山南麓，故云「山南」。歸宗、棲賢、開先在山南，山南屬南康軍。四月經山北圓通時，以「方迫往筠州」，未得仔細領略廬山，故云「初入」。《初入廬山》三首，非作於一時。「其還」云云，見《蘇軾文集》卷六十一《答開元明座主》第五簡。

十三日，軾過温泉（湯泉），和可遵詩。

《蘇軾文集》卷六十八《書遵師詩》録可遵詩，叙和詩事。和詩見《蘇軾詩集》卷二十二（一二一四頁）。《冷齋夜話》卷六《僧可遵好題詩》：「福州僧可遵好作詩，暴所長以蓋人，叢林貌禮之而心不然。嘗題詩湯泉壁間，東坡游廬山，偶見爲和之。」以下云遵自是愈自矜式。《老學庵筆記》卷四及可遵事，詩注已引。《輿地紀勝》卷三十《江州》引白居易《題廬山山下湯泉》詩，湯泉在山北麓。

按：《詩集》卷二十三盡編廬山詩於至筠州前，誤。和可遵詩作於自筠還廬山，即爲明證。自還廬山至離江州，時間約近一月，遂得以遍游山南北。廬山詩大部分作於自筠還廬山後。查慎行、馮應榴、王文誥皆失之。宋刊《東坡集》盡編廬山詩於筠州後，亦失之。參《文學遺産》一九八九年第六期拙撰《關於蘇軾生平的若干資料》。

十九日，軾與葛格（道純）同游廬山簡寂觀，格誦己所作請書之石。

據《蘇軾文集》卷六十八《書葛道純詩後》；當應其請。《范太史集》卷二《送道純歸南康》中云：「少年負志氣，海運期鵬鶡。晚登桂堂籍，燕石笑璠璵。飄飄考城吏，放浪彭澤園。回首出都邑，仙禽謝籠樊。」知葛爲令南康。《輿地紀勝》卷二十五《南康軍》：觀在城西二十三里，宋大明六年陸修静置，乃其修養之地。

同日，軾於慧日院雨中，跋秦觀、元净（辯才）廬山題名，以贈道潛。

文見《蘇軾文集》卷七十一（二二六一頁）。

《輿地紀勝》卷二十五《江南東路·南康軍·景物下》：「仙居洞：去白鹿洞五里，有慧日院。並澗行兩山間，岡嶺重複，宛若洞府，故名。」

二十三日，軾與道潛（參寥）登慧日寺樓觀，題名鐘上。同日，滕元發除知湖州。

《題名》見《佚文彙編》卷六。

《日涉園集》卷二《宿慧日寺》：「幽窗著曙色，匆匆鳥鳥啼。軫念在遠壑，發軔離苕溪。泉聲作好語，挽客來招提。老衲道機熟，空洞了無疑。霜鐘耿晴空，上有垂露姿。暝隨噌吰聲，直與雲漢齊。摩挲不及去，行雲會東歸。（以下引《題名》，略）」

滕除知湖州，據《長編》卷三百四十五。

《蘇軾文集》卷十五《滕元發墓誌銘》叙神宗覽所上《辯謗乞郡狀》，「釋然，即以爲湖州。」

軾獨游白鶴觀，約爲此時事。

《蘇軾詩集》卷四十二《觀棋》。引云：「嘗獨游廬山白鶴觀。觀中人皆闔户晝寢，獨聞棋聲於古松流水之間，意欣然喜之。」詩云：「五老峯前，白鶴遺址。長松蔭庭，風日清美。我時獨游，不逢一士。誰歟棋者，户外屨二。不聞人聲，時聞落子。」獨遊當爲此時事，若在紹聖元年，未必有如是閑情也，且季節亦合。

《蘇軾文集》卷六十七《書司空圖詩》：「吾嘗游五老峯，入白鶴院，松陰滿庭，不見一人，惟聞棋聲。」謂以此然後知司空圖「棋聲花院静，幡影石壇高」二句之工。

《輿地紀勝》卷二十五《江南東路·南康軍·景物下》：「白鶴觀：在城西北二十里，今名爲承天觀。《白鶴觀記》云：「廬山峯巒之奇秀，巖穴之怪邃，泉樹之茂美，爲江南第一。白鶴觀總奇秀、怪邃、茂美，復爲廬山第一。」以下引蘇軾《觀棋》詩。

蘇軾游廬山瀑布，作詩。

詩見《蘇軾詩集》卷二十三，題云：「世傳徐凝《瀑布》詩云：一條界破青山色。至爲塵陋。又僞作樂天詩稱美此句，有『賽不得』之語。樂天雖涉淺易，然豈至是哉。乃戲作一絶。」《蘇軾文集》卷六十八《自記廬山詩》敘作《初入廬山三首》，以下云：「是日有以陳令舉《廬山記》見寄者，且行且讀，見其中有云徐凝、李白之詩，不覺失笑。開先寺主求詩，爲作一絶云（撰者按，即見《詩集》此處之詩）。軾詩末云：「飛流濺沫知多少，不與徐凝洗惡詩。」深惡徐凝之詩。徐凝詩見《全唐詩》卷四百七十四，題作《廬山瀑布》，云：「虚空落泉千仞直，雷奔入海不暫息。今古長如白練飛，一條界破青山色。」

《晚香堂蘇帖》：「眉山蘇軾來游廬山，休樂天醉石之上，清泉潺潺，出林壑中，俯仰久之，行歌而去。」以下有「趙郡蘇氏」印章。此乃游廬山偶書，約爲此時事。

軾往來廬山南北勝概：作《開先漱玉亭》、《棲賢三峽橋》詩，爲東林常總（廣惠）長老《題西林壁》。**允爲常總撰東林寺碑。**

詩皆見《蘇軾詩集》卷二十三。

《輿地紀勝》卷三十《江南西路·江州·風俗形勝》引《尋真觀記》：「廬山山水甲天下。山之南則簡寂、棲賢、開先、歸宗，山之北則太平、圓通、東西二林。」

同上卷二十五《江南東路·南康軍·景物下》：「開先寺，在城西十五里，李中主所作也。」以下云：「寺後有瀑布泉，李白詩云『飛流直下三千丈』，謂此也。」

同上：「棲賢院：在廬山。蘇子由有記云：狂峯怪石，翔舞於簷上。舊置院於尋真，李渤徙置是山。南唐保大中制書，猶有存者。」轍記乃《欒城集》卷二十三《廬山棲賢寺新修僧堂記》，以下「三峽橋」所引轍記亦爲此記。

同上：「三峽橋：在廬山之歸宗寺，最爲廬山之雄觀。蘇子由記曰：水行石間，聲如雷霆，如千乘車，行者震悼，不能自持，雖三峽之險，不過也。楊億記云：『瀉瀑練於千仞，狀雲屏之九疊。』」同上又謂歸宗寺在城西二十五里。

同上卷三十《江州·景物下》：「東林寺：晉武帝太和十年建，唐號太平興龍寺，最爲廬山之古刹。」同上：「西林寺：晉太和三年建。水石之美，亦東林之亞。」晉武帝無「太和」，「和」應作「康」。

總長老全稱江州東林興龍寺常總照覺禪師，延平尤溪施氏子。屬南嶽下十一世，黄龍南禪師法嗣。熙寧三年住泐潭，元豐間賜號廣惠禪師。《演山集》卷三十四有《照覺禪師行狀》，《五燈會元》卷十七有傳。《蘇軾文集》卷二十二《東林第一代廣惠禪師真贊》稱常總爲「僧中之龍」。《五燈會元》卷十七謂蘇軾爲總長老法嗣，並云軾「宿東林，與照覺論無情話，有省，黎明獻偈曰：（略）」，即《詩集》中之贈總長老詩（卷二十三，一二一八頁）。《蘇軾文集》卷六十一《與東林廣惠禪師》第一簡：「東林寺碑，既獲結緣三寶，業障稍除，可得托名大士，皆所深願。」「既獲」，是允之也。

軾與了元（佛印）遊廬山，識其徒自順，並爲題品。

《蘇軾文集》卷六十一與了元第七簡：「復欲如去年相對溪上，聞八萬四千偈，豈可得哉！」元豐八年作。《輿地紀勝》卷二十五《江南東路·南康軍·仙釋》：「順菩提：《洋州志》云：僧自順，興道縣人。南遊，師佛印禪師了元，住南康之雲居，順爲侍者。一日，元與東坡遊某寺，讀某碑，順在旁。及歸，東坡問左右：『能記憶所讀碑否？』餘侍者相顧錯愕，順讀誦得十之七。東坡大奇之。因問：『何名？』曰：『自順。』東坡曰：『逆則煩惱，順則菩提。』自一經題品，叢林盛稱爲順菩提。」

軾與道潛（參寥）登朱砂峯，題字。

《參寥子詩集》卷六《和子由彭蠡湖遇風雪》：「（上略）却返朱砂峯，招提更岑寂。中藏李氏書，盛事誇絶特。東坡老居士，邇亦有題墨。一覽慰君心，都忘遠行役。」此詩作於元豐八年，所寫爲本年事。蘇軾題字不見。

《輿地紀勝》卷二十五《南康軍》謂朱砂峯在城北三十五里。

與開元觀道人簡，軾以不能踐約與晤爲歉。

《蘇軾文集》卷六十一《答開元明座主》第一簡敍之；參本年此前「在廬山與開元觀道人遊」條。

至李常（公擇）白石山房，軾作詩；又嘗畫枯木於此。

詩見《蘇軾詩集》卷二十三（一二一四頁）。《輿地紀勝》卷二十五《南康軍·古迹》謂李氏山房在楞伽院，李常「少時兄弟讀書於五老峯下白石庵之僧舍」。兄弟謂常與其兄莘。《景物下》謂「楞伽院在城北二十五里，有李尚書藏書閣，閣上有蘇東坡《枯木》」。《人物》謂常「兄弟讀書於五老峯下之白雲庵」，知白石庵即白雲庵。《景物下》謂白雲庵在去城四十里之白雲洞下。《蘇軾文集》卷十一有《李氏山房藏書記》，參熙寧九年十一月初一日紀事。

軾登無相寺，題字。

《日涉園集》卷七《登無相絶頂舊有東坡題字今不復見》：「深雲蒙無相，斜日照崔嵬。慘澹天梯往，蒼茫地勢開。巾裾拂河漢，談話雜風雷。惆悵銀鉤處，歸來首重回。」卷九《清曉登無相浮屠上有東坡書》：「窈窈龍蛇穴窟寬，淮山楚水繞闌干。儋州宰木應摇落，八法猶參星斗寒。」既云登絶頂，則是中年精力尚旺時所爲，若紹聖元年、建中靖國元年，已力不從心矣。今次此。《蘇軾文集》卷二十二有《無相庵偈》。

嘉靖《九江府志》卷十四《外志·寺·德安縣》：「無相寺：在縣治南。唐大中四年僧普照開創。今廢，惟塔存焉。」

三蘇年譜卷三十五

元豐七年(下)

蘇軾應同年程筠請，題其先墳。

詩見《蘇軾詩集》卷二十三(一二二八頁)。《青山集》卷二十亦有題其先墳詩。筠字德林，浮梁人。乾隆《浮梁縣志》卷八《程筠傳》叙登嘉祐二年進士第，除江都令。嘉祐五年，王安石上萬言書論國政，筠不謂然。以事忤上官，貶如臯尉，閲五年，復起爲令。以下云：「歷熙寧、元豐，時久苦新法，筠條其不便，移書諫臣蹇昌言，轉達進奏院上之。昌言因言筠職親民，周知下悃，披衷歷愫，獻替無由，臣不敢避斧鉞之誅，謹代奏芻蕘之論。神宗見疏改容。其同年友蘇軾聞之，曰：『疏遠不忘納忠，君子人也。』調知陳留。」《縣志》卷十一有筠《上神宗皇帝論新法疏》。餘見元祐七年「程筠赴真州」條紀事。《鄱陽集》卷七《與程德林》：「俊骨風標固逸倫，比聞才術巧安民。尋常恨不親高誼，邂逅相逢即古人。議論恥拘時俗態，笑歌惟取性情真。從今便作忘形契，安得相從席上珍。」《病居寄程德林》：「槿花時態厭羈貧，誰恤天涯卧病身。千里有家歸未得，一心無賴恨長新。形容憔悴真衰漢，意氣蕭條似老人。恨乏酒樽將寂寞，獨憑詩句訴酸新。」彭汝礪少於程德林，相識不早，然爲知交，附此。

軾飲陶驥（子駿）佚老堂，有詩。驥住江州城南。

詩見《蘇軾詩集》卷二十三（一二三〇頁）。

驥以宣德郎致仕，見《詩集》注文。稱宣德，以此。《輿地紀勝》卷三十《江州》謂湓浦乃江州。《永樂大典》卷七千二百三十八：「佚老堂：《江州志》：德化縣陶宣德宅，有佚老堂，在尉廨側。」《清江三孔集·宗伯集》卷五《陶子駿佚老堂》：「不逐漁商不問農，悠然今作坐禪翁。地臨白傅荒臺畔，人在華胥樂國中。一榻遠分廬阜月，兩軒平揖廣寒風。杖藜亦欲頻還往，肯使清閑併屬公。」卷三亦有詩。

《永樂大典》卷七千二百三十八録沈括《佚老堂爲江州陶宣德題》（原注：元豐八年江州作）：「暫來林下問栖遲，已覺翛然悟昨非。卧起見山寧用買，門牆無物可人揮。茵連細草才容藉，淀染濃嵐欲墮衣。佳士要當憐寂寞，不應全爲折腰歸。」

《青山集》卷十八《寄題九江陶子駿佚老堂》：「未老已先佚，構堂名佚老。與其寵辱驚，何似歸來早。淵明乃吾祖，此道能自保。歸來無一事，時時爲酒惱。紙帳春氣融，不寐聽春鳥。

關關枝上語，報我竹間曉。我醉未能起，爾音一何好。却笑世間人，忘憂種萱草。」

《畫墁集》卷二《佚老堂爲陶敏宣德題》：「未老剛稱老，言休即便休。潯陽真有後，彭澤善貽謀。隱几悲殘漏，回頭見急流。便須移醉石，偃卧北窗幽。」作於元豐六年。

《參寥子詩集》卷一《陶宣德逸老堂》其一：「湓浦城南舊隱淪，一堂無地可棲塵。石床春卧荼醿砌，撩亂餘花墮酒巾。」其二：「歸來詩酒洽天機，騷客無煩詠《式微》。三徑就荒松菊在，洗除蒿艾浄秋暉。」

軾至江州紫極宫，道士胡洞微以李白《潯陽紫極宫感秋》相示，蓋其師卓玘之所刻。因和李白韻。

和詩見《蘇軾詩集》卷二十三（一二三二頁）。蘇軾謂紫極宫乃今天慶觀。《輿地紀勝》卷三十《江州·景物下》謂紫極宫在州二里（按：「州」下脱去一字）。

《山谷詩集注》卷十七有《次蘇子瞻和李太白潯陽紫極宫感秋詩韻追懷太白子瞻》：「不見兩謫仙，長懷倚脩竹。行遶紫極宫，明珠得盈掬。平生人欲殺，耿介受命獨。往者如可作，抱被求同宿。砥柱閲頹波，不疑更何卜。但觀草木秋，葉落根自復。我病二十年，大斗久不覆。因之酌蘇李，蟹肥社醅熟。」作於崇寧元年。

詩末任注引黄庭堅此詩跋，云：「子瞻詩所記胡道士『玉芝一名瓊田草』者，俗號其葉爲唐婆鏡，葉底開花，故號羞天花。以予考之，其實《本草》之鬼臼也。歲生一臼，如黄精而堅瘦，滿十二歲可爲藥，就土中生根，取一臼，勿令大本知也。煮麵如餺飥皮，裹一臼吞之，數日不飢，啗三臼可辟穀也。黄龍山老僧多采而斷食，令人體臞而神王。今方家所用鬼臼，乃鬼燈檠耳。如蜀人用鬼箭，但用一草根，不知何物也。鎮陽、趙州間，道旁叢生三羽者真鬼箭。俗醫用藥如此，而責古方不治病，可勝歎哉！因論玉芝，故并記以遺胡道士。道士胡君洞微，卓君玘之弟子。卓君之時，欲崇飾宫觀，而俗緣薄，規摹甚遠而不成就。及胡君而宫殿崇成，便齋曲房，松竹薈蔚，其軒窗開塞，宜冬而愜夏，智慮通物者也。又好文多藝，能治賓客具，至者忘歸，此東坡先生所以每至而留連者歟！」

《輿地紀勝》卷三十《江南西路·江州·景物下》：「瓊芝軒：在天慶觀。蘇東坡、黄太史皆有詩。」《永樂大典》卷六千六百九十七引《江州志·碑刻·德化·天慶觀》謂有蘇、黄唱和。蘇詩當爲和李白韻，黄詩當爲以上所云之《次蘇子瞻》。據《輿地紀勝》，蘇、黄之詩，實刻於天慶觀之瓊芝軒。

蘇軾和詩敘謂卓玘「有道術，節義過人，今亡矣」。玘字璣石，泉州晉江人。卒於元豐元年五月，年七十五。事迹詳《清江三孔集·宗伯集》卷十七《道士卓君墓誌銘》。

軾嘗賦《陶潛絶識詩》，有碑碣。

《永樂大典》卷六千六百九十七引《江州志·碑碣·德化·東坡賦陶潛絶識詩》：「黄庭堅跋。」詩不見，不詳爲何時作，附次此。

以慈湖山中所得石菖蒲數本遺胡洞微，使善視之，作《石菖蒲贊》。

贊見《蘇軾文集》卷二十一。

蘇軾紹聖元年過江州赴惠州，未嘗至慈湖山中。

道潛（參寥）話别九江，軾作詩。次韻約道潛至汝州。

《參寥子詩集》卷五《九江與東坡居士話别》：「雪水黄樓赤壁間，勝遊長得共躋攀。屠龍冉冉空三載，窺豹悠悠愧一斑。投錫雲林聊避暑，絶江舟楫自東還。求田問舍知何處，杖屨它時訪小山。」同上卷六有《廬山道中懷子瞻》詩作於明年，是道潛留廬山也。

次韻見《蘇軾詩集》卷二十三（一二三三頁），末云：「到後與君開北户，舉頭三十六青山。」

六月九日，子邁赴饒之德興尉，軾送之至湖口，遊石鐘山，作記。以硯贐邁，爲銘以勉。

記見《蘇軾文集》卷十一（三七〇一頁）。銘乃《文集》卷十九《邁硯銘》。

《元豐九域志》卷六謂湖口屬江州，在州東北六十里。《輿地紀勝》卷三十謂石鐘山屬湖口。

十一日，舟中題《文選》。

文見《蘇軾文集》卷六十七（二〇九二頁）；文謂《文選》編次無法，去取失當。

胡洞微道師專使致簡，答之。復與洞微簡，報離江州，遇逆風；録二詩寄洞微，囑善護玉芝。

《蘇軾文集》卷六十與胡道師第三簡叙道師專使，答以「明日解舟」。第二簡云「昨日起離，中途逆風吹往北岸，幾葬魚腹」；簡云「二詩」，除《詩集》卷二十三《和李太白》外，餘一首不知。《和李太白》云洞微種玉芝七八年，故囑善護之，「無爲有力者所取。」

過彭澤唐興院，軾見所題李白詩，以爲僞作。

《蘇軾文集》卷六十七《書李白集》叙之。彭澤屬江州，在州東二百一十里。

軾將至池州，池守王琦（文玉）來簡。

《佚文彙編》卷三與琦第一簡云「榜下一别，遂至今矣」，知琦與蘇軾爲同年。以下云「辱書感歎」。文玉名琦，見《寶真齋法書贊》卷十二。池州在江州東。

至池州。軾從州守王琦（文玉）登蕭丞相樓，録弟轍所作蕭丞相樓詩贈琦，并跋。在池州，瘡癤大作。離池州，琦以人力相助。

跋見《佚文彙編》卷五（二五五二頁）。

轍詩見《寶真齋法書贊》卷十二，題書：「滕元發令賦蕭丞相樓二首，眉陽蘇轍。」二詩收入《欒城集》卷十二。元發知池州，見元豐三年紀事。

《輿地紀勝》卷二十二《江南東路·池州·景物下》：「蕭相樓：在州治之北。唐大曆中蕭復建，後杜牧重建。」

《佚文彙編》卷三與琦第二簡：「瘡癤大作，殆難久坐。」第三簡：「瘡腫大作，坐卧楚痛。」第四簡言至金陵，瘡毒仍不解。第六簡云及「去歲人還」，作於明年元豐八年，知蘇軾離池州時，琦助以人力。《蘇魏公文集》卷九《送洞霄宫王文玉學士歸吴》：「仙都補吏向天涯，歸棹南游事事嘉。冬課洞庭千户橘，春嘗石縫一槍茶。蓬山厭直抛鉛槧，公府傷離念棣華。二紀編酬老朋伴，何時相逐訪煙霞。」

據「蓬山」云云，知王琦（文玉）在館中從事校勘典籍。據「二紀」云云，知琦與蘇頌爲老友，其年當長於蘇軾。題云「洞霄宫」，知王琦以提舉洞霄宫得祠禄南歸，朝廷並無州軍除命。云「冬課洞庭」。查《吴郡志》卷十五，洞庭，山名，在太湖湖中，有東西二山。琦乃寓居吴。琦登嘉祐二年進士第，見本譜嘉祐二年紀事，《吴郡志》卷二十八《進士題名》該年無琦之名。頌此詩作於琦知池州前若干年。

《祠部集》卷六《送王文玉歸浙》：「插旗打鼓放船頭，二紀蓬萊一夢游。回首誰能顧庭鷺，收心自可近江鷗。盤堆玉縷鱸初膾，盞溢金波酒旋篘（自注：嘉興酒有名金波者）。摩詰定懷廊廟弟，新詩未免到皇州（自注：維弟縉也）。」此詩與蘇頌詩當作於同時。「二紀蓬萊」當亦謂館中事。據末二句，知王文玉有弟在京師供職。强至卒於熙寧九年，見本譜元祐四年「軾寄題郭明父」條。則此王文玉似非名琦之王文玉。特志疑於此。

二十三日，舟過蕪湖，軾書温庭筠《湖陰曲》贈承天院僧藴湘，并跋。太平州知州畢仲達有啓來，回啓。

跋見《蘇軾文集》卷六十七（二〇九五頁）。

《文集》卷四十七《黄州還回太守畢仲遠啓》：「五年嚴譴，已甘魚鳥之鄉；一舸生還，復與縉紳之末。」又云：「方茲入境之初，遽已誨音之辱。」又云：「路轉湖陰，益聽風謡之美。」湖陰乃蕪湖，屬太平州。知畢爲太平州太守。

康熙《太平府志》卷十四謂元豐末州守有畢仲達，以朝奉郎知。知《文集》「仲遠」乃「仲達」之誤。《景定建康志》卷二十七：治平二年四月，畢仲達到知溧水縣任；其繼任者於熙寧二年四月到任。《永樂大典》卷八千六百四十七引《衡州府圖經·太守題名》：「畢仲達，虞部員外郎，熙寧十年十二月到，元豐三年七月滿。」

太平州屬江南東路，治當塗。蕪湖在州西南六十五里，繁昌在州西南一百六十五里。仲達啓作於蘇軾入境之初，答啓作於到達蕪湖以後。仲達啓已佚。

當塗舟中，軾以父洵所贈天石硯付迨、過。

據《蘇軾文集》卷十九《天石硯銘》跋語。跋謂七月至當塗，蓋屬以後追記，偶誤。

至當塗，軾過姑孰堂下，讀《姑孰十詠》，疑非李白作。過郭祥正家，醉畫竹石壁上，祥正作詩謝，遺二古銅劍；題祥正畫贊，與祥正辨《姑孰十詠》真僞。

《蘇軾文集》卷六十七《書李白十詠》謂其語淺陋。《新定九域志》卷六謂太平州有「《姑孰十詠》刻石」。《輿地紀勝》卷十八《太平州》謂姑孰堂在州之清和門外，下臨姑溪；又謂姑孰城今當塗縣治。《姑孰十詠》見中華書局排印本《李太白全集》卷二十三（一九七七年版）。

過郭，據《蘇軾詩集》卷二十三詩題（一二三四頁）。郭詩佚。《輿地紀勝》卷十八《人物·郭祥正》：「有醉吟庵，東坡過而題詩，畫竹石於壁。」《蘇軾文集》卷二十一有《醉吟先生畫贊》。《青山集》卷四《浪士歌·序》：「郭子棄官合肥，歸隱姑孰，一吟一酌，婆娑溪上，自號曰醉吟先生。」

祥正棄官合肥，爲熙寧末事。熙寧六年，祥正嘗從章惇辟，入梅山谿洞中。《文集》卷七十二《谿洞蠻神事李師中》一文乃記祥正此時所言。師中嘗爲提刑，權桂府。參《文學遺產增刊》第十八輯拙撰《郭祥正略考》。祥正元豐四年復起爲汀州通判，不久攝漳州。《長編》卷三百四十四本年三月壬子紀事：「前汀州通判、奉議郎郭祥正勒停。」蘇軾過當塗時，祥正正家居。《文集》卷七十《書呂行甫墨顛》敘呂希彦（行甫）短命死去，以下云：「功甫亦與之善，出其所遺墨，作此數字。」乃此時事。《景蘇園帖》有「蘇軾謹奉別功甫奉議」字一行，亦作於此時。

《渭南文集》卷四十四《入蜀記》乾道六年七月十五日紀事：「李太白集有《姑孰十詠》。予族伯父彦遠嘗言東坡自黄州還，過當塗，讀之，撫手大笑曰：『贋物敗矣，豈有李白作此語者！』郭功父争以爲不然。東坡又笑曰：『但恐是太白後身所作耳。』功父甚愠。蓋功父少時，詩句俊逸，前輩或許之，以爲太白後身，功父亦遂以自負，故東坡因是戲之。或曰：《十詠》及《歸來乎》、《笑矣乎》、《僧伽歌》、《懷素草書歌》，太白舊集本無之，宋次道再編時，貪多務得之過也。」次道名敏求。

《姑溪居士後集》卷四《次韻東坡所畫郭功甫家壁竹木怪石詩》：「大枝憑陵力争出，小幹縈紆穿瘦石。一杯未釂筆已濡，此理分明來面壁。我嘗傍觀不見畫，只見佛祖遭呵駡。人知見畫不見人，紛紛豈是知公者。汗流几案慘無光，忽然到眼如鋒鋩。急將兩耳掩雙手，河海振動雷雷吼。」

黄庭堅《山谷别集詩注》卷下《書東坡畫郭功父壁上墨竹》：「郭家髹屏見生竹，惜哉不見人如玉。凌厲中原草木春，歲晚一棋終玉局。巨鼇首戴蓬萊山，今在瓊房第幾間。」按：「間」下原刻本注：「以下缺。」

軾作《龍尾硯歌》贈方彦德，求其龍尾硯。

詩見《蘇軾詩集》卷二十三（一二三五頁）。詩引云舊作《鳳咮石硯銘》，以龍尾硯不能敵鳳咮硯，歙人不能平，以下謂：「奉議郎方君彦德有龍尾大硯，奇甚。謂余若能作詩，少解前語者，當奉餉，乃作此詩。」

《嘉定赤城志》卷三十三：方慎，臨海人，皇祐五年進士；方洵武，慎子，治平四年進士，終朝奉大夫、知南安軍；方洵直，洵武弟，熙寧六年進士。不知此三人孰爲彦德，抑爲另一人？宋刊《青山集》卷五《送方奉議倅保德（自注：彦德）》：「太行積雪三千尺，渾河連天厚冰塞。天台詞人不畏寒，攜家直赴并州北。越羅蜀錦置篋箱，狼帽氈裘付妻息。邊城雖道無戰塵，塞草從來少春色。馬上題詩泣鬼神，何時歸奏平戎策。我欲爲君叩相閽，唤取斯人侍君側。」卷四《謝方彦德奉議惠羅文硯》：「歙溪古源鑿龍尾，一片寒冰瑩無比。珍緘藏護知幾年，贈我題詩草堂裏。驪珠失色悲暗投，再拜置之枯木几。硯兮不似在君家，捧來自有纖纖指。」知羅文硯亦爲龍尾硯。方彦德與郭祥正情誼頗深。蘇軾過郭祥正時，彦德當官於當塗。又自郭詩中，知彦德約爲天台人。

轍贈醫僧鑒清、善正詩。

詩見《欒城集》卷十三。前者其一末云：「只應救病能無病，豈是平生學養生。」贊鑒清醫德高，善養生，故能「鬚眉白盡氣彌清」。後者言善正居城東，過往頗多。中云：「歷言五藏如經眼，欲去三彭自有方。」醫術高。

食菱，轍作詩。

詩見《欒城集》卷十三。云「節物秋風早」，蓋當秋初蟹肥時。

轍聞當除官真、揚間，作詩。洪休上人以詩來訪，答之。

詩見《欒城集》卷十三。前者云「四見秋風入薜蘿」，蓋作於本年七八月間。後者題云：「洪休上人少年讀書，以多病出家，居泐潭爲馬祖修塔，以三絶句來謁，答一首。」《輿地紀勝》卷二十六《江南西路·隆興府·景物上·泐潭》：「在靖安縣北四十里，上有寶峯院，號石門山。」則洪休上人爲洪州人。

月底，軾抵金陵，艤舟賞心、白鷺二亭之下。

據《佚文彙編》卷六《白鷺亭題柱》。文云「艤舟亭下半月」，而文作於七月十四日，知抵金陵爲六月底。《輿地紀勝》卷十七《建康府》謂白鷺亭在府城上，與賞心亭相接，下瞰白鷺洲，賞心亭下臨秦淮。

軾作《張庖民輓詞》。

詩見《蘇軾詩集》卷二十四（一一五三頁）。有「秦淮舊宅荒」句，知庖民嘗住金陵。《山谷全書·外集》卷二十三有哀詞，序云庖民字翔父，作詩清壯，約卒於元豐四年冬或五年春。庖民乃瓌子，治平二年間爲鄖城縣主簿。見《宋會要輯稿》第九十八册《職官》六五之二四。瓌，《宋史》卷三百三十有傳。庖民有兄(或弟)軒民,見熙寧五年「送張軒民赴省試」條。

軾答段縫(約之)見贈。

詩見《蘇軾詩集》卷二十四(一二五五頁)。案:在《長編》卷三百九十五。《長編》謂縫以職方員外郎知興國軍,爲熙寧間事,元豐元年二月知泰州。縫居金陵,與王安石過從甚密。《王荆文公集》卷一之《招約之職方》李壁注謂縫與安石「居止接近」。縫,《宋史翼》卷十九有傳。《蘇軾文集》卷五十七《與段約之》:「某平生與公不相識,一見便能數責其過,此人與此語,豈可多得也。」

《臨川先生文集》卷十七《段約之園亭》:「愛公池館得忘機,初日留連至落暉。菱暖紫鱗跳復没,柳陰黄鳥囀還飛。徑無凡草唯生竹,盤有嘉蔬不采薇。勝事閬州雖或有,終非吾土豈如歸。」

同上《又段氏園亭》:「欹眠隨水轉東垣,一點炊煙映水昏。漫漫芙蕖難覓路,翛翛楊柳獨知門。青山呈露新如染,白鳥嬉游静不煩。朱雀航邊今有此,可能摇蕩武陵源。」

與裴維甫相遇秦淮,有詩。

詩見《蘇軾詩集》卷二十四(一二五六頁)。詩云:「邂逅秦淮爲子留。」

維甫已見本譜熙寧七年紀事。

蘇軾作詩，題孫思邈真。

詩見《蘇軾詩集》卷二十四(一二五六頁)。詩云:「自爲天仙足官府，不應尸解坐蟲蟲。」以仙人詠孫思邈，而非以醫人。仙有白日輕舉之仙，有尸解之仙。前者可入上界，高於後者。孫思邈以蟲蟲之命爲藥，應遭懲罰，爲尸解之仙。蘇軾以爲，孫思邈濟人之功甚偉，應入上界爲仙，蔑視神仙界之約束，而置之於不顧，雖小詩而有豪縱之氣。

蘇軾戲作鮰魚一絶。

詩見《蘇軾詩集》卷二十四(一二五七頁)。詩首二句謂鮰魚似石首魚然而無骨，似河豘魚然而無毒素，不害人。於是發奇想，欲求天公與河伯，以水精鱗與鮰魚，使之成爲魚類普通成員中之一族，既有骨而又不害人。此乃一時興起而爲之。

軾晤寶覺，次韻答寶覺詩。

答詩見《蘇軾詩集》卷二十四(一二五八頁)。《王臨川集》卷二十八《與寶覺宿龍華院》其三云「與公京口水雲間」，又云「何時照我宿金山」，知此寶覺即《詩集》卷十一《留别金山寶覺》之寶覺。安石詩作於金陵，知寶覺常來往於金陵、京口之間。《詩集》題下「查注」謂寶覺乃金陵定林寺僧，似另爲一人，查注誤。《蘇軾文集》卷二十二有《金山長老寶覺師真贊》，附志此。

與王益柔（勝之）遊蔣山，軾有詩。王安石有和。益柔移南都，送之賞心亭，賦《漁家傲》贈之，并題於白鷺亭之柱。

蘇軾詩見《蘇軾詩集》卷二十四（一二五八頁）。李壁注《王荆文公詩》卷二十五《和子瞻同王勝之游蔣山》引王安石自序：「子瞻同王勝之游蔣山，有詩，余愛其『峰多巧障日，江遠欲浮天』之句，因次其韻。」安石次韻詩，「施注」已引。《苕溪漁隱叢話》前集卷三十五引《西清詩話》，謂安石讀至「峯多」二句，「乃撫几曰：老夫平生作詩，無此二句」。

《景定建康志》卷十三謂益柔以本年六月自建康移知南都。此乃除命之日，其離任則在此略後。

《侯鯖録》卷八：「東坡自黄移汝，過金陵，見舒王。適陳和叔作守，多同飲會。一日，遊蔣山。和叔被召，將行，舒王顧江山，曰：『子瞻可作歌。』坡醉中書云：（略）和叔到任數日而去。舒王笑曰：『白鷺者，得無意乎？』」此處云陳睦（和叔）爲建康守，屬偶誤。當以《詩集》及《景定建康志》爲據。舒王乃王安石，歌即《漁家傲》。「白鷺」云云，見以下所引《景定建康志》。

《漁家傲》見《東坡樂府》卷上，起句「千古龍蟠并虎踞」。其序云：「金陵賞心亭送王勝之龍圖，王守金陵，視事一日，移南都。」

《景定建康志》卷二十二謂白鷺亭「接賞心亭之西，下瞰白鷺洲」；引「千古龍蟠」一詞題柱，並引王安石詩：「柱上題名客姓蘇，江山清絶冠吴都。六花飛舞憑欄處，一本天生卧雪圖。」謂賞心亭「在下水門之城上，下臨秦淮，盡觀覽之勝。丁晉公謂建」。

七月十四日，軾復於白鷺亭題柱，盛贊金陵江山之美。

題柱見《佚文彙編》卷六（二五七八頁）。《平園續稿》卷十八《賞心樓記》：「二水中分白鷺洲，李翰林金陵詩也。今白鷺、賞心二亭，連延城上。元豐中，蘇翰林賦長短句送王勝之，仍題柱云：『江山之勝，傾想平生。』名遂傳於天下。」

《輿地紀勝》卷十七《建康府》謂白鷺亭「柱間，有東坡留題，其略言『江山之勝，傾想平生』」。

《景定建康志》卷二十二亦謂白鷺亭「柱間，有東坡留題」。

十六日，軾赴臨汝途中過金陵，爲書轍《天慶觀》於觀之壁。王安石嘗題以詩，郭祥正爲和之。

七月十六日云云，見《蘇軾文集》卷十六《書子由金陵天慶觀詩》。

《景定建康志》卷四十五：「天慶觀，在城西門内崇道橋北。」又謂：「陳軒《金陵集》載富臨、狄咸、郭祥正同游紫極宫行軒，觀王相國舊題蘇子瞻書子由詩，祥正和之，有『老鶴唳風』之句，寫之壁間。未竟，有白鶴數十，翔舞北極壇上，徘徊而去。」

王安石詩不見，郭祥正原詩已早佚。

元豐三年四月，轍過金陵。見該年紀事。陳軒《金陵集》已佚。

二十八日，遯殤於金陵，軾哭以詩。葉濤（致遠）和詩相慰，復次韵。弟轍有慰詩。

詩見《蘇軾詩集》卷二十三（一二三九、一二四〇頁）；卷二十四復有《次韻葉致遠見贈》、《次韵致遠》。轍詩見《欒城集》卷十三。《蘇軾文集》卷六十九《跋葉致遠所藏永禪師千文》，或亦作於此時。《宋史》卷三百五十五有《葉濤傳》。嘗官中書舍人，《龍雲先生文集》卷十五有《上葉舍人致遠書》。《宋文鑑》有濤詩。《説郛》本《潘子真詩話》謂濤「詩極不工而喜賦詠」。

轍詩云：「人生本無有，衆幻妄聚耳。」解軾之結。

餘杭明雅照師來筠州，旋去，轍作詩送之。

詩見《欒城集》卷十三。詩叙照師弛擔大愚。詩云「城東古道場，蕭瑟寒松姿」，則大愚在城東。詩叙照師轉叙軾在杭舊事，謂軾「杖屨無不之」。末云：「我兄次公狂，我復長康癡。」一狂一癡，的是軾、轍各自性格特徵。

在金陵，軾時晤王安石。蘇軾欲安石言天下弊事於朝廷以救治之。安石勸軾重修《三國志》。軾爲安石言精、神、動、静之理，安石稱歎。安石論《雪後書北臺壁》「凍合」一聯用典，

軾贊安石博學。安石爲軾傳神宗偏頭痛醫方。二人共論揚雄。論文賦詩，彼此傾慕，相約卜鄰。

《蘇軾文集》卷五十一《與滕達道》第三十八簡：「某到此，時見荆公，甚喜，時誦詩説佛也。」《輿地紀勝》卷十七《建康府·景物上·蔣山》引《皇朝類苑》：「元豐中，王荆公在金陵，東坡自黄北遷，日與公游，盡論古昔文字，閑則倶味禪悦。公嘆息謂人曰：『不知更幾百年，方有如此人物。』」《邵氏聞見録》卷十二：「(子瞻)移汝州，過金陵，見介甫甚歡。子瞻曰：『某欲有言於公。』介甫色動，意子瞻辨前日事也。子瞻曰：『某所言者，天下事也。』介甫色定，曰：『姑言之。』子瞻曰：『大兵大獄，漢、唐滅亡之兆。祖宗以仁厚治天下，正欲革此。今西方用兵，連年不解，東南數起大獄，公獨無一言以救之乎？』介甫舉手兩指示子瞻曰：『二事皆惠卿啓之，某在外安敢言！』子瞻曰：『固也，然在朝則言，在外則不言，事君之常禮耳。上所以待公者非常禮，公所以事上者豈可以常禮乎！』介甫厲聲曰：『某須説。』又曰：『出在安石口，入在子瞻耳。』蓋介甫嘗爲惠卿發其『無使上知』私書，尚畏惠卿，恐子瞻泄其言也。介甫又語子瞻曰：『人須是行一不義，殺一不辜，得天下弗爲，乃可。』子瞻戲曰：『今之君子争減半年磨勘，雖殺人亦爲之。』介甫笑而不言。」《宋史》本傳亦載此，較略，當本《邵氏聞見録》。《後山集》卷二十一《談叢》：「蘇公自黄移汝，過金陵，見王荆公。公曰『好箇翰林學士。』□□

□某久以此奉此（按：原文如此）。公曰：『撫州出杖鼓鞚，淮南豪子以厚價購之，而撫人有之，保之已數世矣，不遠千里登門求售。豪子擊之，曰無聲，遂不售。撫人恨怒，至河上投之水中，吞吐有聲，熟視而歎曰：你早作聲，我不至此。』」蓋隱涵舊事也。

《默記》卷中：「東坡自海外歸，至南康軍語劉羲仲壯輿曰：『軾元豐中過金陵，見介甫論《三國志》，曰：「裴松之之該洽，實出陳壽上，不能别成書而但注《三國志》，此所以□陳壽下也。蓋好事多在注中。安石舊有意重修，今老矣，非子瞻，他人下手不得矣。」軾對以軾於討論非所工。』」

《邵氏聞見後録》卷二十一：「（東坡）見王荆公於鍾山，留連燕語，荆公曰：『子瞻當重作《三國書》。』東坡辭曰：『某老矣，願舉劉道原自代。』云。」道原名恕，卒於元豐元年，《後録》誤。《曲洧舊聞》卷五謂劉恕（道原）嘗有重修《三國志》之意，未果。《後録》之誤當由於此。恕子羲仲，亦長史學，蘇軾願舉自代者，當爲羲仲。參建中靖國元年「過劉羲仲是是堂」條紀事。

《却掃編》卷中叙蘇軾答劉羲仲語：「往歲，歐陽公著此書（按：指《五代史》）初成，王荆公謂余曰：『歐陽公修《五代史》，而不修《三國志》，非也，子盍爲之乎？』余固辭不敢當。夫爲史者，網羅數十百年之事以成一書，其間豈能無小得失耶？余所以不敢當荆公之托者，正畏如公之徒掇拾其後耳。」時羲仲以所作《五代史糾繆》相示。按：考《歐陽文忠公集》與尹洙、梅堯臣等簡，歐陽修景祐三年已着手撰寫《五代史》，皇祐五年大體完成。此處所云「初成」，有誤。

《北窗炙輠録》卷上：「荆公論揚子雲投閣事，此史臣之妄耳，豈有揚子雲而投閣者；又《劇秦美新》，亦後人誣子雲耳。子雲豈肯作此文！他日，見東坡，遂論及此。東坡云：某亦疑一事。荆公曰：疑何事？東坡曰：西漢果有揚子雲否？聞者皆大笑。」

《五總志》：「王介甫一夕以『動』、『静』二字問諸門生，諸生作答皆數百言，公不然之。時東坡維舟秦淮，公曰：『俟蘇軾明日來問之。』既至，果詰前語。東坡應聲曰：『精出於動，神守爲静。動、静，即精神也。』公擊節稱嘆。」

《侯鯖録》卷一：「東坡在黄州日，作雪詩云：『凍合玉樓寒起粟，光摇銀海眩生花。』人不知其使事也。後移汝海，過金陵，見王荆公論詩及此，云：『道家以兩肩爲玉樓，以目爲銀海，是使此否？』坡笑之，退謂葉致遠曰：『學荆公者豈有此博學哉！』」「凍合」云云，乃《詩集》卷十三《雪後書北臺壁》中句。

《苕溪漁隱叢話》前集卷三十五引《西清詩話》：「在蔣山時，（荆公）以近製示東坡。東坡云：若『積李兮縞夜，崇桃兮炫晝』，自屈、宋没世，曠千餘年，無復《離騒》句法，乃今見之。荆公曰：非子瞻見諛，自負亦如此，然未嘗爲俗子道也。」

安石言神宗所傳偏頭痛方，已愈數人。乃據《文集》卷七十三《裕陵偏頭痛方》。《墨莊漫録》卷五：「王文公安石爲相日，奏事殿中，忽覺偏頭痛不可忍，遽奏上請歸治疾，裕陵令且在中書偃卧。已而小黄門持一小金杯，藥少許，賜之，云：『左痛即灌右鼻，右即反之。左右俱痛，並灌之。』即時痛愈。明日，入謝，上曰：『禁中自太祖時，有此數十方，不傳人間，此其一也。』因并賜此方。蘇軾自黄州歸，過金陵，安石傳其方，用之如神。但目赤少時，頭痛即愈。法用新蘿蔔取自然汁，入生龍腦少許調匀，昂頭使人滴入鼻竅。」蘇軾所寫較略，與此爲一事。

《曲洧舊聞》卷五：「東坡自黄徙汝，過金陵，荆公野服乘驢，謁於舟次。東坡不冠而迎揖曰：『軾今日敢以野服見大丞相。』荆公笑曰：『禮爲我輩設哉！』東坡曰：『軾亦自知相公門下用軾不著。』荆公無語，乃相招游蔣山，在方丈飲茶次，公指案上大硯曰：『可集古人詩聯句賦此硯。』東坡應聲曰：『軾請先道一句。』因大唱曰：『巧匠斲山骨。』荆公沉思良久，無以續之，乃起曰：『且趁此好天色，窮覽蔣山之勝，此非所急也。』田晝承君是日與一二客從後觀之。承君曰：『荆公尋常好以此困人，而門下士往往多辭以不能，不料東坡不可以此懾伏也。』」《詩話總龜》前集卷二十引《王直方詩話》：「荆公過東坡，見案上有石硯，甚愛賞，因曰：『當集句賦之。』唱曰：『巧匠斲山骨。』沉吟久之，不能成，因命駕去。」《吕氏童蒙訓》則云「東坡令荆公集句」，餘略同，《硯箋》卷一《東坡硯》條與《王直方詩話》略同。

《蘇軾詩集》卷二十四《次荆公韻四絶》其三：「勸我試求三畝宅，從公已覺十年遲。」安石原韻，注引。《吕氏雜記》卷下謂蘇軾「路由金陵，荆公見之大喜，與之出遊，因贈之詩，坡依韻和云」。《文集》卷五十《與王荆公》第二簡云「欲買田金陵，庶幾得陪杖履，老於鍾山之下」，以下叙不遂所願。《苕溪漁隱叢話·前集》卷三十五引《潘子真詩話》：「（東坡）見荆公，時公病方愈，令坡誦近作，因爲手寫一通以爲贈。復自誦詩俾坡書以贈己，仍約坡卜居秦淮。」《渭南文集》卷二十九《跋東坡諫疏草》謂蘇軾見王安石於半山，「劇談累日不厭，至約卜鄰以老」。《蘇軾文集》卷七十三《止水活魚説》謂嘗見王安石喜放生。爲此時事。

軾晤雲師無著。

《蘇軾詩集》卷二十五《雲師無著自金陵來，見余廣陵，且遺余〈支遁鷹馬圖〉。將歸，以詩送之，且還其畫》：「去年相見古長干，衆中矯矯如翔鸞。」詩作於元豐八年。

《北湖集》卷一有《無著以東坡西湖觀月聽琴示余因次韻》詩。參元祐六年九月十五日紀事。

賦《水龍吟》（露寒烟冷蒹葭老）。

詞見《全宋詞》第三三〇頁。《東坡詞編年箋證》有題「詠鷹」，云自毛本録出。

詞有「銀河秋晚」句，點季候。

《東坡詞編年箋證》：「此詞明言『石頭城下』，則作於金陵無疑。考東坡凡三過金陵：元豐七年甲子七月過金陵，八月離金陵赴儀真。紹聖元年甲戌南遷六月過金陵，赴當塗。建中靖國元年辛巳北歸五月過金陵，赴儀真。後兩過金陵在六月和五月，與詞中所寫景色不侔。唯元豐七年甲子八月離金陵赴儀真與詞中景色相合，故編于兹。」今從其説。

賦《臨江仙》（昨夜渡江何處宿）。

詞見《全宋詞》第三二八頁。

詞有「多情王謝女，相逐過江來」之句。

《東坡詞編年箋證》：「公曾三過金陵，然後兩次一爲南遷，一爲北歸，時身爲罪官，奔走若喪家之犬，與詞中『多情王謝女，相逐過江來』大不相類。唯甲子八月十四日離金陵赴儀真時與王益柔同舟，宋時官去官來有官妓迎送之制，正所謂『多情王謝女，相逐過江來』也。」於是「寫此詞以贈歌者」。今從其説。

軾約於八月十四日離金陵，王益柔（勝之）同行。過長蘆，赴真州。

《蘇軾文集》卷五十一《與滕達道》第三十五簡：「（八月）十四日决當離此。」「此」謂金陵，「决當」猶是打算。故云「約」。卷五十七《與袁真州》第四簡：「勝之少駐，恨不飛馳，然須風熟乃取行爾。」言待益柔啓行。第三簡叙達長蘆。《蘇軾詩集》卷二十四《至真州再和》：「東行且趁船。」言與益柔同行。

離金陵，與王安石簡。

《蘇軾文集》卷五十與安石第一簡，作於第二簡之前。簡云：「某游門下久矣。」謂熙寧初已在汴京相識，并有交往。簡云此行「朝夕聞所未聞，慰幸之極」。簡云「已别經宿，悵仰不可言」，點作簡時間。

軾至真州，州守袁陟（世弼）以學舍爲蘇軾居。先是軾在金陵，陟多簡勞問，至是始見。

《蘇軾詩集》卷二十四《贈袁陟》：「官湖爲我池，學舍爲我居。」《蘇軾文集》卷五十七《與袁真州》第一簡云「屈賜書問」，第二簡云「勞問加等」，第三簡云「疊辱手教」。

陟，洪州人，慶曆六年進士。見庫本《江西通志》卷四十九。年十七作詩，爲時所稱。見《苕溪漁隱叢話》前集卷三十七引《潘子真詩話》。同上引《王直方詩話》謂陟詩慕韋應物，而遒麗奇壯過之。《公是集》卷十九《寄袁陟》云「郢中輕白雪，逸響待君傳」，時陟自蜀江下南郡；卷二十六《次袁陟十四韻》云「羈旅嗟無友，佯狂漢水陰。相逢幸傾蓋，送别悵分襟。之子雖吏隱，高名何陸沉」，知陟嘗官於南郡。《青山集》卷十二、十六、三十均有詩及之。《潘子真詩話》謂卒年三十四。《臨漢隱居詩話》謂陟壽不滿四十。《輿地紀勝》卷二十六《隆興府》謂陟「宰當塗，薦郭祥正於梅堯臣」。查《梅堯臣集編年校注》，知祥正見堯臣爲至和元年事。如陟慶曆六年爲十八歲，則至今年，已爲五十七歲。《潘子真詩話》、《臨漢隱居詩話》皆誤。《青山集》卷三十挽袁詩有「文章驚早悟，壽夭理難齊」句，知陟此後不久即卒。

蘇軾至真州，次王益柔（勝之）游蔣山韻二首呈益柔。

詩乃《蘇軾詩集》卷二十四《至真州再和二首》：此「和」即謂次韻。

詩其一「桅轉三山没，風回五兩偏。荒祠過瓜步，古甃墮松巔」，叙與益柔自金陵至真州途中情景。以下「聞道清香閣，新篘白玉泉。莫教門掩夜，坐待月流天。小院檀槽鬧，空庭樺燭煙。公詩便堪唱，爲付小嬋娟」叙至真州後情景。「公詩」當指益柔游蔣山詩。

詩其二乃爲益柔送行詩。詩云：「行聞宣室召，歸近御爐烟。」以歸朝得大用爲祝。

蘇軾作《眉子石硯歌》贈胡誾。

詩見《蘇軾詩集》卷二十四（一二六二頁）。

眉子石硯，據注文，乃以眉子石琢成之硯。其石産於新安（今安徽徽州）。此硯乃世之珍品，然就硯論硯，可資發揮者並不多。蘇軾别出心裁，於「眉」字上渲染。詩云：「君不見成都畫手開十眉，横雲、却月争新奇。」十眉，乃畫手所畫唐明皇美人之眉十種。詩又云：「又不見王孫青瑣横雙碧，腸斷浮空遠山色。」遠山乃卓王孫之女文君之眉。立刻賦與此硯以神奇色彩，此硯信不凡。於是十眉、遠山與此硯溶爲一體。只因「爾來喪亂愁天公」，十眉與遠山乃「謫向君家書硯中」，爲胡誾所收藏。神馳於想像之領域，爲人傾倒。

注文謂此詩墨迹刻石成都，題爲《古眉山石硯歌》。豈此硯長時間曾爲眉山人所收藏，今輾轉流落於江南耶！刻石當爲西樓帖。

據詩排列之次第，此詩當作於真州，胡闇不詳爲何人。

軾賦《南歌子》（見說東園好）。

詞見《全宋詞》第三二三頁。

詞云「清霜」，點八九月之間季候。

《東坡詞編年箋證》：「詞顯爲遊真州東園而作。考公平生凡三過真州：元豐七年甲子八月十四日與王益柔同由金陵赴儀真（即真州）往鎮江；紹聖元年甲戌南遷六月初過儀真赴金陵；建中靖國元年辛巳北歸六月自金陵過儀真赴鎮江。其二、三兩過儀真均在六月，與詞中所寫秋景不侔。唯甲子八月十四日至儀真，留五日，八月十九日發儀真往鎮江。詞當作於此時。公在儀真曾訪真州守袁陟，并假真州學宫以寄家，游東園亦情理中事。」

軾晤蔣之奇（穎叔），之奇有詩，次韵答之。

次韻見《蘇軾詩集》卷二十四（一二六五頁），之奇詩已佚。之奇時爲江淮荆浙發運使，見元豐六年「蔣之奇升任」條。發運司在真州，見《輿地紀勝》卷三十八。《詩集》卷二十七《和蔣發運》：「船穩江吹坐，樓空月入樽。」叙此時與之奇相會。

軾來往京口。與滕元發（達道）會金山，許遵（仲塗）、秦觀亦至，有唱和。

《蘇軾文集》卷五十七《答賈耘老》第三簡叙及金山會元發。《蘇軾詩集》卷三十二《滕達道輓詞》：「浮玉偶同遊。」浮玉，金山。叙此時事。《文集》卷五十一與元發第四十五簡：「一別十四年，流離契闊，不謂復得見公。執手恍然，不覺涕下。」乃叙相會情景。「十四年」原作「四年」，今從《永樂大典》引文、《七集·續集》卷四、《歐蘇書簡》。

《詩集》卷二十四有《次韻滕元發、許仲塗、秦少游》詩。時遵以朝議大夫知潤州，見《嘉定鎮江志》卷二十一。遵，《宋史》卷三百三十一有傳。觀當來自高郵。

《文集》卷五十一與元發第三十七簡：「度非十九日不可離真。早發暮可見。」計此次首至金山，約在八月十九日也。據《嘉泰吳興志》卷十四，達道於本年八月到知湖州任。則與軾會晤，乃元發赴湖州任途中事。自此以後至赴常州，常來往江南北。參「在真州與王安石簡」條。

軾與滕元發定議乞常州居住事。爲元發草湖州謝表。元發赴湖州任，與簡叙欲於宜興買田。

《蘇軾文集》卷五十一與元發第四十四簡：「近在揚州，入一文字，乞常州住，如向所面議。若未有報，至南都當再一入也。」「面議」乃此時事。謝表見《文集》卷二十四（七一一頁）。

與元發别。《文集》卷五十一與元發第四十五、四十六簡叙買田，後者叙欲買董田。

軾在金山，以玉帶施了元（佛印），了元報以衲裙。爲作詩。時了元自廬山回金山。

詩見《蘇軾詩集》卷二十四（一二六七頁）。宋注「師曰」叙其事。查《集注分類東坡詩》卷四，此注，其末尚有一段文字：「余嘗觀（按：當作謁）廣漢天寧泰長老，話其事，泰云：『是時在金山挂搭，目擊公與元老問答如此。』余故叙於題下，使後人知其本末云。」詩題所云衲裙，《五燈會元》卷十六《了元傳》稱雲山衲衣。《後山詩注》卷三《次韻蘇公西湖觀月聽琴》任淵注：「東坡嘗被衲衣，蓋金山了元師所贈也。」《彦周詩話》謂軾以玉帶贈寶覺，寶覺贈以磨衲；以上所云軾詩乃贈寶覺者。

金山僧圓寶歸蜀，軾有送行詩。

詩乃《蘇軾詩集》卷二十四《送金山鄉僧歸蜀開堂》。《頤堂先生糖霜譜·第二》謂鄉僧乃圓寶，遂寧人。

蘇軾食豆粥，作《豆粥》詩。

詩見《蘇軾詩集》卷二十四。

詩叙東漢光武帝劉秀（文叔）於滹沱河食豆粥，又叙晉石崇食豆粥。前者「干戈未解身如寄」，後者「聲色相纏心已醉」，皆未能識豆粥之真味。詩於是云：「豈如江頭千頃雪色蘆，茅簷出没晨烟孤。地碓舂秔光似玉，沙瓶煮豆軟如酥。我老此身無著處，賣書來問東家住。卧聽鷄鳴粥熟時，蓬頭曳履君家去。」於是得豆粥之真味。此乃作者自叙一段此時經歷。

軾送沈逵赴廣南。

詩見《蘇軾詩集》卷二十四（一二六九頁），云「我方北渡」，當作於京口。逵於熙寧六年十二月，以新知永嘉縣相度成都府置市易務利害。九年十一月，以大理寺丞改一官，與堂除，論前任信州推官興置銀坑之勞。見《長編》卷二百四十八、二百七十九。逵乃錢唐人。父振字發之，官至司農少卿，熙寧六年卒，年七十三。事迹見《沈氏三先生文集》卷六十一《雲巢編》卷十墓銘。逵乃括姪，見《夢溪筆談》附録年表。《湖北金石詩·元豐三年十月沈逵正書題名》（原注：在武昌縣）。《寰宇訪碑録》卷七《西山沈逵題名》（原注：正書）：「元豐三年。」逵題名時，蘇軾已在黄，二人其時當有交往。

秦觀、劉涇詩賀劉發首薦，軾次涇韵。觀旋回高郵。

次涇韻見《蘇軾詩集》卷二十四（一二七二頁）。觀詩不見《淮海集》。時觀、涇皆從遊。《蘇軾文集》卷六十一《與佛印》第六簡云觀「已去」，回高郵。發乃王令門人，嘗撰《廣陵先生傳》，見《廣陵先生文集》卷首。

與客飲金山，軾作詩。

《碧溪詩話》卷六：「『東來賈客木棉裘，飲散金山月滿樓。夜半潮來風又熟，卧吹簫管到揚州。』集中題云《夢中作》。蓋坡嘗衣此，坐客誤云：『木綿襖俗。』飲散，乃出此詩，且云：『雖欲俗，不可得也。』坐客大慚。賈客事，乃《南史》：孔覬二弟頗營産業，請假東歸，覬出渚迎之，輜重十餘船，皆棉絹紙席之屬。覬僞喜，因命置岸側。既而正色謂曰：『汝輩忝預士流，何至還東作賈客耶！』命燒盡乃去。」詩見《蘇軾詩集》卷二十四。

軾次韵周穜（仁熟）惠石銚。贈賣墨者潘谷詩。

詩見《蘇軾詩集》卷二十四（一二七五、一二七六頁）。

穜，泰州人。嘉靖《惟揚志》卷十九謂爲熙寧庚戌進士，道光《泰州志》云熙寧癸丑進士。《彭城集》卷十五《周穜兄弟得解寄王教授察推》云「年少周郎智有餘」。劉攽於熙寧四年倅泰，知《泰州志》得其實。兄秩，題下「施注」已及。《畫史》謂穜藏（大悲）真迹。

《蘇軾文集》卷七十《書潘谷墨》叙谷事。《詩集》卷二十五《孫莘老寄墨》其一自注：「潘谷作墨，雜用高麗煤。」谷與蘇軾以後有交往。

《春渚紀聞》卷八《潘谷墨仙揣囊知墨》：「潘谷賣墨都下。元祐初，余爲童子，侍先君居武學直舍中。谷嘗至，負墨篋而酣咏自若，每笏止取百錢，或就而乞，探篋取斷碎者與之，不吝也。

其用膠不過五兩之制，亦遇濕不敗。後傳谷醉飲郊外，經日不歸，家人求之，坐於枯井而死。體皆柔軟，疑其解化也。東坡先生嘗贈之詩，有『一朝入海尋李白，空看人間畫墨仙』之句，蓋言其爲墨隱也。山谷道人云：『潘生一日過余，取所藏墨示之，谷隔錦囊揣之曰，此李承晏軟劑，今不易得。又揣一曰，此谷二十年造者，今精力不及，無此墨也。觀之，果然。』其小握子墨，醫者云可入藥用，亦藉其真氣之力也。」「一朝」二句，即在《贈潘谷》中。

蘇頌（子容）母陳氏卒。蘇軾作輓詞，弔其喪。

詩見《蘇軾詩集》卷二十四（一二七八頁）。時頌居喪潤州，參《長編》卷三百八十三元祐元年七月戊寅紀事。《蘇軾文集》卷五十與頌第一簡云「違去左右已逾周歲」，元豐八年作，知軾見頌於潤。

與王介（中甫）之子沇之（彦魯）相遇於京口，軾再作哀辭悼介。嘗與劉涇（巨濟）簡，請涇覆核哀辭中用典。

哀辭見《蘇軾詩集》卷二十四（一二八〇頁）。《欒城集》卷十四亦有悼介詩，作於元豐八年過京口時。《佚文彙編》卷四《與門人》云及檢哀辭第三句「東稿端能廢謝鯤」之謝鯤事是否誤用。《文定集》卷十一《跋蘇東坡與巨濟帖》亦及此事，有「此帖問『東稿』而云致意彦魯」之語，知《與門人》乃與劉涇（巨濟）者。

介四子，沇之居長，次漢之字彥舟，渙之字彥昭，溈之字彥楚。《明道雜誌》稱兄弟皆近世名卿，今家居京口。漢之、渙之，《宋史》卷三百四十七有傳。

《嘉定鎮江志》卷十一：王介墓在蒜山東。蘇軾或弔其墓也。

《陵陽先生集》卷十七《跋東坡帖》：「坡翁雄文博雅，高絶一世，人皆謂其下筆時，信意用事，不暇思惟，不無誤西巴之漢（按：此處文字疑有誤）。今觀此帖，乃從人借《史》、《漢》，檢尋一二事，其審量如此，此其所以爲東坡也。前言殆淺乎其知翁者。」此簡不知與何人。茲因請劉涇覆核用典事，附次於此。

八月癸巳（二十六日），趙抃卒。蘇軾嘗爲抃之像作贊。

八月云云，據《蘇軾文集》卷十七《趙清獻公神道碑》。光緒重刊康熙《衢州府志》卷六引蘇軾贊：「志在伯夷，其清維聖。頑懦聞風，百世增敬。若清獻公，實嗣其正。處乎鄉閭，力學篤行。立乎朝端，面折廷諍。玉擬其潔，冰似其瑩。飫乎聖經，本乎天性。自初登第，迄於還政。毅然一節，始終惟令。我辱公愛，日相親近。世有公像，如月在水。表而出之，後學仰止。」

軾晤許遵（仲塗），賦《減字木蘭花》求爲鄭容、高瑩分別脱籍、從良。賦《南歌子》別遵。

《苕溪漁隱叢話》後集卷四十：「《東皋雜録》云：東坡自錢塘被召，過京口，林子中作守，郡有會。坐中營妓出牒，鄭容求落籍，高瑩求從良。子中命呈東坡，坡索筆爲《減字木蘭花》書牒後云：（略）。暗用此八字於句端也。苕溪漁隱曰：《聚蘭集》載此詞，乃東坡贈潤守許仲塗，且以『鄭容落籍，高瑩從良』爲句首，非林子中也。」今從《叢話》。詞見《東坡樂府》卷下。《捫蝨新話》下集卷九亦載此事：「或云坡昔過京口，官妓鄭容、高瑩二人嘗侍宴，坡喜之。二妓間請於坡，欲爲脱籍，坡許之而終不爲言。及臨别，二妓復之船所懇之，坡曰：爾當持我之詞以往，太守一見，便知其意。蓋是『鄭容落籍，高瑩從良』也。」

《南歌子》見《東坡樂府》卷下，云「北客明朝歸去雁南翔」，以將北去臨汝。

蘇軾與滕元發（達道）簡。

簡乃《蘇軾文集》卷五十一《與滕達道》第五十九簡。

簡云：「有近寄潘谷求墨一詩，録呈，可以發笑也。」《蘇軾詩集》卷二十四《贈潘谷》當即此詩。《詩集》云「贈」，此云「寄」，當爲寄贈也。

簡云：「累卓感留意」。累卓即累子卓子。參本年以下「蘇軾與滕元發簡……另求元發爲置朱紅累子」條。

軾在真州，與王安石簡，薦秦觀。安石回簡。

《蘇軾文集》卷五十《與王荆公》第二簡：「向屢言高郵進士秦觀太虚，公亦粗知其人，今得其詩文數十首，拜呈。」以下叙觀之才、德，云：「才難之歎，古今共之，如觀等輩，實不易得。」簡云住儀真「又已二十日」，寫簡之日，約爲九月五日也。時蘇軾來往於真州、京口之間，而居於真州。

《王臨川全集》卷七十三《回蘇子瞻簡》：「某啓。承誨諭累幅，知尚盤桓江北，俯仰踰月，豈勝感悵！得秦君詩，手不能捨。葉致遠適見，亦以爲清新嫵麗，與鮑、謝似之，不知公意如何？餘卷正冒眩，尚妨細讀，嘗鼎一臠，旨可知也。公奇秦君，數口之不置，吾又獲詩，手之不捨。然聞秦君嘗學至言妙道，無乃笑我與公嗜好過乎？未相見，跋涉自愛，書不宣悉。」

與了元（佛印）簡，期其來長蘆。時法秀禪師赴召入京師。

《蘇軾文集》卷六十一《與佛印》第六簡：「今聞秀老赴召，爲衆望，公來長蘆，如何？如何？」《五燈會元》卷十六《法雲法秀禪師》：「東京法雲寺法秀圓通禪師：……後詔居長蘆、法雲爲鼻祖。神宗皇帝上仙，宣就神御前説法，賜圓通號。」《續燈録》：元豐七年，越國大長公主與駙馬都尉張敦禮，建法雲禪刹於京城之南。既成，詔法秀開山。

長蘆寺，在真州，見《輿地紀勝》卷三十八。此簡當作於真州。簡有「某方議買劉氏田」、「殤子之戚，亦不復經營」、「太虚已去」之語，約作於九月上中旬。

滕元發（達道）來簡約往吴興，蘇軾答簡辭之。

軾答簡乃《蘇軾文集》卷五十一《與滕達道》第四十六簡。簡云：「公欲某到吴興，則恐難爲，不欲盡談，唯深察之。」蘇軾元豐二年，被逮於吴興，軾不欲往，或與此有關。簡云：「到南都，……凡刊行文字，皆先毁板，如所教也。」元發來簡當云及毁板事。然蘇軾在南都，殊未聞毁板事。

簡云及宜興買田事，當作於九月間。

九月十日，自書《御書頌》。

《石渠寶笈》卷二十九《宋蘇軾自書御書頌一卷》：「素箋本，楷書，款識云：元豐七年九月十日，汝州團練副使本州安置不得簽書公事騎都尉臣蘇軾謹書。」後有「趙郡蘇氏」一印。按：《蘇軾文集》卷二十有《仁宗皇帝御書頌》，爲翰林學士時作，有《英宗皇帝御書頌》，乃建中靖國作。此《御書頌》已佚。

九月，轍爲歙州績溪令。轍有詩。

九月云云，據《年表》。《年表》所云，乃轍得除命月份，實際上，朝廷除命，當早於此。參本年以上「軾至筠州」條。

詩見《欒城集》卷十三，首云：「坐看酒罏今五年，恩移巖邑稍西還。」績溪乃山巖之邑，自此至京師，較筠州近。轍又有《將之績溪夢中賦泊舟野步》詩，中云：「山轉得幽谷，人家餘夕陽。被畦多緑茹，堆屋剩黄粱。」如此安寧，頗有不舍之意。

約洞山克文（雲庵）禪師夜話，謝洞山克文禪師、石臺問長老來訪，轍作詩。

詩見《欒城集》卷十三。前者云：「山中十月定多寒。」知作於十月。末云：「今夜客房應不睡，欲隨明月到林間。」知乃轍訪問克文禪師於洞山。後者中云：「共游渤澥無邊處，扶出須彌最上層。」神游佛國。轍訪禪師及禪師來訪，皆以將離筠州。

轍贈别方子明道人及聖壽聰禪師。

詩見《欒城集》卷十三。前者首言方子明道人有點金術，然靳之不傳。以下云「今子何爲與我言」，似方子明欲以其術傳轍，轍以「人生貧富寧非天」，辭之。後者首云：「五年依止白蓮社，百度追尋丈室游。」此「白蓮社」乃借喻聖壽寺。五年百度，足見過從之密。詩又有「巽老堂成記許求」之句，似聖壽寺新成巽老堂，欲轍爲記，轍許之。今《集》無此記，或未作也。

乘小舟出筠江，轍作詩，叙及撰《古史》。

詩見《欒城集》卷十三。前者其二末云：「《古史》欲成身愈困，客來未免答譏嘲。」此詩作於筠州，詩中未及離筠事。據内容，此詩似應次《將移績溪令》前。今仍依原次。

《年表》：「『轍少讀《太史公書》，患其疏略，漢景、武之間，《尚書》古文、《詩毛氏》、《春秋左氏》皆不列於學宫，世能讀之者少，故其所記堯、舜、三代之事，多不合聖人之意。戰國之際，諸子辯士各自著書，或增損古事以自信其説，一切信之，甚者至采世俗之語以易古文舊説。及秦焚書，戰國之史不傳於民間。秦惡其議己也，焚之略盡。幸而野史一二存者，遷亦未暇詳也。故其記戰國有數年不書一事者。於是因遷之舊，上觀《詩》、《書》、《春秋》，旁及《戰國策》及秦、漢雜録，起伏羲、神農，訖秦始皇帝，爲七本紀，十六世家，三十七列傳，謂之《古史》。』凡六十卷。」據詩，《古史》在筠時，已基本完成。自「轍少讀」至「謂之古史」，乃轍《古史》自序中文字。宋刻元明遞修本、庫本《古史》卷首皆載之。自「謂之古史」後，尚有一段文字：「追聖賢之遺意，以明示來世，至於成敗得失之際，亦備論其故。嗚呼，由數千歲之後，言數千歲之前，其詳不可得矣，幸而猶存也，而或久又失之，此《古史》之所爲作也。」《古史》中有《三皇本紀》、《屈原列傳》等。

宋刻元明遞修本、庫本《古史》「轍少讀」之前，尚有一段文字：「蘇子曰：古之帝王皆聖人也，其道以無爲爲宗，萬物莫能嬰之。其於爲善，如火之必寒，如水之必熱；其於不爲不善，如騶虞之不殺，如竊脂之不穀。不學而成，不勉而得，其積之中者有餘，故其推之以治天下者，有不可得而知也。孔氏之遺書曰：喜怒哀樂之未發謂之中，發而皆中節謂之和。中也者，天下之大本也；和也者，天下之達道也。致中和，天地位焉，萬物育焉。天地萬物猶將賴之以存，而況於人乎！自三代之衰，聖人不作，世不知本而馳騁於喜怒哀樂之餘，故其發於事業，日以鄙陋，不足以晞聖人之萬一。雖春秋之際，王澤未竭，士生其間，習於禮義，而審於利病，如管仲、晏子、子産、叔向之流，皆不足以知之。至於孔子，其知之者至矣，而未嘗言。孟子知其一二，時以告人，而天下亦莫能信也。陵遲及於秦、漢，士益以功利爲急，言聖人者皆以其所知億之儒者，留於度數，而智者溺於權利，皆不知其非也。」

《古史》完成於紹聖二年，參該年三月二十五日紀事。

轍寄題孔氏顔樂亭。

詩見《欒城集》卷十三。首云：「顔巷久已空，顔井固不遷。荆榛翳蔓草，中有百尺泉。誰復飲此水，裹飯耕廢田。有賢孔氏孫，芟夷發清源。」據此，亭乃作於泉上。謂之樂者，如顔淵之忘富貴也。《蘇軾詩集》卷十五有《顔樂亭詩》，其叙云：「顔子之故居所謂陋巷者，有井存焉，而不在顔氏久矣。膠西太守孔君宗翰，始得其地，浚治其井，作亭於其上，命之曰顔樂。」宗翰爲膠西（密州）太守，乃熙寧末、元豐初，亭蓋作於是時。

本年以下有「上洪州守孔宗翰書」條。洪、筠相距相近，轍之詩蓋應宗翰之請而作。

在筠州時，轍嘗撰《鳳咮石硯銘》。

《欒城集》卷十八《鳳咮石硯銘·叙》：「北苑茶冠天下，歲貢龍鳳團，不得鳳凰山咮潭水則不成。潭中石蒼黑，堅緻如玉，以爲硯，與筆墨宜，世初莫識也。……子瞻方爲《易傳》，日效於前，與有功焉。」此銘或應軾之請而作。軾爲《易傳》，乃黄州事。

涵芬樓鉛印本《説郛》卷六十引宋趙汝礪《北苑别録》：「建安之東三十里，有山曰鳳凰，其下直北苑。」則鳳咮硯乃産於建安（今屬福建）。

轍嘗撰《筠州聰禪師得法頌》。

頌見《欒城集》卷十八。其叙謂聰禪師晚游杭州净慈本師之室得法。叙云：「聰住高安聖壽禪院，予嘗從之問道。聰曰：『吾師本公未嘗以道告人，皆聽其自悟。今吾亦無以告子。』予從不告門，久而入道。」

轍嘗撰《等軒頌》。

頌見《欒城集》卷十八：首云：「南豐張君，家有等軒。」南豐距筠不遠，知作於筠。頌云：「身心本空，萬物亦空。諸差别相，皆是虚妄。無有實性，孰爲不等。」又云：「遍觀萬物，無等不等，是謂真實平等法已。」蓋多禪理。

轍嘗撰《洞山文長老語録叙》。

叙見《欒城集》卷二十五。叙謂文長老（克文、雲庵）之徒「以《語録》相示，讀之縱横放肆，爲之茫然自失，蓋余雖不能詰，然知其爲證正法眼藏，得游戲三昧者也。」其語録略見《五燈會元》卷十七《寶峰克文禪師》。

轍與潘興嗣（延之）游。興嗣贊兄軾書似顔真卿（魯公）。

詳本年此前「潘興嗣贊蘇軾書」條。興嗣長轍十八歲。

轍與劉平伯游。

同治《瑞州府志》卷十四：「劉平伯，高安人。高蹈好文，名士推之。二蘇兄弟每過從訪之，并有賡詠。子瞻寫墨竹以贈。」康熙《高安縣志》謂平伯爲漢建成侯之裔；軾所作墨竹，猶藏於家。

在筠州，轍有《筠陽唱和集》。

《攻媿集》卷七十一《又蘇黄門帖》：「蘇少公謫居筠陽，今有《雜著》一編，别行於世。吾鄉李光祖一日携其曾祖屯田所傳《筠陽唱和集》見示。時在元豐間，毛維瞻（按：『毛』原作『雍』，誤，今正）度支爲守，屯田字君績爲倅，與潁濱及一時士大夫唱和甚衆。」以下言「假而録之」。其集未見著録，已佚。

在筠州，轍有《筠陽雜著》。

《筠陽雜著》，已見上則。《宋史·藝文志》著録。此後，《文淵閣書目》、《千頃堂書目》等皆未著録，已久佚。

軾至常州。復自常至宜興。與單秀才步田至黄土村，爲欣濟橋題字。晤慕容輝，名輝軒曰雙楠。

《省齋文稿》卷十九《書東坡宜興事》謂蘇軾：「度九月間抵宜興，聞通真觀側郭知訓提舉宅即公所館，不知凡留幾日也。今觀《楚頌帖》及公曾孫季真所藏淵明『丈夫志四海』詩，皆題十月二日，又云宜興舟中寫，計留宜興不過旬餘，復回郡城。」據「復回」，知軾乃自常州至宜興。宜興屬常州，在州西南一百二十里。至宜興約爲九月下旬初。季真名嶠，見《南澗甲乙稿》卷二十一《蘇峴墓誌銘》。《書東坡宜興事》引宜興主簿朱冠卿續編《宜興縣圖經》所載蘇軾事。其一：「黄土去縣五十五里，東坡與單秀才步田至焉。地主以酒見餉，謂坡曰此紅友也，坡言此人知有紅友而不知有黄封，真快活人也。邑人舊傳此帖，今亡。」其二：「長橋，元豐元年火焚，四年，邑宰褚理復立，榜曰欣濟。未幾，東坡過邑，爲書曰『晉周孝侯斬蛟之橋』，刻石道旁。崇寧禁錮，沉石水中。」其四：「邑人慕容輝，嗜酒好吟，不務進取，家於城南，所居有雙楠並植如蓋，東坡訪之，目爲雙楠居士。王平甫亦寄以詩。」「輝」一作「暉」。又謂蘇軾元豐八年五月雖「再到常州，尋赴登州守，未必再至」宜興。今繫三事於此。

《江蘇金石志》卷十六《宋·周孝侯斬蛟橋題字（原注：在宜興）》：「拓本高二尺八寸，廣一尺。

正書大字四行，行三字。字逕四寸半。正文：「晉征西將軍周孝公斬蛟之橋。」以下有紹定庚寅謝采伯跋。《咸淳毗陵志》卷二十七《古迹》：「雙楠軒，在縣城南，慕容暉所居，狀如偃蓋，東坡爲命名。」《參寥子詩集》卷八有《慕容居士雙楠軒》詩：「陽羨溪山名浙右，氤氳淑氣無時有。遂令比屋慕弦歌，甲第殊科争捷手。先生讀書三十年，數奇不偶真可憐。閉門陋巷聊自隱，簞瓢屢空心晏然。南軒前頭兩佳木，先生撫玩長不足。尤愛薰風五月初，白銀開花光照屋。故人解后相逢遇，指點婆娑索新句。君不見少陵杜叟有長吟，莫作凡材等閑賦。」《咸淳毗陵志》卷十五《山水·山·宜興》：「蜀山，在縣東南三十八里。一峯屹立，水環其麓，亦名獨山。《頤山録》云：頤山東連洞靈諸峯，屬於蜀山，蘇文忠因其名而登覽焉。」

軾買莊田於宜興，賦《菩薩蠻》（買田陽羨吾將老）。田近張善卷西洞天。以蔣公裕經紀之。先是蘇軾欲買田建康，了元（佛印）欲爲蘇軾買田京口，均未成。或謂買田爲熙寧七年事，無據。

《蘇軾文集》卷五十二《與王定國》第十六簡：「近在常州宜興，買得一小莊子，歲可得百餘碩，似可足食。」卷五十三《與潘彦明》第一簡亦云。詞見《東坡樂府》卷下。

《佚文彙編》卷二《與蔣公裕》云「田事想煩經畫」，末稱「公裕蔣君良親足下」。卷四《與友人》云托人「買少漆器，仍於公裕處支錢」，此公裕即蔣公裕，其職責之一，當爲管理賬目；簡作於元祐三年。《文集》卷五十二《與王定國》第三十四簡云：「田在深山中，去市七十里，但便於親情蔣君勾當爾。」蔣君即公裕。

《文集》卷五十一《與滕達道》第三十五簡：「老境所迫，歸計茫然，故所至求田問舍，然卒無成。」金陵作。卷五十《與王荆公》第二簡亦及此。《詩集》卷二十四詩題：「蒜山松林中可卜居，余欲僦其地，地屬金山，故作此詩與金山元長老。」《文集》卷七十一《書浮玉買田》：「浮玉老師元公，欲爲吾買田京口，要與浮玉之田相近者，此意殆不可忘。」《欒城集》卷十四《和子瞻次孫覺諫議韻題邵伯閘上斗野亭見寄》自注謂蘇軾「將卜居丹陽蒜山下」。

《文集》卷五十二《與秦太虚》第五簡：「某宜興已得少田，至揚附遞乞居常，仍遣一姪孫子賫錢往宜興納官（原注：蓋官田也），須其還，乃行。」作於冬至前，時在揚州竹西。不知「宜興納官」是否爲另買官田之義。附此。

《東坡先生和陶淵明詩》卷三附蘇轍《和子瞻和陶雜詩十一首》其十：「誓將老陽羨，洞天隱蒼崖。」自注：「兄已買田陽羨，近張公善卷西洞天。」《輿地紀勝》卷六《兩浙西路·常州·景物下》：「善拳洞：在宜興。《舊經》云：周幽王二十四年，忽洞自開，寬廣可坐千人，有石柱。張祜題詩云：『金函崇寶藏，玉柱閉靈根。』」同上《古迹》：「張公山：《寰宇記》引郭璞注云：陽羨張公山洞中，南北二堂。古老相傳云，張道陵居此山求仙，因名之。」又：「張公洞，在宜興縣南三十五里。自山巔空徹，有水散流。其門三面皆飛崖峭壁，非足力所能到，惟北户可入。嵌空邃深，石乳融結。石上有唐人留題，墨迹如新。」據此，張公乃道陵，善卷即善拳，西洞天當即善拳洞、張公洞。

《輿地紀勝》卷六《常州·古迹》尚云：「東坡別業，在宜興縣滆湖，去縣四十里，詩所謂『買田陽羨吾將老』，即此地也。」同上《景物上》：「滆湖，《通典》云：在宜興。《皇朝郡縣志》云：在武進縣西南三十里，西通蕪湖港，南通義興（按：即宜興）縣，北通白鵝溪，湖内多白魚。」并誌於此。

《中華文史論叢》一九七九年第一期宗典《蘇軾卜居宜興考》謂「蘇軾初買宜興田應在熙寧七年」。宗文引宋周必大謂「東坡責黄州日」買田宜興，并叙原曹姓田主昏賴等語，遂謂「曹姓地主無理争訟是在責黄期間，則曹姓田成交，應在責黄之前」。宗文以下引元豐八年所作見於《詩集》卷二十五《歸宜興留題竹西寺》「十年歸夢寄西風，此去真爲田舍翁」云云，遂謂「黄土村的田已置了十年」。按：宗文所述周必大之語，即出《省齋文稿》卷十九《書東坡宜興事》，其原文云：「元祐八年五月十九日，任禮部尚書，辨御史黄慶基論買田事云：謫黄州日，買得宜興姓曹人一契田段，因其争訟無理，轉運司已差官斷遣，不欲與小人争利，許其將原價收贖。」周氏此處係轉述見於《文集》卷三十六《辨黄慶基彈劾劄子》之語，蘇軾原文云：「此事

（按：指宜興買田）元係臣任團練副使日罪廢之中，托親識投狀依條買得姓曹人一契田地。後來姓曹人却來臣處昏賴争奪。臣即時牒本路轉運司，令依公盡理根勘。仍便具狀申尚書省。後來轉運司差官勘得姓曹人招服非理昏賴，依法决訖，其田依舊合是臣爲主，牒臣照會。臣愍見小民無知，意在得財。臣既備位侍從，不欲與之計較曲直，故於招服斷遣之後，却許姓曹人將元價收贖，仍亦申尚書省及牒本路施行。」蘇軾買田之時，乃自黄州赴汝州團練副使途中，未至汝州，故可云「謫黄州日」。自黄州團練副使遷至汝州團練副使，不得謂之起復，仍爲「罪廢」。語意甚明，不容有他種解釋。曹姓地主非理昏賴，乃在蘇軾元祐間「備位侍從」時，非爲「責黄」時。宗文未詳考蘇軾及周必大原文，其論不能成立。至於《詩集》卷二十五《歸宜興》詩所云「十年歸夢寄西風」，乃云欲歸西川原籍，「趙次公注」已爲之闡明，不能爲置田黄土村之據。

本年以上「至常州」條所引《書東坡宜興事》轉引《宜興縣圖經》其第三事：「東坡初買田黄土村，田主有曹姓者已鬻而造訟。有司已察而斥之，東坡移牒，以田歸之。」又《書東坡宜興事》云：「今公之曾孫猶食此田，豈曹氏理屈不復贖耶？抑當時所置，不止此也？」《遊山録》卷二乾道丁亥（一一六七）七月辛丑紀事謂見蘇軾曾孫峴於宜興，並謂：「昔東坡買田陽羡，凡九百斛，三子之裔共享之，故峴居此。」峴事迹見《南澗甲乙稿》卷二十一墓銘。

軾發宜興，艤舟迎恩亭，有題。

文見《佚文彙編》卷六(二五七九頁)。

十月二日，軾宜興舟中書陶潛「丈夫志四海」詩，爲跋。同日，撰《楚頌帖》。

跋見《佚文彙編》卷五(二五六四頁)。帖見《佚文彙編》卷六；楚頌乃謂屈原《橘頌》，蓋欲於宜興買一小園，種柑橘三百本，作一亭，以「楚頌」名之。

六日，軾宜興舟中自書《寄題與可學士洋州園池三十首》。並跋。

《晚香堂蘇帖》自書之後，云：「久不作小楷，今日忽書此一紙。元豐七年十月六日，宜興舟中。」詩在《蘇軾詩集》卷十四(六六七頁)。與可，文同字。

軾答賈收(耘老)簡，以買田宜興並擬定居宜興相告。

《蘇軾文集》卷五十七答收第二簡叙其事。

蘇軾舟中爲賈收(耘老)作怪石古木，并有簡與之。

《蘇軾文集》卷五十七《答賈耘老》第四簡首云「今日舟中無他事」。以下云：「念賈處士貧甚，無以慰其意，乃爲作怪石古木一紙，每遇饑時，輒一開看，還能飽人否？若吴興有好事者，能爲君月致米三石酒三斗終君之世者，便以贈之。」洵爲文人交往中之佳話。

軾回常州。至揚州。晤揚州守吕公著，題公著家歌者團扇。

《省齋文稿》卷十九《書東坡宜興事》謂蘇軾由宜興復回常州郡城。《邵氏聞見後録》卷十九：「吕申公帥維揚。東坡自黄岡移汝海，經從見之，申公置酒，終日不交一語。東坡昏睡，歌者唱『夜來陡覺羅衣薄』，子瞻驚覺，小語云『夜來走却羅醫博也』，歌者皆匿笑。酒罷行後圃中，至更坐，東坡即几案間筆墨，書歌者團扇，云：（略）申公見之，亦無語。」申公乃公著。嘉靖《惟揚志》謂公著於元豐六年十月乙未知揚州，時正在任。題團扇詩見《詩集》卷二十四（一二八二頁）。

十九日，軾揚州上表，乞常州居住。未能投進。

表見《佚文彙編》卷一（二四二三頁）。表後，南宋謝采伯有跋：「《文集》中亦有此一奏稿，其辭加詳。意者以此狀爲簡略，不足以動君父之聽，故改用加詳者，不然，即先上此奏，未能從欲，而再用《文集》所載者，俱未可知也。」采伯有《密齋筆記》傳世。參本年以下「答王鞏十月二十三日所惠書」條。

《蘇軾文集》卷五十二《與王定國》第十六簡云「某在揚州，入一文字乞常州住，得耗，奏邸拘微文，不肯投進」。其「不肯投進」之文字，即此表。

《軾墓誌銘》叙未至汝州，「上書自言有飢寒之憂，有田在常，願得居之」。

第三次過平山堂，軾賦《西江月》（三過平山堂下），懷歐陽修。

詞見《東坡樂府》卷上。《東坡先生全集》此詞調下原注：「元豐七年過揚州。」《石門文字禪》卷二十七《跋東坡平山堂詞》：「東坡登平山堂，懷醉翁，作此詞。張嘉甫謂予曰：『時紅粧成輪，名士堵立，看其落筆。置筆，目送萬里，殆欲仙去爾。』余衰退，得觀此於祐上座處，便覺煙雨孤鴻在目中矣。」

二十六日，軾書韓琦黄州詩後；在黄時，嘗與孫賁（公素）刻琦詩於石。

書後乃《蘇軾文集》卷六十八《書韓魏公黄州詩後》；琦稱賁爲教授書記。琦詩乃《安陽集》卷三《孫賁書記以齊安舊文爲示感而成詠》，有「嘗爲《春亭記》，烏敢示不朽」之句，琦詩題中所云舊文，當指《春亭記》。《輿地紀勝》卷四十九《黄州·碑記》有《春亭記》，謂：賁以琦詩刻石，軾爲之記。案：軾别無記，所云記，乃《書韓魏公黄州詩後》。

軾題徐大正（得之）閑軒詩。大正舟從數百里，别於淮水之濱。

詩見《蘇軾詩集》卷二十四（一二八三頁）。

《蘇軾詩集》卷二十五《次韻送徐大正》：「去歲渡江萍似斗。」叙同行事。《蘇軾文集》卷五十七《與徐得之》第十一簡：「承舟御不遠數百里相從，風義之重，感慰何極。」第九簡云及淮浪如山，想來日未能行，望大正再訪。第十簡言：「來日離此，水甚慳澀，不知趁得十五日上否？得之亦宜早發。」所叙當爲十一月間事。第八簡亦爲題閑軒而作。

《淮海集》卷三十八《閑軒記》，題下「施注」已節引。

《參寥子詩集》卷五《寄題徐得之先生閑軒》：「建安自古多俊髦，徐子磊落尤其豪。論兵説劍走湖海，身勤事左無所遭。緑林五校已屠膾，黑衣三衛羞徒勞。歸來故山便卜築，脱棄萬事輕鴻毛。横前澗水潄哀玉，傍舍老櫪藏飛猱。山蔬何用羡粱肉，鶴氅未必輸青袍。追雲弄月有真趣，慎勿輕語傳兒曹。」

按：此詩一作秦觀詩，見《淮海集》卷六。

《後山集》卷六《徐氏閑軒》：「倦游梁楚愛吾廬，老寄山林孰與娱。想見杖藜臨過鳥，更能赤手縛於菟。君寧平世輕三釜，我亦東原有一區。擬買嬋娟作歸計，可無堆玉斗量珠。」

約於十一月，轍離筠州。黄蘗道全禪師以病未能來筠别轍。

《欒城集》卷二十五《全禪師塔銘》：「元豐……七年，轍蒙恩移績溪令，十一月將西行，意師必來别我，師遂以病不出。」

轍至南昌，游徐孺亭、滕王閣，賦詩；道潛寄詩，次韻。

《欒城集》卷十三有《徐孺亭》、《滕王閣》詩。有《次韻道潛南康見寄》詩。

《參寥子詩集》卷六《聞子由舟及南昌以寄之》云：「高安居士實人龍，五載南遷道愈豐。域外城池剛自守，人間膏火詎能攻。屢嗟江海星霜隔，行喜雲林笑語同。五老峰前佳氣象，待君一醉吐長虹。」蘇軾所次之韻即此詩韻。據轍詩，道潛時在南康。

《方輿勝覽》卷十九引蘇轍《過豫章》：「白屋可能無孺子，黄堂不是欠陳蕃。古人冷淡今人笑，湖水年年刺舊痕。」當作於此時。此詩，《集》未收。

轍上洪州守孔宗翰書，以修治徐鉉墳域爲望。

《欒城集》卷二十二《上洪州孔大夫論徐常侍墳書》謂鉉葬地乃其先塋，鉉無子孫，契券亡失，官遂籍没其地，伐其松柏以治屋宇。望宗翰「矜念，使孤墳遺魄不至侵暴，祭祀稍存，樵采不犯」，使「天下義士知有所勸」。

元豐八年十一月丙申，孔宗翰自知洪州除司農少卿。見《長編》卷三百六十八元祐元年閏二月壬辰紀事注文。蘇轍經南昌（洪州）時，宗翰當在任，故繫其事於此。

宗翰乃道輔之子，孔子第四十八世孫。見《蘇軾詩集》卷十五《和孔君亮郎中見贈》自注。

轍作《徐鉉墓表》。

《輿地紀勝》卷二十六《江南西路·隆興府·古迹·徐鉉墓》：「在新建縣，蘇黄門表其墓云：『鉉當太祖之際，奮其區區之忠，以身請覲，寄首領於斧鉞之下，覬幸萬一，以延國主朝夕之命。當時安知骸骨尚歸葬於鸞岡！』」按：此乃節文。

《輿地紀勝》同上書《景物上·鸞岡》：「雷次宗《豫章記》云：『鸞岡西有鶴嶺。』」《上洪州孔大夫》謂，鉉葬新建縣西山鸞岡原。

轍離南昌，與李撫辰（君績）簡。

《攻媿集》卷七十一《又蘇黄門帖》叙其鄉人李光祖携此一帖及二刺字來，以下云：「考之《遺老傳》，少公以著佐爲簽書南京判官，長公以詩得罪，從坐而謫監税。居五年，移知績溪縣。此帖云『已離洪州』，正赴績溪時也。餘帖既歸蘇氏，此尤當寶藏之。舒中丞誌屯田公墓，謂『雖老，翰墨篇章益遒贍可喜』，然則宜其與少公相好也。」舒中丞，名亶，《宋史》卷三百二十九有傳。字信道，慈溪人。屯田謂李撫辰。亶卒於崇寧二年，年六十三，少轍三歲。

轍與遲、适同作《車浮》詩。

詩見《欒城集》卷十三。詩之叙云：「結木如巢，承之以簀，沉之水中，以浮識其處，方舟載兩輪，挽而出之，漁人謂之車浮，此詩所謂汕也。」詩云：「寒魚得汕便爲家，兩兩方舟載小車。」則「車浮」者，乃捕魚之工具。詩作於南昌、都昌途中。遲、适詩已久佚。

軾檥舟竹西。十一月十三日，軾與杜介（幾先）訪慶老，不見，晤時君卿、蟾知客，作詩。作《秦少游真贊》。

詩見《蘇軾詩集》卷二十四（一二八五頁）。贊見《蘇軾文集》卷二十一，清道光十七年刊《淮海集》附贊，末云：「元豐甲子之秋，東坡居士撰於竹西舟次。」「秋」乃「冬」之誤刊。《文集》卷五十二《與秦太虚》第五簡云「檥舟竹西」。竹西，屬揚州，見《輿地紀勝》卷三十七《揚州·景物下·竹西路》。《總案》謂慶老住竹西寺。

《揮麈録·後録》卷六：「治平中有時君卿者，鄭州人，與王才叔廣淵爲中表，遊學郡庠，坐法被笞。以善筆札，去爲潁邸書史。裕陵以其有士風，每與之言。時王荆公賢譽翕然，君卿數稱道於上前，宸心由是注意。踐祚之後，驟加信任。」又云：「君卿後至正任團練使，卒於元祐間，《哲宗實録》有傳存焉。」餘參嘉祐七年「秋楊克從墓碑成」條紀事。

將發竹西，軾别無擇（擇公），有詩。

詩見《蘇軾詩集》卷二十四（一二八五頁），末云「竹西歌吹是揚州」。《輿地紀勝·竹西路》引杜牧《題禪智寺詩》「誰知竹西路，歌吹是揚州」蓋蘇軾所本。同上又謂：「竹西亭，在北門外五里，今廢。」無擇詳元豐八年八月二十七、二十八日紀事。

軾與杜介（幾先）過邵伯埭，至高郵，與秦觀（太虚）會。題陳直躬所畫雁。介還。

《蘇軾詩集》卷二十四有《邵伯梵行寺山茶》、《高郵陳直躬處士畫雁》。

《欒城集》卷十四《高郵贈别杜介供奉》自注：「幾先去年送家兄子瞻至高郵。」《蘇軾文集》卷五十二與觀第五簡叙「檥舟竹西」後，云「必能於冬至前及見公」。與觀會，參以下「淮上賦《虞美人》」條。觀，高郵人。

《雞肋集》卷八《和蘇翰林題李甲畫雁二首》其一：「畫寫物外形，要物形不改。詩傳畫外意，貴有畫中態。我今豈見畫，觀詩雁真在。尚想高郵間，湖寒沙璀璀。冰霜已凌厲，藻荇良瑣碎。衡陽渺何處，中沚若煙海。」其二：「蕭條新湖秋，霜落洲渚潔。蓮垂蘭杜死，菖蒲見深節。慘澹沙礫姿，清波侶羣鴨。往時吴興守，看畫憶苕霅。爲儀尚不污，孤高比雲月。聞在雪堂時，滿堂唯畫雪。」

《雞肋集》詩韵同《高郵陳直躬處士畫雁》。《聲畫集》卷八引補之詩，同《雞肋集》。《畫繼》卷四亦謂直躬高郵人。李甲乃雲間人，見熙寧五年「在秀州題景德寺李甲畫竹」條。補之詩云「尚想高郵間，湖寒沙璀璀」，知畫者以高郵爲背景，按常情而論，詩仍應屬直躬。

二十二日，冬至，軾過楚州。登蔡承禧（景繁）西閣，與王斿（元龍）晤，有詩。和楚州守田待問（仲宣）贈詩，賦《浣溪沙》贈其小鬟。

冬至云云，據《蘇軾文集》卷七十一《名西閣》。楚州治山陽，時承禧爲淮南轉運副使，轉運司設楚州。《蘇軾詩集》卷二十四《蔡景繁官舍小閣》爲題西閣作。《蘇軾文集》卷五十五與承禧第十四簡：「《西閣》詩不敢不作。」蘇軾過楚州時，承禧出巡未歸。

《和王斿》云「遲留歲暮江淮上」，據《詩集》編次，相晤即在楚州。又云「且看松雪媚南山」，約游泗州南山。斿，安國子。《文集》卷七十三《錢子飛施藥》乃記斿言，附此。

《和田仲宣見贈》緊次《和王斿》。詞見《東坡樂府》卷下，贈於席上；此下同調同韻詞「一夢江湖費五年」，亦作於此時。《詩集》卷四十八《戲贈田辨之琴姬》，「合注」謂此姬當即小鬟，則辨之當爲待問另一字。《文集》卷三十八有《知楚州田待問可淮南轉運判官制》，制贊待問「端静敏恪，悃愊無華，試於劇郡，吏民宜之」。《欒城集》卷二十七有《田待問淮南運判可淮南提刑制》。

淮上，軾賦《虞美人》（波聲拍枕長淮曉）别秦觀。觀有詩贈。

詞見《東坡樂府》卷下。

《苕溪漁隱叢話·前集》卷五十引《冷齋夜話》：「東坡……與少游維揚飲别，作《虞美人》詞曰：（略）。世傳此詞是賀方回所作，雖山谷亦云。大觀中於金陵見其親筆，醉墨超放，氣壓王子敬，蓋東坡詞也。」《總案》謂「此詞作於淮上，其意甚明」，「公與少游未嘗遇於維揚」，是。此詞或作於楚州。

《淮海後集》卷三《贈蘇子瞻》：「歎息蘇子瞻，聲名絶後先。衣冠傳盛事，兄弟固多賢。感慨詩三百，流離路八千。直心羞媚竈，忠力欲回天。縲絏終非罪，江湖只自憐。饑寒常併日，疾病更連年。明主無終棄，西州稍内遷。奏言深意苦，感涕内人傳。前席須宣室，非熊起渭川。君臣悦相遇，願上《角招篇》。」此詩作於今年，所作具體時間待考，姑繫此。

徐大正（得之）得子，蘇軾以所用石硯爲贈。

《蘇軾文集》卷五十七《與徐得之》：「得之晚得子。……不敢以俗物爲賀，所用石硯一枚，送上，須是學書時與之。」作於别於淮水之濱時。

蘇軾滯淮上，與友人簡。

簡乃《蘇軾文集》卷五十一《與李公擇》第十六簡。簡云：「逆風數日，爲左右滯留，而孤旅蒙幸多矣。但以多别，得一見風度，亦不復以别去爲戚也。」今年此時，李常（公擇）未嘗在淮上，謂此簡爲與李常者，誤。常乃蘇軾老友，而此云「一見風度」云云，爲新友。

十二月一日，軾抵泗州。謁普照王塔，捨山木一峯供養，作《木峯偈》。時淮水淺凍，乃暫留泗。

《偈》見《蘇軾文集》卷二十二。《偈》序謂「過臨淮」。泗州爲臨淮郡，治盱眙。淮水淺凍云云，據《東坡樂府》卷上《滿庭芳》序。

山木一峯，木之似山峯者。《蘇洵集》（《三蘇全書》本）卷十八《木假山記》謂木之「漂沉汩没於湍沙之間，不知其幾百年，而其激射嚙食之餘，或彷彿於山者，則爲好事者取去，强之以爲山」，是之謂木山，是之謂木峯。

軾作《普照王贊》。普照王像爲吴復古所供養。

《蘇軾文集》卷二十一有《僧伽贊》。此文,《七集·續集》卷十題作《普照王贊》,原注:「即僧伽贊。」題下原校:「一作普照王贊。」

據此,知僧伽即普照王。

上條所引《蘇軾文集》卷二十二《木峯偈》,言:「元豐七年臘月朔日,東坡居士過臨淮,謁普照王塔。」故繫作贊事於此。其具體作贊時間,在此年前後。

《普照王贊》,《鬱孤臺法帖》卷六謂爲《普照王像贊》。二者贊之末均云:「麻田供養東坡贊。」麻田謂吴復古道人,麻田其所居之地,知此贊乃爲復古而作。

《蘇軾詩集》卷六《泗州僧伽塔》題下清查慎行注引《高僧傳》:「僧伽者,葱嶺北何國人也。何國在碎葉縣東北。伽在本土,少而出家,始至西涼,次歷江淮。當龍朔初,至臨淮,就信義坊居人乞地,下標誌之,穴土獲古碑,乃齊香積寺,得金像,衣葉刻普照王佛字。嘗卧賀拔氏家,現十一面觀音形,其家遂捨宅,其香積寺基,即今寺也。中宗景龍二年,詔赴内道場,仍褒飾其寺,曰普光王。四年示寂,歸葬淮上。多於塔頂現小僧狀。於是乞風者分風,求子者得子。太平興國七年,勅重蓋塔,務從高敞,加其層累。」

軾答王鞏(定國)十月二十三日所惠書,并和鞏詩一首。再上《乞常州居住表》,遣人於鼓院投之。

《蘇軾文集》卷五十二《與王定國》第十六簡「今日景繁到泗州」，知此簡作於泗州。時鞏在南都。簡云：「黄師是遣人往南都，故急作此書，仍和得一詩爲謝，他未暇也。」師是名寔，見本年以下「在泗州，晤……黄寔」條。

《蘇軾詩集》卷二十四《次韻王定國南遷回見寄》，即和詩。

與王簡叙十月十九日《乞常州居住表》未能投進之後，云：「已别作一狀，遣人入京投下。」表約上於十二月上旬，《總案》謂上於明年正月，誤。表文見《文集》卷二十三。

《施譜》：「到泗，上表乞常州居住，邸吏拘微文不肯進，乃於鼓院投之。」

《容齋隨筆·五筆》卷九《韓公潮州表》謂軾此表「略無一佞詞，真爲可服」。

軾賦詩贈梁冲道人。

詩見《蘇軾詩集》卷二十四題作《贈梁道人》。

《濟南先生師友談記》叙嘉祐二年應進士舉時論卷《刑賞忠厚之至論》「爲道人梁冲所得」，「冲以吐納醫藥爲術，東坡貶時識之，今在京師」。蘇軾贈詩首云「采藥壺公處處過，笑看金狄手摩挲」，知此道人乃冲，在黄州時已識其人，今遇之於途中。

軾過龜山，贈辯才師。

《蘇軾詩集》卷二十四《龜山辯才師》：「千里孤帆又獨來，五年一夢誰相對。」以元豐二年由徐州赴湖州嘗經此也。盱眙有龜山。此辯才，非元净（辯才），乃另一人。

見蔡承禧，軾得唐坰（林夫）書信及所贈端硯、張遇墨。

《蘇軾文集》卷七十《書唐林夫惠硯》叙其事。《蘇軾詩集》卷二十五《孫莘老寄墨》：「近者唐夫子，遠致烏玉玦。」自注：「唐林夫寄張遇墨半丸。」亦叙之。坰父詢喜硯，《文集》卷七十《書雲庵所藏硯》及之。《硯北雜志》卷上謂詢好蓄硯，有《硯録》三卷行世。

《石門文字禪》卷二十《歙硯銘》序：「東坡得唐林夫歙硯，絶妙，然其心甚隆。坡惜之，以向林夫曰：『琢硯者欲磨平其隆，百年之後用之，方爲妙耳。』」與《書唐林夫惠硯》意有同處，乃叙此時事。

十八日，浴泗州雍熙塔下，軾賦《如夢令》二首。

詞見《東坡樂府》卷下。

二十日，軾自泗守劉士彦席上回，作《十二時中偈》。在泗，嘗與士彦過南山晚歸，賦《行香子》。

偈見《蘇軾文集》卷二十二。《全宋詞》第三二六頁有此詞，小序：「與泗守過南山晚歸作。」《紀年録》：「十二月，同泗州太守遊南山，過十里灘，作《行香子》。」

《苕溪漁隱叢話》後集卷三十五：「苕溪漁隱曰：淮北之地平夷，自京師至汴口並無山，惟隔淮方有南山，米元章名其山爲第一山。」又云南山之側，「有東坡《行香子》詞，後題云『與泗守游南山作』，字畫是東坡。所書小字，但無姓名。崇、觀間，禁元祐文字，遂鐫去之。余頃居泗上，皆打得此二碑，至今尚存。」光緒《盱眙縣志稿》卷二：「第一山，又曰南山，今爲盱眙縣治。」又謂自第一山以東至治東北五里斗山，宋以前皆目爲南山，以在淮水南之故。

《揮麈録·後録》卷七引張唐佐云謂蘇軾自黄州移汝州：「舟次泗上，偶作詞，云：『何人無事，燕坐空山。望長橋，燈火鬧，使君還。』太守劉士彦本出法家，山東木强人也，聞之，亟謁東坡云：『知有新詞，學士名滿天下，京師便傳，在法，泗州夜過長橋者，徒二年，况知州耶！切告收起，勿以示人。』東坡笑曰：『我一生罪過，開口常是不在徒二年以下。』」

《攻媿集》卷七十三《跋東坡行香子詞》：「吾鄉豐吏部叔賈誼倅盱眙，游南山寺，有老僧云：『寺舊有苦條木一段，上有東坡親書《行香子》詞，後沉於深水中。』亟募人取得之，遺墨如新，就刻其上。尋爲一軍官買去，析爲槍幹矣。此詞惟曾寶文端伯所編本有之，亦云『與泗守游南山作』，則《揮麈》所載殆未盡，豈與之同游後乃聞其詞耶！偶從豐氏得墨本，既登之石，又以寄施使君武子請刻之，以爲都梁一段嘉話。」據此，此詞另有一木刻。武子乃《施譜》撰者宿之字，端伯名慥。

《畫墁集》卷七《郴行録》元豐六年夏，有次泗州見知府朝奉郎劉士彦之語，並云士彦「先自睦州通判替還京」。《山谷詩集注》卷二有《送劉士彦赴福建轉運判官》詩；目録引《實録》：元祐元年六月，朝請郎劉士彦爲福建路轉運判官。《文集》卷二十九有《劉士彦可福建轉運判官》制文。《山谷别集詩注》卷上有《寄劉泗州》，作於本年，時庭堅赴監德州德平鎮任。泗州即士彦。

軾次韻張琬。

詩見《蘇軾詩集》卷二十四（一二九六頁）。

是時有張琬字公玉，熙寧四年十月知登封縣，見《潛研堂金石文跋尾續》卷四《張琬題名》。同上引《韶州碧落洞題名》：權發遣轉運副使番易張琬德甫游；後題崇寧三年二月。非一人。

軾詩有「臨淮自古多名士」之句。《淮海集》卷三附有張琬和孫覺（莘老）題召伯斗野亭詩；臨淮、召伯相距不遠，當即軾次韻之張琬。張舜民《畫墁集》卷七《郴行録》叙元豐六年秋赴官郴州途經金陵時，與張琬相晤，稱琬爲同年，知琬爲治平二年進士。《次韻張琬》「施注」謂此登治平二年進士者乃番易人，則此張琬即字德甫之張琬。稱以「臨淮名士」，乃寓居耳。

軾過南山監倉，題蕭淵（潛夫）東軒二首。

詩見《蘇軾詩集》卷二十四（一二九七頁）。《欒城集》卷十四亦有詩。

《省齋文稿》卷十九《跋東坡詩帖》：「瀏陽丞新喻蕭君一致五世從祖潛夫，元豐七年監盱眙倉，坡公歲除前過其東軒，留題二詩，蓋量移汝州時也。按：盱眙隸泗州，州在淮北，其縣治即淮陰，故都梁號淮南第一山，景物清曠。公既樂之，而潛夫諱淵蓋慕陶靖節者，其人亦可知矣，此公所爲賦詩也。」光緒《盱眙縣志稿》卷十三有元祐二年七月上旬淵與頓起等題名。

雍秀才畫草蟲八物，題詩。

詩見《蘇軾詩集》卷二十四（一二九九頁）。

《青山集》卷十一《泗水雍秀才畫草蟲》：「蜻蜓點水蝶撲花，螳螂捕蟬蜂趁衙。營營青蠅争腐糁，趯趯阜螽訟草芽。徐生骨朽不復得，雍子筆老誰能加。卷開却掩恐飛去，綈襲愛護行隨車。况君才力日清敏，胡不放手爲龍蛇。龍蛇逼真看騰躍，出入天地藏煙霞。」可參。

《圖繪寶鑑》卷三謂雍秀才善畫蟲魚。不詳其名字。

《宋詩話輯佚》卷上《王直方詩話》第一百一十二條《東坡改蝸牛詩》：「東坡作《蝸牛詩》云：『中弱不勝觸，外堅聊自郛。升高不知疲，竟作黏壁枯。』後改云：（略）余亦以爲改者勝。」

《蝸牛》，乃八物之一；《詩集》此詩，即所改之詩。

在泗州，軾嘗題詩清淮樓，又賦《如夢令》。

詩見《蘇軾詩集》卷四十八（二六五四頁）。《如夢令》（城上層樓疊巘）見《全宋詞》第一册第三二三頁，題下原注：「題淮山樓。」

《輿地紀勝》卷四十四《淮南東路·盱眙軍·景物下》：「清淮樓，在市街之東。」南渡後，原泗州治盱眙縣，陞爲軍。見同上卷《軍沿革》。蘇軾所題詩，乃查慎行采自《錦繡萬花谷·濠州絶句》。按：《錦繡萬花谷》偶誤，此詩不作於濠。

《方輿勝覽》卷四十七：「起秀亭：在玻璃泉上，舊名會景，後曰參雲、曰覽冀。郡守吴説改曰淮山偉觀，淳熙庚子，郡守王渥易名東南起秀，面對汴口，下瞰城郭。亭後石壁峭列，東坡、米元章諸公皆有詩詞刻其上。」《輿地紀勝》卷四十四《景物下》謂玻璃泉在第一都山（按：即南山，本年十二月二十日紀事已及）之下，而起秀亭在玻璃泉之上。蘇軾當游其地，故附載於此。光緒《盱眙縣志稿》卷十一引《明一統志》謂玻璃泉有石若龍虎，「口中噴水，注石池中」。

二十四日，軾與劉倩叔遊南山，賦《浣溪沙》（斜風細雨作小寒）。

詞見《東坡樂府》卷下。倩叔，泗州人。見《蘇軾詩集》卷二十四《書劉君射堂》「誥案」。

三十日，與舊友劉仲達游南山，軾賦《滿庭芳》。

詞見《東坡樂府》卷上。詞序謂十七歲時，始與仲達往來於眉山。

軾在泗州，晤泗倅陳敦、淮東提舉黄寔，見三佛齊使者過，爲文記之；爲崇福院書殿榜。

文乃《蘇軾文集》卷七十二《黄寔言高麗通北虜》。書殿榜見《輿地紀勝》卷四十四《盱眙軍·景物下》。寔，《宋史》卷三百五十四有傳，傳引林希語，謂寔二女皆嫁蘇軾子。案：「軾」爲

「轍」之誤。《欒城後集》卷二十祭黄文謂有「昏姻之好」。同卷有兩祭新婦黄氏文，此黄氏乃遠之妻，寔之女。寔另一女適遠兄适（仲南），見一九七二年河南郟縣三蘇墳出土之蘇适墓銘。元吴師道《禮部集》卷十六《東坡二帖》謂寔二女皆適轍子。《長編》卷三百六十元豐八年十月己卯，有「權提舉淮南東路常平黄寔提點開封府界諸縣鎮公事」記載。

姪千之秋試不利，軾簡慰之。時姪必强在泗州。

簡乃《蘇軾文集》卷六十與千之第一簡，作於泗州。簡云「聞姪欲暫還鄉」，是千之在京師應試。時將往南都，約千之來南都一見。簡首云及必强。千之，乃不欺次子，見《净德集》卷二十七《静安縣君蒲氏墓誌銘》。

《跨鼇集》卷五《分蒲萄遺蘇必强》：「吏歸珍客賜，手自舉銅盤。珠釀舊瓊液，煙筠秋露溥。初分馬乳碧，聊别水晶寒。教徹梨園曲，停歌一處餐。」極相投。

同上卷八《次韻蘇必强見寄》：「不知暗室鬼揶揄，曾入魚梟伴蠹書。分背雁音清漢遠，動簾風竹故人疏。小桃煙老三年樹，白馬原空百兩車。消去淚流冰筯若，待憑濁酒一樽餘。」《再和》：「憶訪東坡舊隱居，飄飄兒姪幾家書。閉門草牘人誰識，抱膝吟詩客自疏。枳棘那棲雲表翼，壺漿争勞雪中車。窮愁定笑江干尉，瘦骨空長六尺餘。」前者作者着重叙己，後者着重言蘇必强。詩云蘇軾舊隱居，當指眉山故居。必强亦居於舊居。草牘吟詩乃叙必强生活。

同上卷十有《即席次必强六絶句》。其二末云：「錦城行樂忘歸客，家在魚梟碧水南。」李新家仙井，作此詩時在成都，必强亦在成都。

本月，蔡承禧（景繁）卒。有祭文，贊承禧有賢子。

《蘇魏公文集》卷五十六《承議郎集賢校理蔡公墓誌銘》：「以疾卒於泗州之行司，元豐七年十二月某日也。二子，居厚、居易。居厚嘗舉臨江進士，同試千餘人，首中鄉書，以家艱不赴禮部。有《論語指歸》十卷，《奏議集》十卷，《文集》十五卷。」

文見《蘇軾文集》卷六十三（一九四七頁）贊承禧工詩文，謂其子爲「汗血之駿」。謂居厚也。

居厚有《詩史》，郭紹虞輯入《宋詩話輯佚》卷下。

冬，軾賦《水龍吟》（古來雲海茫茫）。

詞見《東坡樂府》卷上。

《注坡詞》引楊繪（元素）《本事曲集》載蘇軾此詞之自序云：「昔謝自然欲過海求師蓬萊，至海中，或謂自然曰：『蓬萊隔弱水三十萬里，不可到。天台有司馬子微，自居赤城，名在絳闕，可往從之。』自然乃還，受道於子微，白日仙去。子微年百餘，將終，謂弟子曰：『吾居玉霄峯，東望蓬萊，嘗有真靈降焉，今爲東海青童所召。』乃蟬蜕而去。其後李太白作《大鵬賦》云：『嘗見子微於江陵，謂余有仙風道骨，可與神遊八極之表。』元豐七年冬，余過臨淮，湛然先生梁君在焉，童顔清澈，如二十許人，然人有自少見之，喜吹鐵笛，遼然有穿雲裂石之聲。乃作《水龍吟》一首，寄子微、太白之事，倚其聲而歌之。」

《紀年録》本年紀事：「作《水龍吟》。」《王譜》同。

上闋云：「古來雲海茫茫，道山絳闕知何處？人間自有，赤城居士，龍蟠鳳翥。」此赤城居士乃司馬承禎。承禎字子微，唐道士，徧游名山，廬天台山不出。《舊唐書》卷一百九十二、《新唐書》卷一百九十六有傳。天台山在浙江天台縣北三里，赤城山在縣北六里。見影印《浙江通志》卷十六。下闋云：「行盡九州四海，笑紛紛，落花飛絮。臨江一見，謫仙風采，無言心許。」此當寫在當塗所見之李白像。

轍過都昌，題清隱禪院。晤長老惟湜。

《欒城集》卷十三《題都昌清隱禪院》云「樓觀飛翔」，贊清隱禪院之氣勢；云「松筠陰翳」，贊清隱禪院之環境。

此禪院乃惟湜所經營。光緒《都昌縣志》卷十一引黄庭堅《清隱禪院記》謂熙寧乙卯、丙辰間，「長老惟湜自廬山來，百事權輿，願力成就，……於今八年，宮殿崇成。」知庭堅之文作於元豐六年，在蘇轍經此前不久。記又謂惟湜出福清林氏，最後入浮山圓鑒清遠之室，實浮山臨濟之十一世孫。《都昌縣志》謂清隱禪院在縣治南二里南山。

章户掾赴澧州，轍作詩送行。

詩見《欒城集》卷十三，首云「江船不厭窄」，作此詩時，蓋已離都昌。

轍除夜，泊彭蠡湖，遇大風雪，賦詩。

詩見《欒城集》卷十三。

《參寥子詩集》卷六《和子由彭蠡湖遇風雪》謂離筠州「行李唯典籍」，以下云：「悠悠東下船，晚次彭蠡湖。江風忽崩騰，江水翻且黑。飄風斷黄蘆，落雁委沙磧。鵝毛飛雪片，滿野來無極。龍驤飛萬斛，欲進不可得。淹留向汀灣，蕭瑟日將夕。黄昏日漸壯，夜半已堆積。魚龍亦悲嘯，凛氣增几席。青燈冷不眠，坐漱元和液。危檣翻曉鴉，霽日動窗隙。搴幃望廬山，萬仞絶寸碧。茫茫銀世界，蕩蕩月闔域。」乃叙此時事。

軾在泗州度歲。除夜，黄寔（師是）送酥酒，有詩。

詩見《蘇軾詩集》卷二十四（一三〇二頁）；此下有《章錢二君有和復次韻答之二首》，章、錢或爲寔幕客。涵芬樓本《説郛》卷四十九引《南遊記舊》引黄寔語：「元豐甲子，爲淮東提舉常平，除夜泊汴口，見蘇子瞻植杖立對岸，若有所俟。歸舟中，以揚州厨釀二尊、雍酥一奩遺之。」寔以此「頗自慰」。宛委山堂本《説郛》卷五十《南游記舊》亦引。

是歲，嘗與陳亢（退叔）簡。

《京口耆舊傳》卷六《陳亢傳》引蘇軾與亢簡：「退叔今年四十五，而有四子，兩人已登第守官，其叔耕且學，其季游上庠，藝業精甚。有男女孫十四人。……」有歆羡之意。此簡已收入《佚文彙編》卷三。

《陳亢傳》謂亢字退叔，金壇人。所居沮澤，水常爲災，亢修堤浚瀆，以息水患。熙寧乙卯大飢，明年疫，亢傾家之儲，粥餓藥病，所活甚多。平居課子弟學甚力。仁義聲甚著。大觀元年卒，年六十八。按：據此，知蘇軾之簡作於今年。

蘇軾與陸固簡。

簡見《蘇軾文集》卷五十九。

簡云：「久留屬疾，不敢造請，負愧已深。」此種心態，惟本年離黄州至臨汝途中有之。其不敢造請者，以此時自身仍爲罪人也。此簡之題作「與陸固朝奉」。陸固當以朝奉郎而爲某縣之縣令。以下云：「兹者啓行，又不往别，悚怍之至。」爲此書以全禮節，「屬疾」之「疾」疑爲「下」之誤。

三蘇年譜卷三十六

元豐八年(一〇八五)乙丑　蘇軾五十歲　蘇轍四十七歲

正月初一日,軾雪中過淮謁客。

《蘇軾詩集》卷二十五有詩(一三一七頁)。

正月初一日夜,轍夢李士寧來,作詩贈之。舟中詠風雪。至南康。

詩皆見《欒城集》卷十三。記見《集》卷二十四。參元祐元年閏二月初六日紀事。

軾賦劉倩叔射堂,贈之。孫覺(莘老)寄墨,賦詩。

詩見《蘇軾詩集》卷二十五(一三一八、一三一九頁)。覺時爲秘書少監,見注文。詩皆次《留題蘭皋亭》前,作於泗州。計留泗州月餘。

四日,軾離泗州北行。聞岸上騾馱鐸聲,有題。

文乃《蘇軾文集》卷七十一《泗岸喜題》。

至靈壁,軾題詩蘭皋亭,並題名。

詩見《蘇軾詩集》卷二十五(一三二三頁)。

《墨莊漫録》卷一：「宿州靈壁縣張氏蘭皋園，一石甚奇，所謂小蓬萊也。蘇子瞻愛之，題其上云：『東坡居士醉中觀此，灑然而醒。』子瞻之意，蓋取李德裕平原莊有醒醉石，〔醉〕則踞之，乃醒也。蔣穎叔過見之，復題云：『荆溪居士暑中觀此，爽然而涼。』吴右司師禮安中爲宿守，題其後云：『紫溪翁大暑醉中讀二題，一笑而去。』張氏皆刻之石，後歸禁中。」軾題名，《佚文彙編拾遺》收。師禮，《宋史》卷三百四十七有傳。

十日，軾書《泗州除夜》等七詩，贈妻王閏之。

《蘇軾詩集》卷二十四《泗州除夜雪中黄師是送酥酒二首》題下「施注」：「自此詩以至《書劉君射堂》凡七詩，墨蹟刻於成都府治續帖中。其後跋云：『過泗州，作此數詩，偶此佳紙精墨，寫之。以遺旌德君。元豐八年正月十日，東坡居士書。』旌德，蓋王夫人也。」「施注」所云七詩，除《泗州除夜》及《書劉君射堂》外，爲《章錢二君見和復次韻答之二首》、《正月一日雪中過淮謁客回二首》。此時，蘇軾或已至宿。

轍再游廬山南麓，有詩。晤瑛禪師，晤道潛。

《欒城集》卷二十五《閑禪師碑》：「師法名慶閑。……余未嘗識師，元豐七年過廬山開先，見瑛禪師，言及師事，且曰：『瑛少嘗問道於閑師，願爲文刻石，傳示久遠。』余許之。」按：「七年」疑爲「八年」之誤。參本年此下「作……《閑禪師碑》」條紀事。《輿地紀勝》卷二十五

《南康軍·景物下·開先寺》：「在城西十五里，李中主所作也。」《再游廬山三首》其二：「憶自棲賢夜入城，道邊蘭若一僧迎。偶然不到終遺恨，特地來游慰昔情。」元豐三年路過棲賢未入，此次得償夙願。詩末自注：「羅漢院有新羅漢，堂中法鼓特大。」知游羅漢院。棲賢寺、羅漢院皆見《輿地紀勝·南康軍·景物下》，在廬山南麓。轍再游乃游南麓。

《參寥子詩集》卷六《和子由彭蠡湖遇風雪》叙蘇轍彭蠡湖遇風雪，以下云：「順流復前趨，百里俄頃刻。暫停篙櫓喧，却著登山屐。五老笑相迎，千巖委圭璧。紛紛林下士，洗眼冀一識。松門共邀迓，香霧浮冪冪。相將擁寒爐，軟語同夙昔。堂堂赤眼師，既往有遺迹。愕然窣堵波，縹緲根石壁。清晨陪拄杖，緩步躡山肋。裴回憩蒼岑，左右抗松櫪。猿猱侮僮僕，上下或戲劇。巴僧眉半雪，解后語鄉國。却返朱砂峯，招提更岑寂。中藏李氏書，盛事誇絕特。東坡老居士，邇亦有遺墨。一覽寛君心，都忘遠行役。」乃叙此時事。此詩以下有《廬山道中懷子瞻》云「去年今日東坡路」，回憶去年此時從蘇軾在黄州，益證明道潛此時在廬山。蘇轍離廬山後，道潛仍留。

時南康太守爲徐師回（望聖）。蘇轍居師回府中，題師回之宅五老亭，陪師回訪劉顗山居，并留題。

《寶真齋法書贊》卷十《蘇文定衙前至京湖口三帖》第三帖：「轍啓。久留府中，蒙眷甚厚，因得頻接議語，至幸！至幸！」

南康太守徐師回，見以下十四日紀事。

《欒城集》卷十三有《題南康太守宅五老亭》詩，首云：「五老高閑不入城，開軒肯就使君迎。」《輿地紀勝》卷二十五《江南東路·南康軍·景物下》：「五老峯，在廬山。」五老亭蓋面五老峯。同上書：「五老閣，在郡齋。舊有五老亭，蘇黄門、黄太史皆有詩。」轍詩當即此詩。《年表》謂此詩作於本月己酉（十四日），與《南康直節堂記》爲一日事，今不從。

《集》卷十三有《書廬山劉顗宫苑屋壁三絶》，宋刻《蘇文定公文集》題作《陪南康太守訪廬山劉顗宫苑山居留題三絶》。

《畫墁集》卷三《夜聞劉宫苑舟中琵琶詩》：「繫舟江岸兩相聞，弦索嘈嘈恍未分。不得長安水邊見，却於溢浦夜深聞。窮愁似影長隨我，樂事如年不負君。會意檀槽求一醉，世間榮辱任紛紛。」此宫苑即顗。

同上書卷七《郴行録》叙及元豐六年於金陵「遇劉顗宫苑，遂游長干寺，登雨花臺、高座寺、越王臺、周處臺及昇元寺、保寧院」，「同劉宫苑游清涼寺」，「同劉宫苑游臺城寺」。《郴行録》又謂建康府衙城乃故内，建康府府園即禁苑。建康爲六朝古都，似宋時爲保護古都勝迹，設有宫苑之官，劉顗即任其職。於是知顗原居金陵，今居廬山。《畫墁集》卷四尚有《長干寺同劉宮苑浴》詩。

宋施元之、顧禧《注東坡先生詩》卷四十《遺詩》，録《欒城集》此三詩，題云：「劉顗宮苑退老於廬山石碑菴。顗，陝西人。本進士换武，家有聲妓云。」注：「三詩，東坡過南康所作，諸集無傳者。浙東提舉徐子禮藏，云，其家舊有此本。所謂徐使君，即其曾王父望聖也。」按，注所云「所謂徐使君」，乃其二「五馬親來看射虎，不愁醉尉惱將軍」自注中語。自注云：「時與徐使君同往。」《欒城集》脱去此七字。今詳考此三詩，實爲蘇轍所作。蘇轍與徐師回（望聖）同來觀劉顗射虎表演，故如是云。「五馬」謂徐師回。蘇轍既爲師回撰《南康直節堂記》，師回及其後人遂珍藏蘇轍之所作。由記與詩，可以肯定蘇轍在南康曾逗留數日，劉顗亦爲師回之友。「施注」注文所云「徐子禮」，名蒧，余於《陸游交游録》一文嘗考及之，載《文史》第二十一輯。又，此三詩，載《蘇軾詩集》卷四十八；施注定此三詩爲軾作，蓋未詳考。

《蘇文定公文集》之題實勝《欒城集》之題。

《金石萃編》載皇祐甲午李清臣等草堂寺題名石刻，中有知萬年劉顗景清之姓名及字，知顗字景清。

十四日，轍應南康太守徐師回（望聖）之請，作《南康直節堂記》。

記見《欒城集》卷二十四。

師回，蘇州人。見《吴郡志》卷二十七。《豫章黄先生文集》卷十三《明月泉銘》乃爲師回而作。《朱文公文集》卷八十一《跋蘇文定公直節堂記》：「右南康軍治直節堂記，蘇文定公爲郡守徐君師回望聖作，又手書而刻石焉。自元豐乙丑距今淳熙己亥，凡九十有五年，而新安朱熹來領郡事，問堂所在，則既無有，而杉亦不存，求其記文，則又非復故刻而委之他所矣。」以下言堂之毁約「在紹聖黨論之時」，乃易其址因勢而建堂。據此跋，知蘇轍所云望聖乃師回之字。

蘇轍别徐師回，舟泊湖口。

《寶真齋法書贊》卷十二《蘇文定衙前至京湖口三帖》第三帖：「轍舟至湖口，風雨不止，泊於西岸已三日矣。」此簡作於十六日，知蘇轍告别師回之府至遲爲十三日事。此簡以上尚云及「奉違數日間」，奉違即謂告别。

十五日，軾在宿州，賦《南鄉子》。在宿，晤石康伯（幼安）於病中。

詞見《東坡樂府》卷上，調下注：「宿州上元。」晤康伯，見《蘇軾文集》卷六十三祭康伯文。

十六日，蘇轍與徐師回（望聖）簡。

《寶真齋法書贊》卷十二《蘇文定衙前至京湖口三帖》第三帖（原注：行書，十三行，尾批一行）：「轍啓。久留府中，蒙眷甚厚，因得頻接譏語，至幸！至幸！奉違數日間，伏計尊候安勝。轍舟至湖口，風雨不止，泊于西岸已三日矣。旦暮稍霽即行。益遠左右，千萬爲國順時珍重。謹奉手啓爲謝，不宣。轍頓首再拜。知軍大夫徐丈執事。十六日。」此帖之後，岳珂有跋，云：「右元祐黄門侍郎、潁濱先生、蘇文定公轍，字子由，銜前至京湖口三帖真蹟一卷。先生道睨今古，文追父□，立朝之節，具在國史，四海之士，共知景嚮。是帖之得，蓋先君手藏犀軸象籤，與文忠對，于是可以知德之不孤矣。」又有贊曰：「周禾同穎，趙玉連璧。層見間出，又其偉特。有美潁濱，味道自得。既相師于父子，亦齊驅于翰墨。吾評其人，槩猶可識。蓋嚴重端肅者，老泉之教。而淳勁邁往者，長公之德。謂余不信，視此手澤。」

此簡，《欒城集》未收。云「徐丈」，知師回乃轍之長輩。

十九日，軾答徐州開元寺僧法明簡，報得請居常，時已至南都。賦《滿庭芳》。王鞏、黄庭堅作詩慶得請。

《晚香堂蘇帖》：「軾啓。奉别累年，舟過境上，懷想不忘。遠蒙遣人到書，且知法體安隱，感慰兼至。咫尺無由往見，惟萬萬自愛，慰此馳繫。人還，不宣。軾頓首明公大師足下。正月十九日。」《蘇軾文集》卷六十一《答開元明座主九首》之第三首即此簡，然脱去「慰此」以下二十二字，故録其全文於此。《晚香堂蘇帖》緊次上簡，有「石橋已壞」云云一簡，乃《蘇軾文集》卷六十一《答開元明座主九首》之第四首；簡末，《蘇軾文集》脱「知之軾又白」五字。據《晚香堂蘇帖》，知「石橋已壞」云云，乃上簡之附簡，作於同時。附簡云「僕得請居常州，暫至南京，即還南」。知得請爲十九日以前事。

《軾墓誌銘》謂請居常之書「朝入，夕報可，士大夫知上之卒喜公也，會晏駕，不果復用」。詞見《東坡樂府》卷上，序謂「既至南都，蒙恩放還陽羨」。至是爲：檢校尚書水部員外郎、汝州團練副使、不得簽書公事、常州居住。

《蘇軾詩集》卷二十七《和王晉卿》：「上書得自便，歸老湖山曲。躬耕二畝田，自種十年木。」寫此時事。《山谷別集詩注》卷上《次韵清虚喜子瞻得常州》：「喜得侵淫動搢紳，俞音下報謫仙人。驚回汝水間關夢，乞與江天自在春。罨畫初游冰欲泮，浣花何處月還新。《涼州》不是人間曲，佇見君王按玉宸。」清虚，王鞏，鞏原韵已佚。

二十日，軾跋錢易詩後。

跋見《蘇軾文集》卷六十八（二一三四頁）。

二月九日，沈遼（睿達）卒於池州。蘇軾甚痛惜之。

二月云云，據《沈氏三先生文集·雲巢編》附録《沈睿達墓誌銘》。《墓誌銘》云：「〔遼〕享年五十四。……士大夫莫不悼痛嘆惜，而蘇子瞻尤哀之，嘗語人曰：『睿達末路蹭蹬，使人耿耿，求此才韵，豈易得哉！雲巢遂爲茂草，言之酸辛。』云。」蘇軾之語，見《佚文彙編》卷三《與王文玉》第七簡。簡中尚有「後事想公必一一照管」之語。

十二日，軾題陸柬之臨摹之《蘭亭五言》帖。

題跋見《佚文彙編》卷六（二五六九頁）。柬之，虞世南甥，新、舊《唐書》有傳。

壬午（十八日），軾葬弟轍保母楊氏於南都東南三里廣壽院之西。

據《蘇軾文集》卷十五《保母楊氏墓誌銘》。

轍往池州途中阻風，遇道人張嘉祐，江上作調嘯詞。

《欒城集》卷十三《池陽阻風》首云：「鍾陵距池陽，相望千里内。江神欺我貧，屢作風雨礙。欲投皖公宿，三日逢一噫。孤篷面空山，朝食淡無菜。」皖公乃皖公山，即皖山。《輿地紀勝》卷四十六《淮南西路·安慶府·景物上》謂皖山在懷寧縣西十里。其地在池州西約二百里。故知此詩作於自廬山往池州途中。

《集》卷十三《張嘉祐》首云：「道人何爲者？陽狂時放言。」中云：「草庵劣容膝，俯仰拳肩跟。無食輒行乞，一飽常閉門。」轍與之交談，並訪其居。轍謂其人「漫浪難究悉」，未易言，蓋爲異人。

《集》卷十三《效韋蘇州調嘯詞》其一云「漁父，漁父，水上微風細雨」，其二云「歸雁，歸雁，飲啄江南南岸」，蓋爲舟行江上時所作。此二首，乃詞，調爲《調笑令》，别見《東坡樂府》卷下。第一首「水上」《東坡樂府》即作「江上」。按：作「江上」是。第一首「暮歸，暮歸」，第二首「塞北」、「苦寒，苦寒」，《東坡樂府》分别作「歸暮」、「塞外」、「寒苦」。此二詞次《集》此處，疑爲轍所作，而誤入《東坡樂府》，然其時已久矣。

轍至池州，贈故人陳鼎秀才詩。入宣河，至宣州，次州守侯利建韵。

《欒城集》卷十三有《至池州贈陳鼎秀才》、《次韵遲初入宣河》、《次韵侯宣州利建招致政汪大夫》、《次韵侯宣城疊嶂樓雙溪閣長篇》等詩。其次韵侯利建長篇有云：「仰攀疊嶂高，俯閲雙溪美。」《輿地紀勝》卷十九謂宋孝宗乾道三年（一一六七）改宣州爲寧國府；疊嶂樓在府治，唐咸通中刺史獨孤霖建；雙溪閣亦在府治，取宛、句二水以爲之名。《集》卷十四《次韵侯宣城題疊嶂樓》：「登覽春深日。」知至宣州時已春深。

利建元祐元年以江東提刑爲江東轉運副使，二年爲京東漕，旋爲金部郎中。分别見《蘇軾文集》卷三十九、《集》卷三十、《彭城集》卷十九制文。

轍至績溪，爲績溪令。有《謁城隍文》、《謁孔子廟文》。

二文見《欒城集》卷二十六。

《梓桐廟》云「門前五柳正摇春」，《汪王廟》云「麥苗含穗欲蠶眠」，「春耕正及雨晴天」，則到任約爲二月末。

時張慎修爲徽州守，江汝明爲交代，江汝弼爲法曹，郭愿（惇夫）爲尉，汪琛爲監簿。

《新安志》卷九《牧守》：「張慎修，朝散大夫，輕車都尉。元豐九年。」按：元豐無九年，「九」爲「八」之誤。《臨川集》卷五十一有《張慎修改官制》。

江汝明云云，見《欒城集》卷十三、卷十四詩，并參本年以下紀事。

轍視事三日，有《出城南謁二祠游石照寺》四首詩，有《縣中諸花多交代江汝明所種牡丹已過芍藥方開》詩。

據《年表》。詩見《欒城集》卷十三。

詩題所云二祠，一爲梓桐廟。《新安志》卷六《績溪·祠廟》：「梓山廟，在東南一里。《方輿記》云，初於山下置良安縣。舊有方白石，忽化爲雙白鳥，飛向山，遂於山下鳥棲處立廟。邑人敬之，行立種殖，皆不敢背。」此梓山廟或即梓桐廟。

一爲汪王廟。《輿地紀勝》卷二十《江南東路·徽州·人物·汪華》：「績溪人。大業之亂，保據邊境，并有宣、杭、睦、饒、婺五州，帶甲十萬，建號吳王，凡十餘年。唐武德四年，納款於唐，就拜持節總歙、宣、杭、睦、饒、婺等六州諸軍事，歙州刺史，封越國公。七年朝京師。貞觀中卒，歸葬於歙。土人祠之，號爲汪王神。國朝封靈濟王，廟號忠顯。」《新安志》卷五《績溪·祠廟》：「忠顯廟有二，一在縣側，一在東七里越國公故城，宅井在焉。」卷末附《汪王廟考實》。《集》詩題只云「石照」，與《年表》作「石照寺」不同。《新安志》卷五《績溪·山阜》：「石照山：在縣東五里，有石高二丈，光可以鑒。泉味尤甘，旁有石照院。」轍詩「雨開石照正新磨」，「忽見塵容應笑我」，乃紀其實。院即寺，知《年表》亦有據。

《集》詩題原只云「交代江君」，而《年表》「江君」作「江汝明」，知別有所據，其所據本已不傳。據《集》，此詩乃寄與汝明者。詩有「尚留佳句壁間詩」，知汝明能詩。汝明詩存於今者，有《輿地紀勝》卷五《兩浙西路·平江府·吴江太湖笠澤虹橋詩》。汝明乃衢州開化人，嘗以朝散郎通判嚴州，褒（仲舉）之父，徽宗時卒。見《北山小集》卷三十三《江仲舉墓誌銘》。參拙編《宋詩紀事續補》卷七。

轍題楊主簿日本扇。

詩見《欒城集》卷十三。詩云：「風非扇中出，問風本何從？」答以大空，則大空亦物。於是云：「同物豈空性，是物非風宗。」涉及風之最終形成，似探討物之奥秘，蓋參禪也。元祐元年閏二月八日，軾有此詩題跋一文，已佚，見本譜元祐元年閏二月八日紀事。

蘇軾在南都，與滕元發（達道）簡。

簡乃《蘇軾文集》卷五十一《與滕達道》第四十二簡。

簡云：「聞張郎已授得發勾，春中赴上，安道必與之俱來。某若得旨，當與之聯舟而南，窮困之中，一段樂事，古今罕有也。」張郎謂張方平（安道）之子恕，授發勾事不詳。時蘇軾在南都。「得旨」謂請常州居住也。

此簡又云：「公有意拆却逍遥堂横廊，竊謂宜且留之。」此「逍遥堂横廊」，當在湖州公廨内。元發與軾簡中，當及此事。

軾在南都，張方平以整理文集事相委；方平授《楞伽經》使印施江淮間，授所藏禪月羅漢十六軸使施之；方平談及内庭文字；晤方平子恕，或賦《西江月》。

《樂全集》卷三十四《謝蘇子瞻寄樂全集序》：「前年，子瞻覲止，見索鄙拙，欣然呈納，因而面告爲删除其繁冗，芟夷其蕪穢，十存三四，聊以付子孫而已。」「前年」指今年。

《蘇軾文集》卷六十六《書楞伽經後》叙方平授《楞伽經》，卷六十一《答開元明座主》第七簡叙授禪月羅漢。《西塘集耆舊續聞》卷三叙見方平，因談及内庭文字，以下云：「張云：『二宋某文某文甚佳，忘其篇目，惟記一首，是《張貴妃制》。』坡至都下，就宋氏借本看，宋氏諸子不肯出，謂東坡滑稽，萬一摘數語作諢話，天下傳爲口實矣。《張貴妃制》今見本集。」按：宋祁《景文集》卷二一有《除婉容張氏封貴妃制》。

《揮麈録·後録》卷七叙徐大受寵姬勝之已歸張恕，恕開燕，蘇軾復見勝之（軾在黄時嘗見之，故云復見)，「不覺掩面號慟，妾乃顧其徒而大笑」，於是「每以語人，爲蓄婢之戒」。《東坡樂府》卷上《西江月》小序：「姑熟再見勝之，次前韻。」前韻作於黄州。時大受尚在。此詞首云「别夢已隨流水」，又云「蛾眉新作十分妍」，爲大受已卒之後之會晤。「姑熟」二字有誤。詞或作於南都。

友人贈蘇軾詩，軾和之。

詩見《蘇軾詩集》卷二十五(一三二四頁)。

詩首云：「只寫東坡不著名，此身已是一長亭。」不著名者，不必如此嚴肅認真也。一長亭云者，謂人生不過一過客。知此詩作於僕僕道途之中。次云：「壯心無復春流起，衰鬢從教病葉零。」點春，爲作詩時。厭倦由於生活不安寧。再次云：「知有雪兒供筆硯，應嗤竈婦洗盆瓶。」雪兒供筆硯乃雅事，與竈婦洗盆瓶似不相協調。則竈婦者或即王夫人閏之也。夫人洗盆瓶，當時人不僅以爲不雅，而且有失其尊貴之身份，他人見之，乃取笑之資。「嗤」之意當在此。末云：「回來索酒公應厭，京口新傳作客經。」知此友人乃京口人，蘇軾已得請常州居住，不久將經京口。作者戲作此詩以寄之，言外之意在望友人備酒。則此友人乃蘇軾之摯友。如非摯友，其言當不如是不顧忌。「作客經」亦戲言之。既云「經」，則此非第一次，益足證明此友乃摯友。

在南都，軾與友人簡；簡及王淮奇。

簡乃《佚文彙編》卷四《與友人一首》，首云「軾再啓久留叨恩」，乃與某友人簡附簡。簡所云「宣猷」乃王淮奇（慶源），時已謝事，參《蘇軾詩集》卷三十《慶源宣義王丈》。云「久留叨恩」、「至常」，知作於本年，時在南都。

李公麟（伯時）作《孝經圖》。蘇軾後有跋。

《雲烟過眼録》卷上：王子慶所藏。「李伯時《孝經圖》并書，自題云：鳳閣舍人楊公雅言《孝經》乃六藝根本，百行世訓所重，謂龍眠山人李公麟曰：能圖其事以示人，爲有補。元豐八年二月，因摭其一二隨筆之。」《蘇軾文集》卷七十有《跋李伯時孝經圖》。《孝經圖》流傳較廣，汪應辰《文定集》卷十二有《跋李伯時孝經圖》、元胡祗遹《紫山大全集》卷十四、明宋濂《宋文憲公文集》亦有跋。

軾和王益柔（勝之）詩，並爲其所作妙峯亭題榜。

《蘇軾詩集》卷二十五有《和王勝之三首》；《南都妙峯亭》亦爲益柔作。時益柔守南都。《淮海集》卷五《南京妙峯亭》（原注：王勝之所作蘇子瞻題榜）：「王公厭承明，出守南宫鑰。結構得崇丘，巋然瞰清洛。是時謫仙人，發軔自廬霍。郊原春鳥鳴，來此動豪酌。報投一何富，玉按金刀錯。新牓揭中楹，千載見遠托。朅來訪陳迹，物色屬摇落。人烟隔鳧雁，田疇帶城郭。紅蕖隕風漪，砂礫卷飛籜。青青陵上姿，獨汝森自若。人生如博弈，得喪難前約。金鎚初控頤，已復東方作。大明昇中天，龍鸞入階閣。深懲漁奪弊，法令一刊削。斯民如解懸，喜氣鬱磅礴。公平數登覽，行矣翔寥廓。」

應薦誠禪院僧應言之請，撰《薦誠禪院五百羅漢記》。

文見《蘇軾文集》卷十二。文叙元豐二年見薦誠禪院僧應言於宋，應言爲蘇軾言：「今將造五百羅漢像於錢塘，而載以歸，度用錢五百萬，自丞相潞公以降，皆吾檀越也。」以下叙云：「又六年，余自黄州遷於汝，過宋，而言適在焉。曰：『像已成，請爲我記之。』」於是爲此文。宋乃南都。

蘇軾作詩，記張方平（樂全先生）之夢。

詩乃《蘇軾詩集》卷二十五《記夢》。

詩之叙云方平夢人示以詩，有「人事且常在，留質悟圓間」之句，軾乃以私意廣之。詩論圓空之理，其旨爲「本來誰礙更求通」；誰礙，誰礙之？無礙。無礙即通，自不用求通。似言世間萬事不必自擾。

三月戊戌（初五日），神宗卒，哲宗即位。轍撰輓詞，代歙州作賀表。

據《宋史·哲宗紀》。《潁濱遺老傳》：「移知歙績溪，始至而奉神宗遺制。」《欒城集》卷十四有

《神宗皇帝輓詞》;《集》卷四十九有《代歙州賀登極表》,賀表應作於初六日敕書頒發後。

六日,聞神宗遺詔,軾舉哀成服。

據《蘇軾文集》卷三十三《辨題詩劄子》。

軾代張方平(安道)進神宗功德疏文。

文見《蘇軾文集》卷四十四(一二七九頁)。

晤陳師道,軾與師道商論作帖與江淮發運路昌衡,以慰神宗之喪,中輟。

《後山集》卷二十《談叢》謂讀《魏氏雜編》,見真宗時公卿大夫慰國哀登極往還書,「往在南都,奉神宗諱,見蘇尚書作《路發運帖》,莫知當慰與否也,相與商論,竟復中輟,乃知前輩禮法猶在,而近世士大夫之寡聞」。昌衡字持正,《宋史》卷三百五十四有傳。

蘇軾與滕元發(達道)簡。

簡乃《蘇軾文集》卷五十一《與滕達道》第三十六簡。

簡云:「某去歲所買田,已旱損一半,更十日不雨,則已矣。」去歲謂元豐七年,所買田乃宜興之田。簡約作於三月。

簡云:「耘老遠去,此意豈可忘。」謂賈收(耘老)自湖州來看望蘇軾也。觀第四十一簡所云「耘老至」便知。簡盛贊元發厚顧賈收。

李廌(方叔)自陽翟來見,軾以故人梁先所餽絹十匹、絲百兩轉贈之,作其父李惇哀詞。寫《眉子石硯歌》贈廌。盛贊廌之文。

來見據《施譜》。哀詞見《蘇軾詩集》卷二十五(一三三三頁)。《濟南集》卷三《以古畫觀音易眉子石硯歌》云「溪藤寫贈《眉石篇》」注:「先生頃於南京,嘗寫此篇贈廌。」《眉子石硯歌》在《詩集》卷二十四。《宋史·李廌傳》叙廌見蘇軾於黄州後,再見軾,「軾閱其所著,歎曰『張耒、秦觀之流也』」。

過王廷老(伯敭)家,觀所藏趙昌畫,軾有詩。

詩見《蘇軾詩集》卷二十五(一三三四頁)。《欒城集》卷二十六祭廷老文叙南遷六年歸來與廷老相晤,「遂以息女,許君長子」。據《年表》,廷老長子名浚明,適浚明者乃轍第四女。

與潘丙(彦明)簡,叙别情並以省試爲念。

《蘇軾文集》卷五十三《與潘彦明》第一簡:「别來思念不去心。……不見黄榜,未敢馳賀,想必高捷也。……公必已赴省試。」是此簡作於三四月間。據與潘以後各書,潘似未捷,或不曾赴省試。

范百嘉(子豐)登進士第。致簡爲賀。

范中第見嘉慶《華陽縣志》卷二十七。

《蘇軾文集》卷五十《與范子豐》第一簡："伏審子豐南宫殊健，慶抃可量。"又云："某更五七日泝汴。"

秦觀登進士第。

據《淮海居士長短句》附録引《泗涇秦氏宗譜小傳》。

蘇軾作《神宗皇帝輓詞》。

輓詞見《蘇軾詩集》卷二十五。

《宋史·神宗紀》謂本年九月己亥，上大行皇帝謚，廟號神宗。施本、合注遂次此詩於歸常之後。"誥案"謂上謚與定謚有别，定謚在上謚前；又謂定謚究無明文可據，自知此説不足以服人。蓋此詩詩題，未必蘇軾手定，乃編集者定之。上謚、定謚之争，無甚意義。

《蘇軾文集》卷五十二《與王定國》第十七簡："先帝升遐，天下所共哀慕，而不肖與公，蒙恩尤深，固宜作輓，少陳萬一。然有所不敢者爾。必深悉此意。無狀坐廢，衆欲置之死，而先帝獨哀之，而今而後，誰復出我於溝瀆者。已矣，歸耕没齒而已。"《總案》引《輓詞》其三結四句"病馬空嘶櫪，枯葵已泫霜。餘生卧江海，歸夢泣嵩邙"，謂"其旨與定國書意同，雖云『有所不敢』，而其痛莫伸始終，作於南都，故有『歸夢』之語"。其意甚是。

蘇軾與滕元發（達道）簡，慰神宗之喪。

簡乃《蘇軾文集》卷五十一《與滕達道》第三十九簡。

簡云：「别後，不意遽聞國故，哀號追慕，迨今未已。惟公忠孝體國，受恩尤異，悲苦之懷，必萬常人。」國故謂神宗之卒。

簡云：「某旦夕過江，徑往毗陵。」約作於四月。

軾寄蘄簟與蒲宗孟（傳正），寄怪石石斛與魯有開（元翰）。

《蘇軾詩集》卷二十五均有詩（一三二七、一三二九頁）。宗孟時自汝移亳，有開宫觀差遣，分别見題下「合注」。

蘇軾作《漁父》四首。

詩見《蘇軾詩集》卷二十五；此四詩，乃詞。

其一寫漁父飲，以魚蟹易酒，以醉爲度，彼此不論錢數。其二寫漁父醉，醒後不知何處。其三寫漁父醒，醒後還復醉。漁父此種任性怡情超脱世俗之性格，當直接得之與漁父之交往。其中即有作者性格。此三首，皆與酒有關。其四表現漁父性格之另一面。當輕鷗飛舉、漠漠一江風雨之際，騎馬江邊之官人，借漁父之孤舟南渡，其時漁父笑。其所以笑，當以此時可爲此官人效力，此種效力，不爲金錢，而爲自覺之幫助，並以此爲樂。

張方平坐上，軾贈眼醫王彦若詩。

詩見《蘇軾詩集》卷二十五（一三三一頁）。

《宋會要輯稿》第九十九册《職官》六八之一至二：崇寧元年九月十四日，詔開具臣僚章疏姓名「邪上尤甚」名單中有王彦若。不知是否即此人。

《欒城先生遺言》：「箴眼醫王彦若，在張文定公門下。坡公於文定坐上贈之詩。引喻證據博辯，詳切高深，後學讀之茫然。坡公敏於著述如此，先祖屢云。」

《艇齋詩話》：「東萊喜東坡《贈眼醫王彦若》詩，王履道亦言東坡自負此詩，多自書與人。予讀其詩，如佛經中偈贊，真奇作也。」東萊，吕本中。

《竹莊詩話》卷九引吕本中語：「詩欲波瀾之闊，須放規模令大，涵養吾氣而後可。規模既大，波瀾自闊，少加持擇，功已倍於古矣。試取東坡黄州以後詩，如……便可見。」所舉例中，即有《贈眼醫王彦若》。

蘇軾與王鞏（定國）簡，言及張方平健康狀況。

簡乃《蘇軾文集》卷五十二《與王定國》第十八簡。

簡云：「張公壅嗽，經月未已，雖飲食不退，然亦微瘦。數日來亦漸損，想必無慮。然有書宜令勸固胃氣，勿服疏利藥，僕屢以勸之。仍勸夏秋間，先多作善事齋僧、施貧之類，然後開眼。公後日相見時，亦可以此勸之。」時王鞏當在京師。

簡云：「旦夕遂與之别。」得請常州居住，將往常州也。

離南都，赴常州。四月六日，軾過靈壁劉氏，爲畫醜石風竹，主人以靈壁石相贈，爲跋。

跋乃《蘇軾文集》卷七十《書畫壁易石》。《文集》卷十一《靈壁張氏園亭記》云「由宋登舟，三宿而至」張氏園。知蘇軾離南都，約在四月三日。

到泗州，定本月十六、七日到揚州。軾與杜輿（子師）簡及此。

簡乃《蘇軾文集》卷五十六與輿第二簡，欲與輿晤。

乙亥（十二日），詔以太皇太后生日爲坤成節。

據《長編》卷三百五十四。

按，太皇太后高氏生於七月十六日。

同日，軾自書《次韻前篇》詩。

據《翰香館法書》卷六。

詩見《蘇軾詩集》卷二十。

軾途中與歐育、仲伯達晤。

《蘇軾詩集》卷二十五《與歐育等六人飲酒》、《和仲伯達》叙及相晤。時育赴杭州鈐轄任；伯達將「傍海看初日」，宋趙次公注謂「近海有浴日亭，見日出」，《詩集》卷三十八有《浴日亭》，亭在廣州，知伯達將赴廣州。

蘇軾觀杭州鈐轄歐育刀劍戰袍，作詩。

《鬱孤臺法帖》卷六《觀杭州鈐轄歐育刀劍戰袍》。其題云：「歐育舊爲南京將官，永樂之役，育在焉。近除杭州鈐轄，出舊所賜刀劍戰袍，求詩贈行。」詩云：「紅綾勒巾光繞脅，青綾衲衫暖襯甲。禿襟小袖鵰鶻盤，大刀長劍龍蛇插。兩軍鼓譟屋瓦墜，紅塵白羽紛相戛。將軍恩重此身輕，笑履鋒鋩如一掐。書生只肯坐幃幄，談笑毫端弄生殺。叫呼擊鼓催上竿，猛士應憐小兒黠。試問黄河夜偷渡，掠面驚沙寒霎霎。何如大艦日高眠，一枕清風過苕霅。」上海圖書館、上海書店出版社《出版説明》謂：「《鬱孤臺法帖》爲南宋刻石，與蘇軾、黄山谷等人生活年代相去未遠，故帖中所載詩文較多地保存了原來的面貌。如蘇軾自書詩《觀杭州鈐轄歐育刀劍戰袍》，此帖刻有此詩之原序（序略）二行，爲《蘇軾詩集》所未載。帖中第八句帖爲『笑履鋒鋩如一掐』，《蘇軾詩集》則將『一掐』作『一插』。」按：《出版説明》是。此詩見《蘇軾詩集》卷二十五，題即爲《觀杭州鈐轄歐育刀劍戰袍》。《出版説明》所云之序爲題。《法帖》之題，有重要價值；無之，則全詩不知所云。永樂之役乃謂元豐五年與西夏人之役，詳本譜該年有關紀事。據此題考此詩，知歐育於此次戰役中，勇猛無前，武藝出衆。在蘇軾筆下，歐育英姿得以充分顯現。然此次戰役，乃以失敗終結。雖如是，而歐育個人之良好表現仍不可掩没，軾所以熱情贊頌歐育者在此。由《法帖》之題變而爲《蘇軾詩集》之題，當由入集時蘇軾個人所定。箇中原因，值得深味。蓋以永樂之役終以失敗而結束，贊頌歐育出羣表現，顯然不協調，不如隱約而言之爲愈也。

軾寄吴瑛（德仁）兼簡陳慥（季常）於蘄、黄間。

寄吴詩見《蘇軾詩集》卷二十五（一三四〇頁）。

《輿地紀勝》卷四十七《淮南西路·蘄州·景物上·溪堂》：「在州南。至和中，致政吴瑛隱居，東坡有詩。」

《苕溪漁隱叢話》前集卷三十八引《潘子真詩話》：「吴瑛德仁，襟懷高遠，遵路之子，淑之孫也。未五十以虞部員外郎致仕，歸隱蘄春。元祐間，朝廷聞其高，聘之，不起。」苕溪漁隱謂詩中「濮陽公子」，謂瑛；「恨君不識顔平原」，軾自謂；「恨我不識元魯山」謂瑛。

《容齋隨筆·三筆》卷三《陳季常》：「黄魯直元祐中有與季常簡云：『審柳夫人時須醫藥，今已安平否？公暮年來思漸求清净之樂，姬媵無新進矣，柳夫人比何所念以致疾耶？』又一帖云：『承諭老境情味，法當如此，所苦既不妨游觀山川，自可損藥石，調護起居飲食而已。河東夫人亦能哀憐老大，一任放不解事耶？』則柳氏之妒名，固彰著於外。」軾此詩有「忽聞河東獅子吼」句。河東夫人，慥妻柳氏也。

蘇軾作詩，書林逋詩後。

詩見《蘇軾詩集》卷二十五（一三四三頁）。詩首四句：「吴儂生長湖山曲，呼吸湖光飲山緑。不論世外隱君子，傭兒販婦皆冰玉。」寫逋之生長與生活環境。盛贊逋之「絶俗」、「神清骨冷」。詩云：「詩如東野不言寒，書似留臺差少肉。」贊之中有抑。謂逋之詩似孟郊（東野），然有以勝郊，勝郊而已，其品位尚未臻於甚善之境。謂逋之書似李建中然略遜，則直言之。蘇軾於前輩詩人評價，十分講究分寸。詩盛贊逋之高節，臨終時，逋自言不作封禪書，蘇軾尤許之。

《江村銷夏録》卷三《宋林和靖詩卷》録五詩，其一爲《制誥李舍人以松菊二柄并詩爲遺亦次來韻》，首句爲「編松爲篚寄山中」。其二爲《孤山雪中寫望》，首句爲「片山兼水繞」。其三爲《孤山從上人林亭寫望》，首句爲「林表秋山白鳥飛」。其四爲《送史殿省典封川》，首句爲「炎方將命選朝倫」，其五爲《春日齋居偶成》，首句爲「空階重疊上垣衣」。其末有記，末云：「時皇上登寶位歲夏五月，孤山北齋手書，林逋記。」其歲當乾興元年（一〇二二年）。此五詩，其一見明正德間刊《林和靖先生詩集》卷四，其二失收，其三見卷四，其四見卷三，其五見卷四。林逋自書此五詩，今傳，文物出版社一九六〇年有影印本問世，題《宋林逋自書詩卷》。

萬曆壬午嘉平月吴郡王世貞題跋：「右和靖處士君復手書七言近體五首，其語冲彝可詠，而結體尤峭勁，然有韻態，不作嵓嵓骨立也。蘇長公一歌，其推許此君至矣。然至『詩如東野不言寒，書似留臺差少肉』二語，便是汝南月旦，何嘗少屈狐筆也。留臺者，李建中也。嘗分司御史臺。考之，集稱西臺，以偶東野，尤當更稱耳。長公書法匀穩妍妙，風神在波拂間，而麗句層出，尤刺人眼。始，錢塘人即孤山故廬以祀和靖，游者病其湫隘，因長公詩後有『我笑吴人不好事，好作祠堂傍修竹』，遂徙置白香山祠，與長公配，迨於今香火不絶。乃其遺迹與長公同卷，價踊貴十倍。太史公有云：『伯夷、叔齊，得夫子而名益彰。』若君復者，抑何其多幸也歟！」

蘇軾題王羲之〈逸少〉帖，盛贊之；抑張旭、僧懷素書。

詩見《蘇軾詩集》卷二十五。

詩稱張旭（顛張）、僧懷素（醉素）之書爲「書工」。稱二人之書「有如市娼抹青紅，妖歌嫚舞眩兒童」，書家魔道。詩盛贊羲之之書「謝家夫人澹豐容，蕭然自有林下風」。詩云：「天門蕩蕩驚跳龍，山林飛鳥一掃空。」梁武帝評書謂羲之之書如龍跳天門，虎卧鳳閣，上句所本。張旭書如驚蛇入草，飛鳥出林，而今一掃空，貶之。

友人作幽蘭詩，轍次韵答之。巡縣，江汝弼法曹隨，山間小酌，汝弼作詩，轍次韵。

詩見《欒城集》卷十三。前者首云「幽花耿耿意羞春」，點春。末云：「一寸芳心須自保，長松百尺有爲薪。」重在自愛。後者宋刻大字本題作「次韻江汝弼法曹山間小酌」，點人名。首云：「高情不奈簿書圍，行揖青山肯見隨。」汝弼相隨。以下云：「緑野逢花將盡日，清樽追我正閑時。」山間小酌。

官舍小池有鸂鶒遺二小雛，輙作詩。

詩見《欒城集》卷十三。其一首云：「半畝清池藻荇香，一雙鸂鶒競悠揚。」小雛怡然自得。其二中云：「知我無傷意，憐渠解托身。橋陰棲息穩，島外往來頻。」友好相處，心情寧静。

江汝弼法曹寄詩，輙次韵答之。魏孝先作檻竹詩，亦次韵答之。

詩見《欒城集》卷十三。通行明刊本詩題未具人名，兹據宋刻大字本。又三蘇文集本「魏孝先」作「魏孝仙」。答曹詩云「天將隙地養無能」，又云「衰病」，謙遜之中有不得志之意。答魏詩盛贊竹之「猗猗元自直，落落不須扶」，「叢長傲霜雪，根瘦耻泥塗」。

王蕩（繼道）寄詩，輙次韵。尉郭愿（惇夫）以琳上人書詩爲示，輙次琳韵。

詩見《欒城集》卷十四。前者題作《次韵王蕩推官見寄》；詩云：「私喜鄰邦得雋才。」查《新安志》，知蕩時爲歙縣令。則「推官」云者，乃蕩爲歙令以前所任。詩贊蕩爲才士。蕩詳本年此後「將行」條。

後者中云：「朝來過我三竿日，袖有幽僧數紙書。」謂琳上人也。詩云琳上人秋後來訪，詳本年此後五月條。

汪琛監簿作詩見贈。轍次韵。

詩見《欒城集》卷十四。首云：「連宵暑雨氣如秋。」點暑。以下云「病懶」，然猶未卧病，知作於五月辛亥前。

轍作《周昉畫美人歌》。

詩見《欒城集》卷十四。《蘇軾詩集》卷十六有《續麗人行》，詠周昉所畫美人。周昉，唐時名畫家，善畫士女。軾所詠者乃背面欠伸美人，轍詩未及此，知爲昉又一作。轍詩云：「俯仰向背樂且悲，九重深遠安得窺。」曲盡美人心態。

朝旨令江東諸郡爲廣西市戰馬，有馬之家騷然。蘇轍得其實情，命不得括馬，有馬者得免於擾，邑人以爲幸。

《龍川略志》卷四《江東諸縣括民馬》詳叙其事。績溪屬江南東路，江東素乏馬，每縣所市之數雖不過十餘匹，而諸縣括民馬，吏緣爲姦，有馬之家爲之騷然。蘇轍命諸鄉保正、副，勿以有爲無，無爲有，須陳其實情。於是得其實，免於括民馬。

《年表》及《新安志》卷五《績溪·縣宰》俱載此事，文與《龍川略志》略同，當出《龍川略志》；《年表》謂爲「轍始至邑」時事。

軾至揚州。過壽寧寺，見文覺顯公；晤雲師無著，有詩。無著自金陵來。

詩見《蘇軾詩集》卷二十五（一三四五頁）。《輿地紀勝》卷三十七《揚州》謂壽寧寺乃李昪舊宅。

在揚州晤州守呂公著。代作論治道二首；與蘇頌（子容）簡。

代作乃《蘇軾文集》卷四《上初即位論治道二首》；原注謂「代呂申公」，申公，公著也。簡乃《文集》卷五十與頌第二簡，首云「廣陵令姪出所賜教」，以下云欲「留家儀真」，輕舟往常州。

是月，詔開封府界京東路户馬指揮并罷，京東西保馬寬年限，提舉官赴京議改廢。

據《施譜》。《蘇軾文集》卷五十一《與滕達道》第四十簡及此，云：「所喜保馬户導洛堆垛皆罷，茶、鹽之類，亦有的耗矣。」

轍上《乞早進用范純仁狀》。

狀見《范文正公言行拾遺事録》卷四，云：「今日廟堂之上，司馬光未出，只有呂公著一人忠樸可倚，其餘皆奸邪備位者也。伏望聖慈早進范純仁，庶得賢者在位，同心一德，以輔聖政。」

按，此狀乃節文。

《宋史·哲宗紀》元豐八年四月丁丑，召呂公著侍讀；五月戊午，以司馬光爲門下侍郎。蘇轍此狀作於四月丁丑以後，五月戊午以前或略當其時。

五月一日，軾留題揚州竹西寺，抒父老頌美哲宗之情。

詩見《蘇軾詩集》卷二十五（一三四六頁）。《蘇軾文集》卷三十三《辨題詩劄子》、《奏題詩狀》均謂此詩作於五月一日。前者並云「書之當塗僧舍壁上」。參元祐六年八月八日紀事。

《軾墓誌銘》：「公之自汝移常也，受命於宋，會神考晏駕，哭於宋，而南至揚州。常人爲公買田，書至，公喜作詩，有『聞好語』之句。言者妄謂公聞諱而喜，乞加深譴。然詩刻石有時日，朝廷知言者之妄，皆逐之。」

《避暑録話》卷上：「子瞻《山光寺》詩『野花啼鳥亦欣然』之句，其辯説甚明。蓋爲哲宗初即位聞父老頌美之言而云。……余嘗至其寺，親見當時詩刻，後書作詩日月，今猶有其本，蓋自南京回陽羨時也。始過揚州，則未聞諱，既歸自揚州，則奉諱在南京，事不相及，尚何疑乎！」又謂《墓誌》與辯辭異，云：「且聞買田而喜可矣，野花啼鳥何與而亦欣然，尤與本意不類，豈爲誌時未嘗深考而誤耶！」

丁酉（初五日），以十二月八日爲興龍節。

據《長編》卷三百五十六。哲宗本以七日生，避僖祖忌辰，故移其節於次日。

徐州開元寺僧法明來相別，軾以張方平所授禪月羅漢十六軸贈之。

《蘇軾文集》卷六十一《答開元明座主》第七簡叙之。簡云「近過南都，見致政太保張公」。《文集》卷十四《張文定公墓誌銘》謂哲宗即位，方平「以太子太保致仕」。簡作於本年。簡云「遠來相別」，其「相別」之地或在揚州、常州間。

戊戌（六日），詔責授汝州團練副使、本州安置蘇軾復朝奉郎、知登州。

據《長編》卷三百五十六。

軾至真州。與宜興令李去盈簡，叙虎頭骨致雨之法。留家真州。

《蘇軾文集》卷五十八《與李知縣》：「某家在儀真，輕騎到此數日，却還般挈，須水通乃能至邑中拜見。」邑乃指宜興。卷五十一《與滕達道》第四十一簡：「某留家儀真。」儀真即真州，見《輿地紀勝》卷三十八。《咸淳毗陵志》卷十：元豐六年九月，李去盈以宣德郎知宜興；替者元祐元年九月知。

過瓜洲，了元（佛印）來迎，軾以偈爲獻。

《苕溪漁隱叢話·前集》卷五十七《了元》引《僧寶傳》：「東坡元豐末年，得請歸耕陽羨，舟次瓜步，以書抵金山了元禪師曰：『不必出山，當學趙州上等接人。』元得書徑來。東坡迎笑問之，元以偈爲獻曰：『趙州當日少謙光，不出三門見趙王。爭似金山無量相，大千都是一禪牀。』東坡拊掌稱善。」《輿地紀勝》卷七《鎮江府》亦節引，「元」作「源」。

辛亥（十九日），蘇轍得寒熱疾；癸丑（二十一日）益甚。至秋良愈。病中，郭愿（惇夫）及琳

長老嘗來訪。病中、病後、復病、病退、病後生白髮，俱有詩。

《欒城集》卷二十五《閑禪師碑》叙今年：「五月辛亥，得疾寒熱，癸丑益甚。」以下叙卧念「四大本空，五藴非有，今我此疾，何自而至」，少頃即睡，夢中作閑禪師碑偈數百言，病亦稍愈。《集》卷十四《病中郭尉見訪》：「偶成三日寒兼熱。」《病後》：「一經寒熱攻骸骨，正似兵戈過室廬。」《復病三首》其一：「病作日短至，病消秋氣初。」其二：「寒作埋冰雪，熱攻投火湯。」其三：「一病五十日，復爾當解官。」《病後白髮》：「枯木自少葉，不堪經曉霜。病添衰髮白，梳落細絲長。」《答王定國問疾》：「肝脾得寒熱，冰炭迫晨暝。俚醫固空疏，鑾覡劇粗猛。老妻但坐哭，遺語未肯聽。長子亦在牀，一卧昏不醒。思歸未可得，即死付前定。」《集》卷十四《送琳長老還大明山》叙琳長老乃育王山懷璉禪師弟子，居於績溪之鄰邑。以下云：「百里走相訪，觸熱汗雨翻。懷中出詩卷，清絶如斷蟬。我適病寒熱，氣力才綿綿。空齋默相向，欲語不能宣。」本卷以下有《答琳長老寄幽蘭白朮黄精三本二絶》。《集》卷十四《病退》：「冷枕單衣小竹牀，卧聞秋雨滴心涼。」《年表》：至秋，疾良愈。病後尚有《次韵侯宣城題疊嶂樓》詩，云：「登覽春深日，凝思病後身。何時對樽酒，重爲洗埃塵。」

二十二日，軾至常州貶所，上謝表。

謝表見《蘇軾文集》卷二十三(六五八頁)。《省齋文稿》卷十九《書東坡宜興事》謂蘇軾元豐八年「回次維揚，有《歸宜興留題竹西三絶》，蓋五月一日也。《同孟震游常州僧舍詩》云：『湛湛清池五月寒。』而《謝表》謂今月二十二日到常州訖，其爲五月無疑」。

戊午(二十六日)，蔡確爲左僕射，韓縝爲右僕射。軾有賀啓。

戊午云云，據《宋史·宰輔表》。

啓見《蘇軾文集》卷四十七(一三四四頁)。啓云：「蓋神考貽謀，已完具而可按；故成王纘要，宜纖悉以勿加。」知作於神宗初卒、哲宗初即位。啓又云「傾歲周旋」、「未塗流落」、「限以在外」，乃叙元豐七年離黄後僕僕道塗間事。啓又云「民社非輕，猶承宣而惴惴」，時知登之告雖未到，然已聞之矣。

同日，司馬光(温公)自資政殿學士、通議大夫、知陳州加守門下侍郎。軾簡賀。

同日云云，據《宋史·宰輔表》。《蘇軾詩集》卷二十六《小飲公瑾舟中》「坐觀邸報談迂叟」句自注：「是日坐中觀邸報云。迂叟已押入門下省。」迂叟，司馬光。《文集》卷五十與光第五簡云「聞公登庸，特與小民同增鼓舞而已」。簡又云「不敢上問」，時尚未得知登州告。《詩集》「查注」謂詩作於赴登途中，誤。詩明言「走訪船窗柳影中」，非途中景象，約作於六月間。

邂逅孟震。二十七日，軾與震同游常州感慈報恩僧舍，有詩。贈報恩長老詩。

《周益國文忠公集·遊山録》卷一乾道丁亥五月甲辰紀事：「訪胡武平功德院，乃武平創造，治平元年七月請額，曰感慈報恩。」又云堂有二板壁，對壁：「又刻元豐八年五月二十七日東平孟震遊寺留題。復刻頌云：『碧玉盌盛紅瑪腦（原注：今印本作「瑪瑙」），井花水養石菖蒲。批風抹月晨齋罷，試問禪師得飽無？』其上別刻二頌，一與上同，而後改一聯云：『也知法供無窮盡，只問禪師得飽無（原注：今印本又改「只問」作「試問」）。』一同集本，只改『請師』爲『憑師』。觀前輩於小詩猶潤色不一，愈改愈勝，故私記於此。長老名無礙，而集中不書。」前輩謂蘇軾。

《蘇軾詩集》卷二十五《贈常州報恩長老二首》即《遊山録》所云之頌；所云「一與上同」乃贈長老詩其一，「一同集本」乃其二。本卷此詩前，有《與孟震同遊常州僧舍三首》，即孟震留題之時所撰。詩云「忽見東平孟君子，夢中相對説黄州」。震，黄州故人。《咸淳毗陵志》卷二十九《碑碣》云：「東坡題感慈寺詩，元豐八年刻（原注：在感慈寺）。」即《贈常州報恩長老二首》。又云郡治東廡有「東坡草書與陳述古夜飲詩」，附次此。

王鞏（定國）來簡，報軾將起用。

《蘇軾文集》卷五十一《與滕達道》第四十簡叙之，然疑「所報未必是實」。

六月十五日，徐州開元寺僧法明以蘇軾手簡刻石。

民國《銅山縣志》卷十九《古迹考》：「開元寺：《道光舊志》有二。一在城南里許，唐開元二十八年建，明洪武三十年重建，中有鐵佛像，故又名鐵佛寺（原注：案，姜州《志》載正統八年《重建開元寺碑》文，云：釋氏相傳唐玄宗命勝光法師講内典於延慶殿，賜以開元額，寺蓋是時所建，元末燬於兵，惟鐵佛像及數石幢得不壞。洪武間，僧勝吉建一殿以覆其像。宣德五年，僧廣善重建，於舊僧房入地數尺，得石刻蘇軾與法明師手帖一首，有云『開元大殿，非吾師學行，神人響應，安能成』，末誌『元豐八年六月望，住持徐州開元寺東院傳教賜紫沙門法明題』。今不可考）。一在一鄉境，金大定二十七年建。」「開元大殿」云云，爲《蘇軾文集》卷六十一《答開元明座主》第二簡中語。參元豐六年「徐州開元寺僧法明來簡答之」條。

戊子（二十六日），司馬光薦蘇軾、蘇轍兄弟等。是月，范純仁、吕大防等亦薦蘇軾、蘇轍兄弟等。

六月云云，據《長編》卷三百五十七。《長編》引光之言，謂蘇氏兄弟等「或以行義，或以文學，皆爲衆所推伏。臣雖與往還，不熟，不敢隱蔽，伏望陛下紀其姓名，各隨器能，臨時任使」。《太平治迹統類》卷十八《宣仁垂簾聽政》元豐八年六月紀事：「吕公著……薦孫覺、范純仁、李常、劉摯、王巖叟、蘇轍。太皇太后封公著劄子，付司馬光，詳所陳更張利害，有無兼濟之才，直書當與未當以聞。司馬光薦劉摯、趙彦若、傅堯俞、唐淑問、范祖禹等六人。范純仁、吕大防、王巖叟、王存、孫覺又薦趙君錫、李常、晏知止、范純禮、胡宗愈、韓宗道、梁燾、蘇軾、朱光庭、蘇轍。」

二十八日，蘇軾與董長官簡。

簡見《佚文彙編》卷三（二四九七頁）。

簡云：「近者經由獲見。」叙京師以外事。又云：「忝命出於餘芘。」當指知登州。簡末云「軾再拜長官董侯閤下」，知董爲某縣縣令。董不知何許人，所令何縣。

歐陽發（伯和）卒。爲文以祭。

《宋史》卷三百一十九《歐陽發傳》謂卒時年四十六。《歐陽文忠公集》卷首《年譜》謂發生於康定元年。知發之卒爲今年事。

祭文見《蘇軾文集》卷六十三（一九四八頁）。文中有「公薨一紀，門人凋喪，我老又廢」之語，知作於得知登州新命前。「公」謂歐陽修，修卒於熙寧五年，至是一紀略有餘。謂「一紀」，蓋舉成數。《總案》次本文於元豐五年，誤。

本月，告下，復朝奉郎，起知登州軍州事。

《蘇軾文集》卷七十一《書遺蔡允元》：「六月被命。」指得旨之時。

本月，傳詔轍入朝。

《蘇軾文集》卷五十一《與滕達道》第四十七簡：「舍弟召命，蓋虛傳耳。」簡云「見報，中憲言玉汝右揆。」玉汝乃韓縝字，右揆謂右僕射。縝除右僕射，爲五月戊午（二十六日）事，見《宋史·宰輔表》。知傳詔轍爲本月事。

《佚文彙編》卷二《與王定國》第一簡：「子由赴闕之命，亦是虛傳耳。」作於本年起知登州時。

賈收（耘老）來常。得起用報，收等賀。軾與王琦（文玉）、王鞏（定國）簡。

《蘇軾文集》卷五十一《與滕達道》第四十一簡首云「耘老至」，以下言定居常州事，是時起用仍屬傳聞。《總案》謂收來常爲祝賀起用，失之。元豐七年，軾有簡薦收於滕元發（達道），見與元發第三十八簡。《蘇軾詩集》卷二十五《次韻答賈耘老》云「東來六月井無水」，知收來爲六月。來常後，得起用報，乃有「故人改觀争來賀」句。

《佚文彙編》卷三與琦第六簡叙知登新命爲「忝命過優」，簡末云「酷暑」。卷二與鞏第一簡：「謫居六年，無一日不樂，今復促令作郡，坐生百憂。正如農夫小人，日耕百畝，負擔百斤，初無難色，一日坐之堂上，與相賓饗，便是一厄。」蓋寫實。

賦《墨花》，軾贊汴人尹白墨花。

詩見《蘇軾詩集》卷二十五（一三五三頁），云「獨有狂居士，求爲黑牡丹」，知晤白。《圖繪寶鑑》

卷三《尹白傳》謂白「專工墨花，習花光梅，扶疏縹緲」。

蘇軾與范百禄(子功)簡。

簡乃《蘇軾文集》卷五十《與范子功》第一簡。簡云：「蒙庇粗遣，驟遷過分。」復云「毒熱」。謂起知登州軍州事也。《蘇軾文集》編者謂此簡爲「登州還朝」作，非是。

軾與徐積(仲車)簡。

簡乃《蘇軾文集》卷五十七《與徐仲車》第三簡。簡云「某忝冒過分」，謂知登州，簡實作於此時。簡云：「伏辱奇篇，伏讀驚嘆，愧何以當之，以太守會上，不即裁謝。」知蘇軾過楚州時，楚州太守盛情接待。其「奇篇」不知云何，今所傳徐積《節孝集》未見。簡盛贊積「窮約至老，居甚卑而節獨高」。

蘇軾與滕元發(達道)簡，報將赴知登州任。另求元發爲置朱紅累子，元發應其請作之。

簡乃《蘇軾文集》卷五十一《與滕達道》第四十七、四十八、五十、五十一、五十四、五十六各簡。第四十七簡云：「登州見闕，不敢久住，遠接人到，便行。」第四十八簡：「某受命已一月，甚欲速去，而遠接人未到，船亦未足，督之矣。」第五十簡：「某已被命，實奬借之素。已奏候遠接人，計不過七月中下旬行。」所云奏，已佚。

《與滕達道》第五十一簡：「許爲置朱紅累子，不知曾令作否？若得之，攜以北行，幸甚。」第五十四簡：「某好攜具野飲，欲問公求朱紅累子兩卓二十四隔者，極爲左右費，然遂成藉草之興，爲賜亦不淺也。」亦作於上三簡同時，附次此。據此，知朱紅累子乃簡易桌子及飯盒菜盒之類。朱紅當爲累子之顔色，累子做好後，以朱紅漆之。

《與滕達道》第五十六簡：「某干求累子，已蒙佳惠，又爲别造朱紅，尤爲奇妙。物意兩重，何以克當。捧領訖，感愧無量。舊者昨寄在常州，令子由帶入京。」此簡作於赴登州途中。

時軾來往真州、潤州之間。許遵罷潤州，赴金陵，次遵韻送之。游真州溪陰堂，有詩。

詩見《蘇軾詩集》卷二十六（一三六五、一三六六頁）。《嘉定鎮江志》卷十五謂遵元豐五年任，至是任滿。《輿地紀勝》卷三十八《真州・景物下》：「溪陰亭，在縣東范氏園，東坡嘗游，有詩。」縣乃儀真，真州治。《詩集》「誥案」謂時家累寄真州，往搬挈。

在真州，軾與王琦（文玉）簡。晤張升卿（公詡、公翊），升卿出《清溪圖》。嘗題詞《清溪圖》。

簡乃《佚文彙編》卷三與琦第七簡，云熱甚揮汗。乃盛夏。簡首云「寓白沙」。《輿地紀勝》卷三十八《真州・古迹》：「白沙鎮：《儀真志》云：真州，舊白沙鎮也。」簡云在真晤升卿，曾與升卿作《清溪圖》，「文多未暇録去，後信寄去也」。題詞見《蘇軾詩集》卷四十八（二六四四頁），作於此時。《總案》謂作於元豐七年，蓋由未見此簡。據簡，升卿字公翊。升卿一字公詡，見《金石續編》卷十五元祐二年三月十六日與李之紀等題名。時爲廣南東路轉運判官，見《長編》卷四百元祐二年五月乙卯紀事。《青山集》卷十九有《竹子灘逢廣漕張公詡》詩。升卿元祐六年爲符離守，見《佚文彙編》卷二《與錢穆父》第十三簡。

清溪在池州。見《輿地紀勝》卷二十二《池州·景物上》。沈遼《雲巢編》卷五《與公詡游西禪新閣》首云「清溪水浮青油幕，漾漾輕舟上西郭」。以下爲《次韵奉酬公詡短句》。元豐五年夏至八年遼客池，升卿或官於池。《輿地紀勝》同上卷謂《清溪詞》謂蘇轍作，誤。

《清波别志》卷上引本年八月十一日李常觀張升卿《清溪圖》跋文，有與韓忠彦、黄履、陸佃等「於禮部同觀」之語，知升卿與蘇軾真州别後即往京師。《清波别志》又謂升卿所圖者乃池陽清溪秋景，并謂蘇軾又囑秦觀書八月十一日同觀者職位姓名并詞於圖後，一時名士皆有跋語。《東塘集》卷十九《跋清溪帖》則謂蘇軾嘗囑秦觀書杜牧《弄水亭》詩於圖後，於是一時名公篇什序跋殆八十餘人；謂《清溪圖》乃升卿命良筆圖之。《吴禮部詩話》謂郭祥正有題《清溪圖》五絶句，有「唯欠子瞻詩」之語，升卿遂求蘇軾賦《清溪詞》；又謂自元豐末諸賢題詠甚多，真迹在金華智者寺草堂，「蓋宋季王佖元敬使君得之，易世後，其家以售於寺」。

《清江三孔集》卷九孔武仲《王文玉出清溪圖以示坐客》：「身在此溪濱，披圖看愈親。須知堂上客，便是畫中人。瀟灑蒼葭映，春容碧浪春。秀山旁發派，秋浦浄爲鄰。飛鷺來窺影，游魚可數鱗。飲闌須卷去，聊以辟京塵。」

同上卷二十二孔平仲《題清溪圖》：「清溪之水清無泥，鳧飛雁下太平池。昔人嘗比翠絹舞，安得卷之必自隨。畫師摹寫多巧思，只用烏田數張紙。戲拈秃筆掃成圖，濃淡邅迴真得意。江磯釣浦遠更深，昔時行處皆可尋。張公好雅心不俗，眉山先生爲楚吟。公今奉使庾嶺南，峽中喬木與天參。白雲翠曳入船户，清猿呼嘯窺江潭。天霾不開地多熱，佛桑山丹赤如血。此時一展《清溪圖》，灑落胸中貯冰雪。南方不可以久留，祝公歸來此中州，枕白石兮漱清流。蘆聲戰雨曷若颸風之拔木，漁煙凝晚曷若海霧之横秋。我已卜居在九江，九華、廬阜鬱相望。千里思公如咫尺，扁舟棹月到池陽。」此《清溪圖》，疑即王文玉所持有者。眉山先生謂蘇軾。此詩，用《豫章叢書》本《清江三孔集》校過。

此詩作於軾謫黄期間。

《沈氏三先生集·雲巢編》卷五《與公詡游西禪新閣》：「清溪水浮青油幕，漾漾輕舟上西郭。高林參天轉山脚，山上黄葉山前落。西禪道人屹重閣，松風泠泠半天作。左江右湖若可酌，青山四圍走巘崿。道逢支遁躡禪屩，方水幽尋同一噱。世事區區爲名縛，生死去來一丘貉。不如杯間寄冲漠，笑傲高明秋氣索。日斜回舟興不薄，有意重來何用約。吾歸南岡若孤鶴，新月纖纖下簾箔。坐想行臺夜更樂，橋下水聲鳴鑿鑿。」以下本卷另有《西禪新閣》，首云：「秋浦千萬山，蒼煙媚高木。」西禪在秋浦境内。同上《次韻奉酬公詡短句》：「紅葉飄蕭下石臺，掃除山徑半天開。百年老木和煙斫，萬頃晴天看月來。」

蘇軾送竹几與謝秀才，作詩。

詩見《蘇軾詩集》卷二十五（一三五四頁）。

詩首四句：「平生長物擾天真，老去歸田只此身。留我同行木上座，贈君無語竹夫人。」贈竹几乃以「長物擾天真」、「老去歸田」。此詩次《次韵答賈耘老》詩後，其時已得起知登州之命，似仍作於常州，然即將離常州，不知何以云「老去歸田」。據「老去歸田」，此詩似應作於本年三月底、四月初離南都、得請自便居住常州而赴常州之時。

蘇軾作詩贈章默。

詩見《蘇軾詩集》卷二十五（一三五五頁）。

詩之叙謂默生公侯家，棄家學道，不蓄妻子，而父母與兄之喪，貧不能舉，以是眷眷世間，不能無求於人。親喪葬其親，乃儒家之孝道。據此，儒家之孝道，與道家之道，并無矛盾。詩叙章默抱羸疾，以親未葬，「朝吟噎鄰里，夜淚腐茵席」，個人健康置之度外，不自愛惜。詩云及如葬親之志朝遂，「夕死真不戚」；又云爲實現葬親之志，即使「棄身尸陀林」，爲烏鳶狼藉，亦在所不惜。以上云云，乃章默所言，軾記其言爲詩以贈其行。章默可謂以身殉孝矣。宋刊《東坡集》卷十五此詩次《溪陰堂》、《次韵許遵》（撰者按，分别見《蘇軾詩集》第一三六六、一三六五頁）之後。蘇軾晤章默，或在潤州、真州間，默或爲潤州、真州人。

蘇軾作詩贈葛葦、王寂。

二詩見《蘇軾詩集》卷二十六（一三七二頁）。

贈葦首云：「竹椽茅屋半摧傾，肯向蜂窠寄此生。」似言葦之居住環境，則葦乃一安貧樂道之讀書人。當爲揚州人。第三句「長恐波頭卷室去」，似言其居室時有被風雨吞没之虞，故有第四句「欲將船尾載君行」。第五、六句「小詩試擬孟東野，大草閑臨張伯英」，謂葦作詩，練帖不輟，自得其樂。第七八句「消遣百年須底物，故應憐我不歸耕」，歆羡葦之耕讀，反謂葦憐己不歸耕，立意高人一等。

贈寂詩云：「與君暫别不須嗟，俯仰歸來鬢未華。」知告别時，寂有戀戀不捨之意。末二句：「記取江南烟雨裏，青山斷處是君家。」蓋謂歸來後，欲訪寂之室廬也。知寂家於江南。

要之，二人爲軾之晚輩。

蘇軾憶黄州梅花，作五絶。

詩見《蘇軾詩集》卷四十八(二六二〇頁)。

詩其五曰:「淮陽城裏娟娟月,樊口江邊耿耿參。」詩當作於泗上,泗上亦淮陽也。《外集》入此五詩於卷六,爲離黄州以後、未赴登州以前所作,今次此。

詩其一首云:「邾城山下梅花樹,臘月江風好在無。」憶黄州臘月梅花。其二云「不如風雪養天姝」,贊賞風雪中之梅花。其三云「旋傾尊酒臨清影」,因而憶楚江之梅花。其四云:「揚州何遜吟情苦,不枉清香與破愁。」作者似以何遜自命,梅花之清香能破愁,則梅花乃知己。

蘇軾訪散老,不遇,作詩。

詩見《蘇軾詩集》卷四十八(二六二一頁)。《外集》次卷六,爲離黄州以後、未赴登州以前所作。今次此。

詩云:「君來不遇我,我到不逢君。」彼此傾慕。末云:「古殿依修柏,寒花對暮雲。」散老所居環境如此。散老當爲道者。冬可云寒,春初亦可云寒,不能定。

軾晤了元(佛印),叙受張方平所托印施《楞伽經》事,了元以爲書刻爲善,乃於真州及金山書之。

《蘇軾文集》卷六十六《書楞伽經後》叙受張方平印施《楞伽經》於江淮間之命,以下引了元語:「印施有盡,若書而刻之則無盡。」乃爲書之。時了元住金山。

《輿地紀勝》卷三十八《淮南東路·真州·古迹》：「東坡寫經之所，在報恩寺。」同上《景物下》：「報恩寺，在城南，東坡嘗於此寫經。」其所寫之經，當即《文集》所云之《楞伽經》。真州、潤州一江之隔，往來便利。

《冷齋夜話》卷七《張文定公前生爲僧》：「張文定公方平爲滁州日，游琅邪，周行廊廡，神觀清浄，至藏院，俯仰久之，忽呼左右梯其梁間，得經一函，開視之，則《楞伽經》四卷餘，其半未寫。公因點筆續之，筆跡不異。味經首四句云：『世間離生滅，猶如虚空花。智不得有無，而興大悲心。』遂大悟流涕見前世事。蓋公生前嘗主藏於此，病革，自以寫經未終，願再來成之故也。公立朝正色，自慶曆以來，名臣爲人主所敬者莫如公。暮年出此經示東坡居士，居士爲重寫，題公之事於其後，刻於浮玉山龍游寺。」

涵芬樓《説郛》卷九十七《金山志》叙蘇軾過南都，張方平以《楞伽經》授軾，以下云：「且以錢三十萬，使鏤板印施於江淮間。軾曰：『此經在他人猶爲希世之瑞，况於公乎，請家藏爲子孫無窮之福。』金山龍游寺主僧了元謂軾曰：『印施有盡，書而刻之則無盡矣。』軾乃留金山，元請代書之，使侍者曉機走錢塘求善士鏤板流傳四方。乾道丙子，主僧寳印即軾寫經處，扁曰楞伽室。」

《竹坡老人詩話》卷二：「東坡喜食燒猪。佛印住金山時，每燒猪以待其來。一日，爲人竊食，東坡戲作小詩云：（略）」詩見《蘇軾詩集》卷四十八（二六五四頁），或爲此時事。

《江南通志》卷四十六：「天寧萬壽寺：在儀徵縣東南澄江橋西，唐景龍三年建。宋蘇子瞻嘗於此寫經。紹興中更今名。」其原名不詳。

晤仇博約爲此時事。

光緒《儀徵縣志》卷三十九《人物志·隱逸·僑寓》：「仇著，字仲約，其先蓟人。」以下云：「著由慶曆進士歷官朝散大夫，知梓州，退居儀徵私第，建至樂堂。子博，字彦文，年十三作《至樂堂記》，蘇軾奇之，拊其背曰：『後生可畏。』博數舉不利，慨然泛舟泝采石，以酒饌謁太白祠，與之對飲，誄之以文，終篇有曰『不知我者謂我狂且逸，知我者謂我與君同輩不同時』。」有《雪中失白馬》詩傳世。

崔子方與游，或爲此時事。

《永樂大典》卷二千七百四十一引《儀真志》：「崔子方，字彦直，涪陵人也。徙家居於縣南遠城之西，通《春秋》學，與東坡、山谷諸名士交游。」嘗知滁。《直齋書録解題》卷二著録子方《春秋經解》十六卷、《本例例要》一卷，《宋文鑑》卷二十三有子方詩。

子方詩題作《江上逢晁適道》，云：「渺渺連江雨，微微到面風。主人留一餉，佳士得相逢。會面嗟何晚，論詩許有功。君家好兄弟，更覺此心同。」《竹莊詩話》卷三有句云：「白日行空闊，青燈耿夜闌。」子方當時當有集傳世。

七月四日，軾作蔡襄（君謨）書跋。

跋見《蘇軾文集》卷六十九（二一九二頁）。

將赴登，軾賦《蝶戀花》述懷。

詞見《全宋詞》第三〇一頁。「雲水縈回溪上路」寫荆溪。「苦要爲官去」，將赴登。

下旬，軾自常赴登。

《蘇軾文集》卷五十一《與滕達道》第五十簡云「計不過七月中下旬行」。《施譜》謂七月赴登。

二十五日，軾與杜介相遇於金山，有詩贈之。

詩見《蘇軾詩集》卷二十六（一三六九頁）。

送穆珣（東美）知越州，軾有詩。

詩見《蘇軾詩集》卷二十六（一三六七頁）。《嘉泰會稽志》卷二謂本年八月到越州任，詩約作於七月。珣，元豐初，提點梓州路刑獄，見《長編》卷二百九十元豐元年七月甲戌紀事。移京西漕，元豐五年爲司勛郎中，見《文昌雜録》。元祐元年三月自越州移壽州，見《嘉泰會稽志》。《馮安岳集》卷十二《壽春穆東美有節亭》云「淮上仙翁倚歲寒」，知壽時，年事已不小，當長於蘇軾。旋知廬州，《蘇軾文集》卷三十九有《穆珣知廬州制》，作於元祐元年。

《馮安岳集》卷四《送梓憲穆珣東美度支移京西漕》：「剛强多少恩，寬厚或太迂。峭直病不通，聰明至無徒。達人固貴全，天理常不俱。自非藴明識，暫解輒已紆。穆公淮海英，厚重如魯儒。疾惡鸇逐雀，養民烏哺雛。斷獄求以生，好善久不渝。孰謂公太嚴，威姦而惠愚。孰謂公太異，中異外不殊。然猶蔽高潔，不肯隨世趨。美成固在久，巨材期營都。西京近日邊，漕領出帝俞。使權雖云重，吏責意已粗。財利較圭撮，法制環刀殳。天聽卑不遺，人言紛可虞。公心公且明，應手萬事無。階此將顯用，逸驥臨長途。山也乏材技，盤薄困守株。身浮一芥舟，業散千金屠。衰遲戀鄉曲，荏苒歲月徂。擺袖不願行，俗指争揶揄。惟公最見憐，情或昆弟踰。每憐沙丘病，不作飢鷹呼。秋風惜遠别，時去迹轉孤。飛黄轉騰踏，斥鷃甘槍榆。升沉各異勢，從此忘江湖。」可參。珣爲淮海人，有善政。

八月丁卯（初六日），蘇轍以承議郎爲祕書省校書郎。先是資政殿大學士兼侍讀吕公著、門下侍郎司馬光嘗薦轍於朝，至是除。有《初聞得校書郎示同官三絶》。

八月丁卯云云，據《年表》及《長編》卷三百五十九。《長編》卷三百五十七本年六月戊子紀事：吕公著薦轍有才氣，可充諫官；參本譜該日紀事。

詩見《欒城集》卷十四，其一末云：「奔走半生頭欲白，今年始得校書郎。」

張耒聞蘇轍除校書郎，爲詩并招王子中。

《柯山集拾遺》：「續溪仙翁若秋鶴，有喙不向腥羶啄。幾年戢翼大江南，下看紛紛飛燕雀。親携杖拂呵禪祖，自伐松根出靈藥。世人真自爲公忙，公寧有意人間樂。嗣皇繼明登俊彦，詔還讎書天禄閣。江山氣象滿收貯，傾倒歸來開萬橐。咸韶無聲嗟已久，野鼓羌弦自宮角。當令鸞鳳見文章，却遣丘陵仰山嶽。王郎蕭蕭好文筆，一世清名推衛樂。嶺頭梅發始辭家，坐見長安秋葉落。滯留窮縣許過我，季心不負千金諾。何爲歲晚尚遲留，庭下寒篁還解籜。我老棲棲亦何事，一官未足充藜藿。讀書把筆工無益，執板折腰心已作。頑疏一味難鞭警，妙道多生欲穿鑿。惟君所事與我同，他日相從鄭君學（自注：葛稚川授道鄭君，子由先生於道深矣）。」

據《張耒集》附年譜，耒時爲咸平丞。子中，已見本譜元豐二年「張耒赴壽安尉」條紀事。

中秋夜，軾與客登金山妙高臺，命袁綯歌《水調歌頭》。

《鐵圍山叢談》卷三：「歌者袁綯，乃天寶之李龜年也。宣和間供奉九重，嘗爲吾言：東坡公昔與客游金山，適中秋夕，天宇四垂，一碧無際，加江流澒湧，俄月色如晝。遂共登金山山頂之妙高臺，命綯歌其《水調歌頭》曰：『明月幾時有，把酒問青天。』歌罷，坡爲起舞而顧問曰：『此便是神仙矣。』」蘇軾元豐七年中秋在真州，見《蘇軾文集》卷五十一《與滕達道》第三十七簡，故繫於今年。綯宣和間爲教坊大使，《浩然齋雅談》載其應制詩。

中秋前後，軾亦嘗登妙高臺，應了元（佛印）之請，作詩。醉後游招隱寺，記焦山長老答問。

詩見《蘇軾詩集》卷二十六（一三六八頁），文見《蘇軾文集》卷七十二（二三〇四頁）。文謂「醉後單衫」，季節合。《佚文彙編》卷四與了元第三簡謂「《妙高》詩聊應命耳」，作於本年八月二十九日。參該日紀事。

《輿地紀勝》卷七《鎮江府》謂招隱山在丹徒縣西南七里，「招隱寺，宋戴顒居此，後以爲寺」。

丁丑（十六日），轍祭靈惠公汪王之神，作文。

文見《欒城集》卷二十六，蓋以雨暘以時稼穡大熟也。《輿地紀勝》「靈惠」作「靈濟」，參本年此前「視事三日」條。

轍作《全禪師塔銘》、《閑禪師碑》。

二文皆見《欒城集》卷二十五。全禪師全名道全禪師，元豐七年十二月丙寅卒，享年四十九，臘三十。閑禪師乃黄龍南老（慧南）嫡嗣，元豐四年三月十三日卒，年五十三，臘三十六。閑禪師全稱隆慶慶閑禪師，乃南嶽下十二世。《五燈會元》卷十七有傳，云：「坐逝，俾畫工就寫其真，首忽自舉，次日仍平視。闍維日，雲起風作，飛瓦折木，烟氣所至，東西南北四十里。凡草木沙礫之間，皆得舍利如金色，計其所獲幾數斛。……初，蘇子由欲爲作記，而疑其事，方卧痁，夢有呵者曰：『閑師事何疑哉？疑即病矣。』子由夢中作數百言。其銘略曰：『稽首三界尊，閑師不止此。憫世狹劣故，聊示其小者。』子由其知言哉。」「稽首」云云在轍之文中。轍於《閑禪師碑》中又云：「余未嘗識師。元豐七年，過廬山開先，見瑛禪師，言及師事。且曰：『瑛少嘗問道於閑師，願爲文刻石，傳示久遠。』余許之。明年，遣其徒請於績溪。」下云五月得寒熱之疾，未明何自。「即於夢中作數百言，詞甚雋偉，覺而忘之，病亦稍愈。」蓋轍已入佛境矣。參本年五月辛亥條紀事。

楊繪(元素)專人致長箋爲賀，軾瓜洲道中答簡。

答簡乃《蘇軾文集》卷五十五與繪第十簡，時繪仍在知興國軍任。

曾布(子宣)來簡，軾答之。

答簡乃《蘇軾文集》卷五十與布第一簡，云「初涼」，點明季候。云「尚煩藩翰之寄」，據《宋史》卷四百七十一布傳，布時知慶州。云「流落江湖，晚獲叨遇」，作於得知登州告後。云「二聖思治，求人如不及，公豈久外」，慰布。布旋爲户部尚書。《長編》卷三百六十九閏二月庚戌，布以户部尚書知太原。

過泰州，軾晤徐守信(神翁、三翁)。

《龍川略志》卷十《徐三翁善言人災福》：「泰州天慶觀布衣徐三翁，不知所從來，日掃觀中地，非衆道士殘食不食，時言人災福，必應。予兄子瞻自黄州起知登州，見而問之，曰：『君無作官即善。』子瞻信之而不能用，其後果有嶺南、海南之行。」

《輿地紀勝》卷四十《淮南東路·泰州·仙釋》：「徐神翁，名守信，如皋人。遇至人授以神仙抱一之道，語人禍福，無一不驗。」宋苗希頤《徐神公語録》謂爲海陵人，年十九入天慶觀，蔣之奇以神翁呼之。《宋史·藝文志》著録朱宋卿《徐神翁語録》一卷，不知與苗書是否爲一書。

宋苗希頤《徐神公語録》有守信詩三首，其一云：「遥望南莊景色幽，前人田土後人收。兒孫自有兒孫福，莫與兒孫作馬牛。」其二云：「富貴貧窮各有由，宿緣分定莫罔求。不曾下得春時種，空守荒田望有收。」其三云：「南莊北宅眼前花，好兒好女莫謾誇。我若一朝身死後，又屬張三李四家。」守信蓋爲達觀之士。其一「遥望」二句、「兒孫」二句，流傳甚廣。

軾過揚州，晤州守楊景略（康功）。

本年五月己亥，詔揚州守吕公著乘傳赴闕，見《長編》卷三百五十六。《蘇魏公文集》卷五十六楊景略墓銘：試中書舍人，知揚州。《北宋經撫年表》卷四謂景略繼公著之任，是。《蘇軾詩集》卷二十六《楊康功有石狀如醉道士爲賦此詩》，乃應景略之請而作。參以下「大風淮口舟中」條。

《參寥子詩集》卷二《楊康功待制所藏醉道士石》：「天官夜燕瓊樓春，一官大醉頹穹旻。飛光貫地若素練，百里雞犬聲紛紛。吹風洗雨歲月古，化此頑石良悲辛。楚山之老頗知異，濯以澗底清漪淪。霓裳彷佛認宇客，楮冠數寸横秋雲。空齋晝閑戲一擊，琅然哀韵還天真。我聞天官天所陳，雖復暫屈終當申。烈風迅雷一朝作，却上蒼蒼朝紫宸。」可參。

二十七日，別揚州石塔寺擇老（擇公、無擇、戒公）。

據《蘇軾文集》卷七十二《記石塔長老答問》。題中所云石塔長老乃擇老。文中所云石塔，乃石塔長老略稱。參《墨莊漫録》卷四。

二十八日，贈擇老詩。蘇軾嘗應請爲書字。

二十八日云云，據《墨莊漫録》卷四。詩乃《蘇軾詩集》卷二十六《余將赴文登過廣陵而擇老移住石塔相送竹西亭下留詩爲別》。

《欒城集》卷十四詩題：「子瞻與長老擇師相遇於竹西、石塔之間，屢以絶句贈之，又留《書》邀轍同作，遂以一絶繼之。」《書》佚。「屢以」者，蓋指蘇軾此詩與卷二十四《別擇公》。轍詩有「虎溪廬阜久逢迎」句，似擇老嘗爲僧廬山。《文集》卷六十一《與無擇老師》叙應請爲擇老書額事。

二十九日，過邵伯埭，軾與了元（佛印）簡。

《佚文彙編》卷四與了元第三簡云「離揚州日忙迫」，又云「今日過邵伯埭」，「回望山水間，麈塵妙談，豈可復得」，致思念之意。邵伯埭在揚州廣陵縣北。

軾《邵伯埭鐘銘》或作於此時。

銘見《蘇軾文集》卷十九，其叙云：「邵伯埭之東，寺僧子康募千人爲千斤銅鐘，蜀人蘇軾爲之銘。」《江南通志》卷四十六：「法華寺：在府東北邵伯鎮，一名來鶴寺，隋大業三年建。周世宗征淮南，駐蹕於此，置法華禪院。宋開寶中賜額爲寺。寺有銅鐘，重千餘斤，僧子惠募金所鑄，蘇軾有《鐘銘》。」《輿地紀勝》卷三十七《揚州·景物下》：「法華院：周世宗親征淮南，駐蹕於此，後置院。」

嘉慶《揚州府志》卷六十四《金石》首録此銘，謂在邵伯。

軾過斗野亭，晤僧榮。次孫覺（莘老）留題詩韵。

次韵詩乃《蘇軾詩集》卷二十六《次韵孫莘老斗野亭寄子由在邵伯堰》，云「老僧如夙昔，一笑意已傾」，謂榮也。

參本年以下「轍過邵伯閘」條。

楊傑奉詔與高麗僧統（義天）游錢塘，與軾晤於途中，作詩送之。

詩見《蘇軾詩集》卷二十六（一三七四頁），末云：「過江風急浪如山，寄語舟人好看客。」知晤傑於傑過大江之前。《教苑遺事》謂統本年冬至明州，上表乞游中國，詔以楊傑館伴。《欒城集》卷十四有《次韵子瞻送楊傑主客奉詔同高麗僧游錢塘》，作於本年九、十月間，轍時赴京師，過錢塘，晤傑。

《永樂大典》卷二萬二千五百三十七《無爲集》條下引王之道《別集序》:「故侍講楊公諱傑,字次公,無爲人。少以文學致身蘭省,而尤深於釋迦、老聃之教。元豐中,嘗詔對便殿,問以佛法,繼被旨修道門科儀。平生所著二家詩文最多,得大辯才,通達無礙。當時好談性理之學,如臨川王介甫、眉山蘇子瞻,猶或避路放一頭地,而況餘人乎?今《無爲集》外有別集若干卷,載二家之詩文云。」《無爲集》,傑撰,今傳本乃《永樂大典》輯本。《大典》所云《別集》,乃《無爲別集》。

大風淮口舟中,軾作楊景略(康功)醉道士石詩,和迨詩。故人蔡允元來,書以贈之。

詩見《蘇軾詩集》卷二十六(一三七五、一三七六頁)。《蘇軾文集》卷五十五與景略第三簡叙作二詩并奉呈景略事。簡云「子由過彼,可出示之」,時已得弟轍除校書郎報,約作於九月。卷七十一《書遺蔡允元》叙蔡之來,時大風三日不能渡。

《淮海集》卷五《題楊康功醉道士石》:「黄冠初飲何人酒,徑醉頽然不知久。風吹化石楚山阿,藤蔓纏身蘚封口。常隨白鶴亦飛去,但有衣冠同不朽。異物終爲賢俊得,野老田夫豈宜有。華陰楊公香案吏,一見遂作忘年友。日暮西垣視草歸,往往對之傾數斗。大夢之間無定論,啓母望夫天所誘。穀城或與子房期,西域更爲陳那吼。我疑黄冠反見玩,若此堅頑定醒否。何當一笑凌蒼霞,顧謝主人聊舉手。」

蘇軾賦《蝶戀花》（昨夜秋風來萬里）。

詞見《全宋詞》第一册第三二八頁，始見《二妙集》。

《蘇軾詞編年校注》：「薛本略云：從詞中『秋風來萬里』、『有客』、『不寐』、『羈舍留連』諸語看，當爲秋中爲客時作。考公一生秋中爲客者凡五，惟元豐八年乙丑由常州赴登州，九月經楚州遇大風一次，最與此詞相符。《蘇軾文集》卷五五《與楊康公（景略）三首》其三，寫於赴登州途中，云：『兩日大風，孤舟掀舞雪浪中，但闔户擁衾，瞑目塊坐耳。楊次公惠醞一壺，少酌徑醉。……某有三兒，其次者十六歲矣，頗知作詩，今日忽吟《淮口遇風》一篇，粗可觀，戲爲和之，并以奉呈。』又，《文集》卷七《書遺蔡允元》：『僕閑居六年，復出從仕。自六月被命，今始至淮上，大風三日不得渡。』書簡所云『大風三日』及蘇迨所作《淮口遇風》詩與『昨夜秋風來萬里』合，『闔户擁衾，瞑目塊坐』與『有客把衾愁不寐』、『羈舍留連』合，因知此詞作於乙丑九月由常赴登經楚遇大風時。所考近是。」

薛本謂薛瑞生《東坡詞編年箋證》。

至楚州。軾次韵贈别徐大正（得之），次韵徐積（仲車），與積簡。

詩皆見《蘇軾詩集》卷二十六（一三七七頁）。前者，《施譜》題作《楚州次韵徐大正》。

《蘇軾文集》卷五十七與大正第九簡云「昨日已别，情悰惘然」。

《詩集》卷三十五《次韻徐仲車》自注：「予赴登州，見仲車。」積，楚州山陽人。《宋史》卷四百五十九有傳，時家居不仕。

轍在績溪，嘗築堤，後人名曰蘇公堤。

乾隆《績溪縣志》：「蘇公堤：在西門外，宋蘇轍建。」

轍游豁然亭、翠眉亭，賦詩。豁然亭乃汪琛建。嘗與汪晫（處微）游。

詩見《欒城集》卷十四。

乾隆《績溪縣志》卷一：「豁然亭：宋汪琛建。蘇轍宰邑，常與琛登高賦詩。」以下引《豁然亭》詩，同上書卷八謂汪晫爲西園人，蘇轍喜與之游。卷九謂晫有《環谷集》，元張純仁爲序（按：其集不傳）。卷十引《環谷存稿》（按：當即《環谷集》）附録謂蘇轍與汪琛友善，家藏轍手澤尚新，有次韻汪二首（按：即《集》卷十四《次韻汪琛監簿見贈》）。據此，知琛與晫蓋族人，琛亦績溪人。

《南澗甲乙稿》卷十九《蘇文定公祠碑》：「歙之績溪縣西隅有亭曰翠眉，不知其何人作也。前則二小山對出，自亭而望，嫵然如眉，地勢平衍，林木茂蔚。元豐末，蘇文定公爲縣，愛其幽清，時往游焉，賦詩其上。」

《新安志》卷五《績溪·驛亭》：「翠眉亭，在城西一里。元豐中，蘇公爲縣，行平岡上，見雙嶺如眉勢，作亭對之，名翠眉，且以志故鄉峨眉之思。亭焚於宣和中。紹興六年，知縣賈詡復新之。」

轍將行，辭靈惠廟。行前，嘗至歙縣。郭愿（惇夫）贈古鏡，題邵武游氏老人三清堂紫芝。

《欒城集》卷十四《辭靈惠廟歸過新興院書其屋壁》：「來時稻葉針鋒細，去日黄花黍粒粗。」蓋爲九月初。又云「久病終慚多敝政」，乃實寫。《新安志》卷五《績溪·僧寺》：「新興院在惟新上鄉新安里。唐乾符五年建。」

《集》同上《歙縣歲寒堂》首云：「檻外甘棠錦繡屏，長松何者擅亭名。」末云：「長官不用求琴譜，但聽風聲作弄聲。」

《新安志》卷三《歙縣·官廨》：「縣廳在州城，東有松風亭。元豐中，王薦爲宰時，知州事張慎修易之爲歲寒亭。少蘇公在績溪，爲賦詩，而發運使蔣之奇爲作賦，刻石亭上。」同上《賢宰》：「王薦，字繼道。宣城人。常從學於蔣之奇，登第後，以雄州防禦推官知歙縣事。其爲政捐利於民，專務興崇學校，招後進使就學，作《勸學文》以率之。」據此，轍詩蓋美王薦之政。又，《輿地紀勝》卷二十《江南東路·徽州·景物下·歲寒亭》：「在歙縣廳。」歲寒亭當即歲寒堂。

《集》卷十四《郭尉惠古鏡》：「凜如秋月照虚空，遇水留形處處同。」良鏡也。贈鏡之意，當爲送行。《邵武游氏老人三清堂紫芝》首云：「黑龜赤鳳早逢師，白髮蒼顔老不衰。」贊老人。末云：「何日刀圭救羸病，盡芟荆棘種交梨。」自是仁者情懷。

行後，邑人即翠眉亭爲祠。紹興中建景蘇堂，以志景慕之意。蓋轍爲政樂與民游。

《南澗甲乙稿》卷十九《蘇文定公祠碑》：「公去而邑人思之，即（翠眉）亭爲祠。中更黨籍禁錮之餘，書毁迹滅，重爲寇攘之厄，井邑蕩然，公之遺翰了無在者。紹興中，好事者飾縣廨一堂，名以景蘇。後令曹訓刻公在績溪所爲詩三十六篇於石，而摩公之像於亭。歲月寖久，棟宇弗支。淳熙十年，公之曾孫秘閣修撰諤爲江南東路轉運副使，按行邑中，來拜祠下，出俸錢付縣吏，曰修之，勿以煩民也。時奉議郎虞儔方祇縣事，愧而謝曰：『此令之職也。昨爲令者以頻歲救荒，故未能及，儔至甫幾月爾，固將及之，其敢用公之私錢。』……其明年，來曰：『祠成久矣。』闢亭爲四楹，得家廟本别繪公像於中，前爲軒楹，以面兩山，後爲便舍以待游者，以公之愛其處，規制仍舊，不敢侈也。」

《輿地紀勝》卷二十《徽州·官吏下》：蘇轍：……《新安志》云：「蘇公謫爲令，與民相從於社，民樂之。其後里中社輒以酒肉饋長吏，下及佐史。（下略）」按，羅願《新安志》無此記載。

《新安志》卷五《官廨》：「縣廳。在城東南隅，舊有秋風堂，後改爲景蘇堂，刻蘇公像并三十六詩。」亦見《輿地紀勝》卷二十。

按刻轍績溪詩之曹訓，又曾傳刻蘇軾文集。明成化四年（一四六八）吉州守程侯重刊《蘇文忠公全集》，即曾參據「宋時曹訓所刊舊本」，見李紹序。成化本《東坡七集》通行至今，曹訓亦有功焉。

九月己酉（十八日），蘇軾以朝奉郎除禮部郎中。

據《長編》卷三百五十九。《皇朝文鑑》卷三十九王震撰《朝奉郎蘇軾可守禮部郎中》：「爾議論文章，卓然名世。而失職浸久，所學未伸。今茲命爾爲郎，以待不次之選。孔子曰：如或知爾，則何以哉！維爾之才，不患無位。」

《楞伽經》刻成，本月，軾書其後。

文見《蘇軾文集》卷六十六（二〇八五頁），謂《楞伽經》書完後，了元「使其侍者曉機走錢塘求善工刻之板，遂以爲金山常住」。參本年「晤了元」條紀事。

《姑溪居士文集》卷三十八《跋東坡書多心經》謂蘇軾所書《楞伽經》，「已鏤板矣，今在金山」。并謂其字「近似郭功甫家張長史帖」。

泗上喜見張大亨（嘉父），有詩。軾嘗與大亨論詩。

詩見《蘇軾詩集》卷十八（九三九頁）。詩有云：「明窗一榻共秋閑。」明言秋季。

《詩集》卷三十五《送張嘉父長官》：「再見江湖間，秋鷹已離鞲。」謂此次相晤也。查慎行編泗上見大亨詩於本年赴文登時，良是；《詩集》編者王文誥編於卷十八《書泗州孫景山西軒》後，誤。

大亨本年登乙科，見《春渚紀聞》卷一《丑年世科第》。《山陽藝文志》目録謂大亨一名大寧，楚州山陽人。論詩見《冷齋夜話》卷一《盧橘》條。

軾過漣水軍，賦《蝶戀花》贈趙昶（晦之）。過海州，見高麗亭館壯麗，諷以詩。過懷仁，題縣令陳德任占山亭。過密州，次韵贈趙杲卿、喬叙；過常山，父老相迎。

詞見《東坡樂府》卷下。《總案》次過漣水於過海州之後，誤。按：漣水在海州南。詞云「自古漣漪佳絶地，遶郭荷花，欲把吴興比」，蓋言漣水「佳絶」，非詠荷花。蘇軾本年自南都回常州，未經漣水，而其地乃赴登所必經，故繫此。

《韵語陽秋》卷十三：「漣水軍有真君泉，在軍治園中。東坡嘗題字於石欄，又作長短句，所謂『倦客塵埃何處洗，真君堂下寒泉水』是也。」「倦客」二句，即在此詞上闋之末。

《蘇軾詩集》卷二十六《再過常山和昔年留别詩》云「傴僂山前叟，迎我如迎新」。他詩俱見同上卷（一三七九至一三八〇頁）。

陳德任待考。

《蘇軾在密州》第四編《蘇軾在密州遺址遺迹考略》韓崗《高麗館》：「北宋是中國歷史上對外

貿易特别發達的時期，……沿海開闢了許多港口，密州是當時對外貿易港口之一。密州境域遼闊，居海之濱，海岸綫迂回曲折，形成許多深水良港。見於史書記載的有板橋鎮、宋家口、董家口、陳家口、曹家溜、黄石欄等。其中尤以板橋鎮（今屬膠州市）最爲著名。」韓文云密州是對高麗進行貿易的重要口岸。韓文云：「據《文昌雜録》説：起居郎楊景略、左司郎中錢勰奉使高麗，同自密州發洋。蓋縣境海口在宋時爲高麗往來要地，故曾築高麗館於城外。密州高麗館建於元豐七年（一〇八四年）。清乾隆《諸城縣志·總記》載：『元豐七年，詔築高麗館。』」韓文云：「明代萬曆《諸城縣志》對此事亦有記載：『高麗館，在本縣東關廂舊驛左，今廢。』……諸城東關古有官道，向東直達板橋鎮，高麗館築在此地，可方便前來的高麗商人和使者。」

蘇軾於常山作詩贈劉鎡。

詩見《蘇軾詩集》卷四十七（二五三七頁）。

《金石萃編》：桂林洑波巖還珠洞題名，首列清源劉鎡逢時之名字。知鎡字逢時，清源人。該題名後書宣和己亥（元年，一一一九）六月十六日。時知桂州。參《廣西通志·金石·龍隱題名》：劉鎡等宣和己亥仲秋二十三日同游。

據此，蘇軾本年經常山見劉鎡時，鎡乃青春卓發之年。

過超然臺，軾贈密守霍翔詩。

詩見《蘇軾詩集》卷二十六（一三八一頁）。

《長編》卷三百五十六元豐八年五月庚子紀事：「朝奉大夫、提舉京東路保馬兼保甲霍翔知密州。」蘇軾過密時，翔正在任。

蘇軾經密州，尚有《雜詩》。

詩見《蘇軾詩集》卷二十六。

詩首二句：「昔日雙鴉照淺眉，如今婀娜緑雲垂。」九年不見，昔日小丫，已爲大姑娘。末二句：「蓬萊老守明朝去，腸斷簾間綷綵時。」婦人女子亦思念蘇軾。

自密州赴登州，軾并海行數日。

據《蘇軾文集》卷六十七《書柳子厚詩》。

將至登州，父老迎於路，以爲政愛民如馬默者爲望。

《名賢氏族言行類稿》卷三十九、《宋史》卷三百四十四《馬默傳》叙其事。後者云：「知登州。沙門島囚衆，官給糧者纔三百人，每溢數，則投諸海。」以下云：「默爲奏請，更定《配島法》凡二十條，溢數而年深無過者移登州，自是多全活者。其後蘇軾知登州，父老迎於路曰：『公爲政愛民，得如馬使君乎？』」

轍用兄軾之言，繞道歙溪過錢塘觀兄軾遺迹。游桐廬望桐君山寺，泝潮并贈王復處士；僧惠思來訪；時楊傑奉詔與高麗僧統（義天）游錢塘。皆有詩。

詩均見《欒城集》卷十四。

《集》卷十四《寄龍井辯才法師三絶·叙》：「轍自績溪蒙恩召還，將自宣城沿大江以歸。家兄子瞻以書告曰：『不如道歙溪，過錢塘，一觀老兄遺迹。』轍用其言。」其一首云：「我兄教我過東吴，遺墨山間無處無。」參下條。

《蘇軾詩集》卷八有《王復秀才所居雙檜》、《哭歐陽公孤山僧惠思示小詩次韵》，涉軾在錢塘交游遺迹等。同書卷二十六有《送楊傑》言其「奉詔與高麗僧統游錢塘」事，轍詩即次此詩韵也。

十月八日，轍游上天竺。寄龍井元净（辯才）法師三絶并簡。元净次韵。

詩見《欒城集》卷十四。蓋在錢塘不能留，故寄詩。元净與兄軾相好。

《聖宋名賢五百家播芳大全文粹》卷六十收轍與元净簡，云：「績溪蒙恩召還，將自宣城沿大江以歸。家兄子瞻以書告曰：『不如至吴中。』迫於水涸，不能久留。十月八日游天竺。子瞻昔與辯才師相好，今隔南山，不得見，乃作三詩以寄之。」文字略同轍詩之叙。此簡，《集》、《後集》、《三集》未收。參劉尚榮《蘇轍佚著輯考》。

批校鈔本《淳祐臨安志》引元净《和蘇子由》：「春去春來冬復冬，幾思虚論未緣逢。歙溪道賞兄遺迹，勿少龍泓一老龍。」「未緣逢」亦云未見。龍井本名龍泓。

轍作《元絳參政輓詞》。

詩見《欒城集》卷十四。絳字厚之，錢塘人。官至參知政事。元豐六年卒，年七十六。事迹詳《蘇魏公集》卷五十二神道碑、《王魏公集》卷二《墓誌銘》、《宋史》卷三百四十三傳。

十五日，軾抵登州任，進謝上表，上謝兩府啓。其上任乃趙偁。

《平園續稿》卷十《跋趙弁雪圖》：「祖吏部諱偁，東郡人，元豐末知登州。」得蘇軾爲代。《蘇軾文集》卷三十八《趙偁可淮南轉運副使制》云「汝昔爲文登守，而海隅之民，至今稱之」。卷三十五《乞罷宿州修城狀》亦及之。《節孝集》卷八有《送趙漕偁》詩。參元祐八年「前任爲趙偁」條。

登州屬京東東路，轄蓬萊、黄、牟平、文登四縣，治蓬萊。表見《蘇軾文集》第六九五頁、啓見一三二九頁。

蘇軾賦《鰒魚行》、《登州孫氏萬松堂》。

二詩見《蘇軾詩集》卷二十六。

登州産鰒魚。鰒魚味美、明目。《鰒魚行》云：「君不聞蓬萊閣下駝碁島，八月邊風備胡獠。舶船跋浪黿鼉震，長鑱鏟處崖谷倒。」鰒魚生石崖上，以長鑱自石上鏟取之，蘇軾實得之目擊。

則鰒魚之得，實爲大不易事。詩末云：「吾生東歸收一斛。」知作此詩時，已得朝命，即將東歸。以下云：「苞苴未肯鑽華屋。」言不以此贈朝中顯貴。以下云：「分送羹材作眼明，却取細書防老讀。」承上言，將以此鰒魚一則以贈親友，一則自用。《蘇軾文集》卷五十一《與滕達道》第五十七簡言「鰒魚三百枚」，「聊爲土物」。意爲以此贈滕元發（甫、達道）。二人友情非同一般。

蘇軾在登州期間，嘗訪孫氏萬松堂，《登州孫氏萬松堂》即記其事。「半嶺蒼雲映此邦」言松之多。此詩題下「查注」引《名勝志》，謂孫氏松堂「在登州府城内」。登州城内有如許松嶺、松林，足見登州城之空曠。「浮空兩竹橫南閣」，言自松堂可觀大海中之大竹、小竹二島，亦爲親身所見。末二句「坐待夕烽傳海嶠，重城歸去踏逢逢」，言在松堂觀晚景，夜聞鼓始歸。有眷眷不捨之意。

丁丑（十六日），以蘇轍爲右司諫。

據《年表》及《長編》卷三百六十本日紀事。後者云：「詔尚書、侍郎、給、舍、諫議、中丞、待制以上各舉堪充諫官二員以聞。初，中旨除朝議大夫、直龍圖閣、知慶州范純仁爲左諫議大夫，朝請郎、知虔州唐淑問爲左司諫，朝奉郎朱光庭爲左正言，校書郎蘇轍爲右司諫，正字范祖禹爲右正言，令三省樞密院同進呈。太皇太后問此五人如何？執政對：『協外望。』」以下叙章惇謂大臣密薦爲非，於是吕公著以范祖禹，韓縝、司馬光以范純仁親嫌爲言，故有是詔，後除純仁天章閣待制，祖禹著作佐郎，并「詔淑問、光庭、轍除命如故」。

《容齋隨筆·三筆》卷十四《親除諫官》：「元豐八年，詔范純仁爲諫議大夫，唐淑問、蘇轍爲司諫，朱光庭、范祖禹爲右正言。宣仁后問宰執，此五人者如何？僉曰：『外望惟允。』章子厚獨曰：『故事，薦官皆薦諸侍從，然後大臣稟奏。今詔除出中，得無有近習援引乎？此門寖不可啓。』后曰：『大臣實皆言之，非左右也。』子厚曰：『大臣當明揚，何爲密薦？』由是有以親嫌自言者，吕公著以范祖禹，韓縝、司馬光以范純仁。……後改除純仁待制，祖禹著作佐郎。」轍爲司諫，乃宣仁后親除。

《宋史》卷一百六十《選舉志》六亦略及此事。

《蘇軾文集》卷六十《與子安兄》第三簡：「子由亦有司諫之命，想不久到京。」子安名不危，伯父涣之第三子。

十七日，軾與門下侍郎司馬光啓，并略叙近況。

《鬱孤臺法帖》卷六《孟冬薄寒帖》：「軾頓首再拜。孟冬薄寒，恭惟門下侍郎台候萬福。軾即日蒙免，罪戾之餘，寵命逾分，區區尺書，豈足上謝，又不敢廢此小禮，進退恐栗，未緣趨侍，伏冀上爲宗社精調寢興，下情祝頌之至，謹奉手啓布陳萬一，不宣。軾頓首再拜門下侍郎執事。

十月十七日。」此啓爲《蘇軾文集》卷五十《與司馬温公》第四簡，《文集》佚去「十月十七日」五字。文字其他不同處爲：「軾頓首再拜」作「某頓首」；「手啓布陳萬一」作「啓」；無「頓首再拜門下侍郎執事」一句。

《法帖》緊次《孟冬薄寒帖》爲《去歲臨去黄州帖》，云：「去歲臨去黄州，常奉短啓，爾後行役無定，因循至今，聞公登庸，特與小民同增鼓舞而已，亦不敢上問，想識微意，不宣。軾再拜。」此乃《文集·與司馬温公》第五簡。《文集》「常」作「嘗」，「微」作「此」，無「不宣軾再拜」五字。此簡乃《孟冬薄寒帖》之附簡。

十七日，軾與樞密啓。

《與樞密》見《佚文彙編》卷四，云「即日蒙恩，罪戾之餘，寵命逾分」，謂知登。《宋史·宰輔表》云韓縝、章惇時知樞密院事，安燾同知樞密院事，縝加兼中書侍郎、右僕射。

二十日，以禮部郎中召還。軾進謝上表，作謝杜宿州啓。

《蘇軾詩集》卷二十六《登州海市·叙》云「予到官五日而去」。表見《蘇軾文集》卷二十四（七二〇頁），啓見卷四十六（一三三〇頁）。杜宿州，不詳。

《山谷詩集注》卷二《次韵子由績溪病起被召寄王定國》：「維此禮部公，寒泉甃舊井。謫去久羸瓶，召還汲脩綆。太任決齋宫，陛下天統慶。日月進亨衢，經緯寒耿耿。西走已和戎，南遷無哀郢。誰言兩逐臣，朝轡天街並。」謂蘇軾兄弟并召還也。時黃庭堅已至京師。參元祐元年「始與黃庭堅相見」條紀事。

應李常子大方之請，賦其間遺直坊，坊蓋熙寧中李師中所榜也。軾賦《登州海市》。

詩皆見《蘇軾詩集》卷二十六（一三八三、一三八七頁）。此李常，非字公擇者，乃另一人。

楊景略（康功）元豐七年使高麗還，奏乞立海神廟於登州板橋。軾移書使遷之文登。楊不從。

據《蘇軾詩集》卷三十六《頃年楊康功使高麗還》詩及注文。軾書已佚。移書當爲知登時事。

潘鯁（昌言）、潘丙（彦明）兄弟來簡。軾答丙簡。

《蘇軾文集》卷五十三與丙第二簡：「至登州，領所惠書。」以下云：「到郡席不暖，復蒙詔追。」知作於十一月間。簡又云鯁「亦蒙惠書」；并請丙申意舊交孔平仲（毅甫）、郭遘（興宗）等。

傳嘗詢「白鳥」之意於主簿某，某爲言之，因而厚待之。

《山谷外集詩注》卷七《衛南》史容注：「嘗聞東坡知登州，有一主簿白事不已，公頗倦，謾云：『晚可見過。』主簿不測其意，至晚獨入，公强出見之，因閲杜詩，問云：『江湖多白鳥，天地足青蠅。白鳥，鷗鷺之屬耶？』主簿曰：『白鳥乃蚊蚋，以況贓吏，江湖之間，距朝廷遠，多贓吏耳。天地之間，君子少而小人多。』公即改觀厚待之。」

晦日，登蓬萊閣，軾記所見。

文見《蘇軾文集》卷七十一（二二六二頁）。

《齊乘》卷五：「蓬萊閣，登州北三里海濱，田横寨相對，本海神廟基。宋治平中，郡守朱處約以其地太高峻，移廟西置，平地於此建閣，實爲山海登臨勝概。閣下有獅子洞，洞前有泠然泉，古稱浪井，潮生浪起則没，水退則甘冽如故。舊有甘泉亭。閣下碎石爲海浪淘激，歲久圓滑，土人謂之彈子渦，黑白者可以弈。」

同日，書《登州海市》詩贈史全叔。

據《蘇軾詩集》卷二十六《登州海市》題下「查注」；注文原謂「書呈全叔承議」，未云姓氏。《文集》卷七十《書吴道子畫後》有史全叔，乃是其人。

山東蓬萊趙樹棠先生來信謂經考，全叔乃汝州人，承議郎。

蘇軾與鞠持正簡。

簡乃《蘇軾文集》卷五十九與持正第一簡。

簡云：「文登雖稍遠，百事可樂。」知作於登州。《蘇軾文集》編者謂簡作於揚州，非是。

簡云：「島中出一藥名白石芝者，香味初若嚼茶，久之甚美，聞之益人，不可不白公知也。白石芝狀如石耳，而有香味，惟此爲辯。祕之！祕之！」白石芝狀如石而非石。初若嚼茶，乃得之親身品嚐。「辯」字耐人尋味，蓋謂可以深入争辯、品評、研究也。謂「祕之」，實蘇軾自詡此乃個人之發現。然亦可覘蘇軾與持正之親近。

與持正第一簡：「蜀人蒲永昇臨孫知微《水圖》，四面頗爲雄爽。杜子美所謂『白波吹素壁』者，願掛公齋中，真可以一洗殘暑也。」持正乃風雅之士，非同流俗。

蘇軾和陳賢良詩。

詩見《蘇軾詩集》卷二十六（一三九〇頁）。

詩首云：「不學孫吴與《六韜》，敢將駑馬并英豪。」知陳賢良習兵法。第三、四句云：「望窮海表天還遠，傾盡葵心日愈高。」知陳賢良有抱負，欲爲朝廷出力。第五句「身外浮名休瑣瑣」，兼己與陳賢良言之，知陳賢良亦不得志於時。第六句「夢中歸思已滔滔」則謂己。末二句：「三山舊是神仙地，引手東來一釣鼇。」就蓬萊太守立言，灑脱之至，亦爲實情。

此陳賢良仕履不詳。

蘇軾致簡滕元發（達道），并餽鰒魚等。

簡乃《蘇軾文集》卷五十一《與滕達道》第五十六簡。

簡云：「鰒魚三百枚，黑金棋子一副，天麻煎一部，聊爲土物。不罪浼觸。」作於登州。鰒魚乃登州土物，以上「蘇軾賦《鰒魚行》」條已及。

轍過蘇州，州守滕元發（達道）留之。代元發作謝上表。兄軾有簡與元發，報轍行踪。

《欒城集》卷一《滕達道龍圖挽詞》：「北歸留我闔閭城。」闔閭城，蘇州。約爲十月末、十一月初事。代謝上表見《欒城集》卷四十九。

《蘇軾文集》卷五十一與元發第五十二簡云「子由想已過矣」，謂過蘇州。第五十四簡求元發「朱紅累子兩卓二十四隔者」。第五十六簡云「某干求累子，已蒙佳惠」，又云「舊者昨寄在常州，令子由帶入京」。舊者當指元發此前爲蘇軾所作之朱紅累子。

或謂轍過宜興，有題《張公洞》詩，不合，不可信。

沈敕《荆溪外紀》卷七有蘇轍《張公洞》，云：「亂山深處白雲堆，地坼中空洞府開。繭甕有天含宇宙，瑶臺無路接蓬萊。金芝春暖青牛卧，珠樹月明黄鶴回。此日登臨興何限，春風吹綻碧桃肋。」

十一月二日，軾游登州延洪禪院，捨子過所蓄烏銅鑑爲佛心鑑，作偈。

偈見《蘇軾文集》卷二十二（六四八頁）。

軾論吴道玄（道子）畫贈史全叔。七日，復爲全叔所藏道玄畫書後，盛贊道玄畫畢天下之能事。

《晚香堂蘇帖》：「道子，畫聖也。出新意於法度之中，寄妙理於豪放之外，所謂游刃餘地，運斤成風者耶！東坡居士告史全叔。」書後見《蘇軾文集》卷七十（二二一〇頁）。《晚香堂蘇帖》有此文，緊次上文之後，皆大字。此文乃本上文之意而加以發展。

《佚文彙編》卷六《書自作木石》叙與同僚飲酒登州日賓樓上，自作木石一紙贈史全叔。全叔蓋爲書畫收藏鑒賞者。此文或作於别登時。

赴京師，軾答友人簡。

《晚香堂蘇貼》：「軾啓。適辱奇篇，伏讀驚歎，愧何以當之。太守會上，不即裁謝，繼枉手教，益深感怍。昨晚來，起居佳勝。公窮約至老，居甚卑而節獨高。軾忝冒過分，實内自愧，相見不免踧踖，來示何謙損之過也。迫行不再詣，惟厚自愛。入夜，草草，不宣。」簡云「忝冒過分」，當指禮部郎中之除；「迫行」乃謂赴京師，就新除。

軾别登州，至萊州。過宗室洋川公家，爲洋川公畫册書籤，并跋，爲洋川公題王靄所畫《如來出山相》。

别登、至萊詩，見《蘇軾詩集》卷二十六（一三九〇、一三九一頁）。《詩集》卷二十八《再和二首》：「憶觀滄海過東萊，日照三山迤邐開。」叙此時事。

跋文見《佚文彙編》卷六（二五七二頁）。題王畫見《蘇軾文集》卷二十二（六二三頁）。《夷堅志·甲志》卷二《齊宣哥救母》：「燕邸萊州洋川公家，裝褫古今畫爲十册，東坡過之，因爲書籤，仍題其後云：（略）又題王靄畫《如來出山相》云：（略）」以下云：「家君在北方，宗室子伯璘言如此。」

《山谷别集詩注》卷下《題燕邸洋川公養浩堂畫》其一：「蕭寺吟雙竹，秋醪薦二螯。破塵歸騎速，横日鴈行高。」其二：「擁膝度殘臘，攀條驚早春。陳郎浮竹葉，着我北歸人。」燕邸乃指宋太祖次子燕王德昭房。查《宋史》卷二百一十七、二百二十《宗室世系》表，有贈洋川郡公令白、令扁、令群，未知蘇軾爲之題册者爲誰。

軾出青州。知州李定（資深）來迎，甚歡。米黻（元章）來簡，答之。

《蘇軾文集》卷五十一《與滕達道》第五十二簡：「青州資深，相見極歡，今日赴其盛會也。」簡始云「入春來」，「春」乃「冬」之誤。《長編》卷三百五十八：本年七月丙辰，户部侍郎李定知青州。

《文集》卷五十八與黻第一簡云「人至辱書累幅」，又云「赴都已達青社」。青社，青州。

軾過濟南，長清真相院方建塔，許以弟轍所得釋迦舍利葬之。

據《蘇軾文集》卷十九《真相院釋迦舍利塔銘》。

軾過濟南之龍山鎮，監税宋寶（保）國出所集王安石《華嚴經解》，爲跋。

跋見《蘇軾文集》卷六十六（二〇六〇頁）。《王臨川集》卷七十八《答宋保國書》云及《經解》，或爲《華嚴經解》；云「副之佳句」，知寶國能文；云「冀異時肯顧我，可以究懷」，知頗爲安石所器重。寶國，祁子。入黨籍。《元祐黨人傳》有傳。

軾至鄆州，與范純粹論給田募役事。

《蘇軾文集》卷二十七《繳進給田募役議劄子》：「臣前年過鄆州，本與京東轉運使范純粹同建此議，純粹令臣發之，己當繼之。」以下叙召還後聞執政議不合，故不復言。此劄子上於元祐元年二月。

《范忠宣公集》補編《范純粹傳》：爲京東轉運使，「時蘇軾自登州召還，公與軾同建募役之議，軾謂公講此事尤爲精粹」。

軾過南都，見張方平（文定）。

《蘇軾文集》卷六十三祭方平第三文（一九五三頁）：「十五年間，六過南都，而五見公。」此其第四次。

回京師途中，傳遇元豐二年繫獄時獄官。

《西畬瑣録》叙元豐二年繫獄，復叙知登州，未幾被召，以下云：「道中遇當時獄官，甚有愧色。

東坡戲之曰：『有蛇螫殺人，爲冥官所追，議法當死。蛇前訴曰：誠有罪，然亦有功，可以自贖。冥官曰：何功也？蛇曰：某有黄，可治病，所活已數人矣。吏收驗，固不誣，遂免。良久，牽一牛至，獄吏曰：此牛觸殺人，亦當死。牛曰：我亦有黄，可以治病，亦活數人矣。良久，亦得免。久之，獄吏引一人至，曰：此人生常殺人，幸免死，今當還命。其人倉皇，妄言亦有黄。冥官大怒，詰之，曰：蛇黄、牛黄皆入藥，天下所共知，汝爲人，何黄之有？左右交訊，其人窘甚，曰：某别無黄，但有些慚惶。』」

蘇軾與滕元發（達道）簡，云爲元發訪治微疾之方藥。

簡乃《蘇軾文集》卷五十一《與滕達道》第六十一簡。

簡云「到都下當馳白」，知簡作於自登州至京師途中。簡云：「此去見有方藥可以起公之微疾者，專爲訪之，如所諭也。」與元發第四十四簡已言及：「微疾雖無大患，然願公無忽之，常作猛獸、毒藥、血盆、膿囊觀，乃可。」微疾，或即性方面之疾病。參元豐六年「蘇軾復與滕元發簡復論楊繪開閤放出四人事」條。

轍過京口，弔王介（中甫）墓，晤了元（元老、佛印）。

《欒城集》卷十四《過王介同年墓》末云：「墳木未須驚已拱，少年我亦作衰翁。」自注：「昔與中甫同登制科，僕年最少，今已老矣。」登制科，見嘉祐六年紀事。介乃京口人，約卒於熙寧七八年間。其墓在蒜山之東，見《嘉定鎮江志》卷十一。并參本譜熙寧九年紀事。《集》卷十四有《元老見訪留坐具而去戲作一絶調之》等三詩。了元住持金山寺，與兄軾游甚密。元豐七年，軾有《以玉帶施元長老元以衲裙相報次韵二首》、《蒜山松林中可卜居余欲僦其地地屬金山故作此詩與金山元長老》等詩。

轍過揚州，或晤揚州守楊景略（康功）。

《蘇軾文集》卷五十五與景略第三簡：「某有三兒，其次者十六歲矣，頗知作詩，今日忽吟《淮口遇風》一篇，粗可觀，戲爲和之，并以奉呈。子由過彼，可出示之，令發一笑也。」約作於今年九月。「其次者」云云謂蘇迨。

軾戲和迨詩見《蘇軾詩集》卷二十六。首云：「我詩如病驥，悲鳴向衰草。有兒真驥子，一噴群馬倒。」有令人發笑處。末云：「君看押强韵，已勝郊與島。」注謂「孟郊、賈島也」。則迨詩炫示轍不僅可「發一笑」矣。

景略事迹見《蘇魏公文集》卷五十六墓銘，嘗爲中書舍人。

轍過揚州，作詩贈石塔寺長老擇師（擇公、無擇、戒公）。晤杜介。

詩乃《欒城集》卷十四《子瞻與長老擇師相遇於竹西石塔之間屢以絶句贈之又留書邀轍同作遂以一絶繼之》。

介乃揚州人，字幾先。晤介參下條。

轍過邵伯閘，次兄軾所寄詩韵。

《欒城集》卷十四有《和子瞻次孫覺（莘老）諫議韵題邵伯閘上斗野亭見寄》，軾詩乃《次韵孫莘老斗野亭寄子由在邵伯堰》，在《蘇軾詩集》卷二十六。軾詩云：「似聞績溪老，復作東都行。」知轍不久後將經此。轍詩首云：「扁舟未遽解，坐待兩閘平。」轍乃沿運河北上。閘即邵伯閘，即邵伯堰。其時閘水水流不安穩。以下云「野寺爲我清」，知閘旁有寺，詩題所云斗野亭，當在寺中，或在寺旁。轍詩末自注：「僧榮，斗野主人也。」可證。轍詩云「故人獨未來」，此故人乃指僧榮。軾詩云「老僧如夙昔」，僧榮固軾兄弟故人。《集》次此詩於《高郵贈別杜介供奉》後，似有誤。以邵伯閘在高郵之南，揚州之北。

轍至高郵，贈別杜介。

《欒城集》卷十四《高郵贈別杜介供奉》：「送客長隨百里船。」詩末自注：「幾先去年送家兄子瞻至高郵，今年復留此相別。」介自揚州送轍至此。

蘇軾見文同（與可）墨竹，賦詩。

詩見《蘇軾詩集》卷二十六（一三九二頁）。

詩首云：「筆與子皆逝，詩今誰爲新。」同有四絶，詩一，楚辭二，草書三，畫四。蓋謂同逝後，詩、楚辭、草書、畫無人能繼，深悲之也。第三句「空遺運斤質」，謂同爲大匠，末句「却弔斷絃人」，扣自己；同爲知音，今已矣。

十二月初，軾上狀議登州水軍，乞罷登、萊榷鹽。

狀乃《蘇軾文集》卷二十六《登州召還議水軍狀》、《乞罷登萊榷鹽狀》，皆署「前知登州軍州事」，作於赴京師途中。前者謂「登州地近北虜，號爲極邊」，須加强防務，乞今後登州、平海四指揮兵士不得差往别州屯駐。後者謂榷鹽民深受其害。

上旬末，軾抵京師，就禮部郎中任。秦觀有賀啓。

《蘇軾文集》卷二十七《繳進給田募役議劄子》：「臣前年十二月自登州召還。」此劄子，作於元祐二年二月。

《淮海集》卷二十八《賀蘇禮部啓》：「伏審光膺睿命，入拜儀曹。凡有識知，所同欣抃。竊以大儒之出處，實爲當世之重輕，三仁去而商寖微，二老歸而周始大。長孺仕漢，諸侯寢謀。中立相唐，列藩聽命。殆亦天時之有數，豈伊人力之能爲。伏惟禮部郎中先生，道貫神明，智周事物，决科射策，亟聞董相之風；逆指犯顔，屢奪史魚之節。周旋臺閣而風采可畏，流落江湖而容貌不枯。蓋好仁無以尚之，故特立有如此者。斯文未喪，果蒙日月之照臨；吾道將興，更屬風雲之盛會。既補郡守，俄遷侍郎，雖未厭於人情，漸當陪於國論。昔神龍失水，幾爲螻蟻之所輕；今猛虎在山，將見藜藿之不采。某久操笈篲，獲侍門墻，歎刻鵠之未成，念攀鴻而何敢。聞之不寐，知告於人。晛見日消，頗動雪雲之態；厦成相賀，獨申燕雀之私。」

時司馬光、章惇不合，軾勸惇尊重光。章惇嘗爲言神宗晚年患文章不足用，欲復辭賦取士之法。

《宋史》本傳：「召爲禮部郎中。軾舊善司馬光、章惇。時光爲門下侍郎，惇知樞密院，二人不相合，惇每以謔侮困光，光苦之。軾謂惇曰：『司馬君實時望甚重，昔許靖以虚名無實，見鄙於蜀先主，法正曰：「靖之浮譽，播流四海，若不加禮，必以賤賢爲累。」先主納之，乃以靖爲司徒。許靖且不可慢，况君實乎？』惇以爲然，光賴以少安。」《軾墓誌銘》「不相合」作「冰炭不相入」；「光苦之」後，尚有「求助於公」一句。《宋史》語較平直。

《蘇軾文集》卷四十九《答張文潛縣丞書》：「近見章子厚言，先帝晚年甚患文字之陋，欲稍變取士法，特未暇耳。」作於元祐元年。《邵氏聞見後録》卷二十四引晁説之靖康元年入西掖初見欽宗之言，謂元豐末，神宗厭薄代言之臣，「謂一時文章不足用，思復辭賦，章惇猶能爲蘇軾道上德音也」。《曲洧舊聞》卷二引蘇軾與朱服（行中）語：「余見章子厚，言裕陵元豐末，欲復以詩賦取士，及後作相，爲蔡卞所持，卒不能明裕陵之志，可恨也。」

軾草《論給田募役狀》。與司馬光論役法，以爲免役法可去其弊而不變其法，并論給田募役法便民。光不以爲然。

狀見《蘇軾文集》卷二十六，作於十二月，署禮部郎中，作於京師。

《文集》卷二十七《辯試館職策問劄子》其二敘自登召還，見司馬光，論當今要務，言役法未可輕議。蘇軾謂：「差役、免役、各有利害。免役之害，掊斂民財，十室九空，錢聚於上，而下有錢荒之患；差役之害，民常在官，不得專力於農，而貪吏猾胥，得緣爲姦。此二害輕重，蓋略相等，今以彼易此，民未必樂。」蓋光欲行差役而廢免役。

以下論免役之利在於：「民户率出錢，專力於農，雖有貪吏猾胥，無所施其虐。坊場河渡，官自出賣，而以其錢雇募衙前，民不知有倉庫綱運破家之禍。」其弊在：「多取寬剩役錢，以供他用實封；争買坊場河渡，以長不實之價。」并論去二弊之法。

以下謂「熙寧中常行給田募役法，其法以係官田及以寬剩役錢買民田以募役人，大略如邊郡弓箭手」。謂在密州推行其法，先募弓手，民甚便之，惜推行未幾而罷。

《宋史》本傳：「祖宗時，差役行久生弊，編户充役者不習其役，又虐使之，多致破産，狹鄉民至有終歲不得息者。王安石相神宗，改爲免役，使户差高下出錢雇役，行法者過取，以爲民病。」以下謂司馬光「知免役之害，不知其利，欲復差役」。蘇軾既知其弊，又知其利。軾論之主旨在於：行免役，有利於發展農業生産。

戊寅（十八日），軾除起居舍人。面辭於蔡確（持正），不許。

戊寅云云，據《長編》卷三百六十三。時錢勰（穆父）爲中書舍人，制乃勰所草，見《蘇軾詩集》卷二十六《次韻錢穆父》自注。《蘇軾文集》卷六十《與子安兄》第二簡云「某到不旬日，又有起居舍人之命」，知抵京師約爲本月上旬之末。

《軾墓誌銘》：「除起居舍人。公起於憂患，不欲驟履要地，力辭之。見宰相蔡持正自言，持正曰：『公徊翔久矣，朝中無出公右者。』公固辭。持正曰：『今日誰當在公前者？』公曰：『昔林希同在館中，年且長。』持正曰：『希固當先公耶？』卒不許。然希亦由此繼補記注。」《文集》卷二十三有《辭免起居舍人狀》二首。

軾次韵趙令鑠（伯堅）致齋、惠酒詩。令鑠復惠詩以就起居舍人相勉。二人又有清池倡酬。

次韻見《蘇軾詩集》卷二十六（一三九二、一三九五頁）。致齋詩已佚，惠酒、勉軾詩，見次韵惠酒題下「查注」；後者有「公真濟時具」之句。下引《趙氏鐵綱珊瑚》卷五謂蘇軾後者詩題爲：《伯堅惠玉膏兩壺且枉佳篇次韵戲答》。《吴興備志》卷二十五謂蘇軾孫籍、曾孫嶠嘗跋軾、令鑠唱和真迹。

李復《潏水集》卷十《和蘇内翰趙伯堅大卿清池詩》：「清池有華光，深夜暗不發。繁星雖燦燦，含光待明月。熒熒孤螢飛，來助明月輝。明月出東屋，螢向故林歸。」蘇軾原韵佚。

《趙氏鐵綱珊瑚》卷五《鮮于伯機遺墨》引宋王明清跋蘇軾和趙令鑠詩真迹云令鑠與神宗同年月日時生，即生于慶曆八年。《宋史》令鑠傳謂軾嘗至其家贊其子子湒爲千里駒。《却掃編》卷中謂令鑠紹聖間爲太僕卿，勤吏事，檢核出納，未嘗少怠，居數年，積錢倍常時，哲宗詢其數，不以實對，懼啓其侈心。《宋會要輯稿》第五十一册《儀制》一一之一二：左中散大夫致仕趙令鑠，崇寧元年八月，贈寶文閣待制。卒當亦在此時。

復字履中，號潏水先生。原籍開封祥符。其先人累官關右，遂爲長安人。生皇祐四年（一〇五二），據《潏水集》卷八《恭人范氏墓誌銘》。與張舜民、李昭玘等爲文字交。元豐二年進士，攝夏陽令。元祐、紹聖間，歷知潞、亳、夔等州。元符二年，以朝散郎管勾熙河路經略安撫司機宜文字。崇寧初，遷直祕閣、熙河轉運使。三年，知鄭、陳二州。四年，改知冀州；秋，除河東轉運副使。靖康之難後卒。有《潏水集》四十卷，已佚。今傳本十六卷，乃《永樂大典》輯本。事迹見《潏水集》附録宋錢端禮撰《書潏水集後》及清錢大昕《十駕齋養新録》卷十四，《宋元學案》卷三十一有傳。

蘇軾次韻馬元賓。

詩見《蘇軾詩集》卷二十六（一四〇〇頁）。

詩首云「流落江湖萬里歸」，知作於黄州謫貶後。詩云「初聞好句驚人倒，悔過東庭識面遲」，知元賓先有詩來。詩云「塞鴻正欲摩天去」，知元賓將離京師，其所赴之地似爲邊塞。馬元賓，不詳其仕履。

釋惠崇嘗作《春江晚景》，蘇軾題詩。

軾詩見《蘇軾詩集》卷二十六（一四〇一頁）。軾詩其一云：「竹外桃花三兩枝，春江水暖鴨先知。蔞蒿滿地蘆芽短，正是河豚欲上時。」興象深遠，千古名篇。

《清波雜志》卷十一謂惠崇乃淮南人。又云：「崇非但能詩，畫亦有名，謂惠崇小景者是也。『畫史紛紛何足數，惠崇晚出吾最許。』荆公詩云耳。」惠崇乃宋初九僧之一。《圖繪寶鑑》卷三謂惠崇乃建陽人。《山谷詩集注》卷七有《題惠崇畫扇》詩：「惠崇筆下開江面，萬里晴波向落暉。梅影横斜人不見，鴛鴦相對浴紅衣。」似亦爲「春江」。次元祐二年。

轍賦《答王定國問疾》詩。先是本年此前王鞏（定國）聞蘇轍卧病，作詩問慰，至是答之。黄庭堅亦有詩。

轍答詩見《欒城集》卷十四。詩云：「歸舟正飄兀，齋舍念清浄。」又云「閘水漸安流」，似此詩仍作於邵伯閘。又云「及此冬夜永」，點明作詩時季候。

《山谷詩集注》卷二《次韻定國聞蘇子由卧病績溪》：「炎洲冬無冰，十月雷虺虺。及春瘧癘行，用人祭非鬼。巫師司民命，藥石不入市。溪弩潛發機，土風甚不美。蘇子卧江南，感嘆中夜起。聞道病在牀，食魚不知旨。寒暑戰胸中，士窮有如此。此公天機深，爵禄心已死。養生遺形骸，觀妙得骨髓。后皇蒔嘉橘，中歲多成枳。佳人何時來，爲天啓玉齒。湔祓瘴霧姿，朝趨去天咫。諸公轉鴻鈞，國器方薦砥。矢詩寫予心，莊語不可綺。」鞏原韵不傳。

同上《次韵子由績溪病起被召寄王定國》：「種萱盈九畹，蘇子憂國病。炎蒸卧百戰，山立有餘勁。斯人廊廟器，不合從遠屏。江湖摇歸心，毛髮侵老境。艱難喜歸來，如晴月生嶺。仍懷阻歸舟，風水蛟鰐横。補衮諫官能，用儒吾道盛。上書詆平津，蠹藁初記省。至今民社計，非事煩舌競。方來立本朝，獻納繼晨暝。人材包新舊，王度濟寬猛。必開曲突謀，滿慰傾耳聽。斯文吕與張，泉下亦甦醒。天聰四門闢，國勢九鼎定。身得遭太平，分甘守閑冷。天津十年面，想見頎而整。何時及國門，休暇過煮茗。燒燈留夜語，鴻雁看對影。但恐張羅地，頗復多造請。維此禮部公，寒泉甃舊井。謫去久羸瓶，召還汲脩綆。太任决齋宫，陛下天統慶。日月進亨衢，經緯寒耿耿。西走已和戎，南遷無哀郢。誰言兩逐臣，朝轡天街并。王子竄炎洲，萬死保軀命。還家頗故紅，信亦抱淵静。税屋待車音，掃門親帚柄。行當懷書傳，載酒求是正。端如嘗橄欖，苦過味方永。」「補衮」云云，蓋以轍得諫官爲賀。「税屋」六句，蓋謂待轍來，以求教益。其時庭堅已至京師，見本譜元祐元年紀事。禮部公謂兄軾。

范百禄（子功）將還朝。蘇軾與百禄簡。

軾簡乃《蘇軾文集》卷五十《與范子功》第二簡。簡云：「承軒旆將至，起居佳勝，欣慰不已。」時蘇軾已還朝。簡云：「暫還舊席，即膺柄用，輿議所屬，小子得少托餘庇，尤爲厚幸。」查《宋史》卷三百三十七《范百禄傳》：元豐末，入爲司門吏部郎中、起居郎。哲宗立，遷中書舍人。

下旬之中、末，軾就起居舍人任。有謝啓。

《蘇軾文集》卷二十三《辭免中書舍人狀》：「到省半月，而擢爲右史。」省，省郎，謂禮部郎中。右史即起居舍人。蘇軾於本月上旬之末至京師爲禮部郎中，知就起居舍人任，爲下旬中、末事。啓乃《文集》卷四十六《除起居舍人謝啓》。

范純粹（德孺）守慶州。軾有送行詩。

詩見《蘇軾詩集》卷二十六（一三九六頁）。純粹除知慶州，乃本年十一月癸巳事，見《長編》卷三百六十一。蘇軾至京師，純粹亦爲赴新任自鄆州還京師。《詩集》卷四十七《送范德孺》云「遥想慶州千嶂裏」，亦爲送純粹守慶作；詩首云「漸覺東風料峭寒」，作於下年初，今附此。

軾與王鞏（定國）、王震叔姪賡酬。

《蘇軾詩集》卷二十六有《次韻王定國得潁倅》，鞏實未至潁；有《次韻王震》，末云「竹林高會許時攀」，以與其叔姪游爲樂；有《次韻王定國謝韓子華過飲》。時震自中書舍人爲給事中，見《長編》卷三百六十二本月甲戌紀事。

周邠（開祖）贈詩，軾次韻答之。

詩見《蘇軾詩集》卷二十六（一四〇二頁）。邠，元豐四年爲溧水令，見《景定建康志》卷二十七。時知管城縣，見《長編》卷三百六十一本年十一月壬寅紀事。管城爲鄭州之治，距京師一百四十里。二人當晤於京師。邠詩佚。

此後二人無交往記載，兹略叙邠以後事迹：元祐間通判壽春，《欒城集》卷二十九有制文。元祐末知泰州，紹聖元年受代還朝，二年六月出守鄱陽，《慶湖遺老詩集》卷一及《拾遺》有詩及之。《參寥子詩集》卷七有《次韻周開祖大夫泛湖見訪》，約作於紹聖間。知吉州，元符二年七月癸丑罷，見《長編》卷五百十三，并參《道鄉集·補遺·論看詳訴理輕重》。《雞肋集》卷七、《東堂集》卷一、《北湖集》卷三有詩及之。《雞肋集》卷十九有《書周開祖子抱一發願文後》。

軾與王淮奇（慶源）簡。與了元（佛印）、雲菴克文禪師簡。

《蘇軾文集》卷五十九與淮奇第七簡叙見海市，并呈所作《海市》詩。簡云：「史三儒長老近蒙惠書，冗中未及答，因見，乞道區區。」

《文集》卷六十一與了元第七簡：「行役二年，水陸萬里，近方弛擔。」第八簡：「久不至京，只衰疾倦於游從。」二簡作於歲暮。

與克文簡見《佚文彙編》卷四，乃《與佛印禪師》第二簡。佛印居雲居，克文居雲庵，以此致誤。此簡引自《冷齋夜話》，《冷齋夜話》簡後有蘇軾「自是常衣衲衣」之語。簡有「强顔復出」之語，約作於本年起用後或元祐元年初，今姑繫入本年。

克文卒於崇寧元年，見《五燈會元》卷十二傳。

軾與李之儀（端叔）爲鄰，有倡酬。蘇軾嘗以之儀詩呈玉堂前輩。

《蘇軾詩集》卷二十六《次韻答李端叔》：「西省鄰居時邂逅。」之儀時在館中。

《竹坡老人詩話》卷一引之儀跋黄庭堅詩：「元豐八年九月，魯直入館。是月，裕陵發引，前一日，百官集朝堂，與余適相值。」是之儀官京師之證。

《後村先生大全文集》卷九十九《題跋·東坡墨迹》：「王右丞攜孟浩然入禁中，蘇公亦以李端叔呈玉堂前輩，欲成就士子聲名類如此。然孟先竟以『不才明主棄』之句忤明皇意，放還山，端叔雖仕至尚書郎，晚節落泊甚矣，詩雖工，如命何。」蘇軾此延譽之儀文字，早佚。

石康伯（幼安）卒，軾有祭文。

祭文見《蘇軾文集》卷六十三（一九四八頁），首云「嗟我去蜀，十有八年」。蘇軾以熙寧元年去蜀，至今首尾十八年。

堂兄不疑（子明）卒。不疑嘗與陳師道有交往。

《蘇軾文集》卷五十五《與楊元素》第十四簡：「適得鄉信，堂兄承議名不疑喪亡。」簡有「忝命過分，皆出素獎」之語，作於回京師後，爲今年末或明年初事。不疑之卒，則可定於本年。《後山集》卷五《同蘇不疑避暑法□寺》：「酷暑不可處，相將尋晝涼。清談蔭廣厦，甘寢就方牀。蓮剥明珠滑，瓜浮紺玉香。因知北窗卧，自信出羲皇。」不知作於何時，姑次此。

轍過泗州，晤監倉蕭淵（潛夫），題其東軒。

題詩乃《欒城集》卷十四《次韵子瞻題泗州監倉東軒二首》。軾原韵題爲《泗州南山監倉蕭淵東軒二首》，次《蘇軾詩集》卷二十四，作於元豐七年十二月。蕭淵詳《蘇軾詩集》注文。轍題詩其一首云「肩輿婀婀渡浮梁，吏隱知君寄一倉」，「君」即謂蕭淵，叙訪蕭淵。其下「十里遥看飛皂蓋，小軒相對有壺漿」二句，叙晤蕭淵。再下「清宵往往投車轄，永日霏霏散篆香」二句，叙蕭淵東軒之環境。末二句云「留滯淮南久仍樂，暮年何意復爲郎」，似淵將復出。

轍途中晤顔復（長道）、王定民（佐才），有詩。

《欒城集》卷十四《答顔復國博》首云「歲晚河水留畫船」，點明時令，以河水不暢，乃稍留。末云「欲成《古史》須咨考」。蓋復以舊書傳相贈，轍時撰《古史》，故須咨考。復以學識淵深馳名。

《集》卷十四《次韵王定民宣德》中云「茅屋未完先鑿沼，竹林成後想宜梅」，時定民正經營新宅。《蘇軾詩集》卷十七《答王定民》題下引宋施元之注，謂定民乃亳人。蘇轍原由運河北行，後改由汴河西北行。亳距汴河不遠，轍或值乘舟逗留之際，往訪定民於亳也。

汴河冰，舟艱於行，轍賦多詩。時王適將至。

《欒城集》卷十四《河冰》叙舟行之艱難。此河乃汴河。末云「窮冬治舟行」，爲歲暮。同上《復賦河冰四絶》云「客心凛凛怯寒冰」，又云「夜半流澌擁舳艫」。縣令乃借長船，遣千夫上下牽舟，破冰而行。同上《河冰稍解喜呈王適》云「春風未到冰先解」，時尚在隆冬。又云：「羈鴻共有成行喜，雙鯉應將尺素迎。」適將自徐州至。同上《河冰復結復次前韻》中云：「引縴低徊疑上坂，打凌辛苦甚攻城。」蓋紀實。末云：「東風憐我歸心速，稍變楊梢百里迎。」春已至。轍在舟中度歲。

是歲，張舜民過黄州雪堂，作詩。

《畫墁集》卷三《再過黄州蘇子瞻東坡雪堂因書即事題於武昌王叟齋扉》：「欹帆側柂嶺邊歸，重過東坡叩竹扉。牀坐凝塵風自掃，江山無主燕空飛。門前桃李添新徑，井畔梧桐長舊園。

好在江南王釣叟，爲君時復曬漁衣。」詩所云「嶺邊」，謂郴州。張舜民元豐六年謫監郴州酒稅，《畫墁集》中《郴行録》記赴郴。《宋史》卷三百四十七《張舜民傳》謂「會赦北還」，乃元豐八年哲宗即位後事。此詩約作於元豐八年。王釣叟謂王齊愈（文甫）。據詩，知蘇軾離黄州前，以東坡雪堂托齊愈便中照管。漁衣云云，知東坡嘗着漁衣乘扁舟漫游於江上。

蔣璨（宣卿）生。璨嘗築景坡堂，藏蘇軾作品。

璨號景坡，宜興人。之奇從子。崇寧五年，以蔭補將仕郎，任婺州蘭溪縣主簿。歷知撫州、通州。紹興中，歷知台州、揚州、臨安、平江。累官敷文閣待制。鋤刈强梗，豪黠畏之。善書，大者徑尺，小者如蠅頭，怪奇瑰麗，獨步一時。紹興二十九年（一一五九）卒，年七十五。有《景坡堂詩集》，收詩文三十卷，早佚。事迹詳《鴻慶居士集》卷三十七《蔣公墓誌銘》。《樂府雅詞拾遺》卷上收璨《青玉案》：「三年枕上吴中路。遣黄耳、隨君去。欲過松江呼小渡。莫驚鷗鷺，四橋都是，老子經行處。輞川圖上看春暮。長憶高人右丞句。作箇歸期天未許。春衫猶是，小蠻針線，曾濕西湖雨。」

按，此詞又見曾慥本《東坡詞》卷下，誤爲蘇軾詞。璨詞得蘇詞神韵，其誤入决非偶然。足見蔣璨景仰蘇軾之心彌篤。

茲録孫覿《鴻慶居士集》詩二首於此，以見其詳。惜蔣璨之詩不傳，其中當有涉及蘇軾在宜興之活動以及宜興人景仰蘇軾忘情之記叙。

《鴻慶居士集》卷六詩題：「紹興壬子，某南遷過疏山，上一覽亭，見擬東坡煨芋詩，刻龕之壁間，詩律句法良是，殆不能辨，乃宣卿侍郎守臨川時所擬作也。後數日，道次安仁縣，一士人吴君出宣卿詩數十解示余，奇麗清婉，咀嚼有味，如噉蔗然，讀之惟恐盡，於是拊卷三歎，而後知公置力於斯文久矣。又二十年，宣卿築室荆谿山中，别營一堂，以平生所蓄東坡詩文雜言長短句，殘章斷稿，尺牘游戲之作，盡櫝藏其中，號景坡，自書榜，仍爲記刻之。（下略）」詩有云：「東坡百世師，乘雲上騎箕。文争日月光，氣敵嵩華齊。諸儒望先覺，坐待成風斲。一斤應手揮，郢鼻無留堊。」

同上詩題：「東坡先生與蔣魏公游，最善，宣卿侍郎蓄東坡詩文，自公始也。心慕手追，遂入於室，某嘗賦景坡堂詩，宣卿謂余知音，遂標藏之櫝中。（下略）」

元豐間，玉泉承皓禪師首衆於襄陽谷隱。蘇軾嘗參謁承皓禪師。

玉泉承皓禪師，全稱荆門軍玉泉承皓禪師。乃青原下十世，北塔廣禪師法嗣。《五燈會元》卷十五有傳，傳謂禪師姓王，眉州丹稜人。傳謂：元豐間，首衆於襄陽谷隱，「張無盡奉使京西南路，就謁之。」無盡，乃張商英（天覺）。谷隱，乃山名，在襄陽縣東南十三里。見《輿地紀勝》卷八十二《京西南路·襄陽府·景物下》。傳又謂承皓卒時年八十一。

《宋稗類鈔》卷七：「坡參玉泉皓禪師，師問：『尊官高姓？』坡曰：『姓秤，秤天下長老輕重。』師喝曰：『且道這一喝，重多少？』坡無對。於是尊禮之。」出《五燈會元》卷十七（一一四六頁）。

元豐間，德州士人嘗攜畫贊示蘇軾，軾爲題其後。

《佚文彙編》卷六《題畫贊》敘其事，并參該文校注第一條。